ÉMILE LABROUE

Proviseur du Lycée de Périgueux

LIMOGES

MARC BARBOU, EDITEUR

RUE PUY-VIEILLE-MONNAIE

LE

Japon contemporain

FORMAT GRAND IN-FOLIO

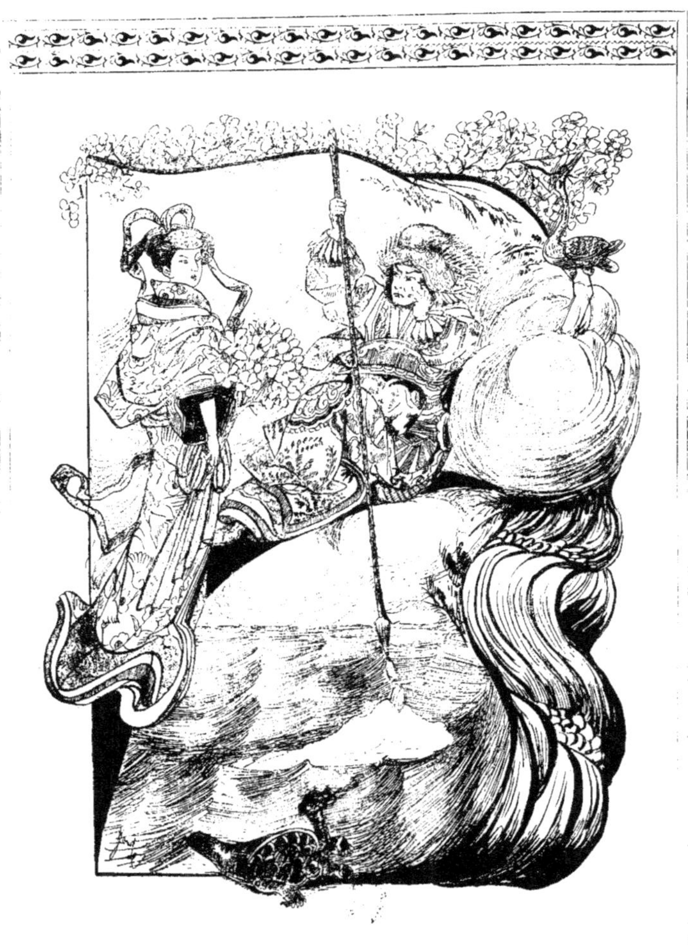

ÉMILE LABROUE

Proviseur du Lycée de Périgueux

LIMOGES

MARC BARBOU, Editeur

RUE PUY-VIEILLE-MONNAIE

Avant-Propos de la Deuxième Édition

ORSQUE, *il y a quelques années, nous avons publié* L'Empire du Japon, *ce n'est pas sans appréhension que nous l'avons livré au jugement du public. Il nous semblait que nous venions trop tôt parler d'un peuple peu connu ou méconnu; nous ne trouvions pas autour de nous une confiance en l'avenir de cette nation, semblable à celle qui nous animait. Une opinion générale bien nette n'était pas encore faite sur le Japon, et nos appréciations, pour nous bien fondées, ne paraissaient pas devoir être acceptées sans réserves.*

Les Chinois se moquaient des Japonais et de leurs réformes à l'européenne. Les Européens envoyaient bien aux Japonais des professeurs et des officiers pour instruire leur jeunesse et former leurs soldats; mais combien de nos hommes politiques et de nos penseurs croyaient qu'on ferait des fantoches au lieu d'hommes dignes de ce nom, à l'esprit élevé, désireux de travailler au développement d'une civilisation nouvelle, plus ouverte, plus humaine.

Pour nous, pendant plus de dix ans, nous avions vu à l'œuvre les Japonais ; nous avions suivi, jour par jour, dans leurs journaux, toutes leurs transformations sociales, politiques, judiciaires, militaires, financières ; et nous avions confiance, et nous admirions, avec Philarète Chasles, ce beau spectacle d'une race asiatique se détachant de l'Asie servile.

L'avenir nous a donné raison.

Le Japon a pris le premier rang parmi les nations orientales de l'Asie.

Après avoir reçu les leçons de l'Occident, les Japonais sont devenus leurs propres maîtres ; ils ont affirmé leur personnalité ; leurs réformes ont abouti ; leur gouvernement constitutionnel s'est maintenu ; le Mikado a fait preuve d'une haute intelligence. Le Japon a réveillé de sa torpeur l'immense Empire Chinois endormi depuis des siècles et fermé à toute nouveauté, à toute pénétration de l'Europe et de l'Amérique. Il a vaincu la Chine dans une guerre où ses soldats ont montré du courage, de l'endurance, de l'habileté. Il a agrandi ses États de l'île de Formose, qui semblait lui appartenir par les lois de la nature. Il a rendu indépendante la Corée, ce bras de terre, trait-d'union entre l'Asie insulaire et l'Asie continentale.

En outre, le Japon est entré en relations politiques et commerciales plus intimes avec l'Europe ; il a envoyé des ambassadeurs dans nos grandes capitales pour resserrer les liens de la paix et de l'activité humaine. Le prince Koto-Ito-Kanin et le fils aîné du Mikado sont même venus en Europe pour affirmer cette constante amitié, et le Japon a pris une part brillante à l'Exposition internationale de 1900 (1).

Aussi, lorsque, récemment, la Chine a violé ses traités avec l'Europe, c'est au Japon que l'Europe en a appelé pour lui porter les premiers secours dans cette guerre de revendication des droits ;

---

(1) Nous adressons nos remerciements à M. Hayashi, Commissaire - général de l'Exposition japonaise, qui nous a offert gracieusement une belle série de livres et de documents qui nous ont servi à compléter un certain nombre de chapitres.

c'est le sang japonais qui, le premier, a été versé pour la cause de l'Europe et de l'Amérique, pour la cause du monde civilisé contre un monde asiatique fermé et rebelle à l'idée de l'association générale des peuples, contre un gouvernement incapable de protéger les étrangers et d'empêcher la violation des traités. Les Japonais ont formé l'avant-garde de la marche des troupes internationales sur Pékin ; ils sont entrés des premiers dans la capitale du Céleste-Empire et ils ont joué un rôle prépondérant dans les affaires militaires et les actes diplomatiques du drame jaune et du conflit sino-européen.

Ce sont ces derniers événements, ces guerres, ces transformations que nous avons relatés dans cette nouvelle édition, refondue, rajeunie et complétée, qui essaie de donner du Japon contemporain une idée plus exacte et plus vivante.

E. Labroue.

Périgueux, avril 1901.

Introduction de la Première Edition

ous n'avons pas eu le plaisir de visiter le Japon. Mais, professeur de géographie depuis vingt ans, nous avons étudié ce pays sous toutes ses formes, et lu la plupart des ouvrages qui ont été publiés sur cette contrée. Pendant les sept années que nous avons passées auprès de la Société de Géographie de Bordeaux, soit comme vice-président, soit comme rédacteur en chef du *Bulletin* de cette Société, nous n'avons cessé de recevoir et de lire les journaux qui nous arrivaient de Tokio et de Yokohama. Quelque éloigné que nous fussions, il nous semblait vivre de la vie même des populations japonaises, et par la pensée nous assistions à toutes les transformations sociales et politiques, à toutes les grandes affaires industrielles et commerciales de ce peuple.

Il nous a paru bon de faire connaître dans un travail d'ensemble le résumé des ouvrages divers et spéciaux déjà publiés sur ce pays qui a tant de rapports avec le nôtre, où se parle et s'écrit la langue française, où se publient des journaux et des livres écrits en français, où notre élément national a pris une place importante au milieu des influences étrangères.

Le Japon, en ce moment, est une actualité pour le peuple français. Les romanciers et les auteurs dramatiques ont compris, eux aussi, combien l'esprit français était désireux de connaître le Japon. Ils ont montré sur la scène et reproduit dans le roman sa civilisation, ses mœurs, sa vie intime. C'est ainsi que Pierre Loti, dans *Madame Chrysanthème*, et Madame J. Gauthier, dans *La Marchande de sourires*, nous transportent au milieu des Japonais et nous intéressent aux moindres détails de leur existence.

On a même créé en France un journal illustré, *le Japon artistique*, reproduisant et vulgarisant chez nous les ravissants dessins des maîtres japonais, et surtout d'Hokousaï, le plus célèbre d'entre eux.

Le livre que nous offrons au public n'est ni le récit d'un voyageur enthousiasmé, ni le produit de l'imagination d'un romancier ou d'un auteur dramatique. Nous l'avons écrit sur des notes prises soigneusement un peu partout, dans les livres, les revues, les journaux ; les feuilles japonaises, en particulier, nous ont fourni une foule de renseignements originaux. Souvent, nous avons tenu à rapporter les passages mêmes des géographes les plus autorisés ou des écrivains qui ont vu de près les choses dont ils parlent.

Notre brochure, publiée il y a quelques années, a servi de cadre et de fond au volume que nous donnons aujourd'hui. Un de nos plus savants érudits, M. Tamisey de Larroque, l'appréciait ainsi dans la *Revue des Bibliophiles*, du mois de novembre 1881 : « De Saint-Domingue passons au Japon. Nous ne pourrions » pour un tel voyage, suivre un meilleur guide que M. Labrouc. » Sa monographie ne nous laisse rien ignorer de ce qui regarde le » Japon et les Japonais. Le docte professeur y a clairement, habi- » lement, résumé un grand nombre de documents officiels et de » livres spéciaux, livres dont la liste se développe à la première

» page de l'*Introduction*. Quand on aura bien attentivement lu les
» descriptions et les récits de M. Labroue, on pourra se vanter
» d'avoir en moins de deux heures parcouru tout le Japon avec
» autant d'agrément que de profit. »

M. Foncin, inspecteur général de l'Université, notre ancien maître
de géographie de la Faculté des lettres de Bordeaux, a bien voulu
nous envoyer une préface où il apprécie, avec un sentiment élevé
et une grande finesse d'observation, les Japonais et leur civilisation
nouvelle.

Nous lui adressons l'expression de notre gratitude pour ces
belles pages, et aussi pour ses vivantes et fécondes leçons d'autrefois. L'amour de la géographie, qu'il a contribué à développer en
nous, nous a ouvert un plus vaste horizon sur le monde et nous a
inspiré une affection plus sincère et plus vive pour l'humanité.

Nous manquerions à notre devoir si nous ne signalions la part
qui revient dans notre ouvrage à un de nos excellents collaborateurs,
M. le professeur Laplace, délégué de la Société de géographie de
Bordeaux. Il nous a prêté un précieux concours pour collationner
les nombreux documents que nous avions recueillis. Qu'il reçoive ici
nos remerciements pour le témoignage de son sympathique dévouement.

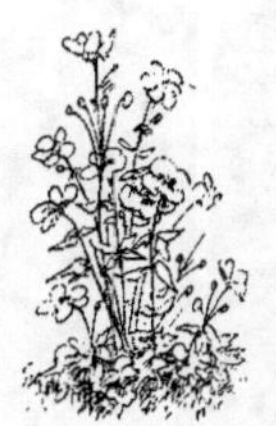

PRÉFACE

Mon cher Ami,

ous venez d'achever une tâche considérable et de donner un grand exemple d'effort persévérant. Ni la maladie, ni le fardeau de l'enseignement, ni le souci de délicates fonctions administratives n'ont pu vous empêcher d'accomplir votre œuvre.

Vous avez dépouillé tout ce qui a été écrit sur le Japon, tout ce que l'on sait de cette gracieuse écharpe d'îles, jetée comme une avant-garde à l'Extrême-Orient de l'Asie, au bord du Pacifique, de ce peuple étrange et séduisant, original jusque dans sa passion subite pour l'Occident, attrait et désespoir à la fois des géographes et de tous ceux qui cherchent à pénétrer le fond des hommes et des choses.

Vous me demandez de présenter au lecteur votre *Empire du Japon*. Comment me dérober à votre demande et à votre bonne amitié ? Cette préface me fournit du moins l'occasion de dire tout le bien que je pense et de vous et de votre ouvrage. Mais je ne me suis pas spécialement occupé de l'*Empire du Soleil Levant;* le peu que j'en pourrai dire ne sera qu'un écho de conversations trop fugitives avec quelques voyageurs vraiment japonisants. Vous me pardonnerez si mes conclusions ne sont pas tout à fait conformes aux vôtres.

On s'est beaucoup occupé du Japon dans ces derniers temps. Les amateurs de bibelots exotiques, puis le roman et le théâtre l'ont mis à la mode, si bien qu'une notable portion des Français maintenant croient le connaître. Votre livre prouvera au lecteur judicieux combien la majorité des Français se trompe.

Un étranger fort lointain qui collectionnerait nos *articles* de Paris, qui posséderait un album des principales vues de nos monuments et de nos curiosités naturelles, qui aurait parcouru nos grandes villes et nos grands boulevards, ou même y aurait vécu plusieurs semaines dans la société de quelque Chrysanthème des Batignolles, oserait-il prétendre qu'il a étudié la France et les Français ? Il y a deux Japons en réalité : celui des potiches et des pagodes, des éventails, des laques et des paravents, un Japon décoratif et pittoresque, tout de convention, c'est celui qu'on voit tout d'abord ; et un Japon sérieux sous son masque grimaçant, qui ne s'aperçoit qu'ensuite, un Japon qui travaille, qui pense, qui nous regarde et cherche à nous imiter. L'un est agréable à contempler, mais on en a vite fait le tour. L'autre, tout ce que j'en lis, tout ce qu'on m'en conte, excite au plus haut point ma curiosité sans la satisfaire ; les jugements qu'il a inspirés sont fort contradictoires. C'est un peuple d'enfants, dit l'un ; c'est une race vieillote, affirme l'autre. Ce qui paraît à l'un bonté, douceur, affabilité naturelles, semble à l'autre attitude d'emprunt, politesse superficielle, mensonge cachant l'égoïsme, l'indifférence, la sécheresse du cœur. J'entends, d'un côté, louer l'imagination piquante et l'originalité de l'artiste japonais ; tourner, de l'autre, en dérision la servilité mécanique de ses copies, son impuissance à concevoir l'idéal.

La fameuse révolution de 1868-71, qui a entraîné le Japon dans des voies nouvelles, m'est représentée ici comme une catastrophe et un saut dans l'abîme, là comme l'aube d'une ère nouvelle qui verra la rénovation et la régénération du pays ; et l'on me prédit tantôt que l'Archipel fleuri sera la Grande-Bretagne du Pacifique, tantôt qu'il deviendra la proie des Russes, des Chinois, des Anglais ou des Yankees, à moins qu'il ne se germanise jusqu'à devenir une annexe d'Essen et de Hambourg.

Pour ma part, je serais disposé à croire d'abord que la nation japonaise est fort compliquée, et ensuite qu'il est impossible de la comprendre, si préalablement on ne fait abstraction de nos idées occidentales. Le Japon a tous les climats, depuis les forêts de sapins et les neiges d'Yéso, jusqu'au bambou et à la canne à sucre du Nipon méridional. Il est sujet à de violents contrastes naturels : des mois d'hiver éblouissants de soleil, de longues pluies, des étés lourds et étouffants, des tremblements de terre, d'horribles typhons.

Il a emprunté ses habitants à l'Asie centrale, à la Malaisie, à la Polynésie et peut-être à l'Amérique ; la variété des types y est considérable. Il offre encore aujourd'hui des échantillons juxtaposés de presque tous les états sociaux, politiques et religieux : au nord et à l'extrême-sud, de véritables sauvages ; dans les campagnes, l'organisation de clans, et les restes d'un régime féodal supprimé légalement, mais qui est loin d'avoir entièrement disparu ; une constitution toute patriarcale de la famille qui rappelle la *gens* des Romains ; une monarchie théocratique dont le chef est divin, dont la puissance est plus absolue que celle du tsar ; une bureaucratie affairée, tracassière et turbulente ; des pratiques fétichistes et des dogmes raffinés accompagnés de pompeuses cérémonies, des règles de conduite indépendantes de tout culte, des controverses philosophiques, des actes de foi et beaucoup de scepticisme. Je n'en finirais pas si je voulais énumérer toutes les contradictions de cet étrange pays. Le plus habile s'y perd, et l'œil ébloui se lasse de regarder longtemps ce vivant kaléïdoscope.

Il est plus difficile encore d'apprécier le fond de l'âme japonaise. Elle n'est point conformée comme les nôtres. Elle manque de consistance, elle flotte dans le rêve ; (pour les bouddhistes, et la plupart des Japonais le sont plus ou moins, la vie n'est-ce pas un rêve ?) Elle n'éprouve aucun désir de discerner le fictif du réel, le faux du vrai. De là cette manie du mensonge, si générale au Japon, et qui finit par lasser la patience de l'Européen le plus indulgent. Cette âme enfin est dépourvue de conscience, noyée dans une douce et perpétuelle ironie ; le bien, le mal lui sont indifférents ; il n'y a pas en elle de principe d'action spontané, pas de personnalité, pas de motifs internes de se déterminer dans un sens plutôt que dans un autre, pas de tension ni d'effort, pas d'idéal. Tout bon Japonais obéit avec une résignation et une bonne humeur inaltérables d'abord à son père, puis à la tradition, enfin aux lois qui émanent de la volonté du prince. C'est là toute sa morale. Cependant ce prince lui—même, il faut bien qu'il gouverne, ou s'il n'en a pas la force, que quelqu'un gouverne sous son nom.

Ici le problème se complique et prend un intérêt palpitant. Au-dessus du peuple, il y a une classe dominante, peu nombreuse, fort intelligente, mais versatile, composée des anciens chefs de la noblesse, que le contact avec l'Occident a éveillée en sursaut et comme électrisée. Elle paraît avoir entrepris une double tâche : d'une part, maintenir l'indépendance et l'intégrité du Japon, de l'autre l'élever au rang des puissances européennes. Réussira - t - elle ? Parviendra-t-elle à faire l'éducation du peuple, à organiser un véritable gouvernement représentatif, à orienter dans un sens moderne l'esprit de la nation, et en même temps à ne pas endetter le budget national, à conserver son autonomie financière, à écarter les convoitises des grandes puissances qui rôdent autour du Japon et cherchent une occasion de le placer sous leur hégémonie commerciale d'abord et politique ensuite ?

Tel est le drame qui se joue sous nos yeux, avec cent péripéties. Drame grandiose et poignant dont le dénouement sera le salut ou la perte de la nation japonaise.

Pour nous, Français, que notre situation place à l'écart de la lutte, sachons comprendre notre rôle de spectateurs attentifs et bienveillants. Nous sommes les amis naturels des Japonais, dont le caractère a certaines affinités avec le nôtre. En ce moment ils paraissent se détourner de nous pour se confier aux avis de nos adversaires européens. Ils nous reviendront, car ils s'apercevront que nous seuls pouvons être leurs conseillers désintéressés. Déjà s'est constituée à Tokio une Société de langue française qui accroît peu à peu le nombre de ses adhérents.

C'est par notre langue, notre littérature, nos idées, nos sympathies, que nous ferons un jour, si nous voulons nous y appliquer avec suite, pour son plus grand bien, et pour notre plus grand honneur, la conquête morale du Japon.

P. FONCIN.

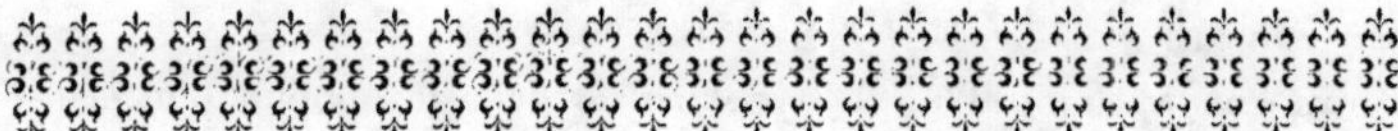

PREMIÈRE PARTIE

I

NOTIONS HISTORIQUES

LE Japon est un empire insulaire de l'Asie, situé dans l'Océan Pacifique, en face de la Chine. Marco Polo le désignait sous le nom de *Xipangu*; les Hollandais le nommaient Japan. Les Chinois l'appellent *Yank-Hou* (atelier du soleil), et *Ji-Pun* (contrée du soleil levant). Aussi les Japonais mettent-ils sur leurs drapeaux et sur leurs étendards un soleil, avec sa couleur rouge de feu. Sur leurs timbres-postes ils marquent quelquefois l'image du soleil. C'est pourquoi le nom d'Empire du Soleil Levant est pour nous plus significatif que celui de Japon.

Aux viie et viiie siècles avant l'ère chrétienne, le Japon était habité par un peuple indigène, au teint brun, issu de la race malaise. Il fut détruit ou chassé par des populations de la race jaune, qui vinrent de la Chine au Japon. Les restes de cette population indigène se réfugièrent dans l'île déserte et hospitalière de Yéso. C'est là qu'on retrouve encore aujourd'hui le type malais dans les populations sauvages des Aïnos.

D'après les brahmines, qui prétendent que l'Inde a trois cents millions d'années, l'origine du Japon remonterait à deux millions cinq cent mille ans. Les annales japonaises renchérissent encore sur ces chiffres fantaisistes. Quelques écrivains chrétiens, sur la foi de récits bibliques qu'ils interprètent à leur façon, assurent qu'il fut habité peu de temps après la dispersion des hommes. Tout le monde paraît donc être d'accord sur ce point que le Japon a été peuplé dès la plus haute antiquité. Son origine, d'ailleurs, se perd, comme celle de tous les peuples anciens, dans la nuit des traditions mythologiques.

Les empereurs ou *mikados* descendent des dieux, tout comme les héros d'Homère. « Monté sur le pont flottant qui touchait au ciel, le dieu Izanagi dit un jour à son épouse Izanami : « Or çà, il faut une terre habitable. Tâchons de la trouver dans les ondes qui s'agitent sous nos pieds. » A ces mots, plongeant dans la vaste mer sa lance ornée de pierreries, il remua profondément les vagues. Les gouttes fangeuses qui découlèrent de l'arme sacrée formèrent à l'instant même une première île. Le couple divin y descendit et créa successivement les autres contrées de l'empire (1).

La création se continue par les îles qui forment l'archipel japonais et par les terres plus lointaines. Les dieux descendent souvent parmi les hommes et dirigent tous les événements de quelque importance. Les expéditions guerrières qui remplissent les premières pages de la cosmogonie japonaise sont accompagnées d'interventions merveilleuses. Et ce temps dura plus de deux cent cinquante mille ans, sous le règne de la déesse Soleil et de son frère la Lune, qui désignent eux-mêmes ceux qui doivent commander aux autres hommes, mais qu'ils ne peuvent choisir que dans une seule famille, issue de ces mêmes dieux souverains.

L'histoire du Japon se dégage un peu de ses ténèbres à l'époque du « *Seigneur du pays étroit* », petit-fils du *Grand Dragon* par sa mère. Dès ses premiers exploits, il change de nom, et il en changera encore après sa mort, établissant ainsi une coutume qui s'est continuée

____

(1) Fraissinet.

jusqu'à nos jours (1). Sous le nom de *Zenmou*, il entreprend des guerres lointaines dans lesquelles il éprouve des difficultés inouïes ; mais les dieux lui viennent en aide sous diverses formes, et ses exploits, qui surpassent ceux d'Hercule, le placent à la tête d'un puissant empire. Il meurt à l'âge de 127 ans, selon les annales japonaises, à une époque qui correspondrait à l'an 600 avant J.-C. Après sa mort, on lui donna le nom de *Mikado*, et ce nom a été entouré d'une telle vénération que tous ceux de sa famille qui ont exercé l'autorité suprême ont voulu le porter après lui, de telle sorte qu'il désigne aujourd'hui la charge même du chef de l'Etat. Il avait fait construire le *Daïri* ou palais des Mikados, et avait pris lui-même le titre de Daïri, porté aussi par ses successeurs.

C'est surtout après ce prince, et à cause des progrès accomplis sous son règne, que les récits historiques prennent un caractère de vraisemblance, quoique le merveilleux s'y mêle encore quelquefois. La suite des souverains est ininterrompue, les dates et les noms soigneusement conservés. La dignité de *Siogoun* ou *Taïcoun* (généralissime) fut créée en 85 avant J.-C. par le Mikado régnant, en faveur de son fils. Treize cents ans plus tard, les Taïcouns, devenus puissants, s'emparent de l'autorité souveraine, ne laissant au Mikado que la suprématie en matière religieuse.

Plusieurs Mikados ont laissé dans l'histoire un nom justement célèbre. D'autres se sont fait remarquer par leur férocité. De ce nombre était *Buretz* (vi⁰ siècle avant J.-C.), dont on ne peut sans frémir entendre raconter les traits de barbarie. *Kotchou*, au contraire, protecteur des sciences, savant lui-même, fait étudier la chronologie japonaise et chinoise (2). *Tenmou* partage l'empire en 70 provinces, et cette division subsiste sans aucun changement notable jusqu'en 1868. Une impératrice, *Koken*, qui a porté après sa mort le nom du Dieu des richesses, fit exploiter les premières mines d'or (749).

Vers 1142, Yorimassa, Mikado de grande valeur, eut à lutter contre le taïcoun, dont la charge était devenue héréditaire. Il périt en défendant les droits de la légitimité, et le taïcoun fit reconnaître son autorité. Cependant les partisans de l'ancien régime ne désarmèrent pas, et pendant quatre cents ans battirent en brèche l'autorité

(1) Voir *Etat-Civil*.
(2) Un siècle au moins avant que Charlemagne fondât des écoles et favorisât les sciences.

des usurpateurs. Les guerres civiles se prolongèrent jusqu'à *Taïko Fidéyosi*, l'un des plus habiles souverains du Japon. Pour donner carrière à l'ardeur belliqueuse des daïmios, il imagina des expéditions lointaines, où il envoya les plus turbulents parmi ceux qui supportaient impatiemment sa domination (1). Le résultat de ces guerres fut la conquête de la Corée et la mort d'un grand nombre de seigneurs. Ceux qui restaient furent créés gouverneurs des provinces conquises ; ils s'y établirent et cessèrent ainsi d'être pour l'État une source de désordres. Cependant, quelque temps avant la mort de Taïko, les troupes d'occupation furent retirées, et la Corée redevint Chinoise. Les seigneurs japonais restèrent pour la plupart à la tête de leurs provinces et furent sujets de l'*Empire du Milieu*. Au cours de cette longue guerre, les Japonais avaient eu souvent l'occasion de prouver leur supériorité militaire sur leurs puissants voisins.

Après Taïko, une nouvelle race de taïcouns occupe le trône, par suite d'une trahison. C'est le tuteur lui-même du jeune fils de Taïko, qui se fait reconnaître sous le nom d'*Iyeyan*, au détriment de son pupille, vers 1580.

Vers 1270, avait eu lieu contre le Japon l'expédition chinoise mentionnée par Marco Polo, dans ses récits des guerres contre l'île de *Zipangu*. Une chose digne de remarque, c'est que si l'on retranche de ce nom la syllabe finale *gu*, il reste *Zipan*, mot par lequel les Chinois désignent le Japon ; car la prononciation chinoise se rapproche autant de *Zipan* que de *Ji-pun*, que nous avons donnée plus haut. Si l'on considère que beaucoup de mots chinois et japonais ont une finale indépendante qui s'ajoute au nom sans en faire partie intégrante, il n'est pas douteux que le *Zipangu* du voyageur vénitien désigne l'île ou les îles du Japon. On sait que cette expédition se termine par la défaite des troupes de l'empereur de Chine, qu'avait précédée celle des armées du Grand-Khan de Tartarie, en 1269.

Le Fils du ciel ne se tint pas pour battu. Cinq ans après, il essaya de jeter une nouvelle armée sur les côtes du Japon. Mais tous les abords étaient soigneusement défendus par la nature et par

---

(1) C'est ainsi que Charles V, à peu près à la même époque, se débarrassa des *Grandes Compagnies* en les envoyant guerroyer en Espagne.

l'armée japonaise. La flotte ennemie fut obligée de repartir sans avoir pu débarquer un seul soldat.

En 1280, une seconde expédition tartaro-mongole avorta également par suite de tempêtes qui détruisirent la flotte. Les malheureux

Le Mikado, en costume moderne.
Moutsoushito, Moutsouhito ou Moutshito, né à Tokio en 1852, monté sur le trône en 1867.

assaillants, tombés sans défense au pouvoir des Japonais, furent impitoyablement massacrés avec des raffinements de cruauté. La dynastie tartare, battue par les armes, essaya de s'emparer de ces îles par des moyens plus doux : des missionnaires bouddhistes furent envoyés pour étudier ce pays, sous le voile de la prédication religieuse. Le gouvernement japonais découvrit la supercherie, et défendit par un édit sévère toute communication avec les étrangers. Cet édit avait encore force de loi il y a trente ans. Quant aux missionnaires, ils ne purent jamais retourner dans leur pays, et la paix fut assurée pour longtemps.

C'est dans cet état que les Portugais trouvèrent le Japon lorsqu'ils en firent fortuitement la découverte, en 1543. Cet empire était gouverné depuis 2203 ans, par une suite de 106 souverains.

Selon les annales japonaises et les récits des Portugais, les marins *Antonio Mota*, *Francisco Keimoto* et *Antonio Peijota*, allant en Chine, furent jetés par la tempête sur les côtes du Japon. C'était sous le règne du mikado *Konara* et du taïcoun *Yosihar* « la 12ᵉ année du *Nengo Tenhoun*, le 22ᵉ jour du 8ᵉ mois », ce qui correspondrait au mois d'octobre 1543 (1).

Une fois le Japon trouvé, les Portugais s'empressent d'y revenir, et, pareils aux Mongols, ils envoient des missionnaires, chrétiens cette fois. Inutiles efforts ! La prédication de l'évangile ne fut pas mieux accueillie que celle du bouddhisme, qui était la religion du pays. Les martyrs y furent nombreux ; le nom de saint François Xavier est encore populaire parmi les chrétiens de Nippon.

Des navigateurs hollandais au service du Portugal, après plusieurs voyages au Japon, firent part au gouvernement néerlandais des renseignements qu'ils possédaient sur ces contrées, et une flotte hollandaise, sous les ordres de l'amiral Jacques Mahu, arriva en l'an 1600 sur les côtes de Nippon, sous le règne de Iyéyan, l'usurpateur dont il a été déjà question. Des relations étaient créées : les Hollandais furent admis à communiquer avec le Japon, à la condition qu'ils ne feraient pas de propagande religieuse, et après avoir certifié que leur pays, quoique professant la même religion, ne dépendait pas du royaume de Portugal. Cependant, les missionnaires chrétiens, bravant la sévérité des édits, continuaient leur pieuse propagande. Les martyrs devenaient de plus en plus nombreux ; les supplices étaient atroces. Les guerres civiles avaient d'abord favorisé les prédications des Jésuites ; mais lorsque Taïko eut rétabli l'ordre, il sévit rigoureu-

---

(1) Joan. Petri Maffeii historiarum indicarum libri XVI. Selectarum item ex India epistolarum libri IV. — Un vol. in-8, Cologne, 1590, p. 569.

sement contre les missionnaires et les partisans de la nouvelle religion. A sa mort, son fils Fidéyosi s'était montré favorable au christianisme, et c'est ce qui avait permis à Iyéyan de s'emparer du pouvoir.

De plus en plus restreint en 1587, prohibé sous des peines sévères en 1596, cruellement persécuté en 1613, le christianisme se maintint encore malgré les lois les plus exclusives, et malgré l'épouvantable misère et les calamités qui vinrent fondre sur ses sectateurs, de 1622 à 1629. Ce furent les dragonnades du bouddhisme. Placés entre l'abjuration de leur croyance et la mort la plus affreuse, beaucoup périrent en martyrs. A la fin, une révolte des chrétiens dans l'île d'Amaska et dans la ville d'Ahrima (1627 et 1638), qui fut comprimée, entraîna la suppression de cette religion (1).

Les Portugais et les Espagnols, qui fournissaient le plus fort contingent de missionnaires, furent mis au ban de l'empire en 1639. Le Japon cessa tout commerce avec les nations étrangères autres que la Hollande, à laquelle on permit, à titre provisoire, de fonder un établissement commercial dans le petit ilot de Décima, aux portes de Nangasaki, dans l'île Kiousiou, au sud de l'Empire. Les Anglais obtinrent aussi la faveur de fonder une factorerie dans l'île de Firato ; mais la mésintelligence survenue entre les deux nations favorisées força les derniers venus à abandonner la situation aux premiers occupants. Le peu d'étrangers que l'on voulut bien tolérer dans le pays se virent étroitement surveillés, et tous rapports avec eux et leur nation furent à nouveau interdits aux Japonais. Ceux-ci ne connurent bientôt plus que les Hollandais parmi les Européens. Sur leurs cartes géographiques, ils attribuèrent à la Hollande la plus grande partie de l'Europe occidentale (2).

En 1690-91, le Westphalien Kœmpfer fit, comme médecin de la marine hollandaise, une exploration de ce pays. Il était secrétaire de l'ambassade suédoise en Perse. Il prit du service sur la flotte hollandaise et il fut envoyé au Japon avec la délégation de la Hollande. Il visita Nangasaki et Yédo et il donna la relation de son voyage. C'est le premier livre important qui ait été écrit, en Europe, sur le Japon.

<hr>

(1) Le xvi⁰ et le xvii⁰ siècle furent donc au Japon, comme en France et en Europe, les siècles des guerres religieuses.

(2) D'après Fraissinet.

Dans le même temps se poursuivaient au Japon, comme d'ailleurs en Chine et au Tonkin, les querelles suscitées par la présence de nouveaux missionnaires catholiques. Jusqu'en 1724, l'empereur de Chine, Khang-hi, avait permis aux Jésuites l'enseignement du christianisme. Mais son fils, Young-tching, sur l'esprit duquel « les malheurs arrivés au Japon faisaient plus d'impression que la pureté du christianisme, trop généralement méconnu, n'en pouvait faire, proscrivit malheureusement la religion chrétienne » (1).

En 1772, le voyageur et botaniste Tumberg, élève de Linné,

fut envoyé au Japon par la Compagnie hollandaise pour étudier les productions du pays. A son retour, il publia deux ouvrages : le premier, intitulé *Flora Japonica*, paru en 1784 ; le second, qui fut le récit de son voyage au Japon, paru en 1796, et qui a été traduit en français par Lenglès.

Mais les progrès de la navigation attiraient de nouveaux peuples sur ces rivages inhospitaliers. Au commencement de ce siècle le pavillon moscovite se montra dans la mer d'Okhotsk, dans le groupe des Kouriles, et même sur les côtes d'Yéso. Ce fut entre les deux empires l'occasion d'hostilités qui se terminèrent par l'établissement des Russes dans quelques-unes des Kouriles. Les Anglais, malgré tout leur génie commercial, n'ont pu réussir à se faire admettre au Japon avant les traités de 1854-55.

De 1828 à 1830, de Siebold, médecin allemand, né à Wurtzbourg en 1796 et mort en 1866, fit un curieux voyage dans l'Empire japonais. Il résida à Décima, comme attaché à la légation néerlandaise. Il vécut longtemps à Java, visita le Japon à plusieurs reprises et composa sur la langue, la géographie, l'histoire et la flore de ce pays de nombreux ouvrages malheureusement inachevés.

En 1854, le commodore Perry contraignit, avec une escadre, le gouvernement japonais à ouvrir ses ports aux Etats-Unis. Il obtint une convention par laquelle le port de Simoda devait recevoir les vaisseaux des Etats-Unis. Dans le délai d'un an, le port de Hakodade

(1) *Voltaire, Siècle de Louis XIV, Disputes sur les cérémonies chinoises.* L'auteur laisse entendre que le malheur est pour les catholiques et leurs doctrines.

devait aussi leur être ouvert. Les Anglais en 1854 (14 octobre), les Hollandais et les Russes en 1855 (9 novembre), eurent le droit de s'établir, les premiers à Nangasaki, et les seconds à Hakodade. Le 20 août 1858, l'Anglais lord Elgin obtint de nouveaux avantages, et un mois après, notre ambassadeur, le baron Gros, conclut un traité analogue au nom de la France. Pendant ce temps, l'Amérique et la Russie obtenaient de nouvelles concessions.

Les nations qui avaient signé ces divers traités pouvaient s'établir dans les ports de Hakodade, Yokohama, Niigata, Hiogo et Nangasaki. En 1862, les villes de Yédo (Tokio) et d'Osaka leur furent ouvertes, ce qui en portait le nombre à sept. Les ports d'Awomori, au nord, et de Nobirrou, à l'ouest, ont été admis seulement à recevoir des navires étrangers (1). Dans les villes ouvertes, les consuls eurent une garde particulière; le gouvernement les autorisa à voyager dans toutes les provinces de l'empire. De plus, on stipulait le libre exercice du christianisme, l'admission des monnaies étrangères, le libre commerce, moyennant un droit d'exportation de 5 °/₀; l'importation de l'opium était seule prohibée. C'est depuis cette époque que le Japon a été connu par nos négociants et exploré par un assez grand nombre de voyageurs.

Si les étrangers étaient autorisés à parcourir le Japon (2), il leur était défendu d'y résider. Le voyageur devait être muni d'un passe-port visé par le consul de sa nation, et ne pas demeurer plus d'un jour dans chaque localité, sous peine d'être ramené de force à un port d'embarquement. Mais la loi ne s'exécutait qu'imparfaitement. C'est ainsi que nous lisons dans *Les Missions catholiques* du 5 octobre 1888, que M. Sauret, des Missions étrangères de Paris, a pu résider sept ans à Kouroumé, où il avait loué une maison. La fraude ayant été découverte, notre compatriote reçut l'ordre de *voyager*, et quand, au mois d'avril suivant, le passe-port fut périmé, le gouvernement japonais, malgré les instances du consul français, refusa de le renouveler, alléguant que le sieur Sauret avait violé les règlements japonais, et devait sans délai quitter la ville de Kouroumé. Le missionnaire partit pour Nangasaki. Ce fait est d'autant moins

(1) M. Kancho, professeur d'anglais à l'école normale de Toyoka, a fait un travail au sujet de l'ouverture du port de Tsoui-Minato.

(2) Ce n'était pas sans danger. Le Césarévitch, aujourd'hui Nicolas II, y fut grièvement blessé à la tête par un fanatique japonais.

étonnant que la rigueur déployée contre les étrangers a surtout pour but d'empêcher la prédication du christianisme.

Dans le gouvernement intérieur, il ne se produisait pas d'autres changements que les successions des taïcouns et des mikados, les premiers véritables souverains, ceux-ci étroitement confinés dans leurs attributions religieuses, et entourés d'honneurs extraordinaires (1). Le parti des mikados n'était cependant pas éteint ; l'ancienne noblesse du pays conservait le culte du passé. Les fautes des taïcouns aidant, une révolution devint possible. Elle eut lieu sous le règne du mikado Moutsouhito, âgé de seize ans seulement, qui reprit la place de ses ancêtres, et ne laissa au taïcoun qu'une très forte pension viagère, sans la moindre parcelle de pouvoir. Nous parlons ailleurs de cette révolution (1868), ainsi que de l'établissement du régime constitutionnel (1889).

(1) Voir le chapitre consacré au Mikado.

II

ÉTENDUE, SITUATION, ASPECT GÉNÉRAL

Pays du Soleil Levant. — Étendue, îles. — Les profondeurs du Pacifique. — Le Kouro-Sivo. —
Mer du Japon, Mer Méditerranée.

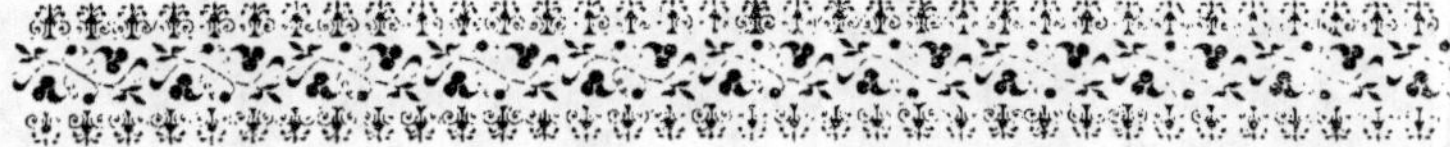

ES Japonais appellent leur pays *Nippon*. Le nom
de *Japon* nous vient des Chinois, qui connaissaient ce
pays bien avant nous, et le nommaient *Ji-pun*, dont
nous avons fait *Japon*.

« *Ji-pun* signifie « origine du jour », en japonais
Nichi-Hon, devenu graduellement Nipon ou Nippon. Ces mots « origine du jour » ont donné naissance à l'appellation de *Pays du Soleil
levant*. Le globe rouge sur fond blanc du drapeau japonais représente
également le disque de l'astre du jour. C'est donc une erreur que de
donner le nom de Nippon à la grande île Nab du groupe qui compose
l'archipel japonais » (1). Néanmoins, nous nous conformerons à l'usage
établi par nos géographes, qui ne donne le nom de Nippon qu'à
la plus grande des îles du Japon.

Le Japon s'étend du 118° au 148° de longitude orientale, et du
22° au 47° de latitude nord ; cette latitude est presque la même que
la nôtre ; elle serait à peu près comprise entre Bourges et le milieu
du Sahara. Sa superficie est de 403,000 kilomètres carrés environ :
un quart de moins que celle de la France. Cet empire insulaire est
borné au nord par la mer d'Okhotsk et le détroit de La Pérouse,

(1) Russel Robertson, consul anglais à Yokohama.

qui le sépare de l'île Sakalin, autrefois au Japon, aujourd'hui dépendant de la Russie; à l'ouest par la mer du Japon et le détroit de
Corée; au sud-ouest par la mer de Chine, qui le sépare de la Chine;
au sud et à l'est par l'Océan Pacifique.

Le Japon se compose de cinq grandes îles et d'une foule de
petites. La position de ces îles sur la côte de l'Asie est tout à fait
analogue à celle des Iles Britanniques sur la côte de l'Europe. Les
cinq grandes îles sont Yéso, Niphon ou Nippon, Sikok, Kiousiou et
Formose.

Les petites îles comprennent les Kouriles méridionales, Ksouna-
chir et Itouroup (Ourous et Tchikotans appartiennent aujourd'hui à
la Russie), situées au nord d'Yéso; l'île Sado et les îles Oki, à l'ouest
de Nippon; les îles Fatsitiou et Bonin-Sima, à l'est de Nippon. Au
sud de Kiou-Siou et au delà du détroit de Van-Diemen se trouve une
longue chaîne d'îles comprises sous le nom d'archipel Liou-Kiou. Elles
vont, en formant un demi cercle, rejoindre l'île Formose, autrefois
japonaise, puis chinoise, redevenue aujourd'hui dépendance japonaise.
Nous voyons d'abord les îles Linschoten, et l'archipel Cécille, avec
les îles Tanega-Sima (le mot *Sima* veut dire île), Nagarobé, Yaki-
mo-Sima, Naka-Sima, Suma-Sima, Akui-Sima, Tokora-Sima, Yoko-
Sima. Plus au sud, toujours en allant vers Formose, nous trouvons
les îles Kikai-Sima, Oho-Sima, Ima-Sima, Tok-Sima, Yeiraba-Sima,
îles Montgoméry, Yori-Sima, Kari-Sima, Tonne-Sima, Okinawa-Sima,
Komisang, Amakirima. Entre les îles Liou-Kiou et Formose, nous
remarquons l'archipel Meia-Co-Sima, avec les îles Raleigh, Pinacle,
Tiausu, Ty-Pin-San, E-Ka-Bou, Ykima, Pat-Ching-San, Bangh, Koo-
Kieu-San et Koumi. Au delà de Formose se trouvent les îles Pescadores, aujourd'hui japonaises.

« En face du continent d'Asie aux masses compactes, aux épais
contours, aux formes pleines, le Japon égrène ses îles déliées et fines,
et ses îlots ajourés comme une dentelle. Elégante frange des terres
asiatiques rattachée au continent par le Kamtchatka et par Formose,
il se déploie du N.-E. au S.-O. en dessinant trois festons d'un
rythme parfait. Le feston central beaucoup plus fourni, plus ample
de proportions que les deux autres, est le Japon proprement dit;
des seuils sous-marins l'attachent au continent par la longue île —
presque péninsule — de Sakalin au Nord, et par la presqu'île de

Corée au Sud. A son centre, où il acquiert précisément sa plus grande largeur, il se brode de ses plus hautes montagnes ; il s'épaissit et se rehausse à la fois, et tout à côté de sa maîtresse cime, le Fushi-Yama, il a sa ville capitale, Tokio.

« La côte orientale de l'Asie harmonise ses contours avec ceux de l'Archipel. Aux échancrures régulières des trois festons japonais correspondent par un rythme frappant trois profondes indentures du rivage continental, et trois mers occupent l'écartement des côtes. La chaîne des Kouriles se referme sur la mer d'Okhotsk, le Japon proprement dit sur la mer du Japon ; le collier des Liou-Kiou (*Lou-Tchou*) sur la mer de Chine. Enfin, pour que rien ne manque à l'harmonie de cette configuration, de ces trois mers littorales c'est celle du milieu qui a la cavité la plus profonde. Son bassin, presque fermé, se creuse en cuvette, et, à mi-chemin du détroit de Tsougar au détroit de Corée, la sonde est descendue à 3,050 mètres.

« Par un frappant contraste avec ces mers intérieures des côtes concaves du Japon, l'Océan Pacifique qui baigne la convexité de l'Archipel, descend rapidement, par pentes abruptes, à de sombres profondeurs. Tout près du rivage, le lit océanique plonge en brusque talus à 4,000 et 6,000 mètres, et c'est là que se trouve le gouffre le plus profond des mers du globe. Immédiatement à l'est de la rangée des Kouriles, par 44°55' latitude Nord, et 150°6' longitude Est, la sonde du *Tuscarora* (1874) est descendue jusqu'à 8,513 mètres. Si bien, qu'entre les mers littorales (dont la profondeur moyenne ne dépasse pas 900 mètres) remplissant de faibles cavités de la croûte terrestre et le Pacifique, l'archipel japonais forme, à l'extrême rebord du continent d'Asie, « la berge des plus profonds abîmes connus de l'Océan » (1).

(1 Vivien de Saint-Martin.

Au N.-E. du Japon se trouve une fissure de 100 lieues de large sur 300 de long, dont la profondeur, à peu près régulière, est de 8,500 mètres. La température des eaux à ces profondeurs est de 0°,90. L'Océan Pacifique est le plus tourmenté des Océans. D'après la théorie de Russell, il est parcouru par une vague dans l'espace de douze heures. Comme il a 11,000 kilomètres de large, c'est une course folle de 1,000 kilomètres à l'heure.

Le fond est des plus curieux. « Il est semé de vivants parterres où s'épanouissent mille fleurs animées : nullipores roses et jaunes, gorgones aux éventails lilas, patelles striées de pourpre, anémones marines aux brillantes nuances, méduses aux blanches clochettes, isabelles violettes et autres gracieux zoophytes, au milieu desquels se joue le colibri de l'Océan, ce poisson microscopique aux riches et changeants reflets. Là croissent de gigantesques forêts, dont la luxuriante végétation laisse bien loin celle des tropiques si vantée, et qui voient se déployer des fucus dont la taille, de beaucoup supérieure à celle du baobab, le géant des forêts africaines, ne mesure pas moins de 800 pieds de longueur. Au sein de ces profondeurs ténébreuses errent des monstres qui, ne remontant à la surface qu'à de lointains intervalles, apparaissent parfois aux yeux effrayés de quelques navigateurs, et deviennent, comme le fabuleux *kraken*, le sujet de légendes que se transmettent les générations » (1).

A travers l'Océan Pacifique, le long des côtes orientales du Japon, coule un vaste courant, le *Kouro-Sivo* ou Fleuve Noir. Il est formé par le courant nord équatorial. Il commence vers le détroit de Malacca, suit les côtes du Japon, et se dirige ensuite vers l'Amérique. Il envoie un bras vers le détroit de Béhring et les mers glaciales. L'autre partie de son cours redescend le long des côtes de la Californie. A son origine, la température de ce courant est de 27 degrés centigrades. Elle descend ensuite à 11 degrés. Le Kouro-Sivo a une vitesse de 133 kilomètres par jour, soit 6 kilomètres et demi à l'heure.

La mer du Japon, qui baigne les côtes occidentales, est une sorte de mer Méditerranée, plus mauvaise encore pour la navigation que l'Océan Pacifique. Elle est constamment agitée par les tempêtes,

<hr>

(1) J. Dubois.

comme il arrive fréquemment d'ailleurs aux mers qui se trouvent
resserrées entre les terres et où les vagues venant du large manquent d'espace pour se mouvoir. Notre mer de la Manche, entre la
France et l'Angleterre, est dans la même situation, et c'est ce qui
en rend la navigation difficile.

La Mer Intérieure, nom donné aux eaux qui se trouvent entre
les détroits d'Akaki et de Simonoséki, est semée d'une quantité
innombrable d'îles et d'îlots. La plupart des touristes ayant visité le
Japon ont donné des relations enthousiastes de cette mer couverte
d'îles. Le voyage de Kiogo à Simonoséki est charmant ; il y a des
sites capables de rivaliser avec les endroits les plus pittoresques du
globe.

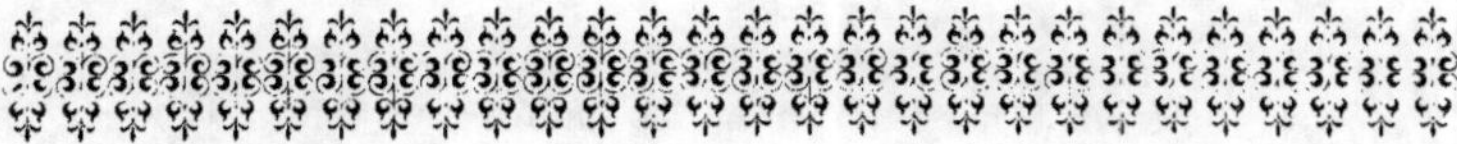

III

CLIMAT, TYPHONS, VOLCANS

Variété de climats. — Pronostic du temps, nuages, vents, pluie. — Typhons. — Tremblements de terre, volcans, théorie de M. Milne. — L'éruption du 15 juillet 1888 : 90 maisons détruites, 476 victimes, cours du Nagassa obstrué. — Le Fusi-Yama, volcan éteint. — Les inondations. — Un tremblement de terre qui dure douze jours.

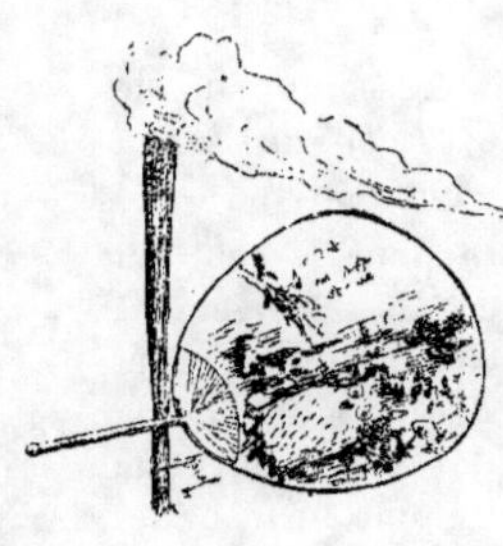

Grace à sa forme allongée, le Japon touche, d'un côté aux frimas du Nord et de l'autre aux chaleurs des tropiques. Yéso a le climat de la Norwège, ses neiges abondantes, sa nature sauvage, ses arbres résineux et aussi ses grandes pêcheries de saumon, dont les produits sont vendus à tout le Japon. Dans Nippon, la végétation est semblable à celle de la France, mais plus vigoureuse, grâce aux ardeurs du soleil et aux pluies torrentielles de l'été. Le sol, riche et bien cultivé, produit le riz, le blé, le thé, le coton, le tabac; c'est aussi la région de la vigne et du mûrier. Les montagnes, entièrement boisées, sont couvertes de cèdres, de marronniers, de camphriers énormes, de camélias et de bambous. Kiou-Siou et Formose, au sud de Nippon, sont les régions de l'oranger et de la canne à sucre.

Les pluies sont fréquentes en été et les chaleurs très fortes. Le *Tchoya-Chimboun*, journal qui se publie à Yokohama, a donné, pour le mois d'août, le tableau des maxima thermométriques dans les diffé-

rents ports du Japon. On y remarque les chiffres suivants : Hakodade 35°; Nagasaki 49°; Hiroshima 54°; Kioto 46°; Osaka 48°;
Tokio 47°. Dans les îles Okinawa, la chaleur s'était élevée à 58°. Il
est vrai de dire que ce dernier chiffre est rarement atteint; d'ailleurs, cette élévation de température est atténuée par les brises de la
mer. Les orages sont fréquents, et presque toutes les nuits le tonnerre
se fait entendre. En hiver, la température est parfois rigoureuse à
cause des vents qui soufflent généralement du nord et du nord-est.
La neige paraît quelquefois dans les plaines ; elle est perpétuelle
sur certains sommets de l'ouest.

L'île d'Oaschima, distante de Kayoshima d'environ 120 ri marins (472 kil.) est visitée l'hiver par des touristes qui y viennent
chercher un refuge contre les intempéries de la saison. Le climat
de cette île est délicieux : un véritable printemps au mois de janvier. Il en est de même des quelques îlots situés dans le voisinage.
La population de ce groupe est de 53,000 âmes. La langue des
insulaires semble se rapprocher du Chinois et est incompréhensible
aux Japonais. Ces îles, tout en dépendant politiquement de l'empire
du Japon, n'en ont ni les mœurs, ni le climat.

Voici quelques détails qui nous ont paru intéressants sur le
pronostic du temps au Japon. Ils sont extraits de l'*Echo du Japon*
qui les emprunte lui-même à l'ouvrage de M. Fetz-Roy.

Le *baromètre monte* et le *thermomètre baisse* pour le vent du
nord, du nord-ouest, passant à l'est par le nord. Ce changement
annonce la pluie au Japon, tandis qu'en Europe, au contraire, c'est
le signe d'un temps sec ou moins humide, d'une diminution de la
force du vent, à l'exception d'un petit nombre de cas, celui, par
exemple, où la pluie ou la neige vient du nord avec une forte brise.
Pour tout changement de vent vers l'une de ces directions, le baromètre monte et le thermomètre baisse.

Le *baromètre baisse* et le *thermomètre monte* pour le vent du
sud, sud-est, passant à l'est par le sud. Le vent d'est et du sud-
est amène généralement le beau temps au Japon, sauf dans les cas
de coups de vent et de sautes subites de vent du nord au sud par
l'est ou l'ouest. Lorsque le baromètre baisse et le thermomètre
monte, on peut prévoir une augmentation de la force du vent, ou

un temps pluvieux, excepté quand souffle une brise modérée venant du nord accompagnée de pluie ou de neige.

Au début d'un coup de vent du S.-O., le baromètre est quelquefois au-dessus de la moyenne (760$^{m. m.}$ au bord de la mer), mais il baisse à mesure que le vent augmente. Une ascension rapide du baromètre indique un temps variable; une chute rapide est un signe de temps très orageux accompagné de pluie ou de neige.

Les plus fortes dépressions du baromètre ont lieu avec les coups de vent de S.-E., Sud ou S.-O.; les plus grandes élévations, avec les vents de N.-O., Nord ou N.-E., et aussi avec le calme.

Parmi les pronostics les plus marqués du temps, nous citerons les suivants :

Par tout temps, serein ou nuageux, un ciel *rosé* au coucher du soleil est un indice de *beau temps*. Une teinte *sombre,* triste et verdâtre, annonce le vent et la pluie; une teinte *rouge foncé,* la pluie.

Un ciel *rouge* au matin présage du *mauvais temps* ou *beaucoup de vent.* Un ciel *gris* est un indice de *beau temps*. La lumière du jour naissant, apparaissant au-dessus d'une bande de nuages, promet du vent.

Comme presque tous les pays avoisinant les tropiques, le Japon est sujet aux ouragans. Les *typhons* n'y sont pas rares. Voici quelques détails sur celui qui a été ressenti le 14 septembre 1881.

« Il est d'usage au Japon, comme dans les pays d'Europe, que lorsqu'un typhon se déclare dans un lieu où se trouve une station météorologique, on envoie immédiatement des télégrammes aux autres stations, pour les informer de l'état du baromètre et du thermomètre, ainsi que des indications de l'anémomètre. Or, le 13, à 9 heures du matin, l'Observatoire de Tokio recevait une dépêche de la station de Nangasaki, annonçant que le baromètre, dans cette ville, était descendu à 750$^{m}/^{m}$ 81 et qu'il tendait à descendre encore ; le thermomètre marquait 30° centigrades, et le vent, qui soufflait du N. N. E. avait une vitesse de 22,326 mètres à l'heure. D'après ces informations, il devenait certain que, malgré la faiblesse du vent, les côtes seraient visitées par un typhon venant des mers de Chine, dont le centre s'approcherait à l'est de ce port. Mais la translation de ce typhon n'a pas dû être régulière, car les autres stations, telles que celles d'Hiroshima et de Wakayama, n'ont encore rien signalé, après 48 heures. Il est vrai, et cela arrive assez souvent par les temps d'orage, que les lignes télégraphiques pouvaient ne pas fonctionner; on n'avait pas, dans ce cas, les moyens de prévenir de l'approche du typhon. A Tokio comme à Yokohama, le ciel était couvert de nimbus poussés par le vent du nord et la pluie tombait sans interruption. Vers 1 heure 49 minutes du matin, le vent augmenta de violence et dès lors on était certain qu'il serait suivi d'un véritable ouragan. Voici les indications fournies par les divers instruments de l'Observatoire de Tokio avant, pendant et après le typhon.

Avant :   13 sept. 9 h. soir, baromètre 760.51, thermomètre 19°, vitesse du vent 10 136 N.
Pendant: 14 — 6 h. 15 mat. —   640.93,   —   26°   —   66 130 S.-O.
Après : 14 — midi   —   747.91,   —   30°   —   25 100 S.-O.

« La vitesse du vent a atteint son maximum vers 4 heures et demie du matin.

« Depuis longtemps on n'avait pas eu à Yokohama un temps aussi affreux; ce n'était cependant que la queue du typhon, dont le centre était en mer. Le vent soufflait avec une violence telle que les vaisseaux n'étaient plus en sûreté dans le port et que plusieurs steamers chauffaient pour gagner la haute mer. A la colline, les palissades des jardins et nombre de cheminées ont été renversées. Un chaland, occupé au déchargement du *Belgic*, se trouvait assez éloigné du quai lorsque le vent, soufflant par violentes rafales, y produit une grande perturbation dans le port ; le bateau n'a pas tardé à chavirer. Vingt coolies ou sendos étaient à bord; dix ont été sauvés immédiatement; deux autres ont pu se maintenir sur l'eau à l'aide de quelques débris, et réussir à gagner la côte à Koyassou, près du fort de Kanagawa. Il a été complètement impossible d'organiser des secours pour les huit autres, qui périssaient ainsi à quelques brasses du rivage, sous les yeux de leurs amis affolés » (1).

Comme toutes les contrées volcaniques, le Japon éprouve souvent des secousses de *tremblements de terre*. M. J. Milne a

(1) *Echo du Japon.*

publié des *Notes on the recent Earthquakes of Yedo plain,
and their effect on certain buildings* (1). Dans ce travail, nous
remarquons un tableau des secousses ressenties du mois de septembre
1872 au mois de décembre 1880, soit 8 ans et 4 mois. Le total
des secousses s'élève à 370. Les années les plus chargées sont 1880
(74 secousses) et 1877 (71 secousses) ; l'année 1874 n'en a ressenti
que 8. Comme elles sont classées par mois, il est facile de
remarquer qu'elles sont beaucoup plus nombreuses en hiver qu'en
été. On en compte 213 d'octobre à avril, et 157 seulement d'avril
à octobre.

M. Milne pense que l'origine des chocs doit être cherchée dans
les districts volcaniques qui avoisinent Tokio. Au nord-ouest de
cette ville on trouve un groupe important de volcans. A l'exception
du *Shiranéyama* et de l'*Assamayama,* tous paraissent être éteints.
Dans la direction du sud-ouest, on voit un autre groupe ; celui de
ces derniers qui est situé le plus au nord est le fameux *Fusi-Yama*,
dont la dernière éruption date de 1707. Encore plus loin, les îles
d'Oshima et de Koshima contiennent des volcans, dont la plupart
étaient récemment en éruption.

M. Milne ne croit pas que le voisinage des volcans soit la
seule cause des tremblements de terre. Se basant sur ceux qui
ont été ressentis dans la plaine de Tokio, et que l'on n'a pas
constatés à Yokohama, il pense que si les chocs N.-O. S.-E.
émanaient de la région volcanique du N.-O., ils auraient, avant
d'atteindre Yédo, à traverser une plaine d'une étendue d'au moins
70 milles ; ils perdraient ainsi une grande partie de leur énergie, et
ils devraient être ressentis plus fortement dans les lieux situés près
de leur origine qu'à Tokio, et plus dans cette ville qu'à Yokohama.
Or, d'après quelques observations récentes, il paraît qu'on a ressenti
dans cette dernière ville des secousses qui n'ont pas atteint Tokio,
ce qui prouve apparemment que Yokohama est plus près que Tokio
de l'origine. Cela semblerait indiquer que ces chocs viennent du
S.-O. Le savant auteur conclut par cette opinion que la plupart
des secousses prennent naissance au sud de la baie de Tokio.

En 1881, on signalait une recrudescence dans les éruptions des

---

(1) Notes sur les récents tremblements de terre dans la plaine de Yédo, et leur effet sur certaines constructions.

volcans de l'île Nippon. Un tremblement de terre très violent fut ressenti à Oto Shinden Boun, à Mitama Boun et à Awafoudji Boun, villages du district d'Ononouma, dans la province d'Etchigo. Les habitants, réveillés au milieu de la nuit par les bruits souterrains et craignant pour leur vie, se sont enfuis dans les montagnes. Les volcans *Ogama* et *Mégama* dans le ken de Totchighi, se sont subitement mis à vomir de la cendre et des pierres ; après un calme de quelques jours, une nouvelle éruption, plus terrible que la première, recommença, projetant la lave à une très grande hauteur, et éclairant d'une lueur sinistre tout le pays à plus de 6 ri de distance *(23 kilomètres)*.

Au mois de juillet 1888, une autre éruption volcanique et dont les résultats ont été effrayants a eu lieu dans le district de Hibara-Mura. Par les malheurs incalculables qui en ont été la suite, cette éruption peut être placée au nombre des plus terribles que l'on ait décrites. Nous en reproduisons le récit d'après le *Japan Daily Mail*, journal anglais publié à Yokohama :

« Le 15 juillet, à 7 h. 30 du soir, les habitants des hameaux du district de Hibara-Mura, qui sont très nombreux dans ces montagnes, ressentirent une forte secousse de tremblement de terre, suivie d'une deuxième secousse à dix minutes d'intervalle. A 7 h. 50 se fit entendre une explosion formidable qui, selon l'expression des habitants, avait la force d'une salve de cent mille canons. Une fumée noire, très épaisse, s'éleva au-dessus du sommet d'une des montagnes de Bendaï-San, et lorsqu'elle se dispersa on vit que le sommet s'était incliné vers le nord-est et que le cratère qui venait de se former lançait en l'air avec violence une masse de pierres et de terre rouge qui, retombant sur le sol, changeait de couleur et devenait grise. Toutes ces matières s'entassaient sur le versant N.-E. de la montagne et elles recouvrirent bientôt plusieurs villages avec tout ce qui s'y trouvait.

» Trois de ces villages, Honono, Oshikozawa et Okimotchata, ont été littéralement ensevelis, et là où ils se trouvaient on ne voyait après l'éruption qu'une masse de pierres et de terre, de trente à cinquante pieds de hauteur. Tous les habitants ont péri, au nombre de deux cent cinquante, sauf cinq qui ce jour-là étaient absents de leurs domiciles. Plusieurs autres localités ont aussi beaucoup souffert.

D'après les premiers renseignements officiels, l'éruption a détruit complètement 90 maisons et en a endommagé un bien plus grand nombre. Le chiffre des morts s'élève à 476. Quant aux blessés, on n'a pas encore pu en déterminer le nombre.

» L'éruption a obstrué complètement le cours du *Nagassa,* une des plus larges rivières du district de Hibara–Mura. Au moment de l'éruption, au milieu de la rivière, s'est élevé subitement une montagne de 400 pieds (120 mètres) de hauteur, arrêtant le cours d'eau qui forme actuellement un grand lac s'étendant chaque jour de plus en plus et montant toujours. Quand le niveau sera assez élevé pour trouver une issue, les pays épargnés par le volcan seront submergés par le *Nagassa* qui aura changé de cours. »

Ces volcans ne sont pas les seuls en activité ; le Shakagataké a vomi des flammes tout récemment. Mais le plus remarquable de tous les volcans japonais est le *Fousi–Yama* (1), éteint depuis deux siècles ; il atteint une altitude de 3,795 mètres, dépassant en hauteur les sommets les plus élevés des Pyrénées. Les Japonais aiment à le représenter dans leurs peintures ; l'art et la poésie ne cessent de célébrer sa splendeur olympienne. On se rend à son cratère en pèlerinage. Chaque été, des milliers et des milliers de pèlerins se dirigent vers la montagne sainte et récitent leur prière : « Purifie-moi, déesse, en les six sources de mal : les yeux, les oreilles, le nez, la bouche, le toucher et la pensée. » Ils pensent que là se trouve la divinité supérieure qui préside aux destinées de l'empire. Ils viennent témoigner leur gratitude à ce Dieu qui a calmé sa colère, qui est devenu doux et bon en vieillissant. Quand on arrive à la dernière halte, le pouls fait 160 pulsations à la minute et les membres s'engourdissent. De la cime, sans rivale pour les observations astronomiques, on obtient au télescope des images spectrales des étoiles d'une netteté extraordinaire, en raison de la parfaite transparence de l'atmosphère.

Il y a encore dix autres cratères qui jettent parfois de la fumée et des flammes, rarement de la lave ou des pierres ; on dirait que leurs forces vont diminuant de siècle en siècle, et qu'ils s'éteindront aussi bientôt. Cependant en 1896 a eu lieu dans l'île de Kiou-Siou l'éruption du massif du Kirishima, dont M. Lièvre a donné un

(1) Voir encore, sur le *Fousi-Yama,* le chapitre suivant.

intéressant récit dans le *Bulletin de la Société de Géographie Commerciale de Paris*.

Au mois d'août 1889, le Japon a été frappé par d'épouvantables catastrophes : dans la province de Kil, au sud-ouest de Nippon, une montagne s'est écroulée et a enseveli six villages ; en outre, plusieurs rivières ont débordé, causant de fortes inondations. Plusieurs villes, de nombreuses bourgades ont été renversées ; dans la seule province de Kil on parlait de 10,000 morts et de 150 millions de francs de pertes ; la famine a eu lieu en plusieurs endroits.

Du 28 octobre au 9 novembre 1891, le Japon a été dévasté par de violents tremblements de terre, dus à une dislocation géologique ; les villes de Nagoya, de Gifu, d'Osaka, en partie détruites ; d'innombrables routes, quais, ponts, voies ferrées anéantis ; 89,000 maisons démolies ou brûlées ; 8,000 morts, 10,000 blessés (1).

En 1892, un terrible cyclone a encore éprouvé une partie du Japon. Les débordements des fleuves et les inondations sont, pour ainsi dire, périodiques ; on les a vus se renouveler en 1900, causant des dommages considérables.

(1) Cf. le rapport présenté à l'Académie des Sciences (séance du 28 décembre 1891).

IV

LES GRANDES ILES, NIPPON, YÉSO

Nippon : Montagnes, le Fousi-Yama. — Cours d'eau, les gawas, les gaves des Pyrénées. — Lacs, lac
Biwa et lac Souwa ; les sources d'eau chaude. — Yéso : la pêche ; la colonisation ; l'agriculture ;
la région de Sapporo ; Matsmaï. — Les Kouriles. — Les Aïnos.

'ILE de Nippon ou Niphon, la principale île japonaise, s'étend du nord au sud, sur une longueur de 300 lieues environ. Sa plus grande largeur, qui est dans le sud, est de 80 lieues. La superficie de Nippon est d'environ 260,000 kilomètres carrés. Sur ses côtes, deux grands golfes : celui de Tokio à l'est, celui d'Osaka au sud. Une chaîne de montagnes de 2,000 à 2,500 mètres d'altitude moyenne parcourt l'île du nord au sud où elle se bifurque et se répand autour du golfe d'Osaka. Les montagnes principales dont se compose cette chaîne sont : le Fushi-Yama ou Fousi-Yama ou Foujisan dont nous avons déjà parlé comme volcan, le mont Nikko, le mont Hakoni qui porte des chênes-lièges et le mont Tsukuba.

« La façon dont le Fousi-Yama domine tout le pays donne à l'île de Nippon un aspect vraiment caractéristique. Dès que l'horizon n'est plus borné par la toiture des maisonnettes, cet immense volcan dresse à travers les nuages son cône régulier empanaché de neige ; il apparaît ainsi de tous les points à des distances énormes. Poétisé, presque divinisé, la peinture et la sculpture le représentent à tout propos, dominant dans un coin, et vraiment, après expérience, on éprouve l'obsession qu'il inspire » (1).

Après le *Fousi-Yama* on peut citer le *Gassan*, dans la province d'Ouzen ; le *Mitake* et l'*Asamayama*, dans celle de Shinano ; la la chaîne des *Nikko*, dans Shimotsouke, dont le pic le plus élevé atteint 7,850 pieds; l'*Omine*, dans Yamato ; la *Hakousan*, dans Kaga ; l'*Asosan*, dans Higo ; l'*Osengatake*, dans Ouzen ; le *Chokaisan*, dans Ugo ; l'*Iwakisan*, dans Michinokou.

Les montagnes de Tsukuba forment le point le plus élevé de la chaîne située au N.-E. de Tokio, près de la ville de Tsukuba. Elles se composent de granit, de gneiss, d'ardoise, de mica, de quartz. Il y a de grandes masses de diorite et des colonnes d'amphibole. Le sommet s'élève à 2,700 pieds. Il est couvert de belles forêts de chênes et de cèdres habitées par les aigles. Toutes ces montagnes sont volcaniques (2).

Les *rivières* portent le nom de *gawa* qui signifie rivière ou gave, comme nous nommons les petits cours d'eau torrentueux des Pyrénées. Il est singulier de retrouver ce mot avec la même signification, dans des pays séparés par 4,000 lieues de distance. On pourrait voir dans cette analogie un argument en faveur de l'unité primitive des langues.

Les fleuves de Nippon sont généralement de peu d'étendue, ce qui s'explique par l'étroitesse du pays. Ils ont aussi peu de profondeur et ne sont navigables que pour des bateaux à fond plat d'un faible tirant. En attendant que le réseau des chemins de fer se complète, quelques-uns servent cependant au transport des produits de l'intérieur du pays. Un fait digne de remarque est que beaucoup de rivières du Japon changent de nom en certains endroits.

Les principaux cours d'eau sont : la *Tonegawa*, la *Shinanogawa*, la *Kisogawa*, la *Tenriougawa*, l'*Oigawa*, la *Foujigawa*, la *Sakatagawa*, l'*Aboukoumagawa*.

La *Yodogawa*, rivière sur laquelle est située la ville d'Osaka, et la *Soumidagawa* qui traverse la capitale, Tokio, méritent également d'être citées. La *Tonegawa* est la plus longue de l'empire japonais, elle a un parcours d'environ 172 milles.

(1) Ballande.
(2) *Mes premières excursions au Japon*, par le professeur Brauns, Mittheilungen de Halle, 1880.

La *Tonegawa* prend sa source dans la province de Kodzouke,
passe devant Maebashi, ville connue pour son commerce de soie ,
se divise ensuite en plusieurs bras qui se réunissent de nouveau en
un seul courant pour recevoir comme affluent la *Karasougawa* ; plus
loin, la rivière se divise encore, mais cette fois en deux bras
seulement ; celui du sud se jette dans la baie de Tokio, à Horiye,
tandis que l'autre continue son cours, reçoit les eaux de deux

affluents et se déverse dans la mer de Tsoshi, sur la côte du Pacifique.

La *Shinanogawa* a sa source dans la province de Shinano, se
dirige d'abord vers le nord-ouest, ensuite vers le nord et traverse
la province d'Echigo pour gagner la mer à Niigata.

La *Lisogawa* vient aussi de la province de Shinano, parcourt
celles de Mino et d'Owari et se divise en plusieurs bouches non
loin de la mer.

La *Tenriougawa*, le cinquième fleuve du Japon (environ 195 kilomètres de longueur), venant de la même province de Shinano, sort

du lac Souwa et se jette dans la mer après avoir traversé la province de Totomé.

L'*Oigawa*, ayant sa source dans la province de Kai, traverse celle de Toton pour gagner l'Océan.

La *Foujikawa*, venant du Kai, passe par la Sourouga.

La *Sakatagawa*, vient du nord, entre Ouzen et Rikousen, se dirige vers l'ouest et se jette dans la mer du Japon à Sakata.

L'*Aboukoumagawa* a sa source dans l'Iwaki, forme les limites entre cette province et celle de Rikousen et tombe dans l'Océan Pacifique.

Nous avons vu que les inondations sont fréquentes au Japon, le courant des rivières étant très rapide à certaines époques de l'année ; c'est ce qui rend très difficile la construction des ponts.

Parmi les principaux *lacs* citons d'abord celui de *Biwa*, dans la province d'Omi. Il a environ 50 milles de longueur sur une largeur de 20 milles. Etant situé à peu de distance de Kioto, il est géné-ralement visité par les étrangers qui se rendent au Japon. On sait que Kioto est l'ancienne capitale du Mikado, et pour cette raison on ne peut manquer d'aller visiter cette ville. D'après une vieille légende japonaise, le lac de *Biwa* doit son origine à un tremblement de terre qui eut lieu l'an 286 de notre ère et qui donna également naissance à la fameuse montagne de Fouji, que l'on atteint facilement en passant par un autre lac appelé *Hakone*. Citons encore les lacs de *Souwa* dans le Shinano, de *Chiouzenji* aux environs de *Nikko*, et celui d'*Inawashiro* dans l'Iwashiro. Dans le lac *Souwa* s'écoulent un grand nombre de sources minérales chaudes ; ce lac forme la *Tenrio-Gawa* (1).

Nous n'insisterons pas davantage sur la géographie de Nippon. Cette île étant le centre de l'empire japonais, nous aurons souvent l'occasion d'y revenir.

Comparable à l'île de Terre-Neuve par les épais brouillards qui l'enveloppent, Yéso rappelle aussi l'île américaine par ses bancs pois-sonneux, par l'abondance de sa faune marine et l'importance des pêcheries de son littoral. Elle doit cette ressemblance à la rencontre dans ses eaux des courants froids et des courants tièdes, charriant de l'Océan du Nord et des mers tropicales une ample pâture d'ani-

(1) D'après Russel Robertson.

malcules et de débris. Presque tous les villages de cette grande
île sont des hameaux de pêcheurs ; des stations temporaires de chasse
et de pêche se trouvent également dans Kounasiri et Itoroup *(Kouriles méridionales)*. Au rapport de Blakiston, la saison de pêche est
mauvaise quand on n'a capturé sur la côte de Yéso que 1,200,000
saumons. Avec leurs filets, longs parfois de 1,200 mètres, que
70 hommes ont peine à manœuvrer, les pêcheurs ont pris en un seul
jour jusqu'à 20,000 poissons. Yéso expédie aux provinces très peuplées du Midi et jusqu'en Chine d'énormes cargaisons de poissons
séchés et de poissons salés. Les harengs, les poissons fades ou
mauvais, les têtes, l'huile, les déchets de toute nature sont utilisés
comme engrais. D'autres produits de l'Océan, crabes, mollusques,
varechs, coquillages sont également consommés par ce peuple ichthyo-
phage (1).

L'île de Yéso a une forme triangulaire. Sa superficie et celle
des petites îles voisines est de 89,623 kilomètres carrés. Elle est
séparée de Nippon par le détroit de Matsmaï ou de Tsougar, au
sud de Yéso, au nord de Nippon. Sur la côte sud-est s'ouvre la
magnifique baie des Volcans. Le golfe de Strogonof est à l'ouest de
l'île. Les côtes escarpées sont généralement couvertes de forêts ou de
terres labourables. L'intérieur de l'île est rocheux, par suite peu
cultivé et d'un accès difficile.

Cette île porte plus généralement le nom de *Hokkaido*. Elle
était à peu près inculte il y a quelques années. On avait créé, afin
d'y favoriser le développement de l'agriculture, de l'industrie et du
commerce, un ministère dit de la colonisation, dont le siège était à
Tokio. L'émigration au Hokkaido fut encouragée ; on y envoya un
grand nombre de Shizokous (ancienne classe militaire) qui n'avaient,
depuis la Restauration de 1868, époque à laquelle la féodalité fut
abolie, aucun moyen d'existence ; on leur enseigna la culture et on
leur distribua des terres. La population de Yéso augmenta rapidement
et la race des *Aïnos* tend à se modifier par suite des croisements ;
d'ici à quelques générations elle n'aura que peu de différence avec
la vraie race japonaise. Aujourd'hui une grande partie de l'île est
défrichée, des routes ont été tracées. Les villes et les villages les
plus importants sont reliés par le télégraphe ; enfin un chemin de

(1) Vivien de Saint-Martin.

fer a été construit entre Sapporo et Otarou, villes séparées par une
distance de dix milles. L'impulsion qui a été donnée est suffisante
pour assurer l'avenir de cette partie de l'empire, d'où l'on tire déjà
divers produits tels que céréales et poissons salés en quantités importantes ; on y élève aussi d'excellents chevaux. Le ministère de la
colonisation, devenu inutile par suite des progrès accomplis dans le
Hokkaido, a été supprimé au Japon, il y a plusieurs années, et l'île
a été divisée en trois ken ou préfectures, relevant du ministère de
l'intérieur.

Une correspondance adressée de Sapporo à l'*Echo du Japon*
donne des renseignements précieux sur le mouvement agricole,
industriel et commercial et sur les voies de communication de la
région de *Sapporo*, de *Iameya* et d'*Ishikari*.

La saison d'hiver est longue à Sapporo. La riche verdure qui
tapisse la pente des collines à l'ouest de la ville y prend à cette
époque les magnifiques et délicates couleurs variées de l'automne
dans la zone tempérée. Sur les versants situés à l'est et au sud
resplendissent des teintes vertes, jaunes, or, orange, rouges. A la
base des collines, la verdure conserve sa couleur primitive. Dès le
début de l'hiver, le sommet des pics élevés distants d'environ quinze
milles est couvert de neige, et la longue chaîne de montagnes qui
s'étend à l'est et au nord de cette vallée est toute blanche d'une
neige qui ne disparaît que pendant les premiers jours de juin.

Les parties cultivées de la vallée d'Ishikari ont une récolte
abondante. La récolte du foin — une des plantes qui ont été introduites d'Amérique et semées par les soins du gouvernement de la
colonisation — est considérable. Dans chaque saison la culture des
plantes étrangères augmente d'importance. L'offre du foin est de
beaucoup inférieure à la demande. Bien que l'on coupe autant d'herbes
sauvages que de foin, les deux combinés sont à peine suffisants, car
le nombre des chevaux et du bétail, — indigènes, *Nambou*, demi-
sang et autres — augmente rapidement. Les herbes étrangères viennent
bien sous ce climat et sur ce sol ; elles ne tendent pas à dépérir,
mais au contraire à augmenter et à multiplier. C'est spécialement le
cas pour les différentes espèces de trèfle.

Ce qui est vrai pour les récoltes de fourrage l'est encore plus
pour le maïs. On ne l'emploie pas seulement pour nourrir le bétail,

mais le peuple commence à s'en servir et à apprécier ses qualités nutritives. Les habitants de cette vallée en consomment chaque jour des boisseaux sous la forme d'épis rôtis. Il y a vingt ans, on voyait rarement une personne toucher à un épi de ces grains, lorsqu'il était présenté comme nourriture. Le blé, l'orge et l'avoine fournissent une très belle récolte.

Le *sorgho*, récolté dans la ferme du gouvernement, donne une proportion raisonnable de matière sucrée. La partie broyée à la

ferme du village fournit un jus riche en sucre. Tout ce jus est vendu à Sapporo comme sirop, à un prix très rémunérateur. Jusqu'ici, les expériences faites avec le sorgho ont donné des résultats plus favorables que celles qui l'ont été avec la betterave. Le premier de ces produits paraît être mieux adapté à ce climat que le dernier. Celui-ci risque aussi d'être dévoré par un ver vorace que l'on trouve particulièrement dans le Hokkaido, ce qui rend la récolte de la betterave l'une des plus incertaines qu'on ait encore tentées dans cette vallée. En outre, la betterave qui pousse dans ce pays tend à devenir une grande racine non saccharine.

Plus de vingt espèces de plants de vigne importées d'Amérique ont déjà produit. La plupart d'entre elles ont donné une grande

quantité de fruits. Quelques-unes paraissent devoir très bien réussir
dans cette île ; elles mûrissent vite et sont suffisamment douces. Beaucoup de variétés ne donnent pas un fruit mûr et sucré.

Les pommiers, les poiriers, les pruniers et un grand nombre
d'arbres importés ont produit des fruits en abondance. Dans la plu-

part des cas, les fruits ont été gros, beaux, sans vers,
d'une odeur et d'un goût excellents. Les fruits étaient
tellement demandés — surtout les pommes et les
poires — que très peu ont eu le temps de mûrir complètement. Les indigènes recherchaient les fruits à moitié
mûrs, durs, et les dévoraient avidement. Le succès
de la récolte des poires a provoqué le désir chez
tous les petits fermiers de posséder de jeunes arbres. Il y a quelques années on a laissé périr par inattention les arbres distribués par le
Kaitakoushi. Les fermiers ne voulaient pas croire alors ce qu'on leur
disait au sujet des pommes et des poires. Mais le peuple a reconnu
les bonnes qualités des nouveaux fruits.

Le Kaitakoushi n'aura pas introduit en vain les fourrages, les
légumes potagers, le maïs, la vigne, aussi bien que les poires et
les pommes. Les résultats donnés par les graines qui ont été semées
ont convaincu les habitants de la sagesse des hommes qui ont
importé les plantes étrangères nutritives. On verra s'augmenter
chaque année la superficie des terres défrichées, et l'abondance des
récoltes de pommes de terre, de grains, de sorgho, de poires, de
pommes, de prunes, contribuera à rendre le peuple plus heureux,
plus prospère et plus indépendant.

Cette vallée d'Ishikari est fertile, mais pour développer ses
richesses, il faudra un travail sérieux et patient, beaucoup de
privations, une méthode et des ménagements différant de ceux en
usage dans l'île principale.

L'*École d'agriculture* est dans une situation florissante. Le
nombre des élèves — même avec les règlements actuels, d'après
lesquels chaque élève devra rembourser les dépenses de son éducation,
— est complet et un certain nombre de jeunes gens suivent les
cours de l'École comme « étudiants privés ». Les études sont
généralement pratiques et portent sur la chimie, l'anatomie, les
observations au microscope, la botanique, la géologie, les travaux

manuels dans la ferme de l'Ecole, et un peu aussi sur l'art militaire.
La langue anglaise a été adoptée pour l'Ecole. Les membres de
l'ancien corps de professeurs américains, dont les contrats ont expiré,
ont été remplacés par des Japonais sortant de l'Université de Tokio ou
ayant fait leur éducation à l'étranger. Des positions dans le corps de
l'Instruction ont été données à ceux qui ont été diplômés depuis 1880
et 1881. Le nombre des élèves est limité à cinquante. La durée des
études scolaires est de quatre ans. Il y a une section préparatoire
demandant quatre années ou plus d'études dans les langues anglaise,
chinoise et japonaise.

La section, de Tameya à Sapporo, du chemin de fer de Poronai
est en bonne condition. La voie a pu être consolidée. La ligne
— construite entre le 29 septembre et le 26 novembre 1887 —
est maintenue dans un tel état que, pendant la
visite du Mikado, un train a parcouru 22 milles
et demi dans une heure et dix minutes. De Sapporo à Zemi-Batto, près de la mer, le train
composé de cinq longs wagons de voyageurs
atteignit une vitesse moyenne de quarante milles
à l'heure, et cela sur une voie nouvelle et des
rails complètement neufs. De Zemi-Batto à
Tameya, le long du rivage, la vitesse du train
fut beaucoup ralentie, car il y a 47 courbes
en 9 milles, variant de 5" à 25", trois tunnels,
sans parler des nombreux villages de pêcheurs
que l'on rencontre sur la route. Un train de
marchandises et de voyageurs parcourt la distance qui sépare Tameya de Sapporo en deux

heures et quart, d'où il faut déduire deux arrêts de 15 minutes chacun.
Le train est habituellement composé d'un long wagon de première
classe, de trois de seconde classe (pouvant contenir quarante-cinq
personnes chaque) et de douze longs wagons de marchandises pouvant prendre chacun huit tonnes de gros colis et quelquefois plus.
Bien que la largeur de cette ligne soit de trois pieds six pouces, les
wagons sont presqu'aussi grands que ceux employés sur les lignes
modèles, larges de quatre pieds et huit pouces et demi.

De nouvelles, grandes et commodes stations ont été construites à Tameya, à Otsou et à Sapporo. Celle de Sapporo est complètement en bois et a une longueur de 120 pieds sur 60 pieds de largeur.

Le premier navire portant le pavillon anglais entré dans la baie de Tameya a été le steamer en fer *Mary Tatham*, capitaine John Garley, parti de Newport et venu *via Suez* et le détroit de Corée en 70 jours. Il était chargé de matériel pour l'agrandissement de la ligne de Poronai.

Le produit de la pêche dans la baie d'Ishikari et à l'ouest d'Otarou est assez lucratif. La pêche du saumon se fait plus particulièrement à l'embouchure de la rivière d'Ishikari.

Quand on dit que les pêcheurs ont une saison moyenne, cela veut dire abondance de nourriture, bonheur et contentement pour cette simple classe. Des incendies ayant détruit les villages des environs d'Ishikari, une nouvelle station de pêcheurs fut construite à Ise-fu-cho, ce qui contribua à déplacer la population qui se trouve maintenant plus au sud. Beaucoup de marchands et de résidents ont quitté les districts brûlés et ont fait construire des maisons commodes et meilleures sur de nouveaux terrains entre les stations d'Otsou et de Tameya. Les affaires deviennent de plus en plus importantes. Les steamers du Kaitakoushi et de la Mitsu Bishi, la plupart des voiliers qui vont dans le nord, à l'exception des jonques, mouillent à Tameya.

Le chemin de fer devient rapidement un instrument actif pour le développement de ce port florissant. Les marchands japonais profitent largement des avantages qu'il procure pour les communications avec l'intérieur. Il a déjà fait baisser les prix du bois, du charbon et des légumes provenant de la vallée d'Ishikari. En un mot, il développe sensiblement les relations commerciales entre Otsou et Tameya et est une source de richesses pour toute cette région.

Les montagnes qui constituent l'île presque en entier sont couvertes de bouleaux, de cyprès, de sapins et d'énormes roseaux. Là vivent les aigles, les faucons, les ours. Ces derniers y sont même élevés à l'état domestique, et la *fête de l'ours* chez les Aïnos n'est pas une des moins intéressantes coutumes de l'empire du Japon (1). Les mines d'or, d'argent et de plomb y sont abondantes, mais inexploitées.

(1) Voir la Fête de l'Ours, au chapitre des Mœurs et Coutumes.

La capitale de l'île est Matsmaï, sur le détroit de ce nom ; elle a 50,000 habitants. C'est une forteresse bien défendue du côté de la mer. Son port est important. Les maisons sont presque toutes en bois. A l'est de Matsmaï et sur le même détroit, se trouve la ville d'Hakodade qui a 70,000 habitants. C'est le rendez-vous commercial des étrangers et l'entrepôt des marchandises de toute l'île. Son port, déjà vaste, vient d'être considérablement agrandi. Il fut ouvert aux Etats-Unis en 1854, aux Anglais et aux Russes en 1855, aux Hollandais en 1857, aux Français en 1858. Sur la côte Nord-Est, on voit la petite ville d'Atkis ou Atskesi, avec le port de Kimoro, visité en 1792 par le russe Laxmann. Plus au nord, viennent les ports de Saya et de Notsjiab.

Au nord-est de Yéso sont les deux Kouriles méridionales appartenant au Japon et dépendant du gouvernement de Matsmaï. Kounachir a une population de 300 habitants et un établissement sur la côte sud. Itouroup possède le port fortifié d'Ourbitch.

Le long de la côte occidentale de Yéso s'élèvent plusieurs petites îles : Oosmia, Koshima, Okosiri, Riosiri, Ribounsiri qui dépendent aussi de l'île de Yéso.

Toutes ces îles sont habitées par la race curieuse des *Aïnos*. Ce sont d'excellents chasseurs. Ils ont des chefs héréditaires qui paient tribut au gouverneur de Matsmaï, nommé par la Cour de Tokio. Leur tribut se paie en peaux de bêtes, car ils n'ont pas de monnaie. L'usage de l'écriture leur est inconnu ; ils n'ont ni lois ni culte. Ils font cependant des libations en l'honneur d'une divinité qu'ils nomment Kamoï. Quelques-uns adorent le soleil, la lune, la mer. Ils font le commerce par échange et en silence, comme le faisaient autrefois les Carthaginois sur les côtes occidentales de l'Afrique. Ils vont dans les îles voisines où ils déposent leurs marchandises, puis ils remontent sur leurs bateaux. Les indigènes mettent d'autres marchandises à côté de celles-ci. Peu de temps après, les habitants de Yéso reviennent, et ils acceptent l'échange, s'il leur convient (1).

(1) Voir le chapitre Ethnographie.

V

KIOU-SIOU, FATSI-SIO, LES ILES RIOU-KIOU, FORMOSE

Les volcans de Kiou-Siou. — Fatsi-Sio, terre d'exil des courtisans japonais. — Nomenclature des Riou-Kiou d'après le mandarin Supao-Koang. — Aspect délicieux du pays. — Une page d'un amiral français. — Origines du royaume oukinien. — Chun-Tien. — L'île de Formose. — Les Pescadores.

Iou-siou ou Ximo est au sud-ouest de Nippon. Elle en est séparée par le détroit de Simonosaki. Elle est montagneuse; le pic Hornez est un de ses volcans redoutables; il y a aussi l'Illigigama. Elle n'est connue des étrangers que dans la région de Nangasaki. On sait cependant qu'elle est plus fertile que les autres contrées du Japon. Elle se termine au sud par le cap Tchitchakof, au delà duquel on trouve les divers archipels de Riou-Kiou. Koumamoto est la ville la plus peuplée de l'intérieur de l'île; sa citadelle est une des plus vastes et des plus importantes du Japon. Nangasaki, qui a 72,000 habitants, est le grand port de mer de Kiou-Siou.

L'île de *Sikok* s'étend au sud-est de Nippon. Elle est déserte et peu connue.

A l'est de Nippon s'élève le rocher escarpé, stérile, désert, de *Fatsi-Sio*. Il n'est accessible qu'au moyen d'échelles de cordes. C'est un lieu d'exil pour les courtisans tombés en disgrâce.

A l'ouest de Nippon se trouve l'île de *Sado* connue pour ses mines d'or. Elles sont exploitées depuis fort longtemps, mais n'ont donné jusqu'ici que de maigres résultats.

Par les 20⁰ et 24⁰ degrés de latitude nord et le 136ᵉ de longitude, du sud de l'île japonaise de Sut–Suma au nord de l'île de Formose, s'étendent, en arc de cercle, trente-six petites îles formant trois groupes distincts : c'est l'archipel *Riou-Kiou* que les indigènes désignent sous le nom de royaume *Oukinien*. Nous nous servirons indistinctement de ces deux dénominations, en faisant observer que les voyageurs orthographient la première de différentes manières : *Riou-Kiou*, *Liou-Kiou*, *Lieou-Kicou*, *Lou–Tchou*.

Voici, d'après le mandarin Supao–Koang, la nomenclature de ces îles, en prenant la grande île de Riou-Kiou pour point de repère de leur orientation.

HUIT ILES AU NORD-EST

1. Yeoulon. — 2. Yong-tchang pou. — 3. Tou-kou. — 4. Yeoula. — 5. Kia-ki-Luma. — 7. Tatao, la plus importante du groupe. — 8. Ki-ki-ai.

CINQ ILES AU NORD-OUEST

9. Touna-Kichan. — 10. Gan-Kini-chan. — 11. Ki-chan. — 12. Yé-ki-chan. — 13. Lun-hoangchan.

QUATRE ILES A L'EST

14. Kon-ta-kia. — 15. Tsin-kinou. — 16. Ysi. — 17. Puma, formée de deux îlots très rapprochés.

TROIS ILES A L'OUEST

18. Mat-chi-chan, entourée de cinq îlots. — 19. Mat-chi-chan, autre île de ce nom. — 20. Koumichan.

SEPT ILES AU SUD

21. Tai-ping-chang ou Ma-kou-chan. — 22. Ykima. — 23. Yleang-pa. — 24. Kou-lima. — 25. Talama. — 26. Mienna. — 27. Oukomi.

NEUF ILES AU SUD-OUEST

28. Pat-chong-chan. — 29. Ou-Puma, deux petits îlots. — 30. Palouma. — 31. Yeouna kouni. — 32. Kou-mi, la plus grande du groupe. — 33. Ta-ki-tou-non. — 34. Koula-chima. — 35. Ola-kou-se-kou. — 36. Patou-li-ma. — Il y a encore dix-neuf îlots peu connus.

On remarquera que ces îles portent d'autres noms sur diverses cartes ; cette différence vient de ce que les langues japonaise et chinoise sont également en usage dans l'archipel et, suivant qu'un voyageur a été renseigné dans l'une ou l'autre de ces deux langues, il écrit les noms en chinois ou en japonais.

La principale de ces îles, celle où résidait le roi, est la grande île Riu-Kiu ou Lou–Tchou ou Oukinia, d'où le nom de royaume oukinien.

L'île de Riou-Kiou est située dans le meilleur climat du monde. Rafraîchie par les brises qui, d'après sa position géographique,

soufflent sur ses côtes dans toutes les saisons de l'année, elle n'est
tourmentée, ni par des chaleurs, ni par des froids excessifs. Le sol
donne naissance à des ruisseaux et à des rivières : il n'est pas infecté
par des étangs et des marais fangeux. Cette source malheureusement
si féconde de maladie dans les climats chauds n'existe pas sur ses
bords, et le peuple y paraît jouir d'une santé robuste, car on ne voit
nulle part d'êtres souffrants et maladifs, ni aucune espèce de mendiants.

La nature a prodigué tous ses dons à l'île de
Riou-Kiou, et telle est la bonté du sol et du climat que des productions du règne végétal, de nature
très différente, qui se trouvent ordinairement dans
des pays très éloignés l'un de l'autre, y croissent
en même temps et dans le même verger. Ce n'est
pas seulement le pays des oranges et des citrons;
mais le bananier de l'Inde et le sapin de la Norwège,
le thé et la canne à sucre y viennent également.
Indépendamment de tous ces avantages, qui ne se
trouvent pas souvent réunis, cette île possède encore des rivières et
des ports excellents.

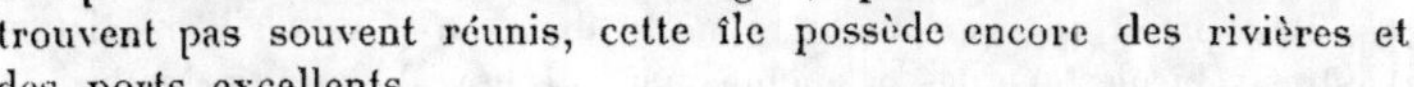

Les plaines verdoyantes et les paysages romantiques de Tinian
et de Juan Fernandez, si bien décrits dans le voyage d'Anson, se
montrent ici aux regards dans une plus haute perfection et sur une
échelle plus magnifique, car la culture y prête un nouveau charme
aux beautés de la nature. Du haut d'une éminence qui dominait
les vaisseaux, la vue est dans toutes les directions pittoresque et
délicieuse. D'un côté, ce sont les îles qui, de distance en distance, sortent du sein de l'Océan, tandis que la limpidité de l'eau
permet à l'œil de sonder la profondeur de la mer et d'apercevoir
tous les récifs de corail qui protègent l'encrage. Au midi, s'élève la
ville de Nafa ; plus bas sont les bâtiments à l'ancre dans le port,
avec leurs banderolles qui flottent dans les airs ; et, dans l'espace
intermédiaire, paraissent de nombreux hameaux semés sur les bords
des rivières qui baignent la vallée. Partout l'œil est charmé par
l'aspect des couleurs variées du superbe feuillage qui serpente autour
des habitations. A l'est, les maisons de Chouï, la capitale, captivent
l'attention tant par la singularité de leur architecture que par la beauté
de leur position. Elles semblent sortir du milieu des arbres charmants

qui les entourent et les couvrent de leur ombrage, et elles s'élèvent l'une sur l'autre dans une progression successive et pittoresque jusqu'au sommet d'une montagne que couronne le palais du roi. Les plaines qui séparent Chouï de Nafa, à la distance de quelques milles, sont ornées d'une longue suite de maisons de campagne. Au nord, l'œil découvre d'immenses forêts dont il ne peut embrasser l'étendue (1).

L'amiral Jurien de la Gravière n'est pas moins épris de ce beau climat qu'il dépeint dans les termes suivants :

« En contournant le bord de la mer, tout ombragé de beaux arbres, nous nous trouvâmes bientôt sur la grande route de Chouï. Nous n'avions point encore rencontré, depuis que nous avions quitté la France, de chemin d'un aspect aussi imposant. Sur les points où cette large avenue cesse d'être pavée de grandes dalles volcaniques, le sol battu et macadamisé n'en présente pas une surface moins ferme. Il n'existe rien en Chine, le pays des petits sentiers, qui soit comparable à cette voie romaine. On en fait remonter l'existence aux temps les plus prospères des îles Riou-Kiou, et, en vérité, cette chaussée fastueuse paraît presque un luxe inutile dans un pays où il n'existe d'autres véhicules que des palanquins portés à bras d'hommes. Malheureusement, les pentes de la colline ne sont pas si bien adoucies que l'on puisse arriver sans fatigue à la capitale, surtout quand le soleil du mois d'août assiège de ses feux presque verticaux le piéton imprudent qui ose le braver en plein midi. L'aspect des riants coteaux, des fertiles campagnes qui nous entouraient, ranimait cependant notre courage et nous faisait oublier notre lassitude.

» Quel ravissant paysage! quel pays doucement ondulé ! quelle fraîcheur sous ces bosquets d'arbres jetés au milieu de vertes cultures! Au sommet des collines s'étendent, comme la crinière d'un casque, les plantations de pins et de mélèzes ; dans les vallées, étagées en terrasses, on cultive le riz et le taro. Les terres, plus hautes et plus sèches, sont plantées de cannes à sucre et de patates douces. La grande Oukinia est située entre le 26ᵉ et le 27ᵉ degré de latitude nord, aussi la nature y a-t-elle rassemblé, comme à Ténériffe, les produits des climats tempérés et ceux des régions intertropicales. Le cocotier, qui ne croît guère au delà du 20ᵉ degré, n'y balance point sur la plage son tronc élancé et son vert panache; mais les autres membres

(1) D'après Mac-Leod, chirurgien de l'*Alceste*.

de la famille des palmiers, le latanier, l'aréquier, le pandanus, tous
ces arbres qui ne peuvent vivre que des rayons du soleil apparaissent
à chaque pas au milieu des conifères habitués à braver les frimas du
nord. Enfin, après avoir gravi la dernière côte, nous entrâmes dans
la ville, en passant sous trois arcs de triomphe, érigés vers le milieu
du xvᵉ siècle à la gloire des trois rois qui gouvernaient jadis la grande
Oukinia. Le souverain de Chouï, le glorieux Chamg-pa-tsé, réunit
alors à la couronne les Etats des deux
autres princes, les royaumes de Fou-
kou-tzan et de Nan—tzan. Ce fut la
grande ère des îles Riou-Kiou, le
temps où les jonques oukiniennes faisaient un commerce considérable avec
la Chine, le Japon et la presqu'île
malaise. Les monuments de Chouï
dataient tous de cette époque de prospérité ; ils lui doivent ce cachet de solidité et de grandeur, si étranger d'ordinaire aux édifices élevés par la race mongole.

» Une solitude absolue régnait dans la ville. Nous parcourions
des rues larges, droites, mais que n'animaient point ces longues
rangées de boutiques, ces échoppes en plein vent qui remplissent de
bruit et d'activité les rues de Canton. Les maisons, presque toutes
bâties au fond d'une cour, étaient entièrement dérobées à la vue par
une enceinte de murailles grisâtres. Les habitants semblaient avoir
évacué cette cité qu'allaient souiller les pas des étrangers. Si parfois
notre arrivée surprenait, au détour d'une rue, des hommes du peuple
retournant à leurs travaux, leur petite cantine portative à la main,
nous les voyions se détourner et s'enfuir, comme s'ils avaient rencontré sur leur passage quelque bête malfaisante. Nous avions demandé
à ne pas être suivis par la police, espérant que notre promenade en
deviendrait plus libre et plus intéressante ; mais le bambou des kouan-
niens, invisible pour nous, n'en planait pas moins sur les épaules de
ces pauvres gens et expliquait à merveille la soudaine horreur que
notre aspect débonnaire n'était certes point fait pour inspirer.

» Après avoir erré quelque temps dans ces quartiers déserts,
nous vînmes nous asseoir à l'ombre d'un immense figuier des

Banyans, sous les murs du palais où s'était enfermé, pour ce jour néfaste, le jeune et tremblant monarque de Riou-Kiou. Ce palais, qui a plus d'un mille de tour, est une véritable citadelle. Il faut avoir vu les murs pélasgiques qui en forment la première enceinte pour se faire une idée de la précision avec laquelle les Oukiniens ont pu assembler, sans l'aide d'aucun ciment, d'énormes blocs de lave unis par leurs crêtes comme les pierres de la plus fine mosaïque. On pourrait comparer ces murailles imposantes à celles de Mycènes, aux monuments qui suivirent les constructions cyclopéennes de Tyrinthe et précédèrent les assises rectangulaires de la Messène d'Epaminondas.

» Quant au palais même, on n'en pouvait guère apercevoir que les toits. Le silence morne qui attristait la ville régnait également au sein de la résidence royale ; aucun bruit, aucun signe extérieur n'y trahissait l'existence d'êtres animés. Seulement, de demi-heure en demi-heure, des mains invisibles élevaient ou abaissaient une petite flamme blanche qui, du haut d'un mât de pavillon planté sur les murailles, annonçait aux habitants de Chouï le progrès monotone de la journée. Le temps qui s'écoule entre le lever et le coucher du soleil est partagé par les Oukiniens en six grandes divisions. La durée de ces longues heures varie suivant les saisons de l'année. Cette inégalité est moins sensible dans le voisinage des tropiques qu'elle ne le serait sous une latitude plus élevée. Elle suffit cependant pour empêcher à jamais la construction d'une horloge oukinienne, à moins qu'on y fasse entrer une complication de rouages destinés à tenir compte du mouvement du soleil. »

Voici quelles sont, d'après le travail du mandarin *Supao Koang*, publié par P. Tournafond, les origines légendaires du royaume oukinien.

Anciennement un homme et une femme naquirent dans le grand vide. On les nomma *Omo-Mey-Kieou*. De ce mariage vinrent trois fils et deux filles. L'aîné de ces trois fils a le titre de *Tien-sun* (Petit-Fils du ciel) ; c'est le premier roi de Riou-Kiou. Le second fils est la tige des princes tributaires ; le reste des peuples reconnaît le troisième fils pour son auteur. L'aînée des filles a le titre d'Esprit céleste ; l'autre a celui d'Esprit de la mer. L'aînée s'appelle *Kun-kun*; la cadette se nomme *Tcho-tcho*.

Après la mort de *Tien-sun*, vingt-cinq dynasties ont successivement régné sur ce pays. Leur durée, à partir de la première année de ce premier roi jusqu'à la première année de *Chun-tien*, dont nous allons parler, est de 17,802 années.

Telle est l'antiquité chimérique que ces peuples s'attribuent et dont ils sont jaloux.

On ne sait rien de certain sur les princes qu'on suppose avoir formé ce grand nombre de dynasties ; tout ce qu'on peut assurer c'est qu'avant l'année 605 de la naissance de Jésus-Christ l'histoire chinoise ne fait nulle mention d'un pays appelé Riou-Kiou.

Le premier roi connu est *Chun-tien*. La première année de son règne répond à l'année de Jésus-Christ 1187.

Chun-tien était descendant des anciens rois du Japon ; mais on ignore en quel temps sa famille s'établit à Riou-Kiou. Il était fils du gouverneur de la ville de *Tali*, et lui-même, avant de parvenir au trône, fut gouverneur de la ville de *Pou-tien*. Un des grands, qui lui disputa la couronne, et qui se nommait *Li-gong*, ayant été défait et tué, les peuples reconnurent *Chun-tien* pour leur roi. Ce fut un prince équitable et attentif à rendre ses sujets heureux. Son règne fut de cinquante et un ans, et il en avait soixante-douze lorsqu'il mourut. Sous son règne, les insulaires de Riou-Kiou apprirent à lire et à écrire.

C'est par l'île de *Formose*, *Formosa* ou *Hermosa*, la belle, comme les navigateurs portugais, frappés de sa luxuriante végétation, appelèrent l'île de *Taï-Wan*, que se termine, à l'ouest, la longue chaîne des îles Riou-Kiou. Elle a été la rançon de la Chine dans l'avant-dernière guerre sino-japonaise (1895-96).

De forme oblongue, orientée du sud-ouest au nord-est, longue de 400 kilomètres environ et large de 100 kilomètres dans sa partie moyenne, cette île a une superficie à peu près égale à celle de la Corse et de la Sardaigne réunies. Le détroit de *Fou-Kian* la sépare de la province chinoise du même nom.

La *configuration physique* de Formose mérite d'être brièvement exposée. D'une longue arête montagneuse se détachent quelques pics très élevés, entre autres, dans la partie centrale, le mont Morrison (3,300 m.) et, plus au nord, le mont Sylvia (3,600 m.). Le Kouro-Sivo vient se briser au pied de ce massif et s'y divise en deux par-

ties ; et, tandis que le versant oriental de la chaîne des montagnes de
Formose faisait obstacle à l'action incessante des flots, il se formait
sur le versant occidental une sorte de remous, à la faveur duquel
ont pu s'opérer de considérables dépôts d'alluvions. Dès lors, suivant
qu'on aborde du côté de l'orient ou du côté de l'occident, l'aspect de
l'île est très différent. A l'est, la côte, profondément escarpée, n'offre
à l'œil qu'un entassement gigantesque de rochers arides, et les approches en sont très difficiles à cause de la violence du courant, augmentée
de la force du vent qui souffle presque toujours de ce côté ; aussi, les
navigateurs évitent-ils cette côte inhospitalière. A l'ouest, au contraire,
il s'est formé au pied des montagnes une grande plaine basse dont
l'étendue augmente chaque jour par l'adjonction de nouveaux dépôts.

Cette grande chaîne volcanique abonde en *soffioni* sulfureuses.
Les vapeurs de soufre qui s'en échappent se condensent et donnent
naissance à une couche mince de soufre impur qu'on exploite. Les
tremblements de terre, les sources thermales, quelques volcans
attestent l'activité permanente des forces volcaniques. D'ailleurs, cette
région montagneuse de Formose est encore fort peu connue et
n'est habitée que par des populations à demi civilisées.

La région de la plaine, de Tchia-Siang à Taï-Ouan, n'est qu'un
étroit cordon littoral ; mais elle s'élargit bientôt et les groupements
de population y sont assez nombreux.

Les *rivières* de Formose sont peu importantes ; ce sont pour
la plupart des torrents, sortes de gaves, démesurément grossis
pendant la saison des pluies, à sec pendant l'époque des chaleurs.
Le plus connu est le Tam-Soui-Ki, « le torrent d'eau douce »,
navigable sur une partie de son cours.

Le *climat* de Formose est humide et généralement difficile à
supporter. La mousson du N.-E. règne de novembre à avril ; de
mai à octobre, elle est remplacée par celle du S.-O. La tranche
annuelle de pluie est environ de 3 mètres.

Le *sol* est fertile et abonde en *productions naturelles* : riz, maïs,
millet, truffes, patates douces, canne à sucre, camphre, thé, poivre,
tabac, gingembre, aloès, colocasie ou gniamé, etc. Plus on pénètre
dans l'intérieur de l'île, plus la végétation devient luxuriante ;
bananiers, palmiers, fougères arborescentes, bambous y poussent en
grand nombre.

Les chevaux, les moutons, les chèvres sont rares ; on trouve même peu de cochons, quoique ces animaux soient très communs en Chine. Il y a beaucoup de volailles domestiques. Les singes et les cerfs se sont tellement multipliés qu'ils errent par troupeaux dans les campagnes. Les habitants nourrissent une grande quantité de bœufs, dont ils usent comme de montures, faute de chevaux et de mulets ; un dressage suffisant parvient à leur faire aller le pas aussi vite et aussi bien qu'aux meilleurs chevaux.

La capitale de Formose est Tam–Soui, port important de 100,000 âmes. La *population* de Formose ne semble pas dépasser trois millions. Les Chinois y dominent, laborieux, énergiques, mais turbulents et moins portés aux occupations littéraires que dans le continent chinois. Les Japonais, quoique maîtres du pays, sont encore peu nombreux. Quant aux aborigènes, on n'a à leur sujet que des informations incomplètes et souvent contradictoires. Les *Pepo–hoans* semblent d'origine malaise, et les mœurs de presque toutes leurs tribus sont, dit-on, des plus féroces.

Déjà la Chine avait ouvert, en 1858, à l'*industrie* et au *commerce* européens les ports de Taï–Ouan, Tam-Soui et Takoou. L'huile de pétrole, le soufre, le sucre, le tabac, le thé y font l'objet du trafic d'exportation. Les articles d'importation sont surtout l'opium, le coton et les laines.

La possession de cette île, signalée de bonne heure par les premiers navigateurs européens, Portugais et Castillans, fut disputée aux aborigènes par les Hollandais vers le milieu du xvii᷉ siècle. Ils fondèrent leur premier établissement commercial et militaire à Taï–Ouan, et convertirent au christianisme une partie des habitants. C'est alors que la dynastie des Ming s'étant écroulée en Chine sous les coups de l'invasion tartare-mandchoue, un flot d'émigrants vint s'établir à Formose et en augmenter la richesse et la production. Mais les Hollandais furent bientôt expulsés de Formose par le pirate Tchen-Tching-Kong et l'île ne tarda pas à tomber sous la dépendance directe de la Chine. L'histoire de Formose pendant le xix᷉ siècle présente peu de faits saillants : quelques rébellions assez graves, la capture de plusieurs vaisseaux et particulièrement du brick anglais *Anne* par les habitants de la côte, qui décapitèrent en un jour 197 sujets anglais ; l'ouverture de quelques ports aux étrangers ; une première expédition japonaise en 1874 signalée par quelques rencontres victorieuses des Japonais avec des tribus sauvages de l'ile et par une indemnité pécuniaire payée au Japon par la Chine. Enfin, plus récemment, la cession de Formose a été l'une des principales clauses du traité sino-japonais, à la suite de la guerre de 1895, dont nous faisons plus loin le récit.

Les îles *Pescadores*, prises aux Chinois par les Japonais, après la même guerre, sont situées entre l'île Formose et la côte chinoise, en avant de la ville d'Amoy. Ce groupe se compose de vingt et une îles habitées. La plus grande se nomme *Ponghou* ou Sisiou, « l'île des Pêcheurs » ; son port fortifié de *Makoung* est le chef-lieu d'un district militaire et la capitale de tout le groupe d'îles, dont la population générale s'élève à 18,000 environ. Les îles Pescadores sont réputées par leurs pêcheries ; elles ont aussi d'abondants pâturages où l'on élève beaucoup de bœufs. Le sol est bien cultivé et produit abondamment du maïs, du millet, des patates, de l'arachide et des légumes.

Au xviie siècle, les Hollandais y avaient établi un fort dont on voit encore les ruines. Les Français les ont possédées pendant deux mois, lors de la guerre contre la Chine, en 1885. Enfin, elles sont tombées entre les mains des Japonais qui y ont établi des garnisons, comme une avant-garde de la défense de Formose.

DEUXIÈME PARTIE

I

ETHNOGRAPHIE DES JAPONAIS

Deux races différentes, Japonais et Aïnos. — Aïnos, aspect physique : hommes et femmes. — Japonais, incertitude de leur origine, deux types distincts.

ES Japonais appartiennent à la race jaune. Mais il est peut-être encore trop tôt pour pouvoir dire avec certitude de quelle famille ils sont issus. Morton, depuis longtemps, après avoir examiné un certain nombre de crânes japonais, a déclaré que ce peuple n'était pas d'origine chinoise. La langue, qui est toujours considérée comme un indice certain de l'origine, prouve qu'ils ne sont pas de race chinoise, ni de cette race aborigène à laquelle appartiennent tous les habitants du nord-est de l'Asie. Withney et Mouller les placent dans la grande famille Indo-Européenne. S'il en est ainsi, les conquérants de ces îles doivent être partis des régions de l'Himalaya et des plateaux de l'Hindoustan, et au lieu de se diriger vers l'Ouest, comme firent les autres hordes émigrantes, ils vinrent dans l'Est, traversèrent la mer et firent la conquête du Japon qui appartenait alors aux Aïnos, race indigène de ce pays. Il existe, en effet, deux races différentes au Japon : les *Japonais* proprement dits et les *Aïnos* dont le caractère originel tend à disparaître par la fusion avec les Japonais.

Les *Aïnos* ou *Aïnou*, depuis la conquête de l'île de Nippon, habitent Yéso et les Kouriles où ils furent refoulés. Ils ne comptent pas plus de 20,000 individus ayant encore conservé la pureté du type primitif. Leur taille est en général plus petite que la nôtre. Ils ont la tête grosse, le visage large et plus arrondi que celui des Européens ; leur physionomie est animée et assez agréable ; presque

tous ont les joues grosses , le nez grand et de belle forme ; les yeux vifs, ronds , noirs , de grandeur moyenne. L'expression de leur regard révèle à la fois, d'après certains voyageurs, une longue oppression et l'absence de toute culture; la voix de ces insulaires est forte; leurs lèvres sont épaisses et d'un incarnat obscur. On remarque que quelques individus ont le milieu de la lèvre supérieure tatoué en bleu. Leurs lèvres, ainsi que leurs yeux, sont susceptibles d'exprimer toute espèce de sentiments. Ils ont les dents belles, bien classées, et en nombre ordinaire ; le menton arrondi et peu saillant. Ils se percent les oreilles et y portent des ornements de verroterie ou des anneaux d'argent. Ces insulaires sont très barbus et très velus ; leur barbe longue et touffue donne, aux vieillards surtout, l'air grave et vénérable; on dirait des moujiks russes. Les femmes sont moins grandes que les hommes; elles ont les formes moins arrondies et plus délicates, quoiqu'il y ait peu de différence entre les traits de leur physionomie. La première femme d'un Aïno se tatoue les lèvres supérieure et inférieure. C'est une distinction indiquant que la classe est d'un rang supérieur; toutes d'ailleurs portent leurs cheveux dans toute leur longueur. Leur habillement ne diffère point de celui des hommes. Chez les deux sexes, la couleur de la peau est basanée, et celle des ongles, qu'ils laissent croître, est d'une nuance plus obscure que chez les Européens. Blakiston dit qu'en général elles sont loin d'être jolies. G. Bousquet atténue la sévérité de ce jugement. « Quant aux femmes, dit-il, elles sont, jusqu'à la puberté, remarquablement jolies. Leur regard, voilé derrière de longs cils, a quelque chose d'interrogateur et d'effarouché. Pieds nus, vêtues comme les hommes d'une robe unique d'écorce d'arbre, les bras tatoués, les oreilles ornées de pendants d'étoffe rouge, elles croient ajouter beaucoup à leur beauté en remplaçant la moustache qui leur manque par une enluminure de même forme peinte au-dessus de la lèvre avec une sorte d'ocre. Plus beaux encore, les enfants, tête rasée, courent tout nus sur le sable. »

L'accueil des Aïnos est bienveillant pour les Européens. Ils saluent d'un geste compliqué qui consiste à se passer les mains sur le visage et la barbe, puis à les relever en décrivant un *s* et à les représenter renversées, verticalement, la paume en dedans. Quelques-uns murmurent en même temps le mot *Kami-sama* (Dieu, génie bienfaisant). Leur religion est très primitive. Ils immolent des daims, des ours et les vieux chevaux hors de service, et ils font des libations de *saké* (vin de riz) à des dieux innommés. Si on leur offre une coupe de saké, pour lequel ils ont une déplorable prédilection, ils ne manquent pas, avant de l'absorber, de faire mille gestes d'adoration en murmurant une sorte de prière propitiatoire à un être inconnu. D'ailleurs, les voyageurs ont laissé sur les Aïnos et leurs sentiments de civilisation des témoignages souvent contradictoires, mais ils s'accordent à reconnaître que ces insulaires méritent bien leur nom de « Sauvages velus. »

Tandis que les Aïnos paraissent appartenir à la race malaise, les origines des *Japonais* sont encore peu connues. Les uns les rattachent à la famille indo-européenne; d'autres, à la famille mongole; d'autres, à la souche malaise ou polynésienne. Au fond, nous sommes encore réduits à dire, avec les Japonais, qu'ils tirent leur origine de leurs dieux.

La vue des Japonais venus en France, les photographies et les albums illustrés, mieux encore que les descriptions des voyageurs, nous ont familiarisés avec les traits physiques qui caractérisent les Japonais.

Ils ont le teint jaunâtre, brun ou pâle. Leur œil est petit et plus à la surface que chez les Européens. Leur cou est court et leur tête large ; elle est rasée à moitié et le reste de leurs cheveux est relevé sur le sommet. Les enfants n'ont qu'une petite mèche sur chaque oreille ; quelques-uns ont un petit serpent dessiné en cheveux sur le haut de la tête. Les Japonais sont constamment rasés ; ils donnent quelquefois à l'Européen le sobriquet d'*hérozin* (étranger velu).

Outre ces considérations générales, constatons que la population japonaise présente deux types très tranchés. L'un se distingue par la forme romaine du nez, l'œil ouvert et bien fendu, la tête allongée, la coupe ovale de la figure ; l'autre type se rapproche des traits qui caractérisent la race mongole, dont le Chinois est un rameau : yeux bridés, figure en trapèze, nez écrasé, pommettes saillantes. Le contraste est frappant entre ces deux types.

Les Japonais sont petits et leurs femmes plus petites encore. Sous une apparente faiblesse physique, ils sont cependant résistants à la fatigue, souples et adroits. D'après plusieurs auteurs compétents, leur faiblesse de constitution est due à la fois à l'uniformité de leur nourriture et à l'influence anémiante d'un climat chaud-humide. Laborieux, propres, endurants, doux, rieurs et bons, vifs d'esprit, d'une part ; les Japonais sont, d'autre part, froids, réservés, peu démonstratifs, sobres de manifestations de tendresse, de colère ou de douleur, peu inventifs, mais assimilateurs au plus haut degré.

POPULATION ET GRANDES VILLES

Densité de la population. — Union des étrangers avec les Japonaises. — Villes populeuses. — Tokio, capitale. — Yokohama. — Osaka, le théâtre. — Hiroshima. — Hiogo. — Nikko. — Nara. — Kamakoura. — Fourouitch. — Yokoska. — Kioto. — Sendaï. — Hakodade. — Kagoshima. — Nangasaki. — Kachiki.

A population de l'empire japonais est, d'après les derniers recensements, de 44,721,416 habitants (1) (le nombre des femmes est à peu près égal à celui des hommes); elle était de 38,151,217 habitants en 1886.

Si l'on rapproche ce chiffre de celui de la superficie de l'empire, 369,073 kilomètres carrés, on constate que la population s'élève à 103 habitants par kilomètre carré. La France n'en a que 71 et l'Angleterre atteint 112. Mais si l'on retranche de la surface totale du Japon l'île à moitié déserte d'Yéso, les Kouriles, les Riou-Kiou, le chiffre de la population kilométrique s'élève à 125, et dépasse ainsi celui de toute autre nation.

En 1871, il y avait au Japon 782 Anglais, 209 Américains, 164 Allemands, 158 Français, 87 Hollandais et 166 Européens d'autres pays; soit 1,586 étrangers, sans compter les Chinois.

(1) TABLEAU DE LA POPULATION DU JAPON EN 1899

Nippon (Honshiu)	32,647,338	Report	42,381,089
Sikok (Sikoku)	2,948,009	Oki, Awaji, Iki, Sushima	295,225
Kiou-Siou	6,163,152	Riou-Kiou	889
Yéso (Hokkaïdo et Kouriles	508,870	Ogasawara	2,104
Sado	113,720	Formose (Taïwan et Pescadores	2,044,809
A reporter	42,381,089	Total	44,721,416

Le nombre des étrangers de toutes nationalités (*Européens, Américains* ou *Chinois*) s'élevait en 1885 à 6,807. Les Chinois étaient au nombre de 4,071. Ces chiffres sont aujourd'hui considérablement dépassés, puisque la seule ville de Yokohama possède 6,000 étrangers.

Il y a augmentation dans le nombre des résidents anglais et allemands et diminution dans celui des Américains. D'autre part, le chiffre des Japonais résidant à l'étranger est de 8,896 hommes et 1,872 femmes ; 806 hommes et 17 femmes font actuellement leurs études en Europe.

Rarement les Chinois qui trafiquent dans les ports ouverts s'unissent à des Japonaises ; au contraire, les métis des Japonaises et d'Européens sont déjà en assez grand nombre. Bien que le type du père apparaisse fort peu dans ces sangs mêlés, et que le type japonais domine toujours, on observe parmi eux des différences capitales : un enfant d'Anglais ou d'Allemand vit rarement ou vit chétif ; au contraire, les enfants de Français sont solides, gais, ouverts et vifs, plus même que les petits indigènes.

Les villes du Japon sont populeuses et en général bien tenues. La population de la capitale dépasse aujourd'hui un million et demi d'habitants. Voici la liste des principales villes avec leur population :

Tokio	1.550,000 hab.		Koumamoto	56,000 hab.
Osaka	504,000 "		*Niigata*	51,000 "
Kioto	311,000 "		Yonézava	50,914 "
Nagoya	212,000 "		Kagoshima	50,000 "
Kobé	185,000 "		Foukoui	44,000 "
Yokohama	179,000 "		Sakaï	44,989 "
Hiroshima	107,000 "		Kotsi	37,000 "
Nagasaki	103,000 "		Haghi	36,762 "
Tomsoui	100,000 "		Tottori	36,380 "
Kanagava ou Isikava	85,000 "		Matsouyé	36,164 "
Sendaï	77,000 "		Simonosaki	35,000 "
Hakodate	72,000 "		Sidzouoka	33,798 "
Tokoushima	61,544 "		Takamatsou	33,118 "
Toyama	58,000 "		Hiroshaki	32,291 "
Vakayama	57,574 "		Akita	30,602 "
Okayama	57,000 "		Nara	21,000 "

On peut citer encore Nikko, Avomori, Kadchiki, Kamokoura, Fourouitch, Yokoska, Hikone, Foukouoka, Matsmaï. Toutes les localités sont classées par des règlements administratifs : 12,500 sont placées au rang des villes ; 58,000 environ sont considérées comme simples villages. Les villes ouvertes au commerce étranger sont écrites en italique dans le tableau précédent.

Nous donnerons quelques détails sur les villes les plus intéressantes, capitale, grandes cités, ports ouverts aux étrangers.

Tokio (*Tôkyô*), To *est*, KEI, *capitale*, (autrefois Yédo, île de Nippon, *province de Go-ni-kai*) est bâtie au fond du golfe de Tokio. Une partie de la ville est traversée par une multitude de canaux, par le Soumidagawa et par le Nokogawa. Entre ces deux cours d'eau s'étend un faubourg nommé le Hondjo, quartier du commerce. Au centre de la ville s'élève le *siro*, l'acropole, la forteresse. Toute ville japonaise a son *siro*. C'est dans le siro que se trouve le palais du Mikado, jadis couvert de lames d'or. Le siro de Tokio est formé par une muraille de 6 kilomètres de long et de 8 mètres de haut. Cette muraille est entourée d'un canal. Autour du siro se trouve le *soto-siro* où sont les ministères et les habitations des grands personnages de la cour. Le siro est un ensemble de fortifications cyclopéennes couronnant un monticule placé au cœur de la cité. Ses dépendances comprennent un vaste parc verdoyant.

« Les autres jardins de la ville sont le jardin d'été du Mikado, l'*Hamatogen*, situé sur les bords de la mer, et un jardin d'acclimatation créé en 1872. Près de ce dernier est le *Ri Kir* ou « palais du plaisir », autre résidence du Mikado et de l'impératrice mère. De l'autre côté de la rue est un grand cimetière, d'où l'on découvre une vue admirable sur l'immense ville et sur la baie d'Yédo; il a été fondé en 1874, depuis qu'il est défendu d'enterrer les morts dans les temples » (1). Le *Tsukiji* est le quartier des étrangers et le *Yoshiwara* le quartier des plaisirs.

En avant du soto-siro, en face de la petite île d'Iskawa, on voit la concession européenne, toujours située sur les bords de la mer. C'est là que s'élèvent la Douane et l'École navale. Plus bas est la légation anglaise. Les temples, les théâtres, les maisons de thé sont dans la partie nord de la ville, vers le Soumidagawa. La gare du chemin de fer est bâtie au sud, non loin de la côte. A quelque distance, dans la mer, cinq forts défendent l'entrée de la baie.

Le port de Tokio, comme la plupart de ceux de la côte japonaise du Pacifique, n'est pas très sûr. Les typhons y exercent leurs ravages. Dans la nuit du 3 au 4 août 1880, la ville fut frappée par un de ces terribles typhons : 32 établissements du gouvernement, 5 écoles.

(1) Foncin.

2 hôpitaux, 31 temples, 1,414 maisons, 28 manufactures, 395 magasins furent détruits ; 4 établissements du gouvernement, 5 écoles, 5 temples, 620 maisons, 5 manufactures, 59 magasins furent endommagés ; 35 personnes furent tuées, 32 noyées, 63 blessées ; 12 bateaux sombrèrent.

La population de Tokio était de 700,000 âmes, il y a trente années. Elle s'élève aujourd'hui à plus de 1,500,000. Au milieu de la ville est un pont fameux *(Nippon-bachi)* d'où l'on compte les distances sur tous les chemins du Japon, comme on les compta à Rome, pendant quelques siècles, à partir du *milliaire d'or*. Il a 248 pieds de long et est construit en bois de cèdre. Les rues de Tokio sont macadamisées. Elles sont parcourues par des tramways dirigés par une compagnie anglaise, tout aussi rapides que ceux de Paris et non moins fertiles en accidents.

À part les palais, les temples, les théâtres, les maisons des grands, les magasins du haut commerce, la plupart des maisons sont, à Tokio, comme partout ailleurs au Japon, construites en bois de bambou. Les incendies, par suite, sont fréquents. Le 26 janvier 1881, 7 incendies éclatèrent presque simultanément. Plus de 1,200 maisons furent détruites et le lendemain du sinistre, environ cinquante mille personnes se trouvaient sans abri et réduites pour la plupart à la plus extrême misère. Les accidents furent très nombreux, et plus de huit jours après l'incendie on n'avait pas encore pu dresser une liste exacte des victimes. Aussi, a-t-on organisé des compagnies de pompiers.

Les maisons sont basses, ouvertes sur le devant, et la vie domestique est ainsi exposée aux regards des curieux. Point de vitres : on ferme les maisons avec des panneaux pendant la nuit. Dans les chambres, il n'y a ni chaises, ni tables, ni lit. De grandes nattes sont étendues sur le parquet et c'est là que chacun s'assied, à terre, les jambes pliées. En entrant dans les maisons, on tire ses chaussures pour marcher sur les nattes ; on dort aussi par terre, sur des matelas, dans une robe de chambre ouatée. On a des couvertures pour se couvrir, mais on n'a pas de draps de lit.

Il y a peu de voleurs, peu de mendiants ; le Japonais vit facilement et à bon marché : du poisson, du riz et du thé, cela suffit pour satisfaire les appétits les plus voraces. Par suite, la besogne de la police est facile. On voit çà et là des policemen. Ils sont vêtus de bleu et portent sous le bras un bâton en bois de fer, de 1^m,50 de longueur.

Aux environs de Tokio s'élèvent les villes d'Hakoné et d'Atami, qui sont en communication télégraphique avec Tokio. La plupart des hauts fonctionnaires passent les vacances d'été dans ces deux villes ; or, il arrive souvent que la présence de quelques-uns d'entre eux est momentanément nécessaire à Tokio et un moyen de les prévenir rapidement était devenu indispensable.

Il y a un grand nombre d'institutions utiles à Tokio : une Université célèbre et très fréquentée, un Collège d'ingénieurs, une Ecole des Sciences, une Ecole normale supérieure de jeunes gens et de jeunes filles, une Ecole des Beaux-Arts, une Ecole de Commerce, une Ecole industrielle, une Université pour les femmes, un Musée d'artillerie fort intéressant, une Société de géographie qui publie un Bulletin trimestriel et possède des ouvrages et des cartes de toutes les langues, plusieurs bibliothèques dont la principale installée dans un ancien temple richement décoré a plus de cent mille volumes, une Société pour la propagation de la langue française, plusieurs théâtres, beaucoup de bains publics.

Policeman.

« On fabrique à Tokio d'excellent papier japonais. On a installé dans ces dernières années des papeteries mues par la vapeur. La manufacture de papier-monnaie, qui occupe plus de mille ouvriers, comprend une imprimerie, des ateliers pour les instruments, les produits chimiques, la gravure, la photographie. Tokio a aussi des manufactures de soieries, de faïences, de porcelaines, d'émaux. De tous les produits nombreux et variés de l'industrieuse cité, la laque est l'un des plus estimés. Ses ouvriers excellent aussi à imiter les moindres articles d'Europe » (Foncin).

Yokohama, « à travers la plage », est le port ouvert aux étrangers ; c'est la concession où sont bâties les maisons des consuls de l'Europe et de l'Amérique ; c'est la ville nouvelle construite en 1859. Des négociants anglais en jetèrent les fondements. Il y a toutes les légations, sauf celle d'Angleterre qui est à Tokio. Au delà se trouve la ville japonaise qui porte spécialement le nom de Kanagawa.

Il y a en quelque sorte deux quartiers : le quartier étranger et le quartier japonais. La ville de Yokohama a 179,000 âmes.

D'après le *Mainitchi Chimboun*, le nombre des étrangers serait de 6,000 environ. Les deux tiers des étrangers sont des Chinois. Puis viennent, en nombre décroissant, les Anglais, les Américains, les Français, les Hollandais, les Russes, les Espagnols, etc.

La ville nouvelle a des constructions en pierre, des hôtels, des maisons confortables. Les rues ne sont pas très larges, mais elles sont propres et macadamisées. Elles ne sont pas encore sillonnées par des tramways, mais on y voit en grand nombre les *jinrikishas*, petites voitures traînées par des hommes, excellents trotteurs. Ce sont les calèches de nos grandes villes françaises. Quelque agréable que soit ce véhicule, les étrangers en ont plusieurs fois demandé la suppression et leur remplacement par les tramways.

Les jinrikishas, trop nombreuses, sont devenues une véritable gêne, et l'on ne peut traverser certains quartiers sans risquer de trébucher contre les brancards d'un de ces véhicules que les conducteurs viennent brusquement placer devant vous, en vous invitant à y prendre place. Mais où ces traîneurs sont le plus désagréables, c'est à la gare et surtout à l'Hatoba. On les voit suivre, par bandes de quinze ou vingt quelquefois, les étrangers qui débarquent des navires ou les matelots qui viennent passer quelques heures à terre ; cette poursuite obsédante donne lieu souvent à des scènes de confusion.

Yokohama ne manque pas de distractions. Elle a un cirque français, tenu récemment par Blondel, de Lyon, et plusieurs théâtres.

Les théâtres donnent souvent des représentations, en anglais ou en français, où assistent particulièrement les étrangers. On y joue les belles scènes du *Trouvère*, des *Huguenots*, de la *Muette*, comme à Londres et à Paris. Il y a aussi des soirées musicales où sont interprétés les plus beaux morceaux de nos grands maîtres, que les Japonais viennent applaudir de grand cœur. A côté des théâtres sont les maisons de thé. La *maison de thé*, c'est le café des Français. On y boit du thé, on y mange du poisson cru et du riz bouilli. Les *geishas* y charment les auditeurs par des danses ou par des récits piquants.

Chacune de ces *gheisas* prend un nom particulier : *Mommotaro* (fleur de pêcher) ; *Koden* (parfum d'encens) ; *Tokumtazu* (essence de vertu) ; *Kuman* (rêve de poésie). Ces noms de guerre ne sont-ils pas plus poétiques et plus séduisants que la plupart de ceux adoptés par nos étoiles de cafés concerts ?

Nous avons parlé ailleurs des concours hippiques de Yokohama, les plus renommés de l'Orient (1). Ils prennent chaque jour de nouveaux développements, et les races françaises, anglaises, russes, y ont acquis le droit de cité.

Le nombre des navires entrés au port de Yokohama, en 1898, a été de 720. C'est le port le plus fréquenté du Japon. Il est relié à l'Europe, au continent asiatique et à l'Amérique par des lignes régulières de bateaux à vapeur, dont nous donnons le détail au chapitre de la marine marchande. Ce qui contribue encore à faire de cette ville le premier centre commercial de l'empire

Acteurs.

japonais, c'est sa merveilleuse situation au fond d'une baie sûre s'ouvrant sur le Pacifique. Aussi, est-elle la route obligatoire des ports de Chine à San Francisco. De plus, elle possède un arsenal pour la construction et la réparation des vaisseaux (2).

Le centre intellectuel du Japon est Tokio. A certains points de vue cependant Yokohama le dispute à la capitale. Les journaux y sont beaucoup plus nombreux, relativement au chiffre de la population. Il en paraît quinze tous les jours, sans compter les revues périodiques ; le matin : *la Gazette*, *le Mail*, *le Courrier* et *l'Echo ;* le soir : *le Japan Herald* (local), *le Japan Herald* (édition de la Malle), *le Japan Gazette*, *le Japan Mail* (local), *le Japan Mail* (édition de la Malle), *l'Echo du Japon* (édition de la Malle). Les journalistes eux-mêmes se plaignent du trop grand nombre de feuilles dont plusieurs, disent-ils, pourraient être supprimées avec avantage. Il va sans dire que nul ne songe à supprimer son propre journal, mais bien celui de son voisin. Tout le monde lit, chacun a sa feuille préférée, et le nombre des journalistes augmente sans cesse.

Oasaka ou *Osaka* est située à 45 kilomètres sud-ouest de Kioto. Elle a 504,000 habitants. C'est une ville ouverte aux Européens

(1) Voir *Productions animales.*
(2) Voir plus loin, au chapitre *Commerce,* l'importance des transactions à Yokohama.

et la seconde de l'Empire. Elle est située près de l'embouchure du Yodogawa, mais le port est encombré par les sables ; une barre en interdit l'accès. Aussi les vaisseaux n'y arrivent que difficilement.

Le véritable port d'Osaka est Kobé (185,000 h.), à côté de l'embouchure du Yodogawa. C'est là qu'arrivent en foule les étrangers.

Osaka est une ville forte, défendue par une grande citadelle. C'est l'édifice le plus ancien d'Osaka. Il a été bâti à la fin du seizième siècle. Il est construit comme les autres monuments du même genre au Japon, avec de grands blocs de pierre non cimentée ; un de ces blocs a une longueur de 13^m,50. Ces citadelles étaient jadis très utiles, parce que les Japonais ne possédaient point d'armes de gros calibre. A l'époque actuelle, on ne garde plus la citadelle d'Osaka, ainsi que beaucoup d'autres monuments semblables, qu'en raison de leur ancienneté.

La ville est sillonnée de canaux et bâtie en partie sur de petites îles, à l'embouchure du fleuve. Cette situation lui a fait donner le surnom de *Venise Japonaise;* Osaka offre, en effet, beaucoup de rapport avec Venise. Elle possède un très grand nombre de ponts qui rendent fort pittoresque l'aspect général. Cependant, les rues y sont étroites et les maisons assez mal construites ; mais les magasins y sont d'une grande richesse et la foule toujours nombreuse et variée. Tous les peuples semblent s'y être donné rendez-vous, et quoique le nombre des étrangers soit assurément inférieur à celui de nos grands ports d'Europe, il y a plus de variété dans le langage et le costume. Les voyageurs du Kamchatka couverts de peaux de bêtes, les Chinois habillés de soie, les habitants des îles océaniennes demi-nus, les peaux-rouges d'Amérique, les marins d'Europe aux costumes divers, les nègres de l'Amérique méridionale couverts de bigarrures, tous ces peuples qui s'entrecroisent sur le port d'Osaka et y mêlent leurs accents aussi divers que les costumes, forment un spectacle original qui n'appartient pas à nos villes d'Europe.

Osaka possède un jardin botanique, un hôtel des monnaies, un arsenal, un palais du gouverneur, des temples nombreux et des théâtres plus nombreux encore. Les Japonais surnomment cette ville le *théâtre des plaisirs.* Tous les seigneurs puissants y ont un pied-à-terre. La cour, quand elle était à Kioto, craignait que les fonctionnaires n'abandonnassent trop longtemps la capitale pour le

séjour de cette ville. Aussi, il ne leur était pas permis d'y passer plus
d'une nuit.

Osaka a des imprimeries et de nombreuses librairies. Elle fabrique
des soieries, des cotonnades, du papier de mûrier, etc.

Le théâtre d'Osaka est renommé dans tout le Japon.
Le théâtre est actuellement le seul endroit où l'étranger
puisse voir, au cours de la représentation, les anciens
et splendides costumes des *Samourais* japonais et des
personnages portant des armes (1).

Il se fabrique à l'arsenal militaire d'Osaka de nombreux instruments et machines pour l'agriculture
et l'industrie.

Plusieurs négociants très connus
d'Osaka, parmi lesquels nous remarquons MM. Godaï, Soumitomo et Na-
kano, ont construit dans cette ville
une grande usine métallurgique où l'on
travaille spécialement le cuivre ; on
y fabrique également des plaques de
blindage pour les navires. Les ma-

Les geishas charment les auditeurs.

chines et les outils, faits d'après les système les plus récents, ont été
commandés en Amérique. Le capital social est de 500,000 yen.

Hiroshima (107,000 h.) est, à l'ouest d'Osaka et de Hiogo-Kobé,
le port le plus animé de la mer Intérieure qui sépare du Naïtoi les
deux grandes îles de Kiusiu et de Sikok. Cette ville, située comme
Osaka à l'extrémité septentrionale d'une baie en demi cercle et sur les
bouches d'une rivière qui vient serpenter dans une plaine fertile,
aurait aussi quelque droit à s'appeler une « Venise Japonaise », grâce
à ses canaux tortueux, à ses ponts, aux embarcations qui la traversent
dans tous les sens. C'est en face d'Hiroshima, dans une des îles qui
parsèment la baie, que les pèlerins visitent l'une des « trois merveilles »
du Japon, le temple shintoïste de *Iskou-Sima* ou « Ile de lumière »
consacré aux trois vierges divines, issues du glaive brisé du dieu de
vents. Le sanctuaire renferme quelques sculptures sur bois très curieuses
par leur ancienneté ; mais ce que l'île a de plus beau ce sont ses

(1) On sait que le port des armes est interdit au Japon depuis 1874.

forêts, de tout temps respectées par la hache. Jusqu'en 1868, après la révolution japonaise, il était interdit de manger de la viande dans l'île sacrée, et l'on ne pouvait y ensevelir les morts. Quand les prêtres, les pèlerins, les aubergistes et les pêcheurs, qui forment toute la population de l'île, perdaient un des leurs, ceux qui transportaient son corps sur la grande terre ne pouvaient revenir qu'après 50 jours, pour être enfermés pendant le même espace de temps dans une sorte de lazaret. Il est encore interdit de cultiver le sol de l'île sainte de Iskou–Sima, et la nourriture des habitants doit être apportée chaque matin de la terre ferme ; dès que les bateaux d'approvisionnement approchent de la berge, des centaines de cerfs apprivoisés accourent des profondeurs de la forêt pour prendre leur part de la distribution des vivres.

Hiogo ou *Fiogo* est un des ports ouverts aux Européens, sur le golfe d'Osaka, au nord-ouest. Le port est garanti par un vaste môle. La ville est grande, belle et très peuplée et se confond avec Kobé qui n'en est séparée que par un ravin.

Nikko est le lieu de sépulture du premier et du troisième Siogoun de la maison de Tokougava. C'est l'une des localités les plus remarquables du Japon. Là se trouvent réunis, dans un beau pays de montagnes, de vieux arbres d'un aspect magnifique, groupés autour d'un temple, et les plus beaux monuments de l'art japonais. Il est bon de remarquer que l'architecture japonaise ne brille pas d'une beauté éclatante, mais que beaucoup de temples, principalement ceux qui se trouvent dans les montagnes, sont si bien construits et entourés de si beaux arbres qu'ils produisent en général une agréable impression. On peut en dire autant à plus forte raison de Nikko. Le dehors du grand temple est ornementé avec trop de profusion, tandis que l'intérieur rappelle les plus beaux appartements des palais du Japon.

Les ouvrages en bronze, en laque, en argent et même en bois qui s'y trouvent, pourraient plonger dans l'extase les amateurs de produits japonais. Le petit monument funéraire de Yeïasa, situé plus haut sur la montagne, est d'une grande simplicité. Il est fait de bronze bruni et entouré d'énormes conifères. Pour se rendre du temple au tombeau, il faut monter un long escalier composé de blocs de porphyre. La hauteur du monument est d'environ 320 pieds au-dessus de la rivière voisine du Layagawa et d'environ 2,350 pieds au-dessus du niveau de la mer. Un autre temple et le tombeau du troisième Siogoun, Yémitsou, sont plus loin sur le penchant de la montagne. Ce dernier temple, de dimensions plus restreintes, est encore orné avec plus de profusion. A l'intérieur existe notamment un travail en laque dont on trouverait difficilement le pendant dans tout le Japon.

Nara est une ville ancienne et assez importante, dont la principale curiosité est le temple de Kasouga. L'altitude est de 460 pieds et celle de la partie basse de la ville de 190 au-dessus du niveau de la mer. Ce n'est pas un, mais plusieurs temples qu'on trouve ici environnés d'une même enceinte. L'ensemble occupe un espace de plusieurs hectares, qui ressemble à un vaste parc ; il est animé par une foule de cerfs, que l'on garde et que l'on nourrit, en souvenir d'une tradition d'après laquelle le fondateur du temple serait arrivé en ce lieu monté sur un cerf. La quantité de candélabres en pierre qu'on y voit est particulièrement remarquable. Comme dans les autres localités, ces candélabres ont été donnés par différents pèlerins. Le grand temple de Kasouga, comme tous les temples shintoïstes, est d'une architecture extrêmement simple. Dans la même enceinte on trouve un temple bouddhique avec un énorme Daïbouts, colossale statue de Bouddha en bronze doré, d'une hauteur de cinquante-trois pieds.

Kamakoura était la capitale du Japon au treizième siècle. Elle possède un célèbre Daïbouts en bronze, d'une exécution accomplie (1). Elle est située sur la grande route littorale qui mène de Tokio à Kioto, décrite bien des fois, à commencer par les Hollandais du xviie siècle. Les habitations étaient si nombreuses de chaque côté de la route que l'on croyait en la parcourant traverser toujours une seule et même ville.

On visite à *Fourouitch* les temples célèbres d'Issé. Ce sont les plus anciens du Japon. Du reste, il faut entendre seulement par le mot *anciens* qu'il existe depuis longtemps des temples en cet endroit. D'après une antique coutume, on démolit les vieux temples tous les vingt et un ans, et on en élève d'exactement semblables. Les matériaux des anciens temples sont réduits en petits morceaux et emportés comme des reliques par les pèlerins. C'est là une

____

(1) Cette statue a 13 mètres de hauteur et renferme un petit temple bouddhique.

étrange coutume que l'on retrouve sous des formes différentes chez presque tous les peuples asiatiques. C'est ainsi que les pèlerins de La Mecque se partagent chaque année l'immense voile qui recouvre le temple de la Kaaba.

D'après l'opinion de M. Satow, les temples d'Issé ont 1800 ans d'existence et ont été transportés d'Yamato, où ils se trouvaient auparavant, par l'empereur Souissin. La tradition locale, renchérissant sur la réalité, leur donne une antiquité de 3,000 ans. Le principal de ces temples est, comme il arrive toujours au Japon, entouré d'arbres assez élevés ; mais le pays est plat et d'aspect fort peu attrayant.

Yokoska est un beau port de mer situé dans le golfe de Tokio. Il a un arsenal, des poudreries, des docks, des chantiers de construction et des ateliers de réparation pour les machines à vapeur. Ces constructions ont été faites en partie par des ingénieurs français.

Kioto (capitale du sud) ou Miako, qui a 341,000 habitants, était jadis la capitale. Aujourd'hui, elle n'est plus que le grand centre religieux du Japon. Il y a un temple fameux, auprès duquel on voit une cloche qui a six mètres de haut et qui pèse 2,040,000 livres. Dans le temple, il y a 1,001 grandes statues. Chacune en supporte 33 petites. Il y a, par suite, 33,033 petites statues. On remarque une statue de Bouddha assis dans une fleur de lotus ; elle a 81 pieds de haut. Kioto a un grand nombre de prêtres du bouddhisme ou du shintoïsme.

Kioto est aussi un centre d'industrie et de commerce qui a de grandes manufactures de tissus et de porcelaines. C'était, jusqu'à nos jours, le siège principal des sciences et des lettres. Ses imprimeries sont renommées ; de là sortent l'almanach impérial et une foule de livres japonais.

Sendai (77,000 h.), au fond de la baie du même nom, sur la côte orientale de Nippon, est une des villes où l'élément européen s'est encore faiblement acclimaté. Le commerce y est néanmoins considérable. Toutes les langues y sont parlées, beaucoup y sont étudiées. Son école Ehihokko est une des plus florissantes de ce pays.

Hakodate ou *Hakodade* ou *Hakodidi*, sur le détroit de Sangar, port maritime de l'île de Yéso, et véritable capitale de cette île, a 72,000 habitants. Elle est mal bâtie et n'a d'importance qu'à cause de la résidence du préfet du *fu*, qui y occupe un vaste logement, le seul en pierre que possédait la ville jusqu'à ces derniers temps.

Au point de vue militaire, c'est une position importante qui commande le détroit.

« Elle est ouverte aux Européens et fait avec eux un commerce considérable de poisson séché, d'huile de poisson, d'algues comestibles, de trépangs, d'huîtres sèches expédiées en Chine, de bois de construction, de soufre et de salpêtre. Le commerce y est fait surtout par des marchands chinois. La Russie y a un consulat, un hôpital, un chantier et une flottille en station. Pour contrebalancer l'influence de cette puissance envahissante qui a enlevé Tarrakaï au Japon, le gouvernement japonais favorise les Américains qui ont établi dans l'île de nombreuses industries et qui exploitent les mines d'or, d'argent, de cuivre, de plomb et de houille, ainsi que les vastes forêts de l'île de Yéso » (1).

La ville de *Kagoshima* (50,000 h.) est pauvre, quoique assez vaste. On voit que c'est la capitale d'un pays militaire. Elle a, du reste, souffert considérablement lors de son bombardement par les Anglais en 1863. Jadis, il existait des relations assez nombreuses entre cette cité et les îles Riou-Kiou dont les chefs étaient vassaux du daïmio de Satsouma ; mais ces relations ont presque entièrement cessé depuis que les îles Riou-Kiou dépendent directement du gouvernement central et effectuent la majeure partie de leurs échanges commerciaux avec Tokio et Osaka.

Nagasaki (Nangasiki) est la principale ville de l'île de Kiou-Siou. Sa population dépasse 100,000 habitants. Elle est à trois jours de navigation à vapeur de Shang-haï ; c'est une ville de fondation portugaise. La cité, construite en amphithéâtre, est fortifiée du côté de la mer ; son port est excellent. Ses rues sont pavées en bois ; par suite, malgré sa grande animation, il y a relativement peu de bruit. La plupart des rues sont couvertes et ressemblent à des galeries. De chaque côté se trouvent de nombreux bazars.

La ville est divisée en deux parties : l'une, appelée *Usimatz* ou ville intérieure, a 26 rues ; l'autre *(Sottomaz*, ville extérieure) a 61 rues. Il y a un grand commerce de soie, laques, porcelaines, cuivre, etc.

(1) Dussieux.

Les poètes japonais ont souvent chanté la beauté des environs de cette ville. Ce paysage a aussi tenté la plume poétique de Pierre Loti, dans *Madame Chrysanthème* ; c'est une vue de nuit :

« Puis tout ce Nangasaki s'illuminait à profusion, se couvrait de lanternes à l'infini ; le moindre faubourg s'éclairait ; le moindre village, la plus infime cabane qui était juchée là-haut dans les arbres, et que dans le jour on n'avait pas même vue, jetait sa petite lueur de ver luisant. Bientôt il y en eut, des lumières, il y en eut partout : de tous les côtés de la baie, du haut en bas des montagnes, des myriades de feux brillaient dans le noir, donnant l'impression d'une capitale immense étagée autour de nous en un vertigineux amphithéâtre. Et en dessous, tant l'eau était tranquille, une autre ville, aussi illuminée, descendait au fond de l'abîme. La nuit était tiède, pure, délicieuse ; l'air rempli d'une odeur de fleurs que les montagnes nous envoyaient. Des sons de guitare, venant des *maisons de thé*, semblaient, dans l'éloignement, être des musiques suaves. Et ce chant des cigales, — qui est au Japon un des bruits éternels de la vie, auquel nous ne devions plus prendre garde quelques jours plus tard, tant il est ici le fond même de tous les bruits terrestres, — on l'entendait, sonore, incessant, doucement monotone comme la chute d'une cascade de cristal. »

Kadchiki est, par sa situation, une des plus belles villes du Japon. La forme des montagnes et l'illumination du paysage ne le cèdent en rien au golfe de Naples.

N'oublions pas, dans l'île de Formose, la capitale, diversement appelée Taïwan, Daïnan ou Daihok, qui compte plus de 100,000 âmes.

Nous n'avons fait que citer les centres les plus importants, et on voit par là que le Japon possède de grandes et belles villes, comme les nations les plus puissantes du monde.

III

LE MIKADO ET LA RÉVOLUTION DE 1868

Coup d'œil rétrospectif. — Un maire du palais. — Honneurs inusités. — Le Mikado d'autrefois. — Ses femmes, ses enfants. — Une visite cérémonieuse. — Le Mikado Moutsouhito. — Révolution de 1868.

USQU'AU XII° siècle de notre ère, le pouvoir du Mikado était absolu. Mais à partir de cette époque, peu à peu il s'établit une féodalité qui empiéta sur sa puissance. Au commencement du XVIII° siècle, un des grands, de la famille de *Tokugawa*, s'empara du pouvoir civil et militaire et ne laissa au Mikado que la suprématie religieuse. Le Mikado vécut retiré à Kioto et le nouveau chef, sous le nom de *Shôgan*, *Siôgoun*, *Taikoun*, fixa sa résidence à Yédo (aujourd'hui Tokio). Quelques seigneurs (daïmios) vinrent former sa cour. Chacun des daïmios possédait un grand territoire, une armée, une flottille, des châteaux forts, et s'entourait d'une troupe de samuraïs ou clients d'une noblesse inférieure, nourris par lui et portant comme insignes deux sabres à leur ceinture.

La puissance des Mikados était entièrement détruite (1). Ils étaient pensionnés avec toute leur Cour, comme le grand Mogol et les autres princes de l'Inde que les Européens ont asservis. Les rangs et les dignités qu'on leur laissait distribuer encore étaient simplement honorifiques et leur rapportaient bien des présents considérables, mais ne leur donnaient aucune influence politique. Au Japon, ces nominations même ne pouvaient avoir de valeur sans le contre-seing du Siôgoun.

(1) « Notre empereur, dit un historien japonais, a vécu des siècles derrière un paravent, sans jamais poser les pieds par terre ; rien de ce qui se passait au dehors n'arrivait jusqu'à ses oreilles sacrées. »

Le Siôgoun était tout-puissant au point de vue politique, et puissant encore au point de vue religieux; car, si le Mikado était chef du shintoïsme, ancienne religion du pays, le Siôgoun avait adhéré au bouddhisme, importé de la Chine par la Corée, et qui comptait une multitude d'adhérents. Le peuple était soumis et les pénalités impitoyables; tuer un oiseau dans les forêts du Siôgoun était un crime capital.

Par compensation, on entourait le prince déchu de toutes les pompes imaginables : on lui rendait des honneurs à l'égal d'un Dieu, et le Siôgoun lui-même lui était entièrement soumis en apparence. Mais il ne possédait aucun domaine en propre et ne pouvait rien faire, dans le temporel, sans que l'ordre ne passât entre les mains de son redoutable subalterne, véritable maire du palais qui gardait tout le pouvoir.

« Rien n'était comparable, dit M. Fraissinet, aux respects rendus au Mikado pour le dédommager de son défaut de participation aux affaires politiques.

» La magnificence de sa Cour allait jusqu'à la profusion. Chaque jour on lui préparait un souper somptueux dans douze appartements du palais et, lorsqu'il avait désigné celui dans lequel il voulait prendre son repas, tout ce luxe de mets délicats et recherchés était réuni sur la même table. Le festin avait lieu au son d'une musique à grand orchestre, qui ne nous paraîtrait que bruyante, mais que les Japonais trouvaient harmonieuse.

» De temps immémorial, les Mikados prenaient douze femmes en mariage (1). Une d'elles était l'épouse légitime; l'un de ses fils était déclaré Prince héréditaire, par la volonté de son père, et non, comme chez nous, par droit d'aînesse. Elle partageait avec l'Emdereur les honneurs du Trône. C'était la position des Sultanes dans les Etats mahométans. Les cérémonies du mariage, celles qui suivaient l'heureuse délivrance de la Princesse, et le choix d'une nourrice, étaient d'une splendeur qui surpasse l'imagination....

» Le Mikado sortait rarement de sa demeure, afin de garder le prestige dont il était entouré. Quand le Mikado allait dans la ville, il était porté sur un riche palanquin par quatre grands seigneurs; une

(1) L'impératrice actuelle se nomme Haruko; elle est née en 1850. La bigamie est aujourd'hui interdite au Japon pour l'Empereur comme pour ses sujets.

suite nombreuse l'accompagnait, et une troupe de soldats qui le pré-
cédait forçait le peuple à se prosterner la face contre terre, par respect
pour le représentant de la divinité. Le Mikado d'ailleurs n'était pas
exposé à la vue de ses adorateurs, mais soigneusement enfermé entre
de riches rideaux de soie. »

Nous résumons, d'après l'excellent ouvrage
de M. Fraissinet, le récit d'une de ces visites officielles que le Siôgoun était tenu de faire au Mikado
une fois tous les cinq ou six ans, et que ce dernier
ne rendait jamais, vu la différence de leur condition.

Lorsque le Siôgoun se met en route, il a plutôt
l'air d'un conquérant, marchant en triomphe à la t
de son armée, que d'un général qui va ren—
dre hommage à son souverain. C'est d'ailleurs un des objets de son voyage de frapper
l'esprit des peuples, en leur donnant une
haute idée de sa puissance.

A mesure que son cortège s'approche
de Miako, il se grossit des courtisans et
des corps de troupes échelonnés tout le
long de la route. Lors de son arrivée, il
se trouve si nombreux qu'on est obligé de
dresser des tentes hors de la ville, car mille
maisons, qui sont mises à sa disposition,
ne suffisent pas pour le contenir.

La légation hollandaise a pu
une fois se détourner du chemin qui lui est ordinairement
prescrit et as—
sister à l'entre-
vue des deux
Empereurs.

Les minis-
tres étaient de
si belle hu-

meur qu'ils permirent à l'ambassade batave,
venue à Yédo pour la présentation quadriennale des présents, de

passer par Miako, au lieu de revenir directement par son île. C'est à cet heureux hasard que nous sommes redevables de la description d'une cérémonie qui n'a point de pareille dans le monde.

L'ambassadeur des Pays-Bas se dirigea sur Miako. Il eut le bonheur de pouvoir louer, à prix d'or, une maison dont les fenêtres donnaient sur le passage des deux cortèges, du Siôgoun et du Mikado, réunis après l'entrevue.

La cérémonie fut vraiment magnifique. Toutes les rues que le Siôgoun devait traverser étaient couvertes de sable très blanc, comme celles de Rome à chaque sortie du Pape. Mais les Japonais y avaient ajouté du talc réduit en poudre, ce qui aurait fait croire que la ville était pavée d'argent. Le long des maisons, on avait tendu des cordeaux où les soldats formaient une double haie pour contenir la foule innombrable des curieux. Les rues ne désemplissaient ni le jour ni la nuit. C'est à peine si l'on pouvait y respirer. Les marchands de comestibles n'ayant le temps ni de peser ni de mesurer, on était obligé d'acheter de confiance.

Dès les premières lueurs du crépuscule, une troupe nombreuse de domestiques, appartenant à l'un et à l'autre Empereur, ouvrit la marche. Les serviteurs du Mikado portaient les présents destinés au Siôgoun, renfermés dans de grandes boîtes vernissées. Venaient ensuite les dames d'honneur de la Cour Ecclésiastique, dans quarante-six palanquins, à quatre porteurs chacun, faits en bois verni d'une blancheur éblouissante. Vingt-une autres chaises contenaient des dames d'un rang moins élevé. Vingt-sept autres palanquins, dans chacun desquels se trouvait un des officiers du Mikado et qu'entouraient un grand nombre de valets habillés de blanc ainsi que les porteurs, venaient après ceux des dames. On remarquait à chaque équipage un grand parasol de soie blanche, richement brodé d'or.

Ces personnages étaient suivis de vingt-quatre officiers à cheval. Huit valets habillés de blanc marchaient après chaque cavalier.

A cette cavalcade succédaient trois carrosses traînés par de grands taureaux noirs, couverts d'un réseau de soie cramoisie et menés chacun par quatre écuyers. Le brun verni qui faisait le fond des voitures était relevé par une profusion de dorures d'un beau travail. Le cercle des roues était de vermeil, et sur les rayons s'étendait une couche d'or émaillé. Ces trois carrosses étaient ceux des femmes favorites du

Mikado. La valeur de chacun s'estimait de quatre à six cent mille francs. Les femmes de la cour marchaient ensuite dans vingt-trois palanquins.

Il serait trop long de décrire le costume de tous les seigneurs qui venaient ensuite. Quelle qu'en fût la richesse, l'attention se porta bientôt tout entière sur les carrosses du Siôgoun et de son fils. L'un et l'autre étaient d'une somptuosité impossible à exprimer. Chacune des deux voitures était escortée de deux cent soixante *sambreys* ou gardes-du-corps, appartenant à la plus haute noblesse.

Après le maître de l'Empire et son héritier venaient ses frères, également en carrosse, suivis des soixante-six Princes du sang de l'ancienne dynastie, qui gouvernent les provinces du Japon. Ils étaient suivis de plusieurs corps de troupes.

Enfin, parut le Mikado lui-même, le héros de la fête. Il était assis dans un palanquin d'une magnificence extrême, surmonté d'une coupole et d'un coq d'or massif qui avait les ailes déployées Le fond des panneaux était d'azur ; il représentait le ciel avec le soleil et les étoiles en or. Au lieu de porteurs ordinaires, cinquante seigneurs vêtus de longues robes blanches et coiffés de bonnets vernis, soutenaient sur leurs épaules sa personne sacrée.

Le palanquin était suivi de quarante gardes-du-corps, le casque en tête, tenant d'une main une masse d'armes en vermeil, de l'autre un bouclier avec un faisceau de flèches. Un corps de troupes considérable fermait le défilé.

Si l'on essaie de se rendre compte du nombre de personnes qui formaient la suite du Siôgoun, on trouve d'abord 789 individus de tout sexe, puis la *troupe nombreuse* de domestiques qui forme la tête du défilé, les serviteurs du Mikado qui ne doivent pas être moins nombreux que ceux du Siôgoun, les valets des officiers du Mikado, les frères du Siôgoun, enfin *plusieurs* corps de troupes dont un *considérable*. On ne doit pas être au-dessous de la vérité en évaluant cette *suite* à 6,000 personnes. Voilà des princes qui, pour aller se dire bonjour, tenaient à se faire accompagner !

Malheureusement, on avait trop différé le départ. Il était presque nuit avant que le cortège se fût mis en marche. Aussi, lorsqu'il se déploya, les personnes qui étaient dans les maisons craignirent-elles que l'obscurité ne leur dérobât ce spectacle si impatiemment attendu. Par un mouvement spontané, tout le monde descendit en même temps dans la rue et se porta sur le même point. En un instant, la foule devint si compacte qu'il y eut un grand nombre de curieux étouffés, écrasés ou estropiés.

Pour comble de fatalité, la cavalerie voulant à toute force tenir le passage libre renversait et foulait aux pieds tout ce qui se trouvait là. Les rues ruisselaient de sang.

La terreur se répandit dans la foule et ne fit qu'augmenter le mal. C'était une confusion, une désolation et un carnage qui faisaient horreur et pitié.

A voir les esprits échauffés et les hommes s'acharnant de telle sorte, on eût dit des factieux venus dans le dessein de se massacrer, plutôt que de paisibles sujets assistant à la réunion de leurs princes. L'air retentissait des gémissements que poussaient les mourants et les blessés.

L'ordre ayant été rétabli, non sans beaucoup de peine, les solennités continuèrent.

Le Siògoun à son arrivée était descendu dans le palais qu'il possède à Miako. Le Souverain Pontife alla l'y voir et resta trois jours avec lui. Pendant tout ce temps, il fut servi par le monarque temporel, par son fils et ses frères, avec les marques de la plus profonde vénération. Ces princes poussaient l'obséquiosité au point de surveiller eux-mêmes la préparation des mets; tâche difficile à remplir, car on servait jusqu'à cent quatorze plats dans chaque banquet.

A table, les trois favorites du Mikado étaient servies par les premiers ministres du véritable Empereur. Le fils de ce dernier fit présent à l'heureux sinécuriste couronné de trois mille lingots d'argent, de deux sabres à fourreau d'or massif, de deux cents robes de damas à figures, de trois cents pièces de satin, de douze mille livres pesant de soie écrue, de cinq grands vases d'argent remplis de musc et de dix superbes chevaux, avec des housses en broderie d'un prix inestimable.

C'est ainsi que le Siògoun, comme pour dissimuler l'usurpation qui avait mis entre ses mains le pouvoir absolu, cherchait à consoler une famille déchue, en lui prodiguant les démonstrations d'une humilité feinte, et en arrangeant avec beaucoup d'art des scènes de théâtre dont cependant personne n'était dupe excepté peut-être celui pour qui on les jouait.

Peu à peu les daïmios , qui étaient à la merci du Siôgoun , mécontents de sa suprématie, se rangèrent du côté du Mikado et poussèrent celui-ci à reprendre le pouvoir. Le sentiment religieux du peuple fut exalté par les bonzes qui voyaient avec beaucoup de peine la tolérance du Siôgoun pour les religions rivales ; placés d'ailleurs sous l'autorité directe du Mikado, ils crurent que la théocratie leur ouvrirait la carrière des honneurs terrestres. Un soulèvement, longtemps préparé dans l'ombre, éclata en 1868.

Le 3 janvier de cette année, le prince de Satsuma, au nom du jeune Mikado, et avec l'appui des trois princes de Choshin, Tosa, Hizen, parvint à chasser de Kioto les troupes du Siôgoun; vainqueurs dans deux batailles décisives, à *Fujini* et à *Yodo*, les partisans du Mikado s'emparèrent d'Osaka et de Yédo. Le Siôgoun fut réduit à la condition de simple particulier, entretenu aux frais de l'Etat, dans une retraite princière.

L'année 1868 reçut le nom de *Meiji*. C'est l'ère nouvelle des Japonais. C'est à partir de cette date qu'ils comptent le temps. Ainsi, 1900 est la 32-33ᵉ année du Meiji.

Dès ce moment, le Mikado Moutsouhito prit résolument en mains le gouvernement de son empire. Il était né le 3 novembre 1852, et il était monté sur le trône en 1867, à la mort de son père Komei-Tenno. On le nomme Moutsouhito ; mais ce nom n'est guère employé au Japon ; on l'appelle surtout l'*Empereur*, comme à Rome *le César*. Il est loin d'être un homme ordinaire. Il est actif, intelligent et a l'esprit ouvert au progrès. Il est doué de qualités administratives vraiment supérieures (1).

Le Mikado fixa sa résidence à Yédo qu'il nomma *Tokio* (la cour de l'Est), et il abandonna le pouvoir spirituel, à la tête duquel il mit un Ministre des cultes, pour s'occuper exclusivement du gouvernement temporel.

La Révolution qui venait de s'accomplir excita d'abord de vives alarmes dans la colonie européenne de Yokohama. On croyait que l'ouverture des ports aux Européens avait causé la chute du Siôgoun. Le prince de Satsuma avait été regardé jusque-là comme un ennemi acharné des étrangers. Heureusement ces craintes n'étaient pas fondées.

(1) L'impératrice Haruko a puissamment aidé son mari dans son œuvre de réformes générales et de régénération des mœurs.

Vivement frappés par le spectacle de la civilisation européenne et américaine, beaucoup de conseillers du Mikado étaient gagnés aux idées de progrès. Le Mikado se lança activement dans la voie des réformes, aidé par des hommes intelligents et énergiques comme MM. Sanjo, Kido, Okuma, Itagaki, Saïgo, Ito et Iwakura-Tonomi (1).

Le Mikado organisa dans sa capitale une puissante centralisation administrative. Par l'édit du 29 août 1868, il supprima l'autorité des seigneurs féodaux en abolissant les *hans*. Il réduisait ainsi à l'impuissance tous ceux qui avaient favorisé son élévation.

Le *han* était la ville qui dépendait d'un daïmio ou seigneur; c'était son fief; il en tirait toutes sortes de redevances. Mais pour ne pas opérer une révolution violente, qui eût pu lui être fatale, le Mikado laissa aux seigneurs, pour quelque temps encore, leurs hans ou fiefs à titre d'administrateurs délégués de l'empereur. L'année suivante, sans plus tarder, par une suite de décrets, chacune des provinces fut confiée à un fonctionnaire nommé par le Mikado ou par ses ministres, et révocable par lui-même, choisi non d'après la naissance mais d'après les capacités.

Ces réformes furent accueillies par le peuple avec une grande satisfaction. Les hommes à deux sabres avaient pendant longtemps fait peser sur les classes inférieures une domination vexatoire. Les paysans étaient, comme chez nous, aux plus tristes époques du moyen âge, taillables et corvéables à merci. Les lois étaient outrageusement violées, et la liberté supprimée au profit du caprice des seigneurs. Le plus grand nombre d'entre eux avaient le droit de battre monnaie, et leurs sentences étaient sans appel, tant au criminel qu'en matière civile. On verra, au chapitre de la Justice, les supplices barbares qu'avait inventés la férocité de ces tyrans qui assouvissaient leurs vengeances avec une cruauté inouïe. Les étrangers avaient eu souvent à souffrir de la violence et du despotisme des daïmios qui ne supportaient aucune remontrance, ne reconnaissaient aucun droit. C'était le pouvoir absolu dans tout ce que l'on peut imaginer d'odieux.

Aussi les mesures prises par le Mikado lui concilièrent l'affection des paysans, des ouvriers, des commerçants, de toutes les classes travailleuses ; on crut voir naître une ère nouvelle, et ce fut vrai, en effet, en ce sens que le pouvoir des daïmios était considérablement

____

(1) Le ministre Iwakura est venu en Europe à la tête d'une ambassade extraordinaire.

amoindri et soumis à celui de l'Empereur, et qu'au lieu de 70 à 80 gouverneurs, il n'y en avait plus qu'un. D'un autre côté, un contrôle assez sévère était exercé sur les actes administratifs et judiciaires des anciens daïmios qui, tout en conservant la faculté de voyager, devaient fixer leur résidence ordinaire à Tokio. Le vasselage des Samuraïs n'existait plus. Les privilèges pécuniaires étaient abolis, l'impôt payé par tout le monde, les abus impitoyablement réprimés.

Les prêtres bouddhistes ou bonzes, qui faisaient une violente opposition aux réformes, virent leur nombre diminué, une grande partie de leurs dotations en terre confisquées, leurs temples convertis en édifices d'utilité publique. La liberté des cultes fut proclamée, ce qui ne contribua pas peu à l'établissement de bonnes relations entre les provinces de religions différentes, chrétiennes ou non chrétiennes, naguère très intolérantes les unes vis-à-vis des autres.

Bonze.

La volonté du Mikado restait seule souveraine, tempérée toutefois par les lois qu'il avait lui-même promulguées. Mais le Mikado ne devait pas en rester là et vingt ans après il inaugurait le régime constitutionnel dont l'établissement allait faire honneur à la fois au pays japonais qui sut vouloir des libertés et des garanties, et au Mikado qui sut les comprendre et les accorder.

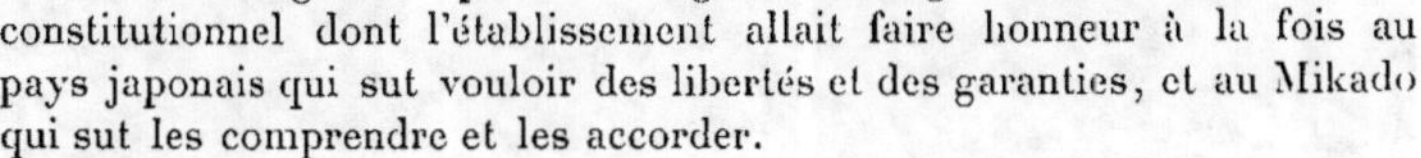

IV

LE RÉGIME PARLEMENTAIRE

EPUIS plusieurs années, nous pourrions presque dire depuis la Révolution de 1868, une grande agitation régnait au Japon. De tous côtés des pétitions étaient adressées au Mikado pour lui demander la création d'une assemblée élue par la nation.

Ces pétitions émanaient de citoyens pris dans toutes les classes. Cinq cents habitants du ken d'Akita envoyèrent leur délégué Toyama à Tokio même, et celui-ci remit la demande au Conseil du Gen-ro-ïn. Le ken de Kanagawa, qui compte 60,000 habitants, en envoya aussi un grand nombre ; mais lorsque les délégués furent arrivés à Tokio, le préfet du Fu leur enjoignit de rentrer chez eux , sauf à remettre leur pétition au préfet de leur ken. Quelques-uns obéirent et rentrèrent à Yokohama ; d'autres au contraire restèrent à Tokio pour porter les vœux de leurs mandants entre les mains des membres du Gen-ro-ïn. Le général Tani remit à S. E. Sanjo, daïdjo-daïdjin, un mémoire dans le même but. Les réunions publiques se multipliaient ; on y remarquait la présence d'un assez grand nombre de femmes qui se montraient plus animées que les hommes ; chacune de ces réunions concluait par la demande de création d'un parlement élu. C'était le *delenda Carthago* des orateurs japonais.

La presse japonaise et les journaux étrangers qui se publiaient dans toutes les grandes villes du Japon se faisaient les interprètes des desiderata de la population.

« Si l'on veut, disait la *Revue Asiatique et Océanienne*, rédigée
» par M. Bazangeon, gouverner conformément à la majorité, réunir
» tous les vœux de la nation et affermir l'autorité, supprimer l'abso-
» lutisme qui opprime le peuple et cause des mécontentements, anéantir
» la vieille corruption et prendre pour règle les droits de la nature,
» rechercher la sagesse, développer les sentiments patriotiques dans
» l'esprit du peuple et accroître le pouvoir vital de la nation ; si l'on
» veut atteindre ce but, il est nécessaire d'établir un parlement natio-
» nal, dans lequel l'opinion publique fera connaître ses aspirations
» par l'intermédiaire des représentants envoyés de tous les points du
» pays, parce que, seule, une Convention nationale peut unir le
» gouvernement et le peuple, régler l'administration d'après les vœux
» du peuple. »

Tel était l'esprit de la plupart des pétitions envoyées au gou-vernement par les communes, les sociétés, les réunions publiques, et même les individualités de toutes les classes de la société. En voyant cette affluence des vœux émis par les conseils des communes de l'empire, en lisant ces nombreuses pétitions où respirait le patrio-tisme le plus pur, on ne pouvait nier que l'Empire du Japon ne fût en ce moment agité par un mouvement vraiment national, d'autant plus digne d'admiration qu'il se tenait dans les limites de la légalité et du droit. Cet état des esprits est digne de remarque dans un pays oriental qu'on aurait pu croire moins avancé dans la voie des mœurs politiques de l'Occident.

Il faut bien le dire aussi, les partisans de l'ancien système n'a-vaient pas encore tous disparu. La société privée d'*Aïkounska* (fidèle à Dieu) faisait des efforts pour dissuader les novateurs. « Notre pays,
» disaient ces fervents adeptes du passé, n'a qu'un seul véritable culte.
» Le seul Dieu auquel nous devons nos hommages est le *Daijingou*
» (Shintou). Depuis que les religions étrangères se sont introduites
» parmi nous, l'esprit national s'est perdu. Il faut bien qu'il en soit
» ainsi puisque nous voyons nos compatriotes manquer au respect dû

» à ce sentiment, en réclamant une part dans l'administration du pays.
» Notre devoir à tous est de rester fidèles à notre maître suprême ».

Que l'on ne se figure pas que les partisans de l'ancien régime
fussent aussi placides que notre citation le ferait supposer. Le véritable
chef du parti libéral du Japon, M. Itagaki, fut l'objet d'une tentative
d'assassinat de la part de ses adversaires politiques.

Ce fut dans tout le Japon un cri de réprobation générale. Le coupable fut bientôt découvert : la tentative de meurtre était bien un crime
politique. Le meurtrier, Aihara, fit
les aveux les plus complets. Il poursuivait depuis longtemps l'orateur libéral et pensait détruire ce puissant parti
en assassinant le plus influent de ses
membres. Il fut condamné à la prison
temporaire; divers journaux accusèrent
le gouvernement d'avoir montré peu
d'énergie dans la répression de ce
meurtre. Hâtons-nous de dire que
M. Itagaki ne succomba pas à ses
blessures qui avaient mis sa vie en
danger.

Cependant le gouvernement jugeait
enfin son peuple mûr pour la liberté,
au moins une liberté relative. C'est
alors, au moment de cette effervescence
populaire, que le Mikado fit un grand
voyage à travers les provinces de son
empire et, à son retour, prononça le
discours suivant, traduit du Nitchi-
Nitchi-Chimboun :

L'homme à deux sabres.

« Dans l'ancien temps, les Empereurs commandaient eux-mêmes
les troupes, quelquefois l'impératrice ou l'héritier du trône les rem-
plaçaient ; mais jamais le commandement n'était confié aux ministres.

» Au moyen âge, cela changea et on copia le système chinois
pour l'administration des affaires civiles et militaires. Six départements
civils et un de la guerre furent créés; l'un des deux derniers fut appelé
le ministère de droite, l'autre le ministère de gauche. Bien que le

système militaire fut ainsi amoindri, l'élément militaire gagna rapidement de la prépondérance. Les forts devinrent soldats et s'emparèrent de l'administration. Aussi, pendant sept cents ans, le pays a-t-il été dirigé par les chefs de l'armée. Cela était contraire aux lois édictées par les anciens Empereurs et on doit le regretter. A partir des années de Koka et de Kayei, époque à laquelle la première escadre américaine arriva au Japon, le pouvoir du gouvernement de Tokougawa commença à décliner, et il fut incapable de prévenir les difficultés qui résultèrent de nos premières relations avec les pays étrangers. Mon père et mon aïeul, les Empereurs Ninko-Tenno, Komei-Tenno, eurent alors beaucoup d'ennuis.

» Jeune encore, je succédai à mon père et, depuis lors, le *Siógoun* a remis son pouvoir, et les affaires du pays ont été transférées au nouveau gouvernement. Les Daïmios, grands et petits, rendirent leur territoire, et bientôt les intérêts de la nation furent placés entre les mains d'un seul gouvernement. Cette restauration du gouvernement au système fondé par mes aïeux est due au concours fidèle que les ministres, civils et militaires, m'ont donné.

» Bien que cela soit dû en partie aux actes de mes ancêtres, un pareil résultat n'aurait pas été atteint, si mes sujets n'avaient pas reconnu quels étaient leurs devoirs. Le système militaire que j'ai établi cette année devra augmenter l'efficacité de l'armée et la gloire de notre pays, et bien que je confie le soin de régler les détails à mes ministres, je resterai à sa tête, et ne céderai jamais cette place à aucun fonctionnaire. Je léguerai ce principe à mes descendants, et j'espère que l'on n'oubliera jamais que l'Empereur dirige les affaires civiles et militaires, et que les erreurs du moyen âge ne se renouvelleront pas. Je suis le commandant en chef de l'armée et de la marine; je vous considère comme faisant partie de moi-même, comme étant mes membres; mais de votre côté vous devez me considérer comme votre tête; n'oubliez jamais cela et nos rapports seront toujours intimes.

» Si vous accomplissez fidèlement votre devoir, je pourrai protéger le pays et rendre compte sans crainte au ciel et à mes aïeux de ce que j'aurai fait. J'ai bon espoir, mais il y a encore d'autres points sur lesquels je veux attirer votre attention.

» L'armée et la marine doivent être fidèles et énergiques. Tous ceux qui sont destinés à vivre et à mourir dans ce pays, doivent désirer de travailler à sa prospérité. C'est surtout le cas pour l'armée et la marine, et si les hommes qui les composent n'ont pas ce désir, ils ne seront d'aucune utilité, quels que soient leurs talents ou leur instruction. Quand bien même le système de l'armée serait parfait, les règlements strictement observés, si les soldats ne sont pas fidèles, ils ne seront en cas de guerre qu'une foule encombrante.

» Aussi longtemps que le prestige et l'indépendance d'un pays dépendront de ses forces militaires, ces dernières influeront sur la prospérité ou la décadence de la nation. Ne vous occupez pas de l'opinion publique, ne faites pas de politique, mais accomplissez avec fermeté votre devoir qui peut se résumer en un seul mot : fidélité.

» Les hommes servant dans l'armée et dans la marine doivent se bien conduire. De nombreuses classes et rangs séparent le commandant en chef du simple soldat. Les subordonnés doivent obéir à leurs supérieurs et même parmi les hommes d'un même grade, il doit y avoir une distinction naturelle ; les nouveaux doivent respecter les anciens. D'un autre côté, les supérieurs ne doivent pas être hautains et insolents avec leurs inférieurs. Excepté dans le service, où la sévérité est nécessaire, les supérieurs doivent traiter leurs subordonnés avec bonté et considération. Tous doivent être unis lorsqu'il s'agit de la défense du pays, et les militaires qui n'observent pas ces principes, non seulement se déshonorent, mais aussi se rendent coupables d'une offense impardonnable envers la nation.

» Le devoir des soldats est de se battre contre les ennemis de leur pays ; par conséquent, ils doivent être braves. Mais il ne suffit pas pour être valeureux d'accomplir une action d'éclat, il faut aussi faire fidèlement son devoir et travailler à développer ses facultés intellectuelles. Telle est la vraie valeur. Lorsqu'ils sont en contact avec d'autres hommes, ils doivent être modestes et polis, et s'efforcer de leur inspirer du respect. Si, par excès de courage, vous commettez des actes de violence, vous serez haïs du peuple.

» Tous ces soldats doivent avoir confiance les uns dans les autres ; s'il n'en est pas ainsi, ils ne pourront jamais être certains d'accomplir la tâche qu'ils vont entreprendre. Il faut ainsi qu'ils se rendent bien compte de ce qu'ils vont faire, et s'ils trouvent quelque chose d'impossible, il est préférable qu'ils s'arrêtent. Plusieurs grands hommes, à différentes époques, se sont perdus et ont laissé un nom déshonoré pour avoir agi inconsidérément.

» Les militaires doivent éviter toute extravagance, dans la crainte de devenir efféminés et de contracter de mauvaises habitudes au détriment de leur énergie. Cela serait un grand malheur. Si jamais pareille chose pouvait arriver, l'esprit chevaleresque disparaîtrait comme détruit par une épidémie. J'ai pour cela de grandes appréhensions, et je vous conseille sérieusement de vous bien mettre dans l'esprit tout ce que je vous ai dit. »

Nous trouvons dans ce document un langage élevé, ferme et résolu, comme pourrait en tenir un souverain intelligent de l'Europe. Mais on est particulièrement heureux d'entendre — et ce n'est pas sans étonnement — un monarque d'Orient dire à ses soldats qu'ils doivent être modestes et polis, qu'ils ne doivent pas contracter de mauvaises habitudes ni commettre des actes de violence. On est également étonné de la simplicité avec laquelle le Mikado avoue que, depuis vingt-cinq siècles, les conditions de la vie au Japon et du commandement dans l'armée ont subi des modifications absolument, comme nous pourrions le dire en France, pour un délai de cinquante ans. C'est que pendant un si long espace de temps, ce peuple est resté stationnaire, et il n'a réellement progressé que depuis l'admission des Européens et des Américains dans le commerce et la vie intime du Japon.

Si le Mikado ne voulait pas qu'on discutât sa suprématie militaire, on ne saurait conclure de son langage autoritaire qu'il n'entendait pas se départir de son pouvoir absolu.

En effet, une commission spéciale fut envoyée par le gouvernement en Europe et en Amérique pour étudier les diverses formes de gouvernement. A son retour elle rédigea un rapport où elle demandait la revision des traités conclus avec les puissances étrangères, de façon que le Japon fût maître chez lui. Elle se plaignait du luxe et de l'apathie des fonctionnaires publics ; elle souhaitait que leur nombre fût réduit, qu'on les rendît responsables de leurs actes, qu'ils fussent tenus de rendre compte de l'emploi des sommes qui leur étaient confiées ; que les rapports fussent plus faciles entre l'empereur et ses sujets, qu'on laissât plus de liberté aux journaux et aux réunions publiques, que l'armée fût portée à 100,000 soldats, etc.

Le 11 février *1889*, le régime constitutionnel fut inauguré au Japon. Le pouvoir législstif appartint à une *Assemblée impériale* composée de deux Chambres : la *Chambre de la noblesse* et la *Chambre des communes*. Pour être électeur il fallut avoir 25 ans, un domicile réel depuis un an dans le district et payer 77 francs d'impôt foncier ou d'impôt sur le revenu. Ce nombre total des électeurs devait être environ de 700,000. Le comte Kuroda était à la tête du ministère ; dans l'espérance de gagner au gouvernement l'opposition libérale, il confia les postes et télégraphes au comte Goto, ancien chef des libéraux ; mais celui-ci, repoussé depuis lors par son ancien parti, fut remplacé à la tête des opposants par le comte Itagaki auquel le ministère fit des avances qu'il repoussa. Le jour même où la Constitution fut proclamée, le vicomte Mori, ancien représentant du Japon à Pékin et à Londres, ministre de l'instruction publique, âgé de 43 ans, fut tué d'un coup de couteau par un jeune shintoïste, Nishino Roudjiro. Ce fanatique de 23 ans était exaspéré d'avoir vu M. Mori entrer dans un temple du Soleil sans quitter ses souliers.

Ce ne fut pas sans secousse que s'établit le nouveau régime.

La Chambre des représentants s'était réunie pour la première fois le 29 novembre 1890.

Le parti populaire fit une forte opposition au cabinet, pratiquant l'obstructionisme, rognant les crédits demandés, refusant des secours aux victimes des inondations, repoussant même les projets de défense nationale.

Le Mikado n'hésita pas à dissoudre la Chambre récalcitrante et promulgua par simple décret les mesures repoussées par les députés. Les nouvelles élections eurent lieu en février 1892, et le comte Shinagawa, ministre de l'intérieur, mena une campagne très vive pour prévenir le retour d'une majorité antiministérielle. Malgré les efforts faits pour assurer le succès des candidats ministériels, bien que le scrutin ne fût pas secret — chaque électeur apposant son nom sur son bulletin de vote — l'opposition obtint la majorité et choisit dans son sein le président de la nouvelle Chambre. Une adresse au Mikado fut votée dans les deux Chambres pour se plaindre de la pression électorale qu'on avait exercée.

La presse voulait que la Constitution octroyée par le Mikado ne fut pas un faux semblant et que les ministres dépendissent directement des Chambres. De longues discussions s'engagèrent sur l'adoption des Codes préparés par M. Boissonnade. Des tentatives d'assassinat eurent lieu. Plusieurs ministres, et particulièrement le comte Matsukata démissionnèrent. Mais le Mikado, décidé à ne faire aucune concession, appela au pouvoir le rédacteur même de la Constitution, le comte Ito, homme éminent et populaire.

En 1896, le comte Kuroda remplaçait le marquis Ito à la présidence du ministère ; bientôt il céda la place au parti progressiste, et le comte Okumo devint ministre des affaires étrangères.

En 1898, le gouvernement fit pour la cinquième fois usage de son droit de dissolution. La campagne électorale, quoique plus calme qu'à l'ordinaire, n'eut pas lieu sans un nombre très considérable de crimes et de délits de toutes sortes (1), surtout de tentatives de corruption. Le côté tragi-comique fut même largement représenté à ces élections. Un électeur, décidé à prendre son rôle au sérieux, fut tellement ahuri par les boniments fantastiques des candidats–bateleurs qu'il entendait, qu'il se jeta à la rivière au sortir de la réunion publique. L'acteur Kawakami perdit la raison à la suite de son échec électoral. On vit également un curieux trait de mœurs politiques électorales ; le distingué économiste japonais, *Toyojiro Kotegawa*, n'ayant pas les 15 yens nécessaires pour être éligible, se fit inscrire comme le fils adoptif d'un riche citoyen et changea de nom. Dès lors, en règle avec la loi, il se lança à corps perdu dans la campagne électorale, quand il apprit, par hasard, que le citoyen dont il était devenu le fils adoptif était un jeune homme de 30 ans à peine, tandis qu'il avait, lui, 45 printemps bien passés. Kotegawa en fut quitte pour changer encore une fois de famille et de nom.

Jusqu'en 1898, les ministres étaient absolument indépendants des Chambres ; il leur suffisait de garder la confiance du souverain. Les rapports des ministres et des Chambres étaient minutieusement fixés dans la longue Constitution de 89 (76 articles divisés en 7 chapitres). Les Chambres n'avaient pas le droit de contrôle sur la politique générale : de là, nombreux tiraillements et cinq dissolutions en huit ans. Aussi, après une nouvelle dissolution (10 juin 98), les libéraux

---

(1) Il existe au Japon une classe de jeunes gens tapageurs, les *Soshi*, qui sont la honte du monde politique japonais. Armés de gourdins et de couteaux, ces agitateurs servent de gardes-de-corps aux politiciens qui les entretiennent et s'en font une clientèle. Aussi s'explique-t-on que de nombreux actes de violence marquent fâcheusement les campagnes électorales.

et les progressistes se liguèrent contre le cabinet Ito, qui se refusait
à accorder la responsabilité effective des ministres. Ito dut démission-
ner et fut remplacé par le leader des progressistes, Okouma.

Yamagata, chef des libéraux, lui succéda peu après. En octobre
1899, le marquis Ito est revenu au pouvoir.

Les partis politiques sont nombreux au Japon : il y a les *Progressistes* (réformateurs modérés), les *Libéraux* (réformateurs radicaux),
l'*Union générale* (intermédiaire entre les deux partis précédents), les
Décentralisateurs, les *Conservateurs* et quelques *Socialistes*.

Tel est, brièvement exposé, l'état politique intérieur du Japon
à la fin du xixe siècle. Il y a à peine un peu plus de trente ans
c'était le Japon féodal, hermétiquement fermé aux influences étrangères, le règne incontesté des hommes à deux sabres. Aujourd'hui,
en même temps qu'il a subi de si heureuses transformations intellectuelles, commerciales et militaires, le Japon a réalisé un grand
progrès politique : il possède les organes du parlementarisme. Tout
cela s'est accompli en peu de temps et avec le même souverain.
Le même homme a été ainsi le maître d'un empire féodal, avec les
mœurs et les croyances des siècles anciens, et est devenu le chef
d'un Etat vraiment moderne, lui a donné sa Charte de demi-éman-
cipation et l'a considérablement aidé à s'ouvrir largement au progrès
et à la civilisation.

L'administration de l'Empire ressortit à neuf ministères : Affaires
Etrangères, Intérieur, Finances, Guerre, Marine, Justice, Instruction
publique, Agriculture et Commerce, Communications. Réunis en
Conseil de cabinet et sous la direction du Président, les ministres
s'occupent des affaires d'intérêt général, reçoivent les ordres de l'Empereur et assurent le fonctionnement harmonieux des services publics.

Les ministres sont responsables des affaires de leurs départements respectifs, ont l'initiative pour proposer en conseil l'adoption,
l'abrogation ou la modification des lois ou rescrits. Ils peuvent publier
des arrêtés, donner des ordres au préfet de police, au gouverneur
du Hokaïdo, aux préfets des Cités et des départements, suspendre
ou interdire au besoin l'exécution des mesures prises par ces fonctionnaires.

Chaque ministre est assisté d'un vice—ministre, d'un conseil
supérieur, de chefs de bureau, de référendaires, de commis, ayant

rang de Tchyokoumir (c'est-à-dire pouvant se présenter sans inter—médiaire devant l'empereur) ou de Sonin (communiquant directement avec le ministre).

Le Japon est partagé en un territoire (Do) comprenant l'île de Yézo et ses annexes, et désigné sous le nom de Hokaïdo; trois Cités (Fou), Tokio, Kioto, Osaka, et quarante—trois départements (Ken). Le Hokaïdo est administré par un gouverneur; les Cités et les départements le sont par des préfets. Le Hokaïdo est subdivisé en dix—neuf districts ayant chacun un administrateur et comprenant un certain nombre de bourgs (tchyo) et de villages (son) administrés par des maires.

Le Fou et le Ken sont divisés en Goun (arrondissements) dont le nombre, proportionnel à la population, varie entre une vingtaine et cinq ou six. Les Goun sont subdivisés en Son ou Mourra (villages); les agglomérations de plus de 20,000 âmes forment des villes autonomes (Shi), indépendantes des Goun. Les îles relevant d'un Fou ou d'un Ken, et assez importantes, ont un maire.

Les Fou, Ken et Goun ont des propriétés, peuvent fonder ou subventionner des établissements, imposer ou percevoir des contri-butions dans leur territoire administratif. Les villes et communes sont personnes morales et s'administrent elles-mêmes par leurs conseils et leurs fonctionnaires, sous la surveillance des préfets.

V

L'ARMÉE, LA FLOTTE

Le soldat d'autrefois.

Avant la Révolution de 1868, chaque daïmio levait sa petite armée, comme en France les ducs et les comtes du moyen âge. Il n'y avait pas de troupes nationales. L'édit du 29 août 1868 interdit aux daïmios de lever des troupes, et les Samouraï ou nobles n'eurent plus le droit de porter deux sabres (1). Depuis, les étrangers vivent sans inquiétude à côté des nobles japonais désarmés. A cette époque, le Mikado organisa une armée territoriale. C'est à la France qu'il demanda des officiers pour la former. Une première mission fut envoyée en 1868, une seconde en 1872. La première se composait de quinze officiers ou sous-officiers, le seconde d'une trentaine. Un arsenal fut construit à Tokio où l'on fabriqua des armes sur les modèles de l'Allemagne;

(1) Voir dans la *Revue Encyclopédique* du 1ᵉʳ mars 1895 (p. 93), un article sur les Armures du Japon féodal, relatif à la collection d'armures japonaises du *Memorial Hall*, de Philadelphie.

un autre à Koisshitkawa, qui, après quelques mois d'installation, put livrer 75,000 fusils système Mourata. Un Musée d'artillerie fut créé à Tokio. L'arsenal d'Osaka fondit, en 1882, dès sa création, trois cent cinquante canons de fort calibre. Enfin, des Ecoles Militaires furent établies pour l'infanterie et la cavalerie à Shikkangakko et à Toyama (1). La durée des cours est de deux ans. On y donne l'instruction militaire, des notions sur l'art des fortifications et sur la topographie. Des officiers chargés du service topographique ont parcouru le Japon et ils ont dressé la carte détaillée du pays par le système de la triangulation.

Le Mikado donne aux Ecoles Militaires un intérêt tout particulier et les visite souvent, surtout celle de Shikkangakko destinée à l'infanterie. Il assiste parfois aux promotions qui suivent les examens de sortie, prouvant ainsi l'importance qu'il attache à l'obtention des brevets.

Chaque année, l'armée japonaise a ses grandes manœuvres, comme les armées d'Europe.

L'Almanach de Gotha de 1900 nous a fourni les renseignements les plus exacts et les plus récents sur les effectifs des armées de terre et de mer au Japon.

En vertu de la loi du 28 novembre 1872, complétée le 21 janvier 1889, le service militaire est obligatoire pour tous les citoyens japonais, depuis les plus élevés jusqu'aux plus humbles. Il commence à vingt ans accomplis et comprend trois ans dans l'*armée active* ou quatre ans dans la marine, quatre ans et quatre mois dans la *réserve* de l'armée active ou trois ans dans la marine et cinq ans dans l'*armée territoriale* (2). En outre, tous les hommes valides de dix-sept à quarante ans qui ne sont enregistrés ni dans l'armée active, ni dans la réserve font partie de l'*armée nationale*. Les élèves de certaines Ecoles peuvent obtenir des sursis d'appel jusqu'à l'âge de vingt-huit ans accomplis. Pour ceux des hommes obligés au service et âgés de dix-neuf à vingt-huit ans, qui prouvent une certaine instruction ou qui ont d'une manière satisfaisante passé un examen à cet effet et qui pourvoient eux-mêmes à leurs frais

(1) Il y a aussi une Ecole Militaire d'escrime.

(2) Des Codes militaires et maritimes, en vigueur depuis 1882, contiennent l'organisation de tous les services de l'armée.

d'entretien, le service peut être réduit jusqu'à un an sous les drapeaux, deux ans dans la réserve et cinq ans dans l'armée territoriale. Les recrues qui, au second appel, à l'âge de vingt et un ans,
n'ont pas encore les conditions de santé ou de taille suffisantes,
passent directement dans l'armée nationale ; ceux dont les réclamations faites pour raisons de famille sont reconnues valables pendant
trois années consécutives, ainsi que les maîtres d'école ayant fait un
service actif de six semaines, passent directement dans l'armée
nationale. Le contingent des recrues est fixé annuellement ; les hommes qui par le *tirage au sort* ont
été désignés comme formant la réserve de recrutement restent pendant sept ans et quatre mois
à la disposition de l'autorité militaire et passent
ensuite dans l'armée nationale.

En temps de paix, l'armée comprend les six
divisions réparties dans l'Empire, une division de
la garde impériale et une milice de Yéso. Chaque
division comprend deux brigades d'infanterie, une
division de cavalerie, un régiment d'artillerie de
campagne, une batterie du génie et une batterie
du train ; chaque brigade d'infanterie est composée
de deux régiments ; chaque régiment de trois
bataillons à quatre compagnies. Leurs armes sont le fusil système
Murata, à tir rapide, se chargeant par la culasse, et le fusil à
répétition même système.

Chaque division de cavalerie comprend trois escadrons qui ont
le sabre et la carabine Murata ; les cavaliers de la garde portent la
lance. Chaque régiment d'artillerie de campagne compte six batteries
à six pièces ; chaque batterie du génie trois compagnies, et chaque
batterie du train deux compagnies. La milice de Yéso, se recrutant
par voie d'enrôlement volontaire, comprend quatre batteries à deux
ou six compagnies, un corps de cavalerie, un corps d'artillerie de
montagne et un corps du génie. Il y a, en outre, quatre régiments
d'artillerie de forteresse ; chaque régiment de trois batteries à quatre
compagnies. La milice de Tsoushima, pour la défense insulaire, se
compose d'un corps d'infanterie et d'un corps d'artillerie de forteresse,
plus un corps de gendarmerie.

EFFECTIF DE L'ARMÉE DE TERRE EN TEMPS DE PAIX

	GÉNÉRAUX et OFF. SUP^{rs}	OFFICIERS	SOUS-OFF^{rs} ETC.	CADETS ETC.	HOMMES	EMPLOYÉS	TOTAL
Administration centrale et bureaux.	83	156	196	»	»	619	1.054
Ecole militaire	23	164	260	1.851	56	93	2.447
Garde	37	333	752	23	10.051	17	11.213
1re division (Tokio)	54	421	937	57	11.397	36	12.902
2e — (Sendaï)	51	394	936	62	11.119	29	12.591
3e — (Nagoya)	49	401	947	38	11.098	24	12.557
4e — (Osaka)	50	397	970	52	11.314	29	12.812
5e — (Hiroshima)	58	423	881	33	12.617	27	14.039
6e — (Koumamoto)	57	410	829	41	10.087	26	11.450
Gendarmerie	8	43	288	»	726	»	1.065
Milice de Yéso	8	87	314	»	4.452	16	4.577
Réserve	123	573	4.892	»	77.492	»	83.038
Armée territoriale	58	299	2.409	»	102.188	»	104.954
	659	4.101	14.612	2.157	262.297	917	284.741

La garde impériale se recrute chaque année par des choix faits dans les autres corps et variant de 1,000 à 1,200 par an; elle a près de 4,000 hommes.

Les garnisons les plus nombreuses sont à Tokio, Sendaï, Nagoya, Osaka, Hiroshima et Koumamoto.

D'après un document publié le 1er juillet 1886, la force effective de l'armée japonaise s'élevait alors à 43,897 hommes et 2,725 chevaux; elle s'est accrue de 240,000 soldats en quatorze ans. Le nombre des chirurgiens militaires était à cette époque, déjà lointaine, de 241, ce qui représentait un chirurgien pour 177 hommes. En France, un chirurgien a beaucoup plus d'hommes à soigner.

Les soldats sont vêtus comme les soldats français; ils portent le képi de couleur jaune ou la casquette de l'armée russe. La langue du commandement est la langue française, ce qui en rend l'étude nécessaire pour les jeunes gens qui se destinent à la carrière militaire.

La discipline dans l'armée a beaucoup de points communs avec la nôtre. La consigne y est rigoureuse. Le *Courrier* raconte une curieuse anecdote :

« M. Ito, *sanghi* (ministre), venait de quitter son bureau pour rentrer chez lui, lorsqu'en se présentant à la porte du Daijo Kwan, il fut arrêté par un factionnaire qui lui demanda son permis. M. Ito ayant répondu qu'il n'avait pas ce permis sur lui, le factionnaire croisa la baïonnette et lui déclara qu'il ne passerait point. Le sanghi dut rentrer dans son cabinet pour donner au sous-secrétaire, M. Tani-mori, des ordres qui furent transmis au sergent commandant le poste, et il put alors franchir la porte. Il paraît que M. Ito, qui est d'ordinaire très doux est très aimable, était cette fois exaspéré contre ce soldat, semblable au soldat français qui prononça ces mots : « Quand même vous seriez le petit caporal, vous ne passeriez pas. »

Cette observation stricte de la consigne nous rappelle le fait suivant :

« En 1845, l'amiral français Cécille commandait une flotte mouillée dans la rade de Nagasaki. A cette époque, le Japon était fermé aux étrangers ; les Hollandais seuls, depuis trois siècles, avaient le monopole du commerce bien médiocre qui se faisait alors, et étaient relégués dans l'étroit îlot de Décima. L'amiral, après avoir rendu visite à ses amis les Hollandais, eut la curiosité de visiter la ville de Nagasaki ; bon nombre d'officiers et de matelots étaient descendus à terre et bientôt on s'engagea sur une passerelle étroite à la suite de laquelle se tenait un poste de soldats. Ce poste fut franchi sans obstacle, car les soldats ne s'attendaient pas à une telle incursion dans une ville fermée, et le passage était fort mal sur-veillé. Mais devant une telle audace, les Japonais sortent sur le seuil de leurs portes ; on ne voit que gens affolés, courant, criant ; toutes les boutiques se ferment, et les Européens, placides et paisi-bles, arrivent à un canal dont le pont se trouve gardé par une vingtaine de soldats ; un colloque s'engage alors avec l'officier, mais, comme on se comprend mal, on sépare les soldats qui n'osent se servir de leurs armes, et on pénètre dans une autre rue. Tout à coup, un galop de cheval se fait entendre, c'est le gouverneur de Nagasaki en personne. Il saute prestement à terre, et l'entretien suivant s'établit entre lui et l'amiral Cécille. Celui-ci disait aux Japonais : « Venez en Europe, vous y serez bien reçus ; n'oubliez » pas que la terre n'appartient qu'à Dieu ; mais qu'il ne soit pas » touché à un seul cheveu d'un de mes hommes ; voyez mes vais-» seaux, dans une heure votre ville peut être brûlée ». En face de cette alternative, le gouverneur ouvrit sa tunique, quatre de ses officiers l'imitèrent, et découvrant son abdomen, saisit l'un de ses deux sabres, et dit à l'amiral : « Vous êtes sans doute père de

» famille, comme moi ; vous venez violer les lois de mon pays que » je suis chargé de défendre ; un pas de plus et je m'ouvre le » ventre. » Ce genre d'héroïsme, inconnu en France, toucha l'amiral ; il tendit la main au gouverneur et se retira dans ses vaisseaux, sans avoir pu visiter la ville, mais plein d'admiration pour le caractère de cet homme qui, ne pouvant venger un affront sans attirer sur sa patrie de terribles représailles, s'offre lui-même en victime. D'ailleurs, dans la pensée du gouverneur, son suicide obligeait l'amiral français à en faire autant, sous peine d'être à jamais déshonoré » (1).

Les soldats japonais jouissent de la réputation d'être les plus courageux et les mieux disciplinés de l'Extrême-Orient. Un écrivain anglais, après la guerre de Chine, en 1860, disait, en parlant des Japonais : « Il ne faut pas croire que nous aurions aussi facilement raison d'eux que des Chinois. Les Japonais sont braves, intelligents et désireux de s'instruire. » Les châtiments corporels n'existent plus dans l'armée. Les officiers français qui ont fait, au début, l'éducation militaire des troupes ont inspiré à leurs élèves le sentiment du patriotisme et de la dignité individuelle.

Dans la guerre contre la Chine (juillet-août 1900), les Japonais ont montré un mépris du danger qui a fait l'admiration de tous ceux qui en ont été les spectateurs. On les a vus s'avancer sous la fusillade, aussi calmes et tranquilles qu'aux manœuvres. Un officier d'artillerie, dont la batterie était à 800 mètres de la muraille de Tien-Tsin, se tenait debout, en gants blancs, donnant ses ordres, dirigeant le tir de ses canons, comme s'il eût été à une école à feu. Une de ses pièces a eu successivement tous ses servants tués. C'était de l'héroïsme. (Correspondance du *Temps*.)

Les troupes japonaises ont joué un rôle capital dans cette expédition internationale de 1900. Elles ont opéré à la fois au Pétchili, en Mandchourie, à l'embouchure du Yang-Tsé. Elles se sont fait remarquer dans de nombreux engagements et la cavalerie japonaise a fait merveille au combat de Peï-Tang qui a décidé, en grande partie, de l'entrée des alliés à Pékin (2).

Les plus hauts dignitaires de l'armée et les princes de la famille impériale sont venus chaque année demander à la France les modèles

(1) Voir à ce sujet quelques lignes sur les duels au Japon, à la fin du chapitre sur la Justice.
(2) Voir le chapitre sur le Drame Jaune.

de tactique militaire. Ils ont suivi soigneusement les opérations des
grandes manœuvres d'automne. En 1887, le prince Komatsu a assisté
à celles du IXe corps. Le général Carré de Bellemare, commandant
du corps d'armée, a souhaité la bienvenue au prince japonais. Le
prince a répondu fort gracieusement et, au cours des manœuvres,
il a montré la valeur de son aptitude militaire par de judicieuses
remarques qui prouvaient qu'il n'était pas déplacé au milieu d'un
état-major français. Dans le dîner offert aux officiers étrangers après
les manœuvres, il a exprimé toute l'admiration qu'il professait pour
notre armée dont il avait apprécié la solide instruction militaire.
D'ailleurs, le Japon, bien avant de demander aux Européens des
leçons de stratégie et de se former à leur école, avait eu de bons
officiers ; quelques généraux des siècles précédents sont célèbres au
Japon, comme le fameux général du xvie siècle, Ksounoki–Mas-
Sassigné, savant tacticien.

Les côtes du Japon sont couvertes de travaux de défense,
construits, la plupart, par des officiers français. Les forts sont armés
de canons gros calibre, fournis les uns par la maison Krupp, les
autres par l'arsenal d'Osaka. On a reconstruit toutes les anciennes
fortifications. Les attaques extérieures ne pouvant venir que du côté
de la mer, le Japon se trouve dans une position à peu près inex-
pugnable.

Si le Japon a demandé aux Français d'organiser son armée de
terre, il a chargé l'Angleterre et les Etats–Unis de lui créer une
flotte et de former ses marins. De nombreux navires de guerre ont
été achetés aux Etats–Unis. En 1875, on lançait à la mer le premier vapeur de guerre construit dans le pays et, vingt ans après,
dans la guerre sino-japonaise de 1895-96, les flottes japonaises rem-
portaient de brillants succès et, particulièrement, la flottille de torpilleurs dont plusieurs sont de construction française.

En 1868, la flotte se composait de dix-sept navires, dont trois
à voiles, avec soixante-dix canons. Les quatorze vapeurs avaient une
force de 2,300 chevaux.

En 1880, la flotte s'est accrue de sept vaisseaux de guerre.
Elle en a aujourd'hui quarante-six avec quatre cent cinquante et un
canons, plus vingt-neuf torpilleurs.

LE JAPON CONTEMPORAIN

TABLEAU DE LA FLOTTE ET DE SES FORCES EN 1900

BÂTIMENTS	TONNEAUX	CANONS	ÉQUIPAGES
1 Cuirassé	3.777	12	345
3 Gardes-côtes	12.834	88	1.065
11 Croiseurs	29.340	163	2.797
1 Cuirassé à tourelle	7.335	13	381
1 Barbetteship	2.100	5	204
3 Corvettes	6.546	34	873
6 Sloops	8.346	52	1.272
15 Canonnières	7.944	57	1.207
1 Aviso	1.609	11	215
1 Aviso-torpilleur	864	6	107
3 Transports à voiles	2.297	10	306
46 Bâtiments (1).	82.992	451	8.772

Il y a, en outre, seize bâtiments en bois de construction ancienne, vingt-sept torpilleurs de 1re classe, deux torpilleurs de haute mer, quinze remorqueurs et cent sept bateaux à vapeur. On construit deux bâtiments d'escadre de 1re classe de soixante-seize canons, un croiseur de vingt canons, un aviso de huit canons.

En septembre 1895, le Parlement japonais avait accordé une somme de 200,000,000 de yens pour construire des navires de guerre : Quatre bâtiments d'escadre, dix gardes-côtes, trente croiseurs-torpilleurs et cinquante bateaux torpilleurs.

Voici le personnel de la marine : 2 amiraux, 5 vice-amiraux, 5 contre-amiraux, 48 capitaines de vaisseaux, 72 capitaines de frégate, 326 lieutenants de vaisseau, 188 sous-lieutenants, 44 aspirants, 366 officiers mariniers, 136 officiers ingénieurs, 59 officiers du génie maritime, 142 médecins, 135 officiers payeurs, 1,947 sous-officiers et 10,161 matelots. Total : 13,636 hommes dans l'armée de mer du Japon.

La flotte est répartie dans les baies de Sinagawa, de Kobi, de Yokoska et de Yokohama, résidence de l'Amirauté de l'Est, et sur quelques autres points importants.

Les Japonais sont d'excellents navigateurs ; les pêcheurs qui exercent leur métier dans les mers du Japon forment une source inépuisable pour le recrutement de la marine militaire. Quelques

(1) Il ne sera pas sans intérêt de donner les noms de quelques-uns des vaisseaux qui furent des premiers construits : Adzuma-kan, cuirassé à hélice ; Amaki-kan, 4e rang, à hélice ; Azama-kan, 3e rang, à hélice ; Chipodagatakan, 6e rang, à hélice : Fujiama-kan, 3e rang, navale école, à voiles ; Fuso-kan, 3e rang, blindé, deux hélices.

mois à bord des vaisseaux-écoles suffisent pour en faire des hommes comme on en rencontre peu sur nos bâtiments de guerre. Les chantiers de construction navale de Yokohama sont déjà très importants ; on y construit des navires de première grandeur, même des bateaux à vapeur. Tokio possède une Ecole navale où des officiers de la marine anglaise élevaient naguère encore les jeunes Japonais dans l'art de la navigation. Le Tsukubran-Kan, navire-école, va presque tous les ans visiter les côtes de l'Europe ou celles des Etats-Unis. Des brevets sont accordés aux élèves qui subissent avec succès les examens de sortie. Un Code naval a été rédigé et mis en harmonie avec ceux des autres nations.

Il y a à Yokoska un Arsenal maritime et une Ecole d'application des ingénieurs de la marine, grâce auxquels les Japonais se suffisent maintenant pour la construction de leurs vaisseaux et la direction de leurs Ecoles de marine et de génie maritime.

Le courrier de l'Extrême-Orient nous a fait connaître quelques détails très intéressants sur les manœuvres navales japonaises qui ont eu lieu à la fin du mois d'avril 1900.

Cinquante vaisseaux de guerre, tous modernes et munis des derniers perfectionnements de la science, ont pris part à ces manœuvres. Ils se subdivisaient en cinq cuirassés de première ligne, treize croiseurs, dix-sept torpilleurs, dix contre-torpilleurs et cinq canonnières.

Cette flotte, à elle seule, est égale, en tant qu'unités de combats, aux forces combinées de trois puissances européennes quelconques en Extrême-Orient.

Le plan des opérations était celui-ci : une flotte défendait l'entrée de la mer du Japon ; l'autre cherchait à y pénétrer. La victoire est restée à la première flotte après un vif engagement au cours duquel se produisirent une quarantaine d'attaques de nuit par les torpilleurs. Tout se passa parfaitement. La mobilisation des deux flottes eut lieu sans le moindre accroc et c'est sans le plus petit accident que les cinquante vaisseaux s'assemblèrent le 30 avril dans la rade de Kobé pour y être passés en revue par l'Empereur du Japon, le 1ᵉʳ mai.

Le fait le plus intéressant à relever dans ces manœuvres est, non pas la force maritime déployée, mais la très grande habileté que les Japonais ont acquise dans le maniement des vaisseaux.

Il ne faut pas oublier, en effet, que la marine japonaise date exactement d'il y a trente ans, et qu'auparavant des lois sévères et formelles interdisaient la construction de navires et n'autorisaient que l'usage des jonques. C'est donc depuis trente ans que les Japonais ont dû apprendre l'art de la navigation.

Or, ils l'ont si bien appris que, depuis trente ans, ils n'ont pas perdu un seul navire par la faute d'un de leurs marins. Le seul vaisseau japonais auquel il soit arrivé un accident était un croiseur construit en France et qui sombra pendant la traversée ; mais il avait un équipage hollandais à bord.

Détail plus curieux. Lorsque, il y a une dizaine d'années, l'amirauté japonaise désira avoir une flotte de guerre et commanda ses premiers croiseurs à des maisons françaises et anglaises, elle envoya à Toulon et à Portsmouth, pour prendre livraison de ces monstres marins, des équipes de matelots japonais qui, jusque-là, n'avaient fait que le cabotage dans la mer du Japon, et qui n'avaient jamais manœuvré des navires de guerre, pour cette excellente raison qu'ils n'en avaient pas. Ces novices parvinrent à faire la traversée d'un bout du monde à l'autre sans un accident, sans que les croiseurs et les cuirassés qu'ils amenèrent à Yokohama aient subi en route la plus petite avarie ni le plus petit dégât.

Ce fait, à lui seul, explique que, pour la grande revue du 1ᵉʳ mai 1900, dans une rade qui est minuscule, les Japonais aient pu assembler et faire manœuvrer pendant plusieurs jours une flotte de cinquante vaisseaux de guerre sans accident.

Cette organisation militaire et navale, faite en si peu de temps et déjà si solide et si puissante, permet au Japon de prendre une situation prépondérante dans les affaires de l'Extrême-Orient et de jouer un rôle important à côté des grandes nations du monde.

TROISIÈME PARTIE

I

ÉTAT RELIGIEUX

Dieu de la longévité.

Le Japon a deux religions : celle de Bouddha et celle de Shinto. La première est maintenant en défaveur. Le shintoïsme est la religion reconnue par l'Etat; son origine semble remonter à celle même du peuple japonais. Le shintoïsme reconnaît un dieu créateur, « Dieu ou maître du centre du ciel », qui engendra en lui-même deux autres dieux qui devinrent ses auxiliaires dans l'œuvre de la création ou plutôt d'organisation du chaos primitif d'où furent tirés divers éléments.

Ce fut d'abord un élément subtil et léger qui forma le ciel; puis, une matière lourde et trouble qui fut l'origine de la terre. De cette matière s'éleva une sorte de roseau qui donna naissance à une série de nouveaux dieux, comme le dieu Isanagi et la déesse Isanami qui créèrent la terre en remuant avec une lance la matière trouble flottant dans l'espace.

Une fois la terre formée, il s'agit de la peupler. Isanagi et Isanami engendrèrent d'abord deux enfants faibles et mal proportionnés, incapables de les aider dans la grande œuvre de la création. Ces enfants abandonnés à eux-mêmes furent la souche de la race humaine. Ensuite, les deux dieux engendrèrent *Amatéas* et, la voyant belle et majestueuse, ils lui donnèrent l'empire du soleil. Isanagi et Isanami donnèrent naissance à plusieurs autres dieux, dont le dernier, batailleur et brutal, reçut l'empire de la terre. Il épousa une fille des hommes et de ce mariage naquit le dieu *Oona-Moutchi-no-Knikoto*, qui réglementa les croyances et fut la souche des empereurs divins qui régnèrent pendant des milliers d'années sur le Japon. Enfin, le dernier descendant de cette race, *Zinmon-Tennô*, devenu tout à fait homme, fut l'ancêtre de la famille impériale actuelle. On le voit, les Mikados ont de lointaines et d'illustres origines ; l'absolutisme temporel aime à fortifier son pouvoir par l'autorité des dogmes.

Aux dieux secondaires et aux empereurs images de la divinité ont été adjoints un certain nombre de héros, d'ancêtres fameux et de savants, divinisés en reconnaissance des services rendus par eux au pays. C'est le culte des personnages célèbres. Aussi, le Japon a-t-il 333,333 divinités. Il y a 6,000 temples et 52,000 prêtres.

Le shintoïsme n'est pas, à proprement parler, une religion ; il enseigne cependant l'immortalité de l'âme. Il recommande d'imiter les sages et les hommes illustres. Ses commandements sont au nombre de quatre : aimer son pays et ses ancêtres — honorer les dieux — observer les devoirs d'homme — révérer le Mikado.

Les shintoïstes sont loin de considérer les fonctions religieuses comme incompatibles avec le mariage. Le prêtre shintoïste n'est pas soumis aux obligations du célibat ; il se marie et assez habituellement le sacerdoce est héréditaire dans sa famille. Dans certaines occasions, l'Empereur officie lui-même au temple de la capitale ; le même jour, dans toutes les provinces, districts, etc., ce sont les préfets, sous-préfets et autres fonctionnaires qui accomplissent les rites chacun dans sa résidence.

Les cérémonies principales, dans le temple, consistent en ablutions et en prières.

Les prêtres sont vêtus d'une longue robe de soie jaune (couleur sacrée). Leur tête est rasée; elle est surmontée d'une haute coiffure en crêpe noir.

Les hommes doivent quitter les chapeaux, les cannes, les chaussures pour entrer dans les temples.

Les femmes et les enfants fréquentent particulièrement les temples de Shinto et viennent y demander la réalisation de leurs vœux, par des offrandes et des prières. Autrefois, on faisait don d'animaux aux temples. Un cheval était l'offrande la plus estimée et la plus efficace. Mais, la foi et la générosité des fidèles diminuant, on se borna à faire don d'une peinture représentant un animal.

Les temples, construits très simplement en bois, se composent d'un *Naos* qui ne renferme qu'une table chargée d'un miroir, symbole de pureté, d'un sabre et d'un *yote*, sorte de fouet com-

Dieu de la nourriture.

posé de laurier, de papier blanc qui, à l'origine, servait à épousseter, comme un vulgaire plumeau, et dont la foule a fait un symbole de pureté et de divinité.

Le shintoïste n'a pas d'idoles. Il considère la divinité comme trop grande et trop majestueuse pour l'abaisser en lui donnant une forme matérielle.

Les images des dieux shintoïstes qui existent sont dues à la secte de *Riô-bou* qui mariait les usages et les divinités du bouddhisme et du shintoïsme, et qui a été supprimée par décret impérial, il y a quelques années.

La religion de Shinto a beau être la religion officielle, c'est le bouddhisme qui est la religion de la majorité des Japonais. Aujourd'hui, plus des deux tiers de la population japonaise sont sectateurs de Bouddha.

Cette extension du bouddhisme s'explique d'abord par la transformation qu'il a subie en pénétrant au Japon. Il s'est accommodé aux idées japonaises et a fait dans son panthéon une place aux dieux nationaux. De plus, la politique des Siôgouns le protégea par esprit d'opposition à la religion officielle dont l'Empereur était le chef. Grâce a cet appui, il prit un immense développement.

En passant de la Chine au Japon, le bouddhisme chinois s'est épuré. Grâce à la répulsion que rencontrent les Japonais pour les superstitions, le bouddhisme japonais a pu se garder de la plupart de celles qui déshonorent et défigurent le bouddhisme et échapper aux absurdes pratiques de sorcellerie, de mysticisme et de divination du bouddhisme chinois. Il pousse cette horreur jusqu'à défendre de s'adresser aux bouddhas et aux dieux pour obtenir des biens matériels, la santé, etc. ; il n'admet pas même qu'on leur demande de renaître dans une bonne condition, la nouvelle existence de chaque être étant déterminée par ses actes bons ou mauvais et échappant absolument au contrôle et à l'action des bouddhas et des dieux.

Il existe au Japon six sectes bouddhiques principales, subdivisées chacune en sous-sectes.

Les livres bouddhiques japonais sont des traductions de livres chinois et hindous. Ces ouvrages s'élèvent au nombre considérable de plus de huit mille.

Les bonzes bouddhistes sont le plus souvent remuants et fanatiques. Le gouvernement est parfois effrayé de leurs menées.

En 1868, presque tous ces bonzes furent exilés de Satsouma, et bon nombre de temples furent détruits. Cette circonstance n'a pas empêché le peuple de garder un culte pour le bouddhisme ; aussi, en 1870, quand le gouvernement permit aux bonzes de rentrer, on en vit arriver à la fois jusqu'à deux cents, qui se mirent à prêcher au milieu d'un immense concours de population. Bien plus, les bonzes japonais qui ont reçu le bouddhisme de la Chine, veulent maintenant convertir les Chinois à leur bouddhisme, et ils envoient chez eux des missions.

Les temples bouddhiques sont nombreux au Japon. Celui de Kouan-Nowo, dans un faubourg de Kioto, est le plus connu. Le temple, perché sur la montagne, donnait facilement le vertige aux amateurs de suicide, et l'on a été obligé de le garnir de barrières horizontales.

La religion de Jésus-Christ a fait des prosélytes au Japon depuis qu'elle y a été portée par saint François-Xavier.

Les Japonais qui ne sont ni shintoïstes, ni bouddhistes, ni chrétiens, suivent la doctrine philosophique de Confucius. Elle ne s'occupe ni de la vie future, ni de l'immortalité de l'âme, ni des divinités. Elle donne seulement des préceptes moraux et sociaux, pour se conduire dans la vie terrestre avec dignité, honnêteté et justice.

La religion d'Etat (shintoïsme) comprend, à côté du culte public, un culte privé consacré aux divinités de la famille, inventées par l'imagination toute positive des Japonais. Ces divinités ne prétendent pas à la beauté idéale; elles ne sont pas, non plus, terribles et faites pour effrayer. Elles représentent le seul désir auquel aspirent les Japonais : vivre heureux sur la terre. Ce sont les dieux du bonheur.

Il y a sept dieux du bonheur, et leur rôle est de procurer aux hommes les béatitudes suivantes : la longévité, la richesse, la nourriture quotidienne, le contentement, les talents, la gloire et l'amour.

Il arrive rarement qu'une famille se place sous le patronage de tous ces dieux. Le plus souvent, l'homme du peuple se borne à invoquer le dieu de la nourriture, en lui adjoignant le dieu de la richesse. La classe des marchands associe ordinairement aux deux premiers ceux du contentement et de la longévité. Les quatre réunis s'appellent communément les dieux de la fortune et de la prospérité.

Le patron de la longévité est naturellement le plus vénérable des sept types de la mythologie du peuple japonais (1). On lui donne le nom de Fkourokou-Shiou et, par abréviation, celui de Shiou-Rô. Comme sa vie est incommensurable, il a tant observé, tant médité, tant réfléchi, que son front chauve a pris un développement d'une élévation prodigieuse. Sa grande barbe blanche lui couvre la poitrine. Lorsqu'il marche à pas lents, plongé dans ses rêveries, il traîne d'une main sa rustique houlette.

Bin-Zon-Rou est le dieu des malades; on le représente d'ordinaire tenant la flèche de longévité. Il suffit de toucher l'endroit où l'on souffre, puis de frotter soi-même la partie malade pour être guéri.

Le dieu de la nourriture quotidienne est personnifié sous les traits du patron des pêcheurs, Yébis, frère disgracié du soleil, réduit

---

(1) Les légendes japonaises sont plei[nes de hé]ros à la vie prodigieusement longue, comme *Tobô-Sakon* qui a vécu trois cents ans et *Acrashima-Tarô* q[ui...] deux cents ans.

lui-même à la condition de pêcheur et de marchand de poisson ; car
le poisson, pour les Japonais, c'est l'aliment universel et journalier.
Aussi n'est-il pas de divinité plus populaire que ce bon Yébis,
toujours à l'œuvre et toujours souriant.

Son compagnon le plus habituel dans les oratoires domestiques,
c'est Daïkok-Kin (coquin comme Mercure, le dieu du commerce), le
dieu des richesses. Grâce à cette association, le pêcheur, l'agriculteur,
l'artisan, le marchand même, tous fervents adorateurs de Yébis,
déclarent, d'une part, se contenter de la nourriture quotidienne, sans
dissimuler de l'autre que les largesses de Daïkok-Kin ne leur seraient
pas désagréables. Les artistes indigènes représentent ce dieu sous la
forme d'un vilain petit ragot, coiffé d'une toque aplatie, chaussé de
grosses bottes et planté sur deux balles de riz, formées de nœuds de
perles. Tenant de la main droite un marteau de mineur, il porte de
la gauche, sur son épaule, un grand sac propre à enfermer des trésors. On lui donne plaisamment pour attribut le rat, cet ennemi par
excellence de la propriété.

Hoteï, c'est-à-dire le bonhomme au sac de chanvre, personnifie
le contentement d'esprit au sein de l'indigence ; c'est le sage sans
feu ni lieu, détaché de tous les biens terrestres. Il ne possède en
propre qu'un lambeau de serpillière, une besace et un éventail. Quand
sa besace est vide, il ne fait qu'en rire, et la convertit tour à tour
en matelas, en oreiller, en moustiquaire ; il s'assied dessus comme
sur une outre, pour traverser quelque cours d'eau.

Parfois un enfant bénévole s'approche en tapinois de Hoteï pour
le contempler et pour le taquiner pendant son sommeil. Le dieu
s'éveille en souriant, conte au lutin des histoires ou lui parle du
ciel, de la lune, des étoiles, de toutes les magnificences de la
nature, trésors incomparables dont nul plus que lui n'a le secret
de jouir.

Le dieu des talents, le noble vieillard Tassi-Tokou, ne se montre
pas moins accessible aux enfants, et c'est même dès la jeunesse
qu'il faut s'approcher de lui. Il inspire leurs jeux et se plaît à leur
enseigner toutes sortes de merveilleux ouvrages en papier. Rien n'altère
la dignité de ce grand personnage. Il a pour attribut le manteau,
l'étole, le bonnet et les pantoufles de docteur, ainsi qu'une crosse à
laquelle il suspend quelquefois un rouleau de parchemin manuscrit

et son éventail de palmier. Un jeune daim l'accompagne dans toutes ses pérégrinations.

Bisjamon, le dieu de la gloire, se pare d'un casque et d'une cuirasse d'or, et tient de la main droite une lance armée de banderoles, mais il ne figure, en quelque sorte, que pour mémoire au nombre des sept béatitudes japonaises. Jamais il ne prend place à l'humble autel domestique, et comment, en effet, serait-il populaire, dans un pays où la gloire ne peut presque jamais être l'apanage que des gens appartenant à la caste privilégiée.

Les bonzes, toutefois, l'honorent de leur prédilection. Ils le représentent portant sur la paume de la main gauche un élégant modèle de pagode.

Enfin, la plus remarquable des sept divinités et, parmi ses créations populaires, celle qui se dégage le plus du caractère original de la religion japonaise, c'est la divinité féminine, surchargée d'un double symbolisme terrestre et astronomique, tel qu'on le voit se reproduire

Dieu des richesses.

dans d'autres religions autour de l'image consacrée à la glorification de la femme. *Ben-zaï-ten-jo*, ou tout simplement *Benten*, est la personnification de la femme, de la famille, de l'humanité et aussi de la mer, cette féconde nourrice du Japon. Cette déesse, sortant de l'écume de la mer sur une conque marine, rappelle la Vénus Amphitrite des Grecs. Elle porte l'étoile sacrée, un manteau d'azur et une coiffure en cheveux, rehaussée d'un diadème où resplendit l'image du *Foô*, le phénix de l'Extrême-Orient. Elle est représentée dans un temple du quartier de Yokohama, auquel elle a donné son nom, avec la tête ornée d'une couronne royale entourée d'une auréole aux coueurs de l'arc-en-ciel. Benten est le génie protecteur de la terre nourricière, la dispensatrice de la féconde rosée du soir et du matin, la reine de tous les biens qui soutiennent et charment l'existence. Elle a inventé le luth et préside aux symphonies de la nature; un chant céleste, accompagné de mélodieux accords, descend des roches de basalte au pied desquelles les vagues de la mer expirent en gémissant; c'est l'hymne nocturne de la déesse. Elle guide l'étoile du soir et la fait luire à l'horizon, comme un phare, pour les pauvres pêcheurs. Aux yeux des femmes du peuple, Benten est par-dessus tout le type de la maternité et le modèle des bonnes mères.

Les dieux auxquels s'adresse le culte privé des Japonais dans certaines fêtes de famille, surtout celles du mariage et du nouvel an, n'ont rien de commun avec les pénates ou les lares des Romains; leur signification est toute différente. On les appelle communément les dieux du bonheur. Ils ne sont donc autre chose que la personnification des béatitudes humaines, telles que l'imagination populaire se plaît à les concevoir. C'est-à-dire qu'à côté des cultes officiels, le peuple a formulé sa pensée intime en se créant une mythologie à son usage, purement humaine comme celle des Grecs, avec cette différence, toutefois, qu'elle se borne aux seuls types de la félicité terrestre, et qu'elle est dégagée de toute prétention à la béatitude idéale.

Ce fait est un phénomène peut-être unique dans l'histoire des religions; il permet d'apprécier le génie national, ainsi que l'état réel des croyances et des aspirations des Japonais.

La religion populaire se complique d'un grand nombre de légendes que représentent souvent les faïences, ivoires et laques du Japon.

C'est le blaireau *Tanaki*, héros mystificateur des contes populaires. C'est *Omino-Okané*, simple paysanne douée d'une force surnaturelle, qui arrête un cheval. C'est la béatitude parfaite personnifiée dans un jardinier endormi. Des bois sculptés figurent les deux *Vangô-djin*, génies de l'amitié.

L'allégorie de l'association se trouve dans *Assinaga*, l'homme aux longues jambes, portant sur son dos *Ténaga*, l'homme aux longs bras, qui le débarrasse d'un serpent enroulé autour de ses jarrets. *Djô* et *Ouba*, Philémon et Baucis, personnifient le bonheur conjugal; ils sont représentés sous les traits de deux vieillards, l'homme armé d'un rateau et la femme d'un balai. *Shiô-Ki* est le saint Michel des légendes japonaises; il a l'air terrible, sa main droite est armée d'un grand sabre; de la gauche, il terrasse un démon et son pied en écrase un autre.

La religion populaire, toute positive, combattue par le christianisme, cèdera peut-être un jour devant lui.

Le christianisme a pénétré au Japon en même temps que les Européens. Des missionnaires catholiques le parcouraient dès le xvie siècle. Il semblerait cependant, d'après quelques érudits, que les Japonais eussent eu communication avec les chrétiens avant le vie siècle de notre ère, et qu'ils lui eussent, même à cette époque, emprunté quelques dogmes. Voici ce que nous lisons dans les Annales de l'Extrême-Orient, sous ce titre, *La Trinité au Japon* :

« Il existe dans la littérature japonaise un livre qui traite des antiquités du Nippon et qui est intitulé « Kosiki ». Ce livre périt dans un incendie vers le ive siècle de notre ère. Deux siècles plus tard, il fut reconstitué par des procédés très laborieux et avec toutes les précautions imaginables. Aux yeux des lettrés japonais et des orientalistes européens, le Kosiki est le témoignage le plus ancien et le plus authentique de l'histoire des idées dans l'Archipel de l'Extrême-Orient. On s'accorde à faire remonter sa rédaction au iiie siècle avant notre ère, à une époque où l'influence chinoise, sous aucune forme, n'avait pénétré encore dans le Japon. »

Dieu du contentement.

Dans ce livre, M. Léon de Rosny a découvert un passage mentionnant la conception de Dieu, la première de toutes en date parmi les mythes religieux qui ont eu cours au pays des Mikados.

Le passage est formulé en termes qui repoussent toute supposition tendant à y voir une infiltration chinoise ; c'est bien du vieux et du pur japonais. « Dieu y est défini un être à la fois triple, un et immatériel. » Cela a pu laisser croire à quelques écrivains que les Japonais ont eu de bonne heure connaissance des dogmes chrétiens.

Dès l'apparition du christianisme, les persécutions furent incessantes, les supplices atroces. Les missionnaires ne se sont pas laissé décourager ; aujourd'hui, les méthodistes anglais inondent le Japon de leurs bibles, attaquant sérieusement la religion du pays. Mais quelquefois ces prédicateurs soulèvent contre eux la colère du peuple. C'est ce qui arriva à M. Atkinson ; il faisait une conférence religieuse dans un théâtre aux environs d'Osaka ; un des auditeurs sortit et rassembla trois cents personnes pour frapper le missionnaire. Celui-ci fut heureusement prévenu à temps pour éviter le mauvais parti qui lui était réservé ; il s'échappa de la salle et s'enfuit à Osaka avant que les indigènes eussent pu l'atteindre.

A côté des missionnaires catholiques et des méthodistes protestants viennent se ranger les orthodoxes russes, qui mettent le même zèle à répandre leurs croyances.

Le christianisme a beaucoup gagné, la secte protestante surtout, depuis la Révolution de 1868. En entrant dans le courant européen, les Japonais se pénètrent de nos idées philosophiques et religieuses. Cette facilité d'assimilation explique assez les craintes des bonzes et leur aversion pour tout rapport avec les étrangers. Les augures, qui précédemment jouissaient d'une grande influence, voient leur autorité diminuer de jour en jour et la foi s'en aller. Ils n'ont aujourd'hui aucune peine à se regarder sans rire (1).

Mais que les Japonais professent le catholicisme romain, la religion anglicane, l'orthodoxie russe, le bouddhisme ou le shintoïsme, ils sont en général peu fanatiques, au moins dans les classes éclairées. La plupart de ceux qui appartiennent aux classes dirigeantes se targuent d'être rebelles à toutes sortes de superstitions. Le peuple des campagnes est généralement plus croyant et plus attaché à la religion de ses pères. Mais comme le clergé de chaque religion tâche de recruter des fidèles, les rusés campagnards savent selon les circonstances faire fléchir la rigueur de leurs principes ; beaucoup, comme chez nous, crieraient *Vive le Roi* ou *Vive la Ligue*, selon les intérêts du moment. On en rencontre qui, ayant eu toutes les croyances, professé tous les cultes, n'en pratiquent aujourd'hui aucun, et seraient prêts à rendre hommage à quelque dieu que ce fût, s'ils y trouvaient leur avantage.

Si le peuple reste indifférent aux luttes religieuses, il n'en est pas de même des bonzes bouddhistes ; leur résistance contre les progrès du christianisme est vive.

(1) Depuis 1880, les cultes ne reçoivent aucune allocation de l'Etat, et les temples ne sont entretenus que par la piété des fidèles ; le Mikado actuel est souverain temporel avant tout.

Des conférences de bonzes bouddhistes sont organisées dans les villes et les campagnes; à l'entrée de la salle de réunion est ordinairement un tableau avec ce titre, *Conférence sur la défaite immédiate de l'armée hérétique du christianisme,* et en épigraphe : « Le christianisme est l'instrument dont se servent les barbares étrangers pour tromper et amollir le peuple japonais. C'est l'histoire des Japonais qui, séduits par les pompes de ces religions, ont les premiers salué la croix, vendu leur patrie, bravé leur souverain et leur père, en un mot, de ceux qui ont fait le plus grand mal au pays. » Les bonzes emploient tous les moyens pour arrêter les progrès des croyances étrangères. Dans leur rage de proscription ils défendent même à leur fidèles d'acheter ou d'employer des matières d'exportation étrangère, et leur en font une faute grave. L'un d'eux, M. Kaisi-Sada, dit le *Mainitchi-Chimboun,* qui est connu pour avoir toujours prétendu que le ciel tourne autour de la terre, et qui conseille aux Japonais de ne pas acheter des marchandises étrangères, fait maintenant de la propagande à Kioto. Dernièrement, il prononçait un éloquent discours sur ses principes devant un nombreux et enthousiaste auditoire dans une maison appelée Daimara ; un des assistants, un étudiant, se leva au fond de la salle et demanda à l'orateur s'il avait voyagé, pour venir d'Osaka, en chemin de fer ou en cango. Le bonze répondit qu'il avait eu recours au premier de ces deux modes de transport. L'étudiant lui dit alors qu'en voyageant sur les chemins de fer qui étaient entièrement construits avec des matériaux importés, il était en contradiction avec ses principes xénophobes, et discuta ensuite avec lui sur la liberté du commerce. Le bonze ne répondit que d'une façon évasive à ses arguments. Dès que cette affaire fut connue, la plupart des adhérents donnèrent leur démission de la société fondée par le bonze pour combattre l'importation d'objets étrangers.

A l'instigation des bonzes, qui invoquent les anciennes lois, certains tribunaux sévissent encore contre les chrétiens. L'an dernier, un chrétien indigène, à Iwaki, était accusé par le prêtre d'un temple bouddhiste d'avoir, contrairement aux lois, enterré un de ses enfants d'après les rites de la religion chrétienne. Le tribunal de Foukouoka appelé à décider, a rendu le jugement suivant : « Le coupable, un adhérent du christianisme, ayant enterré son enfant d'après les coutumes chrétiennes, sans avoir recours à l'assistance d'un prêtre, est condamné à quarante jours d'emprisonnement avec travaux forcés ; mais tenant compte de certaines circonstances, le tribunal commue la peine à 3 yens d'amende. La croix qui a été posée sur la tombe sera enlevée, et les funérailles seront célébrées de nouveau, conformément aux rites de la religion établie et reconnue. »

Ainsi plusieurs sectes se disputent, avec un succès différent, la suprématie religieuse au Japon. Shintoïstes, bouddhistes, catholiques, méthodistes, etc., font, par tous les moyens, une active propagande et recrutent de nombreux adhérents, surtout dans le peuple.

II

DES ACTES DE L'ÉTAT CIVIL

Actes de l'état civil. — Le Kotchô. — Naissances. — Coutumes. — Mariage. — La femme ne possède rien. — L'entremetteur. — Les fiançailles. — Les cadeaux. — Cérémonie du mariage. — Femme légitime et Mékaké. — Le divorce imposé par la volonté du mari. — Actes de décès. — Sépultures. — Crémations et enterrements. — Les cimetières. — Les obsèques de l'impératrice Agako en 1897.

PEU de temps avant la promulgation du nouveau Code civil, l'*Echo du Japon* publia, d'après la législation ancienne, une étude, que nous résumons, sur l'*état civil* au Japon. Cette partie de l'organisation sociale, qui constitue la vie familiale japonaise, est une de celles qui ont subi le moins de modifications.

Les déclarations des *naissances* sont faites par les parents, dans les sept jours qui suivent, au Kotchô, chef de quartier de ville ou chef de village remplissant les fonctions d'officier de l'état civil. La déclaration est donnée par écrit et signée seulement par le père ou, en son absence, par un des parents mâles de l'enfant.

Cette déclaration n'est soumise à aucune forme déterminée; elle contient seulement le jour et le lieu de la naissance, le sexe de l'enfant, les profession et domicile du père ainsi que ses nom et prénoms. Rien n'est dit de la mère.

Si le nouveau-né est un garçon, trente et un jours après sa naissance, sa mère le porte au *Miya* (temple de Shintô) le plus proche; là, des prières sont faites par la mère. Cette cérémonie s'appelle Miya maïri. Si c'est une fille, cette cérémonie n'a lieu que le trente-troisième jour.

Les parents donnent un nom à l'enfant, le septième jour après sa naissance.

Pour ceux qui appartiennent à la religion de Bouddha, c'est en présence et sous l'autorité du bonze que ce nom est donné. Le père écrit trois noms sur un papier, et le prêtre confie au sort le soin de désigner celui que Bouddha a choisi. Mais ce n'est qu'un nom pour le jeune âge ; quand l'enfant sera initié à toutes les pratiques religieuses, on lui donnera un autre nom qu'il gardera toute sa vie. Après sa mort, il en recevra un troisième, et sa mémoire ne devra plus être évoquée que sous ce nom posthume. Il se produit ainsi bien des difficultés pour établir l'identité d'une personne décédée depuis quelques années.

Les fiançailles précèdent toujours le mariage, et dès que les conventions sont faites de part et d'autre, le père, ou celui qui en tient lieu, envoie une déclaration écrite au Kotchô lui indiquant le nom de la jeune fille que son fils prendra pour femme et l'adresse de ses parents ; la même déclaration est faite par les parents de la jeune fille à l'égard de son futur époux.

Une fois la célébration du mariage accomplie, les parents font de part et d'autre une nouvelle déclaration écrite, qu'ils envoient à leur Kotchô respectif, et dans laquelle ils annoncent que les nouveaux époux ont été unis tel jour de tel mois.

Les mariages sont toujours faits par l'entremise d'un tiers appelé Baï-Shekou-nin (intermédiaire). L'entremetteur du mariage doit être marié lui-même ; il est quelquefois l'ami du père ou du fils. D'autres fois, c'est un homme qui, sans en faire le métier, s'est acquis une réputation, dans le quartier d'une ville ou dans un village, comme habile à conclure ces sortes de négociations ; ce qui fait que l'on a souvent recours à lui dans ces occasions. On lui indique la personne que le jeune homme désirerait épouser et il se charge de faire les démarches nécessaires auprès des parents de la jeune fille ; et lorsque le mariage a lieu, c'est lui qui remplit les fonctions de maître des cérémonies.

Lorsque les premiers arrangements sont terminés, le jeune homme envoie à sa future un cadeau appelé *Wui-no-boutsou* et composé de cinq objets différents : l'*Obi-dji* (large ceinture à l'usage des femmes) ; le *Shira-ga* (lin blanc, emblème de la vieillesse, signifiant que les époux vivront unis jusqu'à la mort) ; le *Kombou* (algues marines) ; le *Sourouné* (poulpe séchée) ; l'*Yanaghi-dharou* (petit tonneau portatif et laqué, rempli de vin japonais).

Lorsque la jeune fille a reçu le cadeau, elle fait remettre au jeune homme, qui par ce fait même devient son fiancé, un présent analogue, en signe de consentement.

La belle-mère reçoit également une robe de soie blanche, et le beau-père un sabre de luxe. Les robes ne doivent pas être pliées. Le père ne fait

La coupe des fiançailles.

pas de dot à sa fille. Celle-ci apporte pour tous biens à la communauté deux robes de soie cousues ensemble d'une façon particulière, deux ceintures, un costume complet d'apparat, un éventail, cinq ou six livres de poche, et le petit sabre destiné à défendre son honneur.

Le jour du mariage arrivé, la fiancée vêtue d'une robe blanche avec ceinture verte, un voile blanc sur la tête, se rend accompagnée de ses parents à la demeure de son futur époux. A l'arrivée de sa fiancée, le jeune homme va à sa rencontre jusqu'à la porte d'entrée. Ils se saluent alors tous les deux, puis le fiancé se retire et la fiancée est introduite au salon où s'apprête le repas.

La fiancée se place d'un côté de la salle ; puis, le fiancé arrive et s'assied en face de la jeune fille qui a toujours la tête couverte de son voile blanc ; l'intermédiaire vient alors avec sa femme et tous deux se placent à côté l'un de l'autre entre les deux époux, le mari ayant le fiancé a sa droite et la fiancée à sa gauche. Auprès de l'entremetteur se trouvent trois coupes mises les unes dans les autres ; il prend la première coupe, la donne à la fiancée et lui verse du vin. La fiancée, après avoir bu, offre sa coupe à son fiancé qui boit à son tour. La coupe vide est ensuite replacée à côté de l'intermédiaire ; celui-ci prend la coupe du milieu et la passe au fiancé qui, après avoir bu, la donne à sa fiancée ; celle-ci boit à son tour et donne la coupe à l'entremetteur qui la met à côté de la première. Il prend alors la troisième coupe et la donne à la fiancée qui, après avoir bu, l'offre à son fiancé ; celui-ci boit une dernière fois et rend la coupe vide à l'entremetteur. Cette petite cérémonie finie, la fiancée se retire dans une chambre voisine où elle quitte sa robe pour revêtir celle qu'elle devra dès lors porter, et elle revient prendre sa place en face de celui qui, par ces formalités, est devenu son mari. A ce moment, les parents et amis viennent au salon et un repas termine la cérémonie du mariage. Aucun contrat n'est fait entre les deux nouveaux époux, car la femme ne pouvant rien posséder, il s'ensuit que ce qu'elle apporte en mariage devient par le fait même la propriété du mari.

A partir de ce moment, cette femme est sienne. Elle s'assied au foyer et y prend la première place. S'il convient au mari de se donner une compagne illégitime, une *Mékaké*, il le peut sans avoir divorcé avec la légitime (1) ; il peut même en avoir plusieurs si sa fortune le lui permet.

Pour se défaire d'une femme légitime, il n'était pas besoin de recourir aux tribunaux ; un simple petit billet suffisait : le *mihoudari-han*, mot à mot, trois lignes et demie : « Je constate, écrivait le mari, que la nommée une telle, qui a été mon épouse, ne l'est plus à dater d'aujourd'hui, et qu'elle est libre de se remarier ou de faire ce que bon lui semblera. » C'était court, mais c'était bon. — Munie de ce certificat, la femme prenait ses vêtements, les menus objets qui lui appartenaient et, laissant ses enfants au père qui devait se

1) Le nouveau Code civil interdit la bigamie. Le père adopte les enfants qui naissent de ses maîtresses.

charger de leur éducation, elle allait chercher ailleurs un sort plus
favorable.

L'enfant légitime passe toujours avant l'enfant de la Mékaké ;
ainsi, lorsque la Mékaké donne un garçon à son maître avant la
femme légitime, bien que ce fils jouisse de tous les droits et privilèges d'un enfant légitime, il n'est cependant considéré que comme
cadet de famille et, par conséquent, n'a pas droit à l'héritage du
père dont il porte le nom. Comme
les enfants de la Mékaké ou des
Mékakés sont toujours adoptés par
leur père et que le droit d'aînesse est
établi au Japon à l'exclusion des filles,
il s'ensuit que le fils d'une Mékaké
hérite des biens et de la fortune
de son père dans le cas où la femme
légitime n'aurait donné que des filles.
Il n'y a pas de bâtards. Quand les
enfants d'une Mékaké se marient,
il n'est nullement spécifié dans la
déclaration faite au Kotchô si ces
enfants sont nés de l'épouse ou de
l'une des Mékakés.

Déesse de la famille, type de la maternité.

Le divorce est légal au Japon, mais c'est peut-être le pays où
l'on divorce le moins. La femme connaissant la loi qui la gouverne
se garde de déplaire à son mari, de lui faire infidélité ou de se
fâcher. Le mari trouve chez sa femme une soumission qui va jusqu'à
étouffer les instincts de la coquetterie. Naguère encore, pour ne pas
exciter la jalousie de son mari, le jour où elle entrait en ménage la
Japonaise se rasait les sourcils.

Chaque fois que le mari et la femme se trouvent sans enfants,
la règle veut qu'ils en adoptent un qui prend le nom du mari et
succède à ses parents adoptifs.

Les parents peuvent faire cadeau de leurs enfants ; les personnes
qui les reçoivent les adoptent.

Lorsqu'une personne meurt, on fait la déclaration de la mort
au Kotchô. Comme pour la naissance, la déclaration est écrite et
les circonstances de la maladie qui a causé la mort sont men--

tionnées. La constatation est faite par un médecin; puis l'enterrement a lieu généralement trois jours après la mort.

Si la personne est morte violemment ou par suite d'un accident, comme en cas de suicide, le Kotchô, accompagné d'un officier de préfecture, se transporte sur les lieux, dresse un procès - verbal et fait une enquête.

Les cérémonies sont accomplies dans les temples de Bouddha ou de Shinto, suivant la religion de la personne défunte.

Les hauts personnages, les riches, se font enterrer. On brûle les cadavres des autres Japonais. Les familles conservent précieusement les cendres des morts.

« Cependant, il existe des cimetières, et nous devons dire qu'ils sont généralement bien tenus; les fleurs croissent sur les tombes, et les monuments en pierre sont d'une grande richesse. Lorsqu'une personne meurt, il est d'usage de promener respectueusement le cercueil dans les divers cimetières de la ville, pour le présenter aux morts ses amis, et dans les carrefours qu'il avait coutume de fré—quenter, afin d'y recevoir le pardon de ceux de ses amis qui n'ont pas assisté à ses funérailles » (1).

Le professeur Hitchcock a lu, en 1892, dans une séance de la *Société royale asiatique*, à Shanghaï, une dissertation sur les anciens tombeaux et tertres funéraires du Japon. En prenant pour point de départ le tombeau du premier Mikado, à Yamato (vii\ siècle avant Jésus-Christ), il constate une suite de modifications dans les modes d'ensevelissement : 1° inhumation dans des caveaux de roc artificiel; 2° dans une sépulture recouverte d'un amas de terre avec ou sans cercueil; 3° dans des sépultures creusées dans le roc ou dolmens; 4° dans l'enceinte d'un double tumulus.

Des poteries ont été découvertes dans les tumuli japonais; anciennement, on y trouvait surtout des figurines en terre cuite.

Le fait s'explique ainsi : une très antique coutume obligeait les serviteurs d'un prince mort à se laisser enterrer vivants autour de son tombeau. Mais l'Empereur Suinin (i\ siècle avant J.-C.), ayant été témoin de ces pratiques barbares à la mort de son jeune frère, fut touché de compassion et, l'impératrice étant morte peu de temps

____

(1) Villetard.

après, il chercha un moyen d'éluder la coutume. Un courtisan lui suggéra l'idée de substituer des figurines à des êtres humains. Le Mikado accepta la proposition et un ordre impérial fut promulgué en conséquence. On retrouve un édit du viie siècle interdisant de « s'étrangler ou d'étrangler les autres, ou de tuer les chevaux du défunt, ou d'enterrer des trésors, ou de raser la chevelure, ou de se taillader la cuisse, ou de se lamenter en considération du défunt ».

A l'occasion de la mort de l'impératrice *Agako*, qui a vécu de 1836 à 1897, femme du Mikado Koméi, père du souverain actuel, il fut célébré de curieuses obsèques nationales pour lesquelles le Parlement vota un budget extraordinaire de 2 millions, et l'Empire entier prit le deuil. Les funérailles furent conformes à l'esprit du vieux temps qu'incarnait cette femme de l'ancien régime dont elle n'avait jamais voulu se détacher. Trois semaines après la mort, on commença la levée du corps au palais d'Aoyama, d'où il fut porté à Kioto en grande pompe par un train spécial. La cérémonie de l'inhumation eut lieu la nuit, conformément à la coutume. Un détail suffira pour montrer l'étrangeté de ces rites : le char funèbre, construit de telle sorte que les roues, en tournant, fissent entendre des grincements lugubres, était traîné par trois bœufs qui avaient les particularités nécessaires d'être, le premier, tout à fait noir; le second, brun avec taches noires; le troisième, noir avec taches blanches. Arrivé au *Pont flottant des rêves*, l'impératrice Agako reçut le nom d'Yésho, c'est-à-dire *âme souverainement illustre*, et c'est sous ce nom posthume qu'elle fut présentée pour la purification suprême au temple de Kioto, puis enterrée dans un tombeau magnifiquement construit.

III

JUSTICE ET LÉGISLATION

M. Boissonnade et M. Bousquet. — Les anciens codes. — Le code pénal. — Tribunaux. — Cour consulaire. — L'ex-territorialité. — Les juges japonais; leur entente avec les avocats. — Peines infligées. — Les crimes, les vols, les mendiants. — Les pénalités abolies; le code pénal ancien. — Un horrible supplice : la scie. — L'art de s'ouvrir le ventre en honneur au Japon. — Les duels à la japonaise. — Jugement de Montesquieu sur l'ancienne législation du Japon.

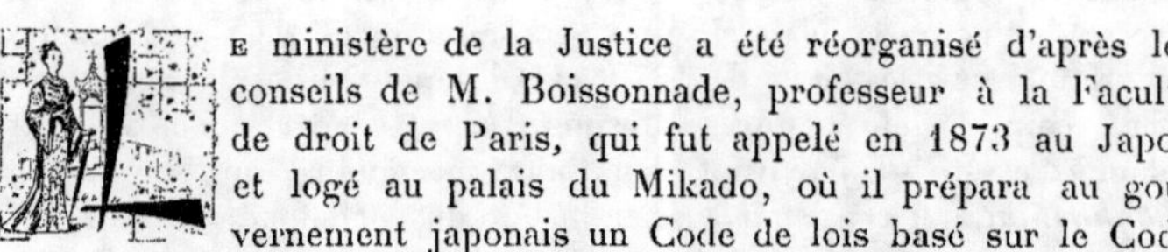

E ministère de la Justice a été réorganisé d'après les conseils de M. Boissonnade, professeur à la Faculté de droit de Paris, qui fut appelé en 1873 au Japon et logé au palais du Mikado, où il prépara au gouvernement japonais un Code de lois basé sur le Code français. M. Georges Bousquet, qui a publié un ouvrage important sur le Japon, faisait partie de la légation française chargée, avec M. Boissonnade, de réorganiser la législation japonaise. Mais leur travail a été passablement mutilé ; à force d'avoir voulu faire un Code vraiment japonais, on n'a presque rien laissé subsister de l'œuvre si consciencieusement étudiée par l'éminent légiste qui a rédigé les projets. Toutefois, les nouveaux Codes tiendront toujours une place importante dans l'histoire de la législation au Japon, et seront la base sur laquelle s'établiront les lois à venir.

Jusqu'à ce jour, il n'y avait pas eu au Japon de législation proprement dite. Les premières lois, au nombre de dix-sept, dont il soit possible de retrouver la trace, datent de l'empereur Sonniko-Tenno. Une sorte de code plus complet avait été rédigé sous le règne de l'Empereur Tendji-Tenno (662–671). Mais le premier ouvrage de ce genre méritant réellement d'être mentionné a été fait en 689, neuf ans après l'avènement au trône de Temmou-Tenno ; ce code n'était qu'une imitation, nous serions peut-être plus exact en disant une traduction, des lois de la dynastie chinoise Tso. Il ne fut mis en vigueur, après avoir été un peu modifié, qu'en 702, sous la dénomination de *Taïho Ritsouré* (Code de l'année Taïho). Plusieurs autres recueils de lois désignés sous les noms de Rékakou, Kodjinkakou, Djokwan-koushiki, Yenghikakou ont paru dans la deuxième année d'Anwa, sous le règne de Renzan-Tenno (969). Mais à partir de cette époque, le pouvoir tomba entre les mains des familles nobles, et les seigneurs appliquèrent la justice sur leurs terres selon leur bon plaisir. Cela dura ainsi jusqu'en 1625, époque à laquelle l'illustre Siôgoun Iyémitsou composa lui-même et fit promulguer un Code désigné sous le nom de Kwan–yé-Gotcho qui, revisé en 1740 et en 1790, est resté en vigueur jusqu'à la chute de la dynastie de Tokougawa.

Après la Révolution de 1868, on s'occupa de l'élaboration de nouvelles lois, et un recueil, le Shimitsou-Korio, fut publié pendant le 12e mois de la 3e année de Meidji (1870). Il fut revisé en 1873 et reçut le nom de *Kaitéritsouré*. On remarquait déjà une grande amélioration sur les lois de 1870 ; la décapitation et la pendaison avaient remplacé les supplices suivants : *Kamaïri*, par lequel on était condamné à être cuit vivant dans une marmite d'eau bouillante ; *Nokoghiribihi*, qui consistait à scier la tête du condamné ; *Haritsouké*, à mettre en croix ; *kwazé*, à faire brûler à petit feu.

Le Code pénal qui est entré en vigueur le 1er janvier 1882 a été commencé en 1875, alors que M. Oghilakato était ministre de la justice. Il a été terminé vers la fin de l'année 1877. Remis à M. Sandjo, *Daidjo Daidjin*, il fut examiné par les membres du cabinet et soumis à une commission présidée par M. Ito qui était chef du Bureau de la législation. M. Boissonnade assistait en qualité de membre aux travaux de cette commission, et c'est sans doute grâce à ses conseils que son œuvre n'a pas été plus mutilée.

L'organisation judiciaire, créée en 1870–73, a été transformée par une loi considérable du 2 février 1890. Les nouvelles institutions ont été copiées sur celles d'Europe. Le Japon possède actuellement une Cour de Cassation *(Daidhin-in)*, 7 cours d'appel, 49 tribunaux de département ou district, 298 tribunaux de communes, 1,200 tribunaux détachés de ces derniers.

Le 1ᵉʳ janvier 1891 fut promulgué le Code de procédure civile.
Les projets de Code civil, dû à M. Boissonnade, et de Code de
commerce, dû à un juriste allemand, M. Rœsler, furent ajournés
jusqu'en 1896. On a promulgué ces deux Codes en 1898.

Les présidents des divers tribunaux se rendirent à Tokio pour
y entendre expliquer les nouveaux Codes.

Il y avait à Yokohama une Cour Consulaire française qui jugeait les procès des Français et des Japonais suivant la juridiction
ex-territoriale. Comme cette juridiction créait des embarras regrettables,
elle fut sup-
primée en
août 1896.
Les Français
résidant au
Japon, com-
me les peu-
ples de l'Eu-
rope qui firent
des traités à
ce sujet avec
le Japon,
renoncèrent
au bénéfice
de l'ex-terri-
torialité et
devinrent
justiciables
des tribunaux
japonais.

Ancien supplice des parricides.

Sous ce titre *Les juges japonais*, le *Japan Hérald* donne une
correspondance qui contient de curieuses révélations sur la façon de
procéder des juges et des avocats au Japon, pour le règlement d'un
procès. Nous la reproduisons sous toute réserve. Equity (c'est le nom
de guerre du correspondant anglais) raconte qu'en parcourant l'intérieur de l'Empire il arriva dans une ville au moment où l'on jugeait
un procès important qui attirait à chaque audience un grand nombre
d'auditeurs. L'hôtel dans lequel il se logea était également occupé

par les juges et les avocats engagés dans le procès. Ici nous laissons la parole à l'auteur de l'article. « Ce qui me mit au courant d'une nouvelle façon de procédure légale, dit-il, fut de voir et d'entendre ces juges et ces avocats toute la soirée et une partie de la nuit, dans leurs quartiers privés, se consulter et arrêter le mode de procédure qui devait être suivi et le sens dans lequel le jugement serait rendu, conformément à un arrangement pris à l'avance. Les juges indiquaient aux avocats les preuves qu'ils devaient choisir de préférence, et celles qu'il faudrait produire pour obtenir un certain résultat. Les avocats s'entendaient avec les juges au sujet de certaines lois ou règlements à invoquer, qui leur permettraient d'atteindre leur but..... Je suppose que les juges et les avocats de ces cours de l'intérieur ignoraient que l'étranger, de l'autre côté de la cloison en papier, dont les portes étaient souvent ouvertes par les servantes qui allaient et venaient, pouvaient comprendre tout ce qu'il voyait ou entendait de cette consultation, et peut-être ils ignoraient l'influence que la connaissance d'un pareil mode de procédure légale pourrait avoir sur la suppression de l'ex-territorialité ».

Le récit qu'on vient de lire fournirait certainement le sujet d'une scène désopilante qui suffirait à assurer le succès d'un opéra-bouffe.

Mais les choses sont changées depuis le voyage du correspondant anglais. La magistrature, rendue indépendante par garantie constitutionnelle, se recrute aujourd'hui plus sévèrement ; on n'a épargné aucun effort pour assurer la science et l'intégrité de ses membres. Les magistrats sont au nombre de 1625.

Le Code pénal (1) est, comme le nôtre, divisé en trois parties : crimes, délits, contraventions. Les crimes sont punis, selon leur gravité, de la peine de mort, des travaux forcés, de la déportation, de la réclusion ou de la détention. Les travaux forcés sont infligés à perpétuité ou à temps pour une durée variant de 12 à 15 ans ; la détention et la réclusion sont appliquées suivant le cas pour une durée de 6 à 11 ans et de 6 à 8 ans. Les peines infligées pour les délits sont l'emprisonnement correctionnel et l'amende. L'emprisonnement est appliqué pour une durée de 11 jours à 5 ans, avec travail obligatoire ou simple et sans travail. Le minimum de l'amende correctionnelle est fixé à 2 yens.

____

(1) Revisé en 1890, puis en 1897-98.

Pour la contravention, les punitions infligées sont l'emprisonnement, variant de 1 à 10 jours, et l'amende de simple police, qui varie de 5 sens à 1 yen 95 sens.

Les crimes sont moins nombreux au Japon que dans nos contrées et, chose singulière, depuis l'admission des Européens il y a une augmentation dans les vols.

Le nombre des mendiants des deux sexes se multiplie ; on n'en rencontrait que très peu il y a quelques années. Aujourd'hui, les journaux indigènes jettent leurs doléances à tous les vents, et s'en prennent surtout aux étrangers. Ils accusent aussi la police qui, dit-on, montre envers eux de lâches complaisances.

Le nombre des crimes et des délits tend aussi à s'accroître. Ce n'est pourtant pas que les agents de police manquent. Au 30 juin 1880, il y avait dans tout l'Empire 1,613 stations de police et 25,962 officiers et agents.

Avant de clore ce chapitre de la *Justice,* il nous paraît intéressant de jeter un dernier coup d'œil sur les pénalités abolies par les Codes de 1870-73 et 91-98. Les lois étaient fort sévères. En parcourant cette législation, qui a été en vigueur pendant près de deux cents ans et qui a dû remplacer des Codes plus draconiens encore, on est épouvanté de la sévérité des châtiments. La peine de mort était appliquée pour des délits qui, chez nous, seraient tout au plus punis de peines correctionnelles.

De même que dans notre droit féodal, les supplices variaient avec la classe d'individus. En outre, chacun de ces supplices pouvait s'aggraver de procédés humiliants, qui précédaient, accompagnaient ou suivaient l'exécution, selon l'importance de la faute.

Voici quelques-uns des articles du Code pénal ancien :

Toute personne qui tue secrètement le gibier dans une garenne réservée est bannie de sa demeure.

Quiconque dans sa maison joue à des jeux de hasard est déporté. Ceux qui sont coutumiers du fait ont la tête tranchée. Celui qui jouant à des jeux de hasard gagne déloyalement l'argent de son adversaire a la tête tranchée et exposée à un poteau.

L'inceste est puni de la décapitation.

Le serviteur qui se laisse employer dans une intrigue d'amour par la femme de son maître est décapité. S'il séduit la femme de son maître, il est conduit à cheval à la place des exécutions ; il a la tête tranchée et mise au poteau. Sa complice est punie de la simple décapitation: Il en est de même pour le serviteur, s'il a écrit à la femme de son maître.

Lorsque plus de dix personnes ont commis dans un château des actes séditieux, les instigateurs du délit sont déportés dans une île, et tous les témoins bannis de leurs habitations.

Quiconque reçoit un criminel ou protège sa fuite est décapité, surtout si le fugitif est un voleur ou un meurtrier.

Celui qui tue son maître est exposé pendant deux jours, lié sur un cheval, conduit de la sorte à la place de l'exécution et puni du supplice de la scie de bambou. S'il n'a que blessé son maître, il est condamné à l'exposition et à la croix.

Celui qui jette une pierre ou tout autre objet sur son père est décapité.

Celui qui conduisant une voiture écrase et tue quelqu'un, volontairement ou non, a la tête tranchée.

Celui qui cause volontairement un incendie à l'instigation d'une autre personne est décapité ; l'instigateur subit le supplice du feu.

Les vols de peu d'importance sont punis du bâton. La récidive entraîne la marque.

Celui qui met en circulation de la monnaie qu'il sait être fausse a la tête tranchée.

Toutes les peines que nous venons de citer s'appliquaient à la classe du peuple. En certains cas même la peine de mort était aggravée par le morcellement du corps. Cet ignoble office était toujours rempli par des capitaines d'armes, qui faisaient sur le cadavre l'apprentissage du sabre. Le supplice de la scie, infligé aux parricides et aux régicides, était le plus horrible que l'on puisse imaginer. Le coupable était descendu dans une fosse jusqu'à la hauteur des épaules ; on l'enterrait vivant, après lui avoir lié les pieds et les mains, la tête seule dépassant le sol. Alors le bourreau — toujours pris parmi les anciens criminels ayant subi leur peine — lui faisait avec une scie de bambou une légère entaille, et abandonnait la scie dans la plaie. Chaque passant était ensuite tenu de donner un nouveau coup de scie. Le supplicié était laissé ainsi pendant huit jours exposé au soleil, aux moustiques, saignant et pourrissant sur place. Au bout de ce laps de temps on lui donnait le coup de grâce (1).

Pour les personnes de qualité, le supplice le plus ordinaire au Japon consiste encore à s'ouvrir le ventre, sur l'ordre soit du tribunal, soit du chef immédiat du condamné. Les nobles Japonais considèrent la décapitation comme humiliante. C'est d'ailleurs le seul genre de mort que les lois permettent, même à l'heure actuelle, de leur infliger, sans que la mort puisse être accompagnée de circonstance infamantes. Les exécutions se font dans le temple de Bouddha. Le patient, assis sur des nattes, reçoit avec un long et solennel cérémonial les sabres qui doivent lui servir à s'exécuter lui-même. On dirait la remise d'un sabre d'honneur. Alors, avec une grâce particulière, dont l'étude fait partie de toute bonne éducation, il se fait deux incisions en forme de croix, d'une grande profondeur. Aussitôt ce suicide accompli, un soldat ami, placé derrière le condamné, lui tranche la tête d'un coup de sabre. La décapitation porterait le déshonneur dans la famille si elle n'était précédée de l'éventrement volontaire ; au contraire, le courage et surtout l'espèce de coquetterie déployée par le condamné ont complètement effacé sa faute. Il est honorable dans la famille d'avoir des parents qui sont morts de la sorte.

Les suicides de ce genre ne sont pas rares au Japon, et il faudrait se garder de croire qu'ils soient l'apanage exclusif des hautes classes. Au contraire, l'espèce d'honneur qui en rejaillit sur la famille du défunt le fait accepter dans bien des cas. Les soldats, les employés, les fonctionnaires de tout ordre se punissent eux-mêmes de fautes souvent légères par cette mort volontaire. Les anecdotes fourmillent sur ce sujet et prouvent l'engouement des Japonais pour ce singulier supplice. En France, le point d'honneur consiste à punir l'injure reçue ; le duel, si malheureusement accrédité parmi nous, n'est que le moyen d'enlever la vie à l'adversaire. Au Japon, l'un des duellistes s'ouvre le ventre lui-même, et sous peine d'être à jamais réprouvé et de voir sa famille déshonorée, le second est obligé de suivre son exemple. Plût à Dieu que ce système de duel s'acclimatât chez nous ! Que de spadassins nous verrions disparaître ! On pourrait supprimer les lois prohibitives du duel sans danger pour l'avenir du pays.

(1) D'après Fraissinet.

Nous venons d'exposer la législation de l'Empire japonais ; rien ne pourra mieux montrer la transformation opérée dans cet État et dans ses lois depuis une trentaine d'années que le chapitre consacré par Montesquieu à l'ancienne législation qui a duré jusqu'à la Révolution de 1868.

« Les peines outrées, écrivait-il, peuvent corrompre le despotisme même. Jetons les yeux sur le Japon.

» On y punit de mort presque tous les crimes, parce que la désobéissance à un si grand Empereur que celui du Japon est un crime énorme. Il n'est pas question de corriger le coupable, mais de venger le prince. Ces idées sont tirées de la servitude, et viennent surtout de ce que l'Empereur étant propriétaire de tous les biens, presque tous les crimes se font directement contre ses intérêts.

» On punit de mort les mensonges qui se font devant les magistrats, chose contraire à la défense naturelle.

» Ce qui n'a point l'apparence d'un crime est là sévèrement puni : par exemple, un homme qui *hasarde de l'argent au jeu est puni de mort.*

» Il est vrai que le caractère étonnant de ce peuple opiniâtre, capricieux, déterminé, bizarre, et qui brave tous les périls et tous les malheurs, semble, à la première vue, absoudre ses législateurs de l'atrocité de leurs lois. Mais des gens qui naturellement méprisent la mort, et qui s'ouvrent le ventre pour la moindre fantaisie, sont-ils corrigés ou arrêtés par la vue continuelle des supplices, et ne s'y familiarisent-ils pas ?

» Les relations nous disent, au sujet de l'éducation des Japonais, qu'il faut traiter les enfants avec douceur, parce qu'ils s'obstinent contre les peines ; que les esclaves ne doivent point être trop rudement traités, parce qu'ils se mettent d'abord en défense. Par l'esprit qui doit régner dans le gouvernement domestique, n'aurait-on pas pu juger de celui qu'on devait porter dans le gouvernement politique et civil ?

» Un législateur sage aurait cherché à ramener les esprits par un juste tempérament des peines et des récompenses ; par des maximes de philosophie, de morale et de religion, assorties à ces caractères ; par la juste application des règles de l'honneur ; par les

supplices de la honte; par la jouissance d'un bonheur constant et
d'une douce tranquillité; et s'il avait craint que les esprits, accou-
tumés à n'être arrêtés que par une peine cruelle, ne pussent plus
l'être par une plus douce, il aurait agi d'une manière sourde et insensible : il aurait, dans les cas particuliers les plus agréables, modéré
la peine du crime, jusqu'à ce qu'il pût parvenir à la modifier
dans tous les cas.

» Mais le despotisme ne connaît point ces ressorts : il ne mène
pas par ces voies. Il peut abuser de lui; mais c'est tout ce qu'il
peut faire. Au Japon, il fait un effort : il est devenu plus cruel
que lui-même.

» Des âmes partout effarouchées et rendues plus atroces n'ont
pu être conduites que par une atrocité plus grande. Voilà l'origine,
voilà l'esprit des lois du Japon. Mais elles ont eu plus de fureur
que de force. Elles ont réussi à détruire le christianisme; mais des
efforts si inouis sont une preuve de leur impuissance. Elles ont
voulu établir une bonne police et leur faiblesse a paru encore
mieux.

» Il faut lire la relation de l'entrevue de l'Empereur et du
Deyro à Méaco; le nombre de ceux qui y furent étouffés ou tués
par des garnements fut incroyable : on enleva les jeunes filles et
les garçons; on les retrouvait tous les jours exposés dans des
lieux publics, à des heures indues, cousus dans des sacs de toile,
afin qu'ils ne connussent pas les lieux où ils avaient passé : on
fendit le ventre à des chevaux pour faire tomber ceux qui les
montaient : on renversa des voitures pour dépouiller les dames. Les
Hollandais, à qui l'on dit qu'ils ne pouvaient passer la nuit sur
des échafauds sans être assassinés, en descendirent, etc.

» Je passerai vite sur un autre trait. L'Empereur, adonné à
ses plaisirs, ne se mariait point : il courait le risque de mourir
sans successeur. Le Deyro lui envoya deux filles très belles : il en
épousa une par respect, mais il ne vécut pas avec elle. Sa nourrice
fit chercher les plus belles femmes de l'empire : tout était inutile.
La fille d'un armurier étonna son goût : il se détermina, il en eut
un fils. Les dames de la cour, indignées de ce qu'il leur avait
préféré une personne d'une si basse naissance, étouffèrent l'enfant.
Ce crime fut caché à l'Empereur : il aurait versé un torrent de

sang. L'atrocité des lois en empêche donc l'exécution. Lorsque la peine est sans mesure, on est souvent obligé de lui préférer l'impunité. »

Combien le langage de Montesquieu serait différent s'il avait à juger aujourd'hui le Mikado et l'organisation politique, judiciaire et sociale du Japon! Quel progrès étonnant et réel accompli en peu de temps par la suppression de terribles pénalités, par la modification du Code, par l'heureuse transformation de la justice!

IV

INSTRUCTION PUBLIQUE

Le maître d'école d'autrefois.

Dès 1868, il y avait peu de Japonais ne sachant ni lire ni écrire. Depuis lors, il a été fait des progrès extraordinaires dans l'instruction publique. Au 31 décembre 1897, on comptait au Japon 22 grandes Ecoles de l'Etat où 913 professeurs enseignaient à 10,800 élèves; 26,754 écoles publiques où 81,600 professeurs enseignaient à plus de 4 millions d'élèves; 1,670 écoles privées où 5,300 professeurs enseignaient à 152,000 élèves; soit, au total, 28,450 écoles où un corps enseignant de 87,850 professeurs donnait l'instruction à 4,168,700 élèves, contre 3,400,000 en 1893. Recherchons où et comment est distribuée cette instruction, en recourant en particulier au rapport publié par le ministère de l'Instruction Publique du Japon en mars 1899.

Le ministère de l'Instruction Publique a la direction générale de l'Enseignement et des Beaux-Arts. Etabli en 1871, il a, depuis sa fondation, subi un grand nombre de réorganisations dont la dernière date de 1897. Les divers services comprennent : le cabinet du Ministre, la correspondance secrète, la correspondance générale, la Trésorerie, la Bibliothèque, les Beaux-Arts. Le Ministère comprend deux divisions : l'Enseignement *supérieur* (1), divisé en 12 groupes, et l'Enseignement *ordinaire* divisé en 8 groupes. Il existe cinq inspecteurs de l'Enseignement, ayant rang de Sonin (droit de communiquer directement avec le ministre) et trois Inspecteurs des Publications. Il y a, en outre, plusieurs experts chargés du service d'architecture, ainsi qu'un inspecteur de santé du rang de Sonin. Enfin, le service du ministère est complété par 60 commis environ.

Pour veiller sur l'organisation du service de l'Instruction publique, représenter l'opinion publique, et en transmettre les vœux au ministère, on a institué un *Conseil supérieur* formé de membres choisis parmi les fonctionnaires du ministère, les directeurs d'école, les éducateurs réputés, les personnes ayant l'expérience de l'instruction ; le règlement de ce Conseil a été refondu en 1898 ; certains fonctionnaires en font partie de droit.

Sous l'ancien régime, l'instruction primaire était déjà assez répandue ; les programmes et les procédés d'enseignement étaient extrêmement simples. Le *ténahari*, c'est-à-dire la lecture et l'écriture des caractères idéographiques, était la base d'où l'instruction s'élevait à l'art de la narration ; l'instituteur faisait apprendre quelques textes de morale et un peu de géographie japonaise ; il enseignait aussi les éléments du chinois classique et du calcul. De temps en temps on développait les règles de la morale et de la civilité pour que les enfants n'attachassent pas moins de prix à la vertu qu'au savoir.

Les maîtres n'étaient soumis à aucun choix ni contrôle officiel et n'avaient aucune éducation spéciale. Quiconque se sentait capable d'enseigner adoptait la profession d'instituteur et vouait son existence à la tâche noble et souvent pénible de former les esprits et les cœurs.

C'est après la Révolution de 1868 que le gouvernement inaugura l'établissement d'écoles primaires publiques et rendit l'instruction

(1) L'enseignement supérieur comprend l'enseignement secondaire. L'enseignement ordinaire comprend l'enseignement primaire et professionnel ou moderne.

obligatoire. L'État dût en même temps créer des écoles normales, afin de former les instituteurs et les institutrices nécessaires pour l'organisation complète de l'enseignement primaire.

Les *écoles maternelles* ont été créées en 1876. Leur nombre augmente chaque jour et accroît beaucoup les facilités offertes à l'éducation du jeune âge. En 1896, il a été créé à Tokio, une importante Ecole maternelle, annexe à l'Ecole normale supérieure de jeunes filles, instituée dans le double but d'étudier les méthodes pédagogiques relatives à la première éducation des enfants et de servir d'exercice pratique des procédés pédagogiques aux élèves-maîtresses de l'Ecole normale. En 1897, 19,000 enfants recevaient dans 222 écoles maternelles, privées ou publiques, les soins de 529 gouvernantes.

Les *écoles primaires* ont pour but, suivant le rescrit impérial de 1890, de « donner aux enfants une éducation à la fois morale et patriotique, de leur enseigner les connaissances générales qui doivent leur être le plus utiles dans la vie et de veiller soigneusement à leur développement physique ».

Sous le régime féodal, c'était dans les écoles de clan et dans les térakoya (écoles des temples) que se donnait l'instruction élémentaire. Les seigneurs entretenaient

Dieu de la jeunesse et des talents.

dans leur Daïmiat une ou plusieurs écoles. Les térakoya, ouvertes par des particuliers, étaient assez nombreuses. Les études dans les écoles de clan, comprenaient le chinois classique, l'écriture, le calcul; dans les térakoya, à côté du ténahari, on enseignait la lecture vulgaire et le calcul.

Ce n'est qu'après 1871 que le ministère de l'Instruction Publique divisa les circonscriptions territoriales en quartiers scolaires, d'après la population, et fixa l'âge scolaire de 6 à 13 ans. De nombreuses modifications furent apportées à cet enseignement jusqu'au rescrit de 1890, qui le fixa d'une façon minutieuse et définitive. Les matières étudiées sont sensiblement analogues aux nôtres; les écoles doivent être dans des conditions d'hygiène et de confortable suffisants; l'instruction y est obligatoire et à peu près gratuite; des instructions très précises règlent l'établissement des écoles primaires ; les instituteurs doivent être « agrégés de l'enseignement primaire »; les punitions corporelles sont interdites ; si l'instituteur contrevient aux règlements, le Préfet peut lui appliquer la censure, la retenue du traitement, le renvoi, la radiation. L'Inspecteur de l'Enseignement (un par arrondissement) dépend du Préfet.

L'esprit de cet enseignement vaut son organisation. « Former des caractères enclins à la vertu est le but suprême de l'éducation », dit une circulaire de 1891. L'esprit à la fois très laïque et très moral de cette éducation se manifeste à chaque page. « On devra développer la conscience des enfants, les former à la vertu, leur faire connaître les devoirs pratiques de la morale naturelle ». Ecriture, morale, science, géographie, histoire, dessin, chant, travail manuel, gymnastique (1), agriculture, toutes ces connaissances élémentaires et indispensables à tout homme doivent être largement distribuées aux enfants. L'enseignement primaire est donné en langue japonaise (2).

Le gouvernement se préoccupe beaucoup du personnel enseignant des écoles primaires ; il améliore sans cesse le sort des instituteurs, leur accorde des secours, retraites et pensions, ainsi que des secours à sa famille, s'il meurt après 15 ans de service, etc.

Depuis la promulgation du rescrit de 1890 et les améliorations apportées dans le régime des écoles, l'instruction des masses a fait des progrès constants. Tous ont compris l'importance de l'instruction ;

(1) Les exercices physiques y sont également en honneur. Le *mens sana in corpore sano* est symbolisé par la légende de *Teito*, héros et poète japonais, qu'on représente rédigeant un quatrain en tenant un vase de bronze à bras tendu, moyen de démontrer que chez lui le sportman égale le littérateur.

(2) Pour l'Européen qui débarque pour la première fois dans un port du Japon, la prononciation de la langue japonaise paraît singulière ; c'est qu'elle ne ressemble à aucune des nôtres, et que sa physionomie est tout à fait celle d'une étrangère. Les sons paraissent durs, les aspirations outrées. Mais l'oreille ne tarde pas à s'habituer à cette langue sonore comme un patois méridional, sévère comme le français, plus riche que le latin avec lequel elle a quelque analogie de construction. Au bout de quelques semaines, on y découvre des consonnances déjà entendues, des mots qui trahissent leur origine espagnole ou hollandaise, et depuis ces derniers temps des mots entiers, des phrases même, empruntés à l'anglais et rendus en japonais, syllabe par syllabe, moins l'accent britannique auquel tout bon Japonais reste constamment rebelle. Alors on s'aperçoit que cette langue, qui paraissait si sauvage, possède une syntaxe raisonnée et des sons d'une grande douceur. Certains voyageurs racontent le charme qu'ils ont éprouvé, dans les maisons de thé, à entendre chanter, dans une langue harmonieuse et riche, les douceurs de l'affection, les charmes de la nature ou les douleurs des éternelles séparations. Dans ces moments cette langue leur a paru plus belle qu'aucune de celles d'Europe.

Quoique la langue officielle soit de rigueur dans la rédaction de tous les actes publics, divers idiomes sont parlés par les habitants des provinces. Ces idiomes, qui sont au japonais ce que les patois de France sont à la langue française, ne s'écrivent pas. L'écriture a été introduite au Japon par les Coréens, environ un siècle avant Jésus-Christ. Les caractères japonais se tracent, comme les caractères chinois, de haut en bas.

le goût de l'étude s'est éveillé, les fondations d'écoles se sont multipliées (il y avait 26,700 écoles primaires en 1897), le nombre des instituteurs s'est accru (79,200 en 1897) et le nombre des enfants envoyés à l'école a été de 4 millions cette même année.

Les *Écoles normales primaires*, destinées à former les professeurs, n'existent que depuis 1872 ; chaque département a la charge de son école. L'ordonnance la plus importante à ce point de vue est celle de 1892 ; elle indique les matières à traiter, la conduite que doit tenir l'instituteur, le temps à consacrer aux exercices, etc. Les programmes des cours des écoles normales d'institutrices sont particulièrement bien faits et conçus de façon à « donner des clartés de tout ». Les Écoles normales, au nombre de 47 en 1896, avec 700 professeurs (hommes et femmes) et 6,300 élèves (hommes et femmes) ont coûté aux budgets locaux une somme de 2,500,000 francs.

Plusieurs *écoles d'aveugles et de sourds-muets* ont été fondées à partir de 1885, à Tokio en particulier. Jusque-là l'acuponcture, le massage et la musique étaient les seuls moyens d'existence de ces déshérités. Ils reçoivent aujourd'hui dans ces écoles des cours ordinaires et professionnels ; 313 d'entre eux recevaient en 1897 les leçons de 27 professeurs dans 4 établissements.

L'*enseignement supérieur* n'existait pas avant la Révolution de 1868 ; les maîtres renommés dans chaque spécialité avaient des écoles ou des ateliers privés. Depuis la Révolution, l'organisation de l'enseignement supérieur est venue compléter l'enseignement ordinaire ; c'est là une des conséquences du progrès général qui a suivi la révolution politique, et s'est fait sentir dans le nombre et la nature des dispositions légales ayant trait à l'instruction.

Depuis 1872 il a été créé 26 *écoles supérieures de filles* où l'on formait des jeunes filles « élevées dans des principes solides de morale, d'un caractère sûr et possédant une instruction générale supérieure ». Le rescrit impérial de 1898 a réglé cet enseignement ; il est à la charge des budgets locaux. Nous ne souhaiterions pas à nos jeunes Françaises un autre plan d'études que celui qui dirige l'éducation des jeunes Japonaises.

Les *écoles secondaires*, modifiées par un rescrit de 1899, reçoivent les élèves qui sortent des écoles primaires, dans le but de donner aux garçons une instruction générale supérieure. La durée des études y est de 5 années : la rétribution scolaire est exigée, mais on accorde parfois des exonérations. On y enseigne les grands principes de morale, les langues étrangères, l'agriculture, la géographie, l'histoire, les mathématiques, le chant, la gymnastique, le dessin, etc. Plus de 60,000 élèves fréquentent ces écoles.

La musique, pratiquée au Japon de toute antiquité, n'a été introduite dans l'enseignement que depuis la Révolution. Le *Conservatoire de musique* forme les professeurs et les artistes.

Une *Ecole des Beaux-Arts* se rattache encore à l'enseignement supérieur ; la durée des études est de 4 années pour chaque art.

Après avoir pris les mesures nécessaires pour former des instituteurs primaires, le gouvernement a institué à Tokio une *Ecole Normale Supérieure*, qui forme des professeurs pour les écoles normales primaires et les écoles secondaires. Elle est sous la surveillance directe du ministre. Il y a des cours scientifiques et des cours littéraires. Quoique admis à l'examen d'entrée, les candidats ne sont reçus à l'Ecole qu'après un stage d'une durée déterminée. Ils signent, en entrant, un engagement décennal. Une école normale supérieure de jeunes filles correspond à celle des jeunes gens. C'est l'école de *Sèvres* du Japon.

Le Japon a deux *Universités;* l'une à Tokio, l'autre à Kioto. Elles ont pour but « d'enseigner et d'étudier à fond les sciences et arts les plus importants à l'Etat » ; à leur tête est un Recteur et un Conseil composé des doyens et d'un professeur de chaque Faculté. Les Facultés sont celles de droit, de médecine, de génie civil, des lettres, des sciences, d'agriculture. Une des 9 sections de la Faculté des lettres est consacrée à l'étude de la littérature française. La durée des études est en général de 3 ans. Des professeurs adjoints, titulaires ou des chargés de cours occupent les 129 chaires de l'Université de Tokio. L'Université de Kioto n'a que cinq facultés.

Il y a des Écoles de médecine à Tokio, à Osaka, à Nazoga, à Nagasaki; celle-ci remonte à 1829.

L'Université de Tokio possède un laboratoire de zoologie maritime (recherches et enseignement) à Mitsukuri.

Au mois d'avril 1901, il a été ouvert à Tokio une Université

pour les femmes. Elle a été bâtie aux frais de la grande famille de
Mitsui qui a donné 130,000 yens (338,000 francs) destinés à son
organisation.

Presque tous les livres sont écrits avec des caractères chinois,
quoique en langue japonaise. Cependant depuis peu on emploie l'alphabet
romain, et il s'est fondé une *Société de romanisation* ayant pour
but de substituer l'usage exclusif du syllabaire à celui des caractères
chinois.

Une troisième catégorie d'enseignement
comprend l'*Enseignement professionnel* qui
se rattache à l'enseignement ordinaire, à la
subvention duquel le trésor consacre annuellement près d'un million de francs : Ecoles
de *perfectionnement pratique*, d'*arts et métiers*, d'*agriculture*, de *génie civil*, de
commerce, de *marine marchande*.

Pour constater la capacité des étudiants,
l'Etat délivre des *grades universitaires*. Il y
a deux grades : Hakase et Dai-Hakase
(docteur et grand docteur). A la fin de 1897
il y avait 122 Hakase. Le grade de Dai-
Hakase n'avait pas encore été conféré.

Tous les ans, des étudiants sont envoyés
à l'étranger, aux frais de l'Etat, pour s'initier

Dieu de la gloire.

aux sciences et aux arts; 54 sont venus en Europe en 1897.

Les ouvrages classiques et de haut enseignement sont sous la
surveillance du ministère qui a réuni la première bibliothèque nationale, à Tokio, en 1872 : c'est la Bibliothèque Impériale. Elle contient
351,000 volumes. D'autres bibliothèques nationales ont été fondées
dans d'autres villes.

Le Japon a aussi une Académie. Elle est moins vieille que la
nôtre, mais elle n'a pas des visées moins ambitieuses pour régir le monde
des lettres, puisqu'elle a été réorganisée, en 1890, afin de « rehausser
le prestige des sciences et des arts, et pour exercer sous la direction du ministre une haute influence sur l'instruction publique ».
L'*Académie japonaise* compte 40 membres à vie, dont 15 choisis
par l'Empereur, et 25 par cooptation.

Mentionnons encore l'important *Observatoire météorologique central* rattaché depuis 1894 au ministère de l'Instruction publique, ainsi que les Observatoires de Tokio, Hakodadé, Nagasaki, Hiroshima, Wakagama, Yokohama; le *Comité de Seismologie* (étude des précautions à prendre contre les effets des tremblements de terre); le *Comité de géodésie*, institué en 1898; le *Conseil d'hygiène scolaire*, et les *Sociétés d'éducation*, qui correspondent assez bien à nos récentes Universités Populaires.

Il résulte de cette étude sur l'Instruction Publique au Japon, que cet Etat possède aujourd'hui toutes les institutions propres à développer et à mettre à profit les forces intellectuelles d'un peuple moderne. La France, plus qu'aucune autre nation, a contribué à jeter dans le monde les semences de l'instruction morale, scientifique et littéraire. Un peuple intelligent et assimilateur les a fait fructifier dans l'Extrême-Orient; il a pris modèle sur notre organisation universitaire depuis notre enseignement primaire, gratuit et obligatoire, jusqu'à nos Universités et à nos Académies, et aujourd'hui nous nous plaisons à reconnaître en lui notre propre image. D'autres nations peuvent exporter plus de houille ou plus de fer que la France; celle-ci, continuant sa tâche d'expansion intellectuelle, étend maintenant aux confins du monde asiatique cette hégémonie pacifique de l'esprit qu'elle étendait à l'Europe au siècle dernier. Aussi, si l'on a dit du Japon qu'il était au point de vue géographique et commercial l'Angleterre du Pacifique, il n'est pas moins vrai de prétendre, surtout après ce rapide exposé de l'Instruction publique, que ce pays, si analogue au nôtre à tant d'égards, est au point de vue intellectuel la France de l'Extrême-Orient (1).

(1) Comme pour montrer ce lien intellectuel qui unit le Japon à la France, le Mikado fait apprendre à son fils, le futur héritier du trône, le français et non l'anglais. Le français est obligatoire dans les Ecoles de droit. Il est seul enseigné à l'Ecole des jeunes filles nobles. On l'apprend également dans les Ecoles supérieures qui préparent aux Universités. Dans les Ecoles militaires, dès la deuxième année, on consacre sept heures par semaine au français. A l'Ecole des langues étrangères on lui donne vingt-quatre heures par semaine. A l'Ecole supérieure de guerre et à l'Ecole Centrale de Tokio, le nombre des élèves de français égale celui des élèves d'allemand.

QUATRIÈME PARTIE

I

LIVRES ET JOURNAUX, DRAME, ROMAN ET CONTES

Livres et librairies. — Dictionnaire en cinq langues. — Chacun son journal. — Le Bottin japonais. — Les journaux étrangers. — L'Echo du Japon et le Courrier du Japon. — La presse japonaise et les journalistes. — Une collection de poésies japonaises de 205 volumes. — Le théâtre au Japon. Il n'a encore donné que des ébauches. — Le roman. — *Voyages d'un critique*. — Un roman japonais. — — Simano et Misawo. — Une élégie. — La vie est un rêve. — Les Contes. — Urashima le pêcheur. — Grâce et délicatesse de la littérature japonaise. — Un conte aïno.

L est peu de peuples qui possèdent à un plus haut degré que les Japonais l'amour des livres, et surtout des livres illustrés. Et l'on peut dire que sous ce rapport ils nous ont non seulement précédés de plusieurs siècles, mais qu'ils nous distancent encore beaucoup dans l'industrie de la librairie.

Lorsqu'il y a une cinquantaine d'années les premiers livres japonais arrivèrent en Europe, leur apparition produisit parmi les bibliophiles un étonnement général. La finesse du papier, l'élégante disposition des caractères, eux-mêmes d'une forme si baroque, et surtout la profusion des gravures, laissaient en arrière les productions ordinaires de notre industrie.

Depuis cette époque, les gravures et les dessins japonais ont tellement influencé les dessinateurs européens, qu'il est certains pays, l'Angleterre et l'Amérique entre autres, où les journaux et les publications périodiques paraissent avoir été illustrés à Tokio plutôt qu'à Londres ou à New-York.

Le livre japonais dépasse rarement par lui-même l'importance de la brochure, et ses gravures y occupent presque toujours une place supérieure au texte. Ces gravures d'un dessin si remarquable sont enluminées, par un procédé mécanique, de teintes éclatantes admirablement combinées.

La ville de Tokio possède de nombreuses librairies où, à côté des abécédaires illustrés, des classiques, des recueils de poésies populaires, des chansons, se trouvent entassées des merveilles qui font la joie de l'amateur européen. Les livres de fonds ne manquent pas non plus et, ce qui peut nous étonner davantage, leur publication est parfois faite aux frais de l'Etat. Le gouvernement japonais a publié à Tokio un grand dictionnaire en cinq langues : japonais, français, anglais, allemand, néerlandais. Cet ouvrage contient presque exclusivement les termes relatifs à la marine et à l'art militaire. C'est le premier dictionnaire imprimé à l'européenne ; il est accompagné d'un atlas de figures gravées avec le plus grand soin. Le tout est l'œuvre du colonel d'état-major Harada-Kadumité, qui est venu habiter plusieurs fois Paris et qui a étudié sérieusement notre civilisation.

On a fait paraître au ministère de la guerre une *Histoire de la Révolution de Satsouma*. Une *Commission Impériale* a été chargée de grandes publications en vue de l'Exposition de Paris, de 1900. Des ouvrages d'une grande valeur littéraire et scientifique sont ainsi édités sous les auspices du gouvernement.

Si les livres sont nombreux, les journaux le sont relativement plus encore. Il en paraît aujourd'hui plus de 300 dont un certain nombre étrangers, et ce nombre s'accroît chaque jour. Aussi un journal français de Yokohama, en signalant l'apparition d'une feuille portugaise, laisse percer sa mauvaise humeur. « Avec l'étrange rage de journalisme qui s'est emparée de quelques résidents de notre ville et qui tend à se répandre chaque jour, il n'y aurait rien d'étonnant qu'avant peu chaque nationalité eût d'abord un organe, puis deux, car il faut bien avoir un journal d'opposition ; ce serait trop monotone sans cela. Ensuite paraîtront des journaux spéciaux tels que The Lawyers Herald ; Medicalische-Zeitung ; Commercial Review ; le Bulletin des soies et du thé ; Revue Artistique, etc, etc., jusqu'à

ce qu'enfin chaque habitant de notre ville ait son journal tiré
spécialement pour lui. Comme nous supposons que les ressources
des journaux, qui ne sont pas déjà très considérables, le seront
encore beaucoup moins, nous avons des chances pour que cela ne
dure pas longtemps et qu'ils soient obligés de disparaître tous à la
fois, leurs rédacteurs n'ayant plus le moyen de payer leur encre et
leurs plumes. Aussi, lorsque le nombre aura dépassé une douzaine
et demie, nous fermerons notre porte et irons tranquillement attendre
à la campagne le dénouement que nous venons de prévoir, pour
reparaître ensuite ».

Presque à la même époque on lisait dans ce même journal :
« On annonce qu'une Société politique libérale vient de se fonder à
Ottaro, Hokkaido. Cette Société publiera un grand journal quotidien. »
Ainsi se fondent chaque jour de nouveaux journaux.

Nous devons ranger parmi les publications périodiques le *Japan
Directory*, sorte de *Bottin* japonais, publié en anglais au commencement
de chaque année. Les renseignements les plus exacts peuvent y être
trouvés sur la composition des ministères japonais, des administrations
publiques, sur les corps diplomatiques et consulaires, les différentes
sociétés littéraires et scientifiques, etc. Les listes des maisons de
commerce et des résidents étrangers dans tous les ports ont été
dressées avec le plus grand soin. Le *Directory* contient, en outre,
une table pour faciliter le calcul des différentes sommes assurées
d'après les nouveaux tarifs, avec ou sans escompte ; les calculs sont
faits de un à trois pour cent, et pour une durée variant de quatre
jours à un an. On y trouve les statistiques sur le commerce étranger
au Japon, un tableau des poids et mesures japonais comparés aux
poids et mesures français et anglais, et d'autres matières non moins
intéressantes.

Parmi les journaux étrangers nous devons citer : le *Tokio-
Times*, l'*Echo du Japon* et le *Courrier du Japon*. Ces deux derniers,
journaux français, nous ont fourni de nombreux renseignements.

Les journaux japonais que l'on doit placer au premier rang
sont : le *Yomiuri-Shimbum* (le Crieur) qui tire à 150,000 exemplaires ; le *Jipi-Shimbi* (le Temps) tirant à 100,000 ; le *Hoschi-
Chimbum*, (l'Intelligence), le *Choya-Chimbum* (Gazette de la Cour et
des campagnes), le *Nichi-nichi Shimbum* (Rapporteur quotidien).

le *Manichi–Shimbum* (Nouvelles du jour). Puis viennent le *Jousso-Schinski*, le *Boukha Shimpo*, l'*Otzu-Simpu,* etc. Tous ces journaux sont imprimés en caractères japonais; ils sont généralement bien rédigés et contribuent beaucoup à l'éducation du peuple. Les Japonais de toutes classes sont assidus lecteurs de journaux, même les domestiques des deux sexes qui reçoivent leur journal au domicile de leurs maîtres.

En 1884, les 109 journaux qui existaient au Japon atteignaient un tirage total de 54,166,410 numéros. Il y en avait 319 en 1895, avec un tirage de 373,479,190 exemplaires. Comme en Europe, les journaux consacrent leur quatrième page aux annonces rétribuées, et les Japonais paraissent habiles dans l'art des réclames.

C'est surtout, comme il est naturel, depuis l'établissement du régime parlementaire que date le développement de la presse japonaise, qui a atteint aujourd'hui un niveau des plus honorables. Au 1er juillet 1898, il y avait au Japon 780 publications diverses.

La législation sur la presse, très rigoureuse, a été adoucie en 1897. Le gouvernement a le droit de prohiber la vente des journaux qui dévoileraient les secrets de la diplomatie ou de la défense nationale.

La profession de journaliste n'est, en général pas très rénumératrice (2,000 francs par an, en moyenne). MM. Foukouzawa, Simada, Tokoutomi, Konga, Asaïssa, etc, étaient les chroniqueurs les plus connus à Tokio en 1890–1895.

Les productions littéraires sont si abondantes au Japon qu'elles peuvent égaler celles des nations européennes de second ordre. Il se publie annuellement plus de dix mille ouvrages. Pour ne citer qu'un fait, un Anglais, professeur à Tokio, a offert à la Société asiatique anglaise une collection de poésies japonaises comprenant 205 volumes. Il n'y a là que les chefs-d'œuvre des principaux poètes. Comme on le voit, l'esprit des Japonais est fertile ; la poésie tient une grande place dans leur littérature et les amateurs de belles-lettres sont nombreux au Japon. On trouve au Musée Guimet (vitrine 21) un certain nombre de poésies japonaises. Quelques-unes datent du xiiie siècle; d'autres sont toutes récentes, comme une poésie autographe de M. Makimoura, gouverneur de

Kioto (1), offerte à la mission Guimet. On peut admirer au Musée Guimet un volume de peintures sur fond d'or, représentant les trente-six grands poètes japonais consacrés par la tradition (2). A côté de ce volume est exposé un jeu d'écritoires ayant servi à un concours de poésie. Hito-Marou est un des poètes célèbres du Japon.

La poésie dramatique au Japon, comme dans l'Extrême-Orient, est encore assez peu développée. Le théâtre y est considéré comme un simple passe-temps populaire, étranger au souci de l'art et de la moralité, où l'exhibition scénique constitue la plus large part de divertissement, où l'analyse des passions humaines se borne à la mise en scène des désirs sensuels, où la série d'événements souvent légendaires et invraisemblables suffit à tenir en haleine la curiosité du public.

Simano et Misawo.

D'ailleurs, les conditions même de la représentation suffiraient presque à expliquer cette enfance de l'art dramatique. A Rome et durant le moyen âge les rôles de femmes étaient tenus par des hommes. Au Japon tout déguisement, aussi bien de l'homme que de la femme, est interdit par la tradition. Mais la tradition est loin d'être toujours respectée.

A vrai dire, le drame, ne pouvant être le fruit que d'une civi-

(1) Les femmes se livrent aussi à la poésie. On connaît la femme-poète *Komathi* (voir son portrait. Musée Guimet. vitrine 20).

(2) Tels que les antiques poètes Sarou-Mayou-Darou (vᵉ siècle), Kakino-Motono-Hitomaro (vᵉ siècle), Arivara-Karishira (viᵉ siècle).

lisation déjà avancée, retarde sur le roman et le conte japonais. Comme il est arrivé dans la plupart des pays, en Grèce et en France en particulier, il tire ses origines de cultes et de cérémonies religieuses, mais il s'est peu à peu éloigné de son berceau religieux et il est aujourd'hui exclusivement laïque.

Les œuvres dramatiques laissent la plus grande place soit à l'imagination soit à l'observation satirique ; parfois même le plaisir dramatique se confond avec les jouissances purement sensuelles. C'est ainsi que l'une des œuvres dramatiques les plus en vogue au Japon représente les divers « travaux » qu'impose une fée amoureuse à un jeune mandarin, jusqu'au jour où elle cède, et où l'adultère se consomme sous les yeux d'un public nombreux et attentif.

On le voit, ces demi-drames japonais sont encore informes. L'étude psychologique en est absente : point de situations véritablement dramatiques ; les passions de l'âme sont à peine effleurées ; en tout cas, l'auteur ne porte le plus souvent sur la scène que ce qu'elles ont de bas et de sensuel.

Le Japon a eu son Shakspeare ; il florissait à peu près à la même époque que le dramaturge anglais. Il s'appelait *Monzayoman*. Les principales scènes de son théâtre étaient d'un réalisme effrayant.

Fukuchi Genikiro, auteur dramatique contemporain, de grand talent, s'efforce de réagir contre ce réalisme et cherche à rendre le théâtre plus digne et plus moral. Ses drames sont interprétés par un grand acteur nommé *Danjuro*, le Talma du Japon ; c'est le seul comédien qui ait eu l'honneur de jouer devant le Mikado.

L'imagination vive et poétique des Japonais leur a fait apprécier le roman, genre littéraire qu'ils cultivent avec succès.

Philarète Chasles, dans ses *Voyages d'un critique*, fait une intéressante analyse d'un roman japonais, traduit en allemand par le docteur viennois Pfitzmaier, et lu dans cette langue par notre savant critique. Cette analyse nous introduit dans la littérature de l'Extrême-Orient, si différente de la nôtre.

« Il est cependant très vrai, dit Philarète Chasles, que j'ai devant moi le plus curieux livre, imprimé à la japonaise par un Allemand, sur un papier de riz japonais — avec pages doubles

pour figurer un paravent, — avec dessins très bizarres, remplis de
mérite et de caractère, encadrés dans un texte japonais agréable à
voir — texte hiéroglyphique auquel je ne comprends rien, —
précédés d'une traduction littérale en allemand, que je comprends et
dont voici l'étonnante introduction :

PRÉFACE DE L'AUTEUR JAPONAIS

« Ce que vous ne trouverez pas dans mon livre, ce sont de
hauts faits militaires et des triomphes sur l'ennemi ; sorciers et
sorcelleries, fées éloquentes, chacals et loups, crapauds même en
sont absents.

» Je ne vous promets pas non plus d'arbres généalogiques, de
joyaux et de trésors perdus. Changements et erreurs de nom, le
père pris pour le fils, l'aîné pour le cadet ; découvertes et recon-
naissances dues à de vieux coffres ou à des bijoux retrouvés ;
divinités qui apparaissent et parlent aux hommes pendant le sommeil,
Bouddha, par exemple, se révélant tout à coup ; choc meurtrier
des épées qui se heurtent et qui tuent ; toutes choses qui glacent
le sang dans les veines n'auront encore aucune place dans mon
œuvre.

» Rien n'est plus rare, dit notre proverbe, qu'un paravent et
un homme qui restent droit et debout. Je pense le contraire ; voici
des feuilles de paravent que je vous offre, et sur lesquelles j'ai
essayé de tracer les images de la vie et du monde qui passent. Ce
serait une honte pour elles d'être froissées et renversées. J'y joins
des dessins qui commentent ou expliquent mes pages périssables ;
sur les marges de ces dessins, j'ai tracé d'une main rapide quelques
conseils utiles, et je les livre au public.

» Monsey ; dix-septième année, Moissor, septième mois. J'ai
achevé mon écrit.

» Dix-huitième année ; printemps. Premier mois. Mon livre
est en vente.

» RIUTEI TANEFIKO. »

Le sujet du livre est fort simple : Simano, au service d'un
puissant seigneur, se fait brutalement renvoyer pour avoir eu raison
contre son maître, dans l'explication du sens des mots Siki (arbre

vénéneux) et Sigi (bécassine); à partir de ce jour on le perd de vue. Nous le retrouvons plus tard, employé dans un entrepôt de riz, et amoureux d'une jeune chanteuse de jardins à thé, qui fait courir toute la ville, et qui est aussi sage que belle. Orpheline de bonne heure, elle a été recueillie par son oncle, le soldat Tofeï, marié sans l'aveu de sa famille à une jeune veuve Fanajo. Mais la jeune fille sent qu'elle est à charge, et sans donner l'éveil à qui que ce soit, elle prend un engagement auprès de Saïko, propriétaire d'un jardin à thé, qui a deviné son talent de musicienne. Elle disparaît, après avoir versé clandestinement dans la cassette de son oncle la moitié du prix de son engagement qui lui avait été payé à titre d'avances. Misawo disparue, le jeune homme est inconsolable. Il tombe dans une amère mélancolie qui se change bientôt en misanthropie. L'image de sa bien-aimée le suit partout, et il ignore où elle a porté ses pas. Celle-ci courait le monde à la suite de son impresario, et sa renommée croissait de ville en ville.

Le jeune Simano la retrouve enfin dans un faubourg de la ville de Naniva. C'est au moment où, entendant parler d'une artiste admirablement belle et vertueuse, il frondait la vertu des femmes en général et des musiciennes en particulier, que la jolie tête de Misawo apparut au-dessus du paravent, en lui souriant avec une gravité maligne et triste. Le jeune homme pense perdre connaissance. Il s'humilie aux pieds de la jeune fille qu'il vient d'injurier. Misawo, aussi coquette qu'une Andalouse, le laisse longtemps dans l'incertitude. Elle refuse de croire à son amour; dévote comme toute Japonaise, elle adresse aux oracles mille questions parmi lesquelles se glisse cette demande si, à son dernier jour, ses yeux seront fermés par une main amie; touchante prière, sérieusement passionnée, qui dépasse peut-être les plus religieuses aspirations des poésies de Schiller. Enfin, une promesse solennelle unit les deux amants. La parenté des âmes est scellée et indissoluble.

Mais on avait compté sans la mère de Simano, qui se refuse obstinément à voir son fils épouser une musicienne de maisons de thé. D'autre part, Saïko l'impresario réclame le prix de l'engagement de sa pensionnaire. Les difficultés s'accumulent. Le jeune homme se désespère. La jeune fille le supplie de la tuer voyant qu'elle ne peut vivre avec lui. Mais le jeune homme possède 100 taëls

(500 francs) que sa mère lui a remis pour renoncer à son amour. Fatalité ! il jette sa bourse croyant jeter une pierre à des chiens et elle tombe dans le bateau d'un pêcheur qui s'enfuit aussitôt. La scène est très touchante et pathétique. Ils passent la nuit la main dans la main, au bord des vagues. Fille de soldat, Misawo ne craint pas la mort ; elle possède l'arme de son père et la présente à Simano. Très bien, dit celui-ci, et je mourrai avec vous. Quelqu'un vient, ils se cachent, le jour arrive, et avec lui les frères de Misawo, envoyés à sa recherche pour lui apprendre qu'un riche propriétaire, qui l'a vue en scène, l'a demandée en mariage et désintéressera son impresario. Elle sera dame de qualité. Simano, caché derrière l'éternel paravent, écoute avec désespoir. Misawo remet sa réponse au lendemain ; mais le lendemain elle reste muette ; elle ne voulait appartenir qu'à son promis, ou bien épouser la mort. C'est à ce dernier parti qu'elle s'arrête. Les deux amants ont résolu de mourir. Ils s'en vont au loin pendant la nuit et, sous les fenêtres d'une petite maison de campagne, ils entendent un chant mélancolique en harmonie avec les perplexités de leur âme :

> « La mort est le dernier éveil.
> La vie est un rêve qui passe ; (1)
> C'est un peu de neige ou de glace,
> Qui se fond au premier soleil ;
> Chaque heure, en nous quittant, dévore
> Le peu que Dieu nous a donné ;
> La huitième a déjà sonné
> Quand la septième vibre encore.

C'était une élégie en musique, que les accords du luth accompagnaient ; elle vaut bien des poésies de nos pays d'Occident.

Sous l'impression de ce chant mélodieux et triste, les deux jeunes gens continuent leur route ; un autre incident vient chasser leurs idées sombres et les rappeler à la vie. C'est la tante Fanajo qui court, elle aussi, à la recherche de sa nièce. Elle ramène les fugitifs et leur montre une bourse de taëls, lancée pendant la nuit, par on ne sait qui, dans la barque de son mari. Un mariage, prévu depuis les premières pages du livre, forme le dénouement.

Tel est ce récit, un peu enfantin, simple et non vulgaire,

<hr>

(1) Platon a dit : *la vie est le rêve d'une ombre*. Les Japonais disent : *la vie est un rêve qui passe*. On a souvent écrit que les Japonais avaient une âme flottante, surtout à cause de ce sentiment vague de la vie. Mais pourquoi ne pas le dire aussi de Platon et des Grecs, ou pourquoi trouver en cela une faiblesse morale des Japonais.

élégiaque et noblement passionné. Ces sujets gracieux, sans vives émotions, sans dénouement terrible, sont les genres de fictions que goûtent particulièrement les Japonais. Des idylles comme celle de Daphnis et Chloé les intéresseraient plus vivement que les dramatiques récits des romans remplis d'aventures et de crimes.

D'après l'analyse que nous venons de faire, on aura une idée du degré de développement littéraire que ce pays a su réaliser avant d'être en contact avec l'Europe.

« Voilà des sentiments, dit Ph. Chasles, des idées, même des aventures qui rappellent l'Europe, analogues aux meilleures nouvelles de Cervantes : voici une gitana, une perdita, une bohémienne; près d'elle un jeune homme très passionné, sacrifiant tout pour elle et pour le devoir !

» Le sentiment de l'amour pur est donc éclos, la famille vénérée, le serment sacré. Ce que Dubois de Jancigny et les voyageurs intelligents ont dit de ces Asiatiques semble confirmé. Ils possèdent le sens moral, estiment la force du caractère, se respectent eux-mêmes, éprouvent le besoin de comprendre et le désir de connaître; c'est déjà beaucoup.

» Sans doute ils ont des vices. Leur morale sanctionne l'espionnage et environne jusqu'au monarque et aux conseillers du trône, de ce qu'on appelle dans le pays le réseau des « yeux obliques » (*mitski dwaatiger*) ; l'indépendance y est médiocre, la discussion prohibée, l'enquête impossible, la législation sanguinaire, la polygamie légalisée et l'esclavage établi. Tout cela se corrige par degrés. On répare, on améliore, on marche en avant. Il faut lire là-dessus non pas Kaempfer ou les anciens missionnaires, mais Oliphant, Troson, lord Elgin et les derniers voyageurs.

» Beau spectacle, intéressante étude ! Une race asiatique se détachant ainsi de l'Asie servile; occupée de continuer son éducation, répudiant l'écriture idéographique comme insuffisante pour la pensée; créant son écriture phonétique, c'est-à-dire l'analyse des sons qui conduisent à l'analyse universelle ! Elle abjure donc l'idolâtrie du passé, recherche le mieux même chez les Européens, reste solide tout en se raffinant et en se polissant, se débarrasse de ses scories et sort peu à peu de sa gangue; — enfin, du sein de la torpeur bouddhiste, gagne du terrain intellectuel et industriel par la seule vigueur des âmes, par la seule force de la vertu, que malgré l'Etat lui-même, l'individu conserve intacte! »

» Me reprocherait-on, continue Philarète Chasles, de m'occuper de nations et de races aussi éloignées. Au temps d'Ovide, de Virgile et plus tard de Tacite, les gens les plus dignes de soutenir la grandeur romaine essayaient de comprendre les idiomes barbares. Ovide exilé appliquait la facilité de sa verve et sa merveilleuse souplesse à écrire des vers « allemands » en rythme latin; il en avait honte, parce qu'il n'était qu'un bel esprit. Œuvre digne d'estime — humaine, charitable, honnête, de notre temps.

> » Ah! pudet! Et Getico scripsi sermone libellum,
> » Aptaque sunt nostris barbara verba modis.

» Les petits Chinois de Singapore font des hexamètres sous la direction des Jésuites, et scandent leurs monosyllables sur le mode de *Arma virumque cano* et de *Tityre, tu patulæ*. Moi, je me plais à étudier en France une œuvre japonaise. Les frivoles ne comprennent rien à mes études. Pourquoi ne pas étudier plutôt Cottin ou Benserade? »

L'amour des *contes* se retrouve dans toutes les littératures. Le Japon ne pouvait manquer d'avoir sa part dans les œuvres de ce genre. Un collaborateur de la *Revue Bleue*, Arvède Barine, pseudonyme sous lequel se cache une femme distinguée, a écrit une savante étude sur les contes japonais (1). La douceur et la bonté règnent dans ces récits où la fiction poétique est toujours très ingénieuse. Arvède Barine prend pour exemple *Urashima le Pêcheur*, conte d'une délicatesse gracieuse et d'une pensée morale élevée.

Urashima a trouvé une tortue si ridée, si décrépite, qu'elle semble avoir mille ans. Il en a pitié et la rejette dans la mer. Aussitôt, l'animal se transforme en une jeune fille d'une merveilleuse beauté, qui apprend à Urashima qu'elle est la fille du Dragon, dieu de la mer. Puis elle l'épouse et l'emmène dans son palais sous-marin. Au bout de trois ans d'un bonheur parfait, le pêcheur est pris du désir de retourner sur la terre pour revoir ses parents et sa

---

(1) C'est un genre littéraire très répandu au Japon. Presque tous les écrivains japonais ont fait des contes. Le grand peintre Hokousai en a écrit qui sont pleins de charme et où l'on retrouve, dans la forme et dans le fond, quelque chose de la vigueur de son pinceau, du réalisme de son dessin.

famille, et il part malgré les larmes de sa chère princesse. Arrivé dans son pays, il ne le reconnait plus. Tout est changé. Deux passants auxquels il demande sa chaumière, la chaumière de Urashima, lui répondent que celui-ci s'est noyé, il y a plusieurs siècles, en pêchant, et que la cabane abandonnée a été emportée par les orages. Il veut alors retourner dans le palais humide de son puissant beau-père, mais il n'en retrouve plus le chemin. Il s'avise d'ouvrir un coffret que sa femme lui avait remis avant son départ en lui défendant d'en lever le couvercle. La vapeur blanche qui s'en échappe représentait tous les siècles qu'il avait passés, sans s'en douter, au palais du Dragon, et que sa chère princesse avait enfermés dans ce coffret. A mesure que la vapeur se dissipe, le visage d'Urashima se ride, son dos se voûte, ses cheveux blanchissent et il meurt.

Voilà une œuvre de pure imagination qui fait honneur à l'esprit japonais.

Les Aïnos, comme les Japonais, ont aussi leurs contes et leurs légendes.

Léo Quesnel a publié, dans la *Revue Bleue* du 27 août 1887, un conte aïno qui est à la fois naïf et profond; on y retrouve quelques traits qui peuvent paraître empruntés à la Bible et à la mythologie grecque. Il ne sera pas lu sans intérêt.

« Un jeune et brave Aïno, habile à la chasse, poursuivait un jour un ours dans les profondeurs des montagnes.

» L'ours grimpa sur un sommet et tout d'un coup s'enfonça dans un cratère; le chasseur le suivit et pénétra ainsi dans un monde inconnu. Il y avait là des arbres, des maisons, tout cela bien plus beau que sur la terre.

» Se sentant las et ayant faim, le jeune homme mangea des raisins et des mûres qui pendaient aux arbres. Il resta frappé d'horreur en s'apercevant qu'il se changeait en serpent. Il voulut crier : c'étaient des sifflements qui s'échappaient de sa gorge.

» Que faire?... Il se hissa vers l'entrée de la caverne, et là s'endormit au pied d'un pin.

» Pendant son sommeil, il entendit en rêve le génie du pin qui lui disait : « *Pourquoi as-tu mangé du fruit de l'enfer? Tu n'as*

» qu'un moyen de reprendre la forme humaine ; monte sur mes
» branches et jette-toi en bas. »

» Le jeune homme obéit. Quand il se réveilla, le corps du
serpent, crevé dans toute sa longueur, gisait à ses côtés. Il se
dressa et comprit qu'il était sorti de sa prison.

» Mais il s'endormit de nouveau, et le génie du pin lui dit
encore : « Tu as goûté du fruit de l'enfer ; c'est à l'enfer que tu
» appartiens désormais, tu resteras peu sur la terre ; une déesse
— *la Mort* — veut t'épouser dans le monde que tu as visité. »

» Et le jeune homme tomba malade, et il mourut, et il ne
revint jamais plus sur la terre ! »

Par ce que nous venons de dire des livres et des journaux, du
drame, du roman et des contes, il est facile de constater le développement des qualités littéraires des Japonais et le mouvement intellectuel
puissant qu'il y a dans ce pays depuis quelques années.

Si les vieux Japonais revenaient sur la terre, comme *Urashima le
Pécheur,* ils trouveraient que tout est bien changé dans l'Empire du
Soleil—Levant, et leur sereine tranquillité d'autrefois serait troublée
certainement par les publications de toutes sortes et par les agitations
d'une presse jeune, alerte et très vaillante.

II

BEAUX-ARTS

HEZ les peuples neufs, les Beaux-Arts sont d'ordinaire en retard sur les autres éléments de la civilisation. Dès les premiers contacts avec les étrangers civilisés, ces peuples leur empruntent les choses essentielles à la vie. Ils ne leur prennent que plus tard ce qui constitue le domaine des jouissances intellectuelles : sculpture, peinture, musique, littérature, théâtre. Sous ce rapport, le Japon a suivi la marche habituelle des autres nations.

Les Beaux-Arts furent dans une enfance à peu près complète jusqu'au vi^e siècle de notre ère. Vers 540, sous le règne de Kimméi-Tenno, les arts chinois pénétrèrent au Japon par l'intermédiaire de la Corée. L'architecture et la sculpture commencèrent à se développer par la construction de pagodes et de temples bouddhiques. Au viiie siècle, l'art prit un caractère vraiment japonais et tendit à la beauté mystique. Au xiie siècle, sous l'influence de la féodalité militaire, il devint réaliste et les peintures furent marquées d'un coloris puissant. Le xvie siècle fut une époque de renaissance des arts industriels et décoratifs. Alors commença l'époque des *Salons de thé*. Aux xviie et xviiie siècles, le Japon fut presque toujours fermé aux étrangers, aussi l'art resta exclusivement national. Mais au xixe siècle, depuis l'ouverture des ports japonais aux nations européennes, et surtout depuis l'heureux avènement de Moutsouhito, les Beaux-Arts trouvent au dehors un nouvel idéal qui porte déjà des floraisons et des fruits merveilleux.

Un Musée des Beaux-Arts a été fondé à Tokio en 1878; l'inauguration solennelle en fut faite le 20 mars 1882, en présence du souverain, des princes de la maison impériale et de toutes les autorités civiles, religieuses et militaires. Un grand banquet réunissait tous les *daidjin* et les *sanghi* admis à manger avec l'Empereur. Voici le résumé du discours prononcé dans cette solennité par le général Yamada, ministre de l'intérieur :

« Pour enrichir un pays, il faut développer les connaissances du peuple et encourager les travaux de toute nature. Si chacun travaille avec énergie, tout ce qu'on entreprendra réussira. Le gouvernement a créé des Musées, parce qu'il a pensé que cela pourrait aider au développement de l'industrie, à l'élévation de l'esprit national et, par conséquent, augmenter la richesse de la nation et sa valeur morale. Chacun peut ainsi se rendre compte des progrès accomplis et voir ce que de simples descriptions n'auraient pas suffi à faire comprendre. Le premier Musée a été établi la 11ᵉ année de Meidji (1878) et terminé pendant la 14ᵉ année (1881). On a commencé à y exposer quelques objets au mois d'août 1881 et aujourd'hui l'installation étant complète, nous l'inaugurons solennellement. S. M. le Mikado a bien voulu honorer cette cérémonie de sa présence; je suis heureux de pouvoir remettre à Sa Majesté le catalogue des objets qui figurent dans les salles du Musée. J'espère que cet établissement sera utile et je souhaite qu'il atteigne un grand développement. »

Une Exposition artistique a été déjà faite au palais d'Ouyéno; elle est restée longtemps ouverte. Elle a été très fréquentée. Nous relevons dans un journal que le chiffre hebdomadaire des entrées fut de 44,327 et celui des exposants de 31,000. Les peintures y occupaient le premier rang. C'est la peinture, en effet, qui a la place la plus importante dans l'art japonais (1).

(1) Une Commission impériale a publié, en vue de l'Exposition de Paris, de 1900, une *Histoire de l'art au Japon*. Ce beau volume est un véritable écrin de toutes les beautés de la peinture, de l'architecture, sculpture, ciselure, céramique, meuble, laque, etc., de l'*Atelier du Soleil Levant*. M. Hayashi, Commissaire-Général du Japon à Paris, a bien voulu nous offrir gracieusement cet ouvrage remarquable. Nous lui adressons, ainsi qu'au gouvernement japonais, l'expression de notre vive gratitude.

Les critiques d'art ne pourront pas faire une étude complète de la *peinture* japonaise tant que nos Musées n'auront pas recueilli des séries plus complètes de dessins authentiques, et dressé le catalogue des œuvres des peintres japonais.

Cependant, d'après ce que nous savons par les diverses publications sur l'art japonais, et par les collections de dessins déjà faites en France, au Musée Guimet (1), et en Europe, on peut caractériser cette peinture qui brille dans les détails, qui se plaît à retracer les moindres accidents de

Jongleurs. — Gravure extraite de la Mangua de Hokousaï.

la nature. Ce sont des moineaux qui glissent sur l'écume des vagues, des tortues qui remontent un courant, un crabe qui gravit une nasse, des insectes aux couleurs brillantes, perchés sur un brin d'herbe, des roses qui s'épanouissent dans leur fraîcheur. Dans ce genre de peinture, dans les dessins et les croquis, les Japonais sont de véritables maîtres.

« Le trait distinctif de la peinture japonaise, dit Charles Blanc, » n'est pas la vérité comme on l'entend dans les autres écoles,

(1) *M. Guimet*, chargé par le ministre de l'instruction publique d'une mission scientifique pour étudier les religions de l'Extrême-Orient, a rapporté du Japon et de Chine un grand nombre de volumes, peintures religieuses, statues d'idoles. Ses collections, déposées à Lyon, prirent un rapide accroissement et furent bientôt transportées à Paris, dans un édifice de style néo-grec, qui tient à la fois du palais et du temple, à l'angle de la rue Boissière et de l'avenue d'Iéna. Au rez-de-chaussée, à gauche en entrant, se trouve la galerie de céramique japonaise, longue de 50 mètres, et divisée en cinq salles ornées de peintures japonaises et de grands bronzes.

Au premier étage, à droite du grand escalier, la *galerie Boissière* est divisée en six salles occupées par les religions et l'histoire du Japon. On voit dans la troisième salle de cette galerie, au centre, le fac-similé d'un curieux autel érigé au IXe siècle dans le temple de Tôdji, à Kioto, représentant le symbolisme de l'univers, personnifié par dix-neuf personnages. A côté sont des génies personnifiant les douze signes du zodiaque et les douze heures du jour, savoir : le rat, 1 heure ; le bœuf, 2 heures ; le tigre, 3 heures ; le lièvre, 4 heures, etc.

Cette galerie Boissière a vingt vitrines. Enfin, dans l'escalier qui mène au second étage et dans la galerie circulaire au-dessus de la bibliothèque, le peintre Régamey, attaché à la mission scientifique de M. Guimet, a représenté des vues et des scènes religieuses du Japon.

» mais, au contraire, une interprétation libre, vive et spirituelle de
» la nature. L'artiste de Yédo saisit avant tout l'esprit des choses. Il
» excelle au croquis, choisit les lignes essentielles et néglige les
» autres. »

Cependant, les peintures japonaises que nous avons vues à
l'Exposition de Paris, de 1900, nous ont montré que le Japon, là
aussi, commence a perdre son originalité. Il imite les peintures de
l'Europe et donne à ses formes plus d'ombre, plus de détail, plus
de fini.

Hokousaï ou *Hoksaï* (mort en 1849 à l'âge de 90 ans) est le
peintre japonais le plus réputé au Japon et le plus connu en Europe.
Des critiques compétents assurent qu'il peut être comparé aux plus
habiles dessinateurs de l'Occident. Si sa peinture ne soupçonne pas
le modelé dans sa plénitude, si elle n'attaque pas les ensembles et
les effets, elle attache une expression remarquable aux silhouettes, aux
croquis fantaisistes, aux paysages gracieux. Hokousaï a publié un
album de grande valeur, qui contient cinquante-trois vues prises çà
et là, de Tokio à Kioto, le long du Tokaido, la fameuse route
du Japon.

Un Français, M. Michel Revon, ancien professeur à la Faculté
de droit de Tokio, a présenté à la Faculté de Paris, en 1896,
une thèse de doctorat ès lettres sur Hokousaï (1). Pour conci-
lier la grande réputation de cet artiste en Europe et en Amérique et
le dédain de ses compatriotes, l'auteur étudie successivement le caractère, l'œuvre (nature, hommes, dieux) et l'art (conception, exécution,
caractères particuliers) du peintre japonais. Il conclut en montrant
que, comme artiste, Hokousaï demeure un grand génie. Son tempérament de peintre ressemble à son caractère, désintéressé, fier, digne,
avec l'amour du travail, la patience, la sincérité. Son œuvre est
immense et son originalité égale sa fécondité. Mais autant il est puissant lorsqu'il peint la nature, paysages, plantes et bêtes, et surtout
lorsqu'il évoque la vie populaire, autant il est faible lorsqu'il aborde
les hautes régions de l'humanité et les dieux. Le principal intérêt de

(1) M. Michel Revon, conseiller légiste du gouvernement japonais, a fait sa thèse latine sur l'art floral au
Japon (Paris, Lecène et Oudin), où il démontre cette thèse que l'art floral, humble en apparence, a son importance, tant au point de l'histoire de l'art japonais que de la philosophie générale de l'art. Des considérations
esthétiques et poétiques, très complètes, y font l'objet de la deuxième et de la troisième partie.
 M. Revon est aujourd'hui à la Sorbonne, chargé d'un cours d'histoire de la civilisation japonaise.

son encyclopédie gigantesque, c'est de fournir un tableau aussi complet que possible de l'ancienne civilisation japonaise, à la veille de
la Révolution qui devait la transformer.

Dans sa longue existence de quatre-vingt-dix ans, Hokousaï ne
fut pas heureux; il ne jouit pas sans amertume de la gloire que
méritait son talent. Ed. de Goncourt lui a consacré une étude qu'il
a intitulée : *L'Injustice pour le talent indépendant*. Il considère
Hokousaï, à qui le Japon n'a
pas toujours rendu justice, dit-
il, comme un des peintres *les
plus originaux de la terre*.

De Goncourt a écrit aussi
sur *Oukamari, le peintre des
maisons vertes*.

A côté de ces deux grands
peintres, il faut citer encore :
Kano, Tosa, Okiyo, Bountcho
et *Mérigoto*. Ce dernier, à la
fois peintre et médecin, est un
aquarelliste de grande distinction ; plusieurs de ses dessins
ont été gravés en France.

Joueuse de tambourin.

L'*architecture* ne serait pas digne d'intérêt, si l'on ne considérait
que les habitations, à rez-de-chaussée, construites généralement avec
des bambous. Ces maisons basses flattent peu le goùt européen.
Cependant, les temples innombrables, les palais des Mikados, les
tombeaux des héros et des ancêtres, les théâtres et quelques autres
beaux monuments montrent que les Japonais, malgré leur caractère
industrieux, ne sont pas restés indifférents aux grandes constructions
artistiques, religieuses ou nationales, s'ils ont dédaigné pour leurs
habitations personnelles la solidité, le confortable et le grandiose.

La *sculpture* s'est distinguée dans la représentation des Dieux,
dans ces colossales statues de Bouddha, dont nous avons eu souvent
l'occasion de parler. Les sculpteurs japonais ont donné à leurs statues une dignité d'attitude, une expression de force que ne connaissent
pas les artistes de la Chine, du Cambodge et de l'Inde.

22

La *ciselure* a eu beaucoup plus d'éclat que la sculpture. Nous reviendrons plus loin sur l'ornementation des vases, sur la fabrication des bronzes et de ces divers objets d'art qui ont fait aux Japonais une réputation incontestée.

Bien que de nombreux Européens soient déjà allés au Japon, la *musique* japonaise n'a pas encore été l'objet d'une étude approfondie; cependant on sait que le système musical des Japonais est en désaccord avec celui des Européens. La musique japonaise, avec ses instruments moins nombreux et moins parfaits que les nôtres, n'a aucune des prétentions de notre musique. Elle ne cherche qu'à distraire momentanément les auditeurs et à rythmer les danses et les chants. Leurs instruments à cordes sont faits en bois de polownia; les cordes sont tressées avec des fils de soie. Le samisen est la guitare du pays; le koto est une sorte de harpe qui a treize cordes, on en tire des sons très harmonieux et d'une incomparable douceur; le kokio est à peu près semblable à notre violoncelle; le briwa, instrument gracieux et mélodieux, d'importation chinoise, accompagne indifféremment les chants d'amour et de guerre.

Les Japonais font, avec des tiges de bambou, des instruments qui ressemblent à la clarinette, à la flûte et au flageolet; c'est l'aigre hichiriki ou le délicat shò. Ils se servent aussi de conques marines et de clairons.

Comme tous les peuples de l'Extrême-Orient, ils ont des gongs qui ont la forme de boucliers et de crotales. Les triangles et les clochetons sont très usités dans leur musique. Ils ont aussi le tam-tam, le tambourin et le tambour. Avec ces divers instruments, ils produisent des mélodies très variées et très riches en tonalités. C'est dans les théâtres, dans les maisons de thé et sur les places publiques qu'ils font entendre leurs orchestres.

En marche et en temps de guerre, les troupes japonaises entonnent des hymnes guerriers au rythme large et un peu sauvage. L'un de ces hymnes, qui a pour titre : *Vaillants guerriers*, date de 600 avant Jésus-Christ, du temps où florissait le grand Empereur Jimmu-Tenno.

« ... De temps immémorial, les vaillants guerriers frappent d'estoc et de taille.
« Ils ne veulent pas mener une existence misérable au prix du déshonneur.
« ... Leurs vies appartiennent au souverain;
« Ils font le sacrifice de leur corps à la patrie commune et pour sa gloire.
« Un soldat ne doit mourir que frappé par devant. En avant !... »

Un autre chant, qui a pour titre *A Pékin !* date du commencement des hostilités sino-japonaises :

« ... Le temps est venu de planter le drapeau du Soleil Levant sur les murs de Pékin.
« Ce sera l'honneur de notre glorieux Empire... »

Chaque régiment possède une musique militaire où dominent tambours et trompettes. Toutes les professions, tous les corps de métier ont des chants spéciaux à la corporation. Le peuple a un chant national, le *Kimi-gago* qui date du xviiᵉ siècle. Certaines mélodies, telles que la *Chanson des Saisons*, jouissent d'une grande popularité.

Le goût des Japonais pour le *théâtre* est très développé. Comme les Français, ce peuple adore les représentations. La popularité des acteurs y a été de tout temps très grande. Ce sont les acteurs qui, avec les guerriers, « aux yeux immenses, aux nez en colère, aux bouches trop fendues, ressemblant à des monstres », remplissent l'imagerie japonaise. « Quoique appartenant aux derniers rangs de la société, écrit M. Bousquet, les acteurs sont l'objet d'un engouement très vif; des amateurs passionnés les soutiennent souvent de leur crédit, leur ouvrent leur bourse

Joueuse de samisen.

et ne croient pas pouvoir payer trop cher le droit de fréquenter le foyer pourtant assez misérable où ils se costument. On en a vu qui ont été pleurés après leur mort par toute une population et magnifiquement enterrés par souscription. » Les femmes se passionnent pour eux. Ils sont choyés, adulés, et leur profession, s'ils l'exercent avec talent, leur vaut toutes les faveurs.

Les peintres populaires ont immortalisé le souvenir de certains acteurs, comme les Dandjouro. Le premier Dandjouro débuta en 1680. Dandjouro VIII se suicida en 1853. Un neuvième Dandjouro vit encore et soutient dignement la renommée de ses ancêtres.

La représentation que semblent préférer les Japonais consiste en une espèce de vaudeville. La reproduction de quelque cause criminelle célèbre fait le fond de l'action ; les situations dramatiques et comiques s'y coudoient au son d'un accompagnement tant soit peu discordant, dont le rythme monotone ne varie guère que d'intensité. Les actes sont longs et nombreux, une représentation durant couramment de dix à douze heures consécutives. En revanche, les tableaux changent souvent et très vite par une machinerie des plus ingénieuses. Le plancher de la scène est une grande plaque tournante dont on n'utilise à la fois que la moitié, le fond du décor s'élevant sur la ligne qui serait le diamètre. Tout d'un coup la plaque fait un demi-tour, les acteurs disparaissent avec le tableau et un sujet nouveau préparé par derrière avec des personnages tout placés se trouve immédiatement substitué.

Les pans latéraux se modifient par le même procédé. Tout se représente sur la scène, aucun détail n'est épargné et, pour flatter le goût un peu sanguinaire du public, l'égorgement des victimes est reproduit avec un réalisme au-dessus des convenances des Européens. Les scènes de mœurs y sont d'un naturalisme tel que les dames de nos pays se privent du théâtre japonais. Il est vrai de dire que notre influence s'est déjà fait sentir, et que les pièces et le genre français, anglais, italien, allemand, sont maintenant fort goûtés du public japonais.

Jamais les femmes ne paraissent sur la scène à côté des hommes. Les rôles de femmes sont tenus par de jeunes garçons dont la voix aiguë, la tournure et l'accoutrement ne laissent pas deviner le sexe. Certaines pièces sont jouées par des femmes seules. Il y a depuis peu, à Tokio, un théâtre exclusivement composé de femmes.

Comme il n'y a pas de sièges, les dispositions de la salle se réduisent à une division en nombreux casiers où l'assistance s'accroupit par familles ou par groupes d'amis. Il va sans dire que, pendant ces interminables séances, des groupes mangent et boivent sans se déranger, absorbant une variété de friandises à décontenancer nos confiseurs. Entre eux, les voisins se font assaut de politesses, en s'offrant, à tour de rôle, leurs provisions. Les étrangers sont particulièrement choyés.

Dans le sujet représenté, c'est-à-dire dans la composition de la pièce elle-même, le caractère laïque, ingénu et sensuel du peuple se

dessine vigoureusement. Le théâtre japonais se détache de tous les
autres qui sont ou du moins ont commencé par être la reproduction
des scènes religieuses. Ici, rien de pareil. Le mysticime est chose
absolument inconnue ; on ne prise que les représentations des scènes
de la vie réelle, quelquefois d'une crudité révoltante pour les civilisés de la vieille Europe. Le théâtre japonais est fantastique et
satirique. Le plaisir dramatique s'y confond avec les jouissances
sensuelles.

Le Japon constitue une exception dans l'histoire de l'art dramatique. Peut-être la séparation absolue du temporel et du spirituel,
principe qui sert de base aux
institutions de ce peuple, est-
elle cause de cette singularité.
Ce que les voyageurs nous ont
laissé entrevoir de son théâtre
est brutal et populaire, assez
analogue au théâtre anglais primitif, surtout au drame de Wi-
cherley, sous Charles II.

Les premières places au
grand théâtre d'Osaka se paient
cinq piastres et plus (de 30 à
40 fr.) La salle est vaste et

Joueuse de koto.

contient, indépendamment du parterre, trois rangs de loges élégamment ornées. Les décorations, les costumes sont du meilleur goût.
Chaque spectateur est assis sur une natte qu'il a louée et sur laquelle
on lui sert les rafraîchissements qu'il est d'usage de se procurer au
théâtre même.

Les dames japonaises, chez lesquelles l'instinct de la coquetterie semble être aussi développé que chez les nôtres, saisissent avec
empressement l'occasion qui leur est offerte de déployer le luxe de
leur toilette. Elles se font accompagner au théâtre par leurs femmes de
chambre, munies de tout un attirail de riches vêtements, et se plaisent
à changer plusieurs fois de robe dans le cours de la même soirée.

Les journaux, comme en Europe, sont bien pénétrés de leur
importance en ce qui touche l'appréciation des œuvres dramatiques
et du talent des artistes. Ils font et défont les réputations. La chro-

nique théâtrale et musicale tient dans les grands journaux une large place.

Nos meilleures pièces sont aujourd'hui jouées à l'européenne par des troupes françaises ou anglaises, sur les plus grands théâtres du Japon. Nos premiers artistes y vont faire des saisons. M. et Mme Hirlemann faisaient, il y a quelque temps, leurs adieux aux dilettanti de Yokohama. Voici en quels termes s'exprimait le lendemain un journal de cette ville : « Que pouvons-nous dire de Mme Hirlemann sans nous répéter? Elle a chanté d'une façon aussi brillante que sur les grandes scènes italiennes, les deux grands airs d'*Ernani* et d'*I Puritani*; avec une grâce exquise, la délicieuse romance des *Porcherons* : « l'amant qui vous implore » et, avec un brio entraînant, le boléro de *Carmen*. Elle a transporté, enthousiasmé son public qui ne lui a pas ménagé son admiration et ses applaudissements. Mais son triomphe a été après le grand air du premier acte du *Trouvère*, « la nuit calme et sereine », dont les vocalises finales ont été un vrai bijou, et dans la scène du *Miserere*, où elle a été superbe d'âme et de passion. »

Ne dirait-on pas que cet extrait d'un compte rendu théâtral a été écrit à Paris, au lendemain d'une grande soirée à l'Opéra?

En résumé, le Japon est merveilleux dans son genre particulier de peinture où il a de la beauté et du trait, des légèretés et des grâces que nous envions. Si son architecture n'est pas remarquable, la sculpture des statues des Dieux mérite d'attirer l'attention, et sa ciselure est une des premières du monde. Son goût pour les représentations dramatiques se développe; il admire ses grands acteurs et il transforme son théâtre qu'il rend plus moral. En outre, il prend conscience des beautés littéraires et artistiques de l'Europe; aussi, nous ne doutons pas qu'avant peu l'esprit nouveau des Japonais ne nous révèle des maîtres éminents dans les arts que leur génie assimilateur vient étudier chez les peuples de l'Occident.

III

MŒURS ET COUTUMES, MÉDECINE, HYGIÈNE

EPUIS la Révolution de 1868, les mœurs ont changé au Japon. Mutsouhito a donné lui-même l'impulsion au mouvement novateur. Il a pris le costume européen et le dolman à brandebourgs, et il a supprimé l'ancienne étiquette de la cour. L'Empereur et l'Impératrice sont devenus accessibles à leurs sujets ; l'Impératrice Haruko a ouvert les portes du palais aux femmes des ambassadeurs, et un décret a interdit de se prosterner la face contre terre au passage du Mikado. Le pouvoir absolu, quasi divin, s'est démocratisé en quelque sorte, sous l'influence de la civilisation européenne.

« Les auteurs qui ont écrit sur le Japon il y a plus de 40 ans, font défiler devant les yeux du lecteur une procession de palanquins dorés, de princes chamarrés, de guerriers bardés de fer et de ces terribles « hommes à deux sabres » qui faisaient sauter la tête d'un Européen à tous propos, comme d'une badine on fauche un coquelicot. Maintenant on est accueilli par des douaniers en costume vert-pomme, visitant vos colis avec un scrupule qui n'a rien d'oriental. Les seigneurs dépossédés sont devenus officiers, magistrats, fonctionnaires, revêtant des défroques d'habits noirs et de redingotes.

« Des sanguinaires *Samouraï* on a fait des agents de police, des gendarmes, des militaires de toutes armes costumés à l'européenne, en bleu de ciel, rose tendre ou jaune serin.

» Après ces révélations, on serait tenté de croire que le temps annoncé par bien des auteurs est déjà venu où le Japon, par sa transformation sociale, aura perdu tous ses titres au sentiment de curiosité qu'il fait naître chez nous.

» Mon opinion est différente, et la faculté que nous donne notre civilisation de pénétrer de plus en plus dans les replis intimes du génie et des mœurs de ces charmants habitants, compense largement tout ce qu'il a fallu perdre pour en arriver là.

» Les traits saillants du Japonais sont une intelligence très fine, une facilité d'assimilation extraordinaire, un goût artistique aussi délicat que vulgarisé, une propreté idéale, une grâce indéfinissable, une politesse exagérée et une bonne humeur inaltérable. Aussi, quand ils s'appellent avec orgueil *les Français de l'Orient*, ne risquons-nous pas grand chose à accepter la comparaison. En fait, il faudrait de longues pages pour étudier tous les points de similitude que présentent les deux races. Un des plus frappants et des plus avouables, c'est l'amour passionné du sol natal » (1).

Un de leurs caractères distinctifs est aussi l'esprit d'urbanité. Les querelles vives, accompagnées de grossièretés, sont fort rares. Les cochers, les commissionnaires, et en général tous les gens du bas peuple paraissent avoir un caractère moral que pourraient leur envier bien des personnes appartenant chez nous à des classes aisées. Les Européens sont frappés, en arrivant dans ce pays, d'avoir affaire à des concierges affables, à des forts de halle d'une exquise politesse, à des employés de la poste, des chemins de fer ou d'autres administrations, qui paraissent comprendre qu'ils sont payés par le public, et comme tels, tenus envers lui à une certaine déférence.

La politesse des Japonais est souvent poussée jusqu'à l'obséquiosité, de sorte que ce qui est vertu sociale par excellence tourne au ridicule ; nous n'en voulons pour preuve que la scène suivante, reproduite dans *Madame Chrysanthème*, de Pierre Loti. L'auteur y dépeint en termes plaisants les visites préparant la première entrevue d'un jeune homme avec sa fiancée.

(1) Ballande, conférence sur le Japon.

« Entre une vieille dame, deux vieilles dames, trois vieilles dames, émergeant l'une après l'autre avec des révérences à ressorts, que nous rendons tant bien que mal, ayant conscience de notre infériorité dans le genre. Puis des personnes d'un âge intermédiaire, puis des jeunes tout à fait, une douzaine au moins, les amies, les voisines, tout le quartier. Et tout ce monde, en entrant chez moi, se confond en politesses réciproques ; et je te salue, — et tu me salues, — et je te resalue, et tu me le rends, — et je te resalue encore, et je ne te le rendrai jamais selon ton mérite, — et moi je me cogne le front par terre, et toi tu te piques du nez sur le plancher ; les voilà tous à quatre pattes les uns devant les autres ; c'est à qui ne passera pas, à qui ne s'assoiera pas, et des compliments infinis se marmottent à voie basse, la figure contre le parquet. »

Malgré la forme ironique donnée à ce tableau, on ne peut s'empêcher de considérer combien les Japonais dépassent les peuples d'Europe au point de vue de l'urbanité.

Cependant, même sous ce rapport, nos usages diffèrent complètement des leurs, et ce qui est ici une marque de courtoisie et d'amitié peut passer chez eux pour une inconvenance. Ils ne connaissent pas la poignée de main, si commune chez les peuples d'Europe et qui joue un si grand rôle dans nos relations. Ils ne connaissent pas non plus le baiser, et n'ont même pas de mot

Cerfs-volants et dragons.

pour l'exprimer. La salutation orale, les compliments, les révérences réitérées, la distance qu'ils observent envers les personnes à qui ils veulent témoigner un grand respect, sont les seuls moyens d'exprimer leur sympathie ou leur déférence.

Dans l'administration japonaise, il s'est conservé un esprit de hiérarchie excessive et l'usage de titres pompeux. On peut compter dans l'administration jusqu'à 930 noms de fonctions diverses, plus ronflants les uns que les autres. Préfets, juge ou cantonnier, tous ont une très haute estime d'eux-mêmes, et le peuple d'ailleurs est très respectueux pour l'autorité et l'aristocratie bureaucratique. Le raffinement de politesse est tel qu'il est déjà bien difficile à un étranger d'être tout à fait convenable en parlant à un Japonais; cela lui devient impossible s'il s'adresse à quelque haut fonctionnaire, à moins qu'il ne parle le style pompeux des documents officiels.

Les Japonais se nourrissent principalement de poissons, d'œufs et de volailles, avec du riz en guise de pain. Le riz fait la base de leur nourriture; un peu de riz, avec des conserves et du thé, constituent souvent leur repas. Tandis que le blé n'entre que comme un élément très faible dans la nourriture des Japonais (10 kilogrammes par habitant; en France 212 kilog.), le Japon consomme annuellement 156 kilog. de riz par tête (l'Inde, 91 kilog; l'Italie, 7 kilog.). Le peuple ne sait pas faire le pain, mais il en paraît très friand, lorsqu'il peut en obtenir des étrangers. Cependant les Japonais emploient la farine dans les moindres mets. Ils boivent de l'eau, du thé ou une espèce de tisane de riz fermentée, nommée *saki*, qui se sert tiède; aux environs d'Hakone, ville de montagnes, à 45 milles de Yokahama, on boit habituellement une liqueur faite avec du blé écrasé. En été, cette alimentation n'est pas désagréable, pour peu qu'on soit sans préjugés contre les sauces du cru. Tout est servi très proprement, dans de ravissants petits bols et sur de petits tabourets. Pour des Européens, à voir ainsi une famille de Japonais accroupis sur une natte, avec de petits plats, de petites tasses, de petites soucoupes et de petits flacons de porcelaine, il semble qu'on se trouve en présence de petits écoliers et de petites écolières qui font une dînette un jour de vacances.

Le couvert est d'un usage difficile; il consiste en deux bâtons un peu plus longs qu'un crayon; il faut apprendre à les tenir dans

la main droite l'un contre l'autre, de façon à s'en servir, soit
comme d'une pince pour saisir les aliments coupés en petits
morceaux, soit pour porter aux lèvres une bouchée de riz cuit à
l'étuvée et absolument sec.

Un fait bien curieux à noter, c'est que les Japonais sont aussi
maladroits avec une cuillère et une fourchette que nous pouvons le
paraître avec leurs instruments. Il n'y a qu'une véritable souffrance
pour l'Européen, c'est la privation de chaises et de tables ; manger
accroupi sur un plancher est, après quelques séances, un réel supplice.
Mais, les usages européens tendent à prévaloir : les petites tables
et les petites chaises commencent à remplacer les nattes.

Les Japonais sont généralement très sobres et leur

Japonais à table.

nourriture coûte peu. Mais les dîners d'apparat sont chez eux fort en
honneur et dépassent en magnificence ceux de nos contrées. Il n'est pas
rare de se voir servir une cinquantaine de plats, la plupart inconnus aux
Européens. Il est d'usage de manger de chaque mets et de boire
pur un peu de *saki* ; le tout est servi dans des assiettes et des tasses
en porcelaine de la plus grande finesse. Au nombre des plats se
trouvent toujours le riz et le poisson cru auquel, disent certains
voyageurs, on s'accoutume assez facilement. Le repas terminé, chaque
convive emporte avec soi les baguettes et la serviette en papier
dont il s'est servi, en souvenir de la bonne chère qu'on a faite.
La durée d'un repas de ce genre est de deux heures, et c'est aux
convives qu'il appartient de lever la séance culinaire, en demandant
le riz qui est le plat final obligatoire. Les étrangers, peu habitués
à ce genre de festins et qui n'ont pu, malgré la diversité des
mets satisfaire leur appétit, mangent avec plaisir de ce riz cuit à
l'étuvée sans autre assaisonnement qu'un peu de sel. Au bout de

quelque temps l'estomac se fait sans peine à ces ingrédients étranges et l'on savoure la cuisine japonaise à l'égal des meilleures sauces de nos bons hôtels français. On est bien obligé d'ailleurs de se plier aux usages du pays, nos aliments habituels ne se rencontrant pas dans les îles du Japon. Cependant nos usages tendent à se généraliser, même dans la manière d'apprêter et de servir les aliments.

Les Japonais ne recherchent pas les fruits ; ils prétendent que leur riz est une nourriture complète qui n'a pas besoin d'être corrigée par des rafraîchissants. C'est la base de l'alimentation de toutes les régions qu'on peut facilement irriguer ; on l'y consomme soit étuvé soit arrosé d'un peu de thé ; les classes aisées mangent, en outre, du poisson, quelques légumes et parfois des sauces, mais seulement comme garniture et condiment destiné à donner de la saveur au riz qui est le véritable aliment. Grâce à ce genre de nourriture, les Japonais n'éprouvent pas, pour ainsi dire, le besoin de boire ; un peu de thé chaud leur suffit pendant les repas, et les fruits n'ont pas pour eux le même intérêt que pour les Européens.

Le costume national japonais ne diffère guère de celui des Chinois. Des vêtements de soie fort amples, aux couleurs parfois éclatantes, plus souvent marron foncé ou jaune, couleur sacrée, affectent la forme de la robe romaine ; ils sont serrés à la taille par une ceinture de la même étoffe, mais de couleur différente. A cette ceinture pendent les menus objets que nous avons coutume de mettre dans nos poches : pipe, blague, couteau, écritoire, boîte à médicaments. Ces objets sont passés dans la ceinture et retenus par des *netskés* en ivoire, en bois ou en corne de cerf, représentant des personnages historiques, légendaires ou grotesques, des animaux, des fruits, etc. La robe s'ouvre sur le devant et laisse apercevoir un pantalon à peu près dans la forme des nôtres, mais plus ample et attaché à la cheville comme celui de nos zouaves. La chaussure où n'entre pas le cuir, mais exclusivement la laine et la soie, laisse voir un tissu multicolore à dessins variés ; elle est soutenue par un petit tréteau assez élevé, dangereux pour les Européens à cause des chutes qu'il occasionne. Le costume est terminé par un chapeau en papier laqué, léger et imperméable, affectant le plus souvent la forme d'un parasol.

Les classes inférieures sont beaucoup plus simplement vêtues ; dans les contrées les plus méridionales même, il n'est pas rare de trouver des individus ayant remplacé tout simplement l'habit par un tatouage compliqué qui couvre tout le corps.

Ajoutons que les costumes européens, obligatoires pour la plupart des fonctionnaires, sont portés aujourd'hui en tout ou en partie par beaucoup de Japonais.

Il y a un charme véritable à emprunter le costume national ; certains Européens n'ont pu longtemps résister à l'envie de se promener affublés de robes à grandes manchettes, tête nue sous le grand parasol, l'éventail à la main, perchés sur de petits tréteaux, risquant une entorse à chaque pas ; ils s'en amusent beaucoup, mais bien moins encore que le public dont ils excitent l'hilarité.

L'ancienne coiffure des Japonais était une œuvre de longue patience. Ils se ra-

Japonaise qui se farde.

saient le sommet de la tête et relevaient leurs cheveux, enduits d'huile de camélia, sur le sommet du crâne. Quant aux femmes, elles laissaient pousser une légère touffe de cheveux au-dessus du front, et le reste de la chevelure se divisait en deux ailes et en un vaste chignon que retenait un peigne en écaille à boule de corail.

L'usage de se farder est très usité au Japon, mais les dames japonaises ne se peignent pas le visage de la même manière que les dames européennes. Une couche uniforme de blanc recouvre la figure et le cou ; on fait exception pour deux ou trois points de la peau naturellement brune ; ces points forment ainsi des contrastes. Une fois la face blanchie, une teinte rouge est passée sur les joues, au-dessous de chaque œil. Ensuite on colore les lèvres en rose avec du magenta.

Dans les livres coloriés du Japon moderne, on voit quelquefois les lèvres des jeunes filles peintes en vert. Aussi, c'est un fait curieux que la propagation si rapide de la couleur d'aniline parmi les Japonaises. Elle paraît y avoir supplanté l'ancien rouge ; il s'en fait une grande consommation.

Dans certaines pièces de théâtre, les acteurs se peignent la face de larges raies rouges, tracées d'ordinaire aux deux côtés des yeux. Ce mode de peinture employé par ceux qui paraissent sur la scène est aussi appliqué à l'enjolivement des petits enfants. Aux jours de grandes fêtes, on voit de petits enfants soigneusement attifés par leurs parents et fardés d'une ou deux raies transversales d'un rouge éclatant. Elles partent du coin de chaque œil et s'étendent le long du visage.

Le tatouage atteint au Japon les proportions d'un art véritable ; mais on se tatoue beaucoup moins qu'autrefois.

« Cette habitude a été presque entièrement abandonnée par les femmes de la noblesse et même par celles du peuple ; le gouvernement, désireux avant tout de complaire aux étrangers, a cru devoir proscrire chez les hommes cette forme antique d'ornementation, de même qu'il leur a imposé l'usage des vêtements. Autrefois les chefs japonais étaient plus richement tatoués que les hommes du peuple. De nos jours, ceux qui sont le plus couverts de dessins sont les coureurs et les traîneurs de carrioles, que leur métier oblige de paraître presque nus en public. Les dessins, tricolores pour la plupart, rouges, bleus et blancs, s'entrelacent diversement, sans aucune symétrie, mais toujours avec goût, de manière à équilibrer gracieusement les principaux sujets, oiseaux, dragons et fleurs. C'est ainsi qu'un tatouage représente un arbre enveloppant le pied droit de ses racines et montant sur la jambe gauche, puis étalant sur le dos et sur la poitrine son branchage fleuri, où perchent des oiseaux ; abritée par le feuillage une cigogne occupe la jambe gauche. » (Elisée Reclus)

Le sol des habitations se compose d'une épaisseur de cinq à six centimètres de paille dont les brins sont triés méticuleusement, allongés les uns contre les autres et très serrés ; le tout est recouvert d'une natte qui fait corps avec le remplissage.

Il est aisé de comprendre la nécessité de se déchausser sur un tel plancher qui conserve une élasticité suffisante pour ne pas fatiguer le pied. Aussi, la chaussure japonaise se compose-t-elle de planchettes ou de petits tréteaux, dont il est aussi aisé de se dégager que d'un sabot, et que l'on quitte au seuil de la maison.

Le lit n'existe pas au Japon. « Le soir venu, on étend par terre un, deux ou trois *phtongs ;* c'est une sorte de matelas, un peu plus épais que nos couvre-pieds ouatés ; on s'enveloppe dans une sorte de robe de chambre ; une servante vient vous entourer d'une énorme moustiquaire attachée au plafond par les quatre coins, et place à votre chevet une monumentale veilleuse en papier. Vous n'avez alors qu'à appuyer la nuque sur le petit morceau de bois en forme de bascule, que les Japonais traitent d'oreiller et, au bout d'un quart d'heure, vous éprouvez le plus fameux torticolis qu'on puisse rêver. On envoie l'instrument au diable : on roule un des *phtongs* en guise de coussin, et pour peu qu'on ait goûté jadis de

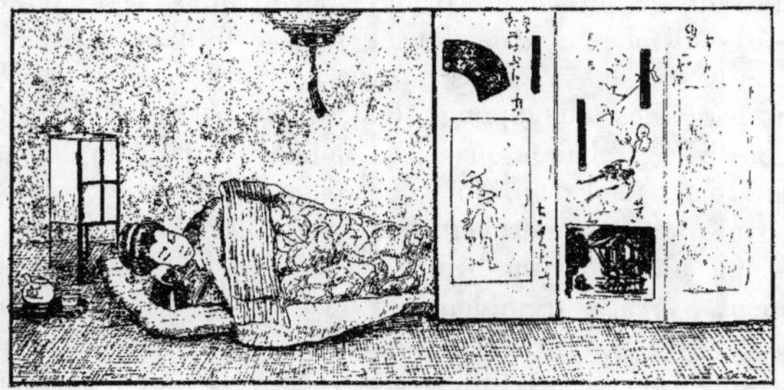

Chambre à coucher japonaise.

la salle de police, la nuit se passe relativement bonne, pourvu encore qu'on n'ait pas oublié sa provision de poudre insecticide. Ceci dit seulement pour les auberges de l'intérieur où, pendant l'été, la puce arrive à des proportions gigantesques, qui n'ont d'égales que son goût pour l'Européen. » (Ballande)

A l'entrée de la nuit, on entend des sifflements assez étranges, avec des modulations dans le ton de celles des laitiers béarnais. Ce sont des aveugles, dont la profession est de masser. Il paraît que c'est une volupté que de s'endormir, délicatement pétri, avec le raffinement de tact que peuvent y mettre des gens privés de la vue. Les Japonais n'ont pas de lavabo ; matin et soir, ils se rendent dans une chambre spéciale où, sans distinction d'âge ni de sexe et dans le costume le plus primitif, ils s'ablutionnent et se fourbissent de pied en cap à l'eau bouillante. C'est un des usages auxquels l'Européen est le plus long à se faire.

Les Japonais connaissent peu la pierre à bâtir. Une maison japonaise, comme toutes celles qui existent à Tokio et à Yokohama, est formée de quatre poutres en bois formant les angles, réunies par des cloisons en papier. Il ne faudrait pas croire cependant qu'il n'y ait aucune solidité. Ces maisons résistent fort bien aux chocs et aux intempéries des saisons. Les cloisons intérieures sont aussi en papier ; ce sont de simples paravents pouvant facilement se déplacer, de sorte que, selon les besoins du moment, le nombre des pièces d'une maison peut s'augmenter ou une pièce, au contraire, prendre la place de deux. Cette faculté donne plus d'agrément que nous ne serions tentés de le croire de prime abord. Mais les avantages qn'on en retire sont bien contrebalancés par la fréquence des incendies et la difficulté de les éteindre. Aussi, l'incendie est un fléau perpétuel dans les villes du Japon ; et si, d'une part, les maisons coûtent peu à construire, chaque père de famille peut compter qu'il en fabriquera bien une demi-douzaine dans le cours de son existence. Les Japonais ne s'en effraient pas ; ils objectent d'ailleurs que les maisons en pierre ou en brique construites par des Européens ne résisteraient pas aux tremblements de terre, si fréquents dans leurs pays, Eux se résignent à subir le fléau, et mettent leurs objets de prix dans des *koura* incombustibles recouverts d'un épais pisé. Un quartier est, le plus souvent, reconstruit quinze jours après avoir été brûlé ; le soir même de l'incendie on trouve déjà quelques maisons rétablies et habitées au milieu des débris encore fumants. (Dupont.)

Comme on peut le penser, le froid et la chaleur pénètrent facilement dans ces maisons que protègent de si minces parois. On ne saurait y construire de cheminées, aussi ces dernières sont—elles inconnues au Japon ; on y chauffe les appartements avec des *braseros* incandescents comme on le fait en Espagne.

Quant au mobilier, il est absent ; pas de chaises, fauteuils, canapés, pas de tables (1), pas d'armoires ; on cause assis par terre, les jambes croisées sur des nattes épaisses, après avoir eu le soin de laisser sa chaussure à la porte. C'est la tenue des Japonais et des Japonaises. Les Européens ont de la peine à s'y habituer, surtout pour l'heure des repas où chacun est servi sur un petit tabouret haut de 30 centimètres. Il résulte de cette disposition qu'il n'y a pas de table commune et que le repas n'offre pas la même intimité

(1) Depuis peu de temps on commence à se servir de chaises basses et à dresser le couvert sur de petites tables.

que chez nous. Chacun mange à part; mais les tabourets sont ordinairement placés en cercle sur la natte.

Les chambres seraient parfaitement nues si on n'y déployait des
paravents destinés, non point à parer le vent, mais à faire honneur
aux visiteurs, aux yeux desquels on les étale comme des œuvres
curieuses. Un vase de cuivre ou de bronze, le *shibashi*, garde,
conservé dans la cendre, le charbon ardent auquel on allume les
pipes. D'autres vases en porcelaine, une jardinière pendue à un
pilier, contiennent des fleurs; jamais un bouquet comme les nôtres
où nous rapprochons violemment les tiges différentes, mais une
branche bien fleurie dans son port naturel. Les murs des chambres ne peuvent être ornés de tableaux; ce sont de simples châssis
de bois tendus de papier transparent, qui glissent dans les rainures
et que l'on déplace ou supprime à volonté. L'Européen se trouve
singulièrement lourd et gauche dans ces constructions légères : il
n'ose s'étirer de peur de crever d'un geste maladroit cette maison
de papier.

Les feuilles des paravents portent lavés à l'aquarelle des fleurs
et des oiseaux qui ont la fraîcheur et le clair éclat de la réalité; le
plafond est décoré de la même manière; le bois des piliers et des
poutres est nature, comme au sortir du rabot, mais les clous y sont
cachés par des appliques de bronze avec d'autres sujets pareillement
travaillés et parfois sur la surface lisse et veinée, jetée habilement
comme au hasard, une branche sera peinte; le *shibashi* a pour
oreilles deux têtes d'éléphant allongeant la trompe; sur la panse des
vases de porcelaine éclatent des couleurs cuites à grand feu d'une
amusante vivacité; le plateau de laque sur lequel on vous apporte le
thé laisse voir sous le service un paysage en or; la théière est d'un
céladon que ravivent les teintes délicates d'une rose; les tasses en
porcelaine d'Owari vulgaire ont une forme octogone, et sur chaque
pan un petit bout de paysage est enfermé dans un cadre capricieux;
le plat aux gâteaux, par une invention fantasque, imite un tronçon
de bambou déroulé dont un coin se recourbe encore; le *netzké*,
qui retient suspendus à la ceinture de l'hôte l'étui à pipe et la
poche à tabac, est en ivoire gravé en relief, et six personnages
y devisent dans une scène intime; sur l'étui en os, une femme
souriante joue de l'éventail. Ces sortes de décors, cette minutie de

détails, ne sont pas l'apanage des classes élevées : dans la dernière des maisonnettes de village nous trouverions quelques objets de ce genre. Les plus pauvres ont besoin de décoration, et toute décoration est une œuvre personnelle où un homme plus ou moins habile a mis quelque chose de sa façon de comprendre et de sentir (1).

Les Européens ont surtout changé l'aspect du pays voisin des côtes. A mesure qu'on avance dans l'intérieur, la couleur locale s'accentue. Les chemins trop empierrés ne sont rien à côté de ceux qui ne le sont pas assez. Quand le Japonais suit son inspiration pour ouvrir une route en plaine, il fait décrire au tracé mille sinuosités, par pure antipathie de la ligne droite.

Nous, nous exhaussons la chaussée; là-bas, on la creuse. Une vraie grande route dans Nippon, c'est un énorme fossé, sans le moindre macadam, transformé à la première pluie en un cloaque. Voilà du moins l'aspect de celle de Nikko. Les chevaux entrent dans la boue jusqu'au poitrail ; les calèches les mieux attelées restent en route, tandis que les *djinriksi*, qui portent les bagages, s'en vont lestement sur le bord du fossé.

Dans un voyage, les moyens de locomotion constituent l'élément primordial. En débarquant à Yokohama on est assailli par les offres de services non pas du cocher, comme dans les autres parties du monde, mais de l'attelage lui-même, qui ne demande qu'à courir.

La *djinriksa*, (ou djinrishka ou djirinkicha), charmante petite caisse recouverte de laque, bordée de cuivre, posée sur deux grandes roues fines comme celles d'un vélocipède, avec sa légère capote articulée, représente bien le meilleur tilbury a une place qu'on puisse imaginer.

Un homme, le *djinriksi*, (ou djinrikichi) se met lestement dans les brancards qu'il tient de chaque main et part, toujours ravi, à une vitesse inconnue de nos fiacres. Au moindre geste ou à la voix, il accélère ou ralentit l'allure, tourne, s'arrête et repart. On est maître absolument de son équipage intelligent, sans la moindre fatigue et sans courir jamais risque d'emportement ou de rétivité.

Ces hommes forment une classe à part; ils subissent dès

(1) *Le Temps, Un mois au Japon.* par M. P. Bourde. — Cet important article nous a fourni quelques-unes des descriptions que nous donnons dans ce chapitre.

l'enfance un véritable entraînement et acquièrent une résistance inouïe. Avec deux d'entre eux attelés en flèche, on arrive aisément à parcourir 80 kilomètres du lever au coucher du soleil, et à atteindre des moyennes de 50 à 60 kilomètres par jour pendant une semaine, et dans des routes inaccessibles aux chevaux.

Le costume, il est vrai, ne les gêne guère ; dès la saison chaude, il disparaît presque complètement, pour ne laisser au voyageur que la perspective du dos de son porteur, généralement tatoué de la nuque jusqu'aux mollets, avec un enchevêtrement de dessins admirablement reproduits, suffisants pour occuper l'attention pendant de longs parcours. Il y a de véritables artistes de tatouage. Toutes les économies d'un *riksi* qui se respecte passent à se faire illus

Djinriksi et Djinriska.

trer la peau, et le coût de ces illustrations arrive à représenter quelquefois des sommes relativement considérables.

Certaines peaux sont de véritables chefs-d'œuvre que leurs propriétaires emporteront malheureusement dans la tombe, et rien ne restera du tatouage que les Japonais, avec leurs remarquables aptitudes artistiques, avaient porté au plus haut degré de perfection.

La *djinriksa* est une invention locale, inconnue il y a quarante ans, c'est-à-dire à l'époque des premiers traités avec les Européens ; elle s'est répandue avec une extrême rapidité jusque dans les coins les plus reculés de l'intérieur ; il y en a vingt-cinq mille à Tokio. Il y a même des entreprises considérables de ce genre et toutes les grandes villes possèdent des maîtres *djinriksi* disposant d'un fort grand nombre de ces voitures attelées d'un ou deux *kouroumas*, à la volonté du voyageur.

Le *riksi* s'arrête de temps en temps devant une maison, peu importe laquelle ; il en sort une jeune personne offrant sur un plateau, et le

plus gracieusement du monde, de microscopiques tasses de thé de la
contenance d'un verre à liqueur ; on en prend une, on en prend
deux ; le *riksi* ne s'en prive pas, et la scène se renouvelle toutes les
dix minutes. C'est un peu le prétexte d'une halte, mais on n'en savoure
pas moins cette manifestation de l'affabilité proverbiale de cet aimable
peuple.

Nous devons reconnaître que les indigènes se servent fort peu de
la *djinriksa*, affectée à l'usage presque exclusif des Européens qui
n'ont pu s'accoutumer au *cango*. Le cango est une sorte de boîte
en bambou, avec portière de chaque côté, ressemblant assez à notre
ancienne chaise à porteur. Le voyageur, habitué à ne pas s'asseoir,
s'accroupit sur les talons au fond de cette caisse : deux porteurs soutiennent les brancards sur leurs épaules ; ils vont moins vite que les
riksi. C'est le véhicule par excellence des Japonais, au fond duquel ils
se tiennent accroupis. Il est insupportable pour les Européens, habitués à s'asseoir sur un siège.

Le cheval est aussi employé comme moyen de locomotion, quoique
jusqu'ici d'un usage plus rare, au moins pour un voyageur isolé. Mais
l'exemple des Européens va en généraliser l'emploi, bien que les voitures ne roulent pas toujours parfaitement sur les routes encore assez
mal entretenues.

« Pour nous rendre au temple de Nikko, raconte M. Ballande,
le grand pèlerinage, la ville et la montagne sainte où reposent les
reste du premier *Siôgoun*, mes amis et moi avions bénéficié de l'invi-
tation de l'accompagner qui nous avait été faite par un homme politique
célèbre, le général russe Tschernaieff, dont la haute situation devait
nous ouvrir bien des portes. Pour sauvegarder sa dignité, le général
s'était cru obligé de renoncer à la djinriksa et avait décidé que nous
irions en voiture.

» A grand'peine une vieille calèche et une espèce de char-à-bancs
avaient été découverts et frétés, les relais prévus, pour les trois journées
de route considérées comme suffisantes.

» Au début, le voyage n'allait pas si mal ; nos attelages poussés
à fond de train, arrivaient à l'étape n'en pouvant plus ; cependant nous
en changions fréquemment et faisions assez de route, mais à mesure
que nous nous éloignions, les relais se faisaient plus rares et les chemins
moins boins. Retardés par le passage d'un bac, nous tombâmes à la

nuit sur une portion de route chargée de gravier ; il y en avait un bon pied sans le moindre compressage ; les roues de nos véhicules s'enfonçaient jusqu'au moyeu. Les chevaux commençaient à refuser ; il fallut descendre, les atteler tous quatre à la même voiture, puis revenir chercher l'autre de la même façon. Nous eûmes plusieurs passages de ce genre. »

Le cheval, au Japon, ne reçoit pas de ferrure : on lui met au sabot une sorte de semelle en paille tressée, du même genre du reste que celle du conducteur qui le traîne par la bride. L'une ou l'autre ne dure guère plus d'une heure ; il faut les remplacer au moyen de nombreux rechanges dont on est pourvu ; mais, au lieu de renouveler les quatre chaussures de la bête ou les deux de l'homme en même temps, on ne sacrifie un nouveau paillasson que quand celui de l'une des pattes tombe littéralement en botte ; toute la colonne s'arrête alors pour cette opération. Il en résulte que, pour trois chevaux et trois *bettos*, la caravane peut s'arrêter quinze ou seize fois par heure.

En compensation, les beautés de la nature offrent au voyageur qui parcourt ce pays dans la belle saison des jouissances que peu de contrées ont l'avantage de trouver réunies. Le Tokaido, route qui relie les deux capitales, Tokio et Kioto, traverse d'admirables paysages que le pinceau de Hokousaï, le célèbre dessinateur japonais, a vulgarisés dans le monde entier. C'est une suite d'aspects très variés et que la nature semble rapetisser à plaisir ; de petits cadres gracieux, de courtes échappées où l'Européen se sent plus grand que nature, comme un personnage qui dépasse les proportions du tableau. Des vallons de quelques pieds se creusent au milieu de collines de quelques mètres ; des chaînettes de hauteurs froissent capricieusement l'épiderme de la terre, n'en laissant pas un coin semblable à l'autre.

Le chemin se déroule en ruban jaune, franchit les ruisseaux sur de petits ponts en bambou, grimpe parmi les champs d'orge découpés en carrés d'or, chevauche les collines ombreuses, s'enfile sous les grands arbres dispersés au hasard de la croissance, et semble en redescendant tomber dans des abîmes de verdure. De nombreux kouroumas parcourent cette grande voie, la sueur ruisselant sur leurs tatouages bleus, le corps penché en avant, et ne quittant guère le trot.

Sur les bords de la route, des pagodes enfouies dans les arbres montrent un bout de toit pointu au tournant des monticules. Des paysans au travail, à demi-nus, la blouse pliée autour des reins, suspendent leur labeur pour contempler le voyageur étranger qui a rabaissé la capote de la djinriksa ; des femmes, la tête enveloppée d'un mouchoir bleu tendre, une ombrelle en papier ornée de dessins vivement coloriés à la main, portent à manger aux moissonneurs répandus dans la campagne.

Pendant les chaudes journées de juin, la lumière, admirable de limpidité est d'une indicible jouissance pour l'œil ; les contours des objets se découpent avec une incroyable netteté. La terre est arrosée par des pluies fréquentes, saturée d'eau à tel point que les fleurs, si abondantes et si belles, y avortent par suite de l'exubérance de la végétation. Une vie intense pousse aux tons gras la diaprure des feuillages ; cette lumière exquise éclaire les spectacles les plus frais et les plus gais dont la nature ait donné la fête à l'homme (1).

Les *foires* des villes japonaises ressemblent à tous les marchés du monde. C'est peut-être dans ces sortes d'assemblées que les peuples de toutes les latitudes diffèrent le moins. On dirait les scènes de Saint-Cloud ou des Quinconces, traduites en Japonais.

Des saltimbanques de toutes sortes débitent un boniment devant un nombreux auditoire. Les acrobates, les jongleurs, les prestidigitateurs ont un grand succès. Les équilibristes, qui sont renommés dans tous les pays du monde, font des exercices de trapèze et de perche oscillante, véritablement surprenants. Ils grimpent à la perche à la manière des singes, se servant de leurs pieds comme de leurs mains pour saisir la perche. Les lutteurs sont des bonshommes très volumineux, qui par les moyens les plus énergiques cherchent mutuellement à se pousser hors d'un cercle de quatre ou cinq mètres de rayon, au milieu duquel on les a mis en présence. Il y a aussi des combats de coqs, très aimés du public japonais.

Des jeunes filles, avec une grâce irrésistible, appellent les passants dans leurs tirs de salon, où, au moyen de petits arcs, elles font preuve d'une adresse remarquable.

A la lueur des réverbères, les grands boulevards ont un faux air des nôtres ; ils ont de larges artères sillonnées par un peuple toujours gai, toujours en fête, et depuis quelque temps la corne du tramway vient ajouter une similitude nouvelle.

(1) D'après l'*Enchantement, un mois au Japon*, par P. Bourde.

La principale fête du Japon est celle du nouvel an. Elle dure une semaine environ. Depuis que les Japonais ont adopté le calendrier grégorien, elle commence le 1er janvier. Les maisons sont ornées de

Guignol et la fête des poupées.

fleurs, de tiges de bambou, de branches de sapin, comme nos temples protestants pour la fête de Noël.

Dès le matin, la nouvelle année s'ouvre par des prières aux

ancêtres, faites en famille. Puis on rend des visites aux parents et aux amis. Pendant plusieurs jours tous les magasins sont fermés ; les affaires cessent et les marchands vivent beaucoup plus dans les maisons de thé que chez eux. Les rues sont remplies de musiciens et de chanteurs ; les garçons lancent leurs *cerfs-volants* et leurs *dragons*, et les fillettes portent en triomphe de grandes poupées qui sont quelquefois des héritages de famille. Le théâtre en plein air a un grand succès ; on y montre des lapins dressés, des chiens et des singes savants.

Le *guignol* ou théâtre des marionnettes y est en honneur. L'acteur caché derrière un paravent fait marcher les bonshommes suspendus à une tablette et fait parler les poupées.

La *fête des poupées*, qui ressemble à notre *arbre de Noël*, a un grand charme pour les fillettes. Les mamans entassent sur des coussins, au milieu des fleurs, les plus belles poupées qu'elles ont pu acheter, et les petites filles viennent les visiter.

Signalons aussi la *fête de l'éléphant blanc*, grand éléphant en carton que traînent dans les rues les petits garçons, le visage couvert d'un masque et l'éventail à la main. C'est notre *promenade du bœuf gras*.

Un spectacle vraiment curieux est celui d'une fête à giorno et d'un feu d'artifice comme les Japonais savent en donner. A Tokio, pour célébrer au mois de juillet les charmes de la navigation, on fête le fleuve qui traverse la ville. Le soir, tout le monde s'embarque par groupe d'amis sur des bateaux pavoisés de lanternes en papier aux mille dessins, dont ce peuple a le génie ; on soupe, on rit, on s'amuse, glissant doucement au milieu de l'innombrable flottille ; les fusées montent, les bombes éclatent, des pièces compliquées crépitent sur un ponton, et la fête se termine bien avant dans la nuit.

En résumé, tout est comme en France, sauf que tout diffère dans les détails ; avec l'esquisse du sujet, prenez un site du Japon, des bateaux japonais, costumez vos personnages en Kimonos, éclairez le tout des grandes lanternes que vous connaissez, et vous aurez le tableau.

Les Japonais, comme quelques rares peuples orientaux, sont très soucieux de la propreté du corps ; tous les habitants prennent chaque jour au moins un bain très chaud, qui brûlerait les Européens.

Leur baignoire consiste en une petite cuve de bois, présentant la forme d'un cône à section elliptique dont les axes ont seulement quatre-vingts et soixante centimètres; la profondeur ne dépasse pas soixante-dix centimètres. On voit par suite qu'il est impossible de s'étendre dans une pareille cuve, et le baigneur est obligé de prendre une position accroupie. L'eau est chauffée au moyen de charbons incandescents placés dans un chaudron en fonte, au bas de la baignoire.

Dans les villes, les établissements emploient de grandes cuves carrées, formées de douves en bois assemblées comme celles des tonneaux, et on assure l'étanchéité des joints en les recouvrant soigneusement des deux côtés et en les calfeutrant avec l'écorce d'un arbre résineux nommé *segni*. Chaque établissement ne possède généralement qu'une seule baignoire, quelle que soit l'importance de sa clientèle, et plusieurs personnes se baignent à la fois dans cette même cuve, ce qui pour les Européens ne manque pas d'originalité. Le voyageur à qui nous empruntons ces détails ne dit pas quel est le costume des baigneurs.

Dans les villes d'eaux, le nombre des baignoires est beaucoup plus considérable pour chaque établissement.

La fête de l'éléphant.

Mais une chose assez curieuse, c'est que si les cabines de toilette sont fermées, les baignoires sont entièrement à découvert, de sorte que cent ou deux cents baigneurs ou baigneuses causent, rient, chantent et font un vacarme étourdissant. On se croirait aux bains de mer de Biarritz ou d'Etretat. Il existe plusieurs stations thermales très fréquentées dans les montagnes de Nippon.

Le rapport de M. Nagayo-Sensai mentionne 364 sources minérales, parmi lesquelles 41 ont été analysées jusqu'en 1877. Celles des provinces de Idzu, Sagami, Kotsuké, Setou et Kii sont à présent connues exactement.

La médecine a pris une large part à la révolution intellectuelle qui s'opère au Japon depuis 40 ans. Les manuels de médecine chinoise ont fait place aux livres de nos docteurs, et les formules de nos pharmaciens ont remplacé les plantes et les poudres médicinales des droguistes japonais.

Au Japon, le médecin n'a pas seulement transformé sa science, il a métamorphosé son extérieur. Autrefois on le rencontrait invariablement, à la campagne comme à la ville, habillé modestement mais toujours correctement. Il portait sa robe de couleur et son pardessus de soie noire ; un ou deux sabres, suivant les circonstances, pendaient à son côté ; sa tête était soigneusement rasée comme celle des bonzes ; sa démarche était toujours grave et son maintien plein de dignité.

Aujourd'hui, il porte rarement le costume japonais ; il est européanisé pour la science et pour l'habit ; les sabres ont disparu ; une abondante chevelure recouvre sa tête, et son menton s'orne de tous les poils que la nature ne lui a pas refusés. Maintenant comme autrefois, il est également dévoué à ses malades, et si aux connaissances expérimentales de l'art, tel qu'il le pratiquait jadis, il joint une science sérieuse des ressources de la médecine européenne, il sera à même de rendre de grands services.

En 1887, on comptait au Japon 31,268 médecins, soit 0,91 pour mille habitants ; mais 6,560 seulement, soit 21 °/₀, suivaient la méthode européenne. Les autres étaient encore partisans du système de médecine chinois ou japonais.

Il y a eu de tout temps au Japon des femmes médecins. On peut voir au Musée Guimet une estampe enluminée représentant *Koraski* femme médecin entourée de ses malades.

Le nombre des pharmaciens était, en 1877, de 6,000, soit 9,17 pour mille habitants.

Le Japon a 5 grandes Ecoles de médecine ; la plus importante est celle de Tokio. Elle est dirigée par un Japonais, assisté d'une vingtaine de professeurs, tous Allemands ou Japonais. Les cours y sont aussi bien faits que dans les Facultés d'Europe, et comprennent toutes les branches de la médecine. Les élèves y sont au nombre de 250, assez pour fournir à tous les besoins de la population.

« Quand le Japon est entré en relation avec les nations civilisées, il ne possédait d'autre hôpital que celui de Nagasaki, fré-

quenté par des Japonais, mais fondé et dirigé par des Hollandais. Il
a vite rattrapé le temps perdu, et à la fin de 1878, il avait déjà
159 hôpitaux, dont 12 pour l'armée et la marine appartenant au
gouvernement central; 112 relevaient d'autorités locales, et 35 étaient
entretenus par la charité privée. Dans tous ces hôpitaux, les médecins étrangers sont peu à peu remplacés par des indigènes. Le Japon
manque encore d'asiles d'aliénés. La médecine indigène emprunte ses
substances pharmaceutiques aux plantes, aux arbres
et aux arbustes. Elle applique une partie de la
thérapeutique européenne, enseignée d'abord par
les médecins hollandais de la factorerie de Décima;
pour le reste, elle suit plus ou moins fidèlement
les principes des Chinois. Depuis la Révolution,
les Japonais qui se sont mis à apprendre avec
ardeur les sciences européennes, n'ont pas négligé
la médecine. » (Vivien de Saint-Martin)

   Pendant la guerre sino-japonaise de 1900,
les médecins japonais ont soigné nos blessés avec
le plus grand dévouement. Le gouvernement japonais a même fait transporter nos malades à l'hôpital
d'Hiroshima. Près de 200 Français y ont été généreusement traités. L'impératrice Haruko a offert
à nos soldats amputés des bras et des jambes
en caoutchouc. Plusieurs officiers français ont écrit
qu'ils avaient cru trouver une seconde France au
Japon; ils ont exprimé leur admiration pour les
chirurgiens japonais et leur gratitude pour les
gardes-malades. Ils ont déclaré qu'ils ne cesse-

Jeunes acrobates.

raient de décrire à leurs parents les soins et la bienveillance dont
on les a entourés dans un hôpital japonais.

   L'hygiène occupe une place d'honneur au Japon.

   Il y a un Bureau Central d'hygiène et de salubrité publique,
qui rend des services signalés et qui rédige de fort intéressants
rapports. Il existait, en 1873, une Société peu importante désignée
sous le nom de Imu Kiyoku s'occupant des affaires médicales, mais
ce n'est qu'en 1875 que le Bureau actuel fut installé au ministère de
l'intérieur.

En 1873, un Code sanitaire élémentaire fut envoyé par les soins du Daijokwan aux différentes administrations des Fu et Ken, dans lequel les mesures sanitaires les plus indispensables étaient indiquées.

Parmi les premières mesures prises, après l'adoption du Code préliminaire, a figuré l'ordonnance concernant les médicaments secrets et autres drogues, vendus en grande quantité au peuple. On avait découvert dans la plus grande partie de ces produits des principes vénéneux qui pouvaient devenir très dangereux si ces médecines étaient administrées par des mains inhabiles, et beaucoup de cas d'empoisonnement avaient été la conséquence de leur usage immodéré.

Après avoir réglé la vente des poisons et des médicaments dangereux, on dressa un tableau indiquant les doses qui ne pourraient être dépassées sans danger pour les malades.

La fabrication des produits chimiques et pharmaceutiques, en se servant des matières du pays, fut encouragée par le Bureau Central, On a déjà pu constater, dans les laboratoires du gouvernement, que les Japonais savent préparer une grande quantité de produits chimiques de bonne qualité. Le gouvernement accorde des diplômes spéciaux aux manufacturiers dont les produits sont les plus remarqués.

Le principal but du Bureau Central fut de faire disparaître l'ancien système établi par les médecins japonais, depuis les temps les plus reculés, pour faire adopter la méthode européenne, et d'améliorer la situation tant sociale que scientifique des médecins, des pharmaciens et des officiers de santé du gouvernement.

Vingt-cinq pour cent seulement des praticiens japonais suivaient, il y a vingt ans, la méthode de l'Occident. Mais, aujourd'hui, les adhérents à l'ancien système sont remplacés presque tous par les adeptes de la méthode d'Occident.

Le typhus, la fièvre typhoïde, la petite vérole, la dysenterie et la dyphtérie existent malheureusement dans ce beau pays. Le choléra y fait aussi son apparition de temps en temps, sous la forme endémique et sous une forme plus dangereuse encore appelée choléra asiatique.

La vaccine a été l'une des premières mesures sanitaires introduites au Japon par les médecins hollandais de Décima. Quoique depuis 1849 les daïmios aient beaucoup contribué à répandre l'usage

du vaccin dans leurs provinces, ce n'est réellement qu'en 1874 que
le gouvernement s'est occupé sérieusement de l'introduction et du
contrôle de cette importante mesure préventive. Les statistiques
nous montrent que le vaccin est aujourd'hui répandu dans tous les
Fu et *Ken* de l'Empire, et que son usage est admis sans difficulté
dans tout le Japon.

Cette étude sur les mœurs et coutumes nous a montré que les
Japonais se transforment jusque dans leur vie privée, et le jour
n'est pas loin où leur existence sera semblable à celle des Européens.

IV

LA FÊTE DE L'OURS CHEZ LES AÏNOS

SI, comme nous venons de le voir dans ce dernier chapitre, les Japonais offrent de nombreux points de ressemblance avec les Européens dans leur existence, leur éducation, leurs jeux, leurs fêtes, leurs foires, il y a cependant une partie de cette population, les *Aïnos*, dont les mœurs diffèrent complètement de celles des habitants de Nippon.

Chasseurs et pêcheurs, les Aïnos mènent une vie des plus primitives et des plus pénibles ; ils poursuivent l'ours, le cerf, le renard et capturent les gros cétacés, à l'exception de la baleine à laquelle ils témoignent leur reconnaissance de ce qu'elle pousse devant elle, au printemps, des bancs de harengs dans les criques du rivage. Lorsqu'ils découvrent un jeune ours dans sa tanière, ils le portent à une nourrice de leur tribu, qui allaite l'animal comme son enfant; pendant six mois l'ourson fait partie de la famille, mais à l'automne on célèbre une grande fête et l'acte final de la cérémonie est un festin dont l'animal fait les frais. « Nous te tuons, ô ours, s'écrie-t-on en lui donnant le coup fatal, mais tu nous reviendras bientôt dans un Aïno. » Sa tête, érigée sur un pieu, devant la cabane, doit protéger la demeure dont il fut l'hôte. Les crânes des cerfs sont aussi respectueusement placés au sommet d'une perche et le plus souvent dans la forêt où ils ont été abattus.

Le docteur Sheure a raconté, dans l'*Echo du Japon*, une de ces fêtes de l'ours à laquelle il a assisté. Nous résumons ce récit fort intéressant, le premier qui ait été donné par un témoin oculaire.

Les Aïnos ont plusieurs motifs pour respecter l'ours plus qu'aucun autre animal. C'est pour eux l'animal le plus précieux; il les nourrit, les vêtit et leur fournit un médicament très renommé (*biline d'ours*).

D'un autre côté, ils redoutent l'ours plus qu'aucun autre animal car, lorsqu'il s'introduit dans les habitations, il tue les hommes, les animaux et il porte ses ravages dans les champs. Il n'est donc pas étonnant qu'ils le respectent comme un dieu, et qu'ils croient devoir lui offrir des sacrifices après sa mort.

Alors on attache le crâne de l'ours mort aux branchages qui se trouvent devant chaque habitation du côté de l'est, et qui sont le symbole des divinités, à l'exception toutefois des dieux du feu et de la maison auxquels on sacrifie dans certains endroits réservés à l'inté—rieur des appartements. Cette cérémonie consiste à faire de ce crâne une sorte de relique sainte, que les Aïnos vénèrent sous le nom de *Kamus marapto*.

C'est peut–être là l'origine de la fête de l'ours, appelée par les Aïnos *Comanté;* elle consiste en un sacrifice de réconciliation avec le quadrupède. On destine à cet usage un ourson nourri d'une manière spéciale; ce sacrifice est offert à la famille des ours en signe d'expiation pour ceux des animaux qui ont été déjà tués. Quand l'hiver touche à sa fin, on s'empare d'un ourson pour l'élever. Dans les premiers temps, il est sevré par la femme du propriétaire, ensuite on le nourrit de préférence avec des poissons. Lorsqu'il est assez grand et assez fort pour briser la cage dans laquelle il est retenu prisonnier, on commence les préparatifs de la fête; ce qui a lieu généralement en septembre ou en octobre.

A la veille de cet important événement, les Aïnos adressent des prières à leurs dieux; ils s'excusent de ce qu'ils vont faire; ils ont comblé l'ours de bienfaits le plus longtemps possible; ne pouvant plus le nourrir ils se voient obligés de le tuer.

« J'ai pu, dit le Dʳ Seure, assister à une fête de l'ours. C'est le 10 août 1880, vers midi, que j'arrivai avec mon domestique japonais, dans le petit village de Kannui, éloigné de trois ris d'Oshamambi, où j'avais établi mon quartier général. Le propriétaire de la maison dans laquelle devait avoir lieu la fête de l'ours vint au-devant de nous avec ses invités et nous félicita solennellement sur notre heureuse arrivée. Tous étaient parés de leurs plus beaux atours, ce qui naturellement, pris à la lettre, n'était pas le côté le moins curieux de la fête, étant donnée la malpropreté des Aïnos. Il n'est pas rare que dans

L'ours élevé pour le sacrifice.

ces occasions ils se parent d'anciens habillements de luxe japonais. C'est un spectacle vraiment comique de voir un vieil Aïno se pavaner majestueusement dans un long kimono en soie, richement brodé, qui ornait peut-être jadis la garde-robe d'une élégante danseuse ou chanteuse japonaise. Les vieux portent, autour de la tête, une coiffure originale appelée *shaba-ûmpé* (*shaba*, tête, *ûmpé*, sorte de couronne mise pendant les grands jours de fête). Celle-ci consiste en tresses faites avec l'écorce de vignes sauvages et ornées de copeaux de bois mince, en forme de spirale, auxquels sont suspendus divers objets en bois grossièrement travaillés, des griffes d'ours, des pampres, etc. Les femmes, parmi lesquelles on n'apercevait même pas une physionomie agréable, portaient leurs plus belles toilettes ; les parures, consistant en colliers, chaînes de perles, étaient surtout remarquables ; la plupart des femmes avaient le visage, les mains et les avant-bras tatoués. Plusieurs d'entre elles portaient des vêtements en soie.

» A notre arrivée nous trouvions, déjà rassemblées devant la maison, une trentaine de personnes, hommes, femmes et enfants ; quelques Japonais curieux du voisinage s'y étaient donné rendez-vous. Après avoir examiné l'emplacement de la fête et fait notre visite au jeune ours, le héros de cette solennité, qui ne se doutant pas du triste sort qui lui était réservé, jouait gaiement dans sa cage, composée de morceaux de bois minces de 1 m. 60 de longueur grossièrement joints, et surchargés de pierres, nous fûmes invités à pénétrer dans l'intérieur de la maison où la fête devait commencer par une libation solennelle.

» Ce jour là, l'intérieur était propre et mieux disposé que d'habitude. Les reliques précieuses du propriétaire, consistant principalement en vieilles armes, objets sacrés, parures et vaisselle, avaient été tirées de l'armoire, simple ouverture pratiquée dans un mur, et placées devant les invités. Dans le coin du nord-est, réservé au dieu de la maison, on avait placé de nouveaux bâtonnets de *gogéi* (ce sont des morceaux de bois d'un demi mètre, quelquefois de trois quarts de mètre de longueur), dont l'extrémité supérieure se termine par de nombreux copeaux, très fins et roulés en spirale, imitant assez bien le feuillage d'un arbre. On les fabrique toujours avec un bois spécial dont la qualité diffère suivant la localité. Ce bâton, du nom d'*inâbo*, a la même signification que les bandes de papier bien connues — *gohei* — des temples shintoïstes : c'est un objet sacré qui représente la divinité. On suspend aux spirales de ce bois différents objets et principalement ceux usités dans ces sortes de fêtes. On fixe des *inâbos* aux quatre coins de la cage de l'ours. J'en ai vu attacher aux ustensiles de ménage, à une faux ; on les place aussi sur les toits des maisons ; on croit que cela tient en échec les mauvais esprits et éloigne les maladies et les animaux malfaisants.

» Le propriétaire de la maison sacrifia d'abord au dieu du feu, en face même du foyer, au moyen de libations et de prières. Les hôtes suivirent son exemple. Une libation eut lieu ensuite en l'honneur du dieu de la maison.

» Pendant cette cérémonie, les Aïnos ne sont pas assis, comme les Japonais, les jambes croisées, mais celles-ci ployées en avant ; ils tiennent d'abord la coupe avec la main gauche à la hauteur du front, pendant que la main droite s'élève un peu ; ils trempent ensuite dans le saki un petit bâton, appelé *ikoubashi*, d'une longueur de trente centimètres environ sur trois de large, qui se termine en pointe, presque toujours ciselé, quelquefois même orné d'une figure mobile. Dans cette opération on laisse tomber quelque gouttes de saki sur les nattes ; pour l'offrande présentée au dieu du feu, on jette quelques gouttes dans le feu et on passe le bâton plusieurs fois horizontalement sur le foyer. On dit en même temps des prières, soit tout bas, soit à haute voix.

» La nourrice de l'ours était, pendant ces cérémonies préliminaires, assise tristement dans un coin ; elle versait parfois des larmes, et cette tristesse, qui se manifesta encore plusieurs fois dans le courant de la fête, n'était pas certainement feinte ; elle paraissait vraiment émue du triste sort réservé à son nourrisson. A l'exemple du chef de famille, elle et les femmes les plus âgées apportèrent leur libation. La libation des femmes est plus simple que celle des hommes ; elles élèvent une fois leur tasse avant de la porter à leurs lèvres et se touchent le bout du nez avec l'index de la main droite.

» Lorsque la cérémonie dans l'intérieur fut terminée, le chef et les principaux invités recommencèrent les mêmes offrandes au dehors, devant la cage de l'ours. On présenta même à celui-ci quelques gouttes de saki dans une coquille, mais au lieu de le boire gentiment, il le renversa avec ses pattes. Alors commencèrent les danses des femmes et des jeunes filles, qui continuèrent longtemps et à de courts intervalles. La figure tournée vers l'animal, celles-ci avaient les genoux légèrement ployés, se tenant sur la pointe du pied et le corps penché en avant. Placées en cercle autour de la cage, elles exécutèrent différentes figures, en frappant des mains et en chantant un air monotone, composé de quelques mots toujours répétés. La nourrice de l'ours et d'autres vieilles femmes, ayant sans doute fait autrefois les mêmes fonctions, dansèrent en versant des larmes et, au lieu de frapper des mains, les étendirent vers l'épaule ou le poitrail de l'ours, et le cajolèrent tendrement. Les jeunes couples envisagèrent la chose sous un point de vue moins sérieux. Ce n'étaient que chants et rires continuels. Bientôt l'ours commença à s'émouvoir de ce vacarme, se mit à sauter dans sa cage et à pousser des cris plaintifs, comme s'il appréhendait le sort qui lui était réservé.

» Pendant ces réjouissances devant la cage de l'ours, notre attention fut attirée par une nouvelle scène qui avait lieu devant les statues des dieux ; celles-ci avaient été somptueusement décorées à l'occasion de la fête. Les divinités avaient été armées de sabres et de carquois sacrés. Une nouvelle libation fut faite devant ces dieux et les hommes saisirent cette occasion pour continuer à boire ; on fit aussi des offrandes aux autres dieux de la localité ; on planta pour chaque nouvelle libation un inâbo devant les statues. Les trois hommes chargés de faire sortir l'ours de la cage plantèrent encore deux inâbos devant les dieux. Déjà l'abus de la boisson se faisait remarquer sur la figure de certaines personnes. Plusieurs d'entre elles commencèrent à danser les bras levés, comme pour prendre le ciel à témoin de la joie qu'elles éprouvaient d'assister à une si belle fête.

» Sur ces entrefaites on fit sortir l'ours de sa cage. On le conduisit devant les dieux, on lui enfonça un morceau de bois dans la gueule, et neuf hommes se mirent à genoux sur lui, en appuyant fortement son cou contre une poutre étendue par terre. Cinq minutes après l'ours avait cessé de vivre.

» Pendant ce temps, les femmes et les jeunes filles continuaient leurs danses en pleurant et en frappant les hommes agenouillés sur l'ours, comme pour venger celui-ci de leur cruauté. Après avoir fait une légère entaille à la ligne médiane du ventre de l'animal, on commença à le parer solennellement. On étendit l'ours mort sur une natte devant la statue d'un dieu, et on lui suspendit au cou l'arc et le carquois de la maison. Comme c'était une femelle, on la para en outre de colliers et de boucles d'oreilles. On présenta ensuite au cadavre une assiette de millet bouilli, et une autre contenant des gâteaux de millet assaisonnés avec de l'huile de poisson, ressemblant aux *mochi* bien connus des Japonais, et une fiole de saki. On ajouta même à ces mets la baguette pour manger, une tasse et un morceau de bois pourvu à son extrémité, à cause de sa destination divine, de spirales en bois. Les hommes s'assirent alors autour de l'ours mort, chacun muni d'une tasse de saki, et une nouvelle et longue libation commença. Il paraît que c'est là une des parties principales de la fête, car elle est observée avec un pieux cérémonial. Pendant que l'on parait l'ours, les femmes se livraient aux plaisirs de la danse, interrompue de temps en temps par

une nouvelle tournée de saki. Je dois à cette fête la bonne aubaine
d'avoir pu étudier les différentes danses des Aïnos.

» La *danse* est chez les Aïnos un divertissement essentiellement réservé aux femmes ; les hommes y participent cependant
quelquefois, mais cela n'arrive que lorsqu'ils veulent s'amuser aux
dépens du sexe faible. La fameuse danse des armes, du temps de
Koshitsumé, fait seule exception ; elle est dansée exclusivement par
des hommes ; elle ne faisait pas partie du programme de la fête.

» Dans la plupart des danses des Aïnos, les danseuses forment
un cercle ; elles tournent sur place
ou bien se meuvent dans le même
ordre, les unes à la suite des autres ;
souvent l'une d'elles se place au centre
pour marquer la mesure.

» Les mouvements exécutés avec
les bras manquent de grâce ; on les
accompagne de chants monotones. La
musique est absente. Le seul instrument que les Aïnos de ces régions
possèdent, est une sorte de petite
guimbarde appelée par eux *mokori* ;
on ne s'en sert pas dans ces occasions.

» Citons, en premier lieu, la
tsirumai ou la danse de la grue.
Son nom est japonais (*tsiru*, *tsuru*,
grue ; *mai*, danser) et provient de
ce que dans cette danse les mouvements sont imités de ceux de cet oiseau.

Les reliques de l'ours.

Il n'est pas improbable que la danse de *tsirumai* ne soit d'origine
japonaise, et empruntée à celle des Japonais, dans laquelle aussi on
imite les mouvements de l'oiseau cité plus haut.

» La danse de la grue consiste en plusieurs figures. Dans les
premières, plusieurs danseuses s'accroupissent en rang par terre et
forment deux groupes vis-à-vis l'un de l'autre. Aux deux extrémités
se tient une danseuse, les mains sur l'épaule, le mouchoir de tête
traditionnel enlevé, les cheveux épars. Elle exécute divers mouvements, se dirige ensuite en courant vers le groupe opposé et s'assied

à terre pendant que deux autres se lèvent et commencent le même exercice. Ce jeu continue ainsi assez longtemps.

» Pendant ce temps, la fête avait atteint son maximum de gaieté et d'entrain ; quelques jeunes Aïnos, ceux mêmes qui avaient tiré l'ours de la cage, montèrent alors sur la toiture de la hutte pour lancer de là à la foule un panier rempli de petits gâteaux de millet. Aussitôt hommes et femmes, vieillards et jeunes gens, se jetèrent dessus comme des oiseaux de proie, en criant de toutes leurs forces.

» Il est dans les coutumes de ne dépecer l'ours que le lendemain de la fête. Sur ma demande, on fit cette fois exception à la règle. L'ours, dépecé, fut dépouillé ; puis on coupa les pattes et le corps, en sorte que la tête resta seule avec la peau.

» Un des plus jeunes Aïnos remplit le rôle de boucher, tandis que les autres convives, remis par un sommeil de quelques heures, se tenaient autour de cette scène. Le sang qui coulait de l'animal fut recueilli dans des tasses et bu avec avidité.

» On détacha ensuite la tête de l'ours avec la peau enroulée et on la plaça devant les dieux ; on la para comme on l'avait déjà fait, en y ajoutant des *inâbos ;* une nouvelle libation eut lieu. Cette cérémonie terminée, on enleva la peau de la tête, à l'exception des naseaux et des oreilles. On fit ensuite un trou du côté droit de l'occiput (chez l'ours mâle du côté gauche) pour en extraire la cervelle. Celle-ci fut aussitôt partagée dans des tasses et bue toute crue, mêlée avec du saki. Pendant tout ce temps les femmes exécutèrent des danses, auxquelles se joignirent les hommes. Puis on enroula de nouveau la tête dans la peau et on plaça le tout devant les dieux, ainsi que le glaive, le carquois, l'inâbo et le bois qui avait servi à étrangler l'animal. Après une nouvelle libation, on attacha la tête sur une perche d'environ deux mètres et demi de hauteur, élevée devant les dieux ; puis une nouvelle et dernière libation à laquelle prirent part les femmes termina la fête. »

CINQUIÈME PARTIE

I

FINANCES ET TRAVAUX PUBLICS

Les impôts; liste des recettes, les dépenses. — Les monnaies, le *yen*, le *sen*. Papier-monnaie, papier d'Etat. — Falsification de la monnaie et du papier-monnaie. — La dette nationale, dette ancienne et dette nouvelle. — Les banques. — Caisses d'épargne. — Les routes. — Les chemins de fer. — Les tramways. — Les canaux.

OMME toutes les nations d'Europe et d'Amérique, le gouvernement japonais a frappé d'impôts tout ce qui lui a paru susceptible de produire quelque revenu. Autrefois les propriétaires de la terre, les agriculteurs, les paysans payaient seuls l'impôt. Mais à mesure que les coutumes européennes ont pénétré dans le pays, les dépenses de l'Etat ont augmenté, et il a fallu songer au moyen d'obtenir des recettes plus élevées. Aujourd'hui les marchands, les ouvriers, les fonctionnaires paient l'impôt sous les diverses formes que nous lui connaissons en Occident.

Voici la liste des recettes présumées de toute nature, pendant le cours de l'année fiscale commençant au 1er juillet 1884, et se terminant au 30 juin 1885 :

Impôt foncier	41,901,441 yens
— sur les mines	12,544 —
— sur les produits industriels des provinces du Nord	431,451 —
A reporter	42,345,436 yens

Report.	42,345,436	yens
Impôt sur les marchands de saki	5,965,029	—
— sur les marchands de tabac et de papier	291, 00	—
— sur le timbre	650,010	—
Taxes sur le papier réglé pour pétitions	85,415	—
— des lettres	1.410,000	—
Patentes des avocats	10,000	—
— des constructeurs de navires	146,270	—
— des carrossiers	309,260	—
— des compagnies commerciales	500,000	—
— des marchands de bestiaux	67,589	—
— des pharmaciens	65,879	—
— des poids et mesures	3,006	—
— des libraires	3,556	—
Permis de chasse	45,917	—
Passeports pour l'étranger et recettes diverses	3,263	—
Total	51,905,140	yens

L'exercice précédent s'était soldé comme il suit :

Recettes.	311,230,000 francs.
Dépenses.	317,204,225 —
Déficit.	5.973,325 francs.

La valeur du yen étant de 2 fr. 55, on voit que le budget japonais était déjà fort élevé (154 millions de francs environ). D'après l'almanach Gotha de 1889, le budget de l'année financière 1887-1888 s'était élevé, en recettes, à 79,936,870 yens, et en dépenses, à 79,335,553 yens, 400 millions environ.

Malheureusement depuis un certain nombre d'années les dépenses ont excédé les recettes et il a fallu augmenter considérablement la dette léguée par le gouvernement féodal des daïmios. L'emprunt, sous diverses formes, a été largement pratiqué, et sous ce rapport l'Empire du Soleil Levant n'a rien à nous envier. Proportionnellement à ses revenus, le Japon est aussi obéré que n'importe quelle nation de l'Europe.

Voici les dépenses de 1894 à 1898 :

Exercice 94-95	78,120,589	yens
— 95 96	89,275,871	—
— 96-97	193,425,717	—
— 97-98	239,674,444	—

Les dépenses ont donc triplé en quatre ans.

Les *monnaies* (1) du Japon, autrefois si diverses que chaque province avait les siennes, comme en France au moyen âge, sont

(1) La dernière loi monétaire, qui a passé sous le cabinet Matsukata, date du 29 mars 1897. On a adopté l'étalon d'or. Le nouveau yen d'or vaut 2 fr. 55.

réduites à plusieurs types vraiment nationaux, ayant cours forcé dans toute l'étendue de l'empire, à l'exclusion de toute autre monnaie. Les monnaies d'or sont le *yen* (dollar), le *double yen*, la pièce de 5 *yens* et la pièce de 20 *yens*, au titre de 900 millièmes, et analogues à nos pièces d'or françaises, moins la pièce de 5 *yens*, qui a pour modèle la livre sterling d'Angleterre.

Les monnaies d'argent sont le *yen d'argent*, de la grosseur, de la forme et du titre de nos pièces de 5 francs. Le yen a pour sous-multiple le sen, la centième partie du yen. Les pièces divisionnaires sont de 5, 10, 20 et 50 *sens*, au titre de 800 millièmes. Leur valeur, rapprochée du franc, serait environ de 12 centimes, 25 centimes, 51 centimes et 1 fr. 25.

Une pièce d'argent, vieux modèle, est encore en circulation : c'est l'*itzibou*, qui vaut 2 f. 10. Elle se distingue de toutes les autres par sa forme ovale; elle est destinée à disparaître à mesure qu'elle arrive dans les coffres de l'Etat.

La monnaie de billon ne comporte qu'un type, le *sen*. Mais il existe une sorte de monnaie de fer, du module d'une pièce de cinq centimes, marquée avec un poinçon de l'Etat, et munie d'une ouverture pour y passer une cordelette afin d'en emporter un grand nombre; chaque pièce équivaut à peu près au sixième d'un de nos centimes.

Les recettes étant moindres que les dépenses, et la dette augmentant chaque jour, le gouvernement japonais, sur la proposition de M. Wuri, officier du Daïjokwan, attaché à la comptabilité, se décida à émettre du *papier—monnaie* pour couvrir le déficit du Trésor.

Ce papier-monnaie date de 1871. A cette époque, le gouvernement décréta l'unification de la monnaie. A cet effet, il fit retirer de la circulation un fort grand nombre de pièces, et en même temps les *sats* ou papier monnaie, fabriqués dans les différents *Han* de l'Empire; ce papier fut remplacé par du papier d'Etat. Le total des *sats* de toutes les provinces s'élevait alors à 32,500,000 *rios*.

La *falsification* de la monnaie et du papier—monnaie a été plusieurs fois signalée, et quelque sévères que soient à cet égard les nouveaux codes japonais, la fraude se pratique sur une grande échelle. L'*Echo du Japon* a quelquefois signalé la découverte dans la circulation de coupures contrefaites et bien imitées. Les petites coupures de 20 sens et de 50 sens, fabriquées en Allemagne, ont été retirées de la circulation et remplacées par de nouvelles coupures, d'un dessin difficile à imiter. On emploie dans ce but un papier à la fois fin et résistant, fait avec de la bourre de soie.

Des faussaires avaient fabriqué plus d'un million de fausses coupures de papier-monnaie.

Après la Révolution de 1868, c'est-à-dire dans le courant du mois de mars de la dixième année de Meidji (1876), le gouvernement régla tous ses comptes. Il établit une distinction entre la dette ancienne et la dette nouvelle. Dans la première catégorie furent classés les emprunts faits pendant la période commençant à la première année de koka (1845) et finissant à la troisième année de keio (1865). Dans la seconde, figurent les sommes empruntées depuis la première année de Meidji (1868), jusqu'à la 5e (1873). La dette, qui atteignait 283,519,624 yens en 1894, s'élevait en 1896 à 429,339,221 yens.

On parle à Londres, en ce moment (janvier 1901), de l'émission d'un emprunt japonais de 500 millions qui servirait à couvrir les frais de la guerre sino-japonaise.

Le gouvernement japonais favorise la création de *Banques* qu'il considère avec raison comme un des moteurs de l'activité commerciale d'un pays civilisé. Il est même question de fonder une grande Banque centrale, placée sous la surveillance de l'Etat, comme la Banque de France, toutes proportions gardées. Le capital de cette Banque centrale serait de 10,000,000 de yens (25,000,000 de fr).

A Sendaï, des capitalistes ont fondé une banque privée ; 320,000 yens ont été souscrits pour la création de cet établissement. Des règlements sévères régissent ces institutions, tant au point de vue de la garantie offerte par les banquiers que relativement au taux de l'intérêt. Lors de l'arrivée des Européens, ceux-ci prêtèrent aux Japonais à 7, 10 et même 15 pour cent. L'Etat lui-même participa à des emprunts contractés sur ces taux usuraires. Mais l'expérience a été de courte durée ; et les capitalistes étrangers doivent aujourd'hui se contenter des taux plus modestes de 5 et 6 %. Encore ces taux ne sont-ils usités que dans le commerce et pour des prêts à courte échéance.

On comptait au Japon, en 1887, 142 banques publiques ou
d'émission, avec 127 succursales, ayant ensemble un capital de 260
et quelques millions, et mettant en circulation pour 155 millions de
francs de billets. Il y avait de plus 214 banques privées avec un
capital réuni d'environ 100 millions, et 741 autres sociétés de crédit
avec près de 76 millions de capital. Ajoutons enfin 1,523 Sociétés
industrielles et commerciales au capital réuni de 200 millions. Les
1,469 caisses d'épargne postales avaient en dépôt un total de plus de
35 millions de francs. Ces chiffres ont beaucoup augmenté depuis
14 ans, et l'activité financière n'a fait que grandir.

Il en est de même des travaux publics pour lesquels le Mikado
a créé le département ou ministère des Communications dont M. Hoshi
est le ministre en 1901.

Les travaux publics ont suivi le mouvement européen qui entraîne
le Japon. On a fait percer des routes, bâtir des monuments, creuser
des ports, construire des chemins de fer ; on a établi des lignes télégraphiques et, au moyen de câbles sous-marins, uni les ports principaux à la Chine et par là aux diverses nations du globe.

Le Japon a des routes qui traversent les quatre grandes îles du
Sud au Nord. Elles sont très fréquentées, vu le goût des Japonais
pour les voyages. La plus importante de ces routes, et aussi la plus
ancienne, est celle qui relie Tokio à l'extrémité Sud-Ouest de l'île
Nippon. C'est une voie stratégique permettant de surveiller facilement
ces provinces méridionales où couvent parfois des ferments de discorde.
La route va en ligne droite, sans se préoccuper des obstacles, s'arrêtant
brusquement au bord d'une rivière pour reprendre sur le bord opposé,
escaladant les montagnes plutôt que de les contourner, les descendant
de même ; en un mot s'écartant le moins possible de la ligne directe ;
d'ailleurs, assez bien entretenue, et d'un parcours agréable, au moins
en été, car elle est bordée d'un grand nombre de maisons et ombragée
d'une double rangée de fort beaux arbres. Mais en hiver, elle n'est
plus qu'un large fossé d'où l'eau s'écoule difficilement, au moins
dans la traversée des plaines. Cette grande route, qui diffère du tracé
généralement sinueux de toutes les autres routes japonaises, porte le
nom de *Tokaïdo*. Le Tokaïdo passe pour avoir été construit par le
Siôgoun Tycosama au xvi⁰ siècle. Entre Kanagawa, ville la plus
proche de Yokohama et de Tokio, le Tokaïdo a plutôt l'air d'une rue

que d'une route car, sur les 17 milles qui séparent les deux villes, il en existe à peine trois où les maisons ne forment pas une bordure continue.

Tant de progrès ont été faits au Japon que l'étranger qui l'a visité il y a une vingtaine d'années ne le reconnaîtrait plus, s'il y revenait aujourd'hui.

Parmi les progrès les plus importants, il convient de citer en première ligne ceux qui ont été accomplis pour faciliter le transport des marchandises et les communications entre les différentes provinces de l'Empire. Avant la Révolution de 1868, les moyens de transport étaient nuls ou à peu près ; il fallait souvent plusieurs semaines pour envoyer quelques colis, à dos d'homme ou de cheval, d'un point de la côte dans l'intérieur du Japon, et ce moyen était si coûteux que le prix des marchandises avait presque doublé en arrivant à destination. Depuis, de nombreux chemins de fer ont été faits ; ils ont pris un développement inattendu.

Le premier chemin de fer construit au Japon, celui de Tokio à Yokohama, a coûté une somme considérable : deux millons sept cent mille piastres ; ce qui, au cours d'alors, faisait plus de quinze millions de francs. La longueur de la ligne n'est pourtant que de 7 *ri* 11 *cho* (1). Les travaux étaient dirigés par des ingénieurs anglais touchant de gros appointements et qui ont dû amasser une fortune considérable. L'inauguration eut lieu le 12 juin 1872 en présence du Mikado. Il y a entre les deux villes cinq stations intermédiaires : Shinagawa, faubourg de Tokio, Omori, Kawasaki, Tsouroumi et Kanagawa. Les trains mettent 53 minutes pour parcourir cette ligne.

Le chemin de fer de Hiogo à Osaka a été inauguré le 22 mars 1874 ; cette ligne a été prolongée en 1876 jusqu'à Kioto, et en 1879 jusqu'à Otsou, sur le lac Biwa. Sa longueur totale, de Kobé à Otsou, est de 24 *ri*. La construction a coûté 7,000,000 de yens. Il y a seize stations intermédiaires, qui sont : Sannomiya, Soumiyoshi, Nishinomiya, Kanzaki, Osaka, Souita, Haraki, Tagatsouki, Yamasahi, Maikaimatchi, Kioto, Inari, Yamanashi, Ohotami, Baba et Ishiba. Cette ligne traverse les provinces les plus riches du centre du Japon, et parmi les nombreux produits qu'elle apporte à Kobé et à Osaka, nous citerons la soie, le thé, le coton, le riz, le blé, la ouate et de fort jolies étoffes. Elle

(1) Le *ri*, 3 kil. 928 ; le *cho*, 109 mètres; environ 30 kil.

emporte dans l'intérieur les articles venus de l'étranger, et les marchandises indigènes arrivées par mer à Kobé. Cette ligne d'Otsou
reprend à Nagahama, ville située de l'autre côté du lac Biwa, et va
aboutir à Tsourouga, port sur la mer du Japon, en face et non loin
des côtes de Chine et de Corée. La distance qui sépare Nagahama
de Tsougoura est de 11 *ri*, et compte huit stations : Hikida, Assono,
Toné, Yanagassé, Nakanogo, Kinomoto, Takatsouki et Kawagué. On
peut donc traverser en chemin de fer, à l'exception du lac Biwa,
toute cette partie du Japon. Depuis que cette ligne existe (1882),
des chaloupes à vapeur font un service régulier sur le lac entre Otsou
et Nagahama, pour rejoindre les deux lignes ferrées.

Une autre ligne a été construite entre Nagahama et Sekigara ;
elle vient d'être prolongée jusqu'à Oagaki. Sa longueur totale est de
23 *ri*. Oagaki, la tête de ligne, est située au centre de la province
de Mino, l'une des plus industrielles et des plus productives du Japon.

Une cinquième voie relie Tokio à Takasaki. Les travaux de
cette ligne ont été exécutés avec une grande rapidité. Commencés le
1er juin 1882, ils furent livrés le 26 juillet 1883 jusqu'à Koumagaï,
ville située à 38 milles anglais de la capitale, et terminés au mois
d'avril suivant jusqu'à Takasaki. L'inauguration solennelle eut lieu
le 25 juin avec une grande pompe. L'Empereur assistait à la cérémonie.
La longueur totale est de 25 *ri* 20 *cho ;* par là arrivent à Tokio les
soies des provinces de Djoshou, de Shinbou et de Boushou ; du thé,
du tabac, des étoffes, etc.

A cette ligne se rattache celle de Takasaki à Awomori, destinée
à relier Tokio avec le nord de l'île. Awomori est, en effet, une assez
importante ville maritime, au fond du golfe de ce nom, au nord de
Nippon ; elle a une population de 15,000 âmes. Cette voie s'embranche à Takasaki et se dirige vers le nord, par Maibashi, Utus-
homiya, Shirakawa, Sendaï, Fukushima, Morioka et Awomori, point
terminus. Sa longueur est d'environ 200 ri (750 kilomètres). Elle
traverse plusieurs des principaux cantons séricicoles, notamment le
Maibashi et le Fukushima. Le transport des riz de Sendaï constitue
un important élément de trafic.

La superficie des terrains occupés par la ligne, les gares, les
magasins, etc., en comptant une largeur moyenne de 10 *kens* (le ken
vaut 1^m,82) est de 1,144 *cho* carrés, ce qui représente 9,000 yens

d'impôt foncier, à raison de 25 yens par 300 *tsoubo*. On compte que cette voie rapporte plus de 8 °/₀. On sait que les plus grandes Compagnies de chemins de fer d'Europe ne rapportent que 4 °/₀.

D'autre part, cette même ligne de Tokio à Takasaki se continue à l'ouest au delà de cette dernière ville et va s'embrancher dans une autre ligne qui se dirige de Niigata, port à l'ouest de Nippon, sur Tokio, par Takasaki, point de bifurcation.

Enfin, deux autres lignes viennent d'être terminées : la première part de Shinagawa, sur le chemin de fer de Tokio à Yokohama, et va aboutir à Kawagoutchi ; elle rejoint la ligne Tokio-Niigata. La seconde relie Takasaki à Maisbashi.

On vient encore de construire la ligne de Sendaï à Ishinomaki, d'une longueur de 5 *ri;* celle de Shidzouka à Iriyé, de 3 *ri* seulement, et celle de Maibashi à Nagaoka, qui coûte environ 3,000,000 de yens. On a fait aussi un chemin de fer dans l'île de Kiousiou. Le total des lignes livrées à l'exploitation au mois de décembre 1887 était de 848 kilomètres. D'après l'Almanach de Gotha de 1889, il y avait, au 1ᵉʳ janvier 1888, 935 kilomètres en exploitation, 296 en construction, et 215 en projet. En 1892, il y avait 2,747 kilomètres construits ; en septembre 1899, 3,319 kilomètres à l'Etat, 4,925 kilomètres à des Compagnies privées. Le Japon est aujourd'hui silonné de chemin de fer. Toutes les îles, même Formose, ont des lignes importantes.

Nous ne devons pas omettre de dire que c'est au Japon que revient l'honneur d'avoir fait construire le premier chemin de fer américain qui ait existé en Asie. Il fut construit en douze mois et inauguré en janvier 1881. Cette ligne a une longueur de 23 milles. Elle part du port d'Otarunai, sur la côte ouest de l'île Yéso, passe à Sapporo, et va aboutir aux mines de charbon de Pazoni. Elle coûta 20,000 livres sterling par mille, et dans ce prix est comprise la valeur du matériel roulant, de la force motrice, de l'atelier de réparation des machines, etc.

Le gouvernement japonais, encouragé par ce premier essai, a créé de nouvelles lignes à transport rapide, système américain.

Les premiers chemins de fer ont été construits par des Compagnies anglaises. Aujourd'hui il existe des *Compagnies japonaises* des chemins de fer (1). La construction et le matériel des chemins de fer sont

---

(1) Jusqu'en 1900, les étrangers ne pouvaient prendre d'actions des Compagnies de chemins de fer du Japon. Les Compagnies inséraient généralement dans leurs statuts une clause prohibant le transfert des actions aux

empruntés au genre anglais ou américain. Il n'en saurait être autrement, les Japonais n'ayant pas eu sous les yeux d'autres modèles. Une coutume digne de remarque est que les voyageurs de troisième classe sont enfermés à clef dans des voitures massives et lourdes. Les premières et les secondes, au contraire, sont très élégantes. A l'arrivée des trains, les portières des troisièmes ne sont ouvertes que lorsque les voyageurs des autres classes ont passé.

Les *tramways*, quelque nouveaux qu'ils soient en Europe, sont déjà connus et appréciés au Japon. Nous avons dit, en parlant de Tokio, que ses rues macadamisées sont parcourues par des tramways. Le plus grand nombre des villes de quelque importance ont suivi l'exemple de la capitale. Une ligne a même été créée entre Tokio et Kofu.

En même temps qu'il crée des routes, le gouvernement japonais creuse des *canaux* destinés à relier les deux côtes orientale et occidentale, ou des cours d'eau entre eux. C'est ainsi qu'un canal relie le port de Nobirou au fleuve Kitakami; cette création a eu pour résultat de faire affluer à Nobirou les produits des provinces de Rikouzen et de Tikoutchiou, et d'y amener tous les navires et jonques employés sur le Kitakamigawa. Ce port accapare tout le commerce des environs de la baie de Shiwoghama, et devient ainsi le Yokohama du Nord.

On dit que le gouvernement a l'intention de régulariser le cours du fleuve Aboukoumagawa, qui se trouve un peu plus bas que Nobirou, et qui n'est pas moins important que le Kitakamigawa. Le fleuve Aboukoumagawa prend sa source à Shirakawa, distant de 48 ri de Tokio, dans la province d'Iwaki, passe par Nihon-matsou (66 ri de Tokio) et par Foukoushima (71 ri de Tokio) pour venir verser ses eaux dans l'Océan Pacifique, en un endroit appelé Matsougaoura-Shima. La navigation fluviale pourrait prendre un grand développement dans ces régions, si le lit du fleuve n'était pas ensablé. Le gouvernement paraît être fermement résolu à relier ses eaux à Nobirou par un canal intérieur qui passerait par Shiwoghama. Ce plan de canalisation n'est d'ailleurs pas nouveau. Il y a environ deux siècles, un prince de Sendaï en aurait conçu l'idée, et l'on voit même les traces des essais qu'il a dû abandonner faute de fonds.

étrangers. Mais, le besoin de plus en plus grand de capitaux a amené le gouvernement à abroger à l'égard d'un certain nombre de Compagnies les règlements interdisant le transfert des actions aux étrangers. Il est permis de croire que la mesure prise par le gouvernement impérial n'est que le prélude d'autres modifications plus importantes.

Plusieurs autres canaux sont en construction ou en projet.

Quant aux travaux d'ordre public, tels que construction de vaisseaux, établissement de ports maritimes, érection de phares, création de lignes télégraphiques et de câbles sous-marins, nous en avons parlé aux chapitres spéciaux auxquels le lecteur peut se reporter.

Tous ces faits prouvent la grande activité des Japonais qui sur divers points dépassent déjà plusieurs peuples de la vieille Europe.

II

POSTES, TÉLÉGRAPHES ET TÉLÉPHONES (1)

Postes. — Historique : rapide évolution postale. — Bureaux de poste et agences postales. — Les routes postales. — Envois de la poste aux lettres. — Réclamations. — Les rebuts. — Colis postaux. — Mandats de poste. — Caisse d'épargne postale. — Recettes et dépenses. — Télégraphie. — Historique. — Bureaux. — Lignes. — Télégrammes. — Recettes et dépenses. — Téléphone. — Historique. — Bureaux. — Lignes. — Recettes et dépenses. — Appréciation.

E service de la poste d'après le système européen a été inauguré au Japon au mois de mars 1871, par l'établissement de la poste aux lettres entre Tokio, Kioto, Osaka et Yokohama.

Un service assez régulier de transport des correspondances officielles existait depuis fort longtemps au Japon. Les correspondances privées étaient apportées par des messagers des villes et, plus tard, par des entreprises particulières.

En 1871, eut lieu la première émission de timbres-poste et les règlements postaux furent établis. A mesure que le fonctionnement de ce service se régularisa, on créa de nouvelles routes postales. Le journal officiel, les journaux, les livres et les échantillons de marchandises furent traités comme les lettres. Les taxes postales, d'abord relatives aux distances parcourues, furent ramenées, en 1873, à un tarif uniforme et, la même année, le transport des lettres par entreprises privées était définitivement aboli, pour devenir le monopole exclusif de l'Etat. En outre, on émit des cartes postales et des bandes timbrées.

(1) Nous utilisons dans ce chapitre les documents officiels publiés à Tokio, imprimerie impériale, 32me année de Meidji (1899).

En 1874, commençait à se créer un service de la poste avec les
États voisins. En 1877, le gouvernement japonais adhérait à l'Union
postale. L'organisation postale intérieure fut améliorée en 1883, et
l'on divisa le pays en plusieurs districts postaux, en même temps qu'on
réunissait les bureaux de poste et ceux du télégraphe.

En 1889, la loi postale fut revisée en vue de réduire de moitié
la taxe de certaines publications périodiques et d'augmenter la limite
maximum du poids des livres, dessins et échantillons ; la dernière
amélioration du service intérieur des colis postaux date de 1892. On
constituait également, en 1894, un service de la poste militaire dont
on put apprécier les heureux effets dès l'année suivante, dans la
guerre sino-japonaise.

A l'extérieur, le Japon prenait une part active aux divers Congrès
Postaux internationaux (Paris, Lisbonne, Vienne, Washington), semant
largement pour recueillir en abondance, adoptant à grands frais toutes
les propositions de conventions postales, confiant dans l'avenir, et
regardant, sans fiscalité étroite, les postes, non comme un revenu,
mais comme la source de tous les revenus.

Depuis 1886, les bureaux de poste sont divisés en trois classes avec
succursales. Chaque bureau de poste est doté du service télégraphique.
Quant aux agences postales, elles ont été établies en 1875 dans les
localités éloignées de bureaux de poste, pour la réception des objets
recommandés. Le nombre des boîtes aux lettres augmente de jour
en jour. La première année où fut créé le service des bureaux de
poste (1871), on ne comptait que 180 bureaux et agences. En 1899,
il en existait environ 4,400 ; dans le même laps de temps, le nombre
des boîtes aux lettres s'élevait de 158 à 41,377. Tandis qu'en 1871
un seul bureau desservait une moyenne de 180,000 habitants, 25 ans
après, cette moyenne s'était abaissée à 10,000 habitants. A Formose,
accroissement analogue : en deux ans (1897-1899), le nombre des
bureaux et agences s'élevait de 32 à 71, et celui des boîtes aux lettres
allait de 80 à 178.

Le développement des routes postales n'a pas été moins extraordinaire. Les routes postales (voies de terre carrossables ou ferrées,
et voies d'eau) sont divisées en trois classes, selon l'importance des
localités qu'elles relient. Le nombre d'expéditions et la vitesse du
transport des dépêches sont réglées suivant l'importance des routes

postales. En 1871, l'étendue des routes postales exploitées au Japon était de 1,650 kilomètres (voie ordinaire), zéro kilomètre (voie ferrée) et 106 kilomètres (voie d'eau); en 1899, il était de 46,000 kilomètres (voie ordinaire), 5,550 kilomètres (voie ferrée) et 98,100 kilomètres (voie d'eau). Quant au nombre de kilomètres parcourus annuellement, il s'est élevé de 1 à 50 millions par la voie de terre, de 0 à 10 millions pour la voie ferrée, de 95 mille à 7 millions pour la voie d'eau.

Les envois de la poste aux lettres ne donnent pas une idée moins avantageuse de l'activité des Japonais. La première année de la création du service à l'européenne, le nombre des correspondances était de 550,000 ; l'année suivante, il était de 2,500,000 (1872). En 1873, ce chiffre avait quadruplé. La cause de ces augmentations rapides doit être attribuée à l'adoption du système de taxation uniforme sans égard à la distance à parcourir, à l'interdiction du transport des lettres par les entreprises privées, à l'augmentation considérable des bureaux de poste et enfin à l'accroissement de l'emploi des cartes postales. De plus, l'ouverture des lignes de paquebots-poste japonais entre le Japon, la Chine, la Corée et Vladivostok, ainsi que l'adhésion du Japon (1877) à l'Union Postale universelle ont singulièrement accéléré ce mouvement. Le tableau suivant indique suffisamment les progrès réalisés dans ce sens.

Facteur.

ANNÉE	NOMBRE DES ENVOIS DU SERVICE INTÉRIEUR	NOMBRE DES ENVOIS DU SERVICE INTERNATIONAL		TOTAL	NOMBRE PAR HABITANTS DES ENVOIS EXPÉDIÉS
		EXPÉDITION	RÉCEPTION		
1871	565,934	—	—	565,934	..
1874	19,937,423	—	—	19,937,424	1
1875	25,834,748	163,423	143,403	26,141,574	1
1888	163,884,822	709,828	946,409	165,541,059	1
1898	602,412,288	2,934,266	2.801,401	608,147,955	14

Le service des postes est un des mieux organisés. Les lettres et autres articles confiés à la poste sont affranchis comme en Europe,

au moyen de timbres-poste. Leur prix varie entre un demi–sen et
45 sens. Il en existe de vingt modèles différents, quoique plusieurs
représentent la même valeur (ce même usage existe également en
France). Mais il ne faut pas ignorer que le timbre qui recouvre une
lettre n'aurait, au Japon, aucune valeur pour affranchir livres et journaux, et vice versa.

Les timbres–poste en usage au Japon sont de dix couleurs différentes : gris, noirs, bruns, bleus, gris-vert, roses, violets, lilas, carmin,
verts. La forme et la vignette varient avec la couleur; ovales pour
les bandes de journaux, les cartes-postes et les enveloppes timbrées,
ils sont rectangulaires comme les nôtres et de différentes grandeurs
pour les lettres et autres objets. Une sorte est absolument circulaire
avec l'image du soleil; elle est de la valeur d'un *sen*. Mais le soleil
figure aussi sur d'autres espèces de timbres-poste; dix-sept modèles
sur vingt et un portent une rosace avec l'astre du jour. Quelques-
uns ont aussi des figures d'oiseaux et des caractères chinois. Il faut
reconnaître que la confusion n'est pas possible entre ces timbres,
même pour les personnes qui ne savent pas lire.

Le service de la poste n'est pas limité au transport des lettres;
il est chargé aussi de la transmission des articles d'argent et des colis
de petite dimension pour faciliter les transactions du commerce et
de l'industrie.

Le service des colis postaux date de 1892 ; le nombre des colis
postaux du service intérieur ne fut, cette année-là, que de 40,680;
il était de 5 millions en 1899. Le service international des colis
postaux est assuré entre le Japon et un certain nombre de nations
(avec la France depuis 1898) ; le nombre des expéditions et celui
des réceptions va chaque année en s'accroissant.

Quant aux mandats-poste, une des branches importantes du
système postal, ils existent depuis 1875 pour l'intérieur, et depuis
1880 pour l'étranger. En 1885, on été créés le mandat télégraphique
et le bon de poste. Le maximum du mandat-poste est de 30 yens
(75 francs), ainsi que celui du mandat télégraphique; le bon de
poste ne peut dépasser 3 yens (7 fr. 50).

Alors qu'à l'origine on n'avait admis au service des mandats
postaux que 222 bureaux ou agences, en 1898, 3,407 bureaux étaient
ouverts à ce service dans le Japon, à Formose, en Corée et même

en Chine. Cette année-là, plus de 6 millions de mandats avaient été échangés, représentant une valeur de 134,049,097 francs.

Les caisses d'épargne postales, créées en 1875, prirent en vingt ans un accroissement tel qu'on fut forcé de réduire le taux de l'intérêt et le maximum de la somme à verser. Cette institution a contribué beaucoup à développer dans le public l'idée de l'épargne, si utile à la vie individuelle et sociale. Les agences et bureaux postaux ouverts à ce service étaient de 22 en 1875 et de 4,300 en 1885 ; depuis, ce chiffre a été réduit ; mais le nombre des versements s'accroît d'une façon sensiblement régulière.

Tel est l'historique et l'état actuel du service postal au Japon. Le gouvernement, on le voit, n'a rien négligé pour favoriser le développement des relations de toutes sortes entre les Japonais d'une part, entre eux et les étrangers d'autre part. Il y a trouvé à la fois gloire et profit, puisque depuis 1886 les recettes excédent les dépenses. C'est ainsi qu'en 1897 les recettes ont été de 19 millions, et les dépenses n'ont pas dépassé 15 millions : soit un excédent de 4 millions.

Le développement du *service télégraphique* est parallèle à celui des postes. Le premier établissement des télégraphes date de 1869 (ligne Tokio–Yokohama). En 1874, fut promulguée une loi importante à ce sujet et, en 1879, le Japon entrait dans l'Union télégraphique internationale. On construisit des réseaux télégraphiques reliant toutes les localités qui voulaient contribuer aux frais d'installation ; une taxe uniforme fut bientôt établie ; on immergea de nombreux câbles sous-marins reliant les îles japonaises entre elles et à plusieurs points du continent. L'île Formose, à peine acquise au Japon, fut dotée elle aussi d'un réseau télégraphique. Les bureaux télégraphiques japonais dont beaucoup sont fusionnés avec les bureaux de poste, étaient au nombre de 2 en 1869, et de 1300 environ en 1900.

Placées ordinairement le long des routes publiques ou des chemins de fer, les lignes télégraphiques sont construites conformément aux règlements d'une loi qui date de 1890. Les lignes Tokio–Yokohama–Osaka–Kobe–Nagasaki–Aomori–Hakodaté–Sapporo forment la grande artère du Japon. Il y a aujourd'hui au Japon 23,000 kilomètres de lignes et 84,000 kil. de fil conducteur (ligne doublée, triplée, etc.).

Les télégrammes qui sont rédigés soit en japonais soit en européen, se transmettent selon des modes semblables aux nôtres (accusé de réception, réponse payée, à suivre, etc). Quant aux télégrammes internationaux, le Japon se conforme à la convention télégraphique internationale signée à Pétersbourg en 1875. Leurs taxes varient selon la distance et les voies de transmission. Un total de 15 millions de télégrammes a été expédié ou reçu durant l'année budgétaire de 1898-99.

Nous n'insisterons pas sur la partie technique. Construites tout d'abord sous la surveillance d'ingénieurs étrangers, les lignes télégraphiques sont aujourd'hui installées sous la direction du personnel technique qui sort du Collège des ingénieurs. Depuis plus de dix ans aucun ingénieur étranger ne travaille pour le compte du gouvernement japonais. Poteaux, isolateurs, fils et appareils sont d'une fabrication aussi parfaite que possible et le Japon emprunte de moins en moins les matériaux aux pays étrangers.

Les Recettes et Dépenses télégraphiques, établies nettement depuis 1872, dépendent du ministère des Communications, qui remplaça en 1886 le ministère des Travaux Publics. Dans ce service, comme dans le service des Postes, il y a actuellement bénéfice pour l'Etat : c'est ainsi que l'exercice 1898-99 se solde, à ce point de vue, par un excédent de 1,600,000 francs.

L'esprit novateur du gouvernement japonais ne se manifeste pas moins dans l'extension donnée à la *téléphonie*. Le service téléphonique, ouvert pour la première fois en 1890, s'est graduellement développé ; il réunit aujourd'hui les villes les plus commerçantes, et l'on peut citer plusieurs lignes de longue distance, comme celle de Tokio-Osaka. On compte en 1900, 13 bureaux centraux, 40 bureaux de conversation et plus de 8,000 abonnés : beaucoup de demandes d'abonnement n'ont pas encore reçu satisfaction, tant elles sont nombreuses. Le développement des fils conducteurs est très rapide : beaucoup de poteaux sont surchargés de plus de 300 fils téléphoniques. Aussi a-t-on posé des câbles aériens et souterrains, et encore leur nombre augmente sans cesse. Trois appareils y sont en usage, le Standard Telephone Switchboard, le Multiple Telephone Switchboard, et le Mann's Telephone Switchboard. Ces appareils, à l'exception du second, sont fabriqués au Japon.

Enfin, comme pour les télégraphes et les postes, les recettes dépassent les dépenses : l'excédent est de 4 millions.

Il est inutile de commenter longuement les chiffres que nous avons donnés sur le service des Postes, des Télégraphes et des Téléphones au Japon, pour prouver avec quel élan ce peuple s'est lancé dans la voie des réformes, a fait en trente ans le chemin que les nations occidentales ont mis des siècles à parcourir, et est devenu aujourd'hui leur égal pour rivaliser demain avec elles jusque dans les institutions qui sont à la fois le produit et la manifestation d'une civilisation déjà avancée.

III

MARINE MARCHANDE ET COMMERCE

Développement de la marine marchande. — Le cabotage, les jonques. — Les ports du Japon. — Compagnies maritimes. — Grandes lignes de navigations ; 42 jours de Marseille à Yokohama. — Les phares. — Le commerce. — Traité de commerce du 4 août 1896. — Importations et exportations. — Poids, mesures et monnaies.

Avant la Révolution de 1868, le Japon ne possédait pas de marine proprement dite. Il existait un nombre considérable de jonques, quelques-unes jaugeant près de deux cents tonnes, mais ne pouvant être employées que pour le cabotage sur les côtes du pays. Le gouvernement en possédait cependant qui pouvaient tenir la mer et aller jusqu'aux îles Riou-Kiou, et même à Formose et en Chine ; mais leur forme défectueuse, leur construction primitive, rendaient ces voyages très dangereux. En outre, ces jonques étaient exclusivement réservées aux ambassades ou aux lettrés, toute relation commerciale avec les pays étrangers étant formellement interdite par les lois japonaises.

Ce n'est que quelque temps après la Révolution, lorsque le pouvoir du Mikado fut affermi, que le nouveau gouvernement songea à créer une marine de guerre, à encourager les grands négociants à faire construire des navires sur les modèles européens, et à favoriser ensuite le développement de cette marine marchande. Les efforts tentés dans ce sens n'ont pas été inutiles, et les résultats obtenus ont dépassé toute attente. Cinq ans après, en 1873, la marine marchande japonaise se composait de 147 vaisseaux, jaugeant 24,571 tonneaux, plus 22,692 jonques pouvant transporter 702,177 *kokous* de marchandises.

Depuis cette époque, le nombre des navires a constamment augmenté et, en 1879, on comptait 880 vaisseaux de tout ordre, jaugeant 70,294 tonneaux, plus 18,174 jonques pouvant transporter 3,285,655 *kokous* de marchandises.

De l'examen de ces tableaux, il résulte que le tonnage des vaisseaux japonais a presque triplé en l'espace de six ans, et que la quantité de marchandises transportables au moyen des jonques elles-mêmes a considérablement baissé. Ne voit-on pas là une preuve des progrès qu'a faits au Japon, dans l'espace de six années, l'art de la construction des navires ? Le nombre des jonques diminue, mais leur tonnage augmente considérablement ; par suite, économie sur les frais de transport.

Nous n'avons pas à notre disposition les moyens d'évaluer exactement le nombre des navires construits pour la marine marchande japonaise depuis le 1er janvier 1880, mais si nous nous en rapportons aux différentes informations qui nous sont parvenues, la proportion a été toujours en augmentant.

Le Japon a pris les devants sur tous les Etats de l'Asie pour la création de sa marine. Déjà son tonnage atteint celui de quelques nations de l'Europe (Belgique, Portugal). Nul doute que d'ici à quelques années les Japonais ne viennent eux-mêmes à nos marchés acheter leurs articles d'importation, sur des vaisseaux à vapeur construits à Tokio, à Yokohama ou à Osaka, et montés par des indigènes.

« La marine marchande se sert toujours de la jonque dans les eaux japonaises, mais cette sorte d'embarcation est appelée à disparaître bientôt, surtout celle qui dépasse un certain tonnage, dont la construction est interdite par le gouvernement. Cette défense était d'ailleurs presque inutile, les Japonais préconisant de plus en plus les navires de modèle européen. Ils construisent de petits schooners pour le commerce de cabotage, et une flotte marchande à vapeur, appartenant à la *Nippon Yusen kaisha*, dessert non seulement les ports les plus importants du pays, mais encore ceux de la Corée, de la Chine et du littoral de la Sibérie méridionale » (1).

(1) Russel Robertson.

Le cabotage, fait exclusivement par les jonques japonaises, donne d'importants bénéfices. La pêche du saumon, qui a lieu tous les ans sur les côtes de Korsakof, se chiffre, année moyenne, par plus de 20,000 yens.

Les *ports de mer du Japon* sont généralement excellents. Les meilleurs sont ceux dénommés dans les traités de commerce : Yokohama, Hiogo, Nagasaki et Hakodade. D'autres peuvent être améliorés à peu de frais; ce sont : Oginohama, sur la côte est; Shimoda, à l'entrée de la baie de Tokio; Toba et Matoya, dans la province de Shima; Mitarai, dans la mer intérieure; Takamatsou, dans le nord de Sikok; Kagoshima, dans le Satsouma; Matsmaï, dans Yéso, et quelques autres.

Le manque de communications a été jusqu'à présent le seul obstacle qui ait mis entrave à l'exploitation de toutes les richesses que renferme ou produit le sol japonais. L'importance de la marine ne suffit pas; il faut de bons ports qui permettent aux navires de s'y abriter et d'y venir commercer. Aussi, le gouvernement japonais déploie une grande activité dans ce sens. Il a mis en très bon état le port de Nobirou, de création récente, situé dans des parages encore imparfaitement connus de la navigation européenne. D'autres travaux sont commencés pour l'amélioration de divers ports.

Il existe un bon système d'éclairage des côtes, ce qui diminue énormément les dangers de la navigation.

Des phares s'allument toutes les nuits sur les côtes et indiquent aux marins les points accessibles de ce pays, jadis si peu hospitalier et aujourd'hui l'un de ceux où les étrangers reçoivent le meilleur accueil.

En dehors des phares, tous les récifs sous-marins sont soigneusement indiqués au moyen de bouées. Des inspecteurs veillent à leur entretien.

Les travaux exécutés par les Japonais sur les côtes depuis l'année 1868 pour faciliter la navigation sont relativement considérables. Il y a aujourd'hui 50 *phares* à grandes portée, sans compter les feux d'une moindre dimension.

Le premier phare élevé au Japon a été celui de Kannousaki, dans la province de Sagami, à l'entrée du golfe de Tokio, construit sous la direction de notre compatriote, M. Verny, alors directeur de l'arsenal maritime de Yokoska. Les travaux ont été commencés dans le courant de l'année 1868, et ce phare a été éclairé pour la première fois le 11 février 1869. Sa hauteur est de 187 pieds anglais (58 mètres), et son feu blanc et fixe est visible à environ 11 milles. Pendant cette même année 1868, M. Verny faisait construire le phare de Yokohama, situé à l'extrémité de l'Hatoba anglais, et qui a été inauguré le 24 février 1869.

Le dernier construit, celui de Koutchinotsou (golfe de Simahara), a été élevé à l'extrémité ouest de l'entrée de ce port; il a commencé à fonctionner il y a déjà dix ans. Il est situé par 32° 36' 17" de latitude nord, 136" 12' 20" de longitude est (méridien Greenwitch). Il appartient au sixième ordre; son feu blanc et fixe est visible à environ 8 milles.

Les 50 phares des côtes du Japon sont divisés en six classes : 11 de premier ordre, 4 de deuxième, 4 de troisième, 8 de quatrième, 7 de cinquième, 3 de sixième, 13 au-dessous du sixième ordre, c'est-à-dire dont le faisceau lumineux n'est pas visible à plus de six milles. Parmi ceux de premier ordre, le plus important est le phare de Ose-Saki, cap Goto; sa hauteur est de 82 mètres au-dessus du niveau de la mer, et son feu est visible à 22 milles 1/2. Il y a, en outre, 3 phares flottants ou bateaux-feux, 17 bouées et 8 fanaux de diverses grandeurs.

Quatre grandes Compagnies de bateaux à vapeur relient le Japon à l'Europe et à l'Amérique et touchent à Yokohama.

Les *Messageries maritimes* font partir de Marseille toutes les deux semaines un paquebot à destination de Shanghaï; un service annexe s'embranche à Hongkong pour Yokohama; la durée moyenne du voyage de Marseille à Yokohama (18,057 kil.) est de 42 jours; on met 35 jours entre Marseille et Hongkong et 7 jours entre Hongkong et Yokohama (2,045 kil.). La *Peninsular and Oriental Steam Navigation C⁰*, ou en abrégé *P. and O.*, fait également, par une ligne annexe, le service de Hongkong à Yokohama. La *Pacific Mail Steam Ship C⁰* (P. M. S. S. C.) et l'*Oriental and Occidental C⁰* sont deux Compagnies californiennes dont les navires vont de Hongkong à San-Francisco en faisant escale à Yokohama. La durée du voyage entre Yokohama et San-Francisco (8,420 kil.) est de 16 à 17 jours, et de 35 jours de Yokohama à Paris. En dehors de ces services réguliers faits par des Compagnies étrangères, le Japon se relie à Shanghaï et à Hongkong par des lignes desservies par des navires japonais.

La grande Compagnie de paquebots japonais s'appelle la *Nippon Yusen Kaisha;* elle remonte à 1867. Elle fait un service hebdomadaire régulier entre Yokohama et Shanghaï, en passant par la mer Intérieure et touchant à Kobé, Simonoséki (de Yokohama à Kobé, 646 kil. ; de Kobé à Nagasaki, 713 ; de Nagasaki à Shanghaï, 845); la même Compagnie a un service annexe faisant le commerce de Nagasaki aux ports coréens de Fousan et de Ghensan.

Ses navires, partant de Yokohama, relient entre eux les principaux ports du Japon, dont ils font le tour, en passant les uns par le S.-O., les autres par le N., allant jusqu'à Kagosima d'un côté, Hakodade de l'autre (963 kil.), et se croisant le plus souvent à Niigata. De ce dernier port, elle fait un service d'été au port sibérien de Vladivostok. D'autres services relient les ports des Riou-Kiou à Kobé.

En 1894, au moment de la première guerre sino-japonaise, la *Nippon Yusen Kaisha* put fournir 46 paquebots à la flotte du Mikado; elle avait alors 93 vaisseaux transports. Elle transporta et ravitailla, du 1er août 1894 au 17 avril 1895, une armée japonaise de 150,000 hommes.

Cette Compagnie disputa, dès lors, le commerce à toutes les Compagnies existant au Japon, et elle créa même une ligne directe de Yokohama en Autriche pour le transport des laines.

En 1898, cette Compagnie affectait 13 vaisseaux au service d'Anvers et de Londres par Marseille ; 63 autres vaisseaux desservaient les lignes d'Amérique, d'Australie, de l'Inde, de Shanghaï, de Hong-Kong, de la Sibérie, de Kobé à Tien-Tsin et au Peï-ho, de Kobé à Manille et aux ports de l'île d'Yéso.

Cette Compagnie, qui accapare le commerce de l'Extrême-Orient, a ses chantiers, considérables, établis à côté du port de Nagasaki.

Le développement de la marine marchande a favorisé le développement du commerce avec l'intérieur, par les ports de mer, et avec les nations étrangères.

Avant 1858, le petit îlot de Décima était seul ouvert aux Hollandais qui avaient avec le Japon le monopole de toutes les transactions commerciales. Cette même année, cinq ports furent ouverts aux Etats-Unis et aux principales nations de l'Europe. Les premiers négociants étrangers qui vinrent s'établir au Japon firent de brillantes affaires. Ils spéculèrent sur la naïveté de leurs acheteurs et de leurs vendeurs indigènes, et des procès vinrent dévoiler au public trop confiant les roueries du commerce étranger. Maintenant, les marchés se font sur le pied de l'égalité.

En 1881, il y eut une crise commerciale qui faillit perdre le commerce de la soie. Les producteurs chargés de transporter leurs marchandises aux ports d'embarquement et aux gares d'expédition, formèrent contre les Européens une coalition unanime et décidèrent de ne vendre dorénavant leur soie que pesée sur place avant le départ, laissant aux acheteurs les pertes survenues en route pour déchets ou avaries. Quelque inacceptables que fussent de telles conditions, les Japonais les soutinrent longtemps. De leur côté, les négociants européens signèrent une convention par laquelle ils s'engageaient à n'acheter qu'aux anciennes conditions.

Le Japon a 56 Chambres de commerce qui surveillent, dirigent et règlent les affaires commerciales.

Une question qui a fourni à la diplomatie japonaise l'occasion d'un grand succès c'est la revision des anciens traités de commerce et de navigation conclus avec dix-huit puissances, entre 1858 et 1866. Par ces traités, le Japon avait ouvert un certain nombre de ports et accordé un tarif invariable au commerce étranger ; les étrangers ne pouvaient sortir de ces ports ni voyager dans le reste de l'Empire sans autorisation spéciale, mais dans les limites des concessions ils jouissaient, comme nous l'avons vu, de la juridiction de leur consul, en vertu du droit d'ex-territorialité.

En 1886, une conférence internationale tenue à Tokio, dans le but d'abolir la juridiction consulaire, n'avait pas abouti. En 1888, nouvelle tentative infructueuse du comte Okouma. En 1893, la Chambre des représentants réclamait l'abolition de l'ex-territorialité, le monopole du cabotage réservé aux nationaux, l'autonomie complète des tarifs de l'Empire.

En 1894, le Japon commença de signer de nouveaux traités

avec les puissances. Celui du 4 août 1896 remplaça pour la France ceux de 1858 et 1866. Nous renoncions aux bénéfices de l'ex–territorialité, et les Français résidant au Japon devenaient justiciables des tribunaux japonais. Ils pouvaient posséder des maisons, mais pas de terres. Les taxes étaient réduites. Les produits japonais devaient être admis en France au droit de notre *tarif minimum*. Le traité a été conclu pour douze ans (1894-1906).

Nous n'avons pas toutes les données nécessaires pour établir d'une manière exacte le montant des exportations et des importations dans l'Empire du Japon. Mais nous avons sous les yeux un rapport très développé du consul anglais de Yokohama sur le commerce de cette ville pendant l'année 1880. Nous y trouvons d'intéressantes indications.

Le consul anglais constate que la Grande-Bretagne fait 58 °/₀ des importations totales, la Chine 15 °/₀, la France 10 °/₀. Pour l'exportation, au contraire, les Etats-Unis occupent le premier rang avec 46 °/₀, la France le deuxième avec 20 °/₀. L'Angleterre ne vient qu'en quatrième lieu avec 8 °/₀, et l'Allemagne est encore bien au–dessous.

Tandis que la Grande-Bretagne conserve le premier rang parmi les pays importateurs, sa part dans le commerce d'exportation diminue rapidement, ce qui est dû au commerce des soies pour lequel, pendant les premières années, le marché de Londres avait le monopole qui lui a été enlevé par la France et l'Amérique.

En ce qui concerne le dernier de ces pays, on observe le contraire; tandis que les importations d'Amérique ont diminué, les exportations pour cette contrée ont atteint presque la moitié du commerce total d'exportation du Japon. Les marchands anglais au Japon sont largement intéressés dans le commerce du thé et de la soie, qui se fait entre ce pays et les Etats-Unis, et les trois millions de livres de thé envoyés directement au Canada, sont compris dans les tableaux des exportations en Amérique. Il est probable aussi qu'une partie des soies embarquées pour la France est ensuite envoyée en Angleterre.

Au point de vue des maisons de commerce étrangères ayant

leur siège à Yokohama, la France occupe le second rang avec 34 établissements, l'Angleterre tenant le premier avec 53. Viennent ensuite les Etats-Unis et l'Allemagne, avec 24 chacun.

La France n'envoie à Yokohama que des paquebots poste et l'Allemagne, au contraire, n'y expédie que des vaisseaux marchands ne faisant pas de service postal.

En 1870, le port de Yokohama a eu 1,250 entrées et sorties de bâtiments anglais, américains et allemands. La valeur des échanges s'élevait à 250 millions de francs environ.

Les droits de douane en 1886-81 ont rapporté au trésor plus de 14 millions. Mais d'année en année le métal s'échappe, et il est remplacé par le papier monnaie ou *satsou*.

Le Japon a adopté le système décimal. Le *sakou* ou pied japonais sert d'unité. Les monnaies sont le *sen* et le *yen*.

Pour la mesure du temps, les Japonais ont adopté notre calendrier, et ils ont la même date que nous, quoique leurs jours commencent neuf heures avant les nôtres. Autrefois, le jour de 24 heures était chez eux partagé en deux parties de six heures chacune. Mais la durée de ces heures variait avec les saisons ; elles étaient longues en été, courtes en hiver.

Ce chapitre nous a fait voir l'activité intérieure et extérieure et l'expansion du Japon.

Les Japonais jouent déjà un rôle prépondérant dans l'Extrême-Orient. Ils dirigent en Chine de grandes maisons de commerce et y accomplissent des entreprises industrielles de premier ordre.

En Corée, où ils ont obtenu de très nombreuses concessions de terrain, tous les chemins de fer et toute la navigation maritime est entre leurs mains.

Au Siam, les produits du Japon jouissent de la franchise à l'entrée des ports, et une Compagnie maritime japonaise relie Bangkok à Tokio. En outre, des services réguliers japonais unissent le Japon aux ports russes du Pacifique. C'est dire que le Japon rayonne en maître sur l'Extrême-Orient et qu'il y menace l'influence des nations européennes, surtout si par son action s'accomplissait l'union des races jaunes.

TABLEAU DE LA CONVENTION DES POIDS, MESURES ET MONNAIES

	JAPON	FRANCE		JAPON	FRANCE
MONNAIE	Yen (or) (— 100 sen)....	2 fr. 55 cent.	VOLUME	Djo cube..............	27 mètres c.
	Sen..................	2 centimes 55		Shaku cube............	27 décim. c.
MESURES DE LONGUEUR	Djo (— 10 shaku).......	3 mètres 03		Sun cube..............	27 cent. c.
	Shaku (pied) (— 10 sun).	3 décim. 03		Bu cube..............	27 millim. c.
	Sun (pouce) (— 10 bu)..	3 millim. 03	CAPACITÉ	Kohu	180 litres
	Bu (— 10 rin)	0 milim. 03		To..................	18 —
	Rin..................			Sho..................	1 —
MESURES ITINÉRAIRES	Ri (— 36 chô)..........	3 kilom. 927		Go..................	1 décilitre.
	Chô (— 60 ken)........	1 hectom. 09	POIDS	Ton..................	1001 kilog.
	Ken (— 6 shaku)........	1 mètre 818		Kin..................	601 gr.
MESURES DE SUPERFICIE	Djo carré..............	9 m. q. 182		Kwan..................	3 kil. 756
	Shaku carré...........	9 décim. q. 182		Me	3 gr. 756
	Sun carré	9 cent. q. 182		Fun..................	3 décigr. 756
	Bu Carré..............	9 millim. q. 182			
	Tsubo (—carré de 6 shaku de côté)..............	55 décim. 92			

IV

INDUSTRIE

'INDUSTRIE japonaise a fait des progrès considérables
depuis quelque temps et l'on peut dire que déjà
elle rivalise sur certains points avec l'industrie de
l'Europe et de l'Amérique. Des Expositions industrielles ont eu lieu à Kioto et à Ouyéno et de grandes
manufactures de tissus ont été fondées à Tokio, à Tomyoka, à
Kioto. La fabrication des soieries brochées, des velours, des taffetas,
des crêpes ne laisse rien à désirer. L'art décoratif japonais excelle
surtout dans l'ornementation des riches tissus. La petite industrie,
les travaux à la main, les *chinoiseries* qui viennent de Yokohama,
aussi bien que de Canton, ont une juste réputation et, en cela,
l'Orient nous dépasse de beaucoup.

Les Japonais ont aussi une supériorité marquée dans l'industrie
artistique. Albums enluminés, porcelaines, statues de héros, bronzes
et laques, éventails, boîtes et écrins, fers forgés, casques et cuirasses,
miroirs métalliques montrent l'originalité de l'industrie artistique du
Japon et son activité. C'est ce qu'il a été donné de voir à ceux
qui ont parcouru le pavillon japonais du Trocadéro à l'Exposition
de 1900.

Les *albums enluminés* sont imprimés avec des instruments primitifs. Des planches de bois tendre, gravées dans le sens du fil, une brosse, quelques godets de couleurs délayées dans de l'eau, voilà le matériel élémentaire qui suffit aux ouvriers. Une bande rouge relève au bas le nom de l'artiste. Le plus grand nombre des albums sont de Toyo-Kouni, de son élève Kouni–Gossi et de Gossi–Tona. Quelques-uns sont de Oka-Sya, célèbre parmi ses compatriotes pour la pureté de son dessin et pour son génie d'observation, qui n'est pas exempt de malice.

À côté des fantaisies enjouées et des inventions innocentes, il y a de véritables paysages qui sont composés comme des tableaux hollandais. Ce sont des pics volcaniques, des collines que surmontent des couvents bouddhistes, des neiges engloutissant les toits des villages, des échappées de mer au pied de rochers fantastiques.

Ce qui appartient particulièrement aux artistes de Nippon, ce sont les *poteries* que l'on désigne sous le nom de porcelaine artistique. Les vases ont une peinture d'une grande finesse de ton, qui représente des féeries, des navigations sur des flots de nuages. Les Chinois reconnaissent la supériorité des porcelaines japonaises sur leurs produits céramiques. Dès le xvie siècle on trouve au Japon de célèbres artistes en ce genre, comme Fou-Hakou, de Tokio.

L'industrie de la porcelaine artistique est l'industrie nationale du Japon. Il y existe une fabrique officielle, et le Musée Guimet possède de nombreux vases, bouteilles à saké et théières de porcelaine provenant de la fabrique impériale.

Ce n'est pas une des moindres merveilles de cet art fantaisiste que d'avoir imaginé des *meubles* où l'on puisse poser tous ces objets charmants, des étagères presque aussi curieuses que les vases qui les surmontent, des tables qui semblent les supports naturels de ces porcelaines éclatantes, où se placent, comme sur des écrins, les chefs-d'œuvre du jade, de l'ivoire et de l'émail.

Les *bronzes* du Japon sont merveilleux de fabrication, de ciselure, et de tons les plus variés : brun, rouge, bleu foncé à reflets mordorés, vert antique le plus beau. Aux éléments ordinaires du bronze, les Japonais ajoutent du plomb, de l'or, et divers acétates. Les centres de production de ces beaux bronzes sont : Tokio, Kioto, Osaka, Takaoka et Kanagawa.

Les *laques* les plus belles du monde se font à Tokio, Kioto et Osaka. La décoration en est toujours d'une remarquable originalité et d'un goût exquis. On a surtout admiré à Paris les grands paravents laqués à incrustations de jade, de bronze et de bois précieux, et les petites boîtes en laque d'or d'une exécution parfaite ; aussi, l'exportation des laques japonaises a pris, depuis quelques années, de grands développements.

L'industrie du thé, du camphre, du riz est très développée au Japon. La préparation des feuilles de thé pour faire le thé noir ou le thé vert occupe un grand nombre d'ouvriers ; d'autres tirent le camphre comme la résine de nos pins des Landes, et dans certaines contrées on voit partout des fourneaux pour l'extraction du camphre. Beaucoup de Japonais fabriquent aussi du pain et de l'eau–de–vie avec le riz.

Incrustation des laques.

Nous reviendrons plus loin sur le thé, le camphre et le riz. Disons ici que, depuis 1899, le gouvernement a répandu une nouvelle machine à préparer le thé et qu'il s'est fondé un *Bureau central du Syndicat des producteurs et marchands de thé*. A Formose, la *Tchagnio-Kokwaï* est l'association des marchands de thé. Le meilleur thé est celui de Woo-long. Yokohama vient en première ligne pour l'exportation du thé.

La *soie* est, après le *thé*, le produit de l'industrie japonaise qui constitue le principal article d'exportation. La soie expédiée en Europe est fort habilement tissée ; on l'envoie en rouleaux. Les Japonais ont calculé qu'il leur était plus avantageux de la tisser eux-mêmes que de l'expédier en fils ou en cocons. Ils ont de nombreuses magnaneries et font un commerce considérable de graines de vers à soie.

Toutes les écoles primaires ont été aménagées de façon que les salles puissent servir à la fois de salles d'étude et de magnaneries, ce qui permet aux jeunes filles d'apprendre à élever le ver à soie en même temps qu'à lire et à écrire.

Le gouvernement a établi à Tomyoka une grande filature à la française, qui donne des soies aussi belles que celles de France et d'Italie. Les soieries de Tokio sont très renommées (1). En 1872, le Mikado y appela un Français, M. Brunat, de Lyon, comme professeur.

Le Ministre de l'Agriculture a convoqué à plusieurs reprises des conseils techniques et aidé à l'institution de syndicats séricicoles. On a établi de minutieux règlements relatifs à la qualité des cocons, aux maladies des vers à soie, à l'enseignement donné dans les établissements séricicoles. Cette industrie occupe des indicateurs, des graineurs et des filateurs. On a récolté, en 1897, 2,121,000 koku (400,000 hectolitres) de cocons, et 9,600,000 kin (5,770,000 kilog.) de soie grège.

Sous ce titre : « UNE CURIEUSE INVENTION », l'*Echo du Japon* a publié l'entrefilet suivant : « Quand nos amis Japonais se mêlent d'inventions ils vont loin ; à différentes reprises, nous avons eu l'occasion de nous occuper du parti qu'ils savent tirer du papier. Aujourd'hui, ils viennent de découvrir un nouveau moyen d'employer la soie, que leur pays produit en abondance. Nos lecteurs croyaient sans doute tout simplement, comme nous, que le seul usage qu'on pouvait faire de ce fil précieux était d'en fabriquer des étoffes, des broderies, des tentures et autres articles du même genre. Les Japonais, eux, vont s'en servir pour fabriquer des armes de guerre. Voici ce que nous lisons à ce propos dans le *Meidji-Nippon :*

« Un nommé Otsouka Oukitchi, demeurant à Igoura Gotchomé,
» après de longs et pénibles essais, vient de réussir à inventer des
» fusils en soie. Ces armes ne diffèrent pas, sous le rapport des
» services qu'elles peuvent rendre, des fusils en métal ; elles sont
» solides, très légères et ont une longue portée. L'inventeur vient
» de demander l'autorisation de les mettre en vente, après qu'elles
» auront subi les épreuves exigées par les règlements concernant les
» armes à feu. »

Voilà une arme qui n'aura pas à craindre l'oxydation et que l'on pourra laver après s'en être servi, comme un mouchoir de poche. C'est en effet une bien *curieuse invention*, comme le dit l'*Echo du Japon*.

Le *papier* est aussi un des principaux objets de l'industrie japonaise. C'est assurément celui où ce peuple nous montre le mieux son écrasante supériorité. Nous en trouvons une preuve dans le

____

(1) Kioto a des fabriques réputées de velours et de taffetas blanc.

numéro d'un journal japonais que nous avons sous les yeux (1). Il
est vrai de dire aussi que pour lutter contre le Japon nous man-
quons de matières premières.

La fabrique de papier la plus renommée est celle d'Osi.

Pour fabriquer le papier avec les tiges du *Makodzu* et *Kaiji-so*,
les deux variétés les plus employées du mûrier à papier, on coupe
les jeunes pousses à la longueur de 80 centimètres, et on les place
dans une étuve afin de faciliter la séparation de l'écorce, opération
qui se fait à la main ; on sèche l'enveloppe extérieure et l'on en
fait des bottes qui sont lavées à l'eau courante, et dont on enlève,
au couteau, l'épiderme noirâtre. Cet épiderme sert à faire un papier
nommé *Cherigami* et *Kizo-niki*. La fibre
intérieure de l'écorce nommée *sosori* est
de nouveau lavée, bouillie et encore
lavée ; alors elle est prête pour la fabrication.

On sait le parti que les Japonais tirent
de leur papier. Ils en font des panneaux
de porte, des vases, des mouchoirs, des
ficelles, des cordages, des étoffes, des vête-
ments imperméables, des souliers, des parapluies, des objets en
laque, etc. Les manteaux huilés que portent les gens de la campagne pour se garantir de la pluie sont en papier ; il en est de
même des bâches qui recouvrent les voitures servant au transport
des marchandises, lorsqu'il fait mauvais temps. Un des usages les
plus utiles du papier a été la fabrication des courroies qui figuraient
à l'Exposition d'Ouyéno. La plupart des personnes qui ont visité
la salle des machines n'accordaient que peu d'attention à ces courroies de transmission, qui communiquaient le mouvement aux métiers
et aux machines. Les spécialistes, au contraire, les considéraient
comme la partie la plus intéressante de cette section. Ces courroies
sont en papier, et leur solidité est de beaucoup supérieure à celle
des courroies en cuir généralement employées ; leur prix de revient
est en même temps moins élevé. Elles ont été essayées avant l'ouverture de l'Exposition, et il a fallu pour déchirer une courroie en

____

(1) De tous les pays, le Japon est celui qui consomme le plus de papier. Pour le papier imprimé, il arrive
en troisième rang. (V. de St-M.)

papier japonais employer un poids presque deux fois plus fort que pour une courroie de même dimension en bon cuir d'Amérique.

A l'Exposition universelle de Londres (1872) l'article le plus intéressant dans le « genre papier » fut une paire de rideaux fabriqués au Japon, et exposés par M. Pavy. Le but des inventeurs était de faire « pour tout le monde » des rideaux à très bas prix et en même temps de la dernière élégance, et se conservant frais avec des soins très minimes. Les rideaux exposés ressemblaient à de très jolies étoffes perses. Les inventeurs peuvent reproduire à volonté des soieries, des damas, des cretonnes, etc.

Dans cette énumération des usages du papier dans l'Empire du Japon, il faut surtout parler du *paravent* qui joue un si grand rôle dans la vie des Japonais. Ces paravents constituent des cloisons mobiles, au moyen desquelles on peut en quelques minutes changer la disposition de tous les appartements. Ils sont peints de vives couleurs, représentant toutes sortes de sujets, religieux, champêtres, humoristiques ; leur aspect est toujours celui d'une étoffe, et l'œil peu exercé les confondrait facilement avec les tapisseries de Beauvais ou des Gobelins. Quelques-uns sont d'une grande valeur.

La fabrication des *éventails* se rattache à celle du papier. Beaucoup de ces jolis instruments de la coquetterie féminine sont en effet en papier. Dans quelques-uns, il n'entre même que cette matière. Au Japon, l'éventail est pour la femme un objet de première nécessité ; aussi il s'en fait une immense consommation.

Là, comme dans beaucoup d'autres branches d'industrie, le principe de la division du travail est rigoureusement observé. Les côtes ou baguettes en bambou de l'éventail sont confectionnées par des ouvriers, dans leur propre maison, tandis que les ornements en creux dans les parties inférieures de l'objet sont confiés à des ouvriers plus habiles, qui taillent la poignée d'après des esquisses tracées par des dessinateurs expérimentés.

Quand le pays n'avait aucune relation avec le monde extérieur, l'éventail le plus cher qu'on fabriquât coûtait à peine 5 yens (12 fr. 50). Depuis lors, on en a fait beaucoup qui valent de 25 à 75 fr.

Le nombre des éventails fournis pour l'Exposition de Philadelphie en 1876, sur commande, a été de 800,000 dont le prix était de 50,000 dollars (250,000 fr.). Autrefois, le commerce des éventails dépassait rarement 10,000 pièces par an. Durant 12 mois (1879-1880), il en a été exporté près de 3 millions, de Hiogo et de Yokohama.

Les éventails de Tokio surpassent de beaucoup, pour le dessin et pour la beauté du style, ceux qu'on fabrique dans la région de Hiogo.

Les Japonais brillent dans la préparation de l'*encre* de Chine (1) et des *couleurs* dont ils se servent autant pour se farder que pour peindre. Ils fabriquent du *fard*, noir, blanc, rose et vert, et nous empruntent aussi nos matières colorantes, en particulier la couleur d'aniline que les femmes emploient pour les lèvres. Cette substance, de fabrication française, se vend au Japon en rouleaux ornés de caractères chinois.

A côté du fard, plaçons son complaisant auxiliaire, le *miroir*. Les Japonais ne possèdent pas de fabriques de glaces comme celles de St—Gobain ou de Montluçon ; ils connaissent peu la fabrication des miroirs en verre. Mais

Toute Japonaise a un éventail.

ils sont très habiles dans la fabrication des miroirs métalliques, qui ont beaucoup de rapport avec ceux des Romains. Ils sont généralement formés d'une plaque de bronze coulé, ronde ou rectangulaire, avec un manche quelquefois garni de bambou. L'une des faces est ornée de dessins en relief venus de fonderie ; l'autre est polie avec une pierre dure et très sensiblement convexe ; on ajoute encore au brillant de cette surface un bronze blanc en l'amalgamant légèrement.

Les images sont très nettes et plus petites que l'objet ; le bombé du miroir paraît être calculé de manière à ce que la figure humaine soit reflétée tout entière, quelle que soit la dimension du disque poli.

Quelques-uns de ces miroirs sont appelés *theou kouang'ien*, c'est-à-dire miroirs qui se laissent traverser par la lumière, *parce que sous l'action d'une lumière très intense, ils projettent sur un écran une image reproduisant les reliefs de la face postérieure.* On les appelle en France miroirs magiques.

Ces propriétés curieuses des miroirs magiques connues et très

______
(1) Les meilleures se fabriquent à Nara et à Rioto ; elles valent celles de Canton.

appréciées des Chinois et des Japonais ont été constatées, il y a cinquante ans, par Arago, sur des miroirs rapportés par Humboldt. En 1865, une discussion approfondie s'éleva à ce sujet, entre Govi, de l'Académie de Milan, et Brewster, de Londres. Les études très complètes de M. Aryton sur la collection rapportée par lui du Japon ont donné pleinement raison à M. Govi, et les expériences toutes récentes de M. Bertin ont démontré la possibilité d'exalter et même de susciter les phénomènes du miroir japonais sur des miroirs métalliques peu ou pas magiques naturellement.

Les miroirs métalliques tendent à disparaître au Japon, car leur surface se ternit rapidement; ils sont remplacés par les miroirs en verre dont les Japonais commencent à connaître la fabrication.

L'art de la *verrerie* est connu et exploité au Japon. L'un des établissements les plus importants dans cette industrie est celui de Shinagawa.

Les Japonais sont très habiles dans les différents travaux de *tonnellerie;* ils arrivent à fabriquer de grandes pièces pouvant contenir jusqu'à 100 hectolitres, et en n'employant pas de fer.

Les douves des tonneaux sont assemblées par juxtaposition comme nous le faisons en Europe; mais, de plus, elles sont retenues par une cheville en bambou formée d'un éclat de bois allongé comme un clou, et dont une extrémité est enfoncée sur le côté de l'une des douves, tandis que l'autre doit pénétrer dans la douve opposée.

Les cercles sont formés par des cordages obtenus en tressant des lanières de bambou; on les fixe après avoir adapté des cercles provisoires pour maintenir les douves en les poussant avec un marteau en bois jusqu'à la position qu'ils doivent occuper, et on enlève alors les cercles provisoires devenus inutiles.

Le *paratonnerre* se rencontre sur plusieurs édifices dans les contrées de l'Extrême-Orient. A Tokio, deux paratonnerres ont été placés sur la légation d'Allemagne. Les journaux japonais disent que leur installation a été confiée à un ingénieur indigène M. Tanaka.

Au Japon, où le téléphone a déjà pénétré, on a aussi adopté l'éclairage par *l'électricité* dans les principales villes de l'Empire. Le nouveau théâtre que l'on vient de construire à Yokohama est éclairé à la lumière électrique.

Les produits de la pêche ne sauraient être absorbés dans le pays, quoique le poisson soit un des principaux aliments des Japonais. C'est ce qui a donné lieu à l'industrie des *conserves de poisson*, qui est très florissante, surtout dans les provinces du nord.

Dans l'île de Shana (Kouriles), on a préparé, en 1879, 18,000 boîtes de conserves de *masou* (espèce de saumon). A Békai (Némouro), il a été fait 35,000 boîtes de ce même poisson et 45,000 boîtes de saumon. A Atsoukishi, on fabrique annuellement 62,000 boîtes de saumon et 8,000 boîtes de viande de cerf.

Album enluminé.

En 1880, on a fabriqué à Shana, 145,000 boîtes de saumon et masou; à Békai, 18,500 boîtes de saumon et masou; à Atsoukishi, 150,000 boîtes d'huîtres. Il y a une diminution proportionnelle dans la préparation des conserves de viande de cerf. On fait aussi beaucoup de conserves de crevettes, de châtaignes, de hérissons, de champignons, de tortues, de racines de lotus et de lis.

Le gouvernement vient d'établir huit nouvelles fabriques de conserves de poisson et de viande de cerf.

La fabrication de la *bière* au Japon, dit le *Nitchi Nitchi Chimboun,* est devenue très importante. Les deux plus grands établissements sont les brasseries de Shimidzouya Shokrvai et d'Hakkosha. La bière qui y est fabriquée a un goût excellent; La quantité vendue augmente journellement, et on espère qu'elle pourra bientôt rivaliser avec la bière importée.

La *confiserie* japonaise est très appréciée; mais elle diffère de la confiserie européenne, par les objets et la préparation; le goût en est particulièrement fin et délicat.

On voit par ce rapide exposé que la grande et la petite industrie ont pris au Japon un développement étonnant et qu'elles rivalisent déjà avec celles de l'Europe et de l'Amérique. Ajoutons que la protection de la propriété industrielle est assurée par une série d'ordonnances dont le plus grand nombre date de 1899. Voir, sur cette législation, la notice présentée par le Bureau des Brevets d'invention (Paris, Brunoff), pour l'Exposition de Paris de 1900.

SIXIÈME PARTIE

I

L'AGRICULTURE, LA FLORE

Les terres du Japon. — Honneur rendu à l'agriculture. — Le Mikado donne l'exemple du travail de la terre. — Procédés agricoles. — Fermes-Écoles. — L'Institut de Sapporo. — Les soldats laboureurs. — Productions diverses, blé, riz, orge, prairies, forêts. — L'horticulture, fleurs et jardins. — L'arboriculture. — Thé, cotonnier, mûrier, camphrier, néflier, bambou, bouleau, chêne. — Les plantes, patates, colza, scirpe, fougères.

N a souvent dit que le Japon avait peu de terres de premier ordre et qu'à part les terrains excellents des rizières, il n'y avait que des collines et des montagnes peu fertiles. Le Japon, il est vrai, est surtout un ancien bloc volcanique peu fécond dans sa partie médiale. Mais les bords de la mer et les plaines assez nombreuses sont d'une grande fécondité que beaucoup de géographes européens ont méconnue et que les Japonais vantent non sans raison.

Le *Courrier du Japon* nous apprend que le Japon est un pays bien doté par la nature. Son sol est excellent et peut être cultivé à peu de frais ; il n'a pas, comme le nôtre, des herbes parasites en quantité, nécessitant des combustions et un travail de défoncement tous les cinq ou six ans pour détruire le gramen. Les terres, au Japon, ne se reposent jamais, tandis que chez nous elles peuvent rarement, même régénérées par des engrais substantiels, supporter la fatigue des récoltes régulières.

Le sol du Japon a une très belle végétation, assez semblable à celle de la France, mais généralement plus vigoureuse. Il rapporte en abondance toutes sortes de produits. Chacun se donne de la peine pour fouiller et engraisser la terre, et l'agriculture y est considérée comme un *devoir religieux*. Pour l'encourager, pour donner l'exemple, pour montrer que le travail de la terre est le premier et le plus saint, le Mikado dans une ferme-modèle, cultive de ses mains, chaque jour, quelques plants de céréales, riz, orge, etc.

On s'honore au Japon en travaillant la terre, et la profession d'agriculteur et la vie de paysan n'ont rien d'inférieur dans l'état social japonais. Sur un total de 44,800,000 habitants, d'après le recensement de 1899, on compte une population rurale de 23 millions de personnes. Le pays est donc essentiellement agricole et par le travail, par les soins, par les engrais, les terres mauvaises, même celles des collines et des montagnes, donnent un rendement suffisamment rémunérateur.

Etant donné cet amour religieux du Japonais pour la terre et cette prédilection pour la vie saine et tranquille des champs, il n'est pas étonnant de voir partout le sol bien travaillé, les propriétés bien tenues, les fermes propres, avec un aspect agréable et un certain confort même dans sa médiocrité.

Les *procédés agricoles* des Japonais étaient, jusqu'à ces temps derniers, d'une grande simplicité, comme en France il y a cent ans environ. Mais depuis que ce peuple a pris goût aux voyages et qu'il a été pénétré par la civilisation européenne, il a été séduit par les inventions modernes et les facilités de culture des pays étrangers. Il s'est engoué pour les machines agricoles qui occasionneront bien des déceptions, car si elles sont efficacement utilisées dans un pays à surface plane où elles économisent la main d'œuvre, elles seront peu avantageuses dans les terres molles des rizières ou dans le sol raboteux des montagnes. Au Japon, la terre est friable et deux chiens suffiraient à faire le travail d'une paire de bœufs dans nos terres dures d'Europe. En outre, la main d'œuvre au Japon est encore à des prix bien au dessous de ceux d'Europe et d'Amérique.

Nous ne doutons pas que le bon sens des Japonais n'ait bientôt raison de cet engouement, et ne prenne que ce qui lui convient dans notre arsenal des machines agricoles.

Les revenus de l'agriculture sont de 700 millions de yens et les impôts agricoles de 54 millions. Le budget de l'agriculture pour 1900 dépasse 1 milliard de yens. Le gouvernement facilite les prêts de capitaux aux cultivateurs et grâce aux mesures qu'il a prises et à la propagation des bonnes méthodes, l'agriculture obtiendra bientôt d'heureux résultats.

Pour donner un plus grand développement à l'agriculture, le gouvernement a créé 50 fermes-écoles et des Instituts agronomiques. Celui de Sapporo est le plus réputé ; il fut ouvert en 1876. Il comprend des cours très variés : histoire de l'agriculture, horticulture et arboriculture, zootechnie, médecine vétérinaire, exercices pratiques d'agriculture, chimie, physique, génie agricole, botanique, zoologie, entomologie, sériciculture, pisciculture, économie politique et agricole, politique agraire.

A l'Institut agronomique sont attachés une Ecole de génie civil et une Ecole militaire dans lesquelles on donne des notions d'agriculture aux futurs officiers chargés de la défense du pays et de sa colonisation.

Le cultivateur japonais.

Le Japon a même organisé des compagnies de *soldats-laboureurs*, chargés de défricher les terres et d'exécuter pour leur compte des travaux agricoles. Le *Nitchi Nitchi Chimboun* nous a fait connaître cette organisation.

Le nombre de *soldats-laboureurs (Touden-Hei)* est de 2,500 ; il ne comprend que des hommes choisis parmi les cultivateurs car, ainsi que leur nom l'indique, ils sont chargés à la fois de la garde du pays et de sa mise en culture. Ils ont, avec eux, leurs femmes et leurs enfants.

Ces hommes et leurs familles peuvent vivre sans le secours du gouvernement quelques années après qu'ils se sont établis dans le pays ; ils doivent d'abord passer un an sous les drapeaux, pour y recevoir l'instruction militaire indispensable ; puis en deux ou trois ans ils acquièrent un certain bien-être, font des économies et élèvent convenablement leurs enfants qu'ils associent à leurs travaux.

Leurs femmes font des filets pour la pêche; cette industrie est pour elles et leurs familles une source de bénéfices; elles emploient à cette fabrication le chanvre qu'elles récoltent, et les côtes étant très riches en poissons, elles trouvent facilement à les vendre.

En résumé, chaque soldat-laboureur recevant, le jour où il arrive dans le pays, une concession de 5,000 *tsoubs* de terre qu'il doit défricher et qui deviennent sa propriété, le gouvernement a pu arriver par ce moyen à transformer en champs cultivés près de quatre millions de tsoubs de terre restés jusqu'alors en friche.

Toutes les terres appartiennent au gouvernement et tous les agriculteurs doivent payer un fermage. Si quelque portion de terrain reste inculte, un cultivateur laborieux a le droit de s'en emparer et de la cultiver; après avoir payé un léger impôt, il en fait son domaine ou plutôt il devient le fermier de l'Etat.

Le blé, l'orge, le seigle et le sarrasin sont cultivés par rangs. Cette culture des céréales par rangs, paraît étrange. Le riz est le principal produit du Japon. La terre presque partout est noire, et ce sol noir des vallées, s'il est bien cultivé, et s'il est arrosé par les ruisseaux des collines voisines, forme d'excellentes rizières. La terre est labourée à la main. Les hommes entrent dans la vase jusqu'aux genoux et, avec une longue bêche, ils tournent la terre sens dessus dessous. Les chevaux sont employés ensuite pour herser et, après cette opération, le riz est semé à la main. Le riz du Japon est très beau et le pays en produit en abondance; il donne une alimentation substantielle et complète, farine et eau-de-vie, c'est à la fois le pain et le vin des Japonais.

Les pois, les haricots, le sagou, le soja, les pommes de terre, les patates douces, les aubergines, le maïs, les melons, les choux, les oignons et les navets sont cultivés à côté d'autres légumes. Il y a aussi au Japon la canne à sucre, le tabac, le poivre, le gin-sen, la cire végétale, le suif végétal, le sésame, la noix de galle, le chanvre, l'indigo.

Dans les régions montagneuse, on voit croître le camphrier, la laque et le rhus vernix qui donne une gomme résine, principe du vernis noir de l'Inde.

Partout vient le thé qui est un des arbustes les plus connus du Japon. Le mûrier y pousse en abondance. Le bambou y croît dans des proportions considérables. Il y a aussi le laurier, le cotonnier, l'oranger, le figuier, le poirier, le pêcher, l'abricotier, le bananier. Les raisins n'y sont pas mauvais, mais ils sont peu propres à la vinification. Le vin obtenu jusqu'à présent n'est pas très bon, parce qu'il manque des deux principes essentiels, l'alcool et le tannin.

L'humidité n'empêche pas le blé d'y réussir. Il y a surtout une variété cultivée en France, qui donne de très bons résultats. Nos blés s'acclimatent au Japon et y donnent un excellent grain. On y a installé des minoteries et on propage l'usage du pain qui remplace la farine de riz.

L'orge réussit également au Japon, et sa culture pourrait être augmentée dans des proportions notables, en vue de la fabrication de la bière.

Il faut mentionner les belles cultures maraîchères qui se trouvent aux environs des grandes villes.

Une culture qui n'est pas encore assez développée au Japon, et qui cependant est facile et coûte peu, est celle des prairies naturelles ou artificielles. Sans elles, point de bétail; l'élevage est cependant une industrie très lucrative, dont on doit comprendre de plus en plus l'importance.

L'organisation forestière au Japon, sous les auspices du gouvernement, date de l'an 280, dans le même temps que nos ancêtres, les barbares, dévastaient et brûlaient les riches forêts de

Une famille d'agriculteurs.

Gaule, de Bretagne ou de Germanie. Ce service fut remanié à plusieurs reprises (en 701, 1192, 1600), les daïmos devaient conserver et accroître les forêts; elles leur appartinrent jusqu'en 1869. Il existe aujourd'hui une très complète administration des forêts, qui comprend 2,300 fonctionnaires. Les forêts couvrent les 49/100mes de la superficie du territoire. Le peuple japonais fait une énorme consommation de bois, spécialement pour la construction et le chauffage; aussi, à ce point de vue, le Japon suffit à peine à ses propres besoins.

Les *forêts* sont étendues et peuplées de *pins*, *thuyas*, *juniperius japonica*, *sapins*, *chênes*, *aulnes*, *bouleaux*, *peupliers*, *frênes*, *sophora japonica*, *paulownia*, *rhus vernicifera*, etc.

Rien n'égale la splendeur de ces forêts, colorées des teintes éclatantes de l'automne. Dans les vallées et sur les contours arrondis des sommets, les arbres de toute espèce forment, par le ton varié de leur feuillage, des paysages pleins d'agréables contrastes. Sauf dans les provinces du sud de Nippon, que le déboisement dépare, chaque village est superbement orné de bouquets d'arbres. C'est aux bois sacrés qui les entourent, bien plus qu'à leur architecture, qu'est due la beauté des temples. Ce mélange d'arbres verts et de conifères est beau surtout près des côtes et dans les montagnes littorales.

L'horticulture est en grand honneur au Japon. Les *jardins* y sont tenus avec un soin irréprochable et une supériorité incontestable. Dans l'art du jardinage et la manière d'arranger les fleurs, les idées européennes de décoration florale sont de simples vulgarités à côté de celles des Japonais. Dans leur jardin, des plantes naines, le laurier, l'azalée, le chrysanthème poussent sur des collines minuscules; le lotus, l'iris, le lis d'eau ornent les bords de ruisseaux capillaires; ce sont des paysages en miniature. Toutes les maisons des champs, toutes les propriétés urbaines ou rurales ont ainsi des jardins artistiques où se donne libre carrière l'originalité de l'horticulture japonaise qui produit des variétés innombrables de belles fleurs.

Les fleurs ont, en général, plus d'éclat que nos fleurs d'Europe, mais moins de parfum. Elles croissent en été avec une rapidité surprenante. Les fleurs qui, la veille encore, apparaissaient en boutons, s'épanouissent aujourd'hui, demain leurs pétales se faneront et tomberont, ne laissant rien subsister de leur passagère beauté, si ce n'est leur image que le peintre a à peine le temps de fixer sur la toile.

Le Japon peut le disputer avec la plupart des pays connus, pour ne
pas dire avec tous les pays en général, par la beauté et la variété
de ses fleurs dont la nature a richement embelli ses champs, ses
collines, ses bois et ses forêts. Cultivées,
on les porte à un degré de perfection
inconcevable ; incultes, elles parent magnifiquement les collines et les champs ; en
été, la campagne japonaise offre à l'œil
ravi les nuances harmonieuses et tendres
de toutes les couleurs. L'*anémone du Japon*,
admirée à si juste titre dans notre Occident,
ne le cède à aucune autre fleur pour la suprême
élégance du port, la délicatesse des nuances,
la pureté des contours. Le *gardenia* a détrôné
chez nous le camélia lui-même. Les jardins
sont pleins de *lis* superbes, et le *lotus* borde
les marais de son tapis de feuilles flottantes
ornées d'énormes corolles. Entre toutes les
plantes, aucune n'offre autant de difficultés au
peintre soucieux de reproduire le modelé
parfait de ses feuilles et l'éclat de ses pétales.
Ses fleurs acquièrent toute leur splendeur
aux premiers rayons du soleil ; aussitôt le
déclin du jour, les pétales se flétrissent et
tombent bientôt après. Les feuilles sont si
délicates que non seulement le vent modifie
profondément leur forme, mais qu'elles réflé-
chissent les diverses colorations du ciel et
se les approprient.

Dans la religion bouddhiste, le *lotus*
figure toutes les qualités de l'homme idéal.
Bien que naissant dans la boue et la vase,
il produit une belle fleur, symbole de pureté
dans un monde corrompu. Sa fleur parfumée
embaume l'air tout autour d'elle ; de même,

Japonaise cueillant des fleurs.

l'influence morale du sage se répand au loin. Elle s'ouvre aux premiers
et chauds rayons du soleil, comme l'intelligence s'épanouit sous

la sereine influence du savoir. Sa tige droite et sans nœuds personnifie la droiture et la simplicité. Sa racine comestible montre que dès l'origine de son existence cette plante sait se rendre utile aux autres. Enfin, le lotus, beau par lui-même, représente l'ensemble de toutes les vertus.

Le *chrysanthème*, cette belle plante qui, jusqu'à l'arrière-automne, exhale dans nos jardins son âcre et pénétrant arome, et dont les floraisons éclatantes semblent des soleils aux rayons chiffonnés, est l'une des fleurs emblématiques du Japon; *Chrysantenum* est le nom d'une Revue anglo-japonaise. Dans le blason japonais composé presque exclusivement de fleurs et de feuilles, le chrysanthème et la fleur du paulownia sont les armoiries personnelles du Mikado, et l'emblème national est le soleil levant. Aussi on s'explique les noms donnés par l'Empereur aux deux ordres qu'il a fondés, l'ordre du *Soleil Levant* et l'ordre du *Chrysanthème*. Pierre Loti a choisi ce nom caractéristique pour l'héroïne de son roman japonais, *Madame Chrysanthème*.

L'art de composer les bouquets est un art spécial au Japon, en quelque sorte national puisqu'il a ses professeurs consacrés par l'Etat, puisqu'il fait partie de toute instruction soignée chez les jeunes filles de l'aristocratie. A ce titre, il pourrait entrer dans l'industrie artistique japonaise.

Un grand nombre d'ouvrages japonais traitent de l'art de faire les bouquets et de placer des fleurs dans les vases de façon que lignes et couleurs soient en harmonie. De grands artistes ont longuement étudié les règles techniques de la composition des bouquets. M. Michel Revon a soutenu, en Sorbonne, une thèse latine, *De arte florali apud Japonenses*. Il existe dans cet art des écoles comme celle d'*Euschion*, et des générations se sont passionnées dans des discussions artistiques sur l'art floral, comme chez nous classiques et romantiques.

Les Japonais ne comprennent pas du tout comme nous la façon de faire un bouquet; ils se garderaient bien de dénaturer la grâce des fleurs en réunissant des fleurs détachées en une masse compacte, à l'aide d'un lien. Ils apportent dans la décoration de leurs appartements, dans le choix de leurs meubles et de leurs fleurs, mille considérations qui nous sont étrangères. Ils réalisent avec les fleurs des symphonies de couleur et de forme du plus heureux effet. Le *tokonoma*, c'est-à-dire le sanctuaire de l'habitation japonaise, où l'on place les objets précieux de la maison, est toujours orné d'une branche fleurie de cerisier, l'arbuste aimé des Japonais. Chaque plante a son symbole : le pin, la longue vie; le bambou, la prospérité ; le bouquet offert au malade doit être composé de fleurs d'apparence vigoureuse, et le bouquet d'adieu sera composé de fleurs *de retour*. Entre bien d'autres règles, la règle essentielle est qu'on observe dans l'arrangement des fleurs l'aspect qu'elles ont dans la nature.

Les Japonais savent composer des poèmes exquis avec des fleurs, aussi bien que nos poètes occidentaux pourraient le faire avec des mots choisis ; leur âme d'artiste s'est si bien appliquée à comprendre la nature qu'elle lui fait parler un langage humain.

Si le Japon excelle dans l'art de cultiver les fleurs, il a poussé la culture des arbres à un haut degré de perfection.

Nous allons donner quelques détails sur les arbres, les arbustes et les plantes qui nous ont paru offrir le plus d'intérêt.

Le *thé (thea)* est un arbrisseau de 1 à 2 mètres de hauteur, aux rameaux nombreux et toujours verts. La Chine et le Japon le produisent spontanément. Les régions où il prospère le mieux sont celles qui se trouvent entre le 23e

Chrysanthème.

et le 25e degré de latitude (1). Cependant on le rencontre, mais cultivé, jusqu'au 45e. On distingue deux espèces, le *thé vert* et le *thé bou*, que Linnée a appelées *thea viridis* et *thea bohea*. La plante demande peu de soins pour sa culture ; mais la préparation des feuilles en exige beaucoup. Ce travail occupe au Japon un grand nombre d'ouvriers.

L'usage du thé et de son infusion est extrêmement répandu au

(1) Le thé de *Oudji* est le plus renommé du Japon. C'est ce thé que les Siôgouns de la maison de Tokougava faisaient venir chaque année pour la provision du palais siôgounal. Le trajet de Oudji à Yédo était entouré de soins minutieux et se faisait en grande solennité. Les pots qui renfermaient ce thé devaient être considérés comme la représentation du Siôgoun lui-même et tous les *daïmios* (seigneurs) du district de Tokaïdo étaient tenus de rendre à ces pots les mêmes hommages qu'à leur seigneur. Par là, les Siôgouns se proposaient de se rendre compte de la fidélité des daïmios.

Japon. Cette plante tient dans l'alimentation une large place. Tout le monde en use et beaucoup en abusent. L'usage du thé est aussi répandu au Japon qu'en France celui du vin.

Le thé aime un sol léger, recouvert d'une mince couche de terre végétale, et n'exige ni préparation, ni engrais, ni arrosage. L'exposition au sud, en plein soleil, est la meilleure. Au bout de trois ans, on commence la cueillette qui se fait trois fois dans l'année, en avril, juin et juillet. Cette opération est, au Japon, l'objet de fêtes de famille, comme autrefois chez nous la vendange. Tous les voisins se réunissent pour faire la cueillette chez un propriétaire, puis chez un autre et ainsi de suite, jusqu'à ce que la récolte soit toute ramassée. Le soir, des danses terminent la journée.

Les feuilles jeunes et délicates d'avril donnent une récolte de qualité supérieure. En juin, elles sont plus abondantes, mais de moindre qualité; en juillet, on obtient des résultats inférieurs. Cette cueillette est une opération délicate, car les feuilles doivent être arrachées une à une et non à poignées. La récolte faite, on apporte les feuilles dans des hangars bien aérés, et l'on procède à leur préparation, opération très minutieuse d'où dépendent le mérite et la couleur de la marchandise. Les sortes de thé appelées, d'après leur couleur, *thé noir* ou *thé vert*, sont le résultat du mode de préparation auquel les feuilles sont soumises.

Pour obtenir le *thé noir*, on commence par exposer les feuilles au soleil en les étendant en couches minces sur des plateaux de bambou; puis on les fait sécher sur des plaques de métal chauffées au moyen de fourneaux, en remuant sans cesse les feuilles avec les mains jusqu'à ce que la chaleur soit insupportable. Pendant cette demi-cuisson les feuilles rendent un sucre âcre et grisâtre. Après quoi, on les enlève, on les répand sur des nattes ou sur du papier, on les froisse, on les agite dans des corbeilles pour qu'elles s'enroulent et se frisent. Cette opération se répète autant de fois qu'il est nécessaire pour que toute humidité ait disparu.

Pour le *thé vert*, on supprime la première exposition au soleil, et on étend tout de suite les feuilles sur des plaques chauffées, évitant ainsi l'espèce de fermentation qu'a subie le *thé noir*. La dessiccation et l'enroulement s'obtiennent dans la même journée. Après que les feuilles ont été enroulées et séchées, on procède au triage ou à

la séparation des qualités d'une même cueillette. On y parvient par
le *criblage*, sur des treillis de bambou, le *vannage* et le *tamisage*,
destinés à chasser la poussière et les menus corps étrangers.

Nous insisterons peu sur le *cotonnier*, qui n'a été introduit que
fort tard au Japon. C'est dans ces dernières années seulement que
sa culture y a pris quelque extension, surtout au sud du Nippon et
dans l'île de Kiousiou. On y élève le *cotonnier
nankin*, originaire de Chine, dont le coton jaunâtre
sert à tisser l'étoffe connue sous le nom de
nankin. Le Japon rivalise avec la Chine pour
l'exportation de ce produit.

On dirait que le Japon est la patrie du *mûrier*,
tellement cet arbre y abonde. Il vit dans tous
les terroirs et à toutes les expositions; celles
du midi et du levant sont les plus heureuses.
Les sols légers, profonds, un peu sablonneux
conviennent le mieux pour la qualité de la feuille.
Il croît spontanément sur le littoral de la mer
du Japon et sur les côtes des îles de Kiousiou
et de Sikok. A l'âge de quinze ans, cet arbre
peut déjà donner quarante kilogrammes de feuilles;

Gardénia.

quelques-uns en produisent jusqu'à cent kilogrammes. Le mûrier et
le thé sont les deux principales sources de la richesse des Japonais.
Une variété de mûrier, dite mûrier à papier, produit une écorce
fibreuse qui sert à la fabrication du papier.

Le *camphrier* du Japon fournit au commerce la meilleure qualité
de camphre. C'est un arbuste de la famille des *Laurinées*, de moyenne
taille. Il croît sans culture dans l'île de Nippon, dans les îles
méridionales et à Formose. En 1890 on en récoltait 300 quintaux
métriques et en 1897 la production a atteint 2,100 quintaux. Cette
production n'est pas annuelle, comme le riz ou le blé. Il faut que
le camphrier soit âgé de trois ans pour donner un suc en quantité
suffisante pour être exploité. Malheureusement, les cultivateurs avides
de gain n'attendaient pas toujours cet âge; ils épuisaient des camphriers trop jeunes et nuisaient à la propriété de cette production.
Aussi, le gouvernement veille sur cette exploitation, et il a pris le
monopole du camphre dans l'île de Formose.

Le Japon a enrichi la pomologie méridionale de l'Europe de deux arbres à fruits appelés à augmenter considérablement nos ressources alimentaires. L'un de ces végétaux, le *diospyros* ou *kaki*, avait déjà des représentants inférieurs en Europe et en Amérique ; l'autre, le *néflier* du Japon, n'avait nulle part hors de l'archipel japonais, aucun analogue ; il a été porté en France dans la première moitié du XIXe siècle et il y réussit bien. Au Japon on le nomme *bisso*.

Le beau feuillage du néflier du Japon est persistant, ce qui suffirait à le faire classer comme arbre d'ornement de premier ordre pour les régions où il ne pourrait pas fructifier. Mais il prend de plus en plus une place distinguée dans la catégorie des arbres à fruits. Il ouvre la série printanière des fruits mûrs, et il fait une concurrence de plus en plus redoutable à la cerise qui, bien qu'autrement exquise et recherchée, ne supporte pas aussi bien le transport et ne dure pas sur l'arbre aussi longtemps. Les nèfles du Japon commencent, en effet, à mûrir, suivant exposition, vers la fin d'avril et on en cueille pendant tout le mois de mai et une bonne partie de juin.

En Provence, ce néflier pousse d'une manière luxuriante, dans les sols les plus arides, dans les terrains de montagne étagés en terrasses au moyen de murs en pierres sèches. On a même observé que la pulpe des fruits mûris dans ces conditions est plus ruisselante de suc que celle des fruits provenant d'arbres cultivés en plaine ou en terrains arrosés.

Le *bambou*, très apprécié en Europe depuis quelques années pour la confection des meubles, des cannes, des tiges de parapluies, pousse abondamment au Japon. Il comprend une douzaine d'espèces dont une atteint jusqu'à 20 mètres de hauteur.

Le bambou est un arbre précieux pour les Japonais. Ils trouvent une nourriture agréable et saine dans la moelle des jeunes pousses qui ressemblent à des asperges. Le suc, qui découle des nœuds, est une liqueur sucrée qui fermente et sert de boisson. Les grosses tiges des bambous sont employées pour la charpente des maisons, la construction de palanquins et de meubles. Le bambou sert de tuyau pour la conduite des eaux et l'irrigation des terres. Avec ses fibres, on confectionne des nattes, des paniers, des corbeilles. La pellicule sert à faire les beaux papiers du Japon et de Chine. Ajoutons que beaucoup de villes du Japon ont de belles avenues plantées de bambous.

Le *chêne* est commun au Japon et fournit un grand nombre d'espèces. Une d'elles a des feuilles qui servent de nourriture aux vers à soie. Ceux qui se nourrissent avec les feuilles du chêne *gashi* produisent une belle soie de couleur verte.

Le *châtaignier* (*kuri*) est cultivé partout au Japon, principalement dans les îles de Kiousiou, Nippon et Yéso. Dans la fabrication des faïences et des porcelaines de Mino (district de Tokio), la cendre d'écorce du châtaignier est employée pour la préparation des matières colorantes. Les chatons des châtaignes sont employés en teinturerie pour obtenir une couleur noire. Dans la médecine japonaise, et même dans celle des Chinois, l'infusion des enveloppes de châtaigne passe pour vulnéraire et résolutive; la farine de châtaigne sert à préparer des cataplasmes contre les furoncles et les panaris.

Le *noyer* est cultivé au Japon, surtout dans les régions montagneuses des provinces de Kodzuk, de Mutsa, de Tamba, de Simano.

Les noix se mangent, servent à faire des gâteaux et de l'huile de table, qui est aussi employée pour l'éclairage. Le brou de noix, ainsi que les racines et l'écorce du noyer, sont utilisés dans l'industrie pour teindre les étoffes en noir.

Quant au bois de noyer du Japon, ses veines sont peu apparentes. Il est recherché en ébénisterie pour la fabrication des meubles de prix et pour les panneaux de sculpture. On le réserve aussi pour l'ornementation des maisons.

Les médecins japonais préconisent l'écorce et la racine du noyer comme médicament purgatif, fébrifuge, diurétique et spécifique des maladies de la rate. Ainsi que chez nous, ils donnent la décoction des feuilles comme remède astringent.

Les différentes espèces de *bouleaux* se rencontrent dans les provinces de Hitachi, de Simano, sur les versants du mont Hakosan et à Nikko (province de Simodzuké). Le bois du bouleau, souvent veiné de noir, est recherché des tourneurs. Les paysans fabriquent des chapeaux avec son écorce.

Les médecins japonais prescrivent l'infusion d'écorce de bouleau dans les cas de jaunisse, dans les éruptions de toute nature et dans les engorgements du sein. La décoction d'écorce de bouleau sert à teindre, en noir, la barbe et les cheveux. Nous attirons l'attention des industriels sur cette préparation dont on pourrait tirer parti en France.

Dans l'industrie japonaise, l'écorce du *saule* (*yanagi*) sert à faire du papier ; les fleurs cotonneuses de cet arbre sont utilisées pour remplir les coussins où elles remplacent la plume. Une espèce particulière de saule-pleureur, appelée *doro-yanagi*, sert à fabriquer des étoffes. Le bois de saule est utilisé pour des douilles de parapluie, pour les brosses à dents et les baguettes à manger communes nommées *hasi*. En médecine, les fleurs de saule sont employées en guise de charpie. Avec les feuilles, les Japonais de même que les Chinois, font un thé médicinal usité comme calmant dans les névralgies ; les feuilles sont souvent mêlées au thé destiné à l'exportation. L'écorce est regardée comme fébrifuge et est donnée, soit en poudre, soit en infusion, contre les fièvres intermittentes, ainsi que dans les maladies inflammatoires des poumons et des intestins. Elle est aussi renommée contre le goître.

Le *peuplier* (*yama narashi*) est représenté au Japon par plusieurs variétés.

Le *planera japonica* est très rustique ; il résiste aussi bien à la chaleur qu'au froid ; sa croissance est très rapide ; on en trouve de deux cent cinquante ans, ayant 4$^\mathrm{m}$,50 de circonférence au pied, 12$^\mathrm{m}$,60 de hauteur sous branches, et 30 mètres de hauteur totale. Son écorce est mince ; son bois très résistant est néanmoins très léger et pourrit difficilement. Il est de couleur rougeâtre, mais les Japonais lui font prendre parfois une teinte analogue à celle du bois de fer, en le laissant séjourner dans un terrain humide pendant plusieurs années.

Le bois du *planera japonica* est très recherché par les Japonais qui s'en servent pour les membrures des jonques et des canots, pour l'ornementation des maisons, pour la fabrication des meubles de luxe et des boîtes fines.

Le *pinus densiflora* ou *pin rouge* se rattache au pin d'Autriche. L'écorce des branches et de la partie supérieure du tronc est rougeâtre. Il se trouve rarement dans l'île de Kiousou, mais est commun dans les îles de Nippon et de Yéso. Son bois est plus résineux, plus droit et moins noueux que celui du pin commun d'Europe. On l'emploie pour la fabrication de l'encre de Chine. Comme usage médicinal, la racine, l'écorce, les feuilles du pin rouge sont prescrites en infusions et en décoctions comme médicament stimulant. Dans les jardins japonais, on trouve le pin rouge comme arbre ornemental, mais surtout à l'état d'arbre nain, offrant les formes les plus bizares et les plus variées. Dans les appartements, les pins rouges, placés dans des vases sur des meubles, ont de 50 à 60 centimètres au plus de hauteur, quoique âgés de trente à quarante ans. Ils sont très appréciés au Japon à cet état de nanisation. Mais à l'état libre ces arbres deviennent fort beaux ; quelques-uns ont pu fournir des planches de 1^m,78 de large sur 2^m,10 de long.

Probablement importé de Chine, le *ginkgo-biloba* est cultivé partout au Japon, principalement dans les provinces de Mushashi et de Rikuzen. Son bois est utilisé pour la construction des maisons et la fabrication des meubles. Dans la médecine japonaise, les amandes nommées *ginan*, contenues dans les fruits jaunâtres ressemblant à des merises et qu'on nomme vulgairement noix de ginkgo, sont employées pour arrêter les vomissements et passent pour anthelminthiques.

Le *chamœcyparis obtusa* (*hinoki*) dégage une odeur agréable ; son bois a un grain serré et des reflets nacrés ; c'est le premier des bois de construction au Japon. La religion de Shinto le considère comme un arbre sacré : c'est l'arbre du soleil. Les portiques des temples sont entièrement construits avec ce bois. Le palais du Mikado à Kioto en est recouvert et tous les meubles qu'il renferme sont confectionnés de ce même bois. Dans la province de Simano, les paysans le fendent en feuilles minces pour écrire, en guise de papier.

On s'en sert aussi pour fabriquer des éventails nommés *hiogi*, qui se portent dans les grandes cérémonies. C'est un arbre très ornemental et très recherché des Japonais qui le plantent autour des temples et des pagodes ; dans les jardins du Mikado, on en voit qui mesurent 4 mètres de circonférence au pied et qui ont 32 mètres de hauteur.

L'importante famille des sapins se rencontre fréquemment dans les forêts du Japon, mélangée aux cupulifères, aux laurinées, aux magnoliacées et aux ternstrœmiacées ; on la trouve autour des temples et des pagodes, ombrageant les cimetières, ornant les jardins, souvent sous forme d'arbres nains.

Les plantes annuelles ou non ligneuses sont presque les mêmes que celles qui croissent dans nos contrées. Nous devons cependant mentionner quelques espèces qui rendent de très grands services.

Citons d'abord la *patate* (*satsumaimo*) cultivée dans les provinces méridionales. On trouve au Japon la patate rouge, la patate blanche et la patate jaune. Les racines féculentes et sucrées de cette plante sont un aliment précieux. Elles fournissent, en outre, de l'amidon et de l'alcool nommé *shochiu*.

Le *colza* (*aubura-na*) est cultivé au Japon sur une grande échelle ; dans certaines provinces, on en rencontre des champs d'une étendue considérable. L'huile qu'on extrait de ses graines est employée pour l'alimentation et surtout pour l'éclairage. Les Japonais s'en servent aussi dans la manufacture des tabacs ; après avoir rapidement séché le tabac, ils y ajoutent de l'huile de colza et quelquefois de l'huile de choux pour l'empêcher de tomber en poudre. Ils l'utilisent en même temps que l'huile de sésame pour fabriquer l'encre de Chine de qualité inférieure. Ils en tirent le noir de fumée. On dispose sur une étagère cinq ou six cents soucoupes contenant de l'huile de colza et une mèche ; on les recouvre de vases coniques percés de trous à leur partie supérieure ; on fait brûler l'huile et on recueille constamment et régulièrement le noir ; si on laissait les couvercles trop longtemps au-dessus des soucoupes, le noir de fumée s'épaissirait et ne vaudrait rien.

Toutes les plantes du genre *scirpe,* fort communes au Japon, croissent dans les fossés, les lieux humides, les terrains inondés, les rivières, les lacs, les marais et les étangs. Certaines espèces vivaces, entre autres la scirpe des lacs, joncs d'eau (*mino-suge*), qu'on rencontre aussi dans les rivières et les ruisseaux, ont des tiges blanchâtres et tendres, qui sont recherchées pour le bétail. Les chaumes séchés servent à couvrir les toits des maisons. Ils sont utilisés pour tresser des paniers, des nattes et des paillassons. La scirpe maritime (*kasasuge*) est employée à confectionner des cha-

peaux qui ont la forme de petits parasols et dont on trouvait des
spécimens à l'Exposition du Champ-de-Mars. Quant au *scirpus trio-
phorum* (*kohige*), il sert à fabriquer des nattes de qualité supérieure.
C'est dans la province de *Bingo*, dans l'île Kiousiou, que se fabrique
la plus grande partie de ces nattes. Les feuilles de plusieurs espèces
de scirpe servent aussi à faire des manteaux qui garantissent de la
pluie. Avec la moelle de certaines espèces, on fait des mèches de
chandelles. En médecine, les sommités fleuries, les semences et les
rhizomes sont regardés comme médicaments astringents, et donnés
en décoction, dans les cas de diarrhée et pour combattre les
hémorragies.

Si en France la consommation des *fougères* est nulle, il n'en est
pas de même au Japon. Les habitants des hautes montagnes argi-
leuses tirent une partie de leur alimentation de la fougère qu'ils
nomment *warabi*. Au printemps, ils mangent les jeunes feuilles;
plus tard, ils se nourrissent avec l'amidon qu'ils retirent des racines.
Chaque hameau a un emplacement spécial affecté aux réservoirs
dans lesquels se fait l'extraction de l'amidon des racines de fougère.
Les résidus des lavages y forment des masses considérables qui
témoignent de l'importance de cette exploitation.

Cet exposé nous montre combien l'agriculture est en honneur
au Japon, combien ses productions sont variées et développées, et
le rôle qu'elles jouent dans l'alimentation et la médecine, dans le
vêtement, le mobilier et les constructions.

Il s'en dégage aussi une estime plus profonde pour les Japonais;
en considérant l'agriculture comme un devoir religieux, ils donnent
une grande leçon à l'Europe qu'ils imitent et qui devrait bien en
cela les prendre à son tour pour modèle.

Par leur développement agricole, les Japonais espèrent être
utiles à l'humanité entière, si l'on en juge par ces lignes enthousiastes que nous trouvons à la fin d'un rapport publié en 1900 par
l'Institut agronomique de Sapporo : « Etoile lumineuse, l'Institut
» de Sapporo remplira sa mission en guidant et éclairant le Hok-
» kaido (Yéso) dans sa marche scientifique et dans ses progrès
» matériels de toutes sortes. Oui, nous osons le dire, le temps
» arrive, et il n'est pas loin, où l'Institut transformé en Université

» entrera dans sa cinquième période et *répandra les lumières de la*
» *philosophie non seulement sur l'Empire, mais encore sur le*
» *monde* ».

Poétique et noble enthousiasme d'un peuple jeune, admirable entraînement, bien dignes des plus grands éloges.

II

LA FAUNE

ous n'avons pas la prétention de faire une étude complète des animaux de l'Empire du Japon. Nous nous proposons seulement de faire connaître ceux qui occupent une place importante dans le commerce et l'industrie et dans la vie japonaise : les races dominantes, leur emploi, les progrès accomplis dans leur élevage, les améliorations que l'on pourrait attendre encore, celles que l'on peut espérer voir se réaliser prochainement; les animaux domestiques et les animaux sauvages, la protection pour les bons et le culte pour les malfaisants.

L'industrie chevaline est peu développée au Japon. Jusqu'à la Révolution de 1868, le gouvernement avait laissé s'abâtardir la descendance des étalons et des juments arabes reçus jadis en cadeaux.

Depuis quelques annés, et grâce à l'influence française, l'élevage des chevaux a reçu une nouvelle direction, et la cavalerie japonaise a pris une part brillante et décisive dans la dernière guerre sino-japonaise. Des courses ont été établies dans les principales villes de l'Empire. Celles de Yokohama sont justement renommées. Le *Courrier du Japon* nous a donné le récit des courses qui eurent lieu le 10 juin 1880; ce furent les premières de la contrée. « L'assistance était nombreuse, dans le grand stand surtout où les tribunes étaient

garnies de dames en fraiches et gracieuses toilettes, qui avaient tenu
à ne pas manquer le baptême du Nippon Race Club. Parmi les
personnages officiels, nous avons remarqué Leurs Altesses Impériales
les prince Foushimino-mya et Leurs Excellences MM. Ino-Ouyé,
ministre des affaires étrangères, amiral Enomoto, ministre de la marine,
général Oyama, ministre de la guerre.

« Les courses ont été fort intéressantes ; une surtout, la
cinquième, pour chevaux demi-sang, où la lutte a été des plus vives
entre *Admiral Rows* et *Bon René*, appartenant tous deux à des
écuries françaises, très dignement représentées à cette réunion.

» Les poneys demi-sang ont été fort remarqués et ils le méri-
taient. Aussi, on ne saurait trop engager les Japonais à persévérer
dans cette voie du croisement qui les amènera à doter sous peu
leur pays d'une race de chevaux excellents. A ce point de vue
l'introduction des courses leur sera véritablement favorable.

» A l'instar des pays européens, le Japon a adopté la langue
anglaise pour le langage du sport ; les courses étaient : *The Club
Stakes, The Diplomatique Club, Te Nippon Plate.* »

Comme on le voit, les Japonais font preuve d'émulation pour
le développement de leur race chevaline. Les courses de Yokohama
ont montré depuis lors que les écuries japonaises pouvaient obtenir
d'excellents résultats, au détriment des écuries étrangères.

Les habitants d'Akita ont organisé une Exposition pour les
chevaux. Mais c'est dans le ken de Kagoshima que sont faits les
plus grands efforts pour relever la race autrefois excellente des chevaux de Satsouma. Les courses et les Expositions y sont fréquentes.
Les récompenses sont des sommes d'argent variant de 5 à 50 yens.

Les poneys de Nambou sont meilleurs encore que les chevaux
de Satsouma et forment la cavalerie de choix des Japonais. Ces
poneys ont une vague ressemblance avec les chevaux arabes ; on a
toujours supposé qu'ils appartenaient à l'une des excellentes races
que l'on trouve en Asie Mineure. On a aujourd'hui des données à
peu près certaines sur leur origine. Pendant un voyage administratif
que faisait le Mikado à travers les possessions de l'ancien prince
de Nambou, le cortège impérial passa devant un petit monticule
surmonté d'un mausolée, sur lequel on lisait l'inscription suivante :
« *Tombeau des chevaux chinois* ». On s'arrêta et l'on fit immédia-

tement appeler le principal fonctionnaire de la commune, auquel on
ordonna de rechercher dans les archives de l'endroit les documents
pouvant indiquer l'historique de ce tombeau. Les recherches ne furent
pas longues; ce mausolée avait été élevé par un nommé Isii, habitant
du village de Okita–Omoté, province de Moutsou, à la mémoire de
deux étalons chinois, morts dans un haras voisin, appartenant alors au
prince de Nambou. Ces chevaux avaient été importés au Japon par
un Chinois nommé I-fou-kiou, en l'année de Kio-ho, c'est–à–dire
vers 1720. I-fou-kiou en avait fait présent au Siôgoun Yossimouvé,
en lui déclarant qu'ils appartenaient à la race *parchia*. Le Siôgoun les

Chien de luxe au nez camard.

envoya au prince de Nambou, en lui recommandant de les employer
pour le croisement de la race de sa province, déjà fort estimée au
Japon. Il est donc probable que les excellents petits poneys de Nambou
dérivent de la race persane. On a parfaitement pu faire du mot français
persan ou anglais *persia*, le mot parchia qu'on lit dans les documents retrouvés à Okita-Omoté. La prononciation de ce mot a été
peu à peu défigurée en la transcrivant en caractères chinois et
japonais.

La race *canine* du Japon est divisée en trois catégories : le
chien comestible, le chien de luxe et le chien de garde.

Le chien comestible, qui fait complètement défaut en Europe,
forme dans l'Extrême-Orient une race particulière; il est nourri au
lait et au riz, et est mangé de préférence dans le jeune âge. Il est
apporté sur les marchés dans des paniers à larges mailles, tressés
avec du bambou. Ils sont là, ces charmants animaux, en compagnie
de jeunes chats avec lesquels ils jouent fort innocemment, et qui
subiront d'ailleurs la même destinée. Ils prennent de joyeux ébats,
bien inconscients du sort qui les attend, car ils sont livrés sans

merci au cuisinier qui les tue, les échaude avec de l'eau bouillante
et en racle le poil avec une fine lame de couteau, comme on le fait
ici pour les porcs. Puis on les fait bouillir et on les coupe en
petits morceaux saisissables avec les bâtonnets ou baguettes à
manger ; chaque morceau se trempe ensuite dans la sauce dite *soya*
et est mélangé au poisson et au riz. Les pauvres ne dédaignent
pas les vieux chiens ; mais sur les tables sompteuses les jeunes
chiens et les chats sont des mets fort recherchés. Les touristes
qui ont pu parcourir les environs des villes ont joui du spectacle
appétissant de la préparation culinaire de l'animal que Buffon a
qualifié de meilleur ami de l'homme. L'usage de manger le chien
n'est pas d'ailleurs particulier aux Japonais. Sans parler des Esqui-
maux chez qui cet animal est l'objet d'une consommation quotidienne,
nous devons faire remarquer qu'il est fort apprécié des Chinois qui
en font un important commerce d'élevage.

La seconde catégorie, le chien de luxe *(tchinns)* est le chien du
riche, du daïmio. Ce chien est invariablement noir et blanc ; il a le
nez camard et les yeux en relief. La difformité du nez des chiens
est ce qui constitue la valeur de ces intéressants quadrupèdes. Pour
l'obtenir, les éleveurs relèvent le museau du jeune chien vers l'os
frontal, et quand l'animal est sevré, afin que le nez ne perde pas
la forme camarde tant désirée, on ne lui donne à manger que sous
une planche ou une porte. Le nez ainsi comprimé plusieurs fois
par jour conserve sa forme brisée et relevée.

Dans les grandes villes on rencontre souvent les riches Chinois,
Coréens ou Japonais tenant en laisse deux ou trois de ces petits
chiens ; le collier est en crêpe et la laisse en soie rouge.

La troisième catégorie est celle du chien de garde. Celui-ci
tient de la race primitive, du loup, du chacal. Il a beaucoup de
ressemblance avec nos chiens loups.

Jamais, dans l'Inde, la Malaisie ou l'Extrême-Orient, un chien
n'est caressé par son maître. Il n'en est pas de même pour les
chats. Les Orientaux ont pour les chats un grand amour ; ils croient
qu'il y a en eux quelque chose de divin. Les Chinois et les Japonais restent dans leurs boutiques, dans leurs habitations, des heures
entières avec un chat sur leurs genoux, qu'ils caressent avec une
touchante sollicitude.

Au Japon, les animaux de la race féline sont remarquables par la bigarrure de leurs couleurs. En général, on leur coupe la queue, ce qui leur donne un aspect singulier, bien différent de celui des chats d'Europe.

Quant aux autres animaux domestiques, ânes, mulets, cochons, chèvres, lapins, etc., ils ressemblent en tout à ceux d'Europe. La plupart même de nos variétés ont été déjà depuis longtemps acclimatées dans ce pays. Les oiseaux méritent une mention spéciale.

Les *oiseaux* servant à l'alimentation sont assez nombreux et peuvent se diviser en deux catégories : ceux qui vivent en domesticité et ceux qui vivent à l'état sauvage. Parmi les premiers, il faut citer : la poule de basse-cour *(niwa-tori)* dont il existe trois espèces principales. La première, qui est indigène et spéciale au pays, est de très petite taille, de la grosseur d'un pigeon ordinaire ; elle est la moins employée pour l'alimentation, et sert plutôt comme

Canard.

oiseau d'agrément ; dans ce dernier cas, les Japonais ne gardent ordinairement qu'un couple, coq et poule, d'un plumage aussi semblable que possible. La deuxième espèce est de taille ordinaire et ressemble beaucoup à la volaille commune de France. La troisième espèce est de très grande taille, à long coup et à longues jambes, presque nues. C'est à peu près la même que notre poule cochinchinoise. On croit qu'elle a été importée du royaume de Siam, dont elle a d'ailleurs pris le nom *(shamo)*. Quant à la race à laquelle on a donné le nom de *Yokohama*, race portée en France, en 1863, par le P. Girard, et depuis répandue et multipliée par les soins du Jardin zoologique du bois de Boulogne, il paraît qu'elle est fort peu connue au Japon.

Le *pigeon* *(hato)* est assez rare à l'état domestique, car les Japonais ignorent, en général, ce qu'est un colombier ; il est assez semblable au bizet et devient aisément familier. Des centaines de ces oiseaux ont élu domicile dans un des principaux temples de Tokio *(asaksa)* où ils sont protégés et respectés en vertu de quelque superstition religieuse ; on voit leurs nombreuses bandes s'abattre au milieu de la foule pour y picorer le riz que leur distribue sans cesse la main des fidèles.

Les pigeons ramiers et les *tourterelles* qui s'appellent du même nom (*yama hato*) vivent dans les plateaux et les bosquets de bambou.

Le *canard* domestique (*ahirou*) se trouve dans l'île de Nippon. C'est notre espèce commune, qu'on rencontre assez fréquemment dans l'intérieur du pays.

L'*oie* domestique (*gatheô*) est encore très rare et n'existe pour ainsi dire qu'à titre du curiosité; elle a dû être importée récemment.

Le *canard* sauvage (*kamo*) et la *sarcelle* (*niwo* ou *kai tsoubouri*) se trouvent au Japon en troupes innombrables, et il est peu de pays qui en soit aussi abondamment pourvu; pendant l'hiver surtout, on en voit des myriades, comprenant un grand nombre de variétés, couvrir les lacs, les cours d'eau, les rivières et le littoral.

Les *oies* sauvages (*gan* ou *kari*) se voient aussi au Japon en très grandes troupes, et parfois même elles viennent se mêler aux bandes de canards dans les fossés de Tokio.

La *pintade* ne se rencontre que chez les marchands d'oiseaux; elle ne paraît guère servir à l'alimentation.

Le *dindon* est plus rare encore que l'oie; on n'en voit guère que quelques échantillons dans les villes habitées par des Européens qui, du reste, les ont importés pour leur usage.

Les *faisans* sont extrêmement communs; ils abondent surtout dans les plateaux boisés et dans les pays de montagnes, tandis qu'on ne les rencontre à peu près jamais dans les plaines cultivées.

Les *cailles* (*chako*) sont très abondantes; les Japonais les prennent en grande quantité au filet.

La *bécasse* (*chighi*) est commune dans les provinces du centre, aux environs de Kobe et d'Osaka.

Les *bécassines* (*ban*) et les poules d'eau (*mitzou dori*) se trouvent dans les lieux humides et marécageux, comme dans nos contrées.

Il faudrait ajouter à cette nomenclature un grand nombre d'oiseaux de plus petit gibier, tels que vanneaux, étourneaux, alouettes, grives, becs-fins, etc.

Le Japon ne possède pas d'oiseaux dont les plumes soient employées comme ornement et, d'autre part, les Japonais ne se servent pas de duvet ni de plume pour les besoins domestiques.

On peut ranger dans la catégorie des *oiseaux auxiliaires* le faucon, le corbeau et le milan.

Le *faucon* sert encore exceptionnellement à quelques grands seigneurs pour les plaisirs de la chasse au vol. On voit à Tokio quelques vieux seigneurs s'adonner à la fauconnerie, et le Mikado lui-même s'y livre parfois dans son parc.

Les *corbeaux* vont par grandes troupes et rendent de grands services, surtout dans les villes, en dévorant tous les détritus rejetés par la population. Ils sont familiers et on ne les inquiète jamais.

Les *milans* bien moins nombreux que les corbeaux avec lesquels, du reste, ils ont de fréquents démêlés, habitent aussi les villes en grand nombre et y rendent les mêmes services. Quoiqu'ils soient moins familiers que leurs rivaux, ils se laissent volontiers approcher, et des passants s'amusent à leur jeter des morceaux de viande qu'ils saisissent au vol avec une adresse merveilleuse.

Poule et coq.

Quant aux oiseaux chanteurs, ils font presque entièrement défaut, et l'on peut dire qu'il n'y a aucune de nos espèces d'Europe. Aussi les Japonais qui visitent la France ou le midi de l'Europe sont-ils émerveillés, dans les matinées de printemps, d'entendre l'agréable et étourdissant ramage qui salue le lever du jour, dans le voisinage de nos habitations.

Le *ver à soie* réussit fort bien au Japon et la sériciculture y est en grand honneur. Une variété fort rare et spéciale à ce pays est le ver à soie du chêne ou *attacus yama-maï*. Comme le ver à soie n'est élevé que pour ses produits, nous en avons parlé particulièrement au chapitre de l'*Industrie*.

Il y aussi des *salamandres*; l'*Echo du Japon* du 24 septembre 1881 signalait une salamandre monstre qui mesurait 86 centimètres de longueur. La longueur de la tête, semblable à celle d'un lézard, était d'environ 12 centimètres sur 8 centimètres de largeur. Le Dr Geerts en a fait don au Musée du Jardin d'Acclimatation de Paris.

On n'élevait jadis au Japon ni boucs, ni moutons, ni porcs, ceux-ci étant considérés comme nuisibles à l'agriculture. Depuis peu on a introduit des porcs et des lapins de races européennes, ainsi que des moutons qui viennent de Chine. Il y a des buffles et des bœufs pour les travaux des champs, non pour la boucherie; les lions et les tigres y sont inconnus.

En 1879, le Japon avait 631,000 juments, 197,000 chevaux, 604,000 vaches, 474,000 bœufs, 1,200 porcs, 950 verrats; tous ces animaux étaient de race japonaise. Pour les animaux de race étrangère on comptait 46 chevaux, 525 bêtes à corne, 82 porcs et 130 moutons.

Ces chiffres ont considérablement augmenté depuis vingt ans. D'après les statistiques de 1900, il y a environ 1,600,000 chevaux, 1,250,000 bœufs, 160,000 porcs et 50,000 chèvres.

M. Jouslain, consul de France au Japon, nous a donné de curieux renseignements sur la protection traditionnelle des animaux parmi les Japonais. L'âne est choyé; des sénateurs sont très fiers de son attelage. Les chevaux et les bœufs portent des chaussures en paille pour ne pas s'abîmer la corne des pieds, et ils ne vont qu'au pas pour ne pas se fatiguer. Pendant ce temps, les hommes traînent les voitures et vont au grand trot. Les oiseaux de proie, le milan, le faucon ont même une familiarité importune avec les gens de la campagne. Les cerfs et les sangliers sont l'objet d'un grand respect; à *Nara* (tombeau des Empereurs), il est défendu de tuer les cerfs et les biches, en nombre incroyable, qui viennent familièrement s'inviter à dîner avec vous dans la forêt. On donne de tels soins aux animaux que bêtes et gens finissent par se comprendre et vivre presque d'une vie de famille. On a même un culte pour certains animaux malfaisants. Dans le chapitre relatif à la fête de l'ours chez les Aïnos, nous avons vu qu'on vénère cet animal à l'égal d'un dieu. On adore aussi le renard, probablement parce que les Japonais lui reconnaissent une finesse supérieure à la leur.

On voit par là quel soin, et souvent quelle affection, les Japonais donnent aux animaux qui, pour la plupart, semblent, à leur tour, leur rendre instinctivement des sentiments réciproques. Aussi le Japon paraît être, sur ce point, un pays privilégié; il ignore les rigueurs des oiseaux de proie et les terreurs des lions et des tigres qui exercent, en Asie, de si cruels ravages.

III

LES MINES (1)

E Japon est un des pays qui, proportionnellement à son étendue, possède les mines les plus nombreuses et les plus variées; il abonde en métaux précieux. Il y a des mines d'or dans l'île de Sado et des fleuves aurifères dans l'île de Nippon. Nous ne devons toutefois ajouter aucune croyance à ce que dit Malte-Brun : « Pour ne pas abaisser le prix de l'or par une trop grande abondance, l'exploitation en est limitée par les lois. On raconte que le palais du roi de Xipangu, était couvert d'or fin en la manière que nos églises sont couvertes de plomb ». Le Japon est loin d'être un autre Pérou. Cependant ses mines de Shikaribetsu, Innaï, Handa, Ibo, Ikuno, Kanabira, donnent annuellement plus de 1,000 kilogrammes d'or.

Les mines d'*argent* sont, d'ordinaire, dans le voisinage des mines d'or, de cuivre ou de plomb. Leur rendement annuel varie de 60 à 70 mille kilogrammes représentant une valeur de 5 millions de francs environ. Le *cuivre* abonde à Kozaka, Oyu, Ashio, Ogoya, Besshi, Vanabara; le plus beau se trouve dans l'île de Sikok. On exploite 20,000 tonnes par an. Quant au *fer*, Malte-Brun a beau écrire que « c'est le moins commun de tous les métaux », on en a extrait, en 1897, 63,000 tonnes, d'une valeur de 2,600,000 francs.

<hr>

(1) Voir, pour plus amples renseignements, *Les Mines du Japon*, notice rédigée par le Bureau des Mines ministère de l'Agriculture et du Commerce). Paris; de Brunoff, éditeur, 1900.

Les gisements de *mercure* de Komodani, qui sont les plus abondants, donnent tous les ans une moyenne de 3,000 kilos. On trouve aussi du mercure sulfuré, cristallisé en prismes et en petites masses lamelleuses.

Les mines de *plomb* de Kosokura et de Kamioka contribuent pour moitié à la production annuelle de 800,000 kilos.

La production d'*antimoine* sulfuré et raffiné dépasse 1,100,000 kilos.

On recueille annuellement 15 millions de kilos de *manganèse*, 13,000 kilos d'*arsenic*, 47,000 kilos d'*étain* et 13,600 kilos de *soufre*.

Il y a plus de 12 mines de soufre, sans compter plusieurs montagnes volcaniques où l'on recueille également de la pierre ponce et du bitume, et qui donnent naissance à des sources minérales.

La production de la *houille* a atteint 12 millions de tonnes en 1896, pour s'abaisser, il est vrai, les années suivantes, à 5 millions. On l'exploite dans quarante mines dont les plus productives sont celles de Yuhari et de Müké. Au nord de Nippon, dans les îles de Yéso et de Takasima, la houille se montre en couches épaisses. C'est le géologue Lyman qui a découvert la richesse houillière de ces îles, si pauvres à tous autres égards. Le *salpêtre*, le *kaolin*, le *jaspe*, le *sel gemme* y sont en abondance. On exploite dans l'île de Nippon les plus riches et les plus belles carrières de *marbre* de l'Asie.

Ajoutons à ces productions le graphite, le cristal de roche, l'alun; l'ambre rembruni, jaunâtre, panaché; les agates rouges ou veinées de blanc, qui servent à fabriquer des tabatières et des boutons; le naphte rougeâtre, l'asbeste, l'hydrophane.

D'après les calculs du géologue Lyman, la somme des richesses minérales du Japon donnerait une valeur de 1,260 milliards de francs.

La *Direction des mines* dépend des ministères de l'Agriculture et du Commerce. Citons, parmi les grandes exploitations minières, l'*Association des propriétaires des mines de Karatsu* et la *Société minière de Kaïshima*.

Quoique les sources de *pétrole* aient trompé les espérances de spéculateurs qui croyaient trouver au Japon des « fleuves d'huile de pierre » pareils à ceux de Pensylvanie, les 10 mines de pétrole actuellement découvertes produisent 4,204,000 décalitres et donnent un revenu de 346,000 yens (882,300 francs).

En résumé, 204 mines ayant à leur service une *force motrice réelle* de 92,700 chevaux, produite par 2,600 roues hydrauliques, chaudières à vapeur, machines à vapeur et dynamos, donnaient en 1897 un revenu de 34,984,297 yens (89 millions de francs). En 1892 le revenu n'était encore que de 15,800,000 yens.

Le Japon a de nombreuses *sources minérales et thermales*, dont les Japonais, grands amateurs de bains chauds, savent tirer parti. C'est à ces sources que doit son nom un célèbre volcan à l'est de Nagasaki, l'Ouzen–ga-také, « le pic des sources chaudes ». Il existe des geysers dans la province de Rikousen; l'un d'eux fait jaillir, quatre fois en 24 heures, une colonne d'eau bouillante de 7 à 8 mètres. Le Japon n'a pas d'eaux arsenicales, mais les eaux sulfureuses chaudes, analogues à celles des Pyrénées, ne sont pas rares, surtout dans la partie montagneuse de Nippon. Dans certains lacs, l'eau est maintenue à une température assez élevée par les eaux thermales qui s'y déversent. Il existe une Société d'eaux minérales d'Ishimité. Les eaux minérales d'Ishimité et de Hirano sont les Vals et les Saint-Galmier du Japon.

Bloc de fer, bloc de houille, a-t-on dit de la Grande-Bretagne. Le Japon lui aussi, que sa position géographique a fait appeler la Grande-Bretagne du Pacifique, est encore analogue à l'Angleterre par sa constitution géologique, et ses considérables richesses minérales constitueront une précieuse ressource le jour, qu'on peut déjà prévoir, où la houille et le fer de l'Occident feront défaut.

SEPTIÈME PARTIE

I

LES FRANÇAIS AU JAPON

'EST à juste titre que le Japon a été appelé « la France de l'Extrême-Orient. » Il y a, en effet, entre ces deux pays de nombreux points de ressemblance. Mais c'est surtout dans le génie national, dans la faculté de s'assimiler les usages et les mœurs d'autrui, dans le fond même du caractère, que l'on découvre le plus de similitude. Les Anglais, plus nombreux dans ce pays qu'aucun autre peuple européen, ont accaparé la plus grande partie du commerce; par suite, leur langue a été facilement adoptée, et elle est comprise dans les programmes de l'enseignement public japonais. De même l'influence de l'Allemagne et de l'Italie grandit chaque jour au Japon. Néanmoins la France contrebalance ces influences rivales. Nos nationaux sont l'objet d'attentions particulières de la part des indigènes. Les lois du Japon sont calquées sur les nôtres; l'armée, la gendarmerie elle-même, sont copiées sur les institutions similaires de France. Après la Révolution de 1868, le gouvernement a aboli les *han*, auxquels on a substitué les *ken*, qui sont absolument identiques aux préfectures françaises. Depuis, on a créé les arrondissements (*gounkou*), les conseils généraux, les conseils municipaux dans les villes et les villages, les commissions départementales, et pour faire cette organisation, on a littéralement imité la France.

Le gouvernement japonais a aussi créé un véritable *Conseil d'Etat*, s'occupant exclusivement des lois et des règlements; les hommes qui le composent ont été choisis parmi les plus instruits et les plus capables du pays. C'est encore d'après le système français qu'il a été institué, et beaucoup de personnes vont jusqu'à prétendre qu'il est en tous points semblable au Conseil d'Etat de France, sous Napoléon Ier. Nous avons dit ailleurs que le gouvernement japonais avait confié à un Français le soin de lui donner une législation.

En un mot, les institutions japonaises sont, en général, une imitation des institutions françaises. M. Foukouoka, ministre de l'instruction publique, trouva très irrégulier qu'on eût aboli la section française à l'Université, alors que tout ce qui est administrations gouvernementales était imité des Français. M. Foukouoka décida qu'il n'en serait plus ainsi à l'avenir, et il ordonna la création d'une Faculté de droit et d'une Ecole Centrale où l'enseignement serait donné en français. Les règlements et les lois concernant l'instruction publique sont la reproduction de ceux de la France.

Aussi, tout ce qui se passe dans notre pays a là-bas un retentissement. Les Français qui résident à Yokohama ne contribuent pas peu, par leur union, à faire aimer leur patrie. Notre fête nationale du 14 juillet y est célébrée par notre petite colonie avec autant de solennité que dans nos villes françaises. Nous nous adressons encore à l'*Echo du Japon*, qui nous a fourni tant de renseignements, pour avoir le compte rendu d'une de ces fêtes.

La fête de la République française, dit-il, a été célébrée à Yokohama par nos compatriotes, avec un enthousiasme vraiment remarquable. Malgré le temps, qui menaçait d'être mauvais, toutes les maisons occupées par des résidents français étaient décorées et pavoisées de bon matin, quelques-unes avec une véritable profusion de drapeaux, de lanternes tricolores et de feuillages. Toutes les maisons de commerce françaises étaient fermées.

Le soir, à sept heures, un banquet réunissait à la montagne française nos compatriotes de Yokohama et de Tokio; plus de soixante personnes y ont assisté, et l'harmonie la plus complète n'a cessé de régner jusqu'à la fin. Pendant le dîner, qui était excellent, et était servi par l'hôtel Peyre frères, et dans le courant de la soirée, la musique militaire des Kiododans, sous la direction de son habile chef M. Dagron, a joué plusieurs morceaux, y compris les airs patriotiques français, tels que *la Marseillaise*, *le Chant du départ*, etc. Les illuminations de la plate-forme sur

Décor de la fête nationale au Japon.

laquelle avait été installée la salle du banquet, les lanternes disséminées çà et là dans les arbres, présentaient, vues de l'autre côté du canal, un coup d'œil vraiment magnifique. L'installation avait été faite dans la journée par quelques membres du comité d'organisation. La foule, sur le pont et sur le quai, était fort nombreuse et sympathique aux manifestants.

Pendant le dîner plusieurs toasts ont été portés. M. Jouslain, consul de France, président d'honneur du banquet, a bu le premier à la santé du Président de la République. Ce toast a été chaleureusement accueilli aux cris de : « Vive la République ! » M. Dourille, président du comité d'organisation, a répondu au consul de France. Nous détachons de son discours l'extrait suivant :

« Là où l'union entre nationaux, cette union née du sentiment de la fraternité, est non seulement de principe, mais encore de devoir étroit, c'est à l'étranger. En dehors de la patrie, c'est un devoir civique qui s'impose à tous, une obligation à laquelle nul ne saurait se soustraire. L'ambassadeur de la République à Londres, recevant les Français habitant cette ville leur disait :

« A l'étranger, il ne doit y avoir que des patriotes. L'union
» n'est pas un devoir seulement devant l'ennemi ; c'est un devoir de
» tous les temps pour ceux qui vivent hors de la patrie, car il leur
» appartient de montrer que, malgré les luttes politiques, en dépit
» de toutes les dénominations de partis, il n'y a devant l'étranger
» que des Français. »

« Je suis heureux de témoigner que cette union si désirée tend
à se former. Aucune affaire, depuis un an, n'a dû être inscrite au
rôle du tribunal consulaire. Je bois à la Communauté française au
Japon. »

A onze heures et quelques minutes un feu d'artifice clôturait au
dehors cette fête patriotique. Ensuite les résidents français se rendirent au consulat de France où ils terminèrent gaiement la soirée.

Tous les ans à l'occasion de la fête nationale, un grand dîner
est donné à légation de France à Tokio.

Les Français qui résident à Tokio et à Yokohama ont fait mieux
encore que de célébrer dignement chaque année la fête de la Patrie.
Certes, c'est un admirable spectacle que celui de cette fête, semblable
aux nôtres, et qui à plusieurs milliers de lieues de distance, marque
l'union de tous les Français sur quelque point du globe qu'ils se
trouvent. Si on tient compte de la différence des longitudes, on
constate que les illuminations, les banquets, les feux d'artifice, ne
discontinuent pas pendant vingt-quatre heures. Mais enfin, ce jour ne
revient qu'une fois l'an et il est bon que ceux qui sont éloignés de
la mère-patrie se sentent constamment en relation avec elle, par des
associations qui la rappellent sans cesse. C'est dans ce but que les
résidents français au Japon ont fondé une *Société de langue française.*

Nous sommes heureux de constater que cette Société compte
aujourd'hui plus de deux cents membres, tant Japonais que Français ;
plusieurs habitent l'Europe. Le président, M. Fourouitchi, est Japonais. Il a été récemment élevé dans sa patrie au rang de *sonin.*
M. Fourouitchi a fait ses études à l'Ecole Centrale de Paris, et il
a obtenu en France le diplôme d'ingénieur. Le but de la Société
est de propager dans l'Empire du Japon le goût et l'étude de la
langue française, d'y répandre les ouvrages littéraires et scientifiques
français, et de resserrer ainsi les liens qui unissent les deux nations.

De très intéressantes conférences sont faites deux fois par mois par de jeunes Japonais, élèves de professeurs français, et aussi par quelques-uns de nos compatriotes. Ces conférences sont très suivies. M. Fouque, membre actif de la Société, dans une lettre au rédacteur de l'*Echo du Japon*, constate qu'à celle de M. Ozier, à la veille de son départ pour la France, il y avait plus de 350 personnes, dont une grande partie, la plume à la main, prenait des notes. Je ne connais pas à Tokio, dit-il, de Société de ce genre réunissant autant d'auditeurs. Ces résultats sont consolants; le meilleur moyen d'étendre l'influence française c'est de propager notre langue. La *Société de langue française* n'y manque pas; elle publie des brochures rendant compte des conférences. En outre, un Comité a fait un dictionnaire français-japonais, ouvrage qui n'existait pas encore, quelque étonnant que cela puisse paraître. Il a également rédigé en français une Géographie et une Histoire du Japon. Le compte rendu des séances de cette Société édifiera nos lecteurs sur l'importance de ses travaux et sur l'heureux résultat de sa propagande auprès des plus hauts personnages du Japon.

Une réunion ordinaire des membres de la Société de langue française à Tokio a eu lieu le 5 novembre, dans la salle des conférences de l'Université impériale de Tokio. On a traité les questions suivantes :

Vote du budget pour le mois de novembre; Communication au sujet de l'élaboration du dictionnaire français-japonais ; Vote des frais de la première réunion annuelle; Election de trois contrôleurs pour les comptes du mois d'octobre; Proposition consistant à interdire qu'un membre soit chargé à la fois de remplir deux fonctions ; Conférenciers pour le 12 courant ; Création d'une Ecole de langue française; Elaboration d'une Histoire du Japon en langue française ; Discussions sur des sujets scientifiques ou littéraires qui seront présentés par les membres assistants; Election d'un nouveau secrétaire.

A la première réunion annuelle de la Société de langue française, il fut donné lecture de deux lettres envoyées par le général Yamada, sanghi et ministre de l'intérieur, président honoraire de la Société, et par M. Roquette, ministre de France.

Lettre du général Yamada :

« Messieurs les Membres du Bureau de la *Société de langue française*,

» Il y a aujourd'hui un an que cette Société est fondée ; on est étonné de la rapidité prodigieuse avec laquelle, pendant ce court espace de temps, le nombre de ses adhérents japonais et étrangers a augmenté, et des travaux que la Société a accomplis.

» Cet étonnant résultat, Messieurs, vous l'avez obtenu et par votre zèle et par votre activité ; vous rendez ainsi, non seulement à nous, mais encore aux générations futures du pays, un service vraiment méritoire.

» Aujourd'hui, Messieurs, à la première réunion annuelle de la Société, j'aurais voulu vous exprimer de vive voix ma sympathie en même temps que mes félicitations, et je regrette vivement qu'une circonstance vraiment imprévue m'empêche de me trouver au milieu de vous.

» En conséquence, Messieurs, je vous prie de présenter à l'honorable assemblée mes sincères excuses.

» Yamada Akiyoshi. »

Ces comptes rendus des séances témoignent de la prospérité toujours croissante de cette Société. Ils montrent l'intérêt que prennent les Japonais à l'étude de notre langue.

La *Société de langue française* acquiert chaque jour plus d'importance ; elle compte, parmi ses membres honoraires, plusieurs ministres japonais et autres grands personnages. Ses finances sont prospères, puisque son avoir est de 8,000 francs, et son revenu de 1,000 francs environ. Elle a ouvert une Ecole de français, qui compte 100 élèves ; il existait déjà six écoles de français à Tokio. Enfin, elle se propose d'ouvrir une Ecole de droit français pour laquelle la République française accordera une subvention.

D'autre part, on note des symptômes encourageants. Le français est reconnu comme la langue officielle de la cour ; les plus grandes dames se piquent de l'apprendre. On a donné au prince impérial un professeur de français.

Tous ces résultats sont l'œuvre de cette Société. Ses membres travaillent activement. M. Arrivet publie des ouvrages élémentaires pour les écoles; M. Bouquin travaille au dictionnaire déjà en cours de publication ; M. Appert a fait composer par des Japonais un petit volume de conversations franco-japonaises, qui a été publié à Tokio par Kwanyudo, libraire–éditeur.

Dans une lettre adressée par M. Arrivet à l'*Alliance française*, nous relevons le passage suivant : « Il vous sera peut-être agréable d'apprendre que dans les cinq *Côtô-chu-Gakko* (littéralement : Ecole secondaire de l'enseignement supérieur) du Japon, la langue française est devenue obligatoire pour tous les élèves de la section de droit anglais ou allemand. Cela fera par an trois ou quatre cents élèves de plus qui apprendront notre langue. Nous avons encore, mais à Tokio seulement, une section française comprenant environ 130 élèves, dans laquelle les cours sont faits en français, et dont le programme correspond à celui de nos lycées, excepté pour la philosophie, qui ne comprend que la psychologie et la logique. La langue anglaise, comme la langue latine, n'y occupe qu'une place secondaire. L'Ecole de la *Société de langue française* est en pleine prospérité, et vous avez dû partager notre joie en apprenant qu'une subvention annuelle de 5,000 yens vient de lui être assurée par le ministre de la justice. On étudie beaucoup plus le français dans les hautes classes; mais on manque d'ouvrages. On aurait surtout besoin d'alphabets un peu coquets, de livres de lecture illustrés et de volumes un peu moins enfantins, en gros caractères, élégants, qui se puissent mettre entre les mains des jeunes filles. C'est un public que nous ne devons pas négliger. M. l'abbé Hinrich va fonder à Tokio un *Collège français*. L'enseignement tout entier sera donné en français, et il y aura de simples cours pour les autres langues vivantes » (1).

(1) Le Bulletin de l'Alliance française du quatrième trimestre 1888 a consacré un long article à l'enseignement du français au Japon. L'Ecole de français qui s'est annexé une Ecole de droit français a opéré sa rentrée avec 150 élèves, ce qui est un résultat très satisfaisant.

Le français est enseigné dans les Ecoles du gouvernement et particulièrement dans les Ecoles militaires. Un professeur de français est attaché au Ministère des affaires étrangères, à Tokio.

Les Ecoles congréganistes libres, tenues par des Sœurs, propagent la langue française. La congrégation des « Sœurs du Saint Enfant Jésus », a des écoles à Tokio, à Yokohama, à Kobé et dans quelques autres villes.

Les « Sœurs blanches » ont fondé à Tokio une Ecole où l'enseignement du français a une place importante. Les cours sont suivis par des dames de fonctionnaires. Enfin, les Pères Maristes ont créé un grand collège français à Tokio.

Nous faisons des vœux pour que l'Alliance française puisse prêter un concours matériel et moral à toutes les Ecoles dont le but est de développer l'influence de la France au Japon.

M. Appert, professeur français à la Faculté de droit de Tokio, nous a fait connaître, dans le Bulletin de l'*Alliance française*, les ouvrages français qui ont été traduits par les Japonais. On en compte environ 122 qui sont entrés, pour la plupart, dans l'enseignement des écoles et des Facultés ; on peut les classer ainsi : 29 ouvrages de littérature pure, 4 traités de musique, 8 traités sur l'art vétérinaire, 11 ouvrages sur l'art militaire, 30 ouvrages de droit, 37 ouvrages d'enseignement, d'histoire, de géographie, de philosophie et de morale.

Parmi nos ouvrages d'enseignement élémentaire ou classique, adoptés par les Japonais, on peut citer : les *Géométrie* d'Amyot et de Legendre, les *Physique* de Ganot et de Jamain, l'*Arithmétique* de Jourdain, les *Simples lectures*, de Garrigues, les *Eléments d'Economie commerciale et industrielle*, de Levasseur, les *Eléments de morale*, de Franck, les *Notions de philosophie*, de Jourdain, les *Eléments de géologie*, de Raulin, la *Grammaire française*, de Sommer, *Maurice ou le travail*, de Mme Garraud, la *Physiologie des animaux domestiques*, de Colin, le *Discours sur les sciences et les arts*, de Rousseau, les livres de Bréal, A. Rendu et Barraud, les *Histoires*, de Thiers, de Mignet, de Gabourd, de Guizot, l'*Histoire d'un Crime*, de Hugo, les *OEuvres philosophiques*, de Cousin et de Fouillée, et l'*Esprit des lois*, de Montesquieu.

Notre littérature périodique, dit M. Appert, est largement représentée au Japon. On y trouve deux ou trois traductions de nos Codes, sans parler des lois ou décrets qu'on connaît également. L'étudiant japonais fait usage de nos traités élémentaires : Mourlon, Delsol, Picot, Baudry-Lacantinerie, Accollas, Bonnier, Camuset, Ortolan, Bertauld, Bœuf, Delacourtie, Rivière, Boistel, Cadet. Le Ministère de la Justice japonais a fait traduire le *Traité de droit public*, de Batbie, la *Compétence administrative*, de Serrigny, le *Droit commercial*, de Massé, la *Réserve héréditaire*, de Boissonnade, la *Profession d'avocat*, de Mollot, la *Philosophie du droit*, de Bélisme, les *Finances et l'impôt*, de Leroy-Beaulieu, et les principaux travaux de Demolombe, de Dalloz, de Block, de Bastiat, de Courcelle-Seneuil.

Sous l'inspiration du professeur français qui dirige les musiques militaires du Japon, on a traduit les *Principes de la musique*, de

Savard, une méthode de saxophone, de L. Mayeur, une autre de
clarinette, de Klose, et on prépare la publication des *Conseils d'un
Professeur*, de Marmontel.

Les Japonais se plaisent peu à nos œuvres d'imagination pure.
La principale raison de l'ostracisme qui les frappe, c'est que les Japonais sont gens sérieux et peu romanesques; ils achètent nos livres
pour y puiser surtout des connaissances positives. « Le Japon, disait
un moderniste, est dans le train, et dans un train qui roule furieu-
sement vite. Il n'a guère le temps de s'intéresser à notre littérature,
la sienne lui suffit. En résumé, il faut reconnaître que, sauf quelques
erreurs dues au hasard des circonstances, le choix des ouvrages à
traduire est heureux, et que les Japonais nous connaissent infiniment
mieux que nous ne les connaissons. »

La *Société de langue française* n'est pas la seule dans son genre
qui existe au Japon ; les Allemands ont voulu, eux aussi, fonder leur
Société de langue allemande, la Doitsu-gaku-kiokai. Elle se compose
environ de quatre-vingts membres. Un journal de Yokohama lui
souhaitant la bienvenue, exprime des craintes pour son avenir. Il se
plaît à constater qu'à la première réunion de la *Société française* il y
avait plus de cinq cents personnes, parmi lesquelles le jeune prince
Kan-in-no-miya, le général Yamada, et un grand nombre de nota-
bilités japonaises ; tandis qu'à l'inauguration de la Société allemande,
on comptait à peine quatre-vingts membres, presque tous Allemands.

L'une des Sociétés qui ont le mieux réussi sur le sol japonais
est la Société suisse de tir. Fondée sous l'influence française, elle
compte un grand nombre de membres de toutes les nations, ouvre
des concours et distribue des prix.

Il a été aussi fondé à Yokohama une Société de secours mutuels
entre tous les Français résidant au Japon.

Comme complément de ce chapitre sur les Français au Japon,
nous devons parler des Japonais en France et de l'accueil que nous
faisons à leurs ambassadeurs, à leurs missions, à leurs produits artistiques et industriels.

II

LES JAPONAIS EN FRANCE

ENDANT que le mouvement en faveur de la France s'accentue dans l'Extrême-Orient, un mouvement analogue se produit chez nous. Le Japonais est enseigné officiellement à l'Ecole des langues orientales (1) où une chaire spéciale fut créée, en 1868, pour Léon de Rosny, orientaliste éminent. A la Sorbonne, M. Revon, qui a fait une thèse de doctorat ès lettres sur le peintre Hokousaï, est chargé toutes les semaines d'un cours d'histoire générale de la civilisation japonaise. M. Paul Vibert qui y enseigne la *colonisation pratique*, s'y occupe aussi du Japon et de l'Extrême-Orient.

Il existe à Paris une Société des études japonaises, qui a son siège, rue Monsieur, 19, et dont le but est de contribuer au progrès de nos connaissances relatives à l'Empire du Japon. Elle tient des séances périodiques, ouvre des conférences, forme des collections d'ouvrages japonais. Elle a déjà reçu de nombreuses monnaies japonaises anciennes, une collection de coquillages des mers de la Chine,

(1) A l'Ecole des Langues orientales vivantes, M. Henri Cordier fait un cours sur le Japon et la Chine. Dans les Universités populaires de Paris, M. André Siegfried a fait des conférences sur la *Question ouvrière au Japon*.

étiquetée en japonais, de remarquables échantillons des minéraux de Nippon, etc.

Pour mieux connaître le Japon, son passé, ses monuments, sa civilisation, le gouvernement français a créé, le 1er mars 1901, une *Ecole française d'Extrême-Orient*, chargée d'étudier l'archéologie, l'histoire, l'art du Japon, de la Chine et de l'Indo-Chine.

Le ministre de l'Instruction publique a acquis un certain nombre d'objets d'art japonais. On peut voir au Louvre le portrait, sculpté sur bois laqué du xvie siècle, de *Tokiyori*, seigneur japonais qui fut un grand homme d'Etat, et dont le souvenir est resté populaire au Japon, en raison de sa vie consacrée tout entière à la protection des faibles et à la répression des abus. C'est encore le portrait de *Riyoken*, prêtre bouddhiste, œuvre d'un style un peu moins puissant. Ces œuvres ont, les premières, en 1891, représenté, au Louvre, les arts de l'Extrême-Orient. La création d'un Musée oriental était depuis longtemps réclamée, en particulier par M. Roger Marx et par M. Gonse.

De son côté, M. Louis Gonse, Directeur de la *Gazette des Beaux-Arts*, a organisé, à Paris, une Exposition qui se compose exclusivement de sa riche collection d'objets d'art japonais.

Un autre amateur de ce genre, très distingué, M. Bing, s'est rendu au Japon, y a conversé avec les experts les plus érudits, et il a rapporté pour sa collection particulière des tasses, des vases, des objets de culte ou de palais, très précieux par la beauté du dessin ou des émaux.

On peut citer encore, à Paris, de nombreux collectionneurs ; les principaux sont : Mme L. Cahen, MM. Cernuschi, Burty, Montefiore, Hirsch, Proust, Haviland et Taigny. Leurs vitrines contiennent des armes, des boîtes en laque, des bronzes, des ivoires, des bois sculptés, des statuettes, des porcelaines, des étoffes brodées, des dessins à l'encre de Chine, tout ce que le Japon a de plus curieux, de plus original et de plus artistique.

A Lyon, un riche industriel, M. Guimet, avait fondé un Musée remarquable, entièrement composé d'objets d'art japonais et chinois et des produits de l'industrie de ces peuples. Cette vaste collection est peut-être la plus précieuse qui existe en France. Elle a été transportée à Paris où on lui a bâti un monument au Trocadéro. L'inauguration officielle a eu lieu au mois de mai 1888.

M. Guimet est aussi un artiste et un grand voyageur. Il a écrit
de nombreux ouvrages où il a fait le récit de ses voyages. Nous
citerons particulièrement ses *Promenades japonaises*. En outre de
son Musée de l'Extrême-Orient, il a fondé à Lyon une Bibliothèque
et une Ecole spéciale pour les langues orientales.

Le corps diplomatique du Japon accrédité auprès du gouvernement français, à Paris, se compose d'un ministre plénipotentiaire,
d'un conseiller, d'un secrétaire et de quatre autres personnages attachés à l'ambassade. Deux consuls japo-
nais résident à Lyon et à Marseille.

L'intérêt tout sympathique que nous
témoignons au mouvement civilisateur
du Japon et la part qu'y prennent nos
nationaux, nos relations commerciales
de plus en plus nombreuses avec ce
pays, l'importance que nous donnons
aux produits de son industrie, en outre
et surtout nos grandes Ecoles et notre
développement militaire et maritime,
attirent dans nos villes un assez grand
nombre de Japonais. Les uns y viennent
à titre privé ; d'autres, au nom de leur
gouvernement. Il ne se passe pas d'année
où des Japonais de distinction n'arrivent
en France, envoyés en mission officielle.

Nous donnons la relation d'une
mission japonaise à Bordeaux en 1886.

Mission japonaise à Bordeaux.

Cette mission était conduite par le général Saïgo, ministre de la
marine du Japon, qui désirait visiter le port de Bordeaux et ses
chantiers de construction. Le ministre était accompagné d'officiers et
d'ingénieurs japonais.

La mission japonaise du général Saïgo partie de Paris où elle
avait passé quelques jours, arriva à Angoulême ; elle visita la fonderie de canons de la marine, à Ruelle. Par une heureuse coïncidence,
le colonel d'artillerie Dupan, directeur de la fonderie, se disposait
à faire la première expérience d'une pièce de 42 centimètres, destinée

au vaisseau le *Requin*. Cette pièce, de 100 tonnes, était une des plus grosses que nous ayons fondues.

On conçoit que cette expérience pouvait présenter un vif intérêt pour le ministre d'une nation qui cherche à créer une marine militaire.

Dès son arrivée à Bordeaux, la mission se rendit en rade afin de visiter le *Château-Yquem*.

Le ministre était un homme de quarante à quarante-cinq ans, fort intelligent et fort instruit. Les officiers qui l'accompagnaient étaient, parait-il, les plus distingués de la marine japonaise.

M. le capitaine Journeil, commandant du vapeur, dirigea la visite dans toutes les parties du navire. Le ministre japonais et ses officiers se montrèrent aussi curieux que les Chinois lors de leur visite à Bordeaux ; mais ils paraissaient être plus positifs et moins étonnés que les Célestes.

Les Japonais étaient vêtus à l'européenne. Tous portaient le chapeau haut de forme, la redingote noire et le pardessus. Ils parlaient très couramment la langue anglaise. Quelques-uns parlaient même très bien le français.

Dans l'après-midi, les Japonais s'embarquèrent sur la gondole la *Magicienne* que la Société des Hirondelles avait gracieusement mise à leur disposition. Le capitaine de vaisseau Shibayama, premier aide de camp du ministre japonais, avait revêtu la grande tenue de bord. L'uniforme adopté par la marine japonaise se rapproche beaucoup du nôtre, sauf la casquette qui ne porte pas de galons.

Le capitaine Ito, qui servait d'interprète au ministre, portait l'uniforme d'enseigne de vaisseau de la marine française, bien qu'il eut dans la marine japonaise le grade de lieutenant de vaisseau. D'après des conventions spéciales, chaque fois qu'un officier d'une puissance sert dans une armée étrangère, il porte l'uniforme d'un officier inférieur à son grade. Or, le capitaine Ito servait à bord de la *Dévastation* dans l'escadre d'évolution de la Méditerranée.

La mission se dirigea vers les chantiers de constructions navales et se rendit à bord du *Requin*. La visite à ce cuirassé fut longue et minutieuse ; aucun point n'échappa à l'examen du ministre japonais. Le commandant Boulineau, avec son affabilité habituelle, fit les honneurs de son navire. Il était secondé dans cette tâche difficile — étant données les nombreuses questions soulevées par les officiers de la suite du ministre japonais — par le mécanicien principal, Compunaud.

Après avoir remercié les officiers du garde-côte, le général Saïgo alla visiter les chantiers et les ateliers de la Gironde; il s'arrêta assez longtemps devant les quatre torpilleurs de 33 mètres, en construction, et il examina dans le cabinet de l'ingénieur en chef les plans du *Troude* et surtout du *Requin*. Ce dernier examen ne laissa aucun doute sur ses intentions. Ajoutons que le Japon, qui avait jusqu'ici constitué sa marine sur les bases de la marine anglaise, montre des tendances très prononcées pour appliquer les procédés de la marine française et adopter son uniforme.

Au cours de leurs diverses visites, les officiers japonais ont pris de nombreuses notes au crayon sur leurs poignets de chemise. Nous avons remarqué ainsi que le général Saïgo portait au poignet gauche un magnifique bracelet d'or.

Le ministre japonais et sa suite rentrèrent à l'Hôtel de France, où un dîner de vingt-trois couverts fut servi.

Au dessert, M. de Bondy souhaita la bienvenue au général Saïgo et porta un toast à la prospérité du Japon.

Le ministre japonais répondit qu'il buvait à la santé du Président de la République française, à la prospérité de la France et de la ville de Bordeaux.

A neuf heures, on se rendit au Grand-Théâtre où M. Daney avait mis à la disposition des officiers japonais la loge municipale. Les invités du maire, parmi lesquels se trouvaient les officiers de la corvette *Ellida* en grand uniforme, étant trop nombreux pour tenir tous dans la loge municipale, une loge voisine leur donna l'hos— pitalité. Peu après, à l'entr'acte, on pouvait voir dans la salle des Concerts, brillamment illuminée, un spectacle auquel jamais peut-être Bordeaux n'avait assisté; les officiers de la marine française coudoyer en même temps leurs camarades de la marine japonaise et de la marine norvégienne.

Nous avons appris que M. le général Saïgo était un des hommes d'Etat les plus appréciés du Japon. Il a déjà occupé, dans le gouver— nement japonais, le ministère de l'instruction publique, puis celui de la guerre, ensuite celui de l'agriculture et enfin celui de la marine. Dans chacun de ces postes élevés, le général Saïgo s'est, paraît-il, montré à la hauteur de la situation. Nous avons appris également que l'un des ingénieurs de la mission, M. Wacayama, a fait ses études à l'Ecole du génie maritime du port de Cherbourg.

Le lendemain, la mission se rendit de nouveau à bord du *Requin*, où le petit équipage du garde-côte était occupé à poursuivre les expériences de chauffe des machines. Les officiers japonais virent successivement fonctionner le servo-moteur, type Farcot, à l'aide du manipulateur placé dans le poste de combat du commandant et par la commande directe. Ils assistèrent au fonctionnement des machines au point fixe ; elles ont marché à 52 tours. Ils s'arrêtèrent devant tous les appareils auxiliaires ; les éjecteurs américains destinés à épuiser les compartiments avant et arrière ; les pompes Thirion de 500 tonneaux ; celles de 20 tonneaux ; les deux pulsomètres pouvant rejeter à la mer 500 tonneaux d'eau ; enfin, les apparaux de manœuvre des ancres et le gouvernail à vapeur.

La mission emporta de nombreux documents et plans, et fut édifiée sur le prix de revient du garde-côte et les services qu'il était appelé à rendre. Ce magnifique navire de guerre séduisit les officiers japonais.

Ensuite, le ministre et sa suite allèrent à la manufacture de faïence de M. Vieillard. MM. Vieillard frères leur firent visiter leurs vastes ateliers qui occupaient plus de deux cents ouvriers. Les Japonais suivirent les travaux des divers ouvriers et ouvrières avec une satisfaction très apparente.

La mission japonaise quitta Bordeaux pour se rendre à Nantes. Là, elle allait encore faire d'autres études sur la marine marchande française.

Nous avons voulu raconter cette visite faite à Bordeaux par une légation japonaise, pour montrer avec quel intérêt et quel soin minutieux ce peuple cherchait à pénétrer tous les replis de notre civilisation. Sans parler de Paris, il n'est pas de grande ville française qui n'ait vu des missions de ce genre, envoyées par le gouvernement japonais pour étudier le fonctionnement de nos institutions et nos grandes industries nationales.

En 1889, une mission japonaise vint à Paris conduite par le général Yamagata, qui depuis s'est signalé comme un des grands chefs des armées japonaises.

M. Goblet, alors ministre des affaires étrangères, reçut le général

Yamagata , ministre de l'intérieur du Japon , qui venait en France pour étudier notre administration communale et nos établissements militaires. Le général était accompagné, dans sa visite, du ministre du Japon à Paris et d'un interprète.

Peu de jours après son arrivée, le général Yamagata visita les principaux monuments de la capitale. Il se rendit d'abord à l'Hôtel-Dieu, avec toute la mission japonaise qui fut reçue par M. Peyron, Directeur de l'Assistance publique. M. Baudry, Directeur de l'Hôtel-Dieu, conduisit les visiteurs dans les différents services de l'établissement et leur fournit les renseignements les plus complets. Le général Yamagata séjourna en France un mois, après lequel il se rendit à Londres pour revenir ensuite à Paris pendant l'Exposition.

De leur côté, MM. Funakoshi, sénateur japonais, et Kawadji, conseiller de la préfecture de police du Japon, se rendirent à Bordeaux pour y étudier, avec l'autorisation du gouvernement français, le fonctionnement des divers services administratifs de cette ville. Ils visitèrent les bureaux de la préfecture de la Gironde et de la mairie de Bordeaux, et ils se rendirent dans les mairies rurales de Caudéran et de Cérons. Dans ces diverses visites, les membres de la mission japonaise reçurent toutes les explications qu'ils désiraient obtenir.

Plusieurs missions japonaises sont encore venues en France. En avril 1900, le prince Ka–nin a fait un voyage en Europe et a particulièrement séjourné à Paris, accueilli avec sympathie par le Président de la République et le ministre des affaires étrangères. Peu de temps après, en témoignage de sa reconnaissance pour une telle réception, le Mikado a offert les décorations du Chrysanthème à M. Loubet et du Soleil–Levant à M. Delcassé.

Le Japon a participé avec éclat aux Expositions universelles de 1878, 1889 et 1900.

L'Exposition de 1889 attira à Paris de nombreux Japonais. Le Japon y avait une section spéciale et était représenté par un commissaire-général nommé par le gouvernement japonais. L'Empire du Soleil–Levant tenait la première place parmi les pays de l'Asie et dépassait même quelques uns d'Europe. Il lui avait été attribué 1100 mètres carrés. La Chine n'en occupait que 300. Ses vases, ses laques, ses paravents, ses sculptures, ses objets d'art de toute espèce, remarquables par la délicatesse et le fini du travail, ses jardins et ses fleurs attiraient en foule les acheteurs et les curieux.

Le Japon fut encore mieux représenté à l'*Exposition de 1900* (1). Non loin du Trocadéro devant le quai Debilly, à côté des colonies anglaises et de l'Egypte, séparée de la Chine par le Transvaal, l'Exposition japonaise comptait quatre pavillons, où tout était groupé de manière à charmer le visiteur. Le pavillon principal, qui est le pavillon officiel, reproduisait la pagode de Kondo, spécimen le plus pur du style japonais au viie siècle, et abritait de riches collections d'art ancien ; il était encadré d'un bazar et d'une maison de thé. Le tout était édifié dans un parc dont le centre était occupé par un joli petit lac que traversait un pont. Les eaux du lac étaient recouvertes de nénuphars et d'iris, entre lesquels des palmipèdes japonais prenaient leurs ébats. Sur l'un des côtés de ce délicieux jardin, un quatrième pavillon servait de serre ; on y trouvait une belle collection de la flore du pays, particulièrement des chrysanthèmes de toute beauté, des pivoines en arbres, une infinité de variétés d'autres fleurs et de ces singuliers arbres nains qui avaient déjà fait l'admiration universelle en 1889.

Alors que des puissances comme la Chine n'avaient exposé que dans un groupe, le Japon avait exposé dans neuf groupes. Constatons en outre que le gouvernement japonais avait ouvert des crédits considérables relatifs à l'Exposition de 1900. Le Japon arriva en quatrième ligne dans la liste des puissances, comme le montre le tableau suivant :

Autriche-Hongrie	10,000,000	francs.
Allemagne	6,609,000	—
Etats-Unis	3,250,000	—
Japon	*3,042,000*	—
Grande-Bretagne	1,875,000	—
Suisse	1,650,000	—
Roumanie	1,300,000	—

Les groupes de l'instruction publique, du génie civil, de l'industrie, de l'agriculture, des beaux-arts attiraient particulièrement à l'Exposition japonaise les hommes d'affaires, les savants, les éducateurs, les sociologues.

(1) Le savant Hayashi était le commissaire-général du Japon. Nous avons eu occasion déjà de lui rendre hommage.

L'éducation et l'enseignement formaient le premier groupe de l'Exposition : écoles maternelles, écoles primaires, écoles professionnelles de garçons et de filles, écoles normales, Universités. Institut des sourds-aveugles, musique, typographie, photographie, électricité, télégraphie.

Le génie civil, la navigation, le commerce, l'industrie, l'alimentation y avaient une grande place.

L'agriculture et les mines y étaient aussi très largement représentées : culture, insectes nuisibles, échantillons de terre arable, expériences des laboratoires d'agronomie, sociétés minières, stations géologiques.

Le mobilier, les tissus, les soieries, les papiers, la céramique, l'orfèvrerie, la bijouterie, les bronzes, les ivoires, les bois sculptés, les figurines, les laques, les éventails, les paravents, les petits bibelots constituaient la partie la plus curieuse et jusqu'ici la plus connue du public.

Ainsi cette Exposition se présentait sous le double aspect de sa vieille civilisation avec ses fantaisies, ses grâces et ses mignardises, excellant dans les petits riens, et de sa civilisation transformée et déjà affermie avec le caractère sérieusement novateur de ses réformes, de son enseignement largement donné, de sa culture intellectuelle, de son éducation morale, qui étonnent chez un peuple, à la fois si vieux et si jeune, qui a su ne pas s'inféoder à son passé et dont la rapide évolution l'a rangé parmi les plus civilisés des peuples modernes.

III

LES JAPONAIS EN CHINE, LE DRAME JAUNE

Première guerre sino-japonaise : guerre de Corée ; origines lointaines de la guerre ; premières rencontres : le *Kowshing*, le général Oshima à Asan. — Débarquement d'un corps d'armée : le maréchal Oyama à Ping-Yang, Yalu, Port-Arthur ; l'amiral Ito à Wei-hai-Wei. — Le traité de Shimonosaki (avril 1895). Deuxième guerre sino-japonaise : campagne de Chine (juin-septembre 1900). — Prise de Takou, de Tien Tsin, de Peï-Tang. — Entrée des Japonais et des alliés à Pékin. — Les membres des légations sont sauvés. — Fuite de l'Impératrice et de l'Empereur. — Appréciation sur le rôle du Japon dans cette guerre.

'EST en juillet 1894 qu'éclata la première guerre sino-japonaise relative à la Corée et terminée par le triomphe du Japon.

Le Japon avait bonne armée et bonne marine ; il avait, comme nous l'avons vu, édifié des arsenaux, acheté en Europe le matériel de guerre le plus parfait, et créé un personnel excellent. Pendant ce temps, la Chine n'agissait que par à-coups, n'assurant pas d'une façon suffisante la défense du Petchili, c'est-à-dire les abords de Pékin. Les Japonais n'ignoraient rien de la faiblesse militaire des Chinois ; ils avaient organisé un service d'espionnage avec une habileté tout asiatique. Les incidents de Corée leur fournirent le prétexte de déclarer la guerre qu'ils désiraient. Alors commença le premier acte du drame jaune.

L'Europe voyait pour la première fois aux prises ces deux peuples : l'un, immobilisé dans ses traditions et enserré dans un cercle de préjugés plus impénétrables que la fameuse muraille ; l'autre, ouvert aux mœurs occidentales et désireux de s'assimiler notre civilisation.

Convoitée par le Japon (1), dont elle n'est séparée que par un détroit d'une quarantaine de lieues de largeur, la Corée avait depuis bien des siècles subi de nombreuses invasions de son voisin insulaire. Le Japon y possédait au XVIIe siècle le port de Fou-san et recevait tribut. Jusqu'au XIXe siècle l'histoire ne mentionne aucun fait inté—ressant en Corée.

Vers 1875 le Japon entre de nouveau en jeu et oblige la cour de Séoul à ouvrir le royaume au commerce japonais. On comptait alors trois partis en Corée : l'un, le parti du progrès, favorable au Japon et à la civilisation occidentale ; l'autre, systématiquement hostile aux étrangers ; le troisième , essentiellement sinophile. A la suite de troubles, une convention avait été signée entre la Chine et le Japon d'une part, la Corée de l'autre, permettant aux cosignataires d'entretenir une garde consulaire dans la capitale. Or, tandis que le commerce japonais se développait dans les ports ouverts , l'influence chinoise se maintenait prépondérante à la cour de Séoul et contrecarrait les projets du Mikado ; de là, des tiraillements, des plaintes , parfois des rixes

La question de l'Asie orientale.

sanglantes. La Corée était une pomme de discorde entre ces deux Empires ; seule, la Chine voulait l'ignorer, ne pouvant admettre que ce petit Japon qu'elle méprisait oserait jamais lancer le gant à la face du Fils du Ciel.

Une révolte ayant éclaté en Corée, le roi Li-Houi fit appel aux Chinois pour soumettre les insurgés. La Chine envoya des

(1) De tous temps les Japonais ont envié la Corée. Au Musée Guimet on trouve représentée l'impératrice *Zia-Gou*, conquérante de la Corée, un éventail à la main et le sabre au côté (terre-cuite de Kioto).

troupes ; cet exemple fut suivi par le Japon et, malgré les roueries
de Li-Hung-Tchang, qui voulait l'évacuation des troupes japonaises,
la guerre sino-japonaise s'engagea le 24 juillet 1894 par le duel de
croiseurs chinois et japonais où ces derniers eurent l'avantage ; le
même jour les Japonais coulaient le transport anglais *Kowshing*
chargé de 1100 Chinois à destination de la Corée. Sur terre, ils
s'emparaient de Séoul et leur général Oshima repoussait les Chinois
de leur quartier–général d'Asan.

Ces premières passe-d'armes heureuses enflammèrent le courage
des Japonais. Ils envoyèrent un corps d'armée sur le théâtre des
hostilités, sans être le moins du
monde inquiétés par l'escadre chinoise du Petchili, dont l'amiral
Ting était tiraillé entre des ordres
et des contre-ordres. Au premier
choc important, à *Ping-Yang*, les
Japonais eurent l'avantage. Les
Chinois y avaient concentré 14,000
hommes, c'est tout l'effort que
le grand Empire de 400 millions
d'âmes avait pu fournir. Les bandes indisciplinées de Chinois, com-
mandées par des chefs incapables,
s'empressèrent , après quelques
engagements dirigés habilement

Major-général Oshima.

par les généraux japonais Nodzu et Oshima, d'évacuer Ping-Yang
à la faveur de la pluie et de l'obscurité. Les Célestes évacuèrent du
même coup la Corée tout entière, ne s'arrêtant que derrière le
fleuve Yalu, à la frontière de l'Empire du Milieu, suivis par l'armée
japonaise, sous les ordres d'Yagamata qui franchit à son tour le
Yalu, refoulant l'ennemi sans difficulté et s'établissant sur le territoire
chinois.

La fortune des armes réservait au Japon un nouveau succès :
ce fut la bataille navale d'*Yalu* (17 septembre) livrée par l'amiral
japonais Ito à l'amiral chinois Ting, dont l'escadre était venue, mais
bien mal à–propos, débarquer un corps de troupes à l'embouchure
du Yalu. Grâce à l'esprit de discipline, à la vitesse supérieure de

ses navires et à la rapidité de ses canons la flotte japonaise coula plusieurs bâtiments chinois et, maîtresse de la mer, aida puissamment l'armée de terre dans ses opérations sur le territoire du Céleste-Empire.

Pendant que le maréchal Yagamata continuait ses opérations à l'ouest du fleuve Yalu, une deuxième armée, rassemblée à Hiroshima, prenait la mer sous les ordres du maréchal Oyama, et se dirigeait sur Port-Arthur, le grand arsenal créé par Li-hung-Chang pour défendre l'accès du golfe du Petchili. Les deux forteresses voisines de Port-Arthur, Kiu-Chéou et Talien-Wan, gardées par des troupes démoralisées que commandaient des chefs indignes, furent prises presque sans résistance. Quelques escarmouches eurent lieu, signalées de part et d'autre par des actes de cruauté. Les Japonais, après une marche très pénible, s'installèrent en vue de Port-Arthur, très bien défendu du côté de la mer, mais sans défense solide du côté de la terre. Ils s'emparèrent facilement de la ville.

Amiral Ito.

En janvier 1895 une troisième armée japonaise, sous les ordres du maréchal Oyama, le vainqueur de Port-Arthur, entreprenait l'investissement de *Wei-hai-Wei*, la forteresse maritime qui gardait au sud le golfe du Petchili. L'escadre de l'amiral Ito coopérait à l'attaque du maréchal Oyama. Les forts furent pris sans difficulté ; quant à l'amiral Ting, dont la flotte était cantonnée dans la baie de Wei-hai-Wei, sa maladresse et son entêtement le retinrent dans ce cul-de-sac où Ito lui donna le coup de grâce. Les torpilleurs japonais, dont beaucoup de construction française, coulèrent la flotte chinoise dans la rade. L'amiral Ting, homme courageux mais marin d'occasion, ne voulut pas survivre à sa défaite et s'empoisonna en avalant une forte dose d'opium. L'amiral Ito acheva sa victoire en allant s'emparer du groupe des îles Pescadores, au sud de Formose.

La cour de Pékin comprenait que la lutte était impossible; elle voyait les armées du Mikado sous les murs de la capitale et se sentait incapable d'arrêter leur marche victorieuse. Elle donna plein pouvoir au grand vice-roi du Petchili, Li-Hung-Tchang, qui se rendit à Shimonosaki. Pendant les conférences, il fut attaqué par un fanatique qui le blessa à la joue. Cet attentat hâta la signature de la paix (17 avril 1895). Comme les stipulations imposaient au vaincu de trop lourdes charges, la France, la Russie et l'Allemagne intervinrent en faveur de la Chine.

Maréchal Oyama.

Le Japon consentit à abandonner, moyennant un supplément d'indemnité pécuniaire, la partie de la Mandchourie qu'il voulait conserver. Il lui restait de cette brillante campagne, avec la gloire qu'il avait acquise, l'île de Formose, joyau des mers de Chine, et les Pescadores qui constituent une position militaire de premier ordre. La Corée, objet du litige, fut déclarée indépendante; cependant le Japon ne renonçait pas à y dominer. Et là, comme dans tout l'Extrême-Orient, son objectif est bien d'établir sa prépondérance militaire et commerciale, et d'en éliminer l'élément chinois.

Mais la question de Corée était loin d'être terminée avec la guerre. Depuis le traité de Simonosaki, ce pays fut troublé par des dissensions civiles. La reine, hostile à l'influence japonaise, fut massacrée en 1895, ce qui n'empêcha pas le consul de Russie, ami du Japon, d'établir en Corée son influence grandissante. Le roi se réfugia à l'ambassade de Russie et nomma, en février 1896, un ministère hostile à l'influence japonaise. Mais une convention russo-japonaise fut signée en mai 1896, établissant un quasi-condominium et stipulant que les deux gouvernements auraient le droit d'entretenir des détachements militaires en Corée. Cet accord fut renouvelé en 1898. En 1897, le roi de Corée s'était proclamé empereur de *Taï-Kan* (grande Corée). Quant à Formose, elle se révolta en 1896, à la suite de la prise de possession par le Japon, et la pacification de l'île ne se fit pas sans peine. Les Japonais y ont établi des routes, des tramways et des chemins de fer.

La même année, le traité de Simonosaki fut modifié en quelques points, et particulièrement au point de vue commercial. En même temps, le Japon concluait de nouveaux traités, notamment avec la France, consacrant l'ouverture du pays aux étrangers et l'abolition des juridictions consulaires que nous avons indiquée au chapitre du commerce.

Dans le courant de l'année 1900, le Japon dut reprendre les armes contre la Chine. Le gouvernement chinois supportait avec une résignation mal déguisée l'indépendance de la Corée et la perte de l'île Formose, bien qu'il les eût acceptées par des traités. Il voyait non sans regret l'établissement des Russes à Port—Arthur, des Allemands à Kiao-Tchéou et des Anglais à Weï–haï–Weï. Il était inquiet de la propagande des missionnaires et de l'action commer—ciale trop prépondérante des Anglais sur le Yank-tsé-Kiang (1) ; il lui déplaisait de voir des Français et des Belges construire des lignes de chemins de fer et un grand Central de Pékin à Nankin, que le Tsung–Ly–Yamen avait cependant officiellement accepté (2).

Oublieux de tous leurs engagements, les Chinois les brisèrent sans scrupule et ils devinrent xénophobes. L'Empereur de Chine et surtout l'Impératrice laissèrent se soulever contre les étrangers la Société secrète des Boxers. Les étrangers furent chassés, les mission—naires furent massacrés, les lignes de chemins de fer furent brisées, les représentants des nations étrangères furent attaqués dans leurs légations. Les massacres accomplis par les Boxers commencèrent le 4 juin dans Pékin et dans la Chine centrale et méridionale. Le 11 juin, ils assassinèrent, sur l'ordre du prince Tuan, le chancelier de la

(1) Certains missionnaires, de toute confession, et des négociants trop cupides avaient parfois montré un zèle intempestif. Négociants et missionnaires avaient demandé à leurs gouvernements des appuis diplomatiques et militaires. Lord Salisbury avait même protesté contre les menées de quelques apôtres inspirés par des intérêts temporels peu recommandables. (Voir la lettre de M. G. Lyon et l'article de M. Richet dans la *Revue Bleue*, du 27 octobre 1900).

(2) Un édit de l'Empereur de Chine, du 20 octobre 1896, avait autorisé et garanti un emprunt pour la cons-truction de chemins de fer. La construction et l'exploitation avaient été données à une Compagnie franco-belge. Cet édit impérial avait été confirmé par un contrat signé à Shanghaï, le 26 juin 1898, avec le Ministre de Belgique à Pékin.

légation japonaise au moment où il quittait Pékin. Sa tête fut coupée,
mise au bout d'une pique et placée sur la porte de la capitale.
Quelques jours après, le ministre d'Allemagne fut tué.

Dans cette grave et douloureuse situation, l'Europe accepta les
offres de secours qui furent faites par le Japon, le peuple le plus
voisin de la Chine, qui pouvait le plus rapidement débarquer des
troupes sur la côte du Petchili pour venger sans retard le meurtre
de son légat et les offenses faites aux nations européennes. Les Japonais envoyèrent aussitôt
20,000 hommes qui, pour
la plupart, débarquèrent
à l'embouchure du Peïho.
Tout ce qui se trouvait de
soldats français, russes,
anglais, allemands, italiens,
autrichiens, américains,
dans les mers de Chine,
se joignit aux Japonais, et
ces troupes internationales
vinrent mettre le siège
devant les forts de Takou
récemment construits, par
des architectes européens,
à l'entrée du Peïho. Le
siège de Takou ne fut pas
sans donner de la peine

Maréchal Yagamata.

et des inquiétudes aux assiégeants. Les Chinois avaient des canons,
des fusils, des torpilleurs achetés en Europe ; ils étaient bien équipés
et assez bien disciplinés, aussi opposèrent-ils une vive résistance.
Takou fut attaqué dans la soirée du samedi 16 juin, par une belle
clarté de lune qui éclairait les vaisseaux internationaux et les montrait
trop bien à l'artillerie chinoise qui les bombarda pendant toute la
nuit. Le dimanche matin, 17 juin, dès l'aube, vers 4 heures, un corps
de débarquement, composé de Japonais, de Russes, d'Anglais, de Français et d'Allemands fut mis à terre et partit à l'assaut du fort nord
qui fut rapidement enlevé. De là, on marcha sur le fort est, pendant que le fort sud tirait vivement sur les assaillants. A 9 heures,

tous les forts étaient pris, après une matinée de lutte sanglante, avec une chaleur de 40 degrés.

Après la prise de Takou, les Japonais et les alliés se dirigèrent sur Tien-Tsin, ville très importante, place forte d'un million d'habitants, située sur le Peïho et considérée comme le port de Pékin ; les Chinois l'ont surnommée le *Gué du ciel*. L'amiral Ito, que nous avons vu dans la précédente guerre sino-japonaise, les généraux Yamaguki et Turaki, avec un solide état-major, dirigeaient les opérations de l'armée du Japon. Le siège de Tien-Tsin commença le 13 juillet, dès 4 heures du matin ; à 5 heures, toutes les troupes internationales étaient engagées ; on remarquait surtout parmi elles les képis jaunes des Japonais. A 8 heures, la batterie française fit sauter la poudrière chinoise et découragea un moment les assiégés. Mais à 10 heures, une fusillade terrible, partie des murs de la ville, arrêta les Japonais, les Anglais et les Français ; une batterie japonaise eut tous ses servants tués ou blessés. Le soir, il fallut suspendre l'attaque de Tien-Tsin. Le 14 juillet, à 3 heures du matin, la lutte recommença ; les pionniers japonais firent sauter une des portes à la dynamite, au milieu d'une épouvantable explosion. Japonais et Français, Anglais et Russes entrèrent à l'assaut dans la ville ; les charges à la baïonnette des Japonais et des Français furent remarquées, elles décidèrent du succès de la journée. Un témoin a écrit « qu'il n'y avait que les Japonais et les Français pour aller ainsi avec cette fougue. » Les Japonais perdirent 300 hommes dans ce siège (1).

Après la prise de Tien-Tsin, les alliés poursuivirent les Chinois qu'ils rencontrèrent le 5 août à Peïtang, sur le Peïho. Les Japonais s'engagèrent dans le fleuve à la suite des Chinois qui avaient fait sauter le pont, et malgré le feu violent des ennemis ils les mirent en déroute, après une lutte intrépide dans laquelle ils eurent 200 hommes tués. La cavalerie japonaise s'illustra par un exploit des plus brillants dans une magnifique charge sur une batterie chinoise. Le

---

(1) Un jeune soldat du Périgord, qui a pris part au siège de Tien-Tsin écrivait à sa famille, le 22 juillet 1900 :
« La lutte a été terrible, le carnage effroyable..... Après une vive canonnade l'arsenal chinois sauta ....Le désar-
» roi se mit dans les rangs chinois et après une charge héroïque à la baïonnette de l'infanterie de marine et des
» Japonais, nous enlevâmes la position..... Les Japonais qui combattaient avec nous tombaient comme des mou-
» ches ; ils ont eu une grande quantité de morts ou de blessés..... Le bataillon du 11e a été beaucoup éprouvé ;
» mais ceux qui l'ont été le plus sont les Japonais. La guerre leur coûtera cher. »

mouvement fut exécuté comme si les cavaliers étaient à la parade. Les Japonais se trouvèrent sur les pièces ennemies avant que les canonniers chinois eussent eu le temps de revenir de leur surprise.

Après ce succès, les alliés entrèrent à Yang–Tsung. Ensuite commença la marche sur Pékin. Les Japonais formaient l'avant-garde des troupes internationales; ils faisaient preuve de la plus grande résistance; ils étaient tout à la guerre et semblaient ne jamais prendre de repos. Leur organisation de transport était la meilleure; leurs éclaireurs parcouraient le pays en avant des alliés; leurs patrouilles étaient constamment en contact avec les Chinois, les serrant de si près que ceux–ci étaient forcés d'abandonner précipitamment leurs tapis de couchage, leurs vêtements, leurs ustensiles de cuisine; les charges de la cavalerie japonaise les délogeaient sans cesse.

Général Nodzu.

Le 12 août, les Japonais s'emparèrent de Tung–Tchéou, à dix milles de Pékin; ils y prirent une grande quantité d'armes et des magasins de riz, puis ils continuèrent leur poursuite des Chinois.

Le 14 août au matin, Japonais et alliés étaient sous les murs de la capitale du Céleste Empire. Immédiatement, les Japonais commencèrent l'attaque du mur septentrional, pendant que les autres troupes combattaient vers les portes de l'est. Les soldats japonais étaient exténués par la fatigue des jours précédents pendant lesquels ils avaient dû lutter et camper sous une pluie torrentielle; leurs attaques durèrent toute la journée et le soir seulement, vers minuit, ils réussirent à faire sauter la porte et ils entrèrent dans la ville où venaient également de pénétrer les alliés par les autres portes. Le 15 août, on se battit durement dans les rues qui fumaient d'incendie et de ruines, et les Japonais arrivèrent au palais impérial d'où venaient de s'enfuir l'Empereur, l'Impératrice et les princes.

Le général Yamaguki (1) et son état-major, après s'être emparés de la cité impériale avec les alliés, entrèrent dans la légation japonaise et le reste des troupes japonaises resta devant la porte d'Anting. Une division de cavalerie japonaise fut détachée pour poursuivre l'Impératrice qui emportait un trésor de 50 millions de taëls. D'un autre côté, les alliés étaient allés au secours des légations étrangères où ils avaient trouvé les ministres et leur personnel sains et saufs, mais beaucoup de leurs défenseurs avaient été tués, et les légations étaient incendiées ou criblées de balles.

Dans ces sièges et dans les diverses batailles de cette guerre, les alliés avaient eu beaucoup de blessés; les Japonais les conduisirent aux hôpitaux militaires de Nagasaki et de Hiroshima où ils furent généreusement soignés, comme l'ont attesté les soldats français.

Ainsi, après deux mois de guerre, les Japonais étaient entrés à Pékin; ils avaient enfin réalisé les espérances dont ils se berçaient depuis longtemps et dont s'inspirait leur chant militaire :

« Le temps est venu de planter le drapeau du Soleil Levant sur les murs de Pékin,
» Ce sera l'honneur de notre glorieux Empire... »

Le protocole de paix fut signé le 14 janvier 1901, et toute idée de protestation contre les conditions de paix faites par les alliés fut abandonnée par la Chine.

Néanmoins elle a résisté assez longtemps avant de mettre à mort les hauts personnages qui étaient les instigateurs de la guerre et du massacre des légats. Ce n'est que le 27 février qu'a eu lieu à Pékin, devant des délégations de troupes alliées, l'exécution des deux principaux coupables.

Le 4 mars, un édit promulgué par l'Empereur a annulé tous les décrets qui ont été rendus entre le 20 juin et le 14 août 1900, *afin que l'histoire n'en conserve par la trace.*

Tout nous porte à croire, au moment où nous terminons ce livre, que la guerre de Chine touche à sa fin, que la paix va être définitivement établie et que les troupes alliées vont rentrer dans leurs pays.

On n'a certainement pas assez remarqué le rôle que le Japon a joué dans cette guerre. Dès qu'il a été question de prendre des

---

(1) Attaché militaire japonais auprès des Russes, en 1877-78; il se distingua si brillamment à Plewna qu'il fut décoré par le tsar Alexandre II.

mesures pour porter secours aux légations, le Japon a montré une
décision et une promptitude dignes des plus grandes nations. Il a
marché au but ; il a mobilisé ses troupes et il les a envoyées avec
un ordre parfait droit sur le Peïho.

Ce sont les éclaireurs et les soldats japonais qui ont rendu les
premiers et les plus nombreux services de Takou à Pékin ; c'est leur
cavalerie qui a souvent surpris et
repoussé les Chinois avant l'armée
des troupes internationales.

En toute circonstance, les
Japonais se sont soumis avec
empressement et déférence aux
chefs étrangers ; ils ont mis une
modestie remarquée à laisser le
premier rang aux effectifs européens, sauf à ne le céder à personne dans le combat.

Ils ne se sont particulièrement
liés à aucune nation et ils sont
restés d'accord avec toutes les
puissances, généreux envers toutes,
leur prêtant leurs médecins sur
les champs de bataille, leurs
hôpitaux, leurs provisions, leurs
bateaux. Cette attitude faite de
courage, d'intelligence et de tact
mérite d'être remarquée.

Le triomphe du Mikado, vainqueur du Dragon chinois

« Il y a là, dit M. Hanotaux, pour les diplomates qui ont de
» l'avenir dans l'esprit, à la fois une indication et un avertissement. »

Il convient encore, et surtout, de constater que les soldats
japonais ont donné, pendant cette guerre, à l'Europe et au monde
civilisé, un grand exemple de convenance, de modération, de bonté.

Leur énergie combattive n'est jamais devenue férocité et barbarie.
Ils ne se sont pas distingués par le pillage ; le vol a été réprimé.
Les journaux nous ont appris qu'un soldat japonais avait été condamné
à quinze jours de prison pour avoir volé à des Chinois quelques objets
de peu de valeur.

Presque toujours les soldats japonais ont évité la violence. Ils n'ont pas oublié les paroles du Mikado qui, en montant sur le trône, recommanda aux soldats de n'être « ni hautains, ni insolents, et de ne pas commettre des actes de violence, par excès de courage. »

Au milieu des barbaries de la guerre qui, encore au xxᵉ siècle, se continue malheureusement trop sous les inspirations du génie féroce des temps passés, il est curieux, il est beau de voir une fleur de civilisation nouvelle, la bonté dans la guerre, le respect des vaincus, éclore sur les bords paisibles des *gawas* et s'élever du Pays du Soleil Levant pour rayonner sur le monde.

Aussi, en finissant notre histoire du *Japon Contemporain*, nous saluons avec sympathie ce peuple jeune et généreux, cet ami de notre patrie, qui s'associe à nos gloires et qui a pleuré sur nos malheurs ; dont le premier ministre actuel (1901), un grand homme d'Etat, le marquis Ito, disait de la France, en voyant son relèvement : « c'est une grande nation celle qui possède une éternelle jeunesse » ; dont le monarque-dieu s'est fait homme volontairement et est devenu, événement bien rare dans les cours de l'Asie, un réformateur et un novateur.

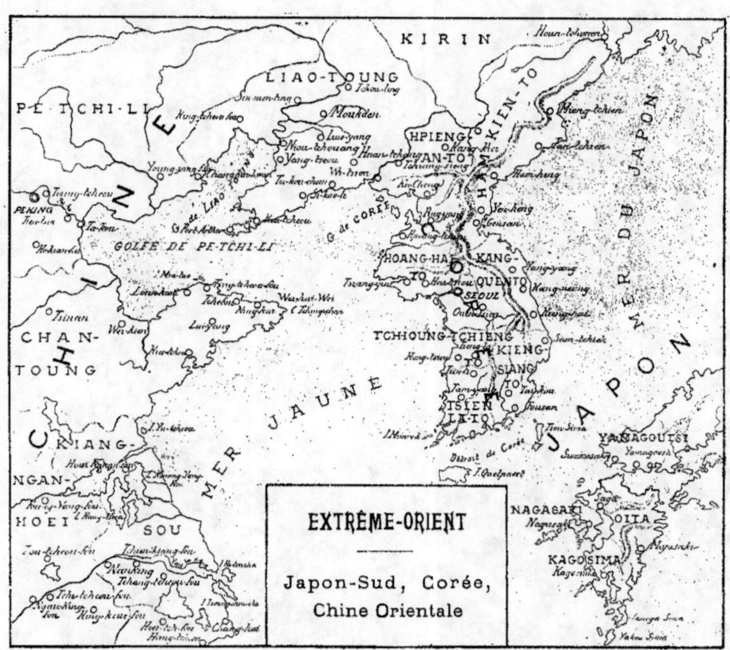

KIRIN
Houn-tchrron
LIAO-TOUNG
Tchou-long
PE-TCHI-LI
Sin-men-hng
Kong-tcheou-tsa
Moukden
Phang-tchien
Leao-yang
Han-tchien
HPIENG
AN-TO
Hou-tchouang
Hnan-tchong
Kang-Hei
Yang-tseou
Tchoung-tsieng
Wa-tsieu
Tu-keu-chan
Tsang-tcheou
Sin-Cheng
Han-hung
Tchue-le
Young-sung-hi
Yei-hong
Thang-hun-kouy
Port-Arthur
G. de CORÉE
Gensan
PEKING
Tientsin
Hoa-tcheou
Rhayng-tang
Ta-kou
Hoang-tsing
Hohanche
GOLFE DE PE-TCHI-LI
HOANG-HAÏ
KANG-
TO
Yang-yang
Mha-tao
Hai-tcheou
QUENTO
Kang-nieung
Tchefou
Tsang-yun
SEOUL
Linkhou
Fong-tcheou-feu
Was-haï-Wei
Oul-tching
Kang-hoai
Tsinan
Wei-hien
Ning-htai
C Tchumg-chan
Soun-tchtaï
CHAN-
Luy-yang
TCHOUNG-CHIENG
TOUNG
Kuokhou
TO
KIENG-
SIANG
Kang-tsen
Tien-tu
Kang-tsai
TSIEN
Yu-tcheou
LAÏ
Tai-hiou
Tousan
KIANG-
J.Miarck
Tou-Sima
NGAN-
Yang-Yang-Kou
YANAGOUISI
Hou-kang-tsin
Détroit de Corée
Suzicosaki
Yanagoush
HOEI
I.Kang-hoa
J.Quelpnart
Fou-ly-Yang-hai
SOU
NAGASAKI
Saga
Tou-tcheou-fou
Than-kiang-fou
Nagasaki
OITA
Nevking
Ha-mèn
Tchang-tcheou-fou
KAGOSIMA
Miyasaki
Tch-tcheou-fou
Kagenma
Nganching
Ton
Hing-keue-fou
Houn-tcr-kou
Chang-haï
Hing-tchina
Yakou-Sima
MER JAUNE
CHINE
CORÉE
JAPON
KIEN-TO
MER DU JAPON

IV

CONCLUSION

Ésumons nos appréciations sur le Japon.

Depuis trente ans environ, le Japon est entré dans le courant de la civilisation européenne, et déjà il a opéré des transformations étonnantes. Il a construit des chemins de fer, établi des câbles sousmarins, creusé des ports, bâti des fonderies et des hôtels de monnaie. Il a ouvert des Expositions de l'industrie, fondé des Instituts agronomiques et des fermes-écoles, des Universités, des Ecoles normales, des Ecoles militaires; il a organisé son armée et sa flotte, et les troupes japonaises ont déjà fait leurs preuves dans deux guerres contre la Chine. La noblesse a été renversée et l'impôt a été appliqué à toutes les classes de la nation.

Les Codes ont été refaits. L'écriture chinoise a été remplacée par l'alphabet romain. L'instruction publique s'accroît chaque jour, dans de grandes proportions. La presse se développe, et une Constitution politique parlementaire existe depuis le 11 février 1889.

Quel sera le résultat de cette invasion de civilisations étrangères? Les uns croient qu'elle ne pénétrera qu'à la surface, et sera sans effet sérieux. D'autres pensent qu'en voulant transformer hâtivement les mœurs, les usages, l'organisation politique et sociale des Japonais, on ne fera d'eux que des fantoches.

Tout nous porte à croire, et les événements récents nous donnent déjà raison, que les Japonais, pleins de bon sens, sauront faire justice de toutes les exagérations et ne prendront que ce qui leur semblera s'adapter convenablement à leurs mœurs et à leur civilisation.

Nous augurons bien d'une nation qui a ouvert résolument ses ports aux étrangers, et qui désire sincèrement entrer en bonnes relations avec eux.

Nous comptons sur l'avenir d'un peuple qui connaît peu la pauvreté parce qu'il ne cherche pas les richesses avec passion, qui sait trouver la satisfaction dans la sobriété, qui considère l'agriculture comme un devoir religieux, qui aime le travail, qui désire s'instruire, qui réduit sa philosophie à de sages règles de morale, qui se fait surtout un devoir de les observer, qui affectionne ses semblables et qui ne porte pas la férocité et la barbarie dans la guerre.

Voici comment Philarète Chasles a apprécié les Japonais et leur avenir, dans ses *Voyages d'un critique* (1) : « Cette race ne doit pas être confondue avec les races amollies de l'Orient dégénéré. Elle ment moins, elle a de l'honneur. On sait quels amusements nos hôtes venus du Japon, quand ils étaient à Paris, préféraient à tous les autres. Ni l'opéra, ni les ballets, ni la musique, ni les courses de chevaux, ni les réunions brillantes ne les attiraient. Ils demandaient à nos libraires étonnés les meilleurs livres modernes sur la chimie, la physique et les inventions nouvelles. Le télégraphe les a frappés d'admiration ; le vaste mécanisme de l'Imprimerie nationale les a pénétrés d'enthousiasme. Leur figure ne nous semblait ni belle, ni régulière ; leurs costumes nous répugnaient. Leur sérieux nous glaçait. Il a cependant fallu reconnaître en eux une vive faculté d'analyse, une puissance d'observation recueillie et d'attention profonde. Ces dons que plusieurs voyageurs avaient signalés, semblent les désigner comme *initiateurs futurs d'une nouvelle civilisation asiatique.*

» Beau spectacle, intéressante étude ! Une race asiatique se détachant ainsi de l'Asie servile ; occupée de continuer son éducation, répudiant l'écriture idéographique comme insuffisante pour la pensée ;

(1) *Le Roman au Japon*, que nous avons déjà cité.

créant son écriture phonétique, c'est-à-dire l'analyse des sons, qui conduit à l'analyse universelle! Elle abjure donc l'idolâtrie du passé ; cherche le mieux même chez les Européens; reste solide tout en se raffinant et en se polissant; se débarrasse de ses scories; sort peu à peu de sa gangue; enfin du sein de la torpeur bouddhiste, gagne du terrain intellectuel et industriel par la seule vigueur des âmes, par la seule force de la vertu que, malgré l'Etat lui-même, l'individu conserve intacte. » Voilà ce que disait, il y a déjà trente ans, un éminent professeur du Collège de France.

Les Chinois, voisins des Japonais, ne pensaient pas ainsi.

Lin-Ta-Jen, membre de la mission chinoise envoyée en Angleterre en 1876, portait sur les Japonais l'appréciation suivante :

« Les Japonais, disait-il, ont mis leur système administratif en harmonie avec celui des Etats européens; ils ont copié les costumes, les cérémonies et les usages de l'Occident. Aussi, les Européens les *méprisent-ils* d'avoir fait violence à leurs goûts naturels et sacrifié leurs habitudes nationales pour emprunter celles d'une race étrangère. »

Les Chinois se sont trompés; les Japonais n'inspirent pas à l'Europe du mépris, mais une bien vive sympathie. Ils sont le trait d'union entre les civilisations de l'Europe occidentale et de l'Asie orientale ; ils serviront à leur fusion et, par suite, au progrès de l'humanité.

Les défaites de la Chine et l'entente du Japon avec les peuples de l'Europe montrent l'inanité des appréciations des Chinois et leur peu de perspicacité dans les affaires politiques du monde.

Nous ne voudrions pas qu'on pensât que nous avons une admiration sans bornes pour la civilisation japonaise, pour ses transformations et ses nouveautés; mais on doit bien reconnaître tout ce que ce petit peuple a fait de grand en peu d'années, les services qu'il s'est déjà rendus à lui-même et qu'il peut rendre à la civilisation.

Aussi terminons-nous ce travail en plaçant sous les yeux des lecteurs les appréciations des principaux historiens et géographes qui ont écrit sur le Japon et qui confirment notre opinion.

Citons d'abord un extrait d'un article publié dans la *Revue des Deux-Mondes* (1ᵉʳ mars 1879), par M. de Noailles, duc d'Ayen, au sujet du livre de M. le comte Julien de Rochechouart, intitulé *Excursions autour du monde*. L'auteur a parlé des Japonais froidement et sans enthousiasme, mais il a confiance dans l'avenir de ce peuple.

« L'Orient est le pays des surprises et des contrastes. Aux Indes et en Chine, on a vu des populations entières fixées vers le passé, vivre en contact continuel avec les Européens sans rien perdre de leur originalité native. Au Japon, la scène change brusquement. Du vieux monde oriental, on passe sans transition dans une sorte d'Europe asiatique, quelque peu gauche d'allures, il est vrai, comme une parvenue de la civilisation, qui n'a pas encore pu se débarrasser de son cachet d'origne. A peine le Japon nous avait-il été révélé, qu'il était aussitôt mis fort à la mode par la littérature contemporaine, et depuis il a fait bonne figure dans les galeries de notre dernière Exposition.

» Peut-être les relations des voyageurs qui ont visité le Japon au moment où il venait d'être ouvert à l'Europe trahissent-elles quelque exagération d'enthousiasme, fort explicable d'ailleurs par la vive sympathie qu'excitait ce pays en voie de transformation et de progrès. M. de Rochechouart juge les choses plus froidement et non sans quelque désillusion. Le Japon a fait son 89 trop à la hâte et à la légère. L'antique édifice gouvernemental, religieux et social s'est écroulé tout d'une pièce et si brusquement qu'on n'a rien mis encore de solide et de durable à la place. D'un seul bond, la nation a franchi la distance qui sépare l'état féodal le plus absolu de l'état démocratique le plus avancé. Extérieurement, la transformation est radicale. Le Mikado, récemment encore souverain mystique et invisible, dérobé à tous les yeux dans les profondeurs de son palais, se promène aujourd'hui en voiture découverte dans les rues de Yédo, donne à dîner au corps diplomatique, et prononce des discours aux inaugurations de chemins de fer. Les daïmios, ces redoutables seigneurs féodaux, naguère précédés de leur terrible garde qui forçait chacun à se prosterner devant eux sous peine de mort, ont abdiqué tous leurs anciens privilèges. Uniquement préoccupés de leurs plaisirs, ils passent inaperçus au milieu de cette foule indifférente. La religion a été jetée bas comme le reste, et les bonzes sont réduits pour vivre à vendre aux infidèles les idoles les plus vénérées. Ce trafic se fait ouvertement sous les yeux de l'administration qui reste impassible : les dieux s'en vont marqués du visa de la douane, et les augures désolés se regardent maintenant sans rire. »

Voici, maintenant, les appréciations de l'Encyclopédie du XIXe siè-

cle, du Dictionnaire universel de Larousse, et de quelques-uns de
nos voyageurs, de nos écrivains et de nos géographes :

« Il n'est pas de peuple sur lequel on ait écrit à des points de
vue aussi différents, suivant les intérêts, les affections, les haines et
la religion de chaque auteur. *Néanmoins, Portugais et Hollandais,
Français et Américains, Anglais et Chinois, catholiques et protestants,
jésuites et franciscains, tous s'accordent à attribuer aux Japonais une
grande force de caractère, de l'élévation d'esprit, beaucoup de bra-
voure et une aptitude intellectuelle peu commune chez les autres
peuples de l'Asie. Devant cette unanimité d'opinion,* nous qui n'avons
vu de l'Empire japonais que ses hautes montagnes, à dix lieues au
large, nous paraîtrons peu autorisé à élever des doutes (1).

— « La dernière Révolution a tout bouleversé, en concentrant
le pouvoir entre les mains du Mikado, et en faisant disparaître les
institutions féodales. Toutefois, les auteurs de la Révolution, épris des
institutions européennes, ne songent pas à fonder une monarchie
absolue. Ils ont imposé au Mikado un Parlement de 600 membres,
qui ne fonctionne peut-être pas encore avec toute la régularité désirable, mais qui promet, pour l'avenir, des institutions libérales au
pays » (2).

— « La face des choses a complètement changé au Japon.
Dans ce pays que nous avons parcouru à cheval, le revolver à la
ceinture, précédés de bettos couverts d'un simple tatouage, on
construit aujourd'hui des chemins de fer, et on vend des habits
noirs.

» Ce n'est plus le Taïkoun s'appuyant sur l'alliance étrangère
pour faire la guerre au Mikado; le Taïkoun a été battu, renversé ;
le Mikado règne en maître, et nous fait le meilleur accueil. Il n'est
plus question, à ce qu'il paraît, d'hommages féodaux, de vassaux et
de suzerains ; il ne s'agit rien moins que de fonder le parlementarisme avec un Corps législatif, et d'inaugurer le suffrage universel
dans l'Empire du Soleil levant » (3).

— « Tels sont les principaux épisodes de cette *merveilleuse
révolution* qui s'accomplit sous nos yeux au Japon. C'est un peuple
qui passe brusquement du moyen âge au dix-neuvième siècle.

(1) *Encyclopédie du XIXe Siècle.*
(2) Larousse, *Dictionnaire Universel.*
(3) De Beauvoir.

» Jamais transformation plus complète ne s'est accomplie en si peu de temps : gouvernement, état de la propriété, mœurs, lois, costumes, tout se modifie à la fois. Quelques appréciateurs chagrins prétendent que ces progrès sont trop rapides pour être profonds et durables. Rien n'est venu jusqu'à présent confirmer ces appréhensions. En dépit d'embarras financiers momentanés, un *brillant avenir, tout porte à l'espérer, est réservé à cette jeune société japonaise, dont nous avons les sympathies et qui mérite les nôtres* » (1).

— « Il est bien intéressant de voir une Université fonctionnant dans la partie la plus reculée de l'Extrême-Orient (à Tokio), absolument sur les mêmes bases que nos Universités d'Occident, avec les mêmes curiosités salutaires, la même haute ambition intellectuelle et scientifique, et déjà, l'on peut dire, portant les mêmes fruits » (2).

— « Depuis qu'ils ont ouvert des relations avec l'Europe et l'Amérique, les Japonais suivent les progrès de la race blanche et y participent.

» Intelligent, actif et sérieux, ce peuple montre une grande aptitude pour les sciences.

» Parmi les traits qui distinguent le caractère de cette nation, on doit mettre en première ligne le respect que les enfants portent à leurs parents.

» On vante également les vertus et les qualités domestiques des femmes. » (3).

— « Les Japonais appartiennent, comme les Chinois, à la race mongole ; mais de bonne heure ils s'en sont détachés et s'en distinguent par leur type physique et leur intelligence. De bonne heure, ils ont déployé leur activité dans l'agriculture, l'industrie, le commerce extérieur, la navigation. Ils sont sociables, polis, braves, sensibles à l'honneur, et par eux-mêmes se sont élevés à un degré de civilisation qui les rapproche des Européens et leur permet de faire rapidement de nouveaux progrès » (4).

— « La dysnatie actuellement régnante au Japon et, en tout cas,

---

(1) Maréchal. — Histoire Contemporaine.
(2) Léo Quesael, *Revue bleue.*
(3) E. Cortambert.
(4) L. Grégoire.

l'Empire, dans sa constitution fondamentale, remonte, sans interruption, à 2,500 ans en arrière. Il existait 333 ans avant la conquête des Indes par Alexandre le Grand. Il a duré, depuis lors, sans jamais avoir éprouvé un seul revers absolu. La Grèce a disparu, Rome a disparu ; le Portugal, l'Espagne et la Hollande ont vu s'écrouler leurs vastes dominations coloniales, et le Japon est toujours debout. Ses transformations et ses révolutions l'ont ébranlé parfois, mais ne l'ont jamais ruiné.

» La durée de l'Empire du Japon est une preuve éclatante de sa vigueur et de l'excellence de sa constitution intime. Mais son aptitude à la civilisation, et à une civilisation très supérieure, apparaît pour peu qu'on se donne la peine d'ouvrir les yeux (1) ».

« — Le Japon se transforme ; il a des journaux ; il suit le calendrier grégorien, et les Européens au service de l'administration japonaise peuvent avoir maintenant leur dimanche pour prendre du repos. Quoi qu'en pensent *quelques esprits chagrins, il y a bien véritablement progrès*, et cette marche en avant est surtout sensible pour tout ce qui touche à l'hygiène et à l'instruction publique, — matière importante (2).

— « Le peuple japonais a un mérite plus sérieux ; il est le premier des peuples orientaux qui ait accepté et développé chez lui la civilisation occidentale. Le Japon a emprunté d'un seul coup à l'Occident l'organisation savante de ses Etats et de ses armées, ses découvertes scientifiques et tous ses progrès. On a vu le représentant de l'ancienne dynastie royale et religieuse, le Mikado, ressaisir le pouvoir et entreprendre résolument la transformation de son peuple et de son Etat. De jeunes Japonais sont allés s'instruire dans les écoles et dans les armées de l'Angleterre, de la France et de l'Allemagne ; des Français et des Anglais ont été au Japon pour y donner l'enseignement y organiser la justice, y former des ingénieurs (3) ».

— « L'accroissement rapide du mouvement littéraire prouve combien l'instruction publique a été prise au sérieux dans le pays du Soleil Levant. L'instruction est devenue démocratique et tous, quelle que soit leur origine de classe, peuvent également étudier les sciences et les arts dans les établissements publics. D'après la loi, il doit

(1) Gabriel Hanotaux, *Petite Gironde*.
(2) Guillaume Depping, *Le Japon*.
(3) P. Foncin, *Géographie générale*.

exister une école élémentaire pour 600 habitants ; des collèges
secondaires et spéciaux, des académies artistiques, des conservatoires
industriels, l'Université de Tokio et plusieurs hautes écoles scientifiques, dont la première en date est l'école de médecine de Nagasaki,
fondée en 1829, complètent l'organisation du système d'instruction.
Même les prisons sont transformées en écoles régulières, ayant
d'ordinaire pour moniteurs les condamnés politiques. La partie du
budget allouée au département de l'éducation est *l'une des principales
dépenses* de l'Etat, et la nation japonaise, en dehors du gouvernement,
se distingue entre toutes par *sa générosité pour les écoles*. En cinq
années, de 1875 à 1879, les contributions volontaires pour l'instruction publique se sont élevées à plus de 42 millions de francs, sans
compter les terres, les édifices, les livres, les instruments, les dons
en nature de toute espèce.

« L'avenir d'un peuple est en lui-même, dit fièrement un auteur
japonais, *comme l'aigle est contenu dans l'œuf.*

» Cette petite contrée est un des pays les plus curieux de la
terre, par sa nature, ses habitants, son histoire, et surtout par les
événements qui s'y accomplissent. De toutes les nations vivant en
dehors de l'Europe, du Nouveau-Monde et de l'Australie, les Japonais sont les seuls qui aient accueilli de plein gré la civilisation de
l'Occident, et qui cherchent à s'en appliquer toutes les conquêtes
matérielles et morales. Libres politiquement et religieusement,
c'est en qualité de disciples volontaires, et non de sujets, qu'ils
entrent dans le monde européen pour lui emprunter ses idées et
ses mœurs. C'est avec un entrain juvénile que les Japonais
essayent de se transformer en Européens. Quel que soit le succès
de leur tentative, il n'en est pas moins vrai qu'au point de vue des
connaissances scientifiques et des progrès industriels, le Japon
appartient désormais au groupe des nations jouissant de la civilisation
dite *occidentale* ou *aryenne*. La position géographique du Japon
donne une importance particulière à cette annexion nouvelle. Situé
à moitié chemin de San-Francisco à Londres par l'Océan Pacifique
et la Russie, le royaume du Soleil Levant complète la zone des
pays de civilisation européenne dans l'hémisphère du Nord. Il unit
l'orient à l'occident du monde, et par la mer il commande tous les
chemins qui mènent vers les îles malaises, l'Australie, l'Indo-Chine

et les contrées riveraines du Pacifique et de la mer des Indes. En
outre, sa population est assez industrieuse pour qu'il prenne rapidement un rôle d'une importance majeure dans l'histoire du commerce
et de la civilisation générale. Déjà de nombreux écrivains parlent du
Nippon comme de la *Grande Bretagne de l'Orient.*

» Il ne manque pas de prophètes de malheur qui annoncent
des retours subits et terribles dans l'histoire prochaine du Japon.
Mais est-il possible qu'une nation revienne sur les progrès accomplis,
quand ces progrès s'appuient sur un développement scientifique réel?
Est-il possible qu'à l'évolution des esprits ne corresponde pas un
mouvement analogue dans le monde des faits? » (1)

Si quelques-uns des écrivains que nous venons de citer ont des
appréhensions pour l'avenir du Japon et critiquent sa transformation
hâtive, la plupart cependant applaudissent au mouvement civilisateur
qui anime cet Empire. Presque tous sont unanimes à déclarer que
le peuple japonais se réveille, qu'il a déjà fait en trente ans des
choses extraordinaires, qu'il pourrait peut-être donner une puissante
impulsion à la civilisation dans l'Extrême-Orient, que par lui du
moins la vie de l'Europe et de l'Amérique pénétrera à travers l'Asie
orientale et les îles innombrables de l'Océan Pacifique. Le Japon
n'est plus un pays fermé comme jadis. Son peuple a pour ambition
de devenir membre de la grande famille des nations civilisées et d'être
considéré comme tel. Il aspire à ce qu'on apprenne à le mieux connaître (2), à ce que, peuple asiatique, on ne le prenne plus pour une
race fanatique ou apathique, inepte à la civilisation occidentale; il
désire n'être plus confondu avec d'autres races jaunes qui se satisfont
de leur état actuel et se refusent au progrès. Par sa position géographique, ses ressources naturelles aussi bien que par l'intelligence et
l'esprit d'assimilation de ses fils, le Japon a les moyens d'arriver à une
réelle grandeur nationale, et il compte déjà, à l'égal des puissances
européennes, dans l'équilibre politique du monde.

Quel mérite, dit-on parfois, les Japonais ont-ils eu à s'habiller
de notre costume, à copier nos modes, à transporter chez eux l'organisation administrative et les institutions des Etats européens ?

(1) Elisée Reclus, *La Terre et les Hommes,* 41ᵉ série.
(2) Voir le *Japon nouveau,* par S. E. Toru Hoshi, ministre du Japon aux Etats-Unis (1897).

Et quoi? Est-ce aux Occidentaux à adresser de pareils reproches, eux qui en sont venus à regarder constamment par-dessus les frontières ce que fait le peuple voisin, à emprunter à l'un son organisation militaire, à envier à l'autre ses procédés d'éducation ou à s'engouer pour ses modes et pour son vocabulaire, sans tenir compte des différences de tempérament et de traditions? Est-ce à eux de se plaindre d'être regardés comme des modèles? Et ne devrait-on pas plutôt se féliciter d'avoir épargné à un des membres de la grande famille des peuples les errements séculaires des nations occidentales à la recherche d'un nouvel état de choses, de lui avoir permis de faire en trente ans un chemin dans lequel plusieurs civilisations méditerranéennes se sont usées pour le parcourir?

Il n'en reste pas moins au Japon le mérite inappréciable d'avoir compris nettement son devoir et ses intérêts, de s'être assigné une tâche noble et d'avoir su mettre à profit, pour l'accomplir, l'expérience accumulée de l'Europe. Par son antique civilisation, aussi vieille sinon plus vieille que les nôtres, il a fait ses preuves de personnalité. Admirons aujourd'hui l'intelligence avec laquelle il a su adapter ses emprunts aux besoins nouveaux de son peuple, et nous constaterons que ce véritable esprit assimilateur n'est pas seulement fait d'observation mais encore d'originalité.

Et, après tout, s'il est vrai que, dans son œuvre de régénération, le Pays du Soleil-Levant se soit en partie modelé sur les Etats occidentaux, qu'il y a de nations par le monde, et même dans la vieille Europe, qui trouveraient, au xxᵉ siècle, honneur et profit à l'imiter à son tour!

Quoi qu'il en soit, et de quelque imitation puérile ou excessive que des esprits peu clairvoyants incriminent les Japonais, ils viennent encore de faire de grandes et solides choses dans ces dix dernières années (1890–1900). Ils ont établi le service militaire obligatoire. Leur armée a été portée de 45,000 hommes à 300,000, et leur flotte s'est élevée de 25 vaisseaux à 90, en y comprenant une flottille de torpilleurs. Ils ont vaincu deux fois la Chine, et ils ont conquis l'île de Formose. Leurs écoles, avec l'enseignement primaire obligatoire et gratuit depuis 1890, ont gagné un million d'élèves en quatre ans (1893-1897). Leurs voies ferrées se sont augmentées de 7,000 kilomètres ; leur télégraphie a ouvert 1,300 bureaux, et leurs postes ont donné un excédent de recettes de 4 millions. Leurs Compagnies maritimes ont établi des services réguliers avec Trieste, Marseille, Anvers et Londres; leurs vaisseaux vont venir commercer dans les ports de l'Occident. Les Japonais seront les rouliers des mers de l'Asie, pour le bien du commerce et de la civilisation.

Le Melkarth du Nippon, comme l'Hercule tyrien, s'est mis en marche vers l'Europe; il va ouvrir nos yeux sur un monde oriental à peu près inconnu ou du moins encore bien mal connu.

BIBLIOGRAPHIE

1º TRAVAUX ÉTRANGERS

Histoire de l'Art du Japon, par la Commission impériale japonaise, de Brunoff, Paris, 1900.

Catalogue officiel du Japon, Exposition Universelle de 1900, Lemercier, Paris.

Notice des objets exposés à l'Exposition de 1900 à Paris, Tokio, 1900.

Notice sur l'organisation actuelle de l'Instruction publique au Japon. — Ministère de l'Instruction publique.

Résumé historique et statistique du service des Postes, des Télégraphes, de la Téléphonie au Japon, par la Direction générale des Postes et Télégraphes, Tokio, Imprimerie Impériale, 32e année de Meiji (1899), 2 vol.

Notice présentée par le Bureau des Brevets d'Invention, de Brunoff, Paris, 1900.

Organisation du service météorologique au Japon, Tokio, 1894.

L'Institut Agronomique de Sapporo (Japon), publié par l'Institut japonais, 1900.

L'Agriculture au Japon, de Brunoff, Paris, 1900.

Iconographie des essences forestières du Japon, par M. Henri Shirasawa, Paris, de Brunoff, 1900.

Description des produits forestiers du Japon, Paris, de Brunoff, 1900.

C. Balet. — Grammaire japonaise, Tokio, 1899.

Général View. — Of Commerce et Industry in the Empire of Japan, de Brunoff, Paris, 1900.

M. A. B. Mitford. — Tales of old Japan.

M. Adams. — History of Japan.

Transactions of the Asiatic Society Japan.

Venioukof. — Description de l'archipel japonais.

Menchonikov. — L'Empire japonais.

M. Botkine. — Voyage au Japon du docteur Voickof, publié dans l'Exploration, de 1879.

De Siebold. — Description du Japon.

Flora Japonica.

Nippon, Archiv zur Beichreibung von Japon, Atlas von Land und Seekarten von Japanischem Reiche.

A. Mounsey. — The Satsuma Rebellion.

Mittheilungen. — Passim.

Russel Robertson, consul anglais à Yokohama (Conférence faite à la Société Géographique d'Edimbourg).

Klaproth. — Nouveau journal asiatique.

Arminjon. — Il Giappone ed il viaggio della corvetta Majenta.

Savi. — Il Giappone al giorno d'oggi.

Bernardin. — Visite à l'Exposition de Vienne, Notes et articles divers (Belgique).

Titszingh. — Journal d'un voyage à la cour de Yédo et au Japon.

Krusenstern. — Voyage autour du monde.

Valentyn (le Hollandais). — Description du Japon.

Hubner (le baron de). — Promenades autour du monde (1871).
Récit des voyages de Kœmpfer et de Siebold.
De Leidyn. — Souvenirs du Japon.
A. Perry. — Documents sur les tremblements de terre et les volcans au Japon.
Justus Perthes. — Almanach de Gotha.
Harper's Magazine

2° OUVRAGES FRANÇAIS

Bousquet. — Le Japon. 2 volumes.
E. Villetard. — Le Japon.
Philarète Chasles. — Voyages d'un critique.
Le Comte J. de Rochechouart. — Excursions autour du monde.
Fraissinet. — Le Japon, mœurs et coutumes, 2 vol.
Humbert. — Le Japon illustré.
Savetier. — Usages et fabrication du papier japonais.
Albert Montémont. — Voyages en Asie (article sur Kœmpfer).
Le Comte de Beauvoir. — Voyage autour du monde, Yeddo.
Maurice Dubard. — Le Japon pittoresque.
Depping. — Le Japon.
Le comte de Dalmas. — Les Japonais.
Louis Gonse. — L'Art japonais, 2 vol.
Maurice Block. — Rapport à l'Académie des Sciences morales, 1887.
Pierre Loti. — Madame Chrysanthème ; la sainte Montagne de Nikko (Revue moderne) ;
Japoneries d'automne.
Em. d'Audiffret. — Notes d'un Globe Trotter.
Ed. Mène. — Articles publiés dans le Bulletin de la Société d'acclimatation de Paris.
Le P. Charlevoix. — Histoire et description générale du Japon.
L. de Rosny. — La civilisation japonaise. — Notes sur les iles de l'Asie orientale.
R. Lindau. — Voyage autour du Japon et notes sur les Aïnos.
B. St-Hilaire. — De l'état actuel du Japon.
Guimet. — Promenades japonaises.
De Milloué. — Catalogue du Musée Guimet.
De Pimodan (Commandant). — Promenades en Extrême-Orient, Champion, Paris.
Marcel Monnier. — Le Drame chinois, Alcan, Paris, 1900.

3° REVUES ET JOURNAUX

*Revue bleue, Revue moderne, Revue des Deux Mondes, Nouvelle Revue, Revue Ency-
clopédique, le Tour du monde, Bulletin de la Société de géographie de Bordeaux,
l'Exploration, Annales de l'Extrême-Orient, Journal des connaissances utiles, Bulletin
mensuel de la Société d'Acclimatation, Bulletin de la Société de géographie de Rochefort,
Bulletin de la Société scientifique industrielle de Marseille, Chronique industrielle, le
Méthodiste, l'Année scientifique, Bulletin de l'Alliance française, le Temps, la
République française, la Gironde, etc.*

4° JOURNAUX JAPONAIS

*Echo du Japon, Courrier du Japon (publiés à Yokahama), Nitchi Nitchi Chimboum,
Mainitchi Chimboum, Medji Nippo, etc.*

TABLE DES MATIÈRES

PREMIÈRE PARTIE

I. — NOTIONS HISTORIQUES

II. — ÉTENDUE, SITUATION, ASPECT GÉNÉRAL

III. — CLIMAT, TYPHONS, VOLCANS

IV. — LES GRANDES ILES, NIPPON, YÉSO

V. — KIOU-SIOU, FATSI-SIO, LES ILES RIOU-KIOU, FORMOSE

DEUXIÈME PARTIE

I. — ETHNOGRAPHIE DES JAPONAIS

II. — POPULATION ET GRANDES VILLES

III. — LE MIKADO ET LA RÉVOLUTION DE 1868

IV. — LE RÉGIME PARLEMENTAIRE

V. — L'ARMÉE, LA FLOTTE

TROISIÈME PARTIE

I. — ÉTAT RELIGIEUX

II. — DES ACTES DE L'ÉTAT CIVIL

III. — JUSTICE ET LÉGISLATION

IV. — INSTRUCTION PUBLIQUE

QUATRIÈME PARTIE

I. — LIVRES ET JOURNAUX, DRAME, ROMAN ET CONTES

II. — BEAUX-ARTS

III. — MŒURS ET COUTUMES, MEDECINE, HYGIÈNE

IV. — LA FÊTE DE L'OURS CHEZ LES AINOS

CINQUIÈME PARTIE

SIXIÈME PARTIE

SEPTIÈME PARTIE

I. — LES FRANÇAIS AU JAPON

II. — LES JAPONAIS EN FRANCE

III. — LES JAPONAIS EN CHINE, LE DRAME JAUNE

IV. — CONCLUSION

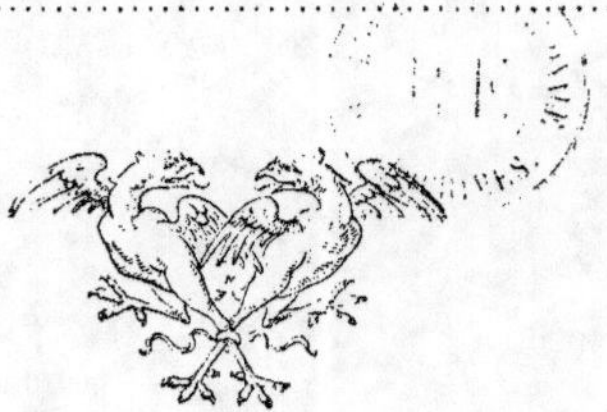

FETICHISTES ET EROTOMANES

FÉTICHISTES

ET

EROTOMANES

PAR

LE Dr ÉMILE LAURENT

PARIS

VIGOT FRÈRES, ÉDITEURS

23 PLACE DE L'ÉCOLE DE MÉDECINE, 23

1905

PREMIÈRE PARTIE

LE FÉTICHISME

CHAPITRE PREMIER

Définition du fétichisme. — Le fétichisme sexuel pathologique.

Le mot fétichisme dérive du mot portugais « fetisso » qui veut dire chose enchantée, chose fée, et « fetisso » vient vraisemblablement du latin « fatum ».

Le fétichisme en général est donc le culte des images, des petites idoles ; c'est aussi l'adoration ou plutôt la propitiation d'objets naturels, animés ou inanimés, auxquels on attribue une influence mystérieuse. Tel est le culte des reliques, des amulettes, des scapulaires qui, en réalité, sont, pour ceux qui les portent, de simples fétiches, comme les gris-gris les nègres.

En amour, le fétichisme c'est l'adoration de certaines qualités physiques ou psychiques ou même de certains défauts de la femme et qui font qu'on l'aime précisément pour ces qualités ou ces défauts et sans qu'on puisse dire raisonnablement pourquoi. L'un aime les brunes, l'autre les blondes ; l'un aime les grasses, l'autre les maigres ; mais ni l'un ni l'autre ne sauraient expliquer l'origine de cette attraction. En amour, le fétichisme c'est encore le culte des brimborions, des petits riens symboliques. Le gant qu'elle a porté, la fleur qu'elle a respirée deviennent pour l'amoureux de précieuses reliques.

Aussi nous sommes tous plus ou moins fétichistes. Dans la femme que nous aimons, certains détails ont plus particulièrement le don de nous plaire : une fine oreille rosée, un pied menu, une taille souple et légère, de longs cheveux noirs, des seins fermes et rebondis, une croupe opulente, des yeux de pervenche, une peau satinée, des dents blanches sous des lèvres purpurines. Un simple grain de beauté peut être pour quelques-uns l'aspérité où s'accroche l'amour. « On aime toujours pour un détail, pour une nuance, dit G. Rodenbach ; c'est un point de repère qu'on se crée dans le désarroi, dans l'infini de l'amour. Les plus grandes passions tiennent à de si petites causes ! Pourquoi aime-t-on ? A cause d'une couleur de cheveux, d'une intonation de la voix, d'un grain de beauté qui trouble et en suggère d'autres, d'une expression des yeux, d'un dessin des mains, d'une certaine palpitation du nez qui frémit comme s'il était toujours devant la mer ».

Toutes les parties du corps féminin peuvent devenir autant de fétiches pourvu que chacune d'elles corresponde à l'idéal esthétique de l'amant. Les livres hindous énumèrent complaisamment toutes les qualités physiques de la « padmnini » ou femme lotus, c'est-à-dire la femme parfaite. Sa démarche est celle du cygne, son odeur celle du santal. Sa peau est lisse et tendre comme celle d'un jeune éléphant. Sa voix est comme le chant du kokila mâle captivant sa femelle. Sa sueur a l'odeur du musc. Ses yeux sont comme ceux de la gazelle, son nez pareil au bouton de sésame. Ses lèvres sont roses comme un bouton de fleur qui s'épanouit ou rouges comme le fruit du bimba ou le corail. Ses dents sont blanches comme le jasmin d'Arabie et ont le poli de l'ivoire. Son cou arrondi est comme une tour d'or. Ses seins ressemblent aux fruits du vilva ; il se dressent comme deux coupes d'or renversées et surmontées du bouton de la fleur du grenadier. (1).

Toute femme que l'homme aime en son cœur est forcément un peu un fétiche. Il faut qu'il trouve en elle un attribut ou un groupe d'attributs qui le charment. Si cette femme est imaginaire, il la pare de toutes les séductions, de toutes les grâces. Châteaubriand (2) dépeint avec une grande justesse cet état d'âme du jeune homme amoureux qui rêve de l'inconnue qu'il aime et qu'il souhaite trouver sur son chemin. « Cette charmeresse, dit-il, me suivait partout invisible ; je m'entretenais avec elle comme un être réel : elle variait au gré de ma folie : Aphrodite sans voile, Diane vêtue d'azur et de rosée, Thalie au masque riant, Hébé à la coupe de la jeunesse ; souvent elle devenait une fée que me soumettait la nature. Sans cesse, je retouchais ma toile ; j'enlevais un appas à ma beauté pour le remplacer par un autre. Je changeais aussi ses parures ; j'en empruntais à tous les pays, à tous les siècles, à tous les arts, à toutes les religions. Puis, quand j'avais fait un chef-d'œuvre, j'éparpillais de nouveau mes dessins et mes couleurs ; ma femme unique se transformait en une multitude de femmes dans lesquelles j'idolâtrais séparément les charmes que j'avais adorés réunis.

« Je me composai donc une femme de tous les femmes que j'avais vues : elle avait la taille, les cheveux de l'étrangère qui m'avait pressé sur son sein ; je lui donnai les yeux de telle jeune fille du village, la fraîcheur de telle autre. Les portraits des grandes dames du temps de François Ier, de Henri IV et de Louis XIV, dont le salon était orné, m'avaient fourni d'autres traits, et j'avais dérobé des grâces jusqu'aux tableaux des vierges suspendues dans les églises ».

Je n'ai pas besoin de dire que cet état d'âme n'a

(1) V. à ce propos le *Kama Soutra*. Traduct. Lamairesse.
(2) *Mémoires d'outre-tombe*.

rien d'anormal, de pathologique. Comme le fait justement remarquer A. Moll (1), il ne faudrait pas considérer comme morbide l'habitude d'embrasser les objets appartenant à la personne aimée, sous peine d'attribuer à presque tous les hommes une perversion sexuelle passagère ou chronique. Ce qui distingue les cas normaux des cas morbides, c'est que, dans les premiers, il existe un amour pour une personne et que si l'on embrasse les objets de la femme aimée, c'est justement parce qu'ils lui appartiennent. Par contre, dans le fétichisme pathologique, c'est l'amour pour l'objet qui prime tout ; quant aux qualités physiques et morales de la personne en question, le malade ne s'en occupe que peu ou pas ».

C'est là, en effet, ce qui différencie le fétichisme normal du fétichisme pathologique.

« L'amour normal, dit encore A. Binet (2), nous apparaît comme le résultat d'un fétichisme compliqué ; on pourrait dire — nous nous servons de cette comparaison dans le but unique de préciser notre pensée, — on pourrait dire que dans l'amour normal le fétichisme est polythéiste : il résulte, non pas d'un excitation unique, mais d'une myriade d'excitations : c'est une symphonie. Où commence la pathologie ? C'est au moment où l'amour d'un détail quelconque devient prépondérant, au point d'effacer tous les autres.

« L'amour normal est harmonieux ; l'amant aime au même degré tous les éléments de la femme qu'il aime, toutes les parties de son corps et toutes les manifestations de son esprit. Dans la perversion sexuelle, nous ne voyons en somme apparaître aucun élément nouveau : seulement l'harmonie est rompue ; l'amour au lieu d'être excité par l'ensemble de la personne n'est plus excité que par une fraction. Ici, la partie

(1) *L'inversion sexuelle.* Traduct. Romme et Pactet.
(2) *Etudes de psychologie expérimentale.*

se substitue au tout ; l'acessoire devient le principal.
Au polythéisme répond le monothéisme. L'amour
fétichique est une pièce de théâtre où un simple figu-
rant s'avance vers la rampe et prend la place du premier rôle ».

Ainsi, au point de vue physiologique et
médical, on ne doit considérer comme pathologiques
que les cas dans lesquels la « perception sexuelle »
d'une certaine partie du corps ou sa représentation
mentale est la condition *sine qua non* de l'excitation
voluptueuse. Le perverti sexuel fétichiste n'est donc
pas un *monstrum per excessum*, comme le masochiste
ou le sadiste, c'est au contraire un *monstrum per defec-
tum*. En effet, il se dépense génitalement, et par une
sorte d'ectopie amoureuse, dans un culte illogique,
bizarre, absurde, que l'on pourrait considérer comme
une sorte d'onanisme psychique. Loin d'être un
excité sexuel au point de vue des plaisirs vénériens,
c'est bien plutôt un timide dans les choses de l'amour,
un insuffisant que rien n'attire vers l'union des sexes ;
génitalement il pèche bien plus souvent par défaut que
par excès.

Le fétichisme est donc une paresthésie de l'instinct
sexuel ayant pour effet de placer la production de l'orgasme génital sous la dépendance nécessaire et exclusive d'un excitant déterminé : le fétiche. « Commo-
tionné, alors qu'il était enfant ou adolescent, par
une impression forte, d'ordre sexuel, dit P. Garnier (1),
le perverti fétichiste ne pourra plus guère avoir pour
objectif, dans les choses de l'amour, que le rappel de
cette impression, tellement a été tout de suite étroit
le rapport entre la sensation et l'idée représentative.

« Anesthésié en quelque sorte, pour ce qui est des
impressions dont le consensus engendre, d'ordinaire,
l'excitation sexuelle, il gardera seulement un point

______

(1) *Archives de l'Anthropologie criminelle*, nov. 1900

d'hyperesthésie amoureuse. C'est une singulière inter-
férence grâce à laquelle la partie prime le tout, le
détail se substitue au principal. Pour le fétichiste,
le détail est tout ; il compte plus que la femme elle-
même, dont la possession arrive à être chose indifférente. Dans cette étrange hérésie de l'amour, la femme
perd donc à peu près ses droits en tant qu'être déstiné
à charmer l'homme, à le solliciter à l'acte où tend
l'espèce dans son mystérieux besoin d'assurer sa
perpétuité ».

Syndrome de la dégénérescence mentale, le fétichisme est une perversion sexuelle obsédante et impulsive conférant tantôt à un objet auquel nos usages
prêtent une signification sexuelle (fétichisme imper-
sonnel) tantôt à une partie du corps (fétichisme cor-
porel) le pouvoir exclusif de produire l'orgasme génital, le fétiche étant soit directement, soit par évocation
ou représentation mentale, l'élément à la fois nécessaire et suffisant de l'excitation sexuelle. Ainsi, à
dater du choc initial, c'est à l'objet qui l'a provoqué
que le perverti psycho-sexuel empruntera ses sollicitations amoureuses et c'est sur lui que se concentrera
sa vie génitale. Une association forcée, automatique
en quelque sorte, est dès ce moment établie, de telle
manière que le retour de la sensation ou sa simple
représentation mentale ne pourra se faire sans que
la sensualité se réveille.

CHAPITRE II

Les origines du fétichisme

I. LE CHOIX

La force instinctive qui pousse au rapprochement
des sexes, aux fins de la perpétuité de l'espèce, a des
aspects bien divers, des manifestations extrêmement
complexes et bizarres. Si l'amour, dans sa sublimité,
a été le mobile d'actions admirables et éclatantes, il
a été aussi et est tous les jours le mobile d'actes
ridicules ou abominables.

Ce n'est, en effet, qu'en vertu d'une illusion que
l'individu croit rechercher le plaisir. Illusion encore,
lorsqu'il croit choisir librement : ce n'est que l'espèce
qui se sert de lui pour arriver à ses fins. Le plaisir
n'est qu'un bandeau mis sur ses yeux, car l'homme
qui fait l'amour se sacrifie. Aussi Chamfort a dit très
justement : « La nature ne songe qu'au maintien de
l'espèce, et, pour la perpétuer, elle n'a qu'à faire de
notre sottise... A ne consulter que la raison, quel est
l'homme qui voudrait être père et se préparer tant de
soucis pour un long avenir ? Quelle femme, pour une
épilepsie de quelques minutes, se donnerait une
maladie d'une année entière ? »

Et puis, dans la sexualité, à côté du plaisir lui-même,
il y a surtout la recherche de l'apaisement, « le besoin
de rejeter et de dépouiller l'excitation sexuelle ».

Comme le fait remarquer Schopenhauer (1), « la seule chose qui nous soit donnée directement, immédiatement, c'est le besoin, c'est-à-dire la souffrance. Quant à la cause qui nous satisfait, quant au plaisir de cette satisfaction, nous ne la connaissons que d'une manière indirecte, par le souvenir de quelque souffrance, de quelque besoin antérieur, qui a cessé par cette satisfaction ». Ce qui revient à dire qu'éprouver du bonheur ce n'est pas autre chose qu'être délivré d'une souffrance, d'une privation.

Il n'en va guère autrement de la satisfaction sexuelle, et les manifestations de la vie génitale sont presque toujours contraires à nos intérêts individuels. Comme nous l'avons dit, le plaisir n'est qu'un moyen, un piège que l'espèce tend à l'individu avec la volonté de le conduire à ses fins sans qu'il s'en doute. Aussi, la chasteté est bien plus souvent de l'égoïsme qu'une vertu. Elle n'est excusable que quand celui qui la pratique est plus utile à l'espèce qu'il ne l'aurait été par la procréation.

Dans certaines espèces, chez les insectes, l'amour est un acte de dévouement absolu et fatal, puisque en même temps qu'il assure la perpétuité de l'espèce, le mâle donne sa vie en échange d'une minute de volupté

Etudiez le vol nuptial chez les abeilles, les noces tragiques de leur reine. Un matin de printemps, elle s'élève dans l'air bleu, suivie par un cortège de mâles en délire. Dans la solitude de l'éther, l'élu la saisit, la pénètre ; ils tourbillonnent un instant dans le délire hostile de l'amour. Pour lui c'est la mort, la mort foudroyante. Car, un instant après, la reine abeille, la vierge fécondée, redescend des hauteurs bleuissantes à la ruche, traînant derrière elle comme des oriflammes les entrailles déroulées de son malheureux amant. Et pourtant des milliers de mâles courent avec frénésie à ces noces fatales auxquelles un petit nombre

(1) *Le monde comme volonté et représentation.*

d'élus peut participer. Dans la transparence auguste du grand ciel, ce sont de merveilleuses et mortelles ivresses, des noces prodigieuses et féériques où la vie naît de la mort et la mort renaît de la vie.

Ainsi, pour tromper notre égoïsme et dans l'intérêt de l'espèce, la nature nous aveugle par la volupté. Nous allons montrer qu'elle ne nous laisse guère plus de liberté dans le choix, et que là encore elle nous leurre.

L'homme se forme un idéal qu'il poursuit sans trêve à travers le monde. Produit des tendances organiques, héréditaires ou acquises, cet idéal est le portrait de l'être qui donnerait une « union féconde en résultats utiles pour l'espèce ».

Mais le choix est forcément limité et l'homme doit se contenter de l'objet se rapprochant le plus de son idéal. « A-t-il le choix parmi beaucoup d'individus, il élit avec une sûreté infaillible celui qui se rapproche le plus de son idéal organique, définitivement élaboré au moment de la maturité sexuelle. N'a-t-il pas le choix, il se contente du premier individu venu, pourvu que celui-ci ne soit pas différent, ni éloigné de son idéal, au point de ne plus pouvoir exciter son centre sexuel, et d'affecter aussi peu ce dernier que pourraient le faire un individu de son propre sexe, un animal ou un objet inanimé. Chaque expérience malheureuse est suivie d'une immense déception. La constatation que l'on s'est trompé, laisse ensuite derrière elle une confusion et une humiliation qui se changent en haine contre l'individu qui les a occasionnées, et est un des plus aigres sentiments de déplaisir dont l'homme soit capable » (Max Nordeau). Celui qui a dit : « post coïtum omne animal triste », n'avait sans doute fait que des expériences malheureuses.

Cette sélection se manifeste dès les premières formes de l'animalité : on a constaté chez les infusoires un véritable choix dans l'accouplement. « Un instinct semble dominer ces petits êtres, dit Balbiani ;

ils se recherchent, se poursuivent, vont de l'un à l'autre
en se palpant à l'aide de leurs longs cils, s'agglutinent
pendant quelques instants dans l'attitude du rapprochement sexuel, puis se quittent pour se reprendre
bientôt de nouveau. Ces jeux singuliers par lesquels
ces animalcules semblent se provoquer mutuellement
à l'accouplement semblent durer plusieurs jours
avant que celui-ci devienne définitif ».

Le même phénomène a été observé chez certains
insectes, mais d'une façon beaucoup plus précise.
J. Roux (1) le décrit ainsi chez les gryllo-talpa. « Par
un belle soirée d'été, dit-il, la femelle du gryllo-talpa
est sortie de sa tanière ; son organe auditif est frappé
agréablement par la musique que les mâles environ-
nants lui jouent sur leurs élytres. Au bout d'un instant
elle se dirige vers l'un de ceux-ci qu'elle semble choisir.
Pourquoi vers celui-ci plutôt que vers un autre ? Parce
que le besoin du mâle est excité chez elle par les sons
musicaux. Ceux-ci viennent-ils de deux directions
différentes, à moins qu'ils ne soient absolument semblables, l'excitation produite par les uns est plus
forte que celle produite par les autres ; l'attention se
dirige de ce côté, elle constitue un premier rapprochement, une tendance, un mouvement dans cette direction. De ce fait, l'excitation croit, l'attention, la tendance de ce côté s'accuse. Le résultat final est le rapprochement, l'accouplement ».

Ce sens ou cet instinct, comme on voudra l'appeler,
est beaucoup plus perfectionné chez l'homme, mais ses
origines et son mécanisme sont encore plus compli-
qués et plus absolus.

« Voici, d'un côté, dit Delbœuf, des milliers de jeunes
gens en quête d'une femme, de l'autre, des milliers
de jeunes filles en quête d'un mari. Ils se coudoient
dans la rue, ils se pressent dans les salons, s'enlacent
dans les bals, et de tous ces contacts que le hasard

______

(1) *Psychologie de l'instinct sexuel.*

amène, un seul réussit à les enflammer. Pourquoi ?
Que sont la sympathie et l'antipathie ? Qu'est-ce qui
sollicite cette jeune fille à attirer ce jeune homme,
et qu'est-ce qui le précipite vers elle ? De même que
le peintre est inspiré par son œil, le musicien par son
oreille, de même ce jeune homme, cette jeune fille
obéissent à la volonté, chez l'un et l'autre obscure,
d'un spermatozoïde, d'un ovule ; mais tenez-le pour
certain, cette volonté n'est pas obscure dans le spermatozoïde ni dans l'ovule. Ils savent tous les deux ce
qui leur manque, et ils le recherchent. A cet effet, ils
donnent leurs ordres à leur cerveau respectif par l'intermédiaire du cœur, et le cerveau obéit sans savoir
pourquoi. Quelquefois il se figure avoir raisonné, il
s'explique à lui-même son choix. Au fond, il n'a été
qu'un instrument inconscient dans la main d'un imper-
ceptible ouvrier qui savait ce qu'il voulait et ce qu'il
faisait. Une société dont les mœurs entravent par trop
le choix intelligent dicté par le spermatozoïde et l'ovule
est vouée à la dépopulation et à la mort ».

C'est dans cet instinct du choix qu'il faut, à mon
avis, chercher la première origine du fétichisme.
Nous allons voir maintenant comment ce choix se
spécialise et se fixe.

II. La Systématisation

Il existe une association manifeste entre le besoin
sexuel et les autres sensations. C'est là un fait démontré et reconnu par tous les psychologues. Pour les
sensations génitales cela va de soi : ce sont les plus
importantes et ce sont elles qui jouent le rôle principal dans la vie sexuelle de chaque individu. Tout
le monde a lu la délicieuse pastorale de Longus :
Daphnis se sent attiré vers Chloé par une attraction
puissante qui n'est autre que le besoin sexuel. Mais
il ignore l'art de le satisfaire. Une brave commère,

Lycénion, est touchée de sa peine et l'initie à l'amour. Daphnis alors s'explique ce qui le porte vers Chloé, et celle-ci fait son apprentissage aussi vite que son amant.

Le rôle des sensations olfactives, quoique moins important, est tout aussi manifeste. J. Soury soutient que la pensée a commencé dans la série animale par l'élaboration des perceptions olfactives. Leur développement primordial aurait eu pour cause l'instinct de reproduction. C'est là une hypothèse très rationnelle. Du reste, dans la série animale, les sensations olfactives servent de guide à l'instinct sexuel et un certain nombre sont munies de glandes odorantes, comme les glandes à musc, qui n'ont d'autre but que de favoriser le rapprochement des individus aux périodes d'accouplement. Dans un grand nombre d'espèces, la présence de la femelle amoureuse est révélée au mâle uniquement par les sensations olfactives.

Les odeurs jouent aussi leur rôle dans la vie sexuelle de l'homme : les odeurs du corps humain d'abord, puis les odeurs artificielles. Les parfums ont toujours tenu une grande place dans les rites de l'amour : ce qui prouve qu'ils agissent sur le besoin sexuel. Ce sont des excitants, comme on dit vulgairement ; et les femmes le savent bien. Chacune choisit son parfum, non pas toujours pour elle, mais souvent pour l'effet qu'elle espère produire sur tel homme ou telle catégorie d'hommes. Ainsi les cuisinières se parfument au patchouli et les pompiers raffolent de cette odeur. Les soldats n'ont pas de préférence, sans doute parce que les bonnes qu'ils fréquentent volent généralement les parfums de leurs maîtresses, et s'imprégnent indifféremment de toutes les essences odorantes qui leur tombent sous la main. Les prostituées de bas étage, celles qu'on appelle les péri-patéticiennes, se parfument au musc, et les gens du peuple qui les suivent sont entraînés par cette odeur pénétrante qui simule assez celle d'une femelle en rut. Les petites ouvrières se parfument à la violette ou à la rose, odeurs tendres et douces comme leurs petites âmes aimantes. Aussi les calicots en inondent leurs mouchoirs. Les bourgeoises passionnées se parfument avec des odeurs pénétrantes, comme l'héliotrope blanc, le jasmin, l'ylan-ylan, et ces odeurs grisent, paraît-il, les hommes qui frisent l'âge ingrat. Les demi-mondaines préfèrent les odeurs fines ou bien compliquées comme leurs vices : le muguet, le corylopsis, le réséda, etc. Les femmes amoureuses et portées à la poésie ou à la mélancolie, se créent des parfums tout à fait spéciaux qui le plus souvent n'ont le don de charmer qu'elles seules.

Postérieures comme apparition aux sensations olfactives, les sensations visuelles ont acquis une importance considérable. La conception de la beauté chez l'homme ou la femme n'a-t-elle pas pour base presque exlcusive les sensations visuelles ? Un beau tableau, une belle statue peuvent nous émouvoir sexuellement. Un homme rencontre une femme dans la rue : il a à peine entrevu son visage et cependant il en est devenu subitement amoureux. C'est ce qu'on appelle le coup de foudre : l'amour est entré par les yeux.

Les sensations auditives ont une influence moindre sur la vie sexuelle, surtout chez l'homme. Mais il n'en est pas de même dans toutes les espèces. Certains animaux ont la faculté de produire des sons musicaux qui ne leur sont n'aucune utilité dans la lutte pour la vie. Weissmann explique cette formation d'un appareil musical par la simple émulation dans la recherche des femelles. Or, il est démontré que ces dernières éprouvent un certain plaisir à entendre le chant des mâles. Nous avons cité, dans le monde des insectes, le cas des gryllo-talpa. Nombre d'oiseaux chantent pour charmer leurs femelles. Vous souvenez-vous d'une nuit de printemps toute chargée du parfum des aubépines et les lilas ? La lune brillait dans un ciel pur. Nuit silencieuse, nuit divine ! Tout à coup, des notes s'égrènent dans le silence, puis jaillissent en fanfares, en roulades harmonieuses et sonores. C'est, dans une touffe de lilas, le rossignol annonçant le printemps et préparant sa femelle à l'amour.

Le timbre de la voix n'est pas non plus sans influence sur l'éclosion de l'amour. Nombre de cantatrices ont dû leurs plus belles conquêtes à la grâce et au charme de leur voix. A. Dumas raconte quelque part qu'une comédienne, s'est éprise d'un homme sans l'avoir vu, rien qu'en entendant sa voix.

Il m'est arrivé souvent, au hasard de mes pérégrinations à travers le monde, de rencontrer, dans les bouges des grandes cités européennes, un frais visage de jeune fille, un de ces lys épanouis dans la boue : des yeux bleus d'Allemande avec une figure de sainte de vitrail, des yeux noirs et langoureux d'Espagnole, brillant comme deux escarboucles. Je m'arrêtais charmé, étonné de l'apparition. Mais l'ange déchu ouvrait la bouche et d'une voix crapuleuse et éraillée lançait une invite amoureuse. Aussitôt le charme était évanoui : le dégoût tuait le désir. Par contre, combien de fois j'ai vu dans les villes de l'Asie, des filles à la peau cuivrée, moulées sous leurs voiles comme des statues, captiver le passant en murmurant quelques douces paroles d'une voix harmonieuse comme une musique lointaine.

Du reste, le rôle de la musique sur l'état sexuel est manifeste et a été exploité pour provoquer ou favoriser l'accouplement, soit à l'état normal, soit à l'état pathologique. Dans certains cas de satiété ou de fatigue, l'acte peut être réveillé ou provoqué par l'audition d'un morceau de musique. Dans certains cas pathologiques, l'acte sexuel est provoqué et peut s'accomplir grâce à l'audition de certains airs ou morceaux de musique.

N. Vaschide et Cl. Vurpas (1) ont rapporté à ce sujet des observations curieuses.

____

(1) *Archives de l'Anthropologie criminelle.* Mai 1904.

Une femme, âgée de trente-trois ans, musicienne bien entendu, a remarqué que la symphonie la plus simple et quelqu'en soit le motif, lui avait toujours fait éprouver une émotion assez semblable à une excitation sexuelle, mais s'arrêtait à un jeu d'images, préparant un état qui devait s'épanouir plus tard dans une jouissance réellement sexuelle. Cette femme assure, du reste, que le timbre de la voix d'un homme a toujours été le seul élément qui puisse lui donner des émotions sexuelles.

L'association du besoin sexuel et des sensations tactiles est de toute évidence. On connaît le rôle des caresses, des attouchements, du baiser en amour. Chez l'homme quelque peu délicat, ils sont les préliminaires presque indispensables de l'acte sexuel.

Quant aux sensations gustatives, elles ne s'associent guère au besoin sexuel qu'à l'état pathologique. J'ai décrit ailleurs (1) les actes dégoûtants auxquels se soumettent certains masochistes, plus particulièrement ceux qu'on a appelés des stercoraires. On a cité le cas de débauchés buvant du champagne ou mangeant des quartiers d'oranges dans la vulve des femmes, d'autres buvant de l'urine ou mangeant des matières fécales. Au dire de Mantegazza (2), les indigènes de l'île de Ponapé placent dans la vulve de leurs femmes un morceau de poisson qu'ils lèchent. Mais, je le répète, nous sommes là en pleine pathologie. N'insistons pas.

Que résulte-t-il de cette association du besoin sexuel avec les sensations des divers ordres ? C'est là qu'il faut chercher l'origine véritable du fétichisme. « Lorsque deux sensations, de même que deux idées, dit J. Roux (3), se sont associées un très grand nombre de fois, ont existé simultanément dans la conscience,

(1) *Sadisme et masochisme.*
(2) *L'amour dans l'humanité.*
. (3) *Psychologie de l'instinct sexuel.*

se sont renforcées réciproquement, l'une d'elles ne peut apparaître sans que l'autre surgisse parallèlement. De même, dès que le besoin sexuel acquiert une intensité assez grande pour apparaître dans la conscience, il y fait surgir tout un monde d'images. Inversement, percevons-nous une sensation qui, antérieurement, s'est associée au besoin sexuel, qu'immédiatement celui-ci, renforcé, fait son apparition. Une odeur préférée, la vue d'un profil que nous jugeons beau, d'une silhouette que nous croyons élégante, d'un détail dans la toilette, d'une nuance dans les cheveux, d'un rien dans la démarche, etc., une voix bien timbrée, caressante, une pression de main ou de... pied, etc., voilà autant de sensations qui peuvent en un instant surexciter, monter au paroxysme le désir de la possession ».

En somme, qu'est-ce là autre chose que du fétichisme ? Mais du fétichisme normal. Association d'une sensation ou d'une série de sensations avec le besoin sexuel : voilà la clef du mystère. Voyons maintenant comment se fait la transition à l'état pathologique.

III. La cause efficiente

Binet pense que, dans la vie de tout fétichiste, il s'est produit un incident marquant qui se place d'ordinaire à l'époque de la première enfance, détermine une forte impression de nature voluptueuse, s'inscrivant profondément, pour être désormais gardée comme objet principal de la sollicitation sexuelle durant le reste de l'existence.

Mais il faut une prédisposition originelle qui joue le rôle essentiel. Cet incident était attendu par l'hyperesthésie spéciale du sujet, et il n'a pris de valeur que grâce à cette préparation.

C'est un phénomène de la vie sexuelle normale que de s'extasier devant telle ou telle partie de la femme ;

mais c'est précisément la concentration de la totalité
de l'intérêt sexuel sur cette impression partielle qui
constitue le point essentiel, et cette concentration
doit s'expliquer par un motif spécial pour chaque
individu. Il faut, chaque fois, un incident qui four-
nisse matière à la perversion. Ordinairement l'individu atteint ne se rappelle pas l'occasion qui a fait
naître l'association d'idées. Il ne lui reste dans la conscience que le résultat de cette association. Seule, la
prédisposition est congénitale.

CHAPITRE III

Fétichisme des attributs féminins

1. Fétichisme de la bouche.

Toutes les parties du corps féminin peuvent être prises pour fétiche et nombre d'individus, sans être à proprement parler des malades, en tiennent toujours plus ou moins pour l'une d'elles. C'est cet attribut qui pour eux constitue l'essence de la beauté féminine et par conséquent provoque l'attrait sexuel.

Commençons par la bouche.

Il est certain qu'une fine bouche, ornée de lèvres roses encadrant des dents blanches, est un élément indiscutable de beauté, surtout quand elle s'éclaire d'un sourire. Mais le fétichisme est souvent en contradiction avec l'esthétique. J'ai connu un poëte de talent qui aimait les femmes aux lèvres rouges et épaisses : il trouvait une saveur toute particulière à leurs baisers.

G. Rodenbach (1) a dépeint dans un de ses romans un personnage qui devint amoureux d'une jeune fille uniquement à cause de sa bouche. « Joris, dit-il, ne vit plus que cette bouche tentante et haletante, comme une fleur isolée qu'il eut voulu cueillir dans le jardin

____

(1) *Le Carillonneur.*

de sa chair... L'amour était dans cette bouche comme
Dieu dans l'hostie ».

A. Belot (1) a décrit un état d'âme à peu près semblable.

Je ne reviendrai pas sur la question du fétichisme
de la voix dont j'ai déjà parlé au chapitre précédent.

11. Fétichisme du nez

Un poète, Catulle Mendès, je crois, a écrit ce délicieux quatrain :

> Sur ta petite face rose,
> Agitant ses ailes de chair,
> Ton nez, comme un oiseau se pose,
> Impertinent, la queue en l'air.

Qui de nous ne s'est pas senti arrêter dans la rue
par un nez en trompette ?

Binet a observé un professeur de lycée, âgé de trente-
sept ans, qui était atteint d'un véritable fétichisme
du nez. Dès l'âge de dix ans, il commença à se masturber, mais avec des sensations voluptueuses se
rattachant à des idées fort étranges. Il était enthousiasmé par les yeux de la femme ; mais, par une dérivation bizarre de sa perversion, il en arriva à placer
le siège des parties génitales de la femme dans les
narines, endroit qui lui sembla le plus proche des
yeux. A partir de ce moment, ses désirs sexuels tour-
nèrent autour de cette idée. Il faisait des dessins qui
représentaient des profils grecs très corrects, des têtes
de femmes, mais avec des narines d'une largeur déme-
surée dans le but que l'on devine. Cet homme n'eut
jamais de rapports sexuels avec des femmes.

(1) *La bouche de Madame X...*

III. Fétichisme des yeux

Il est certain que les yeux jouent un grand rôle dans l'appréciation de la beauté féminine. Les Espagnoles et toutes les Orientales, en général, doivent en grande partie leur charme à la splendeur de leurs yeux qu'ont chantée tous les poètes.

> Tienes unos ojos
> Como luceros del alba
> Que apagan sus luces
> A la luna clara,

dit un romancero espagnol.

Les poëtes arabes parlent des « yeux de gazelle » de leurs femmes, qui « brillent comme les lames des yatagans tirés au soleil » et qui « boivent l'âme », de leurs sourcils arqués comme « le noun que trace la main d'un habile écrivain ». Les poètes hindous les comparent à de claires fontaines, à des lotus épanouis. Les poëtes du nord les comparent à l'azur des pervenches ou des myosotis.

De beaux yeux peuvent racheter la disgrâce d'un visage et leur clarté suffit à allumer l'amour.

L'observation que j'ai citée au paragraphe précédent, est un cas de fétichisme des yeux en même temps que du nez. Cette dernière perversion, comme je l'ai dit, n'est venue que par dérivation et consécutivement à la première. Je n'ai pas rencontré dans la littérature médicale d'autre observation vraiment pathologique de fétichisme des yeux.

IV. Fétichisme des cheveux

Les cas de fétichisme de la chevelure sont très fréquents et les individus atteints de cette perversion ont souvent maille à partir avec la justice.

Les poëtes ont chanté les cheveux de la femme avec non moins d'enthousiasme que les yeux. Ils les ont comparé, pour la brune, à l'ébène, à l'aile du corbeau, pour la blonde, à de l'or fluide, à un rayon de soleil.

Aussi, pour les amoureux, les cheveux ont toujours eu une grande importance. Combien ont conservé comme une relique une mèche brune ou blonde nouée d'une faveur rose !

J'ai cité ailleurs (1) l'exemple d'un jeune homme d'une instruction et d'une éducation supérieures, qui avait la manie de couper une mèche de cheveux à toutes celles qui lui donnaient ou lui vendaient leurs faveurs, n'était-ce que pour une nuit ou une heure. Comme il a voyagé beaucoup et que partout il a aimé, il a ainsi collectionné un nombre assez considérable de mèches de toutes nuances. Il les a soigneusemet étiquetées et attachées avec des faveurs de soie. Il prétend qu'il lui suffit de toucher ou de flairer une de ces mèches, brune ou blonde, rousse ou châtaine, pour évoquer immédiatement l'image de celle à qui elle a appartenu, pour se remémorer le parfum spécial qu'elle répandait et les sensations qu'elle lui a données.

J'écrivais encore, dans cette même étude de psychologie morbide : « Il y a quelques années, on rencontrait fréquemment, au bal Bullier, une grande fille au visage maigre et osseux, mais dont les cheveux noirs étaient d'une longueur vraiment remarquable. Elle les portait en nappes flottantes sur ses épaules et ses reins. Souvent des hommes la suivaient dans la rue pour lui toucher ou lui baiser les cheveux. D'autres montaient chez elle et payaient uniquement pour avoir le plaisir de toucher et de baiser ses longues nattes noires. L'un d'eux voulut, en échange d'une somme relativement considérable, souiller la soyeuse chevelure. Cette fille était obligée d'être toujours en

____

(1) *L'amour morbide.* 4ᵉ édit.

éveil et de prendre toutes sortes de précautions pour que personne ne lui coupât cet ornement qui constituait sa seule beauté et la faisait vivre ».

Comme je l'ai dit, les fétichistes des cheveux constituent une catégorie très intéressante au point de vue médico-légal, car ils se laissent facilement entraîner à commettre des délits. Les voleurs de cheveux, les coupeurs de nattes sont des clients connus des juges d'instruction. J. Macé (1), l'ancien chef du service de la sûreté, a observé un assez grand nombre de ces voleurs de cheveux. L'un d'eux lui fit l'aveu suivant : « C'est une passion : pour moi, l'enfant n'existe pas, ce sont ses beaux et fins cheveux qui m'attirent... Je pourrais souvent les prendre tout de suite. Je préfère suivre la fillette, gagner du temps, c'est ma satisfaction, mon plaisir. Enfin, je me décide, je coupe l'extrémité des mèches frisées, et je suis heureux ».

« D'autres, dit encore J. Macé, vont d'une cohue à l'autre, hésitent et tournent longuement avant de s'arrêter. Leur choix fait, on les voit s'élancer sur une femme et lui embrasser follement les cheveux qui frisent sur la nuque. Puis ils s'esquivent comme par enchantement, en faisant claquer bruyamment leur langue et en se léchant les lèvres pour savourer le goût que les petites frisettes à la couleur préférée viennent d'y laisser.

« Frisons d'or, frisons d'ébène, frisons d'argent, il y a beaucoup d'amateurs pour ces sortes de friandises. Ils préfèrent les cheveux bien relevés, qui dégagent bien la nuque, pour faire valoir le cou et laisser en liberté les petites mèches mignonnes et agaçantes... Ils se contentent d'un rapide et furtif baiser ».

D'autres ne s'en tiennent pas là. Comme on voit, pour ces pervertis, la femme n'est rien, la chevelure est tout : aussi ils cherchent à se l'approprier pour en jouir tout à leur aise.

(1) *Un joli monde.*

Berbez (1) a rapporté l'histoire d'un garçon de vingt-cinq ans qu'on arrêta en train de couper une mèche de cheveux à une jeune fille. On le trouva porteur de ciseaux et d'un certain nombre d'autres mèches. Il avoua qu'il avait l'intention d'emporter ces cheveux chez lui et de se masturber en les contemplant et en les froissant avec les doigts. Ce garçon était entré pour la première fois en érection à l'âge de quinze ans, en voyant une femme avec une splendide chevelure dénouée sur ses épaules. Depuis il a toujours été torturé par la tentation de couper des cheveux de femme.

Mottet a rapporté, à la Société de médecine légale (séance du 13 janvier 1890), l'observation autrement curieuse d'un individu dont il fut chargé, avec Socquet et Voisin, d'examiner l'état mental.

Le sujet, âgé de quarante ans, serrurier d'art, célibataire, est un héréditaire et un prédisposé, un dégénéré, pour dire le mot. Violemment ébranlé par des commotions morales qui précipitèrent sa déchéance, il se laissa aller à d'étranges aberrations sexuelles.

Dans sa jeunesse, c'était un timide, d'une sentimentalité exagérée, d'une conduite irréprochable. Comme la plupart des timides, il eut des exaltations de sentiments, mais qui restèrent platoniques. C'est ainsi qu'il a aimé follement et successivement, dans des conditions qui rendaient tout mariage à peu près impossible, d'abord une jeune fille de quinze ans, puis une jeune veuve, et enfin une autre veuve. A la façon des érotomanes, il pare cette veuve de toutes les qualités imaginables et veut même, dit-il, « se la conserver vierge ! » En somme, il est arrivé à quarante ans sans jamais avoir eu de maîtresse, et ce n'est que rarement qu'il a pris au hasard une fille rencontrée dans la rue et de chez laquelle il sortait plutôt dégoûté que satisfait.

Au mois d'août 1889, cet homme se fit arrêter à la

____

(1) *Gazette hebdomadaire de médecine et de chirurgie.* 1890.

station d'omnibus du Trocadéro. Après plusieurs tentatives pour se rapprocher, au milieu de la foule, d'une jeune fille qui portait une longue natte de cheveux, il avait fini par la lui couper et, immédiatement après, s'était enfui. Mais il fut rattrapé et parfaitement reconnu par la jeune fille. Il ne pouvait nier; il avait la natte à la main et dans sa poche une paire de ciseaux.

Une perquisition pratiquée chez lui amena la découverte de soixante nattes ou tresses de cheveux de diverses nuances, classées en plusieurs paquets, sans compter des boucles de cheveux qu'il se faisait donner par des femmes de son entourage, des petits bouts de rubans, mille riens féminins. Il reconnut avoir coupé ces soixante nattes à autant de jeunes filles, obéissant ainsi à des impulsions qui remontaient à trois ans. Elles avaient été précédées d'une certaine perte de mémoire et du syndrôme qu'on a désigné sous le nom de « recherche angoissante du mot ». Puis l'idée lui vint de toucher à des cheveux de femmes. Il ne se rappelle pas exactement comment il opéra la première fois qu'il coupa une natte. Il se souvient fort bien que, lorsqu'il l'eût dans la main, il éprouva une sensation voluptueuse telle qu'il entra immédiatement en érection et que, sans attouchements, sans qu'il se fut frotté contre la jeune fille, il eut une éjaculation. Jamais, dit-il, il n'avait rien ressenti de pareil, même dans des rapprochements sexuels.

A partir de ce moment, et bien que honteux de lui-même, il fut obsédé par l'idée de toucher toutes les chevelures qu'il voyait flotter sur les épaules des jeunes filles ou des femmes ; après quoi, ces attouchements ne lui suffisant plus, il voulut posséder, et un soir il coupa une natte avec son couteau. Serrant la tresse dans ses mains, il courut à son domicile et fut repris de la même excitation génésique que la première fois, excitation qui avait, du reste, commencé au moment même où il sectionnait la natte.

Ces mêmes actes se reproduisirent un nombre considérable de fois, mais les impulsions irrésistibles étaient séparées par des intervalles de calme pendant lesquels, humilié de ce qu'il avait fait, il s'enfermait chez lui, n'osant plus sortir seul. Il raconte que lorsqu'il avait réussi à couper une natte et qu'il avait les cheveux dans les mains, rien au monde ne lui aurait fait lâcher prise, que s'il échouait dans sa tentative, il rentrait chez lui violemment contrarié et se dédommageait avec les tresses de sa collection.

Les cheveux à l'étalage des coiffeurs le laissent froid ; ce qui le trouble, c'est d'apercevoir le coiffeur tenir dans sa main la chevelure d'une femme. Si cette femme sort avec les cheveux relevés, il reste calme : il n'est hors de lui et invinciblement attiré que par les cheveux pendants, ceux que sa main peut prendre.

Voici un autre cas du même genre et tout aussi curieux observé par Magnan (1).

Le sujet a vingt-cinq ans. A l'âge de quinze ans, il éprouva pour la première fois une sensation voluptueuse avec érection en voyant une belle fille de village se peigner les cheveux. Jusque là les personnes de l'autre sexe n'avaient fait sur lui aucune impression. Deux mois plus tard, à Paris, il se sentit vivement excité à la vue de jeunes filles dont les cheveux flottaient autour de la nuque. Un jour, il ne put se retenir de prendre la natte d'une jeune fille et de la tortiller entre ses doigts. Il fut arrêté et condamné à trois mois de prison.

Peu de temps après, il fut soldat et fit cinq ans de service. Pendant cette période, il n'eut pas à redouter de voir des nattes. Cependant il rêvait quelquefois de têtes de femmes avec des nattes ou des cheveux flottants. A l'occasion, il faisait le coït avec des femmes, mais sans que leurs cheveux agissent comme fétiche.

(1) *Archives de l'Anthropologie criminelle.* n° 28.

Rentré à Paris, il eut de nouveau des rêves et se sentit excité à la vue des cheveux de femmes. Il était obsédé par l'idée de les toucher ou de posséder des nattes pour se masturber avec. L'éjaculation même se produisait dès qu'il tenait des cheveux de femmes entre ses mains. Un jour, il réussit à couper trois nattes sur la tête de petites filles qui passaient. Une tentative semblable faite sur une quatrième enfant amena son arrestation. Il manifesta un repentir profond et de la honte.

P. Garnier a observé un individu, âgé de vingt-six ans, employé, frère d'épileptique, qui se fit arrêter parce qu'il coupait à l'aide de ciseaux des mèches de cheveux à des jeunes filles dans la foule. On l'avait déja surpris un jour caressant les cheveux d'une fillette absorbée par le spectacle d'un guignol. Il était en pleine érection.

De telles perversions ne peuvent qu'achever le détraquement d'un cerveau déjà taré. Quand elles ne mènent pas en police correctionnelle, elles mènent presque forcément à l'asile d'aliénés. En voici encore un exemple emprunté à Krafft-Ebing (1).

Il s'agit d'un individu de quarante ans, appartenant à une classe sociale très élevée, qui, dès son enfance, dès l'âge de huit ans, se sentit puissamment attiré par les cheveux des femmes, particulièrement des jeunes filles. A l'âge de neuf ans, une jeune fille de treize ans commit avec lui des actes d'impudicité, mais sans provoquer aucune excitation. Ce n'est qu'à l'âge de dix ans qu'il commença à éprouver des sensations voluptueuses à la vue des cheveux des femmes qui lui plaisaient. Peu à peu, ces sensations se produisirent spontanément, et aussitôt s'y joignait le souvenir imaginaire de cheveux de jeunes filles. A l'âge de onze ans, il fut entraîné à la masturbation par des camarades d'école. Avec les années son fétichisme

____

(1) *Psychopathia sexualis.*

devint de plus en plus puissant. Quand il pouvait toucher des nattes ou y poser ses lèvres, il se sentait tout heureux. Il rédigeait des articles en prose, faisait des poésies pour célébrer la beauté de la chevelure féminine ; il dessinait des nattes et se masturbait en même temps. Dès l'âge de quatorze ans, il était tellement excité par son fétiche qu'il en avait des érections violentes. Il était surtout excité par les nattes touffues, noires, et bien tressées. Il avait une envie folle d'y poser ses lèvres et de les mordre. Souvent, dans la rue, dans une bousculade, il posait vivement un baiser sur la tête d'une femme et se sauvait chez lui pour se masturber. Une fois il essaya, dans une foule, de couper une natte avec son canif, mais il ne put y réussir et il dut vivement prendre la fuite.

Devenu homme, il essaya d'avoir des relations avec des femmes. Il s'excitait en baisant leurs cheveux, mais il pouvait rarement arriver à une satisfaction sexuelle complète. Un jour, il vola à une dame les cheveux qu'elle avait laissés après son peigne ; il se les mettait dans la bouche et se masturbait en évoquant en même temps dans son esprit l'image de la dame. Enfin ce malheureux finit par tomber dans une excitation sexuelle qui était presque du satyriasis. Pour s'apaiser et s'étourdir, il eut recours à l'alcool, puis il vint échouer à l'asile d'aliénés.

Il me paraît utile, au point de vue médico-légal, de faire remarquer que tous les coupeurs de nattes ne sont pas des pervertis fétichistes. Certains individus coupent les nattes non pour en faire des fétiches, mais pour les vendre, comme d'autres coupent les chaînes de montres. Ces individus ne rentrent nullement dans le cadre de notre étude ; mais, comme je viens de le dire, il était bon de faire connaître leur existence pour éviter des méprises.

Enfin, parmi les fétichistes de la chevelure, il y a ce qu'on pourrait appeler des spécialistes. Les sujets que nous venons d'étudier sont attirés par toutes les chevelures ; il en est d'autres qui n'éprouvent d'attrait que pour certaines variétés de cheveux.

A. Moll a connu un individu qui éprouvait une vive excitation sexuelle chaque fois qu'il voyait et surtout touchait une jolie natte féminine ; par contre, des cheveux tombant librement sur la nuque ou les épaules, eussent-ils été les plus beaux, le laissaient absolument indifférent.

Féré (1) rapporte l'observation d'un individu, âgé de 60 ans, névropathe héréditaire, qui, chaque fois qu'il rencontre dans la rue ou ailleurs une femme rousse, cherche à s'en rapprocher, la suit et pousse l'aventure jusqu'au bout, si les circonstances le permettent ; que la femme soit jeune ou vieille, belle ou affreuse, élégante ou repoussante de malpropreté, peu lui importe. Il explique son émotivité spéciale par cette circonstance que la première femme qu'il ait aimée et possédée, à l'âge de dix-huit ans, était une rousse.

Voici qui est plus curieux encore. Le fétiche n'est plus la chevelure, mais la mince toison brune ou blonde qui orne les aisselles ou le mont de Vénus. Féré (2) cite un cas de ce genre : un individu qui avait un nombre considérable de paquets de « petits cheveux » qu'il avait coupés au pubis ou aux aisselles de filles qu'il avait poursuivies sans autre but. La contemplation de ces « petits cheveux » amenait la satisfaction complète. C'était en même temps un fétichiste de la couleur : il suivait les femmes qui portaient des étoffes rouges ou vertes.

Le fétichisme inverse n'est pas rare. Je ne connais pas de cas d'individus épris d'un crâne chauve, mais il y a des débauchés pour qui les pubis glabres ont un attrait particulier. Presque toutes les Orientales se rasent ou s'épilent, et les Orientaux ont, paraît-il plutôt de la répugance pour les sexes velus. Un Arabe intelligent

(1) *L'instinct sexuel.*
(2) *L'instinct sexuel.*

que j'interrogeais à ce sujet, me répondit : « Je ne sais si c'est plus joli ou non, mais je sais bien que c'est plus propre ». Chez les Occidentaux un mont de Vénus tout nu semble moins excitant que vêtu, aux yeux de la plupart des gens. Pourtant, il y a des exceptions et, comme je viens de le dire, certains amateurs préfèrent les pubis glabres. J'ai là sous les yeux la confession d'un débauché qui semble attacher une très grande importance à ce détail. Il vante avec enthousiasme les Orientales, précisément à cause de cette particularité. Il parle de la « grâce ingénue des sexes impubères », de la « douce nudité de la fleur du sexe », etc. Ce n'est pas précisément là un cas pathologique, mais cette préoccupation indique tout au moins la grande importance que cet individu attache aux choses de la sexualité.

V. Fétichisme du sein

Duo ubera tua similia sunt duobus hinnulis gemellis capreæ pascentibus inter lilia (1). Voilà qui mettait le Roi-prophète dans des ivresses de vendangeur. Et il a eu des imitateurs, car les adorateurs des seins sont légion. C'est un des attributs les plus ravissants de la femme, quand ils sont beaux. Un poète les appelle :

> Doux oreiller pétri d'aurore
> Et de la chair blanche des lis,

un autre :

Fraîche pomme d'api, ferme pomme d'amour.

(1) Tes deux seins sont semblables à deux faons jumeaux qui paissent parmi les lys. (*Cantique des Cantiques.*)

Clément Marot dit :

> Tétin refait, plus blanc qu'un œuf,
> Tétin de satin blanc tout neuf,
> Tétin qui fait honte à la rose.

Goûtez ces vers de Jérôme Amalthée :

> Fert nitido duo poma sinu formosa Lycoris,
> Illa eadem nitido fert duo fraga sinu.
> Sunt mammæ duo poma ; duo sunt fraga papillœ :
> Poma nives vincunt, fraga colore rosas.

On pourrait traduire : « A sa blanche poitrine la belle Lycoris porte deux pommes ; à sa blanche poitrine elle porte aussi deux fraises : les deux pommes sont les seins, les deux fraises les boutons. Comme couleur les pommes surpassent la neige et les fraises la rose ».

Benserade vante les

> Tétons qui ne font pas un ply.

Maurice Donnay :

> J'ai vu sur ta poitrine nue
> Deux jumeaux, deux frères de lait,
> Enfants d'une belle venue,
> Modernes, mais non décadents,
> Gonflant leur rigidité ronde,
> Sans l'aide des corsets prudents
> Sachant se tenir dans le monde.

Par contre, A. Masson en a vu qui

> .... sont flottants et vagues
> Et font l'effet d'antiques blagues
> A jamais vide de tabac.

Pour ceux-là Clément Marot est sans pitié :

> Tétin qui n'a rien que la peau,
> Tétin flac, tétin de drapeau,

Grande tétine, longue tétace,
Tétin, dois-je dire bezace,
Tétin au grand vilain bout noir
Comme celui d'un entonnoir.

Tétin pour tripe réputé

Tétin, boyau long d'une gaule,
Tétace à jeter sur l'épaule.

Bensorade ne se montre guère plus tendre :

Tétasses de grosses femelles
A couvrir d'un épais drapeau.
Peau bouffie et rude, moins peau
Que cuir à faire des semelles,
De vieille vache aride pis.

Et pourtant ces singuliers appas trouvent des amateurs. Témoin E. Plouchart :

........Epaules de saindoux
Ou poitrines de gélatine,
Je vous veux, femmes aux seins mous.

Toutefois les amateurs des seins mous sont l'exception. Baour-Lormian admire les beaux seins :

Le plumage du cygne et la neige nouvelle
N'égalent pas l'albâtre de son sein.

Pierre Soulfour parle de

..... l'ivoyre poli de sa chaste mamelle,

Redelsperger de

..... la nacre des seins bombés,

Guichard d'une

Gorge pétrie avec la neige des sommets sacrés.

Desmarets les appelle :

Monts de neige et de feux.

Lucilius dit :

Hic corpus solidum invenies, hic stare papillas
Pectore marmoreo...

Nous pouvons traduire : « Tu trouveras là une chair
ferme et des tétons droits sur une poitrine de marbre ».
Nombre de poëtes appellent les seins des « globes
d'albâtre » (1). Bois-Robert dit :

Gorge de lys, pommes d'albâtre
De qui mon œil est idôlatre.

R . Pascalis :

Je rêve, à tes genoux, des blancheurs éternelles
De ton buste pétri dans la neige et les lys.

Et ailleurs :

Ton sein veiné d'azur, où le désir vient battre,
Ton sein est le revers d'une coupe d'albâtre
Par le burin des dieux finement ciselé.

Le froid Voltaire lui-même s'enthousiasme :

Un beau bouquet de roses et de lis
Est au milieu de deux pommes d'albâtre.

M. Rollinat s'écrie :

O seins, poires de chair, dures et savoureuses,
Monts blancs où vont brouter mes caresses fiévreuses.

______

(1) Voir à ce propos les études si curieuses et si docu-
mentées du Dr Witkowsky : *Tetoniana.* 3 vol. in-8, avec
figures. Maloine. Edit.

De même, A. Masson :

> Oreillers jumeaux de chair blanche,
> Autels où notre front se penche
> Et dont on célèbre à genoux
> Les glorieux et saints offices !
> Seins cléments, soyez-nous propices !
> Seins pleins de grâce, exaucez-nous !

Même prière d'Hugues Delorme :

> Donne tes seins, blancs coussins
> D'un tissu soyeux et rude ;
> Donne l'orgueil de tes seins
> A mon humble servitude.

Enfin E. Gaubert :

Les montagnardes sont venues pour la vendange ;
Leurs seins ont le parfum des grappes enivrantes.

. . . .

Les fruits de ta poitrine, ô mon amour, mûrissent.

. . . .

Je suis le vendangeur de la plaine opulente :
J'ai tenu dans mes mains les grappes de tes seins,
Ces deux fruits précieux de ta chair affolante.

Ainsi l'enthousiasme est presque universel. Mais c'est surtout chez les peintres qu'on peut le mieux apprécier comment chacun d'eux conçoit l'esthétique de ces attributs.

Prenons, par exemple, la « Diane au bain » de Fr. Boucher, au musée du Louvre. C'est une des plus gracieuses conceptions mythologiques qu'on puisse rêver : le corps est gracile, respirant la grâce et la fraîcheur, les seins menus et délicats. Il en est de même de sa « Toilette de Vénus ». Aucune de ces figures n'a plus de quinze ou seize ans. Les seins de la « Source » d'Ingres (Musée du Louvre) sont d'une pureté merveilleuse ainsi que toutes les lignes de son corps. De même la statue de Galathée de Tuby, au jardin de Versailles, a un visage ravissant, des seins adorables, d'une beauté rarement réalisée. Voyez aussi la Léda du divin Corrège, à la galerie Rospigliosi à Rome, la femme qui figure dans « L'éducation de l'amour » du Titien à la National Gallery de Londres, la Galathée de l'Albane au musée de Dresde : on ne peut rêver de seins plus idéalement beaux.

La Fornarina de Raphaël Sanzio, à la galerie Barberini, à Rome, a deux seins délicatement arrondis : seins pudiques, à forme virginale, suffisamment bombés, sans aller jusqu'à la forme lourde de l'hémisphère.

Michel-Ange Buonarotti peint déjà des seins plus exubérants, plus pleins, comme dans son buste de femme de la Galerie des Offices à Florence.

Les femmes de Guido Reni sont généralement gracieuses et d'une admirable plastique. De même celles de Giorgione. Voyez sa « Vénus endormie », au musée de Dresde : c'est un ravissant corps de femme, aux lignes d'une pureté adorable. De même encore celles de Tiepolo. Voyez sa « Toilette de Vénus », au musée de Berlin : c'est une femme gracieuse et délicate, à la poitrine fleurie de deux globes légers. L'Europe de P. Véronèse, au Palais ducal de Venise, a déjà un sein plus planureux, plus étalé. Le Titien peint de fortes et riches carnations, mais il respecte toujours les lignes et les morphologies. Le Tintoret, au contraire, oublie trop souvent la ligne et la plastique : il peint des femmes aux seins lourds, aux hanches puissantes, à la chair en pleine floraison.

Jetez maintenant un coup d'œil sur la Diane de Janssens au musée de Cassel. Comparez-la, par exemple, à la Sylvie de Fr. Boucher au Louvre, et vous verrez tout de suite la différence qui existe entre une planureuse hollandaise et une parisienne affinée. Vous verrez également que les deux peintres conçoivent l'esthétique d'une façon toute différente.

Arrêtons-nous ensuite devant les toiles de Rubens. Il peint des seins de flamandes, des seins blancs, lymphatiques, plantureux, de carnation superbe, mais avec de cruelles et promptes décadences. Rubens est, en somme, le peintre des maturités, des formes puissantes, des carnations violentes. Ses « Trois Grâces », au musée de Madrid, si elles sont admirables de coloris et de pose, sont, au point de vue de l'esthétique pure, la négation même de la beauté. Trop rouges, ridées, bouffies de graisse, ce sont, avec l'affaissement lamentable de leurs seins, de peu appétissantes commères. Dans « Nymphes et Satyres », au musée de Madrid, de grosses flamandes s'enfuient en ramassant à pleines mains leurs appas égarés. Quant à sa « Voie lactée », toujours au musée de Madrid, c'est une grosse nourrice qui fait jaillir un flot épais de lait d'un sein qui ressemble à une outre. Voyez maintenant sa « Toilette de Vénus ». Vénus a au moins quarante ans et l'épanouissement splendide d'un été qui va s'avachir. Cette défaillance est arrivée dans le « Jugement de Pâris » : les trois Grâces ont l'air de trois grosses nourrices. A la Galerie royale de Turin, sa « Suzanne » retient à pleines mains des appas croulants. Les vieillards ont l'air absolument convaincus qu'il y en aura bien pour deux. On peut la comparer à celle de P. Véronèse à l'Académie Saint-Luc à Rome : elle est moins plantureuse, mais c'est encore une matrone dont on comprend mal la pudeur révoltée. Comme celle de Rubens, elle a dû en voir bien d'autres. Blanche et grasse, abandonnée et pâmée, celle de Van Mieris, au musée de Bruxelles, est plus appétissante, mais sa chasteté paraît tout aussi invraisemblable.

Pour bien juger de la plastique de Rubens il faut voir sa grande « Kermesse flamande » au musée du Louvre et sa « Bacchanale » au musée de Berlin : ces deux toiles n'ont jamais pu susciter chez moi que le dégoût. J'ai éprouvé la même impression au musée de la Haye en voyant son « Départ d'Adonis ». Combien j'ai plaint le pauvre Adonis. Graisse et gélatine, il a tout cela à sa disposition dans l'ignoble commère qui l'embrasse éperdûment.

En somme. Rubens peut être classé parmi les amants des « seins mous ». Il n'est pas le seul. Voyez les poitrines plantureuses et étalées des hollandaises de Rembrandt. Voyez aussi. au Musée des Offices à Florence. cette Bacchante d'Annibal Carrache : c'est une matrone sur le retour et peu affriolante. Quant à Jordaens, il peint des femmes monstrueuses, aux ventres croulants. aux cuisses couperosées, aux seins pathologiques et gélatineux.

Enfin. J. Van Eick semble aimer :

De vieille vache aride pis.

Il y a de lui. au musée de Bruxelles, une Eve peu désirable : elle a des hanches plates, des seins flétris et pendants. un ventre énorme et couvert de poils jusqu'au nombril.

Ainsi le sein est un des attraits les plus séduisants de la femme à qui Baudelaire (1) fait dire :

Je sèche tous les pleurs sur mes seins triomphants
Et fais rire les vieux du rire des enfants.

Nous venons de voir que les amateurs de beaux seins sont nombreux. mais tous n'entendent pas l'esthétique du sein de la même façon : témoins Rubens et Boucher.

Je n'ai pas trouvé dans la littérature médicale de cas de fétichisme pathologique du sein. Witkowsky, toujours si bien renseigné sur cette question, n'en parle pas. Pour avoir quelques éclaircissements, je me suis adressé à deux ou trois proxénètes qui ont pu me donner quelques détails intéressants. Il y a, m'ont-elles dit. des hommes qui attachent fort peu d'intérêt aux seins : un beau visage, une taille élégante,

(1) *Les Fleurs du mal.*

une opulente chevelure, etc., constituent pour eux la beauté féminine. Il en est d'autres, au contraire, pour qui les seins ont une importance considérable. J'ai un client, me disait l'une de ces proxénètes, qui n'accepte qu'avec répugnance la plus belle fille du monde, si elle n'a pas une poitrine impeccable. Cet homme ne rêve que de femmes aux seins fermes et menus, délicatement arrondis, sans rides ni plis. C'est un véritable esthète en cette matière : aussi ne trouve-t-il de satisfaction réelle qu'avec des filles très jeunes. D'autres attachent aussi une grande importance aux seins, mais ils tiennent bien plus à la quantité qu'à la qualité. Il leur faut des poitrines opulentes, des poitrines à la Rubens ; et ils ferment volontiers les yeux sur les défaillances inévitables. Ces derniers frisent le fétichisme pathologique, car il n'est pas rare d'en rencontrer parmi eux qui répugnent aux rapports normaux et ne trouvent de satisfaction sexuelle complète que dans le coït *inter mammas*.

VI. Fétichisme du bras

C'est là un phénomène assez rare. Pourtant, je crois devoir signaler le cas d'un individu qui était vivement excité par les bras de la femme ; il les serrait avec ivresse pendant le coït et c'est ainsi qu'il arrivait à la satisfaction sexuelle complète.

On pourrait rapprocher de ce cas le suivant qui m'a été également signalé. Le sujet était principalement excité par l'endroit de la nuque où commencent à pousser les cheveux. Le romancier Guy de Maupassant semble avoir eu une prédilection de ce genre, car il indique à plusieurs reprises cet endroit comme appelant tout particulièrement les baisers.

VII. Fétichisme de la main

Le fétichisme de la main est beaucoup plus répandu. Un journaliste assure que l'empereur d'Allemagne Guillaume II éprouve la plus vive passion pour la main de l'impératrice. Celle-ci, à l'occasion de son quarante-troisième anniversaire, lui aurait offert sa main en marbre de Carrare, ornée seulement de l'anneau de mariage.

Ce n'est certes pas là un cas pathologique. Mais c'est du fétichisme tout de même. J'ai, du reste, déjà cité des cas de ce genre (1). J'ai, en effet, connu un jeune homme fort distingué qui m'a raconté qu'il avait eu une perversion sexuelle passagère des plus bizarres. Il avait fait connaissance d'une fille de seize ans qui était devenue sa maîtresse. C'était une petite créature frêle et mignonne comme un enfant, avec des yeux bleus d'une douceur étrange et de longs cheveux blonds, fins et soyeux comme de la soie. Le peintre Guido Reni a souvent peint des figures d'anges ressemblant à cette fille. Elle était brodeuse et c'était une véritable artiste qu'on s'arrachait dans les ateliers, tant ses mains étaient petites, ses doigts fins et déliés. Or, ce jeune homme m'avoua souvent qu'il avait un plaisir extrême à lui toucher le petit doigt. Quand, après plusieurs tournois amoureux, sa virilité languissait, il lui suffisait de toucher un instant cet organe si frêle et si délicat pour voir renaître toute son ardeur et se sentir prêt à de nouveaux assauts. La nuit, il adorait dormir en le tenant enfermé dans une de ses mains.

Voici maintenant un autre cas que j'ai également déjà cité (1) et qui frise la pathologie.

Il s'agit d'un jeune homme, qui, lui aussi, dans la

(1) *L'amour morbide*, 4ᵉ édition.
(1) *L'amour morbide*.

femme aimait la main, mais il n'aimait que la main. Quand il faisait la conquête d'une femme, la première chose qu'il lui demandait c'était de lui baiser la main, et il le faisait avec de véritables transports amoureux. Mais, une fois au lit, il ne quittait plus la main, la serrant contre lui, puis il demandait avec embarras à celle qu'il avait distinguée de le masturber. Il n'avait que très rarement des rapports avec une femme. Il ne s'y décidait que si celle-ci refusait de satisfaire son étrange caprice, dans lequel elle ne voyait ordinairement que mépris et humiliation pour elle. Il m'a avoué avoir quelquefois sacrifié à Vénus avec des filles du peuple ou des servantes qui avaient les mains sales et rouges, ce qui lui semblait absolument répugnant. Mais la masturbation par une jolie main lui procurait bien plus de plaisir que tout le reste.

Voici un cas analogue rapporté par Binet et qui mérite d'être étudié avec plus de détails.

R... est fils de névropathes. Sans stigmates de dégénérescence physique, c'est un garçon intelligent, doué d'une imagination très vive : son caractère est doux, ses relations sont faciles ; il est affectueux, tendre, charitable ; il a, de son propre aveu, un tempérament sexuel. Il adore les femmes : mais, dans la la femme, ce qu'il préfère à tout le reste, même à l'expression de la physionomie, c'est la main ; la vue d'une jolie main détermine chez lui une curiosité dont la nature sexuelle n'est pas douteuse, car, en se prolongeant, elle détermine l'érection. Quand il s'adresse à une femme gantée, c'est comme s'il faisait la cour à une femme voilée. Quand le gant est tiré, il n'a d'yeux que pour l'objet de sa prédilection. Le prendre et l'embrasser sont ses plus grands plaisirs. Il en résulte que toute son attitude est, en général, celle d'un amoureux soumis plutôt que celle d'un amant impérieux. Le goût qu'il éprouve pour cette extrémité du membre supérieur l'a déterminé à en faire une étude anatomique approfondie. La dissection des vaisseaux. des muscles et des nerfs de la main n'a nullement fait évanouir le charme de l'objet aimé. Mais ce qui l'intéresse le plus, c'est la forme extérieure. Il lui suffit d'avoir vu une main pendant une minute pour ne jamais l'oublier. Il a, bien entendu, ses idées sur la beauté de cet organe : ce qui est caractéristique. c'est qu'il n'aime pas les proportions exiguës que l'on recherche en général : on dit qu'il faut qu'une femme ait la main et le pied petits pour être belle ; le pied lui est égal, mais il veut que la main soit moyenne ou plutôt grande.

Il s'adonne à la chiromancie; ce n'est pas qu'il y croie beaucoup, mais il y trouve un prétexte commode pour voir des mains de femmes et les étudier dans leurs plus petits détails.

L'excitation sexuelle que produit chez R... la contemplation de l'objet, est augmentée par tous les bijoux qui peuvent l'orner. Il avoue même que la vue d'un bracelet à la devanture d'un bijoutier et, mieux encore, que la vue d'une bague étincelant sur le fond de velours sombre d'un écran lui fait un très sensible plaisir.

Néanmoins cette individualisation d'une fraction de la femme n'est pas complète chez R...; pour lui, la main ne résume pas toute la femme : il reste sensible à la beauté du visage, à la grâce de la taille et des attitudes. Rien ne lui est pénible comme le contraste d'une femme très laide qui a de jolies mains. Enfin ce goût particulier ne met chez lui aucun obstacle aux rapports normaux.

Cette observation est très curieuse et très intéressante. Mais quelle est l'association d'idées qui a provoqué l'éclosion du fétichisme ? Binet ne le dit pas, et il est probable que le sujet lui-même eût été incapable de le dire.

A. Moll a observé un cas de fétichisme de la main qu'il explique simplement par l'onanisme mutuel que le sujet a pratiqué de très bonne heure. Avant que l'instinct génital ait pu se rendre nettement compte de son objet, la main d'un condisciple a été employée. Aussitôt le penchant pour l'autre sexe se dessine, l'intérêt concentré sur la main en général est reporté sur la main de la femme.

Cette observation a été rapportée par Krafft-Ebing (1). La voici.

Il s'agit d'un Westphalien de vingt-huit ans, négociant, qui, à l'âge de sept à huit ans, fut amené à l'onanisme par un autre garçon. « D'une nature très facile à exciter, dit-il, je me livrai très fréquemment à l'onanisme jusqu'à l'âge de dix-huit ans, sans que j'aie eu une conception nette ni des conséquences fâcheuses, ni de la signification de ce procédé ». Il aimait surtout la manustupration mutuelle, mais seulement avec quelques uns de ses camarades, ceux qui avaient une belle main blanche. A vingt-et-un ans, il renonça à ces vilaines pratiques et commença à avoir des rapports avec des femmes. Mais ce qui l'excite surtout maintenant chez la femme c'est la vue d'une belle main ; cela lui produit bien plus d'effet que s'il voyait la femme entièrement nue.

Il connaissait une belle jeune femme, douée de tous les charmes ; mais sa main était quelque peu trop grande et n'était peut-être pas toujours aussi propre qu'il l'aurait désiré. Par suite de cette circonstance, il lui était non seulement impossible de porter un intérêt à cette dame, mais il n'était même pas capable de la toucher. Rien ne le dégoûte autant que des ongles mal soignés ; seul l'aspect d'ongles malpropres le met dans l'impossibilité de tolérer le moindre contact avec une femme, fût-elle la plus belle. Souvent il remplace le coït par la masturbation. Le contact d'une belle main féminine sur son corps, lui cause une érection immédiate : le baiser et les autres genres de contact sont loin de lui procurer une impression aussi puissante et aussi agréable.

(1) *Psychopathia sexualis.*

VIII. Fétichisme des fesses

Avez-vous quelquefois contemplé, au Musée national de Naples, à côté de la tête archaïque et austère de la Junon Farnèse, ce marbre divin où la vie, la grâce et l'amour étincellent : la Vénus Callipyge ? N'est-ce pas la plus belle, la plus vivante, la plus voluptueuse, la plus désirable des Vénus antiques ?

Devant cet incomparable spectacle, le fétichisme des fesses s'explique, et les admirateurs de la Vénus Callipyge ne sont certes pas tous des malades.

Mais, chez certains individus, ce fétichisme peut aller plus loin. Témoin ce promeneur qu'on arrêta un jour dans la foule pour actes obscènes. Il déclara qu'à la vue d'une dame dont le derrière était très saillant, il avait été comme ébloui et n'avait pu résister.

Mais voici un fait bien plus curieux cité par Féré (1). C'est un mélange curieux de fétichisme et de sadisme, mais, à mon sens, c'est surtout du fétichisme.

Un enfant de quatre ou cinq ans vit un jour sa sœur aînée, âgée de quatorze ou quinze ans, à genoux, la figure cachée dans la robe de sa gouvernante, les jupes relevées, le derrière à nu, prête à recevoir une correction. Il assure qu'il a toujours conservé le souvenir de ces fesses blanches, rondes, énormes. Cela décida de sa vie génésique, car depuis il a toujours éprouvé le désir de voir, toucher, tapoter les fesses de sa sœur. Justement il partageait son lit et usait de toutes sortes de stratagèmes pour arriver à caresser ses fesses. Plus tard, il avait alors sept ans, il jouait un jour au père fouettard avec deux fillettes : l'une, petite et maigre, ne lui disait rien, il la fouetta sans plaisir sur les vêtements ; l'autre, âgée de six ans, était grasse et forte, il écarta le pantalon, fit jaillir

(1) *Archives de l'Anthropologie criminelle*, 15 juillet 1899.

les fesses et la fouetta avec volupté. Par la suite, la
petite se prêta à ce jeu de bonne grâce. Aussi passaient-
ils leur temps à se cacher dans la chambre pour recommencer ce jeu. Elle entr'ouvrait d'elle-même
son pantalon, il lui passait les mains sur les fesses et
et les cuisses, les malaxait, les tapotait, quelquefois la
fouettait. Il entrait alors en érection et éprouvait
une volupté particulière. Un jour la fillette lui dit :
« Veux-tu voir aussi mon devant ? » Il refusa : cela
ne lui disait rien. A huit ou neuf ans, il prit plaisir à
fouetter un de ses camarades un peu plus jeune que
lui et sur lequel il avait pris un véritable empire.
Ces scènes de flagellation continuèrent longtemps
et ne cessèrent que quand son ami partit pour le service militaire.

Maintenant ce sujet recherche toujours les scènes
de flagellation. Il écrit sur cette question et collec-
tionne tout ce qu'on a écrit sur le même sujet. Il a
remis à M. Ch. Féré une série de dessins curieux
que celui-ci a classés en quatre groupes correspondant
pour ainsi dire aux quatre degrés de sa maladie. Au
premier degré les dessins représentent des femmes qui
exhibent leurs formes, surtout leurs jambes et leurs
fesses (exhibition) ; au second degré ils figurent
d'amicales petites fessées données avec la main (tapo-
tement) ; au troisième degré, il s'agit de fouettement
plus douloureux avec le martinet à grandes lanières
(fouettement) ; enfin, au quatrième degré, c'est le
cinglage à tour de bras avec lacération des chairs (fus-
tigation sanglante). Toutes les femmes figurées dans
ces scènes sont naturellement d'énormes callipyges.

Chez certaines peuplades la callipygie est très en
honneur. Les femmes hottentotes et boschimanes
sont presque toutes affligées d'une callipygie
monstrueuse qui les rend tout particulièrement
intéressantes aux yeux de leurs amants. Pour
nous, cette stéatopygie est tout simplement répu-
gnante.

IX. Fétichisme du pied

La beauté du pied, d'après nos conventions, réside surtout dans sa petitesse. Les Espagnoles sont vantées pour la finesse de leurs pieds et les poètes ont chanté leurs petits pieds autant que leurs yeux noirs. Chez les Chinois le pied acquiert au point de vue sexuel une importance considérable.

La beauté chinoise réside en grande partie dans le pied. « Un pied non déformé est un deshonneur », dit un poète. Pour le mari le pied est plus intéressant que la figure, et seul il peut voir le pied de sa femme nu. Une Chinoise ne montre pas plus facilement ses pieds à un homme qu'une femme européenne ne montre ses seins.

« Il m'est arrivé, dit J.J. Matignon (1), de donner souvent mes soins à des femmes chinoises, à pied ridiculement petit, pour plaies, excoriations survenues du fait du bandage trop serré. Elles avaient des pudibonderies de pensionnaires, rougissaient, faisaient mille manières pour se laisser examiner, me tournaient le dos pour défaire les bandes et dissimulaient ensuite leur pied dans un linge, ne laissant à découvert que la partie malade ».

Le même auteur insiste sur le rôle du pied comme excitant génésique chez les Chinois. « Mon attention, dit-il, a été attirée sur ce point par un très grand nombre de gravures pornographiques, particulièrement dégoûtantes, dont les Chinois sont très friands. Dans toutes ces scènes lubriques, on voit le mâle tripoter voluptueusement le pied de la femme. Le pied, surtout quand il est très petit, pris dans la main d'un céleste, lui produit un effet identique à celui que provoque à un européen la palpation d'un sein jeune et ferme. J'ai pris, pour me confirmer dans

____

(1) *Prostitution, crime et misère en Chine.*

l'opinion que j'avance, beaucoup de renseignements auprès des Chinois. Tous les Célestes interrogés ont été univoques : « Oh ! le petit pied ! Vous, Européens, ne pouvez pas comprendre tout ce qu'il a d'exquis, de suave, d'excitant ! ». L'attouchement des organes génitaux par le petit pied provoque chez le mâle des frissons d'une volupté indescriptible. Et les grandes amoureuses savent que, pour réveiller l'ardeur par trop refroidie de leurs vieux clients, prendre la verge entre leurs deux pieds vaut mieux que tous les aphrodisiaques de la pharmacopée et de la cuisine chinoises, y compris le « ginsen » et les nids d'hirondelles. Le Chinois, croisant dans la rue un joli pied, fait des réflexions aimablement libidineuses, tout comme la vue d'un corsage bien garni et d'une jolie taille parle aux sens d'un Européen ».

Un des cas les plus curieux de fétichisme du pied est peut-être celui de Restif de la Bretonne (I).

Dès l'âge le plus tendre, il se montrait déjà sensible à la beauté du pied féminin et à l'élégance de la chaussure. Ce goût, qui ne l'abandonna jamais, devint plus tard une passion chez lui. Une femme était-elle horrible de visage, pourvu qu'elle eût un joli pied, il en tombait amoureux à la folie. Le pied était tout pour lui. On peut dire qu'il a passé sa vie aux pieds des femmes. Le premier qui lui fit impression fut celui d'Agathe Tilhieu. Il avait quatre ans. Le second fut le pied de Suzanne Colas, chaussé en étoffe.

Son père, effrayé d'une précocité que n'excusait pas suffisamment le sang bourguignon, le mit en apprentissage chez un imprimeur d'Auxerre, après avoir vainement essayé d'en faire un enfant de chœur. Peines perdues ! Une fois à Auxerre, Restif n'eût rien de plus pressé que de séduire la femme de son patron, une grande blonde, dont le souvenir a toujours

(1) Voyez à ce propos *La Chronique médicale* à laquelle j'emprunte quelques uns des détails qui vont suivre.

tenu une large place dans sa vie, et qu'il a dépeint
en maint endroit sous le nom de Mme Parangon.
Comme elle avait un pied délicieux, ce fut au fond
de son soulier qu'il s'avisa d'aller fourrer son premier
billet doux.

Il était écrit que c'était à un pied de femme qu'il
devrait son premier et décisif succès. Un matin qu'il
se promenait, après avoir échappé aux turbulences
du logis conjugal, il aperçut, dans une boutique de
modes, à l'angle des rues Tiquetonne et Comtesse-
d'Artois, une jeune personne chaussée d'une mule
rose avec un réseau et des franges d'argent. Son imagination s'embrasa à ce spectacle et onze jours après,
il avait terminé une fantaisie intitulée : le pied de
Fanchette, qui eut trois éditions en très peu de temps
et dont il se vendait plus de cinquante exemplaires
par semaine au Palais-Royal. La vogue en fut telle
que Mme de Montesson en composa une petite
pièce pour son théâtre de société.

Par son amour pour les chaussures des femmes,
Restif de la Bretonne rappelle ce gentilhomme dont
parle Le Sage, dans le Diable boiteux : « Il y a deux
jours qu'en passant dans la rue d'Alcala, devant la
boutique d'un cordonnier de femmes, il s'arrêta tout
court pour regarder une petite pantoufle qu'il y aperçut. Après l'avoir considérée avec plus d'attention
qu'elle n'en méritait, il dit, d'un air pâmé, à un cavalier
qui l'accompagnait : Ah ! mon ami, voilà une pantoufle qui m'enchante l'imagination ! Que le pied pour
lequel on l'a faite doit être mignon ! Je prends trop de
plaisir à la voir, éloignons-nous promptement, il y
a du péril à passer par ici ».

Restif de la Bretonne a en quelque sorte écrit son
auto-observation dans un roman (1) publié vers 1785.
Le morceau est un peu long, mais ce genre de féti-

____

(1) *Le joli pied*. Le passage cité a déjà été reproduit par la
Revue de Psychiatrie.

chisme y est analysé demain de maître. Aussi je ne résiste pas au plaisir de le citer. Voici.

« Saintpallaie avait un goût particulier, et tous les charmes ne faisaient pas sur lui une égale impression ; une jolie figure, et partout, hors en Espagne, une jolie gorge à son prix : une taille svelte et légère, une belle main flattaient son goût, mais le charme auquel il était le plus sensible, celui qui lui causait ce frémissement involontaire et délicieux qui remue tous les fibres, c'était un joli pied ; rien dans la nature ne lui paraissait au-dessus de ce charme séduisant, qui semble en effet annoncer la délicatesse et la perfection de tous les autres appas. D'ailleurs, ce goût n'était pas dans le jeune Saintpallaie un effet de raisonnement ; c'était un instinct qui s'était manifesté dès son enfance ; il ne pouvait, sans tressaillir, apercevoir une jolie chaussure de femme ; lorsqu'il en rencontrait quelques unes qui n'étaient pas jolies, mais chaussées avec goût, il semblait que ce charme seul les rendît aimables.

« Un soir d'été, il passait dans la rue Dauphine ; une jolie marchande dont le pied était mignon et qui le savait à merveille, était assise sur sa porte, les jambes croisées et découvertes jusqu'au dessus de la cheville ; elle montrait ainsi le bas d'une jambe fine, terminée par un pied chaussé en blanc, mais si petit, si bien fait, si propre que les plus indifférents ne pouvaient s'empêcher de l'admirer. Saintepallaie, en la voyant, resta immobile de surprise et d'émotion ; cependant, la réflexion l'ayant rendu honteux, il continua sa route : il ne fut pas à six maisons qu'il revint ; il repassa de la sorte tant que le joli pied fut visible. La marchande rentra et le joli pied disparut ; mais Saintepallaie en avait été trop frappé pour l'oublier ; il revint tous les soirs jusqu'à ce qu'un autre objet plus charmant l'attirât encore.

« Un autre jour, sur les onze heures, il passait par la rue Saint-Denis ; une jeune dame qui sortait de

chez elle pour aller à l'église du Sépulcre, parut jolie
à Saintepallaie ; après un coup d'œil rapide donné
au minois le plus séduisant, le jeune homme chercha
des yeux l'appas favori. La nature s'était épuisée en
faveur de Madame L... : dans une jolie mule, brodée
en argent, était un petit pied qui paraissait appartenir
à une poupée : celle à qui il appartenait avait une
marche légère et voluptueuse. Saintepallaie, enchanté, ébloui, ravi, suivit la déesse : il ne put l'abandonner, mais enfin elle rentra chez elle. Il remarqua
sa demeure et ne manqua pas de revenir tous les jours
pour voir ce pied vainqueur.

« Une autre fois, ayant à faire une commission
fort de son goût chez un cordonnier de la rue des
Vieux-Augustins, il y vit une chaussure si agréable,
si bien faite, qu'il s'informa pour qui elle était. On lui
répondit que c'était pour la marquise de Magni. Saintepallaie n'eût pas de repos qu'il n'eût vu cette dame :
il la trouva charmante : mais elle était mariée, et le
jeune homme, naturellement vertueux, ne voulait
s'attacher qu'à une personne qu'il pût épouser. Cependant, par une petite faiblesse humaine, il revint
prier le cordonnier de lui faire un plaisir : c'était de
rendre la chaussure à la belle dame et de la rapporter
après qu'elle l'aurait essayée, sous prétexte de quelque
chose à y faire. Saintepallaie l'accompagna en garçon
pour être sûr de l'inauguration de la jolie chaussure : il la paya ensuite généreusement et le cordonnier
en refit une pareille. Saintepallaie conserva précieusement ces reliques.

« Un soir, passant dans la rue de l'Arbre-Sec, il
aperçut une jeune et jolie personne, à peu près dans
la situation de la marchande de la rue Dauphine.
C'était une mule qu'elle avait, et son joli pied passait
absolument en dehors. Saintepallaie s'arrêta sur la
porte d'à côté, sans être vu : au bout de quelques minutes de contemplation, il passa pour voir la jolie
personne : elle sommeillait, nonchalamment étendue

sur sa chaise. Pour le coup, il fut tenté de s'emparer du séduisant bijou qui s'offrait à sa vue : il avança la main adroitement et tira la mule du joli pied ; il serra aussitôt ce trésor et s'éloigna... Le lendemain Saintepallaie repassa dans la journée pour voir la belle... Le soir, à la même heure que la veille, il revint dans le quartier et s'approcha de la porte de la jeune beauté.....

« Un jour qu'il se promenait sur le boulevard du Temple, il aperçut dans un jardin une jeune personne ravissante : la délicatesse de ses traits, l'élégance de sa taille, marquée par une robe à la lévite, et surtout la perfection du charme favori de Saintepallaie le ravirent d'admiration. Son cœur fut ici plus intéressé que ses sens ; il ne pouvait s'éloigner ; il n'osait fixer la jeune beauté ; il ne la regardait qu'à la dérobée. Après avoir fait quelques tours dans les allées, elle vint dans la barrière qui régnait devant le jardin. Elle s'assit et posa son joli pied sur une chaise, de sorte qu'on le voyait en entier. Rien de si charmant dans la nature par sa petitesse, par la grâce et l'élégance de la chaussure : c'était un soulier de couleur puce, brodé et garni d'un cordonnet en argent sur les coutures ; le talon, mince, était assez haut, mais placé de manière qu'il ne faisait pas refouler le pied ; la forme par devant était la plus mignonne qu'on puisse voir. Saintepallaie était hors de lui-même : il alla et revint cent fois sur ses pas pour jeter à la dérobée un coup d'œil sur le joli pied ; quelquefois il levait les yeux plus haut pour admirer la figure ravissante de celle qui possédait cet appas vainqueur. Victoire de la Grange (c'était le nom de la jolie personne) se mit à lire ; l'attention qu'elle donnait à son livre favorisa Saintepallaie ; si par hasard, dans ses différentes attitudes, elle venait à dérober son pied aux avides regards de son adorateur, il lui semblait que la nature se couvrait d'un nuage et perdait tout son éclat ; le remontrait-elle, tout paraissait ravivé par ce charme puissant. Saintepallaie resta dans l'admiration jusqu'à l'instant où Victoire fut abordée par sa belle-mère, son père et ses trois sœurs. Elle se leva pour lors et vint avec sa compagnie faire quelques tours sur le boulevard. Le jeune homme la suivit pas à pas et ne perdit aucun de ses mouvements. On rentra : l'amoureux Saintepallaie sentit, à l'émotion de son cœur, que ce n'était pas un simple goût, mais l'amour même que venait de lui inspirer la belle au joli pied ».

Saintepallaie réussit à se faire remarquer de Mademoiselle de la Grange à qui il ne déplaît pas. Les parents sont avertis et on prend des informations de part et d'autre. Pendant ce temps-là l'amoureux cultive sa passion et son fétichisme.

« Depuis quelque temps Victoire s'apercevait que son cordonnier se surpassait par l'élégance et la richesse de ses chaussures : elle en était surprise ; une autre remarque qu'elle fit encore, c'est qu'elle en avait plus souvent des neuves qu'à l'ordinaire, sans que néanmoins on payât davantage. Elle fit part de ces remarques à sa belle-mère qui sourit. « Nous verrons cela », dit-elle. Hortense (c'est le nom de la belle-mère) fit venir le cordonnier de la maison (c'était celui de la rue des Vieux-Augustins dont il a été question) ; mais ce fut en particulier qu'elle lui parla ; elle exigea de lui qu'il avouât la vérité. « Il est vrai, Madame, répondit cet homme, que je fournis plus de chaussures qu'on m'en commande chez vous ; un jeune monsieur fort aimable, qui m'a assuré qu'il devait épouser Mademoiselle de la Grange, l'aînée, prescrit la forme, la couleur, et me les paye. — Mais vous avez donc ici quelqu'un d'intelligence avec vous ? — Comme il n'y a pas de mal à cela, Madame, j'ai fait entendre à Mademoiselle Marguerite (la femme de chambre) qu'elle pouvait m'obliger et me faire gagner sans nuire à personne ; qu'il ne s'agissait que de changer les chaussures que Mademoiselle avait déjà mises pour d'autres toutes neuves ; elle n'a pas vu plus de mal à cela et elle l'a fait pour m'obliger. — Sans intérêt ! — Oui, Madame, sans aucun intérêt ; elle me rendait celles qu'elle ôtait, et moi je les remettais à ce généreux monsieur. Oh ! si vous voyez chez lui, Madame ! Il a rangé sur des rayons tout ce qu'a porté Mademoiselle ; cela est couvert d'une gaze comme celle qu'on met sur les pendules de peur que la poussière ne les gâte ; et il regarde tout cela avec un respect qui m'a touché, moi, Madame ». Hortense, instruite, renvoya le cordonnier, en lui défendant de rien dire à sa fille ni même à la femme de chambre. Elle n'ajouta rien sur la continuation de son travail, ce qui fit qu'il se comporta comme à l'ordinaire sans en parler à Saintepallaie, de peur qu'il ne blamât son peu de fermeté. « Cependant Victoire, de son côté, apporta tant d'attention à ses chaussures, que si elle ne pût empêcher l'introduction des nouvelles, au moins fit-elle en sorte qu'on ne put lui reprendre celles qui lui avaient déjà servi. Saintepallaie avait fait faire des souliers d'un joli goût ; ils étaient rose moiré, à talon vert ainsi que les languettes, et richement brodés ; il fit porter cette chaussure à mademoisellle de la Grange, espérant de la ravoir bientôt, et il vint l'admirer le lendemain. Effectivement, Victoire, qui avait trouvé ces souliers du meilleur goût, n'avait pas manqué de les mettre : il semblait qu'ils rendissent son pied encore plus mignon. Mais lorsque Saintepallaie voulut les ravoir, on lui dit qu'il n'était plus possible, que la jeune demoiselle enfermait ses chaussures. Le jeune amant ne fut que plus enflammé par ces difficultés ; il promit une récompense au cordonnier s'il pouvait parvenir à changer la dernière paire qu'il avait livrée.

« Tout fut inutile ; Marguerite perdit ses peines et Saintepallaie, bien fâché de ce contre-temps qui dérangeait la suite de sa collection, ne sut comment faire pour s'emparer d'un trésor auquel le pied de l'objet de ses adorations donnait tant de prix.

« Il se promena plusieurs jours sur le boulevard

sans voir à Victoire les charmants souliers. Enfin,
le quatrième ou le cinquième jour, elle les avait pour la
seconde fois : nouveaux désirs de la part de Saintepallaie qui furent satisfaits en partie. Victoire vint
s'asseoir dans la barrière ; c'était sur les sept heures,
au mois de septembre, et elle appuya son pied sur la
traverse. Saintepallaie prit son plan d'après cette
attitude ; il se baissa, caché par un arbre : « Amour,
dit-il, permets ce larcin ! » et, saisissant un des souliers par le talon, il parvint sans effort à lui faire quitter
le joli pied qu'il ornait. Victoire fit un petit cri, croyant
d'abord que c'était un polisson qui lui jouait ce tour
pour avoir une très belle boucle à prix; mais, ayant
aperçu son admirateur qui se retirait à pas précipités,
elle lui en voulut un peu de son inconsidération, sans
pourtant être absolument en colère ; elle alla, en
boîtant, conter cette nouvelle singularité à Madame de
la Grange qui en parut fort surprise. D'un autre côté,
le vieux domestique lui avait vu faire son coup ; il le
joignit au bout de la rue du Temple où il lui dit :
— « Monsieur, je vous prie de me dire ce que vous voulez faire du soulier de notre demoiselle ? — Ah ! mon
ami, répondit le jeune homme, je ne le rendrai qu'à
elle : il est si joli que je veux auparavant le donner
comme modèle. » Le domestique fit des difficultés ;
Saintepallaie, ennuyé, profita d'un embarras de voitures, jeta sa bourse dans le chapeau de cet homme
et disparut ».

Saintepallaie réussit à se faire agréer de Mademoiselle de la Grange. Quant à sa perversion fétichiste,
Restif de la Bretonne la considère non comme un vice
ou une défectuosité, mais bien plutôt comme une qualité d'homme supérieur. C'est la belle-mère qui se
charge d'expliquer cela à la jeune fille et elle accompagne son explication de recommandations typiques,
comme si elle avait vu clair dans l'âme du fétichiste.

« Ce goût singulier qui lui a fait séduire ton cordonnier, marque une extrême délicatesse dans les organes ;

il marque un homme capable d'un sentiment profond, quoique violent.

« Un autre avantage, c'est que ce goût, porté au point où il l'a, fournit un moyen facile de lui plaire toujours. Quelle ressource, au contraire, une femme a-t-elle avec une brute qui n'est sensible à rien ? Tu ne saurais croire combien ce goût singulier de ton amant m'a bien disposée en sa faveur, si bien disposée que, dès le premier jour que tu m'en parlas, je le fis suivre et voulus le connaître. Ne néglige jamais ce précieux avantage, ma chère fille ; et pour ne pas déformer ce pied dont la beauté sera peut-être l'unique source de ton bonheur, emploie les moyens que tu me vois pratiquer, et que je vous ai fait mettre en usage sans que vous en sussiez le motif, ni toi, ni tes sœurs. Une chaussure bien faite, bien juste, non gênante ; jamais de souliers à la maison, toujours des mules ; la plus grande attention à prévenir les effets de la gêne la plus légère : au moyen du soin que j'y ai donné, vous avez toutes le pied aussi parfait que si vous n'aviez porté que de ces jolis sabots dont vous faites usage en hiver, car le froid aux pieds les déforme. Je n'aurais pas connu le prix de cet avantage sans mon mari ; son goût est à peu près celui de Saintpallaie et la nature m'ayant favorisée de ce côté-là, je n'ai rien oublié pour que l'âge ne fit pas sur moi l'effet désagréable qu'il opère sur le pied de tant de femmes. Ainsi, ma chère fille, c'est d'après l'expérience que je te réponds du bonheur ; et c'est par comparaison autant que d'après l'examen que j'ai fait de ton amant, que je prévois sa conduite future à ton égard.

« Mais, chère amie, les gens qui ont ce goût sont extrêmement susceptibles dans tout ce qui regarde la propreté : comme rien ne leur est indifférent, rien ne leur échappe de ce que nous valons ; mais aussi la moindre négligence est remarquée et leur cause une sensation désagréable : il faut, pour maintenir l'illusion, qu'une femme leur paraisse un ange ; il faut leur dérober avec une scrupuleuse attention tous les assujetissements de la nature qui peuvent faire une impression repoussante : la propreté de la chaussure doit être pour eux le symbole de celle du corps et de tout le reste de l'habillement. Si ce qui touche la terre est si propre, pensent-ils ordinairement, comment doit être le reste ! Tout ce que nous sommes doit être pour eux un objet appétissant, et la propreté du corps, doit désigner la pureté de notre âme. Je t'ai donné là-dessus des leçons de pratique, et nous souffririons toutes deux, moi à te les répéter, toi à les entendre ; il suffit que tu saches ce que je veux dire : une femme devrait faire autant d'ablutions que les dévotes musulmanes..... »

« Madame de la Grange, sûre que sa belle-fille aimait assez Saintepallaie pour devenir sa femme sans danger, s'occupa des préparatifs... Le lendemain, elle eut un entretien avec Saintepallaie après lequel elle le fit entrer par son appartement dans celui de sa belle-fille. Victoire était absente, Madame de la Grange le savait bien : il y avait d'étalées sur un sofa diverses choses qui servaient à sa parure et surtout des chaussures mignonnes qu'elle avait essayées ; Saintepallaie, se trouvant seul, regarda ces jolis objets ; mais il faut dire que Madame de la Grange, qui voulait faire une épreuve, alla prendre sa belle-fille pour la rendre témoin de ce qui allait se passer.

« Cependant, Saintepallaie, se trouvant encore seul dans le temple de la beauté qu'il adorait, porta d'avides regards sur tout ce qui servait à son culte ; bientôt ses mains tremblantes s'en emparèrent ; il baisa la robe où elle devait avoir touché une gorge mutine, des épaules et des bras de lis ; il réservait pour le dernier son objet favori, et la chaussure eut bientôt son tour : il l'admira, il y porta sa bouche, ensuite, ne pouvant contenir le feu qui le consumait, il dit avec transport : — « Oh ! adorable folie, oh ! tout ce qui vous touche participe du charme divin qui vous environne...

Témoins inanimés du plus ardent amour ! j'envie votre
sort ! Je voudrais... un seul instant avoir votre forme
et votre destination, être foulé par ce pied mignon,
l'abrégé de toutes les grâces... J'en sentirais davantage mon existence délicieuse ». Des larmes coulèrent
de ses yeux ; il demeurait immobile, la délicate chaussure à la main. — « Belle Victoire, reprit-il, que ne
pouvez-vous lire dans mon âme ! y voir comme je
vous adore, quel excès de tendresse j'éprouve, car
c'est de la tendresse plutôt que des désirs ; tout violents qu'ils sont, la tendresse les surpasse ! » Il se mit
à genoux. — « Fille charmante, s'écria-t-il, je t'adore !
oui, je sens que tu es ma divinité ! ... Ah ! si tu fais
mon bonheur, que je te devrai de reconnaissance. !
Parure qu'elle embellit, reçois mes hommages ! » Il
se leva avec un égarement de tendresse. Madame de la
Grange qui peut-être devina son dessein, entra sur le
champ avec sa belle-fille. Saintepallaie, ému, hors de
lui-même, se précipita aux genoux de Victoire :
— « Je vous adore, je vous aime comme on n'aimera
jamais ; un mot de votre belle bouche va décider de
mon sort. Prononcez-le devant cette mère qui vous
chérit.—Je suis sensible à votre tendresse, Monsieur,
dit Victoire en rougissant... Croyez, maman, que j'y
suis sensible. — Ah ! Dieu ! » Il l'enveloppa dans ses
bras et l'obligea par ce mouvement à s'asseoir sur le
sofa. — « Voyez à vos pieds l'homme que vous rendez
heureux ! » Et, ayant aperçu un pied charmant que
la position de Victoire découvrait, il osa y appliquer
ses lèvres en ajoutant : « Un amour sans borne adore
tout ! — Dans un mois, Monsieur Saintepallaie, dit
Madame de la Grange, ou dans quinze jours ; je vous
donne ma parole ; venez recevoir celle de Monsieur
de la Grange ». Elle voulait donner à Victoire, trop
émue par la liberté que venait de prendre son amant,
le temps de se remettre.

« Le mariage se fit au bout de la quinzaine. On ne peut
rien imaginer de si galant ni de si riche que la chaus-

sure de la mariée : c'était un soulier de nacre de perle, avec une fleur en diamants ; les bordures étaient garnies de diamants ainsi que le talon qui, malgré cet ornement, était fort délié : cette chaussure coûta deux mille écus sans compter les diamants de la fleur qui valaient trois ou quatre fois cette somme : c'était un présent de Saintepallaie. Le soir, quand il fut dans la chambre nuptiale avec sa charmante épouse, il se mit à genoux, et ce fut sa main amoureuse qui ôta ce beau soulier du pied mignon qu'il chaussait ; une mule, non moins galante, non moins riche, lui succéda : les souliers furent déposés dans un petit temple transparent dont la place du milieu formait une rotonde environnée de colonnes de cristal, à chapiteaux dorés, d'ordre ionique : c'est là qu'ils sont conservés comme les types et les gages d'un amour qui ne doit jamais s'éteindre. Il y a dix ans que le mariage est fait, et ils ont été mis dix fois, c'est-à-dire chaque année au jour anniversaire du mariage.

« La première année, le cordonnier a eu ordre d'apporter tous les jours une paire de souliers dont la couleur et la broderie étaient ordonnées par Saintepallaie. C'était à lui qu'on les remettait ; son épouse les portait un jour ; il les reprenait ensuite et les serrait dans des rayons vitrés. La seconde année, il ne fit faire que des chaussures blanches ; son épouse remettait par ordre les souliers qu'elle n'avait portés qu'une fois, et quelques uns de ceux que son mari s'était appropriés lorsqu'elle était fille. Cette attention tenait Saintepallaie toujours occupé de sa femme et de ses grâces : elle était son idole, sa déesse, et les soins qu'il prenait pour elle étaient le culte extérieur ».

On ne saurait trouver d'observation médicale plus intéressante que celle-là pour l'étude des détails et la finesse de l'analyse.

Bien que peu de cas aient été publiés, cette variété de fétichisme semble cependant assez fréquente. On l'a observé même chez les uranistes. Ainsi A. Moll a reçu la confession d'un individu qui éprouvait une excitation sexuelle violente quand il pouvait aller en canot et regarder les pieds des bateliers.

De même, on connaît, dans toutes les maisons de prostitution, des individus qui lèchent les doigts de pieds des femmes. D'autres exigent, au contraire, que les femmes leur prodiguent ces dégoûtantes caresses. Sont-ce des fétichistes, des masochistes ou des sadistes ? On ne sait trop dans quelle catégorie les placer. Mais ce sont assurément, les uns et les autres, des malpropres.

Comme les autres formes de fétichisme, le fétichisme du pied a ses variétés. Pour les Chinois, le pied nu de la femme est un excitant de premier ordre ; Restif de la Bretonne semble préférer le pied habillé. Voici un cas rapporté par Mantegazza (1) dans lequel le sujet reste insensible devant un pied nu ou simplement recouvert d'un bas, mais est, au contraire, vivement émotionné par la vue d'un pied chaussé.

« Je suis, dit l'auteur de cette confession, un jeune homme de vingt-deux ans, de bonne famille, bien constitué physiquement et moralement. Pourtant, dès que le sens génésique s'est développé en moi et que j'ai su sous quelles formes il se révèle à tous les hommes (à de rares exceptions), j'ai compris que je sortais de la règle générale et que j'étais un cas particulier.

« Pour moi, le contact des organes sexuels de la femme n'a aucune attraction ; l'érection et l'éjaculation se produisent autrement ; ainsi, si je suis parfaitement indifférent pour les femmes elles-mêmes, je suis extraordinairement excitable par leurs jambes, leurs pieds et plus particulièrement leurs souliers, puisque le pied nu ou chaussé d'un bas ne me fait aucun effet, et que celui qui est couvert d'un soulier ou même d'un soulier vide me cause la même émotion que le mont de Vénus en cause aux autres. Il faut pourtant

(1) *L'amour dans l'humanité.*

que ces souliers soient en cuir noir, boutonnés sur le côté et à talon très haut, en un mot fort élégants. Les chaussures d'une autre forme et d'une autre étoffe me font infiniment moins d'effet. J'en jouis quand je les touche, quand je les baise, quand je tâche de marcher dedans. Le comble de la volupté serait de me prosterner devant de jolis petits pieds élégamment chaussés, de me faire piétiner par eux. Il est vrai toutefois que si ces bottines sont aux pieds d'une femme laide, ma fantaisie s'évanouit ; si j'ai devant mes yeux des chaussures vides, mon imagination me transporte près d'une jolie personne, d'où éjaculation. Auprès d'une femme, je ne suis fasciné que par ses chaussures, si elles sont telles que je les ai décrites.

« Dans mes rêves érotiques, si la nuit en dormant je vois de jolies femmes, l'attraction vient toujours pour moi de leurs bottines et rien de plus. Le *sine qua non* de l'éjaculation pour moi, ce sont les chaussures de la femme et non la femme elle-même ; aussi, si je regarde la vitrine d'un cordonnier où des chaussures élégantes de femmes sont exposées, cela me paraît fort immoral, de même que d'en parler, tandis que de parler de la nature de la femme me paraît innocent et insipide.

« Si ce mode d'éjaculation est une masturbation, je me vois en face de ce dilemme : me condamner à la chasteté ou vivre dans la masturbation. La première de ces deux alternatives ne me ferait point peur, mais l'homme est faible, surtout dans ces circonstances... Plusieurs fois, j'ai essayé de faire comme j'avais entendu dire que chacun faisait, mais sans aucun résultat.

« Lorsque je cherche la volupté en chaussant des bottines de femme, la douleur que me cause leur petitesse ne me suffit pas et j'y introduis des clous à grosses têtes avec la pointe en l'air ; à chaque pas que je m'efforce de faire, ces clous qui m'entrent dans la chair produisent une douleur assez forte, qui néanmoins me cause une réelle volupté. Ma fantaisie seule agit et je m'imagine alors que je me sacrifie tout entier à Vénus, en me torturant pour lui complaire ».

X. Fétichisme des odeurs

Les Orientaux, plus encore que les Occidentaux, aiment passionnément les parfums. « On donnera à boire aux élus dans le paradis, dit le Koran (1), un vin délicieux fermé et cacheté de musc ». Omer Aléby Abou Othman considère le musc comme le plus noble des parfums. Mahomet qui avoue avoir aimé par-dessus tout dans ce bas [monde les parfums et les femmes, usait largement des uns et des autres.

J'ai déjà parlé de l'association des sensations olfactives et du besoin sexuel. Le rôle des parfums en amour a une grande importance et nulle femme ne l'ignore. « Le doux parfum d'un cabinet de toilette, dit J.J. Rousseau (2), n'est pas un piège aussi faible qu'on pense, et je ne sais s'il faut féliciter ou plaindre l'homme sage et peu sensible que l'odeur des fleurs que sa maîtresse a sur le sein n'a jamais fait palpiter ».

Les odeurs du corps humain elles-mêmes ont une grande influence et certains hommes y sont sensibles. Les amours ancillaires dans lesquelles tombent certains individus ne semblent pas avoir d'autres causes. « Il y a lieu de remarquer, dit Binet, que ce sont les odeurs du corps humain qui sont les causes responsables d'un certain nombre d'unions contractées par des hommes intelligents avec des femmes inférieures, appartenant à leur domesticité. Pour certains hommes, ce qu'il y a d'essentiel dans la femme ce n'est pas la beauté, l'esprit, l'élévation du caractère, c'est l'odeur ; la poursuite de l'odeur aimée les déter-

(1) XXIII, 26.
(2) *Emile.*

mine à rechercher une femme laide, vieille, vicieuse, dégradée ». Porté à ce point le goût de l'odeur devient une maladie de l'amour.

Féré (1) rapporte l'observation d'un homme âgé de près de 60 ans, d'une santé robuste, qui avait l'habitude de lutiner les femmes ou les filles, quelquefois même assez vieillles, qu'il rencontrait travaillant dans les champs, en chemises à manche courte. Il s'acharnait après elles jusqu'à ce qu'il fut parvenu à introduire sa main dans leur aisselle. Quand il avait réussi, il s'en allait satisfait, mais pendant longtemps il portait sa main à son nez avec une expression évidente de plaisir. Quand il était jeune, les femmes qui avaient une sécrétion fortement odorante, étaient capables de lui faire faire des exploits extraordinaires. Maintenant, ce sont les seules qui soient capables de l'exciter.

On connaît le cas historique du duc d'Anjou qui devint Henri III. En 1572, on célébra au Louvre le mariage du roi de Navarre avec Marguerite de Valois, et celui du prince de Condé avec Marie de Clèves, douée, dit l'Etoile, d'une singulière beauté et bonté, et âgée de seize ans. Après avoir dansé longtemps et se trouvant un peu incommodée de la chaleur du bal, cette princesse passa dans une garde-robe où une des femmes de chambre de la reine-mère la fit changer de chemise. Elle venait de sortir, quand le duc d'Anjou (Henri III) y entra pour arranger sa chevelure, et s'essuya par mégarde le visage avec la chemise qu'elle venait de quitter. Depuis ce moment il conçut pour elle la passion la plus violente.

C'est sans doute par une association d'idées semblable qu'on voit des hommes intelligents sombrer dans les plus singulières aberrations. Toute odeur provenant des organes d'amour de la femme les excite au plus haut point. C'est alors un véritable

(1) *L'Instinct sexuel.*

délire et l'amour sombre dans la nuit puante des
entrailles.

XI. FÉTICHISME DES JUVÉNILITÉS

« Quel est celui d'entre vous, ô vous tous les croyants !
qui, ayant à choisir, ne préférera pas le lever du soleil
à son coucher, et la rose qui commence à s'épanouir
à celle qui, ayant déjà répandu au loin son parfum,
n'a plus qu'à effeuiller les pétales de son calice sur
la terre qui lui a donné le jour.

« Le soleil qui se lève, comme la rose qui s'entr'ouvre,
ou qui, mieux encore, concentre sa beauté et son
parfum en un bouton ferme et résistant, nous disent
l'un et l'autre les promesses de l'avenir, et commu-
niquent à nos cœurs les doux chants de l'espérance.
Le soleil qui se lève, c'est l'avenir : c'est, pour toute
la nature, la promesse des tressaillements amoureux ;
la fleur non encore épanouie, c'est aussi l'espérance
et l'espoir de l'ivresse que nous savourerons en respirant son parfum !

« La vie avec le soleil, l'ivresse avec la rose et son
parfum capiteux, voilà ce que renferme la vierge dont
les flancs sont encore purs de tous contacts ».

Ainsi s'exprime le divin Khodjâ Omer Aléby
Abou Othman (1).

Nous sommes tous plus ou moins sensibles au
charme de la jeunesse et la virginité est considérée chez nous comme un trésor inestimable. Mais
il est individus qui recherchent exculsivement les
petites filles et restent à peu près indifférents aux
charmes de la femme épanouie. Cette lubricité criminelle n'est pas rare chez les vieillards.

« Pourquoi cette recherche et cet appétit des en-

(1) P. de Règla. *El Ktab.*

fants chez les vieillards libertins ? Est-ce le besoin de rafraîchir leur lubricité aux ingénuités de l'enfance ? Espèrent-ils raviver leur sang sénil au contact d'un sang plein de jeunesse et de vie? Je croirais plutôt que, devenus impuissants, ils espèrent ranimer leur virilité devenue insensible au contact de la femme. Il leur faut des mets pimentés qui les excitent puissamment. Les estomacs blasés et malades aiment les fruits verts.

« A côté de ces séniles, je crois qu'on pourrait ranger ces blasés non encore assouvis et qui, eux aussi, ont besoin d'excitants. Ils ont usé et abusé de la femme ; ils ont parcouru toute la gamme de l'amour naturel et extra-naturel ; ils sont allés à Lesbos, puis à Paphos ; ils ont épuisé tous les raffinements de la luxure. Leurs désirs s'apaisent, leur virilité languit ; elle va mourir. Mais ces épuisés n'ont pas dit leur dernier mot. Ils sont comme les ivrognes qui éructent et qui veulent boire encore. Un jour, ils ont remarqué des petites filles dans la rue ; ils ont été touchés de leurs grâces juvéniles. De là est né leur amour » (1).

A côté de ces séniles et de ces blasés, il en est d'autres qui naissent pour ainsi dire avec cette passion. Ils prennent bien quelquefois la femme pour satisfaire leur ardeur génitale, mais ils se sentent presque fatalement entraînés vers les petites filles. Quand ils voient passer dans la rue une fillette à la chevelure brune ou blonde, ils ne peuvent s'empêcher de la suivre d'un long regard chargé de tendresse et quelquefois allumé de convoitise.

J'ai connu (2) un jeune homme fort instruit et fort intelligent qui, dès sa prime jeunesse, s'est senti entraîné vers les petites filles. Ce n'est ni un épuisé, ni un impuissant, et souvent il est obligé de s'adresser

(1) *L'amour morbide.*
(2) J'ai déja publié cette observation dans *L'amour morbide.*

à des femmes pour apaiser des sens jeunes et pleins
d'ardeur. Mais toujours il les choisit le plus jeune
possible. Quand une prostituée, par l'exiguité de sa
taille, la forme enfantine de son visage ou de son
corps, peut rappeler plus ou moins une fillette, il la
choisit de préférence à toute autre, même à ce qu'on
est convenu d'appeler une belle femme. Pour lui, la
plus belle femme est la plus jeune, fût-elle la plus
laide. Et sans cesse il est tourmenté par le besoin
de posséder des petites filles. A Paris, il recherche
les petites bouquetières prostituées, les petites dro-
lesses qui accompagnent les messieurs dans les voitures
pour leur faire, à l'ombre des rues désertes, des caresses
infâmes. Il a parcouru toute l'Europe et l'Asie, et son
plus grand bonheur, dit-il, a été de posséder, en Italie,
en Espagne, en Russie et dans les pays d'Orient, des
filles impubères.

Dans ses lettres, ses écrits intimes, il laisse éclater
sa passion. Il raconte qu'il a eu un rêve peuplé de
petites filles, et il s'écrie : « O les roses de volupté !
Qui donc les a faites si exquises de grâce? Qui donc
a mis dans leur cheveux l'éclat des soleils et l'obscurité des nuits ? Qui donc a embaumé leur bouche
avec le parfum des lys de la plaine ? Qui donc a
ravi à la mer, pour les mettre sous leurs lèvres fleuries, ces perles nacrées ? Leur sourire est comme
une gracieuse épiphanie.

« Et voici que Nature les prépare aux divins actes
de l'amour ; voici que leur poitrine se gonfle et que
sur leur pubis fleurit un léger duvet.

« O Merveille des Merveilles ! Voici que vous serez
les vases d'élection, les calices d'amour. Voici que
vos ventres seront les tabernacles des mystères d'Eros.
Qui se désaltèrera à ces lèvres juvéniles ? Qui boira
à ces coupes d'amour ? Qui verra les affres exquises
de ces virginités agonisantes ? »

Dans une autre rêverie qu'il a confiée au papier, il
invite les petites filles à l'amour :

« O fillettes ! vous êtes des aurores ! Or, quoi de plus suavement doux que les lueurs aurorales du matin ?

« O fillettes ! vous êtes des roses non encore fleuries ! Or, quoi de plus exquis et de plus parfumé que la rose en bouton ?

« Venez à moi, ô fillettes! Aux splendeurs éblouissantes du soleil de midi, je préfère les virginales aurores.

« Venez à moi, ô fillettes ! Aux pourpres des roses épanouies, je préfère les pâleurs des fleurs en bouton ».

Ailleurs, dans une dissertation mystique sur la nature des anges, il dit : « Ce sont peut-être de beaux jeunes hommes en qui Virgile retrouverait son bel Alexis, Anacréon son cher enfant Bathyllos, et Sapho son petit maquereau Phaon.

« Ce sont peut-être des femmes ; mais si belles, que rien que d'entendre prononcer leur nom les hommes en mourraient d'amour.

« Ce sont peut-être des Appollons musagètes, de pâles hermaphrodites, aujourd'hui succubes et demain incubes.

« Ce sont peut-être de suaves et exquises fillettes dont les lèvres sont si roses et si fraîches que leur simple contact suffirait pour réveiller un cadavre.

« Ou bien encore ce sont peut-être des conceptions inconnues des humains, des formes idéales et parfaites, dont la simple vue nous ferait tomber en extase.

« Si jamais vous m'appelez en votre Paradis, faites, ô mon Dieu, faites que ce soient des fillettes, de blondes et roses fillettes ».

Ce cas n'est pas absolument pathologique, puisque le sujet peut parfaitement avoir des rapports avec des femmes. Mais Magnan (1) a cité un cas où cet amour maladif pour les enfants occupait la sphère

(1) *Annales médico-psychologiques.* 1885.

génitale toute entière. Il s'agit d'une femme de vingt-
neuf ans, fille d'un hystéro-épileptique et d'un mélancolique, sujette aux angoisses, aux obsessions, aux
phobies. Depuis huit ans, elle éprouve un besoin irrésistible de cohabitation avec ses jeunes neveux. Un
de ces enfants, âgé de treize ans, a été l'objet de ses
premiers désirs ; sa vue la mettait dans un état d'excitation extrême ; elle éprouvait des sensations voluptueuses qu'elle était impuissante à réprimer, et qui
s'accompagnaient de soupirs, d'inclinaisons de tête,
de déviation des yeux, de rougeur de la face, quelquefois de spasmes et de sécrétions vaginales ; elle
se sentait poussée à le saisir et à l'approcher d'elle.
Plus tard, quand il a grandi, et à la naissance du
second frère, c'est ce dernier qui est devenu l'objet de
ses convoitises maladives, puis enfin le troisième, le
quatrième ; et actuellement c'est le dernier venu, âgé
de trois ans, qui est l'objet de ses convoitises. Elle
se sent poussée à l'attirer près d'elle.

Cette malade est très lucide ; elle est désolée et hon-
teuse de ses singuliers désirs ; elle est tranquille,
travaille et s'occupe toute la journée ; elle sort de
temps en temps et va dans sa famille pour essayer ses
forces ; la vue de son neveu l'impressionne encore
vivement ; à table, elle se place loin de lui ; mais,
pendant toute la durée du repas, elle éprouve des
spasmes, des malaises à l'estomac, des constrictions
à la gorge, et la lutte devient des plus pénibles. Elle
n'a jamais cédé à cette perversion instinctive ;
ses désirs, sans qu'elle puisse s'expliquer pourquoi,
n'ont jamais eu pour objet que ses neveux, et elle peut
avec indifférence voir d'autres garçons ; toutefois elle
évite leur contact.

XII. Fétichisme du costume

Le costume a aussi son importance dans la vie sexuelle et il est certain qu'il peut servir avantageusement le femme pour faire ressortir ses qualités ou masquer ses défauts. Telle femme qui nous laisserait absolument froids avec une mise simple, nous excite vivement quand elle est bien attiffée.

« Combien de femmes galantes m'ont assuré qu'elles trouvaient sans peine des amoureux prêts à les suivre quand elles allaient dans les bals masqués avec des costumes plus ou moins séduisants, alors que, pendant des semaines entières, elles n'avaient pu, avec leur costume de ville, allumer un seul homme. Souvent même les amants rencontrés dans ces circonstances exigent qu'elles se laissent posséder avec le costume qui les a séduits. Un soir, l'une d'elles, habillée en bergère Louis xv, entraine un homme chez elle. Le prix était fixé d'avance et, comme elle était pressée, il fut convenu qu'elle ne quitterait pas son costume. Arrivée chez elle, après réflexion, elle propose à l'homme de se déshabiller complètement, moyennant un petit supplément.

« — Ah ! non alors ! fit celui-ci. Si tu te déshabilles, je m'en vais.

« Il y avait, ces années passées, dans l'avenue Trudaine, une maison où les femmes se prostituaient sous des costumes de religieuses de différents ordres. On se livrait là à des parodies du culte religieux suivies de scènes érotiques. Les femmes, costumées en premières communiantes, en mariées couronnées de fleurs d'oranger, en nonnes voilées, se confessaient à de vieux libertins et communiaient à un autel impie.

« Je connais un jeune homme qui, une fois, en province, eut des rapports avec une religieuse. Il exigea qu'elle se livrât en costume, le voile en tête et son rosaire à la main.

« Attrait de la parure, séduction du costume ! » (1)
Une matrone m'a raconté le fait suivant dont j'ai pu
vérifier l'authenticité.

Un individu vient toutes les semaines chez elle
et demande une femme du monde. On lui amène une
femme vêtue d'un costume de ville, gantée, son parapluie à la main. Il la possède ainsi sans qu'elle quitte
aucune pièce de son costume. Il repousserait avec
horreur une femme en deshabillé ou simplement
une femme en costume négligé.

Un individu observé par A. Moll et âgé de vingt-six
ans, déclare qu'il ne peut faire le coït avec une femme
entièrement nue; il faut qu'elle garde au moins sa
chemise. Un autre déclare n'éprouver d'excitation
génitale que si la femme porte des pantalons blancs.
Un autre ne se sent attiré par la femme que si « elle
porte soit une courte jaquette en drap, soit un long
manteau très foncé : le corsage doit être très serré et
de couleur très foncée ; la jupe, également foncée,
ne doit pas faire beaucoup de plis ; toutefois la jupe
peut être de couleur claire ». Cet homme exige encore
de la femme des bottines élégantes, des bas longs,
un pantalon blanc et une chemise de la même couleur.

Un uraniste a fait une confession du même genre :
« Je ne suis excité, dit-il, que par des hommes habillés ;
les hommes entièrement nus, comme on en voit dans
les bains romains ou russes, me sont entièrement indifférents, et c'est tout au plus s'ils réveillent en moi un
sentiment purement esthétique ».

Voici une observation bien autrement intéressante
rapportée par Binet.

Il s'agit d'un magistrat distingué qui ressent une
affection toute particulière pour les femmes qui portent
le costume moitié fantaisie moitié national qu'adoptent les Italiennes qui vivent à Paris et qui servent

____

(1) *L'amour morbide.*

de modèles. La seule vue d'un de ces costumes, en passant dans la rue, lui procure une excitation génitale assez intense. Il rapporte l'origine de ce phénomène à une rencontre qu'il fit à seize ans et qui le bouleversa complètement : il aperçut dans la rue trois jeunes italiennes d'une éclatante beauté ; elles s'arrêtèrent près de lui pour regarder une devanture de magasin. Pendant une minute, il eut un tableau magique sous les yeux ; un rayon de soleil éclairait les brillantes couleurs rouges, bleues et blanches de leurs costumes, et faisait étinceler l'or de leurs colliers et de leurs boucles d'oreilles. Il a gardé de cette scène un souvenir si lumineux et si vivant qu'il tressaille encore en y pensant. Cette circonstance a décidé de ses goûts. Pour lui, il n'y a que les Italiennes qui soient jolies, il n'y a que le costume italien qui soit élégant. Aujourd'hui, devenu un homme grave et sérieux, lorsqu'il voit passer dans la rue une italienne en costume, il ne peut pas s'empêcher de la suivre ; la vue de sa robe rouge et de son tablier bleu lui cause un plaisir indicible, et, pour peu qu'elle soit jeune et jolie, il est tout tremblant d'émotion. A une certaine époque il était allé se loger dans le voisinage de la rue de Jussieu, où les modèles italiens de Paris ont établi leur quartier général.

Ce goût particulier a pour objet non telle femme, mais le costume, car toute femme qui porte ce costume provoque chez lui la même impression. Il faut seulement que le costume soit revêtu par une femme ; le costume seul, pendu à une patère ou posé sur un mannequin, ne détermine pas chez le malade des phénomènes d'excitation génitale ; il n'éprouve qu'un plaisir très modéré à le regarder.

J'ai cité (1) un fait du même genre. Il s'agit d'un juge d'instruction de province qui ne pouvait s'empêcher de suivre dans la rue toutes les femmes qu'il

____

(1) *L'Amour morbide.*

rencontrait vêtues d'une de ces longues blouses en cotonnade, comme en portent les ouvrières des fabriques. Il éprouvait également un attrait presque irrésistible pour le costume des prisonnières. Il redoutait de faire des visites dans les prisons, craignant toujours de céder malgré lui à son malheureux penchant.

Quant à l'origine de cette forme singulière du fétichisme, nous en retrouvons l'origine, dans le fait cité par Binet, dans une association d'idées. On retrouve également une association d'idées comme cause primitive de la perversion dans le cas suivant emprunté à Roubaud (1).

X..., fils d'un général, a été élevé à la campagne. A l'âge de quatorze ans, il fut initié par une jeune dame aux mystères de l'amour. C'était une blonde qui portait des cheveux bouclés. Dans la crainte d'être découverte, elle gardait habituellement ses vêtements, ses guêtres, son corset et sa robe de soie, quand elle avait une conversation intime avec son jeune amant.

Après avoir terminé ses études, X... fut envoyé en garnison : il voulut profiter de sa liberté pour se payer du plaisir : il constata que son penchant sexuel ne pouvait s'exciter que dans des conditions déterminées. Ainsi une brune ne lui faisait aucun effet, et une femme en costume de nuit pouvait éteindre complètement son enthousiasme en amour. Une femme, pour éveiller son désir, devait être blonde, chaussée de guêtres, avoir un corset et une robe de soie, en un mot être vêtue tout à fait comme la dame qui avait éveillé chez lui pour la première fois l'instinct génital. Il a toujours résisté aux tentatives qu'on a faites pour le marier, sachant qu'il ne pourrait s'acquitter de ses devoirs conjugaux avec une femme en costume de nuit.

____

(1) *Traité de l'Impuissance.*

XIII. Fétichisme spirituel

On n'aime pas toujours une femme uniquement pour sa morphologie. Telle charme par sa douceur, telle autre par son caractère altier. On aime l'âme comme le corps.

« Le talisman par lequel une femme peut charmer n'est pas uniquement dans sa beauté physique. dit Binet. et les femmes le savent bien, car elles ont toujours su à merveille ce qu'il leur importe de savoir. Celle-ci. comme la Rosalba de Barbey d'Aurévilly, séduit par la pudeur raffinée qu'elle conserve ou plutôt qu'elle simule dans les plus grands transports de l'amour. Ses troubles, ses émotions, ses rougeurs virginales. qu'est-ce que tout cela, sinon des qualités psychiques ? Celle-là, comme la Vellini du même auteur, laide, ridée, jaune comme un citron, fascine son amant par la férocité de son amour haineux, toujours prêt à jouer du couteau. Une autre, comme la Lydie de A. Dumas fils, galvanise un ancien amant par l'immoralité provocante des sentiments qu'elle étale devant lui. Ces trois exemples suffisent à prouver qu'en se fixant sur une qualité psychique, le désir sexuel ne s'épure pas toujours ».

XIV. Fétichisme des monstruosités

Des défauts physiques peuvent devenir des fétiches et de la laideur même peut naître l'amour. Descartes a toujours eu du goût pour les femmes qui louchent. Il s'explique lui-même ce phénomène par ce que l'objet de son premier amour avait ce défaut Beaudelaire s'est épris d'une horrible juive qui louchait. Du reste, il n'a guère aimé que des femmes contrefaites : une géante, une naine, une bossue.

Lydstone a rapporté le cas d'un homme qui a

entretenu une liaison amoureuse avec une femme à qui on avait amputé une cuisse. Quand il fut séparé de cette femme, il rechercha activement des femmes atteintes de la même infirmité. Un fétiche négatif !

Krafft-Ebing a observé un homme qui n'aimait que les femmes aux formes plantureuses. Il épousa une femme de forte complexion et correspondant à son goût. Il était parfaitement puissant avec elle et très heureux. Mais cette femme tomba malade et maigrit beaucoup. Il lui fut dès lors impossible d'avoir des rapports avec elle : il était devenu impuissant. Quand il se trouvait en présence d'une femme plantureuse, il retrouvait toute son énergie virile.

J'ai connu également un individu qui ne se sentait attiré que par les grosses femmes : un amoureux des cent kilos. Quand une femme avait des épaules qui ressemblaient à des quartiers de bœuf, des seins gélatineux et débordant un corsage ressemblant à une auge, un ventre tombant en cascades de graisse sur des cuisses molles et variqueuses, il était au comble du bonheur ; cette incomparable vache réalisait son idéal.

Enfin, voici un dernier exemple emprunté à Krafft-Ebing .

Il s'agit d'un névropathe dégénéré, âgé de vingt-huit ans. Depuis l'âge de dix-sept ans, il n'est excité sexuellement que par l'aspect des difformités féminines, particulièrement des femmes qui boitent et ont les jambes déformées. La femme normale n'a pour lui aucun charme. Il n'éprouve d'attrait que pour les femmes qui boitent ou ont des pieds-bots.

Extravagances de l'amour ! Bizarres enfantements du cerveau humain !

CHAPITRE IV

Le fétichisme impersonnel. — Nihilisme de la chair.

I. Les amateurs de dessous

Nous entrons maintenant en pleine pathologie. Ce n'est plus un attribut de la femme qui devient fétiche, plus même la femme habillée de certaine façon ; l'intérêt sexuel se concentre sur une partie de la toilette de la femme. La représentation de cet objet de toilette, accentuée par un sentiment de volupté, se détache complètement de l'idée d'ensemble de la femme et acquiert par là une valeur indépendante.

Cette forme de fétichisme a, comme on verra, une grande importance au point de vue médico-légal.

Dans un grand nombre de cas, le fétiche est une pièce du costume féminin, de préférence un objet de nature intime et de nature à produire des associations d'idées dans ce sens.

Passow (1) rapporte un premier cas curieux. Un homme âgé de quarante-cinq ans, cordonnier, ayant une bonne conduite et jouissant d'une bonne reputation, fut pris en flagrant délit de vol : il emportait du linge qu'il avait volé et caché. On trouva chez

(1) *Vierteljarschrift fur gerichtliche Medicin.*XXVIII, p. 61.

lui trois cents objets de toilette de femme, entre
autres, des chemises de femme, des pantalons de femme,
des bonnets de nuit, des jarretières et même une poupée.
Quand on l'arrêta il avait sur le corps une chemise
de femme. Dès l'âge de treize ans, il avait cédé à
l'impulsion qui le poussait à voler du linge de femme ;
puni une première fois, il devint plus prudent ; il
commettait ses vols avec ruse et beaucoup d'adresse.
Quand cette impulsion lui venait, il avait toujours
de l'angoisse et se sentait la tête lourde : il ne pouvait
alors résister.

La nuit, quand il était au lit, il mettait les objets
de toilette qu'il avait volés, en même temps il évoquait dans son imagination l'image des belles femmes,
et il éprouvait une sensation voluptueuse avec écou-
lement de sperme.

P. Garnier a fait interner à Sainte-Anne un individu qui s'était introduit dans une propriété, avait
saisi, parmi d'autres pièces de linge qui séchaient,
une chemise de femme qu'il était en train de s'appliquer sur les parties génitales quand on l'arrêta.

Le même auteur raconte qu'on amena un jour à
l'infirmerie spéciale du dépôt un jeune boucher qui,
sous ses vêtements masculins, portait : un corsage
en drap noir, un cache-corset, un corset, une camisole,
une collerette, un tricot de tissu léger, une chemise
de femme, des bas fins et des jarretières. Il raconta
que, vers l'âge de dix ou onze ans, il avait été vivement
obsédé par l'idée de revêtir la chemise de sa sœur, plus
âgée que lui de quatre ou cinq ans. Un jour, il monta
en hâte dans la chambre de sa sœur, et charmé et
comme angoissé à la fois, il passa vivement la chemise
de la jeune fille. Au contact du linge, son excitation
voluptueuse fut extrême et il eut la satisfaction complète. Dès qu'il eut la liberté de se vêtir à sa guise,
il s'affubla de vêtements féminins, mais sans manifester aucun sentiment homo-sexuel.

Voici encore un fait du même genre dû à Georges

Petit (1), mais on y sent déjà poindre l'inversion sexuelle.

Un ancien avocat, âgé de 61 ans, présentant plusieurs stigmates de dégénérescence, fut pris, il y a quelques années, du désir violent de s'habiller en femme. Il résista pendant quelque temps, trouvant l'idée absurde, mais l'obsession devint de plus en plus pénible, et, un jour, n'y pouvant plus tenir, il s'enferma chez lui et se revêtit d'un jupon, puis, honteux de lui-même, se décida à faire un voyage pour changer ses idées. Malgré toutes les distractions, l'obsession revint plus aiguë, plus tenace que jamais, et le malheureux dut céder à son penchant irrésistible.

Dans la crainte d'être surpris par ses domestiques, il loue dans une maison meublée une chambre qu'il n'occupe que dans l'après-midi ; et voici ce qui se passe. Ayant rassemblé là tout ce qui peut composer la garde-robe d'une mondaine la plus raffinée, il s'enferme avec une femme qui se prête à son caprice et lui sert uniquement de femme de chambre ; il s'habille des pieds à la tête en femme, avec des dessous particulièrement soignés, des jupes de la meilleure marque ; il se coiffe d'une perruque blanche et s'asseoit dans un fauteuil devant une glace où il reste deux heures environ, parlant à la femme de chambre qui ne doit lui dire rien autre chose que : « Oui madame, non madame ». Quant à lui, il ne tient aucune conversation et se contente de faire constamment changer quelque chose à sa toilette, déplacer un nœud, recoudre un ruban, relever sa jarretière en disant : « N'est-ce pas que je suis une femme ? »

Il lui est arrivé quelquefois de sortir dans cet accoutrement, évoquant une vieille coquette démodée.

Jamais ses vêtements intimes n'ont été souillés, et le plus souvent il les donne aux personnes qui lui prêtent leur complicité qu'il paie d'ailleurs fort cher.

(1) *L'Indépendance médicale*, 1898.

Il semble que cet individu se dédouble. Homme, c'est
le plus parfait causeur, aimable, fin, instruit, raisonnant de tout avec justesse, même de son vice qu'il
excuse en disant qu'il ne peut y résister. Femme, c'est
la plus sotte des vieilles toquées, ne voulant rien
entendre que parler de chiffons, toilettes, incapable
de suivre une idée et encore moins un raisonnement.

II. L'AMANT DES NOURRICES

Il peut arriver cependant que cette forme de fétichisme s'adresse à une variété du costume féminin
dans son ensemble, mais la femme est toujours indifférente. Tel est le cas cité par P. Garnier (1).

Un garçon de trente-trois ans, employé, fils d'une
mère mélancolique qui s'est suicidée par les vapeurs
de charbon, porteur de nombreux stigmates physiques
de dégénérescence, était connu dans son quartier
pour un original ; on l'avait surnommé « l'amoureux
des nourrices et des bonnes d'enfant ». Il rôdait sans
cesse dans les squares, frôlant les nourrices, extasié
devant elles. Afin de se débarrasser de ses obsessions,
ces femmes avaient fini par s'entendre entre elles
pour le ridiculiser et l'amener à quitter la place. Il
finit néanmoins par se faire arrêter. Amené à l'infirmerie spéciale du dépôt, il avoua que de tout temps
le costume des nourrices et des bonnes d'enfants l'avait
séduit. Ce n'était pas telle ou telle pièce de l'ajuste-
ment qui le charmait, c'était l'ensemble qui le gri-
sait. Dès qu'il eut atteint l'âge d'homme, il ne songea
point aux relations sexuelles avec la femme qui représentait à ses yeux, en son costume au moins, le type
idéal. Il recherchait les nourrices pour s'en faire une
société, selon son expression, et cette société avait
pour lui des charmes incomparables. Rentré dans sa

(1) *Les pervertis fétichistes.*

chambre solitaire, il évoquait l'image du costume de
bonne d'enfant, et cette représentation mentale provoquait l'orgasme génital. « Ça ne m'a jamais dit,
déclarait-il, de coucher avec une femme, même avec
une nourrice ou une bonne d'enfant. Ce que j'aime,
c'est l'habillement ».

III. Le suiveur de jeunes mariées

Un jeune homme observé par Motet n'éprouvait
d'excitation génitale qu'à l'aspect d'une femme en
costume de mariée, et sa passion exclusive lui faisait
faire des stations interminables devant certains res-
taurants connus pour donner, aux portes de Paris,
les repas de noces.

Un autre individu ne voyageait pas sans avoir, au
fond de ses malles, des vêtements féminins : il spécia-
lisait son fétichisme au costume de théâtre lyrique.
Ainsi vêtue, la femme s'idéalisait pour lui ; le corps
n'était rien, le costume était tout.

IV. L'amateur de jupons

D'autres fois le fétiche est constitué par un objet
unique et détaché de la toilette féminine. Dans le cas
qui va suivre, emprunté à Krafft-Ebing (1), il s'agit
de fétichisme du jupon de femme, mais le jupon ne
devient fétiche que quand il est mouillé.

Le sujet était, dès l'âge de treize ans, très excité
par la vue des vêtements mouillés, tandis que les
mêmes vêtements à l'état sec ne l'excitaient nullement. Son plus grand plaisir était de regarder par une
pluie torrentielle les femmes trempées. Quand il en
rencontrait, et si la femme avait une figure sympa-

(1) *Pychopathia sexualis.*

thique, il éprouvait une volupté intense et une violente érection.

Comment expliquer l'origine d'une telle aberration ?
Krafft-Ebing croit que l'instinct génital a du être éveillé
pour la première fois chez cet individu à la vue d'une
femme qui, par la pluie, a relevé ses jupons et fait voir
ses charmes. Ce penchant obscur et qui ne se rendait
pas encore bien compte de son véritable objet, s'est
reporté sur les jupons trempés, phénomène qui a
continué à se produire.

V. LES ADORATEURS ET DESTRUCTEURS DE ROBES

La robe de la femme peut aussi devenir fétiche
comme, du reste, presque toutes les autres parties du
costume féminin. Tel est le cas rapporté par
A. Pichon (1).

Il s'agit d'un jeune homme de vingt-trois ans qui,
dès son enfance, se fit remarquer par sa taciturnité.
Il aimait alors beaucoup les poupées, mais à la condition qu'elles eussent des robes. C'était là l'embryon
d'une obsession fétichiste qui n'allait pas tarder à
se manifester.

Un jour, il remarqua l'affiche réclame d'un roman
représentant une femme à genoux devant un homme
qui la frappait. Il se sentit pris de sympathie pour
cette femme et lui envoya des baisers. La tournure
mélancolique de son caractère s'accentua. Son attention fut attirée par d'autres affiches qui représentaient
des femmes. Il se mit à les aimer, surtout quand elles
avaient de belles robes et des cheveux noirs. Bientôt
cette sorte d'amour platonique qu'il avait pour les
images commença à se transformer, et la vue de ces
femmes détermina chez lui des érections et des éjaculations fréquentes. Alors sa passion s'étendit aux

(1) *Journal de médecine de Bordeaux*, 20 février 1898.

vêtements féminins en général. La vue d'une belle robe, d'un tablier blanc lui procurait une véritable jouissance. Quand il rencontrait une femme portant une robe qui lui plaisait, surtout une robe de soie, il la suivait et avait une érection. Le charme était particulièrement puissant si cette femme avait des cheveux noirs et bien lisses. En outre, ce qui l'impressionnait, c'était beaucoup plus le jupon que le corsage.

Sa mère étant couturière, il fut à même de voir beaucoup de robes, ce qui détermina chez lui une continuelle surexcitation et ne fit sans doute qu'augmenter son trouble. Il lui suffisait de toucher un jupon pour avoir une érection et éjaculer ; bientôt même un simple morceau provenant d'une robe produisait le même effet.

Mais il ne s'en tint pas là; il prit des jupons ou des gravures et des affiches représentant des femmes, et s'en frotta le ventre, ce qui lui donnait des érections, puis il éjaculait sur ces objets. Il prit ensuite plaisir à uriner lentement sur les images, en suivant les différentes parties du corps; il se frottait alors le ventre avec ces gravures ainsi souillées et le résultat ne se faisait pas attendre. Il mettait dans son lit des affiches représentant des femmes ; il se couchait dessus et s'y frottait le ventre. D'autres fois, il déchirait lentement l'image, partie par partie, et quand il arrivait à la fin, l'orgasme se produisait avec éjaculation. Une fois il en fit brûler une qu'il avait enduite de pétrole ; il la regarda brûler en se frappant le ventre, et, comme la flamme s'éteignait, il éjacula.

Quand une image ou une affiche lui plaisait, il fallait qu'il la possédât, et jusqu'à ce qu'il l'eût, il n'était point tranquille. De même, quand il avait remarqué dans la rue une femme portant une robe dont la vue lui avait fait éprouver une sensation agréable, il cherchait à la revoir, et s'il n'y parvenait pas, il tombait dans une profonde tristesse et pleurait abondamment. En outre, quand une robe lui plaisait, il souffrait si l'on y faisait des modifications dans la forme ou si l'on y ajoutait ou retranchait quelque ornement. Ainsi, une petite voisine avait une robe qu'il aimait particulièrement, et pour cette raison, il voulait toujours aller chez elle. Un jour, on apporta cette robe chez sa mère pour y faire un changement presque insignifiant. Il s'opposa à ce qu'on le fît, il se fâcha, et comme cette robe le préoccupait constamment et que son sommeil en était troublé, sa mère dut la demander et la garder, ce qui lui fit beaucoup de plaisir et le calma.

Enfin, dernière évolution de son anomalie, il se mit à revêtir des jupons chaque fois qu'il se trouvait seul, et, quand sa mère s'absentait, tous ceux qu'il trouvait dans son atelier y passaient et étaient souillés.

Cet individu n'a jamais pu accomplir le coït. Plusieurs fois il a essayé, non pas par plaisir, dit-il, mais dans l'espoir de se guérir. Il n'a jamais pu réussir. Sa mère avoue, aveu cynique et révoltant, lui avoir un jour procuré une ouvrière qui eut soin de revêtir sa plus belle robe. Il devint amoureux de cette fille, composa des vers pour elle, mais, quand elle fut deshabillée, elle le dégoûta et il resta froid à ses côtés. Plusieurs fois encore il fit des tentatives avec cette femme, puis avec d'autres : une fois même l'une d'elles resta habillée ; tout fut inutile.

P. Garnier (1) a rapporté un fait du même genre. Le sujet, par une sorte de sadisme larvé, se sent poussé à détruire le fétiche.

Pierre X...., âgé de trente quatre ans, employé, fut arrêté le 14 juillet à la fête foraine qui avait lieu sur la place de la Bourse, à l'occasion de la fête nationale. On l'avait vu s'approcher de plusieurs jeunes femmes et appliquer sur leur robe un cigare allumé. Sept ou huit personnes avaient eu ainsi leur robe brûlée.

(1) *Archives de l'Anthropologie Criminelle*, Nov. 1900.

X... a déjà été condamné à trois reprises : la première condamnation a été motivée par le fait suivant : il avait été surpris, aux magasins du Louvre, au moment où il coupait avec des ciseaux la robe d'une femme. On crut à une tentative de vol: coût : trois mois de prison. Pour la seconde arrestation, l'intention de voler ne pouvait être en cause : X... avait jeté du vitriol sur la robe de plusieurs femmes, ce qui lui valut encore trois mois de prison. Enfin, l'année dernière, il fut appréhendé au moment où il venait de jeter de l'encre sur plusieurs robes. Depuis quelques jours, les journaux consacraient des articles à ce monomane qui semblait se faire un jeu de détériorer de très nombreuses toilettes en les couvrant d'encre. Cette fois la peine fut élevée à six mois.

Fils d'un père alcoolique, X... se rappelle avoir été ému, dès le jeune âge, en présence de femmes vêtues d'une robe bleue. Quand, par hasard, il y avait sur cette robe bleue un tablier blanc, noué à la taille, ses transports étaient indicibles.

Pendant son service militaire, étant en permission, il avise, au cours d'une promenade, une bonne vêtue d'une roble bleue et portant un tablier blanc. Il s'approche adroitement et, sans éveiller l'attention de la jeune fille, il parvient à dénouer et à conquérir le tablier. A ce moment même, son excitation sexuelle est extrême. Il s'isole et se masturbe dans le tablier. Puis, gagnant un endroit tout à fait désert, il brûle le tablier qui l'avait tant séduit. Cette vue du tablier dévoré par le feu lui procure une volupté si extrême qu'il a une éjaculation immédiate et reste comme en extase.

A dater de ce moment, détériorer, souiller, détruire par le feu ce qu'il recherche pourtant avec toutes les angoisses d'un amant, devint pour lui un irrésistible besoin. Jamais il ne songea au coït : cela le laissait tout à fait indifférent... Il ne se hasarda pas à répéter le vol du tablier pour l'incinérer. Il y songea bien, mais rencontra trop de difficultés dans l'entreprise. Il se rejeta sur un autre genre de violences : il se promena dans la foule avec une fiole d'encre à la main, et, quand il rencontrait la robe bleue, objet de son culte fétichiste, il fallait, comme il le dit lui-même, qu'il l'aspergeât d'encre.

Il employa aussi l'huile ; il fit usage du vitriol, recherchant en somme, pour s'attaquer à l'objet aimé, tout ce qui tache, souille, dégrade, détruit. Chaque attentat de ce genre lui procurait d'indicibles jouissances et l'orgasme génital complet. Mais le feu qui dévore restait, quand même, l'agent offensif, l'agent destructeur préféré, et l'acte de brûler une robe bleue, en appliquant sur l'étoffe un cigare allumé, lui donna toujours l'ivresse sensuelle ; il s'y livrait avec ardeur lorsqu'il fut arrêté place de la Bourse.

Pierre X... imite donc, dans sa manière de traiter l'objet fétiche, l'individu qui n'a de jouissance sexuelle qu'à la condition de faire ou de voir souffrir l'être que vise sa recherche amoureuse.

Je reviendrai, du reste, sur cette question du sadi-fétichisme dans le chapitre suivant.

VI. LE FÉTICHISME DU MOUCHOIR

Passons au mouchoir, qui, lui aussi, devient assez souvent fétiche. Certains hommes se trouvent littéralement subjugués par la vue de ce petit morceau de linge. Une femme a fait à A. Moll la confession suivante : « Je connais un monsieur ; il me suffit quand je le vois de loin, de tirer de ma poche le coin de mon mouchoir pour qu'il me suive comme un chien. Je puis aller n'importe où, il ne me quitte plus. Que ce monsieur se trouve en voiture ou soit occupé par une affaire très sérieuse, très importante, aussitôt qu'il voit mon mouchoir, il abandonne tout pour me suivre, ou plutôt pour suivre mon mouchoir ».

Zippe (1) a eu l'occasion d'observer un individu de trente-deux ans qui fut surpris au moment où il volait le mouchoir d'une dame. Il avoua qu'il avait déjà volé plusieurs centaines de mouchoirs de femmes, mais exclusivement de femmes jeunes et qui lui plaisaient. Quelques mois auparavant, en voyant au milieu de la foule une belle jeune fille, il se sentit très excité sexuellement, se frotta contre elle et lui prit son mouchoir. Le même fait se renouvela un grand nombre de fois, lorsqu'il rencontrait des femmes qui lui plaisaient. Il éprouvait alors une angoisse terrible, était trempé de sueur, en raison du désir génital violent qui l'obsédait et aussi par crainte d'être découvert. En même temps, il éprouvait un véritable orgasme et plus de satisfaction que s'il avait eu un rapport sexuel.

Cet individu gardait dans un endroit spécial les mouchoirs des femmes qui lui étaient particulièrement sympathiques; il était heureux de les contempler et éprouvait alors un sentiment de bien-être. Leur odeur aussi lui était une sensation délicieuse ; mais, dit-il, c'était l'odeur particulière à la lingerie et non pas celle des parfums artificiels qui excitait ses sens.

Un sujet observé par Krafft-Ebing et condamné pour vol de mouchoirs, avoua que, depuis l'âge de quinze ans, il se procurait l'excitation sexuelle en s'appliquant un mouchoir de femme sur les organes génitaux. Tant que les mouchoirs étaient neufs et n'avaient pas servi, ils ne produisaient sur lui aucun effet. Ils ne l'excitaient qu'après avoir été portés par des filles, et souvent, pour mettre des mouchoirs neufs en contact avec des femmes, il en plaçait sur le chemin où ces personnes devaient passer, s'efforçant de les obliger à marcher dessus. En possession d'un mouchoir ayant subi ce rapide contact, il entrait en érection et, en passant le mouchoir sur ses organes génitaux, il obte-

(1). *Wiener med. Wochenschrift*, 1879, n° 23.

naît l'éjaculation. Il n'a jamais eu de relations sexuelles, aimant mieux le mouchoir.

Ce fétichisme du mouchoir se retrouve aussi chez les uranistes. L'un deux, observé par A. Moll (1), n'avait aucun goût pour la pédérastie ou la masturbation mutuelle. Sa plus grande jouisssance était de voler le linge, de préférence le mouchoir d'un bel homme, d'en envelopper son pénis et de se masturber ainsi. A cet effet, il se servait souvent du mouchoir d'un de ses amis, et pour éviter tout soupçon de vol, il laissait à la place du mouchoir volé un des siens, de sorte qu'il faisait toujours croire à une confusion accidentelle.

VII. LE FÉTICHISME DU SOULIER

Nous avons vu que le pied de la femme jouait un grand rôle en amour auprès de certains individus. Mais le pied féminin ne va guère sans la chaussure. Alors le fétichisme se transforme : c'est le pied chaussé qui devient l'excitant sexuel ou même quelquefois la chaussure elle-même.

Voici un fait très intéressant, rapporté par Krafft-Ebing (2), d'autant plus intéressant qu'on y retrouve l'association d'idées primitive qui a provoqué la perversion.

Le sujet, âgé de trente-deux ans, descend d'une vieille et noble famille polonaise. A l'âge de dix-sept ans, il fut séduit par une institutrice qui ne lui permit pas, néanmoins, les rapports complets avec elle. Leurs relations se bornaient à des attouchements. Un jour, pendant une de ces scènes, ses regards tombèrent sur les bottines très élégantes de cette femme. Cette vue lui fit une profonde impression. Alors, il commença à s'intéresser aux chaussures de femmes. Le

(1) *L'Inversion sexuelle.*
(2) *Pychopathia sexualis.*

contact d'un talon de soulier sur son pénis produisait
un orgasme immédiat avec satisfaction complète.
Il allait, dans les maisons spéciales, demander à des
filles cette apposition du talon de leur soulier, car
il lui importait que la femme la fît elle-même. Il lui
fallait une prostituée très élégante, avec des jupons
empesés, des bas noirs, des bottines avec talon d'un
noir reluisant.

Le reste de la femme ne l'intéresse pas ; le pied nu
lui est tout à fait indifférent. Aussi, au point de vue
psychique, la femme n'exerce pas le moindre charme
sur lui. La vue, dans la rue, d'une femme bien chaussée,
des chaussures dans les étalages, et même la lecture
d'une simple annonce de magasin de chaussures suffit
pour le mettre dans un état d'émotion sexuelle violente. Des médecins lui donnèrent le mauvais conseil
de se marier, l'assurant qu'aussitôt qu'il aimerait
sérieusement une jeune fille, il serait débarrassé de
son fétiche. Il eut une déception cruelle. La première
nuit de son mariage fut terrible pour lui; il se sentit
criminel et ne toucha pas à sa femme. Le lendemain,
il vit une prostituée qui avait le « chic » qu'il aimait.
Il eut la faiblesse d'avoir des rapports avec elle à sa
façon accoutumée. Il acheta alors une paire de bottines
de femme très élégantes et les cacha dans le lit nuptial ; en les touchant, il put, quelques jours plus tard,
remplir ses devoirs conjugaux ; mais, au bout de quelques semaines, cet artifice ne produisit plus d'effet.
Il se sentit alors très malheureux, car sa femme,
excitée par les premières approches, avait de grands
besoins sexuels qu'il ne pouvait satisfaire, et elle en
souffrait moralement et physiquement. Ne pouvant
ni ne voulant lui révéler son secret, il avait peur de sa
femme, craignait de rester en tête à tête avec elle.
Du reste, il lui fallait le « parfum du demi-monde ».
Aussi son désespoir est immense : il regrette d'avoir
suivi le conseil funeste des médecins et d'avoir rendu
malheureuse une excellente femme.

Hammond (1) rapporte un fait du même genre et dans lequel on retrouve également l'association d'idée initiale d'où est sortie la perversion.

Il s'agit d'un individu de vingt-quatre ans, très chargé héréditairement. A l'âge de sept ans, il fut entraîné à l'onanisme par une bonne et éprouva un plaisir particulier un jour qu'elle lui toucha le pénis avec le talon de son soulier. Il n'en fallut pas davantage chez cet enfant taré pour créer une association d'idées, grâce à laquelle, dorénavant, le seul aspect d'un soulier de femme provoquait l'orgasme vénérien. Il se masturba alors en regardant des souliers de femme ou en se les représentant dans son imagination. A l'école, il était vivement excité par les bottines de l'institutrice. En général les bottines qui étaient en partie cachées par une longue robe lui produisaient toujours cet effet. Un jour, il ne put s'empêcher de saisir les bottines de l'institutrice, ce qui lui causa une vive émotion sexuelle. On le corrigea ; mais cela ne l'empêcha pas de recommencer. Enfin, on reconnut qu'il y avait là un mobile morbide et on le plaça sous la direction d'un maître d'école. Il en vint alors à se masturber avec un soulier de femme, car la femme elle-même ne lui disait absolument rien et le coït lui faisait horreur.

A l'âge de dix-huit ans, il s'établit comme marchand de chaussures. Il éprouvait une excitation sexuelle toutes les fois qu'il essayait des souliers à des femmes ou qu'il pouvait manipuler ceux qu'elles avaient porté.

Quelques accès épileptiques se produisirent. Le malade effrayé cessa son commerce de chaussures et renonça à ses pratiques sexuelles. Il fit mieux, c'est-à-dire pis : il se maria. Bien que sa femme fût jeune et belle, il resta impuissant avec elle. Hammond lui conseilla de fixer ses regards pendant le coït sur un soulier attaché au-dessus du lit nuptial et de se figurer

____

(1) *Impuissance sexuelle.*

que sa femme était un soulier. Ce stratagème réussit : le malade put remplir de temps en temps ses devoirs conjugaux et réussit à se débarrasser de sa perversion.

Voici un autre cas emprunté à Pascal (1) et où il y a association manifeste du fétichisme et du masochisme.

X.... négociant, a périodiquement, surtout quand il fait mauvais temps, les désirs suivants. Il aborde une prostituée, la première venue, et la prie de venir avec lui chez un cordonnier où il lui achète une belle paire de bottines vernies, à la condition qu'elle s'en chausse immédiatement. Cela fait, la femme doit traverser les rues, autant que possible dans les endroits les plus sales et les ruisseaux, pour bien crotter les bottines. Puis, X... conduit la personne dans un hôtel, et, à peine enfermé avec elle dans la chambre, il se précipite sur ses pieds, y frotte ses lèvres, ce qui lui procure un plaisir extraordinaire. Après avoir nettoyé les bottines de cette façon, il fait un cadeau en argent à la femme et s'en va.

Comme il a ses sublimités, l'amour a ses déroutantes bassesses. Ce fait ainsi que le suivant en sont une fois de plus la preuve. Le fétiche n'est plus alors le soulier, c'est une partie seulement du soulier : les clous. Tel est le sujet observé par Charcot et Magnan (1).

Ce détraqué n'a d'affinité sexuelle que pour les clous de souliers de femme, et son obsession le pousse aux plus singulières extravagances. Il cherche à voir les clous des bottines de femmes, il examine avec soin leur trace dans la neige ou sur la terre humide ; il écoute le bruit qu'ils font sur le pavé de la rue ; il trouve un plaisir ardent à répéter des mots qui sont destinés à aviver l'image de ces objets ; ainsi, il se complait dans l'expression : « ferrer une femme ».

Ce malade s'adonne à la masturbation qui joue ici,

____

(1) *Igiene del amore.*
(1) *Archives de neurologie.* 1882.

selon l'heureuse expression de Binet, le rôle de caisse de résonnance ; car, pendant ces pratiques, il pense aux clous avec toute l'intensité que l'excitation génitale peut donner à ces pratiques. Un jour on l'arrêta dans la rue pendant qu'il se livrait à son vice habituel devant la boutique d'un cordonnier.

Vers l'âge de six ou sept ans X... était déjà poussé par un instinct irrésistible à regarder les pieds des femmes pour voir s'il n'y avait pas de clous à leurs souliers ; lorsqu'il y en avait, la vue de ces clous lui produisait dans tout son être un bonheur indéfinissable. Deux jeunes filles, ses parentes, logeaient dans sa famille ; il se rendait dans l'endroit où leurs souliers étaient déposés ; il s'en emparait d'une main fiévreuse et frissonnante ; il touchait les clous, les comptait, ne pouvait pas en détacher ses regards, et le soir, dans son lit, il reportait alternativement sa pensée sur l'une ou l'autre de ces jeunes filles, et il lui faisait jouer un rôle fantastique qu'il imaginait : il voyait sa mère la conduire chez le cordonnier et l'entendait commander de garnir de clous les souliers de sa fille ; il voyait le cordonnier poser les clous et remettre les souliers à la jeune fille ; puis il cherchait à se rendre compte des sensations que celle-ci éprouvait en marchant avec ses souliers à clous ; enfin, il infligeait à la jeune fille les tortures les plus cruelles, il lui clouait des fers sous les pieds, comme l'on fait aux chevaux, ou bien il lui coupait les pieds ; en même temps il se masturbait, mais ce n'était pas seulement pour se procurer la jouissance matérielle qu'on y trouve, c'était plutôt pour servir d'accompagnement à l'histoire fantastique qui charmait son imagination. Ces faits se reproduisaient assez fréquemment. X... ne tentait aucun effort pour les empêcher ou les éloigner ; il savourait sans remords le plaisir sensuel qu'il en retirait ; il était encore un enfant et ne comprenait pas la portée des actes auxquels il se livrait.

Plus tard, après avoir terminé ses études, il revint à

la campagne chez une de ses parentes. Il voyait souvent deux jeunes filles, ses cousines, qui habitaient dans le voisinage. Lorsqu'il était seul dans le jardin, assis sur un banc, il se racontait à lui-même une de ces histoires fantastiques, dont les deux jeunes filles étaient naturellement devenues les héroïnes du moment, en même temps qu'il se racontait son histoire, il se livrait sur lui-même à d'impudiques attouchements ; le lendemain et les jours suivants, il recommençait, en ayant soin de ne pas aller jusqu'à la terminaison du crime d'Onan. D'un autre côté, quand il était avec les jeunes filles, il cherchait à voir les clous de leurs souliers. Une d'elles s'en étant aperçue, et sans que X... lui eut rien dit, ne manquait jamais, surtout quand elle avait des souliers neufs, de passer son pied sur le sien, en appuyant légèrement, de manière à lui faire sentir les clous. Ce contact amenait immédiatement un orgasme occasionné non par l'impression de la femme, mais par celle de ses clous. Plusieurs fois même il lui est arrivé de prendre les souliers des jeunes filles dans l'endroit où ils étaient déposés, et il lui suffisait de poser l'extrémité de sa verge sur les clous pour que, sans aucune pression de la main, l'éjaculation eût lieu aussitôt.

A l'âge de dix-huit ans, venu à Paris, tout son corps était agité par un frémissement voluptueux, lorsqu'en passant devant les boutiques des cordonniers, il voyait mettre des clous à des chaussures de femmes.

X..., en dehors de toute excitation, voit souvent ses « idées » se présenter à son imagination. Il tâche de les chasser ; elles le harcèlent comme des furies ; alors il sent comme un voile s'étendre sur son intelligence et y faire la nuit ; ses yeux s'appesantissent, il se raconte à demi-voix une de ses histoires fantastiques, et, en même temps, il se livre à la masturbation, soit directement avec la main, soit en serrant sa verge entre ses cuisses, soit en la renversant sur sa chaise et en la comprimant de tout le poids de son corps.

En même temps qu'il possède une grande puissance de travail, X... a une imagination très exaltée. La surexcitation cérébrale va même parfois jusqu'à produire des illusions des sens et presque des hallucinations. C'est surtout dans les moments où il lutte contre ses pensées et contre les entraînements qui les accompagnent : il lui semble alors qu'un second être lui est juxtaposé et lui fait entendre, par des paroles qui lui retentissent dans le cerveau, que la résistance est inutile.

Quand il a succombé et que, désespéré, il prend la résolution énergique de ne plus céder, il croit entendre, toujours dans son cerveau, comme une voix qui lui fixe le jour où il cédera de nouveau. Cette voix, qui lui semble être celle d'un être qui lui est étranger, et non l'écho de sa pensée à lui-même, il l'a entendue aussi pendant les intervalles de calme les plus longs qu'il ait eu, lorsqu'il était amoureux et qu'il avait le projet de se marier : et, plus tard, pendant les trois premiers mois de son mariage et c'était aussi pour lui indiquer le jour où il succomberait. Lorsque ce jour approche, X.. redouble de précautions pour éviter tout ce qui pourrait aider à sa chute ; il y met de l'amour-propre, c'est comme un duel entre l'être étranger et lui ; mais, le jour arrivé, une sensation de langueur s'empare de toute sa personne, son intelligence s'obscurcit et la crise ne peut être évitée.

Comme presque toujours, ce délire amoureux a germé sur un terrain de dégénérescence : floraison anormale éclose sur un arbre malade dès la souche.

Cette variété de fétichisme se rencontre également chez les uranistes. Un individu observé par Krafft-Ebing adorait, dès l'âge de quatre ans, les bottes bien cirées des écuyers et en rêvait même pendant son sommeil. Plus tard, il aimait embrasser les bottes de ses domestiques, les cirer, les ôter de leurs pieds.

P. Garnier (1) a observé un cas bien plus curieux.
Il mérite d'être rapporté avec quelques détails.

X... homme de lettres. âgé de vingt-six ans, a une
hérédité très chargée. Il soigne sa toilette avec une
recherche ridicule. Dès son enfance il se masturba,
mais il ne pouvait arriver au spasme voluptueux
que par la contemplation de bottines vernies. Après
son service militaire, il eut quelques rapports sexuels
avec des femmes. mais il en fut vite dégoûté. Il se sentait vivement attiré par les jeunes gens, surtout ceux
qui portaient des souliers vernis. Il se masturbait en
évoquant leur image. rêvait d'être pédéré et mas-
turbé par eux. Il écrivait dans les pissotières : « Je
prête mes fesses aux beaux mâles qui ont des bottines
vernies ». Il ajoutait de répugnantes promesses. « La
triple concordance, chez un jeune homme. de chaussures vernies, d'un costume élégant et d'un visage
agréable, me ravissait, écrit-il, et provoquait l'érection ».

Sur les promenades publiques, il prenait plaisir à
regarder les bottes brillantes des cavaliers. Il ressentait
la plus vive satisfaction sensuelle à contempler les bottes
vernies exposées dans les maisons de cordonnerie ; il
y faisait de longues stations. Pendant plusieurs années,
il s'obligea à de très grands détours uniquement
pour voir celles qui étaient placées dans les vitrines
des magasins des boulevards. C'était avec peine qu'il
s'arrachait à cette contemplation. source d'une véritable ivresse sensuelle pour lui. Plus elles étaient brillantes. plus il était subjugué : la nuit, il rêvait qu'il
en dérobait.

Son obsession le conduisait vers l'école militaire,
où il avait de fréquentes occasions de contempler
des bottes vernies. Il guettait la venue des officiers,
s'attachait pendant quelques instants à leurs pas,
le regard fixé sur leurs bottes.

(1) *Les pervertis fétichistes.*

Finalement il se décida à en acheter. Ce fut comme une ivresse de possession. « Je les rapportai chez moi avec un émoi énorme, écrit-il ; le cœur me battait avec violence. Je m'enfermai dans ma chambre pour jouir à mon aise de mon acquisition. Je mis mes bottes par dessus mon caleçon rose. Mon excitation génitale était à son comble. Le soir, en me couchant, je plaçai mes bottes sur ma table de nuit, bien exposées à la lumière de ma lampe ; je ne pouvais en détacher mes regards, et mon enthousiasme sexuel me maintenait constamment en érection. Le lendemain matin, je les contemplai longtemps encore avant de me décider à sortir. Depuis ce moment, tous les jours je tirais mes bottes du carton où elles étaient placées et je les regardais longuement ».

Un jour, il se décide à chausser ces bottes vernies et va se promener avec au bois de Vincennes, espérant attirer ainsi les regards des hommes et satisfaire ses désirs de pédérastie passive. Il rentra chez lui sans avoir réussi, mais remarqua sur ses bottes une légère craquelure, ce qui l'attrista fort.

X. décrit ainsi ses relations avec ses bottes vernies : « Je mets mon caleçon rose et mes bottes. Je monte sur deux chaises, les jambes écartées, et j'entr'ouvre légèrement la porte de mon armoire à glace pour m'y voir par derrière, grâce à la réflexion de la glace de la cheminée.

« Tout en me masturbant, je tiens mes regards obstinément attachés sur mes fesses, sur mes cuisses et surtout sur mes bottes. A ce moment, je voudrais pouvoir m'aimer moi-même, me livrer à des attouchements sur mon corps dont je vois l'image dans la glace. Mon but est de projeter le jet de sperme dans l'une de mes bottes, et, quand j'y parviens, c'est le paroxysme de la jouissance.

« D'autres fois, sur le point d'éjaculer, je me frotte les fesses, les cuisses et l'anus avec une de mes bottes, tandis que je contemple avec obstination, sur l'autre botte, la lumière qui s'y réfléchit : mais, presque toujours, je les place chacune sur une chaise, près de la fenêtre, inclinées de telle manière qu'elles brillent le plus possible, et placé à une certaine distance, je cherche à les atteindre avec le jet de sperme. Cette opération, dans la jouissance excessive qu'elle me procure, me donne une sensation de triomphe, de victoire, quand la liqueur séminale vient frapper mes bottes ».

Toujours tourmenté par ses idées de pédérastie passive, X... exhibe un jour publiquement ses organes génitaux en présence d'un jeune homme dont il avait cru fixer l'attention. Il réussit simplement à se faire arrêter.

VIII. LES VOLEURS DE TABLIERS BLANCS

Après l'exposé de ces faits, on pourrait crcire le sujet épuisé et que nous avons parcouru le cycle des extravagances amoureuses. Hélas ! il n'en est rien. La mentalité humaine est dans cet ordre d'idées d'une fertilité inépuisable et certains cerveaux malades enfantent des monstruosités sexuelles ridiculement invraisemblables.

Voici un ancien matelot obsevé par P. Garnier (1) qui s'est fait voleur de tabliers blancs par amour et a, de ce chef, encouru plusieurs condamnations. Or, il obéissait, en agissant ainsi, à une impulsion irrésistible. Ajuster un tablier à sa taille est pour lui le suprême bonheur. A ce moment, au comble de la volupté, en plein orgasme vénérien, il éjacule dans le tablier, sans avoir besoin de s'aider de manœuvres onanistiques, tellement la sensation est forte. Il cache l'objet de sa passion, il l'enfouit dans la terre ; dès qu'il est libre, il court à sa cachette, déterre le

____

(1) *Les pervertis fétichistes*

tablier avec une sorte de frénésie, s'en affuble aussitôt, pour l'enterrer à nouveau, après l'avoir souillé. Il suit les servantes, non pour elles, mais pour le tablier blanc qu'elles portent. Il en repait ses regards et l'attraction fascinatrice est d'autant plus violente que la blancheur du linge est immaculée.

Son existence toute entière a été dominée par la tyrannie de cette obsession qui le faisait pénétrer de nuit, avec effraction, dans les boutiques de pâtissiers pour y voler des tabliers blancs. Un soir, en sortant de son travail, longeant l'avenue du Maine, il aperçoit à l'étalage extérieur d'un marchand de nouveautés, un mannequin revêtu d'une longue matinée blanche. A cette vue, il reçoit comme une commotion. Dans la demi-obscurité, il distingue mal la nature de ce vêtement blanc. Il croit voir le tablier de ses rêves et, subissant une irrésistible impulsion, il s'élance, se saisit frénétiquement du mannequin, l'enlace dans ses bras et s'enfuit avec sa conquête. Poursuivi et arrêté, le malheureux tombe dans un accès de mélancolie et finit dans un asile d'aliénés.

Charcot et Magnan (1) ont cité un fait analogue. C... est un déséquilibré, fils d'alcooliques et d'aliénés, portant de nombreux stigmates physiques de dégénérescence. A quinze ans, il aperçoit, flottant au soleil, un tablier qui séchait, éblouissant de blancheur ; il approche, s'en empare, serre les cordons autour de sa taille pour aller se masturber au contact du tablier, derrière une haie. Depuis ce jour, les tabliers l'attirent, il ne peut s'empêcher de les prendre, s'en sert pour pratiquer l'onanisme, puis les replace dans le lieu où il les a pris, ou bien il les jette ou les laisse chez lui dans un coin. A plusieurs reprises cet homme a été arrêté et condamné pour vol de tabliers blancs.

« L'obsession, chez ce malade, disent Charcot et

____

(1) *Archives de neurologie*, 1882.

Magnan, atteint un tel degré d'intensité que non seulement il se soumet volontairement à une faction des plus prolongées, mais ne craint pas de s'exposer à de grands dangers pour aboutir à quoi ? A la conquête d'un tablier blanc ! Il a subi plusieurs condamnations ; mais, impuissant à dominer ses désirs, il essaie des moyens héroïques : voyage en mer, puis se réfugie dans un couvent. A peine touche-t-il à terre qu'il recommence ; à peine est-il sorti du cloître qu'il s'empresse d'acheter ou de voler des tabliers blancs. C'est là une fatalité poursuivant ce malheureux et pesant de toute sa force sur son existence ».

IX. LES AMOUREUX DE BONNETS DE NUIT

Après les tabliers blancs ce sont les bonnets de nuit qui deviennent fétiches.

Empruntons encore un fait au mémoire si curieux de Charcot et Magnan (1).

X... est un déséquilibré appartenant à une famille d'excentriques et d'originaux. A l'âge de cinq ans, ayant couché pendant cinq mois dans le même lit qu'un parent âgé d'une trentaine d'années, il éprouva pour la première fois un phénomène singulier : c'était une excitation génitale et l'érection quand il apercevait son compagnon de lit se coiffer d'un bonnet de nuit. Vers cette même époque, il avait l'occasion de voir se deshabiller une vieille servante, et dès que celle-ci mettait sur sa tête une coiffe de nuit, il se sentait très excité et l'érection se produisait immédiatement. Plus tard, l'idée seule d'une tête de vieille femme ridée et laide, mais coiffée d'un bonnet de nuit, provoquait l'orgasme génital. La vue d'un bonnet de nuit seul n'exerce que peu d'influence, mais le contact d'un bonnet de nuit provoque l'érection et quel-

(1) *Archives de neurologie*, 1882.

quefois l'éjaculation. Par contre, il se souvient qu'à sept ans, il était resté absolument réfractaire aux tentatives de masturbation faites sur lui par un camarade d'école. Il n'a jamais recherché les rapports anormaux : il affirme que la vue d'un homme ou d'une femme nus le laisse absolument froid. Jusqu'à trente-deux ans, époque de son mariage, il n'avait pas eu de relations sexuelles ; il épousa une demoiselle de vingt-quatre ans, jolie, et pour laquelle il éprouvait une vive affection. La première nuit des noces, il resta impuissant à côté de sa jeune femme ; le lendemain la situation était la même, lorsque, déséspéré, il évoque l'image de la vieille femme ridée, coiffée du bonnet de nuit; le résultat ne se fait pas attendre : il peut immédiatement remplir ses devoirs conjugaux. Depuis cinq ans qu'il est marié, il en est réduit au même expédient : il reste impuissant jusqu'au moment où le souvenir rappelle l'image favorite. Il déplore cette singulière situation qui le force, dit-il, à la profanation de sa femme.

Voici un autre cas très bien analysé par P. Garnier (1). Il est d'autant plus intéressant que la perversion se complique d'autres phénomènes morbides, en particulier l'obsession de voler des livres, ce qui montre bien, comme je l'ai déjà fait remarquer, que le fétichisme morbide n'est en somme qu'une des multiples manifestations de la dégénérescence.

Le sujet est un médecin, âgé de quarante ans, qui a été pris en flagrant délit de vol de livres à l'étalage d'un libraire. Voici son histoire.

Vers l'âge de six ans, un appétit sexuel fort étrange s'éveilla fortuitement en lui. Un jour, il entre dans la chambre d'une bonne au service de ses parents : pris d'une fantaisie d'enfant, il s'empare du bonnet de la domestique et le place sur sa tête. Aussitôt, il se fit en lui une réaction sexuelle violente; comme enivré

(1). *La folie. Paris.*

par l'odeur qui se dégageait de cette pièce de linge, il eut le premier frisson voluptueux qu'il eût encore ressenti, le premier éveil d'une sensation génésique. Aujourd'hui encore, il a le souvenir bien net de cette impression qui secoua tout son être et provoqua d'emblée une érection. Dès lors, sans devenir un masturbateur, il rechercha toutes les occasions de se procurer cet enivrement voluptueux ; se glisser dans la chambre de la servante, se coiffer de ce bonnet, afin de goûter le plaisir de l'orgasme génital, était sa préoccupation dominante. Plus le bonnet était malpropre, plus l'usage l'avait souillé et imprégné d'une odeur sui generis, plus la stimulation était vive, plus l'érection était rapide.

Sur les bancs du collège, il se fait connaître comme un écolier mobile, fantasque, mais doué de réelles aptitudes. Vers l'âge de douze ans, il aurait été entraîné déjà, assure-t-il, à dérober des livres. Voici comment il rend compte de cette impulsion : « Un soir, en sortant du lycée, je m'arrêtai en compagnie de mon frère, qui me ramenait à la maison, devant l'étalage d'un bouquiniste. Tout à coup, à la vue d'un livre dont le titre m'échappe maintenant, une émotion singulière s'empara de moi, si vive que la vision se troubla, que j'eus le vertige et que tout mon corps frisonna. Sans plus m'occuper de mon frère, qui me questionnait sur la cause de mon émoi, je saisis rapidement le livre et voulus m'éloigner, lorsque le marchand m'interpella, me reprit le volume et le remit en place. Alors, seulement, j'eus conscience de ce que je venais de faire : le sang afflua à la tête, puis ma gorge contractée se desserra ; une détente bizarre se fit dans tout mon individu. Je me sentais comme brisé de fatigue. Je venais, en quelque sorte, de m'éveiller d'un rêve ».

Vers l'âge de quinze ans, sa personnalité morale se prononça davantage dans le sens d'une mobilité excessive et déjà presque maladive qui devint l'origine de modifications brusques et profondes dans ses dispositions et ses penchants. Tout à l'heure, c'était l'élève le plus studieux de sa classe dont il prend aisément la tête : puis, au moment où il semble emporté par une extraordinaire émulation, il s'arrête sans cause connue, en plein effort, pris d'une lassitude subite et inexprimable. Au zèle ardent d'hier a succédé aujourd'hui une apathie profonde, une indifférence dont les remontrances, les punitions ne réussissent point à le faire sortir. Puis, tout change encore de face au moment de la préparation de son baccalauréat. Tel était alors son enfièvrement que souvent il passait des nuits entières au travail en s'aidant, au dortoir, d'une lanterne sourde. Le résutlat de ce surmenage intellectuel fut de le jeter, une fois l'examen subi avec succès, dans une sorte de prostration doublée d'éréthisme nerveux. Il était devenu d'une maigreur inquiétante et dût s'aliter pendant quelque temps.

Il était plongé dans une lassitude profonde, incapable d'un effort quelconque, épuisé au moral comme au physique. Certains désordres qui apparurent, vers cette époque, du côté de l'appareil génito-urinaire, ne firent qu'accentuer encore ces phénomènes de dépression. D'abord, ce furent des pollutions nocturnes involontaires ; puis, en pleine veille, il lui arriva d'éjaculer à la vue d'une femme ayant une certaine attitude ou de certains plis dans sa robe. Un objet de la toilette féminine suffisait même à provoquer l'orgasme génital.

« La vue d'une jupe accrochée au porte-manteau, écrit-il, me remuait jusqu'aux moelles. Je ne pouvais regarder les chemises de femmes étendues dans les lavoirs, sans passer aussitôt par toutes les sensations de l'orgasme vénérien et l'accomplissement des faits qui l'accompagnent ».

En regard de ces perversions de la sensibilité génitale, se montraient, dans la sphère morale, des altérations que l'on retrouve fréquemment chez les spermatorrhéiques. Aux aspirations ambitieuses qui l'aiguillonnaient autrefois avaient succédé une apathie, une indifférence s'alliant à un profond ennui, au dégoût de la vie. Il avait, à un haut degré, ce sentiment d'impuissance, de dépréciation de soi-même qui est à la base de tous les états mélancoliques. La coordination des idées lui était un effort pénible et en quelque sorte douloureux. La conscience à peu près complète où il était de sa situation maladive était encore faite pour ajouter à sa tristesse : car il se crut irrémédiablement atteint. Arrivé au moment décisif du choix d'une carrière, il se sentait inapte à tout. Pressé par son entourage, il opta pour la médecine, étude qui l'attirait un peu parce qu'elle répondait à ses préoccupations de malade, à son hypocondrie morale. Pendant les premiers mois de son existence d'étudiant, les pertes séminales s'accentuèrent encore, rendant tout travail impossible, amenant des bourdonnements d'oreille, une titubation presque continuelle, des vertiges extrêmement pénibles.

L'éréthisme génital était devenu tel que le seul contact des draps ou des couvertures provoquait une émission spermatique avec ou sans érection préalable. B..., pour se soustraire à cette excitation, en fut réduit à passer la plupart de ses nuits sur une chaise. Dans ces conditions, le délabrement de sa santé fit de rapides progrès ; il touchait au marasme physique et moral. Il pensa au suicide, désespéré d'assister à sa déchéance progressive.

Pour tenter une réaction, il essaya d'une maîtresse, et, incapable de toute mesure, de toute modération, il abusa avec frénésie des plaisirs vénériens, ce qui surexcita son système nerveux et aggrava son état. Une circonstance relatée par le malade lui-même, donnera une idée de l'acuité de sa spermatorrhée et de l'ébranlement de l'axe cérébro-spinal. En passant son examen de fin d'année il eut une éjaculation à l'instant même où il eut à répondre à la première question qui lui était posée. Après avoir consulté plusieurs médecins, il eut recours à un chirurgien éminent, son maître, dont les soins lui furent très utiles. On lui conseilla un long séjour à la campagne. Les pertes séminales devinrent beaucoup plus rares, en même temps que disparaissait cette hypéresthésie génitale, grâce à laquelle une idée, une impression, une représentation mentale suffisaient pour provoquer une émission spermatique. Cette amélioration lui permit de se remettre au travail et de reprendre un peu confiance dans l'avenir.

En passant devant les étalages des bouquinistes, les boutiques des libraires. B... avait toujours éprouvé une sentation bizarre, un trouble vague, où il y avait à la fois de l'attraction et une crainte confuse, phénomènes qui étaient d'autant plus marqués que sa position physique et morale, à ce moment, était plus critique et sa spermatorrhée plus débilitante. Enfin, un jour vint où l'impulsion fut assez forte pour se résoudre en un acte ou plutôt par une série de vols sur lesquels l'inculpé a fourni les détails qui suivent : « Un soir, me trouvant sous les galeries de l'Odéon, devant l'étalage du libraire Marpon, je ressentis tout à coup l'invasion de ce trouble bizarre dont j'ai parlé, mais, cette fois, avec une telle intensité que j'en perdis la notion réelle. Je me souviens qu'un tremblement nerveux me secoua de la tête aux pieds ; une sueur froide glaça mes tempes, ma vue s'obscurcit ; puis, comme fasciné par le volume sur lequel mes regards s'étaient fixés, je m'en emparai et je disparus gonflé par une félicité indicible.

« La possession instantanée d'une fortune ne m'aurait pas donné des joies plus intimes, plus vives que ne m'en procurait ce livre de 3 fr. 50. Alors, ce fut chez moi comme une frénésie, un entraînement irrésistible à soustraire des livres, et seulement des livres. Quatre jours durant, je courus Paris comme un insensé, ne ressentant plus rien de la fatigue qui m'accablait à cette époque, marchant d'un tel pas que je bousculais souvent les passants, sans y prendre garde, impatient de me retrouver devant un étalage de libraire et d'y dérober un volume. Une joie secrète, puissante, décuplait mes forces. Lorsqu'on m'arrêta, il me sembla sortir d'un rêve, toute mon excitation fébrile tomba et fit place à une grande prostration ».

Le 20 septembre 1888, B... se promenait dans les rues de Paris : il s'arrête à la devanture d'une librairie où sont exposés des ouvrages de droit. Un réveil de l'impulsion kleptomaniaque se produit brusquement. Comme à sa première crise, il éprouva une sorte de crainte : en même temps qu'il subissait une étrange fascination, son corps était agité d'un tremblement nerveux, un sueur froide baignait son front, sa vue se troublait : comme dans un vertige, il se saisit de l'ouvrage et s'enfuit, pénétré du bonheur profond que donne la possession d'un objet ardemment désiré. « Toute la journée, raconte-t-il, une obsession irrésistible et qui ne laissait place ni au raisonnement, ni même à la simple idée que je volais, me poussa à dérober des livres, de ci de là, des livres de droit surtout. La nuit suivante, chose singulière et qui ne m'était pas arrivée depuis longtemps, je dormis d'un profond sommeil. A huit heures du matin, j'étais debout, contemplant sur ma table les huit ou dix volumes provenant de mes soustractions de la veille, les couvant des yeux comme un avare enfermé avec son trésor. Il me semblait que ces quelques bouquins fussent une fortune, plus qu'une fortune, car ils jouaient dans mes idées de possession, un bien autre rôle que les billets de banque que j'avais sur moi et auxquels je ne pensais même pas ».

A Mazas, arrêté une seconde fois, P. Garnier le trouve découragé, perplexe, presque anxieux par moments. Il s'interroge sans cesse sur ses défaillances morales, sur ses obsessions, sur la bizarrerie de sa conduite : il en redoute les conséquences et se déclare décidé à en finir avec la vie par tous les moyens, si une condamnation doit l'atteindre. En s'analysant, en réfléchissant à ses impulsions qui, tantôt assoupies, tantôt avivées et tyranniques, l'exposent pour la seconde fois à une condamnation, il aboutit à cette couclusion, à savoir que ses actes délictueux ne peuvent qu'être la conséquence d'un désordre de la shpère morale. B... qui est un hommme doué d'une réelle intelligence et surtout d'une imagination ardente, se rend donc parfaitement compte de sa situation. Si on ne recherchait chez lui que la manifestation d'un délire ou de l'inconscience caractérisée, on ne le considérerait point comme un malade de l'esprit, conclut P. Garnier. Et cependant, on peut affirmer que, par bien des côtés, il se distingue de l'individu normalement organisé. M. B... est à classer parmi les représentants de la dégénérescence mentale héréditaire qui nous fournit tant d'exemples de bizarreries morales. Ce n'est pas seulement par la connaissance des faits d'aliénation mentale dans sa famille qu'on est conduit à le juger comme un héréditaire, c'est surtout par la constatation de certains phénomènes psychiques qui interviennent là comme de véritables stigmates moraux de l'état de dégénérescences. M. B... est dominé par des obsessions, des impulsions qui constituent une variété de vertige mental.

X. Le fétichisme des étoffes

J'ai parlé déjà du fétichisme du costume. Il y a des individus qui n'aiment que les femmes habillées d'une certaine façon. Il en est d'autres pour qui la femme ne compte pas et qui ne se sentent excités sexuellement que par le contact de certaines étoffes : satin, soie, velours, et en général les tissus servant à la parure de la femme et qui sont ainsi en quelque sorte sexualisés.

En 1892, P. Garnier (1) fut chargé d'examiner l'état mental d'un commis en librairie, âgé de 29 ans, inculpé de « vol à la tire ». Au rapport des agents qui l'avaient arrêté dans la foule, il s'approchait des dames élégantes, les frôlait, et, à plusieurs reprises, il avait plongé la main dans leur robe. En réalité, c'était un « amoureux de la soie ». Depuis l'âge de cinq à six ans, il palpait avec ivresse ce tissu, et goûtait à ce contact de suprêmes jouissances.

Fils d'un père alcoolique et d'une mère exaltée et mystique, il s'était signalé, dès le jeune âge, par des bizarreries qui en faisaient déjà un être à part. Enfant, il adora les poupées vêtues de soie, il aimait passer de longues heures dans les ateliers de couturières ou de modistes pour y ramasser des débris de soie qu'il collectionnait avec enthousiasme. Avec ces rognures d'étoffe il possédait le moyen d'exalter son imagination et sa sexualité jusqu'à l'éjaculation. Il se les appliquait sur la poitrine et, à ce contact, il n'était plus maître de lui, tellement sa volupté était intense.

Fréquemment, dans son sommeil, il voyait des princesses, des reines vêtues de soie ; il se prosternait devant elles, couvrant leur robe de baisers éperdus, et se réveillait sous la secousse du spasme voluptueux.

La femme ne lui plaît que par la soie qui la recouvre, par le froufrou de cette étoffe.

Depuis longtemps, il possède un jupon de soie qu'il serre précieusement dans un meuble de sa chambre. Tous les soirs, au moment de se mettre au lit, il le revêt, l'ajuste à sa taille et, « ainsi enjuponné de soie, il goûte l'ivresse sexuelle que la plus jolie femme du monde ne saurait lui donner ».

P. Garnier n'eut pas de peine à démontrer qu'on était en présence, non d'un voleur à la tire, mais simplement d'un obsédé fétichiste que son amour de la soie poussait irrésistiblement à palper, sur les femmes,

____

(1) *Archives de l'Anthropologie criminelle*, nov. 1900.

la soie de leur vêtement, contact qui résume pour lui la béatitude sensuelle.

Un dégénéré héréditaire se fit arrêter dans la salle des dépêches du « Figaro », où, armé de ciseaux, il découpait des lambeaux d'étoffe dans les manteaux des dames près desquelles il se faufilait. Il nia longtemps le mobile qui le faisait agir; puis il finit par avouer que, depuis l'âge de neuf à dix ans, à la vue et surtout au contact d'une étoffe laineuse et duveteuse, il passait par toutes les phases de l'excitation génitale. Depuis quelque temps, dominé par une impulsion irrésistible, il s'était fait coupeur d'étoffes laineuses et duveteuses. Rentré dans sa chambre, il appliquait sur sa peau les découpures ainsi récoltées et provoquait l'orgasme génital.

Tarnowsky cite le cas d'un garçon de douze ans qui éprouva une vive émotion sexuelle en se couvrant un jour par hasard d'une couverture de fourrure. A partir de ce moment, il commença à se masturber en se servant de fourrures ou en prenant dans son lit un petit chien à longs poils. Il avait des éjaculations suivies quelquefois d'accès hystériques. Ses pollutions nocturnes étaient occasionnées par des rêves où il se voyait couché nu sur une fourrure soyeuse qui l'enveloppait complètement. Les charmes de la femme ou de l'homme n'avaient aucune prise sur lui.

Krafft-Ebing (1) raconte qu'un individu était connu dans les lupanars allemands sous le sobriquet de « velours ». Quand il venait, il faisait habiller de velours une fille qui lui plaisait, puis il se caressait la figure avec les plis de sa robe et n'avait aucun rapport ni attouchement avec le fille.

Mais voici un autre fait bien autrement curieux. C'est la confession ou mieux l'autobiographie d'un névropathe de trente-sept ans, et que rapporte Krafft-Ebing (2).

(1) *Psychopathia sexualis.*
(2) *Psychopathia sexualis.*

« Depuis ma première jeunesse, j'ai une passion profondément enracinée pour les fourrures et le velours, parce que ces étoffes éveillent en moi une émotion sexuelle, et que leur vue et leur contact me procurent un plaisir voluptueux. Je ne puis me rappeler qu'un incident quelconque ait accasionné ce penchant étrange. En somme, je ne me souviens pas comment a commencé cette prédilection. Je ne veux point exclure absolument la possibilité d'un pareil incident ni d'une liaison accidentelle avec une première impression qui aurait pu créer une association d'idées : mais, il me semble peu probable que pareille chose ait eu lieu, car je suis convaincu qu'un incident de ce genre se serait profondément gravé dans ma mémoire.

« Ce que je sais, c'est qu'étant encore petit enfant, j'aimais vivement voir des fourrures et les caresser, et qu'en faisant ainsi j'éprouvais un vague sentiment de volupté. Lors de la première manifestation de mes idées sexuelles concrètes, c'est-à-dire quand mes idées sexuelles se dirigèrent vers la femme, j'avais déjà une prédilection particulière pour la femme vêtue de ces étoffes.

« Cette prédilection m'est restée jusqu'à l'âge d'homme mûr. Une femme qui porte une fourrure ou qui est vêtue de velours, m'excite plus rapidement et plus violemment qu'une femme sans ces accessoires. Ces étoffes, il est vrai, ne sont pas la condition *sine quâ non* de l'excitation ; le désir se produit aussi sans elles par les charmes habituels ; mais l'aspect et surtout le contact de ces tissus fétiches constituent pour moi un moyen, aident puissamment les autres charmes normaux, et me procurent une augmentation du plaisir érotique. Souvent la seule vue d'une femme à peine jolie, mais vêtue de ces étoffes, me donne la plus violente excitation et m'entraîne complètement. La simple vue de mes tissus fétiches me fait un plaisir bien plus grand encore que l'attouchement.

« L'odeur pénétrante de la fourrure m'est indifférente. plutôt désagréable, et je ne la supporte qu'à
cause de son association avec des sensations agréables
de la vue et du tact. Je languis du plaisir de pouvoir
toucher ces étoffes sur le corps d'une femme, de les
caresser, de les embrasser et d'y mettre ma figure.
Mon plus grand plaisir est de voir et de sentir *inter
actum* mon fétiche sur les épaules de la femme.

» La fourrure et le velours me produisent chacun
et isolément l'impression que je viens de décrire.
L'effet produit par la fourrure est beaucoup plus fort
que celui produit par le velours. Mais la combinaison
de ces deux étoffes produit le plus grand effet. Des
pièces de vêtements féminins en velours ou en fourrure, que je vois et touche détachés de leur porteuse,
m'excitent sexuellement aussi. quoique à un moindre
degré, de même les couvertures confectionnées en
fourrure, qui ne font nullement partie de la toilette
féminine. le velours et la peluche des meubles et des
draperies. De simples gravures représentant des toilettes en fourrure sont pour moi l'objet d'un intérêt
érotique, et même le seul mot « fourrure » a pour moi
une vertu magique et me donne des idées érotiques.

« La fourrure est pour moi tellement l'objet de l'intérêt sexuel qu'un homme qui porte une fourrure à
effet me produit une impression très désagréable,
horripilante et scandaleuse, comme l'effet que pro-
duirait sur tout individu normal un homme en costume
et dans l'attitude d'une ballerine. De même, je trouve
répugnant l'aspect d'une vieille femme laide couverte
d'une belle fourrure : cette vue éveille en moi des
sentiments qui s'entrechoquent.

« Ce plaisir érotique de voir des fourrures et du velours
est tout différent de mes appréciations purement
esthétiques. J'ai un goût très vif pour les belles toilettes de femmes. et en même temps une prédilection
particulière pour les dentelles. mais c'est un goût de
nature purement esthétique. Je trouve plus belle

qu'une autre une femme avec de la dentelle ou parée
d'une autre belle toilette, mais la femme vêtue de
mes étoffes fétiches n'en reste pas moins la plus charmante pour moi.

« La fourrure n'exerce sur moi l'effet dont j'ai parlé
que lorsqu'elle est à poils fins, longs, touffus, lisses.
C'est de ces qualités que dépend l'impression. Je reste
tout-à-fait indifférent non seulement aux fourrures
à poils durs, emmêlés, variété qu'on estime comme
inférieure, mais aussi aux fourrures qu'on estime
comme très belles et supérieures, mais dont on a
enlevé les poils qui redressent (castor, chien de mer)
ou qui ont naturellement les poils courts (hermine)
ou trop long et couchés (singe, ours). Les poils redressés
ne me produisent l'impression spécifique que chez
la zibeline, la martre, etc. Or, le velours est fait de
poils fins, touffus, et redressés en haut, ce qui expli-
querait l'impression analogue qu'il me produit. L'effet
parait dépendre d'une impression déterminée de l'extrémité pointue des poils sur les terminaisons des nerfs
sensitifs.

« Mais je ne peux pas m'expliquer quel rapport cet
effet étrange sur les nerfs tactiles peut avoir avec la
vie sexuelle. Le fait est que tel est le cas chez beaucoup d'hommes. Je fais encore remarquer expressé-
ment qu'une belle chevelure de femme me plaît beaucoup, mais qu'elle ne joue pas un rôle plus grand que
tout autre charme féminin, et qu'en touchant des
fourrures, je ne pense nullement à des cheveux de
femme. La sensation tactile dans les deux cas n'a pas
d'ailleurs la moindre analogie. La fourrure par elle-
même éveille en moi la sensualité. Comment ? Voilà
ce qui me paraît absolument inexplicable.

« Le seul effet esthétique produit par la beauté des
fourrures grand genre, à laquelle chacun est plus ou
moins sensible, de la fourrure qui, depuis la Fornarina
de Raphaël et l'Hélène Fourment de Rubens, a été
employée par beaucoup de peintres comme cadre et

ornement des charmes féminins, et qui, dans la mode, dans l'art et la science de la toilette féminine, joue un si grand rôle — cet effet esthétique que les belles fourrures produisent sur les hommes normaux, les fleurs, les rubans, les pierres précieuses et les autres parures le produisent chez moi comme chez tout le monde. Habilement employés, ces objets font mieux ressortir la beauté féminine et peuvent ainsi, dans certaines circonstances, produire indirectement un effet sensuel. Mais ils ne produisent sur moi jamais le même effet sensuel direct que les étoffes fétiches dont j'ai parlé.

« Bien que chez moi, comme peut-être chez tous les fétichistes, il faille bien distinguer l'impression sensuelle de l'impression esthétique, cela ne m'empêche pas d'exiger de mon fétiche une série de conditions esthétiques concernant la forme, la coupe, la couleur, etc. Je pourrais m'étendre ici longuement sur ces exigences de mon penchant, mais je laisse de côté ce point qui ne touche pas le fond de mon sujet. Je ne voulais qu'attirer l'attention sur ce fait que le fétichisme érotique se complique encore d'un mélange d'idées purement esthétiques.

« L'effet particulièrement érotique de mes étoffes fétiches ne peut pas s'expliquer par l'association avec l'idée du corps d'une femme qui porterait ces étoffes, pas plus que par un effet d'esthétique quelconque. Car, premièrement, ces étoffes me produisent de l'effet même quand elles sont isolées et détachées des corps féminins et qu'elles se présentent comme simple tissu ; et, secondement, des parties de la toilette intime (chemise, corset) qui, sans doute évoquent des associations, ont sur moi une action beaucoup plus faible. Les étoffes fétiches ont toutes pour moi une valeur sexuelle intrinsèque. Pourquoi ? C'est pour moi une énigme. Les plumes sur les chapeaux de femme ou sur les éventails produisent sur moi la même impression fétichiste que la fourrure et le velours : similitude de la sensation tactile et du chatouillement étrange produit par le mouvement léger de la plume. Enfin, l'effet fétichiste, quoiqu'à un degré très atténué, est encore provoqué par d'autres étoffes unies, telles que la soie, le satin, etc., tandis que les étoffes rugueuses, le drap grossier, la flanelle, me produisent plutôt un effet répugnant.

« Enfin, je tiens encore à rappeler que j'ai lu quelque part un essai de Carl Vogt sur les hommes microcéphales : il y est raconté comment un microcéphale, à la vue d'une fourrure, s'est précipité dessus et l'a caressée en manifestant une vive joie. Je suis loin de voir pour cette raison, dans le fétichisme très commun de la fourrure, une régression atavique vers les goûts des ancêtres de la race humaine qui étaient couverts de peaux d'animaux. Le microcéphale dont parle Carl Vogt, faisait, avec le sans-gêne qui lui était naturel, un attouchement qui lui était agréable, mais dont le caractère n'était pas sexuellement sensuel. Il y a des hommes normaux qui aiment à caresser un chat, à toucher des fourrures, du velours, sans éprouver d'excitation sexuelle ».

Ce cas est moins monstrueusement et ridiculement pathologique que les précédents. Il eut pu à la rigueur rentrer dans le cadre du fétichisme des attributs féminins, puisque le sujet n'y fait pas absolument abstraction de la femme. Ce n'est guère chez lui qu'une bizarrerie. Mais les sensations fétichistes y sont finement analyses. C'est pour cette raison que je l'ai réservé pour la fin de cette étude, espérant qu'il jettera quelque lumière et aidera à interprêter psychologiquement les stupéfiantes aberrations relatées dans les pages précédentes.

CHAPITRE V

Le sadi-fétichisme

Nous avons vu déjà, au cours du chapitre précédent, que certains fétichistes avaient en même temps des tendances masochistes ou sadistes. Le sadisme, en effet, s'allie assez fréquemment au fétichisme ; c'est pourquoi nous devons y revenir dans ce chapitre.

Le fétichiste alors éprouve le besoin de détruire son fétiche.

Dietz (1) rapporte le cas d'un individu qui ne pouvait résister à l'impulsion de déchirer du linge de femme. Cela lui procurait une émotion sexuelle presque toujours suivie d'éjaculation. A. Moll (2) a également observé un autre individu qui arrivait à la satisfaction sexuelle en déchirant avec les dents des mouchoirs de femmes.

J'ai déjà parlé d'individus qui prenaient un plaisir extrême à souiller ou mutiler la toilette des femmes, particulièrement leurs robes. Voici, emprunté à Krafft-Ebing (3), le récit d'une cause criminelle bien curieuse qui se déroula devant la seconde chambre du tribunal correctionnel de Berlin, au mois de juillet 1891.

Au mois d'avril de cette même année 1891, la police

(1) *Der Selbstmord.*
(2) *L'Inversion sexuelle.*
(3) *Psychopathia sexualis.*

avait reçu plusieurs plaintes : une main méchante avait, avec un instrument bien tranchant, coupé les robes de plusieurs dames. Le soir du 25 avril, on réussit à prendre l'agresseur mystérieux. Un agent de la police remarqua l'accusé cherchant d'une étrange façon à se blottir contre une dame qui traversait un passage accompagnée d'un monsieur. Le fonctionnaire pria la dame d'examiner sa robe, pendant qu'il tenait l'homme suspect. On constata que la robe avait reçu une longue entaille. L'accusé fut amené au poste où on le visita. En dehors d'un couteau bien aiguisé dont il avoua s'être servi pour déchirer des robes, on trouva encore sur lui deux rubans de soie comme on en emploie pour la garniture des robes de femmes. L'accusé avoua qu'il les avait détachés des robes dans une bousculade. Enfin, la visite amena encore la découverte sur son corps d'un foulard de soie de dame. Quant à ce dernier objet, il prétendit l'avoir trouvé. Comme on ne pouvait infirmer son assertion à ce sujet, on ne l'accusa sous ce chef que de fraude d'objets trouvés, tandis que ses deux autres actes lui valurent, dans les deux cas où les endommagés demandaient des poursuites, une accusation pour destruction d'objets et, dans deux autres cas, une acccusation de vol.

L'accusé qui a été déjà plusieurs fois condamné, est un homme à la figure pâle et sans expression. Il donna devant le juge une explication bien étrange de sa conduite énigmatique. La cuisinière d'un commandant, dit-il, l'avait jeté au bas de l'escalier alors qu'il demandait l'aumône, et, depuis ce temps, il avait une haine implacable contre le sexe féminin. On douta de sa responsabilité, et on le fit examiner par un médecin attaché au service de l'Administration.

Aux débats judiciaires, l'expert déclara qu'il n'y avait aucune raison de le considérer comme un aliéné bien que son intelligence fut très peu développée. Il se défendit d'une façon bien étrange, déclarant qu'une impulsion irrésistible le force de s'approcher des

femmes qui portent des robes de soie. Le contact avec
une étoffe de soie est pour lui tellement délicieux que,
même pendant sa détention, il se sentait ému, quand,
en cardant de la laine, un fil de soie lui tombait par
hasard dans les mains. Le procureur royal considéra
simplement l'accusé comme un homme méchant et
dangereux, qu'il fallait, pour un certain laps de temps,
rendre incapable de nuire. Il requit contre lui la peine
d'un an de prison.

A propos du fétichisme des fesses, j'ai cité le cas
d'un individu chez qui cette forme de perversion
s'accompagnait d'une impulsion à la flagellation.
J'ai également cité ailleurs (1) des exemples d'individus qui éprouvaient la plus vive volupté à piquer les
fesses des femmes. Voici une autre observation rapportée par P. Garnier (2) et dans laquelle les deux
perversions sont intimement unies.

Il y a quatre ans, la presse, à Paris, s'occupa pendant quelques jours des agissements d'un individu
qui avait jeté une sorte de terreur dans le quartier où
il opérait. A la nuit tombante, il s'approchait des jeunes
filles, et, visant toujours la région fessière, il les piquait
profondément avec une lame acérée et prenait la fuite.
Il fut arrêté au moment où il venait de mutiler de
cette façon une jeune fille qui sortait de son atelier.
Soumis à un examen médical, ce n'est que très difficilement que Philippe X.... âgé de dix-neuf ans,
commis aux écritures, se décida à avouer le mobile des
nombreuses mutilations qu'il avait exercées sur des
jeunes filles... Il avait la réputation d'un jeune homme
extrêmement doux... Il avait, disait-on, la pudeur
d'une jeune fille.

Il avoua que chaque fois qu'il avait, avec son canif,
piqué une jeune fille, il avait taché son linge. C'est vers
l'âge de douze ou treize ans que Philippe éprouva,

(1) *Sadisme et masochisme.*
(2) *Archives de l'Anthropologie criminelle*, 15 nov. 1900.

pour la première fois, du plaisir à regarder les fesses des femmes. Il en fut tout ému et désormais ce fut sa passion, sa manie, comme il le dit lui-même. Dans ses songes, il voyait surtout des femmes accroupies, les fesses bien en saillie. Il lui semble alors qu'il va les toucher, et, à ce moment, son bonheur est si grand que le réveil a lieu. Bientôt, à cette idée s'en adjoint une autre : celle de pincer ; puis, enfin, de piquer les proéminences fessières. Là encore, le rêve se met au service des désirs, difficilement mais encore contenus à l'état de veille. En rêve, Philippe poursuit une jeune fille, les yeux fixés seulement sur la région fessière. Il finit par l'atteindre... Il frappe avec une lame aiguë et il se réveille au milieu du spasme voluptueux.

Un jour vint où de l'action rêvée Philippe devait passer à l'action vécue et alors commença la série de ses mutilations. A l'idée que l'arme qu'il tient va pénétrer dans une chaire féminine, dans la fesse, objet de son culte fétichiste, il était couvert de sueurs. Oppressé, angoissé, il entrait en action. L'éjaculation se produisait au moment même où il portait le coup de canif et alors il lui semblait que sa poitrine était débarrassée d'un poids énorme.

« Lutte angoissante, perturbation physique et morale concomitante de l'impulsion, détente immédiate par le fait du passage à l'acte, c'est bien là l'ensemble des phénomènes propres à la crise obsédante et impulsive, conclut P. Garnier. Philippe est à la fois un fétichiste et un sadiste. Les fesses des femmes l'ont toujours ému, et sa sensibilité génitale ne s'est éveillée que par cette émotion, sans que pourtant il ait jamais éprouvé le désir de relations sexuelles. Il ne voit dans la rue que ces proéminences : il reste indifférent à la beauté des traits comme à l'harmonie des formes.

« Mais si le désir de voir, de toucher la région fessière des femmes absorbe son attention et éveille sa sensualité, une autre condition doit s'y adjoindre pour réaliser l'orgasme vénérien et c'est là que le sadisme

pathologique intervient et s'associe directement au
fétichisme des fesses. Pour que Philippe obtienne
l'excitation génitale, il doit provoquer la douleur, il
faut qu'il exerce une violence et précisément, sur la
région fessière, objet de son fétichisme.

Nous n'avons pas encore parlé du fétichisme de
l'oreille. Il en existe pourtant un cas observé par
P. Garnier (1) : mais, là encore, le fétichisme s'allie
au sadisme. Le sujet n'obtient de satisfaction sexuelle
qu'en mutilant son fétiche.

En 1895, un homme aux allures bizarres, Maire François, abordait dans la rue un adolescent de quinze ans,
et, sous prétexte qu'il lui voyait sous le nez un petit
bouton qui pourrait devenir un chancre, lui déclarait
que le plus sûr moyen de s'en débarrasser promptement était de le soigner, tout de suite, en y appliquant
une feuille de pivoine... qu'on trouverait certainement
au Jardin des Plantes, s'il voulait y venir avec lui.
L'air entendu, le ton doctoral de cet individu porteur
d'une énorme paire de lunettes et de longs cheveux
tombant sur ses épaules, vêtu d'une longue et ample
redingote, en imposèrent au jeune B. qui consentit
aussitôt à le suivre.

Au Jardin des Plantes, Maire, qui, en chemin, avait
fini par gagner la confiance de l'enfant, s'approcha
brusquement de lui, et tout en lui imposant silence
par un ton de commandement, lui enfonça dans le
lobule de chaque oreille un clou forme punaise en
disant : « Ce sont des greffettes, ne criez pas, c'est pour
votre bien que j'agis. Il fallait commencer l'opération
par là ; je vois qu'il n'y a pas de pivoines ici, il faut
aller au bois de Vincennes ».

Crédule et subjugué, d'ailleurs, par tant d'assurance,
le jeune B... se laissa emmener à Vincennes après cette
station douloureuse au Jardin des Plantes.

Parvenus au bois, ils s'assirent dans un endroit

(1).*Archives de l'Anthropologie criminelle*, 15 nov. 1900.

écarté. Tout le long du chemin. Maire s'était occupé des oreilles de l'enfant et surtout des lobules qu'il frictionnait entre le pouce et l'index, les trifouillant sans cesse, selon l'expression de l'enfant, tout en paraissant prendre à cela un plaisir très vif. Tout à coup, après avoir considéré « les greffettes », il se saisit de forts ciseaux et sectionna chaque lobule avec une telle dextérité, une telle habileté de main que ce fut fait avant que le jeune B... eut pu opposer quelque résistance... L'œil brillant. Maire, très excité, le rassurait et ajoutait : « D'habitude, je les jette, mais puisqu'il s'agit d'un gentil garçon qui a été bien sage, je les garderai. Ça se conserve très bien dans de l'alcool ». Puis, comme l'enfant perdait beaucoup de sang, il déclara qu'il allait chercher des objets de pansement et il disparut.

Peu après le jeune B... tombait en syncope et il fallut, lorsque les promeneurs le trouvèrent étendu sur l'herbe sans connaissance, des soins énegiques pour le ranimer.

Arrêté, le surlendemain, sur les indications fournies par l'enfant. François Maire, qui avait mis ce temps à profit pour modifier sa tenue, — il avait fait tailler ses longs cheveux notamment — nia avec énergie être l'auteur de la mutilation opérée sur le jeune B... Pourtant la justice réunit contre lui des témoignages accablants qui semblaient bien devoir l'amener à des aveux complets. Il ne perdit pas contenance et persista à affirmer son innocence.

De nombreux jeunes gens, avertis par le bruit qu'avait produit cette affaire, dans les journaux, vinrent déclarer, spontanément, qu'ils avaient été abordés, dans la rue, par un individu qui, après quelques mots échangés, leur avait proposé de leur mettre des « greffettes » aux oreilles, en leur affirmant que c'était excellent pour la santé. Confrontés avec François Maire, tous le reconnurent, sans la moindre hésitation, pour l'homme qui leur avait manipulé le bout de l'oreille tout en leur vantant l'application des « greffettes ». Le juge d'instruction estima alors qu'il y avait lieu de procéder à l'examen de l'état mental de l'inculpé.

P. Garnier qui fut chargé de le visiter, se heurta aux mêmes dénégations, ce qui rendit son observation particulièrement difficile.

Le sujet a quarante-six ans ; il est acrocéphale, avec asymétrie de la face, les oreilles en anses ; il exerçait la profession d'émailleur à froid, après avoir fait les métiers les plus divers. Pourvu d'une certaine instruction, il avait fait, à l'époque, « des conférences scientifiques » en province ; il avait été professeur dans des institutions libres. Ses antécédents étaient déplorables. Il avait été condamné, à plusieurs reprises, pour escroqueries. Tous ceux avec lesquels il a été en rapport, l'ont trouvé fort intelligent, mais bizarre et original.

« Au cours d'une longue observation, dit P. Garnier, il ne s'est pas départi d'une attitude hautaine et gouailleuse. Très maître de lui, surveillant son langage, il donnait l'impression d'un individu étrange et énigmatique, qui comptait bien ne pas se laisser surprendre par telle ou telle question gênante et avait réponse à tout. Il accueillait notre visite d'un air fort dégagé, en homme sûr de lui. Une interrogation l'embarrassait-elle, il l'éludait par une réponse à côté. Ce qu'il y eut de plus explicite dans ses paroles se réduit à ceci : « ... N'oubliant pas ce que je dois aux autres, je demande qu'on n'oublie pas le respect qui m'est dû... On me parle toujours de ce jeune garçon qui prétend me reconnaître... En voilà un jeune imbécile que vous devriez bien examiner, docteur !... Il vous appartient... On lui a fait dire tout ce qu'on a voulu... Quant à certains témoignages qui paraissent me désigner aussi comme l'auteur des cruautés commises sur le jeune B.... je n'ai pas à me cacher d'avoir donné à diverses personnes le conseil de se faire percer les oreilles... Je suis convaincu que c'est une pratique salutaire... Pourquoi m'en cacherais-je ? J'ai même inventé. à l'époque, un petit instrument pour pratiquer rapidement cette opération... Cela rappelait l'emporte-pièce. Mais si je suis convaincu qu'il est utile pour toute personne de se faire percer les oreilles, cela ne signifie pas que je coupe les lobules. Vous avouerez qu'entre les deux procédés, il y a quelque différence.....»

« Cette attitude de F. Maire ne facilitait pas la tâche de l'expert. La mutilation accomplie sur le jeune B... semblait bien s'annoncer comme un acte pathologique en rapport avec une obsession impulsive à base sexuelle. Tous les renseignements fournis sur Maire montrent bien quelle place importante le lobule de l'oreille tenait dans ses préoccupations habituelles. L'intérêt qu'il leur portait relevait. c'est au moins vraisemblable, de l'une de ces étranges psychopaties sexuelles alliant le fétichisme au sadisme. Mais en l'espèce, les éléments de certitude font défaut ».

Cet individu fut condamné à deux ans de prison.

On pourrait rapprocher de cette observation curieuse celle que j'ai déjà rapportée (1), d'après P. Garnier et Magnan. Cette fois. il s'agit d'un amateur de peau humaine. Il était tourmenté par le désir féroce d'enlever. à coups de ciseaux, à une jeune fille, des lambeaux de peau fine et satinée et de s'en repaître, appétit qui ne trouvant pas à se satisfaire, se transforma en automutilation et autophagie.

Cet individu fut trouvé un jour sur la voie publique; assis sur un banc, il s'occupait. à l'aide de ciseaux, à tailler sur son bras gauche un large fragment de peau. Depuis l'âge de sept ans, la vue d'une jeune fille, à la peau fine. blanche. délicate. provoquait chez lui une excitation singulière : il était pris du désir de mordre cette jeune fille. de lui arracher à pleines dents un morceau de peau satinée et de la manger.

(1) *Sadisme et masochisme*. Vigot Edit.

Parvenu à l'âge de la puberté, il ne songeait qu'à conquérir un lambeau de peau virginale ; il avait épié bien des jeunes filles, mais l'occasion ne s'était jamais offerte dans des conditions lui permettant d'assouvir sa passion. Le jour où il fut arrêté, il avait longtemps suivi une jeune fille à peau fine et satinée ; mais, certain d'être arrêté avant d'avoir pu mener son épouvantable besogne jusqu'au bout, plein de rage et fou de désir, il s'était adressé à sa propre peau. Bon nombre de fois, il s'était ainsi rejeté sur lui-même, et son corps, surtout aux places où la peau se fait plus douce et plus fine, présentait des blessures nombreuses et étendues provenant de ses ablations. Chaque fois, la chair ruisselante avait été déglutie par lui avec délices. Il trompait ainsi sa faim de la peau virginale. Occupé à manger sa propre chair, il se disait : « Oh ! si c'était elle ! »

Enfin, pour clore ce lamentable défilé, un dernier fait, mélange surprenant et étrange de bizarrerie et de monstruosité, et rapporté encore par P. Garnier (1). Sadisme ou fétichisme ? Perversion ou perversité ? On y trouvera de tout cela. Il s'agit d'un employé d'octroi, âgé de quarante-huit ans, qui présentait un appétit étrange pour tout ce qui a rapport à l'union des sexes et des organes génitaux.

Vers l'âge de trente ans, il sent s'éveiller en lui d'étranges sensations à la vue des parties sexuelles d'un cheval, d'une jument, d'un taureau, d'une vache. Il les contemple en éprouvant dans tout son être un frisson voluptueux : il cherche l'occasion favorable qui lui permet d'y porter la main ; il ne craint pas de s'exposer à un certain danger pour caresser les testicules d'un cheval ; il rôde auprès des stations d'omnibus, afin de repaître sa vue de ce qui l'y attire irrésistiblement.

Tantôt c'est un troupeau de taureaux et de génisses qu'il accompagne jusqu'à l'abattoir, ne pouvant se

____

(1) *Les pervertis fétichistes.*

détacher d'un spectacle qui le séduit par dessus tout ; tantôt. c'est une forme masculine ou féminine, réalisée par la peinture ou la sculpture. qui le captive et le cloue sur place, en proie à un trouble indicible. Il n'abandonne qu'avec peine son poste d'observation, se promettant d'y revenir au premier loisir.

Un jour il erre à travers champs... une vache attire ses regards... un secret désir le pousse à s'en rapprocher. Il considère la vulve de l'animal avec délices, et emporté par une frénésie bestiale. il y porte le doigt et l'introduit à plusieurs reprises dans le vagin.

La représentation mentale des organes génitaux a toujours été pour lui pleine de charmes. Mais bientôt il lui fallut d'autres satisfactions. Tourmenté par le besoin d'en rendre l'image plus précise, il se met à écrire des descriptions d'accouplement sexuel, insistant sur les détails de l'acte. sur les diverses phases de son accomplissement. recherchant les termes empruntés à l'argot le plus cyniquement trivial. Puis il s'essaya à crayonner des nudités. exagérant dans son appétit de lubricité les dimensions des parties génitales. Sa femme le surprit bien souvent au milieu de cette occupation : il en éprouvait une sorte de honte ; car, particularité bien remarquable. il se gardait dans la conversation. dans sa manière d'être, dans ses attitudes, de toute obscénité.

Aux reproches qui lui étaient adressés, il répondait par la promesse de ne plus songer à tout cela, mais n'en revenait pas moins, presqu'aussitôt, à ses dessins obscènes. Il était heureux de les porter sur lui, comme pour en entretenir son imagination pervertie. Celle-ci l'entraîna bientôt vers un étrange raffinement de lubricité : la production de ses grossières esquisses aux yeux de petits garçons ou de petites filles. Il en enfermait habituellement dans des paquets de gateaux qu'il remettait à des enfants, dans la rue. C'est dans ces conditions qu'il attira l'attention sur lui et se fit arrêter. On trouva sur lui, outre un livre obscène intitulé « Les amours des dieux païens », une quantité de lettres qu'il s'était plu à composer pour fournir un aliment à sa constante préoccupation érotique.

Toute cette fantaisiste correspondance roule sur l'acte sexuel. T... y donne la parole à d'imaginaires personnages et leur fait énumérer complaisamment les charmes de l'amour physique. Ici, c'est une jeune fille écrivant à une amie de pension pour lui raconter, par le menu, ses sensations à la première approche de l'homme ; là, c'est un collégien s'enthousiasmant au récit de son initiation au coït. A chacun il prête un langage érotique spécial pour vanter les délices du rapprochement sexuel. Ces lettres étaient mélangées aux dessins obscènes qu'il portait constamment sur lui.

C..., depuis son arrestation, a l'aspect d'un homme consterné par la révélation de ce qu'il appelle lui-même sa folle passion. Dans une note qu'il a rédigée, il dépeint cette tendance de son esprit en des termes qui permettent bien d'apprécier la tyrannie de l'obsession qu'il subit.

« Ces idées lubriques ne me quittent jamais ; elles me suivent partout, au milieu des occupations les plus sérieuses. C'est une idée fixe. J'ai parlé tout à l'heure de l'émotion que j'éprouve à contempler les parties sexuelles de certains animaux que je vais jusqu'à suivre pour jouir plus longtemps de ce spectacle ; mais si je viens à apercevoir les parties sexuelles de petites filles qui jouent dans les rues, j'en ressens comme une commotion. j'ai comme un vertige... le sang afflue au cœur, les tempes battent. je suis agité par un tremblement. ma langue se sèche au point de m'interdire la parole. Dans ces moments-là. je ne suis plus un homme ; c'est l'animal qui domine...

« Pourtant. soit honte ou reste de pudeur, il me semble qu'il me serait impossible de faire des attouchements à ces enfants. quoique j'en aie le désir. Quand je rentre quelquefois en moi-même. c'est à

peine si j'ose m'examiner ; je me trouve avili à mes
propres yeux et j'envie ceux qui sont exempts de
pareilles maladies. Mais ma raison et ma volonté
n'ont pu jusqu'à présent avoir raison de cette malheureuse manie. Dans tous les cas, il y a rarement chez
moi une érection de la verge ; néanmoins le sperme
s'écoule parfois et je suis anéanti aussitôt, obligé de
prendre un appui pour ne pas tomber. J'éprouve d'ailleurs une sorte d'étourdissement constant qui fait que
je suis exposé dans la rue à des accidents. Par exemple,
quand je suis dehors, il se produit en moi un phénomène que je ne puis m'expliquer. Je ne puis rester sur
le côté gauche de la rue : une force irrésistible m'attire
vers la droite et j'en arrive à abandonner le trottoir
pour marcher sur le bord de la chaussée. Aussi, je me
hâte de passer sur le côté droit ; ou bien je longe
instinctivement les maisons. Le vertige se produit
souvent à mon réveil : de mon lit je vois les objets tourner ; la chambre entière tourne de bas en haut et de
gauche à droite ; il m'est impossible de demeurer les
yeux ouverts tant que je ne suis pas porté sur le côté
droit. Souvent j'ai été obligé de m'arrêter lorsque je
me rendais à mon bureau : je chancelais, j'étais obligé
de m'asseoir.

« Au moindre excès d'alcool, ma tête devient encore
bien plus malade, ma passion érotique bien plus puissante ».

DEUXIÈME PARTIE

L'ÉROTOMANIE

CHAPITRE PREMIER

Définition et délimitation
Erotomanie et érotisme

L'érotomanie est une forme spéciale de l'amour morbide, mais nettement distincte des autres formes en ce sens qu'elle est absolument dégagée de tout appétit charnel.

L'érotomane est un sentimental. mais un sentimental d'un genre particulier et pathologique.

« L'érotomanie, dit Esquirol (1) n'est point cette langueur qui pénètre l'âme et le cœur de celui qui sent les premières atteintes du besoin d'aimer, ni cette douce rêverie qui a tant de charmes pour l'adolescent, qui lui fait rechercher la solitude pour mieux savourer à loisir les délices d'un sentiment qui lui était inconnu.

« L'érotomanie est du ressort de la médecine. c'est une affection cérébrale chronique. caractérisée par un amour excessif tantôt pour un objet connu. tantôt pour un objet imaginaire.

« Dans cette maladie. l'imagination seule est lésée ; il y a erreur de l'entendement. C'est une affection

____

(1) *Traité des maladies mentales*

mentale dans laquelle les idées amoureuses sont fixes et dominent comme les idées religieuses sont fixes et dominent dans la théomanie ou lypémanie religieuse ».

Comme je viens de le dire, l'érotomanie est un amour absolument chaste, pur de tout alliage charnel. « Cet amour, dit Ball (1), repose sur un idéal vague, nuageux, à peine entrevu ; c'est l'amour le plus pur et le plus sérénal qui puisse exister ». C'est une sorte de culte. L'objet aimé est une divinité qu'on adore à genoux et qu'on ne doit point profaner par de charnels baisers.

« Les érotomanes, dit encore Renaudin (2), s'oublient en quelque sorte eux-mêmes ; ils vouent à leur divinité un culte pur, souvent secret ; ils se rendent esclaves : ils exécutent les ordres de leur déité avec une fidélité souvent puérile ».

C'est une véritable idée fixe, acceptée sans discussion ni contrôle. « Comme l'astronome qui a découvert une étoile et qui ne la quitte plus des yeux, écrivais-je, il y a quelques années (3), l'érotomane suit sans cesse avec les yeux de l'esprit la chère et idéale image de l'objet quelquefois à peine entrevu. Cet amour devient le pivot autour duquel gravitent toutes ses idées, le mobile qui pousse et enchaine toutes ses actions ».

C'est l'amour-obsession.

En effet, qu'est-ce qu'une obsession ? Syndrome de la dégénérescence mentale, c'est une variété d'automatisme cérébral conscient imposant à l'esprit, d'une façon paroxystique, et sous l'incitation première et essentielle de l'émotivité, une idée, un mot, un nom, une image, etc., le pliant enfin à un tic moral quel-

(1) *Leçons sur l'érotomanie. Gazette des hôpitaux*, 1886.
(2) Art. *Erotomanes. Dictionnaire des sciences médicales* en soixante volumes.
(3) *L'amour morbide.*

conque, en dépit d'une résistance angoissante s'accompagnant de troubles psychiques déterminés (sueurs, palpitations, vertige, constrictions épigastriques, etc.), le malaise de cette lutte ne prenant fin que par la satisfaction du besoin qui amène la détente et clos l'accès.

Nous verrons dans les chapitres qui vont suivre, que ces divers phénomènes se retrouvent bien caractérisés chez l'érotomane. C'est bien un obsédé.

On voit par là quelle différence il y a entre l'érotomane et l'érotisme ou priapisme.

Dans l'érotisme (priapisme, satyriasis ou nymphomanie) on trouve une exaltation morbide du sens génésique qui fait précisément défaut chez l'érotomane. L'érotisme est le résultat d'une irritation des organes génitaux qui réagit sur le cerveau. « Dans l'érotomanie, dit encore Esquirol (1), l'amour est dans la tête. La nymphomane et le satyriasique sont victimes d'un désordre physique ; l'érotomoniaque est le jouet de son imagination. L'érotomanie est à la nymphomanie et au satyriasis ce que les affections vives du cœur, mais chastes et honnêtes, sont au libertinage effréné. Tandis que les propos les plus sales, les actions les plus honteuses, les plus humiliantes, décèlent la nymphomanie et le satyriasis, l'érotomaniaque ne désire, ne songe même pas aux faveurs qu'il pourrait obtenir de l'objet de sa folle tendresse ».

Prenons, par exemple, le priapisme nocturne. Selon le degré de l'affection, les malades sont réveillés vers deux ou trois heures de la nuit par une érection violente, parfois même très douloureuse, qui, en tout cas, ne provoque aucune sensation libidineuse ou idée sexuelle. Pendant que le malade reste quelque temps éveillé, l'érection se calme ; le malade se rendort pour se réveiller au bout de quelque temps avec le même phénomène. Dans les cas plus graves, l'érection ne se calme pas, même après le réveil, et le malade

(1) *Traité des maladies mentales.*

se voit obligé de quitter le lit, d'appliquer des compresses froides, de se promener dans sa chambre pendant des heures entières. Dans la journée, le malade est presque frigide ; il n'éprouve pas de satisfaction au coït qui assez souvent n'arrive pas à provoquer une éjaculation.

Citons un exemple emprunté à Mathieu (1).

Un homme de trente-sept ans, employé au chemin de fer, est pris subitement, dans un voyage, d'une érection intense, persistante et douloureuse. On le fait entrer à l'hôpital, et là, pendant dix à douze jours, les médecins épuisent leur arsenal thérapeutique et leur ingéniosité contre ce phallus récalcitrant. Les antispasmodiques, les bains prolongés, les purgatifs, la saignée générale, la révulsion spinale, tout échoue. Mais à cette érection priapique succède une complète impuissance.

Dans l'érotomanie, on se trouve en présence d'une obsession, phénomène purement psychique ; dans l'érotisme, il ne s'agit plus que d'une crampe, phénomène purement physiologique.

(1) *Le Progrès médical*, 1888, p. 58.

CHAPITRE II

Mysticisme et Sexualité

I. LE SENS RELIGIEUX ET LE SENS SEXUEL

Les relations entre le sens religieux et le sens sexuel
sont indéniables et il semble que l'exagération du
premier mène presque inévitablement à l'éveil et
aussi à la surexcitation du second.

Il s'agit là de phénomènes d'une importance considérable. Leur analyse nous fournira des indications
précieuses sur les origines de l'érotomanie.

D'abord une question se pose : Qu'est-ce que le mysticisme ?

Le mysticisme est la doctrine qui prétend que l'intelligence humaine, incapable de connaître rien par elle-
même, ne peut être éclairée que par l'action directe de
Dieu, mais, en revanche, peut, grâce à cette action,
reconnaître la vérité face à face par contemplation,
sans recherche et sans travail. Cette théorie, je pourrais presque dire cette aberration, peut être poussée
au point de rendre l'homme insensible aux objets extérieurs, de lui inspirer un dégoût profond, une aversion
irrésistible ou tout au moins une indifférence absolue
pour les objets matériels et les fonctions corporelles.
S'attachant exclusivement à Dieu et aux choses surnaturelles, le mysticisme vise à détruire tous les senti-

ments naturels ou à en supprimer toutes les manifestations. Ainsi l'école mystique d'Alexandrie, voulait l'unification de l'homme avec Dieu, ἕνωσις, c'est-à-dire la suppression de l'humanité ; car, si l'homme, en s'efforçant de ressembler à Dieu, s'élève au-dessus des conditions vulgaires de l'existence, il ne peut s'unir avec Dieu qu'en s'y absorbant et en s'abolissant lui-même. Porphyre et surtout Jamblique enseignent l'u-l'union réelle avec Dieu, ἕνωσις θεωτική. Les prêtres hindous prêchent également un absolu quiétisme, une complète indifférence, le renoncement à l'action et à la vie ordinaire, et l'immobilité dans la contemplation. « Délivré de tout souci de l'action, le vrai dévot reste tranquillement assis dans la ville à neuf portes (le corps), sans remuer lui-même et sans remuer les autres ». Il se recueille en soi « comme une tortue qui se retire en elle-même »; il est « comme une lampe solitaire qui brûle paisiblement à l'abri de toute agitation de l'air » ; « ce qui est la nuit pour les autres est la veille du sage, et la veille des autres est la nuit ». Le yogui arrive ainsi à se réduire à l'être pur, par l'abolition de toute pensée, de tout acte même intérieur, car la moindre pensée, le moindre acte détruirait l'unité en la divisant, modifierait et altérerait la substance de l'âme. Cet état d'absorption de l'âme en elle-même, cette suppression de toute modification interne et externe, c'est la fin de la contemplation : c'est l'anéantissement en Dieu.

Telle est la conception philosophique du mysticisme ; mais, en dehors de la philosophie et des systèmes, le mot mysticisme a été pris dans un sens plus étendu et c'est ainsi que nous allons le comprendre. Pour nous, le mysticisme est tout ce qui présente un caractère de spiritualité religieuse ou allégogique, tout ce qui présente un caractère d'exagération ou d'excentricité dans la recherche de la dévotion. Le mysticisme se trouve ainsi caractérisé par une soumission de l'être à une impulsion morbide vers le mystère. Son principe premier est peut-être une conception maladive de l'infini, un amour inquiet du surnaturel, une frayeur instinctive et irraisonnée pour tout ce qui est ignoré, jointe à une sorte de fascination de l'inconnu. C'est ce qui faisait dire à Tertulien, dans une crise de mysticisme : *credo quia absurdum*.

A cette cause originelle du mysticisme, il faut en ajouter d'autres secondaires : le sexe, le climat, l'éducation, certaines pratiques. Le mysticisme est certainement plus fréquent chez la femme que chez l'homme ; sa mentalité et sa nervosité l'y prédisposent. Les hommes du nord y sont également plus prédisposés que ceux du midi. Quant à l'éducation, son importance est considérable. L'enfant est une cire molle et malléable ; on peut facilement orienter sa mentalité et sa sentimentalité dans tel ou tel sens. On sait que les Musulmans prennent de tout jeunes enfants pour en faire des hadjis, les Hindous des fakirs. L'imitation joue également un grand rôle. C'est une sorte de suggestion ambiante. Enfin certaines pratiques préparent admirablement à cet état d'âme et sont des adjuvants presque indispensables pour l'entretenir. Tels sont le jeûne, la méditation, la macération, le silence, la prière. La méditation est en effet la première étape qui conduit aux hauteurs mystiques. Longtemps prolongée, elle amène l'extase qui n'est le plus souvent qu'une forme de la catalepsie. Ensuite se manifeste la vision directe : l'extatique voit sa propre pensée comme dans un miroir ; il devient un halluciné.

Nous allons voir maintenant comment évolue le mysticisme et comment ses manifestations se transforment pour aboutir insensiblement, tantôt à une sorte d'érotisme, tantôt à l'érotomanie pure. Pour cela, nous allons présenter quelques figures historiques, les analyser au point de vue psychologique comme au point de vue biologique, cherchant en même temps l'explication de leurs actes, de leurs miracles, de leur influence sur leurs contemporains.

II. Evolution du mysticisme

Les thaumaturges : Apollonius de Tyane

Les mystiques furent peu nombreux dans l'antiquité. Les mœurs et les idées religieuses étaient peu favorables à l'éclosion du mysticisme. On rencontrait pourtant quelquefois des thaumaturges ou des mystagogues comme Apollonius de Tyane.

Ecoutons son histoire.

Un cortège funèbre suit, sur la voie Appienne, à Rome, le cercueil d'une jeune fille nubile. Son fiancé pleure son mariage manqué et Rome pleure avec lui, car la jeune fille est d'une maison consulaire. Un homme qui marchait pieds nus et portait de longs cheveux, survient et se mêle au cortège.

— Déposez ce cercueil, dit-il ; je veux arrêter les larmes que vous versez sur cette jeune fille.

En même temps, il demande son nom. La foule croit qu'il va faire un discours tels que sont les discours funèbres composés pour exciter les regrets. Mais il ne fait autre chose que la toucher en récitant des paroles inintelligibles et la réveille de sa mort apparente. La jeune fille pousse un cri et revient dans la maison de son père, comme Alceste ressuscité par Hercule.

Cet homme s'appelait Apollonius. Il était originaire de Tyane en Cappadoce. Partisan enthousiaste des doctrines de Pythagore, il avait visité la Pamphylie, la Cilicie, Antioche, Ephèse, Babylone, les Indes où il connut les dogmes des brahmes. Il visitait les temples et prêchait la réforme des mœurs. A l'exemple de Pythagore, il ne se nourrissait que de légumes, s'abstenait du vin et des femmes, donnait son bien aux pauvres, vivait dans les temples, apaisait les séditions, instruisait les hommes. Il semait les miracles sur ses pas.

Apollonius fit une nuit cette prière : « Achille, on dit que tu es mort : moi, je n'en crois rien, non plus que mon maître Pythagore. Si nous sommes dans le vrai, montre-nous ta figure ». A peine Apollonius a-t-il fini sa prière que la colline s'agite d'un léger tremblement et aussitôt apparaît un beau jeune homme de cinq coudées de haut : il était revêtu d'une chlamyde thessalique, et portait sur ses traits l'expression de la modestie, de la gravité et de la sérénité : c'était le héros de l'Iliade.

Quand, sur la voie Appienne, la foule, étonnée du miracle, lui demanda ce qu'il venait faire à Rome, il répondit : « Pour voir de près quel animal c'est qu'un tyran ». Le miracle accompli, Rome pleine de son nom et des prodiges qu'il semait sur ses pas, Apollonius parcourut les différentes provinces de l'empire romain. Vespasien le consulta comme un oracle. Domitien, au contraire, le comprit dans un édit contre les magiciens et le persécuta. Il ordonna même qu'on lui coupa les cheveux et la barbe. « Je ne m'attendais pas, dit le philosophe en riant, que les cheveux et les poils de ma barbe dussent courir quelque risque dans cette affaire ».

Quelque temps après, vers l'an 90, Apollonius revint à Ephèse où il fonda une école pythagoricienne. Un jour, au milieu d'une leçon publique, il s'interrompt brusquement, et, le visage égaré, il s'écrie : « Frappe le tyran ! Frappe le tyran ! » Comme ses auditeurs étonnés l'interrogent, il répond : « A cette heure même on assassine Domitien ». C'était conforme à la vérité. Or, Apollonius ne pouvait être dans le secret de la conspiration, puisqu'il se trouvait alors à plus de quatre cent lieues du théâtre de l'événement.

Apollonius mourut à Ephèse, quelques années plus tard, vers l'an 97, laissant une haute réputation de savoir, de vertu et d'éloquence. On lui érigea même des statues et des temples et on opposa ses miracles à ceux de Jésus-Christ.

Philostrate qui écrivit deux siècles plus tard une vie d'Apollonius et qui rapporte la résurrection de la voie Appienne à Rome, se demande si le thaumaturge trouva chez la jeune fille quelque étincelle de vie qui avait échappé aux médecins. — car, dit-il, on raconte que Jupiter ayant fait pleuvoir, de la vapeur s'exhala du visage de la jeune fille, — ou bien dût-il ranimer et rendre la vie éteinte ? Philostrate n'ose point se prononcer. Si le fait n'est point controuvé, la première hypothèse seule est acceptable.

Comme Jésus-Christ et comme nombre de saints, Apollonius guérissait les malades par l'action directe de la suggestion, par une simple parole ou par un simple attouchement. Ce que nous faisons maintenant scientifiquement, les thaumaturges et les prophètes de l'antiquité le faisaient inconsciemment ; et ils se croyaient de bonne foi possesseurs d'un pouvoir surnaturel inhérent à leur personne et venu d'en haut.

Quant à la double vue d'Apollonius, le R. P. de Bonniot l'attribue à l'intervention des démons. Si la réalité de cette double vue était démontrée par des documents authentiques, — ce qui n'est pas précisément le cas, — il faudrait, à mon avis, y voir un curieux phénomène de télépathie.

III. Évolution du mysticisme

Les politiques : Savonarole

D'autres mystiques se croient investis par le Saint-Esprit d'une mission spéciale et se lancent dans les luttes potiliques, comme Savonarole et Cola de Rienzi.

Jetons d'abord un coup d'œil sur la vie du moine florentin.

Nous sommes à Florence, en l'an 1482, dans le

couvent de Saint-Marc qu'orna de fresques ingénues l'angélique frère venu de Fiésole. Dans une cellule silencieuse, un moine, les pages de l'Apocalypse ouvertes devant lui, est plongé dans une méditation profonde.

Ce moine, venu de Bologne, s'appelait Girolamo Savonarola. Il allait révolutionner Florence. Il disait souvent : « J'aime deux choses : la liberté et le repos. Ce sont elles qui m'ont conduit au port. Pour avoir la liberté, je n'ai pas voulu de femme : pour avoir le repos, j'ai fui le monde et gagné le port de la religion ».

Savoranole a veillé et médité la nuit entière. Voici venir l'aube. Les visions de l'Apocalypse se sont déroulées à ses yeux. Une musique délicieuse a charmé ses oreilles, il a respiré des parfums inconnus, et il lui a semblé voir le ciel lui sourire. Puis, ce furent des lys baignés de sang, des hosties collées sur de la soie bleue : puis, des calices vides se remplirent tout à coup de vin et là où le vin tombait, apparaissaient des taches de sang. Alors les malheurs de l'Eglise se montrèrent à sa vue et il entendit une voix qui lui ordonnait de les annoncer au peuple. Savonarole avait trouvé sa voie : il était envoyé par Jésus-Christ pour racheter le pays corrompu.

Nous sommes maintenant à Notre-Dame-des-Fleurs, en l'an 1492. Un moine, à la démarche grave et austère, au visage ascétique, et dont on connaît les mœurs exemplaires, tonne du haut de la chaire et déploie les images apocalyptiques. Il faut, dit-il, réformer les mœurs, car jamais l'Eglise n'a été dans un état aussi déplorable : il faut régénérer le clergé, car la corruption est au cœur même de l'Eglise et Rome est devenue « la Grande débauchée » flétrie par le poëte de Florence. Il déplore l'asservissement des Florentins qui oublient les mâles soucis et les agitations de la liberté au sein de la mollesse et des plaisirs. Il tonne non seulement contre les vices de ses concitoyens, mais encore contre l'élégante et fastueuse tyrannie de Laurent de Médicis qui a fait de Florence un cloaque de débauche, un réceptacle impur où croupissent tous les vices. Le moine se dresse, superbe, halluciné : « Voyez, s'écrie-t-il, voici le glaive où sont écrits les mots : *Gladius Domini super terram !* Voyez, le glaive se tourne vers la terre, le ciel s'assombrit, et voici que pleuvent la foudre, le feu et le fer. La terre est en proie à la faim et à la peste. Ah ! vous prétendez que je feins d'être prophète pour vous convaincre ! Mais cela équivaudrait à faire de Dieu un imposteur. Non, je ne suis point prophète, ni fils de prophète ; ce sont vos péchés qui me font par force prophète. Alors vous m'objectez encore que je pourrais me tromper moi-même. J'adore Dieu et je m'efforce de suivre ses traces: il ne se peut que Dieu me trompe. O Florentins, il en est temps encore, recueillez-vous et écoutez ! N'entendez-vous pas le bruit du torrent dévastateur qui va fondre du haut des Alpes ! Ce sont les accents de la trompette guerrière mêlés aux éclats du tonnerre. Entendez-vous les hennissenents des chevaux, les cris des soldats, le cliquetis des armures ! Que de fois ne vous ai-je point rappelé au souci de vos devoirs !

— Moine, me disiez-vous, que viens-tu troubler de ta voix de corbeau la joie de nos fêtes! Va réveiller les échos de ton cloître. La chaire des cathédrales n'est pas installée au carrefour des rues. — Douteriez-vous encore maintenant ? Qu'attendez-vous pour vous amender ? Voulez-vous votre salut et celui de la République ? Le Magnifique va disparaître et purger Florence de son luxe insolent et corrupteur. Il va venir le nouveau Cyrus qui renversera ce gouvernement infâme, extirpera les vices et réformera ce qui est déformé. Les heures du Magnifique sont comptées, et le jugement de Dieu l'attend sous peu. L'heure est venue qui va changer la face de Florence et transformer le gouvernement. »

Nous sommes en l'an 1494. Les prédictions de Savonarole se sont accomplies . La peste a ravagé Florence. Laurent le Magnifique est mort et à sa dernière heure il a fait venir le moine florentin. Savonarole exigea de lui la restitution de tous les biens qu'il possédait injustement. Le Magnifique refusa. Mais Charles VIII a passé les Alpes, les Florentins se sont soulevés et ont chassé Pierre de Médicis. Le roi de France fut salué comme le réformateur attendu. Savonarole que les Florentins considéraient comme doué du pouvoir des prophéties et des miracles, fut chargé de porter la parole à Charles VIII. Il s'adressa à lui avec ce ton d'autorité qu'il était accoutumé de prendre vis-à-vis de son auditoire. « Ecoute mes paroles, lui dit-il ; le serviteur de Dieu t'avertit, toi qui es envoyé par la majesté divine, qu'à son exemple tu aies à faire miséricorde en tous lieux, mais surtout dans la ville de Florence. Le serviteur inutile qui te parle, t'avertit encore au nom de Dieu et t'exhorte à défendre de tout ton pouvoir l'innocence, les veuves, les pupilles, les malheureux, et surtout la pudeur des épouses du Christ qui sont dans les monastères. Enfin, pour la troisième fois, le serviteur de Dieu t'exhorte à pardonner les offenses. Si tu fais toutes ces choses, ô roi, Dieu étendra ton royaume temporel et te donnera la victoire ». Puis il reprit vertement le roi des désordres qu'avait commis son armée et de sa négligence à réformer l'Eglise : il l'avertit que, s'il ne changeait pas de conduite, Dieu ne tarderait pas à l'en punir sévèrement. Quelque temps après arriva la mort du Dauphin, que l'on regarda comme un accomplissement de cette menace. Ce qui est certain, c'est que Charles, troublé par ces prophéties, abandonna la route de Florence et prit celle de Pise.

Après la fuite de Pierre de Médicis, Savonarole fut chargé de l'organisation de l'état républicain. Ardent comme Dante, patriote comme Brutus, il prêcha, devant ses concitoyens assemblés, l'établissement d'une république théocratique. Le chef de l'état, c'est

Dieu en la personne de ses ministres. tandis que le peuple. vicaire de Dieu, fait la guerre et veille à l'exécution de la justice et qu'une représentation nationale est chargée des affaires publiques.

Savonarole, le prophète. le représentant de Dieu, le plus autorisé. est devenu le chef véritable de la République qu'il gouverne du fond de sa cellule. Florence. la patrie des arts divins, la voluptueuse ville des Médicis, est transformée en couvent. Plus de fêtes. de bals, de spectacles. Ils sont remplacés par les processions. les prières publiques, les cérémonies religieuses. Les blasphémateurs ont la langue percée ; les joueurs sont emprisonnés. Les femmes sont obligées de quitter leurs bijoux et leurs parures ; la chasteté leur est recommandée comme une vertu et elles peuvent refuser l'accomplissement des devoirs conjugaux. Pendant les fêtes du Carnaval, on fit un immense bûcher des livres. des bijoux, des objets d'art et on y mit le feu pendant que les moines de Saint-Dominique chantaient des psaumes. Le commerce était ruiné. Le peuple de Florence regrettait le règne du Magnifique. Savonarole frappait d'une amende quiconque osait le contredire et promettait aux citoyens fidèles la rémission de leurs péchés.

La popularité de Savoranole baissait. Une réaction commençait à se produire contre son gouvernement étouffant et oppressif. Sa tyrannie allait prendre fin, car de terribles ennemis surgissaient contre lui, et il n'avait pour se défendre que l'appui de son ordre, son enthousiasme et l'ardeur de sa foi.

Nous sommes sur la place du Palais-Vieux. le 17 avril de l'an 1498. Un bûcher y a été dressé et toute la population de Florence s'y est portée pour assister à l'épreuve du feu. Savonarole avait attaqué Alexandre vi qui déshonorait le trône de Saint-Pierre par ses désordres. Sommé de venir se justifier à Rome. il refusa. Au mois de mai 1497. le pape lança contre lui l'excommunication. Mais Savonarole la déclara sans valeur et continua à dire la messe et à prêcher, attaquant Alexandre VI avec plus de violence que jamais. En 1498, la Seigneurie à son tour lui interdit la prédication. Il monta en chaire pour la dernière fois et lança ses suprêmes menaces contre Rome.

C'est alors que le minime Francesco da Puglia, un de ses plus ardents adversaires suscités par les Médicis, proposa l'épreuve du feu.

— Je suis prêt, dit-il, à monter sur un bûcher ardent. Si j'en sors sain et sauf, la vérité éclatera aux yeux de tous et prouvera la validité de l'excommunication lancée par Alexandre VI. Que Savonarole me suive : s'il en sort sain et sauf, il aura prouvé la véracité de ses prophéties.

Savonarole ne pouvait refuser le défi. Le peuple commençait à douter de lui. Il déclara qu'il était prêt à subir l'épreuve du feu. Il fut décidé que l'épreuve serait subie par le minime Rondinelli et le dominicain Dominique.

Les deux champions sont là et le peuple attend avec une curiosité avide. Mais, au dernier moment, une discussion s'engage entre les deux champions. Le dominicain veut emporter un crucifix sur le bûcher ; les minimes s'y opposent. Pendant ce temps la pluie se met à tomber et éteint le bûcher. La curiosité de la foule a été déçue et on hue le frère Dominique.

C'en était fait du gouvernement de Savonarole. Le lendemain, une sédition populaire éclata : il fut arraché de son couvent et jeté en prison. Une commission de dix-huit membres fut chargée d'instruire son procès. On le soumit à la torture. Sous l'empire de la douleur, il fit des aveux qu'il rétracta dès que le supplice eut cessé.

Déclaré hérétique, il fut condamné, avec les dominicains Dominique et Sylvestre, à périr par le feu.

Le 23 mai, les trois condamnés montèrent sur le bûcher et leurs cendres furent jetées dans l'Arno. Des fenêtres du Palais-Vieux les membres de la Seigneurie assistèrent au supplice.

Tel fut Girolamo Savonarola. Prophète ou imposteur ? Ni l'un ni l'autre. Il y avait en Savonarole un apôtre et un patriote, mais en même temps un halluciné et un fanatique. Il eut figé Florence dans une foi autrement farouche et intransigeante que celle de l'Islam.

Longtemps de bonne foi, il semblerait bien qu'il devient imposteur lorsqu'il annonce, comme l'ayant appris d'une inspiration divine, l'arrivée de Charles VIII en Italie dont il connaissait les projets par ceux de ses amis qui siégeaient à la Seigneurie de Florence. Toutefois, « on peut facilement admettre, dit M. Kerker, qu'un visionnaire comme lui confondît dans son esprit ce qu'il apprit naturellement par des indiscrétions diplomatiques avec ce que lui avaient révélé sur l'avenir ses pressentiments, qu'il prenait pour des inspirations divines, et qu'il fit du tout, sans intention frauduleuse, une prophétie, car le fanatisme aveuglait ce visionnaire au point qu'il attachait la certitude d'une rénovation de l'Eglise et de l'état à la simple annonce d'une expédition aventureuse et d'une vulgaire conquête, et qu'il voyait un réformateur dans l'ambitieux Charles VIII ».

En effet, on ne saurait mettre en doute que Savonarole eut des hallucinations. « Voir, dit Villaris, un homme qui avait donné à Florence la meilleure forme de république, qui dominait sur un peuple entier, qui remplissait le monde de son éloquence, et qui avait été le plus grand des philosophes, le voir s'enorgueillir parce qu'il entendait des voix dans l'air, et par ce qu'il voyait l'épée du Seigneur !

« La puérilité même de ses visions nous prouve qu'il était victime d'une hallucination, et ce qui le prouve encore plus, ce sont l'inutilité et surtout le danger qui en résultaient. Quel besoin avait-il, pour tromper les foules, d'écrire des traités sur les visions, d'en parler à sa mère, d'en gloser sur les marges de ses bibles ? Ces choses mêmes, que ses admirateurs auraient surtout voulu tenir cachées, celles que la prudence des gens ordinaires n'aurait jamais livrées à la publicité, il continuera à les publier et à les republier. La vérité est que Savonarole, comme il l'avouait souvent, sentait un feu intérieur lui brûler les os et le faire parler ; et, livré à cette jouissance de l'extase et du délire, de même qu'il s'entraînait lui-même, ainsi il parvenait à enthousiasmer son auditoire à un degré tel qu'il devient inexplicable pour nous lorsque nous considérons le texte de ses sermons ».

Quant à M. Louandre, il porte sur Savonarole le jugement suivant :

« Prophète, il se rattache sincèrement à la tradition de l'illuminisme et se croit autorisé à persévérer dans sa mission par des exemples que l'Eglise elle-même a sanctionnés. Ce n'est donc ni un fourbe, ni un ambitieux, comme Bayle, Naudé et d'autres encore l'ont insinué ou affirmé : c'est un homme profondément convaincu qui se laisse égarer par l'entraînement même de sa foi. Réformateur des mœurs de Florence, il ne fait que continuer l'œuvre des hommes les plus éminents du catholicisme, de Saint Bernard, de Gerson, de Vincent Ferrier, et c'est à tort, quoiqu'on en ait dit, même dans ces derniers temps, que les Protestants le réclament comme un des leurs, l'inscrivent sur leur martyrologue et le surnomment le Luther de l'Italie. Loin de proscrire, comme Luther, les ordres religieux, il a voulu, au contraire, leur donner une force nouvelle en les ramenant à l'austérité, à la pureté de leur institution primitive. Ce n'est point un homme de la Renaissance, c'est un moine du Moyen-Age, et c'est là ce qui fait l'étrangeté de sa vie, l'étrangeté de sa mort. Fondateur d'une république, il n'est ni démocrate ni démagogue. L'idéal de sa théorie politique, c'est le gouvernement d'un seul, image de cette monarchie du ciel qui, dans les idées de son temps, devait

servir d'archétype à toutes les monarchies de la terre ;
mais, par une inconséquence qui tenait autant à son
caractère propre qu'à celui du peuple qu'il était appelé
à gouverner quelques années, il passe brusquement du
gouvernement monarchique au gouvernement privilégié d'une caste, faute de pouvoir trouver un homme
assez parfait pour réaliser sur la terre le gouvernement du ciel... Son œuvre politique ne lui survécut
que peu de temps, et, si grandes qu'aient été ses
inconséquences et ses contradictions, la postérité doit
l'absoudre, parce qu'il s'est distingué d'une façon
extraordinaire, ainsi que le dit un de ses historiens,
par l'austérité de sa vie et la ferveur éloquente avec
laquelle il prêcha contre les mauvaises mœurs ».

IV. Évolution du mysticisme

Les politiques : Cola de Rienzi

C'est une étrange et déroutante figure que celle de
ce Cola de Rienzi dont nous dirons seulement quelques
mots et que Lombroso considère comme un monomane
et, à la fin de sa vie, comme un dément.

Cola vint à une époque troublée, quand Rome
était dans l'anarchie. Né en 1313 d'un tavernier et
d'une blanchisseuse, il se mit à pleurer sur les misères
de Rome. Il se crut inspiré par le Saint-Esprit et prit
le titre singulier de consul des veuves, puis de consul
romain. Un jour, il harangue le peuple couvert d'une
cape tudesque, avec un capuchon blanc et un chapeau
également blanc, ceint de nombreuses couronnes
dont l'une était divisée au milieu par une courte épée
d'argent. Les nobles, les Colonna surtout, se moquaient
de lui et le considéraient comme un fou.

Pourtant cet homme savait parler avec l'éloquence
de la conviction et entraîner les foules. En 1347,
pendant l'absence des Colonna, il ourdit une cons-

piration et le peuple de Rome le nomma tribun
avec pleine domination sur la ville. Alors il fit des
miracles : il fit renaître la paix là où régnait l'anarchie,
abattit les superbes barons, exerça une justice sévère
envers les petits comme envers les grands.

Et cet homme qui eut d'étonnantes conceptions politiques, qui devança dans l'idée unitaire
Mazzini et Cavourg, avait cependant une tare. C'était
un mystique et, dit Lombroso, un mégalomane. Il
croyait que le Saint-Esprit allait venir régénérer le
monde par l'intermédiaire de sa personne. Dans les
affaires les plus importantes, il s'imaginait entendre en
lui-même la voix de Dieu avec qui il tenait conseil.
Il va même jusqu'à se comparer à Jésus-Christ,
parce qu'il a trente-trois ans et qu'il a subi un exil
de trente-trois mois. Les mégalomanes se plaisent
particulièrement à ces jeux chronologiques. Il invite
très sérieusement le pape et les empereurs à paraître
devant lui. Un jour, il lance la proclamation suivante :
« En vertu de l'autorité et des faveurs de Dieu, de
l'Esprit-Saint et du peuple romain, nous disons,
protestons et déclarons que l'empire romain, l'élection, juridiction et monarchie du Saint Empire appartiennent de plein droit à la ville de Rome et à toute
l'Italie, pour de bonnes raisons que nous déclarerons
en temps et lieu ; et intimons aux ducs et aux rois
l'ordre de comparaître, à partir de ce jour jusqu'à
celui de la Pentecôte, devant nous, dans Saint-Jean
de Latran, avec leurs titres et prétentions, sans quoi, le
terme expiré, il sera procédé en avant contre eux, suivant
les formes du droit et l'inspiration du Saint-Esprit ».

Un jour, il se couronna de six diadèmes de plantes
différentes : de lierre parce qu'il aimait la religion,
de myrte parce qu'il honorait la science, de céleri
parce qu'il résiste aux poisons ; il compléta sa coiffure
par une mitre troyenne et une couronne d'argent.
Il se faisait appeler tribun clément, tribun sévère,
tribun auguste.

Mais c'est surtout dans ses lettres qu'on retrouve les traces évidentes de sa vanité morbide. Le 5 août 1347, il écrit au pape Clément : « La grâce de l'Esprit-Saint ayant délivré la République sous mon régime et mon humble personne ayant été promue à la milice dans les premiers jours d'août, l'on m'attribue, comme dans cette signature, le nom et le titre d'Auguste. Donné comme ci-dessus, le 5 août : Humble créature, candidat de l'Esprit-Saint, Nicolas, Sévère et Clément, Libérateur de la Cité, Zélateur de l'Italie, Amant du monde qui baise les pieds des Bienheureux ». Dans une autre lettre, il annonce qu'il n'y aura, dans quinze ans, qu'un pasteur et qu'une foi. Le nouveau pape, l'empereur Charles et Cola seront comme un symbole de la Trinité sur la terre. Ses lettres sont pleines, en outre, de puérilité, d'homonymies, de jeux de mots, de répétitions.

A la fin de sa vie Cola se mit à manger et surtout à boire d'une façon immodérée. Il devint obèse et l'éclat de ses facultés intellectuelles s'obscurcit en même temps que son sens moral disparut. Lui, qui avait toujours été clément, généreux et juste, il devint cruel comme un tyran, frappant tous ceux qui lui portaient ombrage. Il alla même jusqu'à faire décapiter frère Montreale pour ne point lui restituer une somme d'argent qu'il lui devait. Il immolait et dépouillait de leurs biens les meilleurs hommes du pays.

Cola de Rienzi fut presque un génie. Il eut de magnifiques accès de générosité que ne peut faire oublier l'égoïsme de la fin de sa vie.

V. Évolution du mysticisme

Les fondateurs de religions : Swedenborg, riel

Nous arrivons à une nouvelle transformation du mysticisme. Le mystique ne se lance plus dans les luttes politiques ; il se lance dans les réformes religieuses. Inspiré du Saint-Esprit, il est l'élu de Dieu, le dépositaire du verbe : il devient fondateur de religions.

Tels furent Swedenborg et Louis Riel.

Né en 1688, en Suède, Swedenborg que Gilbert Ballet a récemment analysé dans une magistrale étude, fut, dès son enfance, tourmenté par un puissant besoin de religiosité. Il chercha dans l'étude des sciences l'explication des mystères divins, espérant trouver « l'âme dans le microcosme qu'elle habite ». Son activité intellectuelle était considérable et il publia un grand nombre d'ouvrages dont quelques-uns remarquables. Mais ce labeur acharné ne pouvait détourner son âme des préoccupations mystiques. Il s'isole fréquemment en des méditations extra-scientifiques, alimentées peut-être déjà par de vagues hallucinations. A soixante-huit ans, après une longue retraite de contemplation morale intensive, il eut, à Londres, sa première hallucination. Dînant seul dans une chambre de restaurant, Dieu lui apparut et lui dit : « Ne mange pas tant ». Grâce à une exégèse spéciale, il donna à ces paroles un sens mystérieux et alors ses visions devinrent incessantes. Il les décrit à profusion dans différentes publications et en particulier dans les *Arcania cælestia*. Il cause désormais avec des personnages morts depuis des siècles ou depuis peu : il s'entretient avec l'esprit des habitants des planètes; il assiste à des cérémonies dans le ciel, à des scènes dans l'enfer, au jugement dernier. Entre temps, il éprouve plusieurs fois le phénomène de la télépathie et donne, au moment même où il se produit, les détails d'un incendie qui éclate à des centaines de lieues.

Swedengorg mourut âgé de plus de quatre-vingts ans. C'était manifestement un mystique et un halluciné. Il amenait par le recueillement de la prière le degré de distraction nécessaire pour produire les phénomènes oniriques extatiques. Son état d'esprit fut, d'autre part, celui des anormaux et des dégénérés de la même catégorie. Son indifférence à l'égard de sa famille dénote bien un état affectif typique. Pourtant sa désagrégation mentale n'a jamais été complète. Ce ne fut pas non plus un hystérique, car chez lui l'élément intellectuel précède et domine toujours l'élément affectif. Gilbert Ballet en fait un théomane raisonnant.

Louis Riel qui a été particulièrement bien étudié par le Dr Gilson, était fils d'un aventurier canadien. De très bonne heure, il se lança dans la politique de lutte contre les Anglais dont les vexations permanentes avaient excité son indignation. Vaincu et emprisonné, puis relâché, il se met à la tête d'une nouvelle révolte et cette fois, vaincu encore, il est condamné à mort et exécuté.

Or, Riel était aussi un mystique et un halluciné. Vers l'âge de vingt ans, un jour qu'il se trouvait sur le sommet d'une montagne près de Washington, le même esprit qui s'était montré à Moïse, lui apparut au milieu de nuées enflammées et lui dit : « Levez-vous, Louis David Riel, vous avez une mission à remplir ». En même temps, l'esprit lui révélait sa glorieuse destinée. Dès ce jour, il ne cessa d'être en communication avec les anges. Ils le guidaient dans toutes ses actions et il les consultait avant d'aller au combat. Il fonda alors une religion nouvelle qui tient à la fois du protestantisme, du judaïsme et de l'islamisme.

VI. Evolution du mysticisme
Les altruistes : Saint-François d'Assise

Nouvelle évolution. Les mystiques extériorisent leur sensibilité et étonnent le monde par l'excès de leur altruisme.

Tels furent François d'Assise, Antoine de Padoue, Elisabeth de Hongrie.

Commençons par Saint-François d'Assise.

« Qui n'a pas contemplé longuement le ciel de l'Orient, écrit le P. Didon, ne comprendra jamais la forme extérieure de Jésus ». Le Dr A. Bournet (1) dit à son tour : « Qui n'a pas vu cette douce et rêveuse vallée ombrienne, ce site idéal d'Assise, avec sa grâce languissante, ne comprendra jamais la forme extérieure du Christ de l'Ombrie. François d'Assise semble tout formé de la terre où il prit naissance. Son âme est faite de ce qui l'entoure. »

Sans vouloir rien préjuger de l'influence de la lumière et de la sérénité du ciel sur l'imagination italienne, il n'en est pas moins certain que, comme le dit E. Renan, « la province séraphique, à la fois fertile et sauvage, riante et austère », a donné une forme à Saint-François d'Assise. Michel-Ange n'écrivait-il pas : « Si quelque chose a pu sortir de mon esprit, je le dois à l'air subtil du pays d'Arezzo ».

Saint-François naquit à Assise en 1182. Son père, Pierre Bernard Moriconi, plus connu sous le nom de Pierre Bernadone, était un lucquois qui était venu récemment s'établir à Assise pour y faire le commerce des brocarts et des velours. On le représente comme un homme d'un caractère irascible et souvent injuste par mauvaise humeur. Quant à sa mère Pica, c'était une Provençale très douce, très réservée et très pieuse. Dans la *Légende des Trois-Compagnons* on l'appelle « matrem honestissimam », et, pour Thomas de Celano, c'était une « mulier totius honestatis ».

François reçut sa première éducation des prêtres de Saint-Georges et fut destiné aux affaires. Riche, pouvant dépenser autant qu'il voulait, il devint bientôt le chef de bande des jeunes viveurs d'Assise où on l'appelait « flos juvenum ». On les voyait souvent courir la ville toute la nuit, riant, chantant, se divertissant.

Parfois, dit Lombroso, après un gai banquet, alors

____

(1) *Saint François d'Assise*, p. 32.

qu'ils sortaient tous pour se promener en chantant, on le vit marcher quasi dominus, un bâton à la main en guise de sceptre, de quelques pas en arrière de la bande ; quand il chantait, nul ne l'égalait ; il connut même le métier des armes. Fait prisonnier dans une escarmouche, entre les habitants de Pérouse et ceux d'Assise, il encourageait par l'exemple et par la parole ses compagnons de captivité; il les exhortait à rester contents.

Voici, du reste, son portrait, tracé par Thomas de Célano qui fut le vrai témoin de sa vie : « Taille un peu au-dessus de la moyenne ; tête médiocre et ronde ; visage ovale et avancé ; front peu élevé, mais uni ; les yeux médiocres, noirs et simples ; cheveux bruns ; sourcils droits ; nez effilé, égal et droit ; oreilles dressées et unies ; langue douce et pointue, couleur de feu ; voix véhémente, douce, claire et sonore ; dents serrées, égales et blanches ; lèvres médiocres et minces ; barbe noire, peu fournie ; cou grêle ; épaules droites, bras courts ; mains effilées ; doigts longs et ongles allongés; jambes grêles, petits pieds; peau fine ; corps très maigre ».

Vers l'âge de 24 ans, François d'Assise fit une grave maladie — on ne sait au juste laquelle — qui le tint longtemps cloué sur son lit. Quand il sortit pour la première fois, appuyé sur un bâton, et qu'il s'arrêta pour contempler les riantes campagnes des environs d'Assise, « la beauté des champs, la douceur et tout le charme que trouve le regard dans cette vallée ne purent le ravir » comme autrefois. Un métamorphose s'était faite en lui. Le joyeux compagnon, « flos juvenum », était devenu triste et pensif ; il passait de longues heures dans la méditation, errant à travers les campagnes, la figure baignée de larmes. Si quelqu'un lui demandait s'il souffrait, il répondait : « Je pleure la passion de mon Seigneur Jésus ». Ses amis lui disaient : « Pense à te choisir une épouse ». Et lui : « Oui, je pense à une femme, à la plus noble, à la plus riche, à la plus belle qu'on ait jamais vue ». Alors, il dépose les habits de sa condition et jette sur ses épaules un manteau de mendiant, malgré le courroux de son père, et au grand scandale de tous. On lit, en effet, dans les Fioretti, « qu'aux yeux de beaucoup de personnes, il passait pour sot et pour insensé, qu'il était méprisé et chassé à coups de pierres, couvert d'ignominie par ses parents et les étrangers ; mais lui, en présence de toutes les injures et de tous les outrages, s'éloignait patiemment, comme s'il eut été sourd et muet ».

François d'Assise avait trouvé sa voie. Venu dans « ce temps de guerre sans pitié et d'inimitiés »(1) ,entre Assise et Pérouse, à une époque où le merveilleux était dans l'ordre naturel et la réalité, où la foi trouvait place à côté de l'audace de la pensée, époque de mécontentement, d'aspirations, de colères, époque d'enthousiasme pour le ciel et de folie pour la vie contemplative, il a ressenti un tressaillement intérieur, il a senti qu'un autre homme était né en lui, appelé à faire quelque chose de grand ; et il ne craint pas de le dire : « Je resterai ici dans mon pays et j'y ferai de grandes et nobles choses. » Le « poverello » d'Ombrie allait presque révolutionner ce siècle de foi passionnée et naïve.

Loin d'être un ascète condamnant et fuyant la vie et la nature, Saint François fut comme l'affirmation et le reflet des sentiments les plus aimables, les plus suaves de l'humanité. Il aime et vante la pauvreté qu'il appelle « Madame la Pauvreté », sa « dame » qu'il aime « par dessus toute chose », sa « fiancée » pour laquelle il a « doux regards » et parfois « jalousie », car il a compris qu'il fallait transporter le mysticisme et la réalisation littérale de la pauvreté et de l'humilité chrétiennes dans le sein de l'Eglise. Mais sa religion est autant faite de foi que de joie. Dans sa règle, il

(1) H. TAINE.

prescrit comme vertu excellente la bonne humeur et
l'allégresse ; il fait de la joie une obligation canonique
au même titre que la chasteté et l'obéissance. Il défend
un jour à un moine de « montrer un air maussade et
renfrogné ». « Cette gaieté religieuse, dit le D^r A.
Bournet, qui rattachait l'homme aux réalités et aux
charmes de la vie et le détournait de l'isolement
mystique, fut l'une des forces de l'apostolat de Saint
François d'Assise ». Il avait cela de commun avec le
rabbi galiléen de ne pas mépriser la vie et ses joies.
Comme le fait justement remarquer Lombroso, il
était la négation de l'ascétisme, malgré ses abstinences,
ses mortifications et ses ravissements. L'ascète haïs-
sait, fuyait, condamnait la nature, la vie, toutes les
affections humaines, pour s'absorber dans la contemplation solitaire ; François, par l'exemple et les préceptes, prêche l'amour de la nature, la concorde, la
réciprocité des affections entre les hommes, le travail.
L'ascète appelait œuvre de Satan tout ce qu'il y avait
de beau dans l'univers : François accomplit une véritable révolution en l'appelant œuvre de Dieu, dont il
loue et remercie Dieu. Dans son *Cantique des Créatures*, il exprime avec une naïveté charmante cette sorte
de panthéisme amoureux qui lui fait unir toutes les
créatures animées et inanimées dans un baiser fraternel. Il loue Dieu, mais il loue aussi le rayonnement
du soleil qui nous éclaire.

Specialmente messer lo frate sole
Il quale giorna et illumina nui per lui.
E ello e bello e radiante cum grande splendore.

Il loue le Seigneur à cause de la lune notre sœur
et des claires et précieuses étoiles qui illuminent les
ciels de nos nuits :

Laudato sia mio Signore per suor luna e per le stelle,
Il quale in cielo le hai formate chiare e belle.

C'est ensuite le frère vent, « frate vento », l'air et le
nuage, l'eau, « suor aqua, molto utile et humile et

preciosa e casta ». le feu qui nous éclaire et nous réconforte,

frate fuocho

Per la quale tu alumini la nocte.

notre bonne mère la terre.

nostra madre terra.

La quale nò sostenta et governa,
Et produce divverci fructi
Et coloriti fiori et herba.

« Pour qu'un tel chant jaillit de l'âme amoureuse de Saint-François. dit Lombroso. il fallait que les germes d'universelle charité qu'il y nourrissait, fussent parvenus à leur parfait accroissement. que François eut. par lui-même. entièrement conjuré l'antique terreur qui. dans la commune croyance superstitieuse. peuplait de larves ennemies les bois. les montagnes, les eaux. l'air ; comme aussi pour ramener les hommes à l'amour mutuel. A cette époque où tous ceux qu'enfermait un mur et un fossé (Dante), se dévoraient les uns les autres. il fallait en arriver par un excès bien naturel non seulement au frère Soleil et à la Lune ma sœur. mais encore au frère Loup ».

Un jour que les hirondelles pour lesquelles il avait une affection particulière. troublaient par leur gazouillis un de ses sermons. il leur dit en souriant : « Sœurs hirondelles. ne pourriez-vous vous taire ! »

Saint François était doué d'une sensibilité exquise en même temps que d'une moralité supérieure. « Une conviction ardente. dit le Dr A. Bournet. avait pris sur lui tant d'empire qu'elle réduisait tout le reste à l'état de simple accessoire. La tendresse de cœur qui le possédait. se substituait aux objets eux-mêmes. L'amour. l'amour seul. le reste était comme anéanti ». Et le Dr A. Bournet ajoute : « François d'Assise était bien parvenu aux limites de la folie si un accès d'amour très longtemps prolongé est le début d'une folie ».

Dès l'époque de sa conversion. Saint-François mina sourdement son organisme délicat par des jeûnes continuels. Il était devenu ' hâve et maigre. Plus tard, à Sienne. il ne pouvait même plus supporter les aliments et vomissait fréquemment du sang. Il avoue en ce moment avoir péché contre son frère l'âne, c'est-à-dire son corps. en lui refusant le nécessaire. Souvent il vivait tout un jour du chant d'une cigale, comme disent les Fioretti. Son lit habituel était la terre ou une pièce de bois, son vêtement une seule tunique d'étoffe grossière. De plus. il est chaste, fuit et redoute le commerce des femmes. « Leur commerce est un doux poison, disait-il. un poison dans du miel. Il affole jusqu'aux Saints ». Plus tard, Saint-François souffrit d'une ophtalmie pour laquelle il vint se faire soigner par un spécialiste à Sienne où il contracta l'hépatite dont il mourut.

Voyant alors sa santé décliner rapidement, il voulut revenir à son séjour favori d'Assise. Quand il sentit sa fin approcher. il voulut être porté à la Portioncule. Le samedi 3 octobre 1226. après le coucher du soleil, il recommanda aux frères de l'exposer sur la terre nue où il expira. « dans toute la force et le zèle de l'intelligence. dit le Br A. Bournet. La mort n'exista même pas pour lui, perdu qu'il était dans ses entretiens intérieurs ».

François d'Assise. avec son imagination délicate et ardente. ne pouvait manquer d'être atteint de l'exaltation nerveuse de la plupart des hommes de son temps. En 1202. il fit une grave maladie. « Etait-ce, se demande le Dr A. Bournet. une fièvre palustre ? Etait-ce une de ces crises qu'on pourrait appeler fièvre morale ? Ou bien François était-il simplement victime de ses nerfs délicats. de son imagination de feu ? Toujours est-il qu'à cette époque s'ouvre une période vraiment de trouble et d'anxiété ». Il a des hallucinations : une nuit il se sent transporté dans un magnifique palais où il voit partout des armes marquées du signe de la croix. Il demande pour qui ces armes et ce palais. Une voix lui répond que c'est pour lui et ses chevaliers. A son réveil il déclare qu'il a la certitude de devenir un grand prince.

Il semble qu'un véritable ébranlement de sa raison s'est opéré en lui. Il s'acheva dans la grotte sauvage du mont Soubase, aux environs d'Assise, s'usant dans les veilles et les macérations.

C'est vers cette époque qu'il reçut l'imposition des stigmates, après un jeûne de quarante jours. Voici le récit du miracle tel qu'il est rapporté au chapitre XIII de la *Nouvelle Légende* de Saint Bonaventure.

A l'aube du jour, vers la fête de l'Exaltation de la croix, dit le narrateur, l'angélique François était en prière sur le penchant de la montagne. Tout à coup, il vit descendre des hauteurs du ciel un séraphin aux six ailes de feu, éblouissantes de clarté. L'ange vola d'un vol rapide tout près de lui, et demeura suspendu dans les airs, et alors apparut entre ses ailes l'image de Jésus Crucifié. A cette vue, l'âme de François fut saisie d'une stupeur indicible... La vision disparut, mais laissa dans son cœur une ardeur merveilleuse, et dans sa chair la trace non moins merveilleuse de l'empreinte divine. Tout aussitôt, en effet, apparurent sur ses membres les cinq plaies qu'il venait d'adorer dans l'apparition. Ses mains et ses pieds semblaient transpercés par de gros clous dont la tête ronde et noire était très visible, et dont la pointe, longue et comme rabattue, dépassait le dessus des mains et de la plante des pieds.

La plaie du côté, large et béante, laissait voir une cicatrice de couleur vermeille d'où le sang découlait souvent sur les vêtements du saint. Quand Saint-François descendit de la montagne, il était tout transfiguré. Il voulut par humilité cacher ses stigmates et céler « les trésors du ciel ».

Saint Bonaventure assure que le pape Alexandre VI les a vus de ses propres yeux. A sa mort, plus de cinquante frères, l'illustre vierge Claire virent le prodige ; ils touchèrent les plaies de leurs mains et y collèrent leurs lèvres.

Tel est le miracle rapporté par Saint Bonaventure. Supercherie ou miracle ?

Une supercherie de la part de Saint-François est chose invraisemblable, impossible même. Une telle âme ne pouvait descendre à de pareilles petitesses. On a accusé le frère Elie de Cortone d'avoir imprimé lui-même les stigmates sur le cadavre « pour la grande gloire de l'ordre et de son fondateur ». Certes la conduite de ce personnage fut au moins énigmatique. Elle révèle une réflexion, une combinaison, une politique qui ne rentrent guère dans le caractère d'un enthousiaste obsédé de visions divines. Le tumulte qui éclata au moment de la translation du corps du saint est un fait bien étrange. Le frère Elie a-t-il voulu simplement soustraire la précieuse relique à la rapacité des cités voisines? La chose est fort possible. Comme le fait remarquer A. Bournet, « il y a peut-être quelque injustice à juger en toute rigueur et avec nos idées morales les façons de penser et d'agir des gens du XIIIᵉ siècle ».

Et puis, comment contester les témoignages de Th. de Celano, des Trois Compagnons, de Saint Bonaventure lui-même, et de la pure vierge Claire d'Assise ? Ils auraient donc été les dupes ou les complices de frère Elie ! La chose paraît peu vraisemblable.

Alors il y aurait eu miracle ?

Non : ni supercherie ni miracle. Nous allons voir comment.

« La force nerveuse est un agent à part, écrit Maury. Peut-être est-elle, comme l'électricité, susceptible de s'accumuler, de se porter instantanément d'un point à un autre dans l'organisme et d'opérer des espèces de chocs en retour... Il n'est pas impossible qu'un reflux violent et subit de cette force nerveuse de quelque partie du corps, produise des effets qui nous semblent singuliers parce qu'ils nous sont encore trop mal connus ».

La simple suggestion mentale, même à l'état de veille, peut produire de réels prodiges, tant est puissante, chez certains sujets, la réaction de l'esprit sur le corps. Par suggestion venue d'autrui ou par auto-suggestion, c'est-à-dire par suggestion venue du sujet lui-même, l'âme peut réagir sur la chair, et, suivant que son action a été plus ou moins puissante, la chair peut garder des traces plus ou moins apparentes de l'idée.

Il suffit souvent de concentrer son attention sur une partie de son corps avec l'idée qu'on en souffre, pour y faire naître une véritable douleur. D'après Maury, les solitaires de la Thébaïde et quelques visionnaires montraient sur leur peau les marques rougeâtres laissées par le fouet du démon qui les avait tentés ou de l'ange qui les avait châtiés. Sous l'influence de l'imagination soutenue par une attention intensive, le sang se portait à l'endroit où le visionnaire s'était cru frappé.

A un degré plus élevé, si la concentration de l'idée est plus puissante, l'excitabilité nerveuse plus délicate, l'isolement plus complet, si le cerveau est hypnotisé complètement dans cette unique pensée, les phénomènes physiques se manifestent et les stigmates apparaissent. « L'âme contemplant la Passion de l'Homme de douleur en reçoit l'empreinte, dit un mystique. Or, l'âme, principe de la vie, ne peut recevoir aucune empreinte que celle-ci se reproduise dans le corps qu'elle anime ».

Saint-François n'était-il pas précisément dans ces conditions ? Nous l'avons vu, il était doué d'une imagination ardente, d'une sensibilité exquise qui était « presque une maladie en lui ». Les jeûnes, les macérations ont encore exagéré cet état et l'ont amené à cette exaltation nerveuse où l'esprit réagit sur la matière.

Saint-François de Sales (1) lui-même reconnait
que cette concentration de toutes les facultés sur un
seul point, de toutes les forces de l'âme sur une seule
pensée peut expliquer le phénomène des stigmates.

« L'imagination, dit-il. appliquée fortement à se
représenter les blessures et les meurtrissures que les
yeux regardaient alors si parfaitement bien exprimées
en l'image présente : l'entendement recevait les espèces infiniment vives que l'imagination lui four-
nissait ; enfin. l'amour employait toutes les forces
de la volonté. pour se complaire à la Passion du Bien-
Aimé dont l'âme sans doute se trouvait toute transformée en un second Crucifix. Or, l'âme, comme forme
et maîtresse du corps. usant de son pouvoir sur iceluy,
imprima les douleurs des playes dont elle était blessée
ès endroits correspondants à ceux esquels son amant
les avait endurées... L'amour donc fit passer les tourments intérieurs de ce grand amant sainct François
jusqu'à l'extérieur, et blessa le corps d'un même
dard de douleur duquel il avait blessé le cœur. Mais
de faire les ouvertures en la chair par dehors, l'amour
qui était dedans ne les pouvait pas bonnement faire.
C'est pourquoi l'ardent séraphin venant au secours,
darda des rayons d'une clarté si pénétrante qu'elle
fit réellement les plaies extérieures du Crucifix en la
chair que l'amour avait imprimées intérieurement
à l'âme ».

Saint François est venu à une époque troublée,
mais une époque de foi ardente et passionnée. Il a
vu le peuple dans sa misère et son abaissement. et
il a voulu par la pitié et l'amour ramener l'Italie au
pacte évangélique. Il ne réclame point le retour à la
communauté des premiers chrétiens, le partage des
biens. Il fait mieux. Ami des petits, des deshérités,
des faibles. il prêche sans relâche la bonté fraternelle,
l'amour des hommes. la pauvreté qu'il honore, consacre,

(1) *Traité de l'amour de Dieu*, L. VI. chap. XX.

adopte et épouse ; il prêche la concorde et la tolérance ;
il se fait homme du peuple et fait inconsciemment
une guerre implacable aux tyrans du moyen-age.
Le poverello d'Ombrie prêche au XIIIᵉ siècle un véritable idéal social, formidable poussée d'aspirations et
d'angoisses. Apôtre de la pitié sociale, il dit aux humbles :
Attendez ! aux riches : Cédez ! à tous : Aimez-vous !

Quelques-uns ont voulu voir dans les excès de renoncement et de charité de Saint François, dans sa
tendresse de cœur, une sorte d'enfance spirituelle,
une déséquilibration cérébrale déterminée par un
trouble du sentiment. On a voulu en faire un faux
altruiste. Il faut n'avoir jamais étudié l'aliénation
mentale pour ignorer que presque tous les fous, pour
ne pas dire tous, sont des cupides et des vaniteux.
« Le malade par excès de bonté est rare », dit le Dʳ A.
Bournet. François d'Assise ne fut pas plus un fou
altruiste que Tolstoï, par exemple. Ce sont des bons.
Comme l'égoïsme est le propre de la plupart des hommes, on ne les comprend pas, on dit : ce sont des fous.
Ce sont au contraire des supérieurs. Ils sont comme
l'épanouissement et la floraison de ce qu'il y a de
meilleur dans l'humanité. Ils sont en haut alors que
la foule est en bas. Quand François revint à Assise
après sa conversion, le corps amaigri par les jeûnes,
l'esprit exalté par la prière et la méditation, la foule
s'arrête et dit : « Il est fou ! ». La foule ne pouvait
comprendre.

« Ce qui fait l'originalité et la grandeur de l'apôtre
d'Assise, dit A. Bournet, c'est que, doué du génie de la
vie mystique, il a déployé toutes les facultés d'un
conducteur d'hommes. En dépit des effusions lyriques
de ses panégyristes, en dépit des affirmations de certains aliénistes, il y a chez François d'Assise un homme
sain d'esprit, un organisateur, peut-être un réformateur. Son œuvre révèle l'unité, la continuité de
l'intelligence ; ses actes, l'unité, la persistance de
la volonté ».

VII. Évolution du mysticisme

Les altruistes : Saint-Antoine de Padoue

Antoine naquit à Lisbonne, en l'an 1195, de parents distingués par leur noblesse et leur piété : Martin de Bouillon, qui fut roi de Jérusalem, et Marie-Thérèse de Tavera de Troila. Il reçut le nom de Fernandez qu'il échangea pour celui d'Antoine à son entrée dans les ordres. Il fit ses premières études chez les chanoines de la cathédrale de Lisbonne. A l'âge de quinze ans, il perdit ses parents. Il entra alors au couvent de Saint-Vincent, près de Lisbonne, chez les chanoines réguliers de Saint-Augustin. Mais là il était continuellement distrait par les visites et les objurgations de sa famille. Il obtint de ses supérieurs l'autorisation d'aller habiter à Sainte-Croix de Coïmbre où il se livra avec ardeur à l'oraison.

De cette époque datent ses premiers miracles, ou mieux ses premières hallucinations. C'est son compagnon, Frère Luc, qui les rapporte : « Je fus, moi présent, dit-il, témoin d'un si grand nombre de ses miracles, que ceux qui verront ceci pourront à peine croire que tel pouvoir ait été donné sur terre à un homme, même en état de sainteté. Mais la multitude de miracles que je reconnais point ne peuvent être mis en doute, car j'en rends bon et fidèle témoignage moi qui y fus présent, et aucun ne peut dire que je lui ai jamais menti de nulle chose. Et cela je ne dis point pour me louanger, mais afin que point ne soit mise en doute ma parole, quand je porterai témoignage des miracles de notre saint. Et ces miracles sont tels que jamais n'en fut ouï de plus merveilleux, à la réserve de ceux de notre séraphique père Saint-François ».

Bien qu'il fut loin d'être entièrement détaché des choses de la terre, ainsi qu'il le reconnait lui-même et que nous le verrons plus loin, ce frère Luc ne manquait ni de bon sens, ni de perspicacité. Malgré son respect et son admiration pour Saint-François, il ne craint pas de critiquer le choix que fit ce dernier de frère Élie pour compagnon. Frère Élie joua, en effet, comme nous l'avons vu, un rôle assez louche à la mort du saint. C'est donc au récit du frère Luc que nous nous en tiendrons la plupart du temps pour analyser le caractère et la vie du moine de Padoue.

Le premier miracle n'est évidemment qu'une hallucination qui s'explique très bien chez un individu dont l'âme a été exaltée par le jeûne et la prière. Antoine, retenu un jour pour une besogne servile, ne put se rendre à l'Église où l'on célébrait la messe. Soudainement il lui sembla que la muraille de la chapelle se fendait en deux pour lui permettre de voir les Saintes Espèces et de les adorer. Si son corps était occupé aux besognes du couvent, il était bien en esprit à l'église et l'hallucination dont il fut victime n'a rien de surprenant.

Il en est de même de la vision suivante que rapporte également le frère Luc.

Antoine avait entendu parler du « poverello d'Ombrie », du « séraphique frère Saint-François », et il aspirait ardemment à entrer chez les frères mineurs, comme étant la parfaite école de pauvreté, d'obéissance et de martyre. Il avait vu ramener en grande pompe à Coïmbre les corps de cinq frères mineurs qui avaient été martyrisés au Maroc. Dans cet état d'esprit il n'est pas surprenant de voir se produire chez Antoine des visions en rapport avec ces idées, visions qu'il prenait très sincèrement pour des réalités. Un jour, il vit l'âme d'un frère mineur d'un couvent voisin qui montait droit au ciel dans un resplendissement de lumière. Un autre jour, il vit soudainement apparaître devant lui « le séraphique frère Saint-François qui était pour lors en Italie et qui lui dit qu'il devait se faire frère mineur, et lui découvrit en quelle efficace manière il lui serait donné de servir la Sainte Église en ce vénérable Institut, et quelle grande foison d'âmes seraient par lui arrachées aux griffes du diable ».

Naturellement Antoine interprétait toutes ces visions dans le sens d'avertissements et d'encouragements. Aussi il ne tarda pas à faire son entrée au monastère d'Olivarès. Après un voyage malheureux au Maroc où il tomba gravement malade, il apprit que Saint-François allait tenir un chapitre général à Assise. Il obtint la permission de s'y rendre et y reçut la bénédiction du fondateur de l'ordre, ce qui augmenta encore son exaltation. Alors commença ce que l'on pourrait appeler sa vie publique et ses prédications.

A cette époque frère Antoine avait environ 26 ans. S'il faut en croire frère Luc, c'était un jeune homme de haute taille, au front haut, avec de grands yeux lumineux et doux. En réalité, il est bien difficile de savoir exactement comment étaient le physique et le visage de Saint Antoine. Ainsi, sur les différents hauts-reliefs de marbre qui décorent au Santo de Padoue la chapelle où reposent ses reliques, sa figure varie. Dans la première scène, à gauche, à côté de l'autel, scène sculptée par Ant. Minello, et qui représente la prise d'habit du saint, il est nu et a le corps et le visage d'un enfant. Dans la seconde scène, due à Girol. Campagna, le saint est imberbe, avec une figure grasse, juvénile, presque une figure de femme. Il est représenté d'une façon à peu près identique dans la scène sculptée par Jullio Lombardo : une pierre trouvée à la place du cœur dans le corps d'un avare. Dans la cinquième scène, de Minello et Sansovino, et qui montre la résurrection miraculeuse d'un enfant, son visage est encore à peu près le même ; mais, cette fois, il porte une légère moustache et un peu de barbe au menton. Par contre, dans la septième scène, de T. Lombardo : la guérison d'une jambe cassée, ainsi que dans la neuvième scène, due au même ciseau, et où le saint fait porter témoignage par un enfant nouveau-né en faveur de sa mère, il a le visage amaigri, osseux, avec le nez et l'ensemble des traits plus accusés. En tous cas, on s'accorde à croire que le portrait le plus ressemblant est le bronze de Donatello qui décore le maître-autel du Santo.

Antoine s'efforça de conformer sa conduite à celle de François d'Assise et de l'imiter en tous points. A cet effet, il voulut rester en Italie, où il se prépara à la prédication par l'étude de la théologie. Il se mit alors à prêcher, entraînant la foule sur ses pas, convertissant les débauchés, les hérétiques, les brigands, semant les miracles sur sa route. Les églises ne pouvaient contenir la foule qui se pressait pour l'entendre. A Verceil, pendant un de ses sermons, on apporta le cadavre d'un jeune homme qu'on menait en terre. Pendant que les amis pleurent et se lamentent sur cette mort prématurée, Antoine se met en oraison; puis, s'adressant au mort, il lui dit : « Je te commande, au nom de Dieu, que tu te lèves et que tu vives ». Et, incontinent le jeune homme se leva. Frère Luc ajoute : « Mêmement ses joues n'étaient point blêmes et caves, comme vous le pourriez croire, mais bien vermeilles et florissantes de santé ». C'est peut-être là l'explication du miracle.

Venu en France pour prêcher contre les Albigeois, il s'y acquit le surnom de « Marteau infatigable des hérétiques ». Là encore plusieurs phénomènes miraculeux se manifestèrent. Frère Luc, sur lequel Antoine avait un grand ascendant, le vit un jour chanter au chœur du couvent, alors qu'au même moment il prêchait dans la chair de la cathédrale, comme plus tard il le vit marcher sur les eaux d'un canal à Venise où toutefois il se garda bien de le suivre. « Frère Antoine, dit-il, fit le signe de la croix sur le canal, et se mit à marcher sur l'eau en si grande assurance que sur pont moult solide, et me fit commandement de le suivre, me promettant que nul dommage ne m'en adviendrait, mais je ne le voulus point croire, car l'eau était très profonde et l'eus toujours en naturelle aversion, et bien préférai-je faire le tour par le pont. Et si ce fut péché contre la sainte obéissance, je prie Dieu qu'il me le veuille ôter ».

Ce bon frère Luc se laissait facilement suggestionner et Antoine avait sur lui un ascendant considérable. Il raconte, en effet, qu'un jour ils étaient hébergés par des hérétiques : on leur servit, en manière de moquerie, un crapaud rôti. « Antoine se signa, dit-il, et, après avoir dépecé l'horrible bête, il m'en servit un quartier, quoique lui protestasse que pas même par le pouvoir de sainte obéissance ne pourrais si détestable nourriture avaler. Mais tout soudainement me paraît avoir devant moi, en place de l'horrible crapaud, un beau quartier d'un beau poulet si gras et si bellement doré par le feu, que l'eau me venait à la bouche à le seulement regarder ; si que m'empressai de le manger. Et m'en pouvez croire, oncques plus délicieuse nourriture que celle-là n'avez jamais mangée ».

Toutefois la crédulité de Frère Luc a des limites. Lorsque ses intérêts biologiques sont menacés, il résiste, préférant sans hésiter pécher contre la sainte obéissance, ainsi que nous l'avons vu dans le miracle de Venise.

Voici un autre fait du même genre. Les hérétiques prièrent un jour Antoine et Luc de prendre un repas dans leur maison avec l'intention de les empoisonner. Antoine en fut averti par une révélation d'en haut, et, tout en reprochant aux hérétiques leur criminel dessein, il se mit à manger en conseillant à frère Luc d'en faire autant, lui assurant qu'aucun mal ne lui en adviendrait. « Mais, dit ce dernier, je ne le voulus point croire, ne me trouvant point en assez parfait état de grâce que je pusse espérer que notre sire Dieu voulut bien accorder de faire un miracle pour ma vie sauver. Je préférai donc endurer ma faim qui était grande, que de me mettre en péril de male mort en mangeant de cette viande en laquelle je savais apertement qu'avait été mis subtil poison ».

Antoine prenait fort peu de nourriture. Dans l'intérêt du corps du saint et aussi dans l'intérêt de celui du compagnon, frère Luc ne dédaignait pas de recourir à de petits subterfuges. « Ayant l'esprit fort détaché des choses terriennes et tout appliqué à l'oraison, frère Antoine n'avait nulle souvenance s'il avait mangé ou non. Si qu'un jour que n'avait pris pour repas qu'une croûte de pain, je lui dis un peu après que nous devions prendre notre nourriture ; et il le voulut bien ayant oublié que l'avait déjà prise. Et pour qu'il n'eut doute aucun sur ce que lui disais, repris-je nourriture avec lui, et ce bien volontiers je fis, car fort frugal avait été notre premier repas. Et si en ce point fut mauvaise délectation de ma part et altération de sainte vérité, que notre sire Dieu ce péché me veuille ôter ».

Un jour frère Luc demande à Antoine s'il avait contemplé jamais dans ses visions le visage de la « benoite vierge Marie ». Le saint lui répondit qu'il aurait le bonheur de la voir au saint paradis. Frère Luc déclare nettement qu'il se trouve trop peu avancé en perfection pour jouir de ce bonheur et qu'il espère que ce sera le plus tard possible. Un autre jour, Antoine lui dit : « Or ça, frère Luc, sache que j'ai promis à notre Sire Dieu de recevoir quarante coups de discipline en l'honneur des quarante jours qu'il passa à jeûner dans le désert, s'il me veut octroyer la conversion d'une âme qui est grièvement engagée dans les liens de détestables péchés. Si donc tu ne me veux appliquer ces quarante coups fort rigoureusement, ainsi que j'ai promis de les recevoir, permets que je te les puisse appliquer à toi-même, et ce sans nulle complaisance, afin que, si notre Sire Dieu veut bien agréer cette substitution, point ne soit compromis le salut de cette pauvre âme ». Le bon frère avoue que, plutôt que de recevoir les quarante coups, il préféra les appliquer à Antoine, et ce, dit-il, « le plus rudement qu'il me fut possible : de quoi me lamentai en moi-même, mais pour quant à lui s'en déclara fort satisfait ». (1)

Mais revenons à Saint Antoine. Il continue ses prédications ; son ascendant moral sur ceux qui l'entourent ou qui l'entendent devient de plus en plus considérable. Il sème les miracles sur ses pas. Un jour, il cataleptise un jeune novice d'un seul regard. Il va brusquement à lui, l'accole et lui souffle au visage en disant : « Reçois le Saint-Esprit ». Le novice tombe à la renverse « tout raide ». Antoine lui prend la main et lui dit : « Frère, par Dieu je te commande de te lever ». Le novice se lève comme transfiguré, « le visage tout resplendissant de beauté céleste ». Un autre jour, un fou, un démoniaque, entre à l'église pendant qu'il prêchait et se met à faire des gambades et des grimaces. Antoine le regarde et lui dit : « Mon frère l'insensé, viens à moi, de part Dieu ». Le fou s'approche, Antoine lui fait toucher le bout de la corde qui ceint ses reins et le renvoie apaisé, sinon guéri. Puis il guérit une fille paralytique et épileptique, une névropathe, peut-être une hystéropathe, en faisant le signe de la croix sur ses jambes. Un enfant paralytique fut guéri par le même procédé.

Voici un fait qui prouve qu'Antoine avait une certaine conscience de son pouvoir de suggestion. Il requiert un jour un bouvier de lui prêter son char pour porter des briques destinées à la construction d'un monastère. Le bouvier refusa en prétextant

(1) Frère Luc Belladi, né dans les dernières années du xiie siècle, faisait partie d'un petit ermitage appelé Monte-Paolo, situé à quelque distance de Forli, sur les pentes des Apennins. Saint-Antoine étant venu à lui, il se lia avec lui d'amitié et devint son inséparable compagnon. Après la mort du saint, il se fixa définitivement à Padoue et le prieur de son couvent lui donna l'ordre d'écrire la vie de son compagnon. Il mourut presque nonagénaire en 1186.

qu'il transportait le corps d'un mort. Or, il n'y avait dans le char que son fils qui dormait. Antoine qui vit la supercherie, lui dit à haute voix : « Mon frère, tu dis la vérité : il y a en ton char le corps d'un mort ». Quand le bouvier voulut un instant après réveiller son fils, il ne le put sans l'intervention du saint qui dut faire sur lui le signe de la croix.

La réputation de Saint Antoine était alors à son apogée. Il ne craignit pas de se rendre à Vérone auprès d'Eccelin, gendre de l'empereur Frédéric II et de lui faire des remontrances qui furent entendues, préservant ainsi Padoue du pillage. Le peuple de Padoue l'avait en telle vénération qu'il ne pouvait sortir dans les rues de la ville sans être en quelque sorte assailli par la foule qui mettait sa robe en pièces et en conservait les lambeaux comme de précieuses reliques. Souvent, dit le frère Luc, il fallut le « faire protéger par quelques frères robustes contre la trop véhémente tendresse du peuple ».

Mais Saint Antoine allait s'affaiblissant : les jeûnes et les macérations avaient épuisé son corps et anémié son cerveau. Le diable le tourmente pendant son sommeil : il était en transe, raconte son compagnon, et la sueur dégouttait de son visage : il avait des oppressions, des sensations d'étranglement à la gorge : il se réveillait en poussant des cris. Il avait des hallucinations fréquentes, même à l'état de veille. Un jour, son visage rayonne de joie, et il voit la « benoîte vierge Marie avec le Seigneur Jésus sur ses bras ». Il s'éteignit le vendredi 13 juin 1231 : il n'avait que 37 ans.

Saint Antoine fut l'imitateur et en quelque sorte le continuateur de Saint François. S'il n'eut pas sa sensibilité exquise, il fut comme lui un altruiste et aussi un amant de la nature. Il n'a pas comme lui chanté le frère soleil et la sœur lune, mais écoutez comme il harangue gentiment les poissons : « Poissons, mes petits frères, selon tel pouvoir qui vous a été déporté, rendez grâce à notre Sire Dieu notre créateur. qui vous a donné si noble élément pour en faire votre demeure. C'est lui qui a fait les eaux douces et salées. appropriées aux besoins de vos différentes natures. Tant claires et limpides, il a fait ces eaux afin que vous puissiez connaître votre route et chercher votre nourriture. De grands trous il a ménagés dans les roches pour qu'y trouviez asile contre la tempête et la poursuite de vos ennemis. C'est notre Sire Dieu qui vous bénit dès le commencement du monde, vous ordonnant de croître et de multiplier, ce qu'avez fait en si merveilleuse abondance.

« Au moment du déluge. notre Sire Dieu fit périr tous les animaux qui n'étaient pas dans l'arche ; pour être sauvés, bien à l'abri du péril étiez-vous, vous qui avez reçu le noble élément des eaux pour vos demeures. Bien servis êtes-vous par vos nageoires qui vous peuvent diriger vers quelque lieu qu'il vous plaise de visiter.

« C'est le plus gros d'entre vous qui reçut de notre Sire Dieu la garde de son prophète Jonas et lui servit pendant trois jours de demeure. Avez eu le grand bonheur de fournir à notre Sire Dieu qui pauvre voulut vivre, de quoi payer le cens. C'est de vous qu'il fit sa nourriture avant et après sa glorieuse résurrection. Poissons, mes petits frères, privilégiés entre toutes les créatures. louez et remerciez notre Sire Dieu notre créateur ».

Saint Antoine de Padoue fut en somme une des meilleures manifestations de notre humanité. Ses illusions et ses hallucinations doivent être mises sur le compte des jeûnes exagérés qu'il s'imposait. Comme Saint-François il péchait trop souvent « contre son frère l'âne ». Sa foi augmenta encore son altruisme en lui donnant le pouvoir de guérir et de faire le bien. Dans son humilité et dans son ignorance des phénomènes psychiques, il rapportait naturellement à l'influence divine les résultats qu'il obtenait et ramenait à Dieu ce qui en réalité émanait de lui, merveilleuse floraison de sa foi et de sa bonté.

Quand on allume une lampe, dit l'Evangile, on la place non sous le boisseau, mais sur le chandelier afin qu'elle éclaire tous ceux qui sont dans la maison. Saint Antoine est devenu une lumière si éclatante qu'il mérite d'être posé au premier rang sur l'immortel chandelier de l'Eglise. Le Santo de Padoue est un temple digne de Saint-François.

VIII. Evolution du mysticisme

Les altruistes : Sainte Elisabeth de Hongrie

Un poète venu de Hongrie et nommé Klingsohr se trouvait en Thuringe, au château de la Wartbourg, en 1207. Un jour, il dit à ses hôtes : « Je vois une belle étoile qui s'élève en Hongrie et qui rayonne de là à Marbourg et de Marbourg dans le monde entier. Sachez que, cette nuit même, il est né à Monseigneur le roi de Hongrie, une fille qui sera nommée Elisabeth, qui sera donnée en mariage au fils du prince d'ici, qui sera sainte et dont la sainteté réjouira et consolera toute la chrétienté ».

Quelques années plus tard une ambassade conduite par le même poète Klingsohr venait à la cour du roi de Hongrie André II et lui demandait la main de la petite princesse pour Louis de Wartbourg, fils du Landgrave Hermann. L'ambassade ramenait Elisabeth au château de la Wartbourg où elle était élevée et fiancée au prince Louis qu'elle épousa à l'âge de treize ans.

Dès son enfance, elle se fit remarquer par sa piété exhubérante et sa religiosité expansive, exhortant ses petites compagnes. Jeune encore, elle s'imposait toutes espèces de mortifications, couchant par terre, portant un cilice, se faisant flageller, restant plusieurs jours sans manger.

Dans cet état d'exaltation religieuse et de dépression physique, les hallucinations ne tardèrent pas à se produire. Elle eut d'abord des hallucinations visuelles. Un jour, à la messe, quand le prêtre, après la consécration, éleva l'hostie pour la faire adorer aux fidèles, elle vit, au milieu de l'hostie, Jésus crucifié et ses plaies toutes saignantes. Puis des hallucinations auditives se produisirent. Un jour qu'Elisabeth avait été en but à des persécutions si cruelles que son âme, généralement si douce, en était bouleversée, elle alla comme toujours chercher sa consolation dans la prière. Elle se mit à pleurer, mais au lieu de se plaindre et de murmurer, elle pria pour ses persécuteurs. Elle entendit alors une voix du ciel qui lui disait : « Jamais tu ne m'as fait de prières aussi agréables. Elles ont pénétré jusqu'au fond de mon cœur. C'est pourquoi je te pardonne tous les péchés que tu as commis dans ta vie. — Qui êtes-vous qui me parlez ainsi ? s'écria Elisabeth. — Je suis celui auprès de qui Marie Madeleine est venue s'agenouiller dans la maison de Simon le Lépreux », répondit la voix.

Les macérations et les jeûnes augmentant, les hallucinations devinrent en même temps auditives et visuelles. Un jour la Sainte Vierge lui apparaît. « Qui êtes-vous ? » demanda Elisabeth surprise. « Je suis, dit l'apparition, la mère du Dieu vivant. Je viens t'apprendre toutes les prières que je faisais quand j'étais dans le temple. Je demandais surtout à Dieu de l'aimer et de haïr le péché qui est son ennemi. Le Seigneur faisait de moi ce que fait de son instrument le musicien. Il en ordonne et en dispose toutes les cordes pour qu'elles rendent un son agréable et harmonieux: c'est ainsi que Dieu avait mis d'accord avec son bon plaisir mon âme, mon cœur, mon esprit et tous mes sens ». D'autres fois Jésus-Christ lui apparaissait lui-même, accompagné d'une

multitude de saints, la consolant par de douces
paroles.

Comme chez les autres saints que nous avons étudiés,
ces hallucinations étaient le résultat de ses excès de
piété et n'entamaient point l'intégrité de sa personne
psychique. Pure jeune fille, elle devint une admirable
épouse, partageant son cœur entre son époux et Dieu.
Sa douceur angélique, son inaltérable égalité d'humeur
conquirent l'âme du prince Louis son époux qui partageait ses dévotions.

Cette foi rayonnante était accompagnée d'une
incomparable ardeur de charité. Elisabeth donnait
tout ce qu'elle possédait, se dépouillant même de ses
vêtements, soignant les malades avec une douceur
et une patience qu'on peut qualifier de divines. En
1226, Louis avait quitté la Thuringe et suivait l'empereur Frédéric II dans une guerre contre les villes
d'Italie. Pendant son absence, une disette affreuse
dévasta ses états. Elisabeth distribua aux pauvres
tout l'argent qu'elle trouva dans le trésor ducal ;
puis, malgré les plaintes et les murmures de sa maison,
elle fit ouvrir les greniers de son mari et distribuer
aux pauvres toutes les provisions qui s'y trouvaient.
Elle faisait cuire dans les fours du château autant de
pains qu'ils en pouvaient contenir et les distribuait
elle-même aux malheureux. Neuf cents pauvres
venaient ainsi chercher leur nourriture de chaque
jour. Quant à ceux que la faiblesse, les infirmités ou
les maladies empêchaient de gravir la montagne de
la Wartbourg, Elisabeth descendait elle-même leur
porter les restes de sa table : à peine osait-elle toucher
aux mets qui lui étaient offerts, de crainte de diminuer la part des pauvres.

Chaque jour aussi elle allait visiter les hospices
fondés par elle à Eisenach, rendant aux malades les
services les plus rebutants. Elle donnait elle-même la
nourriture à ceux qui ne pouvaient manger seuls et
dont les maladies étaient dégoûtantes, les soulevait

et les portait sur son dos ou dans ses bras pour les changer de lit, essuyait leur visage avec son voile.

Dans un de ces hospices elle avait fondé un asile pour les enfants pauvres et malades. Elles les entourait de tendresse et de soins, les faisait asseoir autour d'elle, leur distribuait de petits présents, examinait l'état de chacun d'eux et témoignait surtout son affection à ceux dont les maux faisaient horreur aux autres ; elles les prenait sur ses genoux et les couvrait de caresses.

La bonté d'Elisabeth ne put la préserver de la persécution. Le prince Louis partit pour les Croisades et ne revint pas. Son frère Henri chassa la pieuse princesse du château de la Wartbourg. Elle accepta son nouveau sort avec une résignation et une abnégation admirables. Elle partit sans murmurer, pleurant seulement sur le sort de ses enfants. Quand, au retour des Croisés, elle fut rappelée à la Wartbourg, elle ne témoigna aucune animosité contre son persécuteur. Son âme ne fut point aigrie et son ardeur de charité conserva ses élans. Le soin des pauvres devint comme autrefois son occupation la plus chère. Retirée, un peu plus tard, au couvent de Marbourg, elle donna tout son temps aux soins des pauvres et des malades, soignant particulièreent les lépreux, lavant et pansant leurs plaies. leur donnant des vêtements.

Elisabeth avait la foi qui aime et aussi la foi qui guérit. La réputation de sainteté lui avait donné la force psychique qui réagit sur le corps. Un jour, elle rendit la parole à un enfant qui était muet. Une autre fois. elle rencontre un aveugle et lui dit : « Prie Dieu qu'il te rende la lumière ; je prierai avec toi ». Elle pria avec ferveur et l'aveugle recouvra la vue.

La vie d'Elisabeth fut comme un parfum : sa mort fut comme une allégresse. Une nuit, pendant son sommeil, le Christ lui apparut tout environné de lumière : « Viens. Elisabeth, lui dit-il. viens avec moi dans la demeure que je t'ai préparée de toute éternité. C'est moi-même qui t'y conduirai ». Quelques jours après elle fut prise de fièvre et dut s'aliter. Elle reçut les derniers sacrements et se mit à parler de Dieu avec tant d'amour que ses suivantes fondirent en larmes. « Ne pleurez pas, filles de Jérusalem », leur dit-elle, comme Jésus-Christ avait dit aux filles qu'il rencontra sur la route du Calvaire. Vers minuit, son visage prit une sorte de resplendissement et s'illumina : « Parlons de Dieu et de l'enfant Jésus, dit-elle, car voici minuit. Voici l'heure où l'enfant Jésus naquit, où il fut couché dans la crèche et où il créa une nouvelle étoile que nul n'avait encore vue. Voici l'heure où il vint racheter le monde ; il me rachètera aussi ». Puis elle s'écria : « O Marie, venez à mon secours ! Le moment arrive où Dieu appelle ses amis à ses noces. Silence, silence !.... » En prononçant ces mots, elle baissa la tête... Elle était morte. Les assistants, vivement impressionnés par cette scène, sentirent un parfum qui se répandait autour d'eux et entendirent chanter dans les airs les chœurs des anges qui recevaient l'âme de cette princesse devenue pauvre pour l'amour de Jésus-Christ.

C'était la nuit du 19 novembre 1231. Elisabeth avait 24 ans. Je l'ai dit, sa vie avait été comme un parfum. Elle avait été une manifestation aussi puissante que gracieuse de l'altruisme.

IX. Évolution du mysticisme

L'amour de Dieu : Sainte Thérèse

Nous venons de montrer le mysticisme sous ses formes les plus élevées. Mais, si nous franchissons un pas de plus, nous allons voir l'altruisme se transformer et poindre la sexualité chez Thérèse d'Avila et Catherine de Sienne pour aboutir avec Angèle de Foligno et Marie Madeleine de Pazzi à l'érotisme puéril et égoïste de l'amour divin. Cela, du reste, s'explique. Dès, après la mort de Jésus, il se leva dans les cœurs un vent d'enthousiasme pour le réhabiliter de son supplice infamant, pour le glorifier éternellement et à jamais. Ce furent alors, chez les femmes principalement, des élans de tendresse admirative, des extases passionnées, des contemplations mystiques, des visions. Marie de Magdala, Marie Cléophas, Suzanne et Jeanne furent les premières qui resssentirent les ardeurs de cette fièvre mystérieuse s'agiter dans leur sein, y puisant de délicieuses émotions, des transports d'une joie ineffable. Elles mirent au monde l'amour de Jésus, contrefaçon de l'amour parfait. « Pareil, en effet, à celui qui est indispensable à la conservation de l'espèce, cet amour, à la fois idéal et charnel, dit H. Rodrigues (1), réunit les deux natures, procure le mirage de l'oubli et inspire avec une profonde abnégation de soi-même le sentiment immodéré des jouissances imaginatrices ».

Ces premières amoureuses de Jésus eurent de nombreuses imitatrices. Nous allons en présenter quelques unes.

Quand on suit la voie ferrée qui conduit de Paris à Madrid et qu'on a dépassé Medina del Campo, on ne tarde pas à arriver au pauvre village de Velayos, où se fait un grand commerce de garbanzos ou pois chiches. Le sol ingrat ne nourrit que quelques bois de chênes verts chétifs et clairsemés. Un peu plus loin, on arrive à la petite ville de Mingorria, une ancienne colonie basque dont les maisons s'étagent sur les premières pentes du Guadarrama. C'est alors un chaos de rochers, de masses erratiques, groupés et entassés de la plus étrange façon, blocs usés, arrondis, modelés par le puissant travail des siècles. Quand les grandes ombres du soir descendent sur la montagne, tout ce paysage prend un aspect fantastique.

1 *Saint-Pierre.*

On parcourt ensuite une vaste étendue où poussent des chênes rabougris et où le marquis de Miraflores élève des taureaux pour les courses de Madrid. Deux fois l'an, quand les troupeaux de moutons émigrent des Asturies vers l'Estrémadure et de l'Estrémadure vers les Asturies, des bandes de loups affamés surgissent de tous les repaires de la montagne et prélèvent un large tribut.

Après avoir décrit une grande courbe, la ligne domine Avila qui se présente, à droite, sur la pente d'une colline. Avec ses vieilles murailles crénelées, flanquées de tours rondes, la teinte grise de ses habitations au milieu desquelles surgit sa cathédrale en granit, que couronnent des crénaux qui la font ressembler autant à un alcazar qu'à une église, Avila a l'aspect d'une ville morte ou d'un vieux décor effacé.

C'est là que naquit, en 1515, d'une famille noble et riche, la mystique espagnole incendiée de l'amour divin. Sur l'emplacement même où s'élevait la maison de la célèbre ascète, un couvent de carmélites fut placé sous son advocation : il est occupé aujourd'hui par une bibliothèque sans livres et par un lycée de musique et de déclamation. La chapelle de ce couvent, encore consacrée au culte, conserve au-dessus de la porte principale un buste de la sainte et, dans l'intérieur, son portrait et quelques restes du mobilier de sa cellule. Au couvent de l'Incarnation elle prit le voile, et le couvent de San José fut le premier qu'elle fonda.

Dès son enfance Sainte Thérèse se fit remarquer par un esprit romanesque et mystique en même temps. Son imagination trop vive l'emportait déjà hors du réel. A l'âge de douze ans, elle se sauva de la maison paternelle, entraînant avec elle son frère un peu plus âgé qu'elle dominait. Elle voulait se retirer dans la solitude pour se rapprocher de Dieu et aller ensuite tenter la conversion des Maures et affronter le martyre. Les deux enfants furent ramenés par un de leurs oncles qui les avait rencontrés.

Après la mort de sa mère, en 1527, Thérèse, se relâchant de sa ferveur, prit goût aux amusements et aux frivolités du monde. Peu après, elle fut placée par son père chez les Augustines d'Avila. « Au sortir de la maison de mon père, dit-elle, mon âme éprouva la douleur d'une mystérieuse agonie. Je ne crois pas que la dernière heure puisse réserver des angoisses plus cruelles. Je sentis tous mes os qui allaient se détacher les uns des autres. L'amour de Dieu n'était pas encore assez fort ; celui de mon père et de mes parents se réveillait plus tendre que jamais ». (1)

Néanmoins, reprise par de vifs élans de l'amour divin, elle sentit renaître ses sentiments de dévotion, et, en 1534, elle prononça ses vœux, chez les Carmélites de l'Incarnation.

Plusieurs fois encore, elle revint aux vanités mondaines, mais toujours ses souffrances physiques la rendaient à Dieu. La lecture des Confessions de Saint Augustin fit triompher la grâce en elle, et, depuis 1559, elle fut à jamais affermie dans la voie de la vertu et travailla à la sanctification des autres. De 1561 à 1576, elle fonda onze monastères ; de 1576 à 1580 elle vécut dans la retraite à Tolède et à Avila ; en 1581, elle fonda deux autres couvents ; en 1583, elle mourut à Alba de Tormès, dans la province de Salamanque, à l'âge de 67 ans.

Voyons d'abord ce qu'était cette maladie dont Sainte-Thérèse souffrit presque toute sa vie et qui eut une influence presque décisive sur sa vocation religieuse.

S'il faut en croire les Auditeurs de la Rote, Sainte Thérèse, « sæpe paralysim, epilepsiam passa fuit ». Le R. P. G. Hahn, de la Compagnie de Jésus, en fait également une hystéro-épileptique (2).

(1) *Œuvres*, p. 36.
(2) V. *Phénomènes hystériques et révélations*. Mémoire couronné par le concours de Salamanque en 1882.
Voyez également : *Revue des questions scientifiques*, Bruxelles, janvier, avril et juillet 1883.

Assez souvent elle présentait « un tremblement qui agitait d'ordinaire la tête et le bras, quelquefois même le corps ». (1)

Elle était sujette à des bourdonnements d'oreilles qu'elle décrit ainsi : « C'est, ce me semble, comme le bruit de plusieurs grandes rivières, d'une infinité d'oiseaux qui chantent et de sifflements aigres ; je ne l'entends point dans les oreilles, mais je le sens dans la partie supérieure de la tête ». (2)

Ces sortes de malaises accidentels devinrent presque quotidiens. « Mes défaillances, dit-elle, augmentrèent, et il me prit un mal de cœur si violent qu'il inspirait de l'effroi... J'étais presque toujours sur le point de m'évanouir. Souvent même je perdais entièrement connaissance... Je sentais un feu intérieur qui m'embrasait. Les nerfs se contractèrent, mais avec des douleurs si intolérables que je ne trouvais, ni jour, ni nuit, un instant de repos. A cela venait encore se joindre une profonde tristesse ».

Elle tomba ensuite dans une sorte de léthargie qui dura quatre jours. On lui donna l'extrême-onction. « Quand je revins à moi, dit-elle encore, je trouvai sur mes yeux jusqu'à de la cire tombée du flambeau qu'on avait approché pour voir si je n'avais point cessé de vivre... Déjà, dans mon couvent, la fosse qui attendait mon corps était ouverte depuis un jour et demi ; et déjà, hors de cette ville, dans un monastère religieux de notre ordre, on avait célébré pour moi un service funèbre.

« De ces quatre jours d'effroyable crise il me resta des tourments qui ne peuvent être connus que de Dieu. Ma langue était en lambeaux, à force d'avoir été mordue. N'ayant rien pris dans tout cet intervalle, faible

(1) *Vita sanctæ Teresia virginis. In act. sanctæ Teresiæ. p.* 581.

(2) *Chateau intérieur*, I. Demeure. C. VIe. *Œuvres*, III, p. 398.

d'ailleurs à ne pouvoir respirer, j'avais le gosier si sec qu'il se refusait à laisser passer même une goutte d'eau. *La garganta de no haver passado nada y de la gran flaqueza que me ahogaba* (étouffée) *que aun el agua no podia passar* (boule hystérique ?). Je sentais tout mon corps comme disloqué et de grands vertiges à la tête. Les nerfs étaient tellement contractés que je me voyais ramassée en peloton ».

A la suite de cette crise, elle resta paralysée pendant près de trois ans. Puis elle adressa des prières ardentes à Saint Joseph et guérit. « Il fit, dit-elle, éclater à mon regard sa puissance et sa bonté ; grâce à lui, je me sentis renaître, je me levai, je marchai, je n'étais plus frappée de paralysie ».

Les phénomènes de léthargie analogues à celui de Sainte Thérèse ne sont pas rares dans les annales de la science. On en a observé de bien plus curieux et de plus surprenants encore et qui cependant n'avaient rien de surnaturel (1).

Quant à sa guérison qu'elle considère comme miraculeuse et qu'elle attribue à l'intervention de Saint-Joseph, le R. P. G. Hahn reconnaît lui-même qu'il n'y faut voir qu'un effet de la suggestion. Sainte Thérèse avait la foi qui sauve et la foi qui guérit, la foi qui transporte les montagnes, bouleverse les cœurs, révolutionne les âmes, et dont le contre-coup retentit jusque dans le monde physiologique des corps.

« Il faut, disent les théologiens, prier avec humilité, avec une ferme confiance dans la bonté de Dieu et une foi inébranlable dans l'efficacité de la prière. » N'était-ce pas le cas de Sainte-Thérèse ?

« La prière est à nos âmes, dit Saint François de Sales, tantôt ce que le feu est en hiver, tantôt ce que la rosée est en été ». Le Khodja Omer Haléby Abou

-----

(1) Voyez à ce propos : RICHER, *La grande hystérie* ; CHARCOT, *Etudes cliniques* ; THRYSKENS, *De l'abus du surnaturel*, p. 75.

Othman écrit également dans *El Ktab* : « La prière augmente notre puissance par la force physique qu'elle nous communique. Et cette force est la plus considérable de toutes, car c'est elle qui donne au cerveau la plus grande consolation et une telle activité de fécondation d'êtres, de pensées et d'images, que l'on voit souvent les phénomènes de l'extase et de la fusion en Dieu se produire chez le croyant ».

La communion eucharistique, aussi bien que la prière, a un effet surprenant que Sainte Thérèse décrit elle-même : « Le premier pas fait vers la Sainte-Table pour communier, change subitement mon âme, la purifie, rend même la santé à mon corps, remplit de lumière mon entendement et me restitue cette force et ces désirs que j'ai d'ordinaire ». (1)

Quand une âme peut ainsi s'élever par la prière au-dessus du corps et de ses misères physiologiques, n'est-il pas rationnel d'admettre qu'elle puisse aussi triompher de la douleur, enrayer un processus pathologique, en un mot produire un miracle ? Les faits sont là, indiscutables, et les plus incrédules sont bien près d'en admettre la réalité encore inexpliquée.

Sainte Thérèse était sujette aux visions et aux hallucinations. Elle voit en plein jour un crapaud monstrueux à la démarche rapide (2). Une autre fois, elle voit le démon sous une forme affreuse. De sa bouche horrible sort une grande flamme claire et sans mélange d'ombres. Il a une voix effrayante. Mais il disparait quand elle fait le signe de la croix ou lui lance de l'eau bénite (3). Une autre fois, il lui apparaît sous la forme d'un petit nègre horrible qui grince des dents (4). Un jour, elle se sent tourmentée, perçoit une odeur de soufre laissée par le malin : elle entend des voix fortes

(1) *Lettres. Œuvres*, IV. p 10.
(2) *Œuvres*, I. 79
(3) *Œuvres*, I. 423.
(4) *Œuvres*, I. 423.

et se sent étreinte à la gorge (1). Tous ces phénomènes sont fréquents dans l'hystérie, et le R. P. G. Hahn reconnaît encore que ce sont de simples hallucinations qui n'ont rien de surnaturel.

Par contre, le R. P. G. Hahn admet la divinité de certaines visions de Sainte Thérèse, particulièrement celles qu'elle eut de Jésus-Christ, parce que, dit-il, Dieu n'était ni matériel ni sensible pour elle et qu'elle ne pouvait l'atteindre par la voie des sens. « Je le vis, raconte-t-elle, des yeux de l'âme, beaucoup plus clairement que je n'eusse pu le voir des yeux du corps ». (2)

Voici, du reste, le récit d'une de ces apparitions fait par la Sainte elle-même. « Le jour de la fête de Saint-Paul, pendant la messe, Jésus-Christ daigna m'apparaître dans sa très sainte humanité, tel qu'on le peint ressuscité, avec une beauté et une majesté ineffables... Je n'ai jamais vu des yeux du corps ni cette vision, quoique imaginaire, ni aucune autre, mais seulement des yeux de l'âme... Notre Seigneur, redoublant de bonté, daigna si souvent m'apparaître dans cet état de gloire, et me fit si bien voir la vérité d'une telle faveur, qu'en très peu de temps je me vis affranchie de toute crainte d'illusion. Je reconnus alors combien peu j'avais eu d'esprit : car cette pensée aurait dû se présenter à moi : quand bien même je me serais efforcée pendant des années entières de me figurer une beauté si ravissante, je n'aurais jamais pu en venir à bout, tant sa blancheur et son éclat surpassent tout ce qu'on peut s'en imaginer ici-bas. C'est un éclat qui n'éblouit point ; c'est une blancheur ineffablement pure et suave tout ensemble : c'est une splendeur infuse qui cause à la vue un indicible plaisir, sans l'ombre de fatigue. C'est une lumière infiniment différente de celle d'ici-bas, et auprès de ses rayons qui inondent l'œil ravi de l'âme, ceux du soleil perdent

(1) *Œuvres*, I, 423.
(2) *Œuvres*, I, 77.

tellement leur lustre, qu'on voudrait ne plus les
regarder ». (1)

Sainte Thérèse cherche ensuite à expliquer la nature
des paroles que Dieu adresse à l'âme et l'impression
qu'elles produisent sur elle.

« Ces paroles sont parfaitement distinctes, mais
on ne les entend pas des oreilles du corps : l'âme
néanmoins les entend d'une manière beaucoup plus
claire que si elles lui arrivaient par les sens. On aurait
beau résister pour ne pas les entendre, tout effort est
inutile. Pour la parole humaine, il dépend de nous
de ne pas l'entendre, nous pouvons fermer nos
oreilles ; nous pouvons encore concentrer notre attention sur un autre objet, de manière à n'entendre qu'un
son confus, sans saisir le sens de ce qui est dit. Il n'en
est pas ainsi de la parole de Dieu. Elle s'impose et
dompte toute résistance : elle force à écouter, et, souverainement, indépendante de notre vouloir, elle obtient
de notre entendement une attention parfaite à tout
ce que Dieu lui veut dire.

« Tandis que les paroles venues de notre esprit,
semblables à un premier mouvement de la pensée,
passent et s'oublient, le Seigneur imprime les siennes
de telle sorte dans la mémoire qu'elles ne peuvent
s'en effacer. Ces divines paroles sont quelque chose
de réel et de substantiel ». (2)

Un peu plus loin, elle ajoute : « C'est un langage
tellement du ciel que nul effort humain ne peut le
faire comprendre, si le divin maître ne nous l'enseigne
par expérience. Il met bien en avant dans l'intime
de l'âme ce qu'il veut lui faire entendre ; et il le lui
représente sans image ni forme de parole... Par ce
genre de langage, le Seigneur peut, selon moi, donner
à l'âme une certaine connaissance de ce qui se passe
dans le ciel. Il l'initie à ce parler sans paroles qui est

(1) *Œuvres*, I, 307.
(2) *Œuvres*, I, p. 323.

la langue de la Patrie. Qu'une telle langue existât, je l'avais toujours ignoré, jusqu'à ce qu'il plut au Seigneur de m'en rendre témoin et de me le montrer dans un ravissement ». (1)

Ainsi, Sainte Thérèse avoue ne pouvoir trouver des mots pour expliquer ses visions divines. Ce sont, dit-elle, des choses inexprimables : pour elle comme pour le R. P. G. Hahn, c'est la meilleure preuve de leur divinité. « Pour moi, dit-elle, je suis persuadée que, si l'âme, dans ces ravissements qu'elle croit avoir, n'entend point de ces secrets du ciel, ce ne sont point des ravissements véritables, mais des effets de la faible complexion des femmes, qui, après de grands efforts d'esprit, tombent dans une défaillance qui suspend l'usage de leurs sens ». (2)

Cette preuve me paraît difficilement acceptable. Il nous est souvent impossible d'expliquer la bizarrerie ou l'étrangeté de nos songes. Pourtant nous ne pouvons leur donner une interprétation divine.

L'illusion, dans ces sortes d'apparitions, est facile et fréquente, surtout chez les personnes faibles d'imagination et mélancoliques, ainsi que Sainte Thérèse l'a fort bien observé elle-même chez quelques religieuses.

« Étant dans l'oraison de quiétude et le sommeil spirituel, elles se trouvaient dans un si grand recueillement et tellement hors d'elles-mêmes, qu'elles ne sentaient rien à l'extérieur : tous leurs sens étaient tellement endormis (et peut-être sommeillaient-elles en effet), qu'il leur semblait, comme dans un songe, qu'on leur parlait ; elles se persuadaient voir des choses qu'elles croyaient procéder de l'esprit de Dieu : mais tout cela n'étant qu'imaginé ou songé, ne produit pas plus d'effet qu'un songe ». (3)

(1) *Œuvres*, I, p. 352.
(2) *Château intérieur*, VIe Demeure, C. IV.
(3) *Château intérieur*, VIe Demeure, C. III. *Œuvres*, III, p. 151.

Ailleurs, elle dit encore : « Dans cet état, leur arrive-t-il d'entrer dans ce qu'on appelle le sommeil spirituel, elles s'abandonnent à une sorte d'ivresse ; alors, cette ivresse augmentant parce que la nature s'affaiblit de plus en plus, elles la prennent pour un ravissement et lui donnent ce nom, quoique ce ne soit autre chose qu'un passe-temps purement perdu et la ruine de leur santé » (1). Elle rapporte ensuite l'exemple d'une extatique qu'on guérit de ses visions en lui conseillant de diminuer ses pénitences, de dormir et de manger davantage. Un médecin de notre époque ne pourrait toucher plus juste et donner de meilleurs conseils.

Il est souvent bien difficile de dire où commence l'illusion et où commence la réalité. G. Hahn avoue lui-même que « l'action de Dieu ne suspend pas complètement l'action de l'homme, et les deux influences se combinent souvent de façon à faire croire à l'extatique que Dieu le meut encore que l'action humaine est seule en jeu ».

G. Hahn voit une autre preuve de la divinité des visions de Sainte Thérèse dans ce fait qu'elle conserve toujours un esprit lucide. Cette preuve n'en est pas une, et il ne la donne que parce qu'il croit — ce qui est la plus grossière des erreurs, — qu'un aliéné, un obsédé ou un halluciné ne peut conserver la rectitude de son jugement sur l'objet de son délire.

Quant à la conviction qu'avait la Sainte de la réalité de ses visions ou apparitions, elle prouve encore moins. Comme Sainte Thérèse, l'halluciné a une conviction immédiate, directe, intuitive, incompatible avec l'erreur ; elle tombe sur un phénomène perçu en lui-même et qui n'a pas besoin d'autre preuve pour être évidente.

Enfin, quelques historiens rapportent que Sainte Thérèse aurait communiqué à son confesseur le martyre de quarante religieux de la Compagnie de Jésus.

____

(1) *Château intérieur*, IVe Demeure, C. III.

massacrés en mer. avant que la nouvelle en fut parvenue en Espagne. La véracité de ce fait ne me paraît pas suffisamment établie pour qu'on puisse en tenir sérieusement compte; mais, le fut-elle, que cela ne prouverait pas grand chose. On a cité et analysé de nos jours des faits de télépathie autrement curieux et autrement précis, sans songer à y voir trace d'un phénomène surnaturel ou divin.

En somme, Sainte Thérèse fut une hystérique et une hallucinée. Il faudrait être aveugle ou d'une mauvaise foi insigne pour songer à le nier. De son temps on lui adressa plus d'un reproche mérité et on pourrait peut-être trouver dans sa nature hystérique l'origine vraie de ces défauts. Esprit novateur, passionné. versatile, comme le prouvent ses abandons de Dieu et ses retours à la foi, elle fut même souvent indiscrète : elle aimait à faire parler d'elle ; elle fut même un peu fauteur de discorde et de désunion.

Mais, si elle fut une hystérique, la Réformatrice du Carmel ne fut-elle que cela ? Assurément non. Elle fut bien plus une progénérée qu'une dégénérée. Ses œuvres le prouvent : c'est une admirable observation de son état d'âme et de celui de ses compagnes. Ame subtile et affinée, âme plus que virile dans un organisme féminin. elle avait la faculté supérieure de donner de merveilleux spectacles à ses idées. Si elle n'a point vu Jésus-Christ des yeux de son corps, si elle n'a point entendu ses paroles des oreilles de son corps, elle l'a vu des yeux de son âme. entendu des oreilles de son esprit. vision magnifique enfantée par une imagination ardente et colorée. On peut dire que, de cette façon, elle a pu délier son âme. l'élever au-dessus des réalités charnelles et se rapprocher du divin.

X. Évolution du mysticisme

L'amour de Dieu : Sainte Catherine de Sienne

Sainte-Catherine naquit à Sienne en 1347 de parents religieux. Dès son enfance sa dévotion s'exalta. A l'âge de six ans, elle eut une première hallucination visuelle. Comme elle venait de visiter une de ses sœurs appelée Bonaventure, elle aperçut au-dessus de l'église de Saint-Dominique un très riche trône tout éclatant de lumière, sur lequel notre Seigneur, assis au milieu des apôtres Saint Pierre, Saint Paul et Saint Jean, lui donnait sa bénédiction. Elle en fut transportée de joie et sa religiosité s'exalta encore davantage. Elle pratiqua le jeûne et les mortifications, donnant de longues heures à l'oraison. Le désir qu'elle avait d'imiter les pères du désert était si grand qu'un jour, s'étant munie d'un morceau de pain, elle s'en alla hors de la ville, dans une vieille mâsure, pour y vivre en solitude. Elle avait déjà fait vœu de chasteté et elle n'avait pas sept ans !

Quand Saint Dominique lui eût révélé un peu plus tard qu'elle recevrait l'habit des sœurs de la Pénitence, elle fut si heureuse qu'elle ne vécut plus que d'herbes crues. Elle mit autour d'elle une chaîne qui lui entrait dans les chairs et avec laquelle elle se donnait la discipline trois fois par jour. Elle eut de nouvelles hallucinations. Un jour qu'elle priait dans l'église de Saint-Dominique, un pauvre lui demanda l'aumône : elle lui donna une petite croix d'argent qu'elle portait au cou. La nuit suivante, Jésus-Christ lui apparut et lui montrant cette croix, lui promit qu'au jour du jugement il la ferait voir aux anges et aux hommes. Un autre jour qu'un pauvre lui demandait une robe pour se vêtir, parce qu'il était nu, elle entra dans une église, ôta une de ses jupes et la lui donna. La nuit suivante, elle vit Jésus avec cette robe toute brillante de lumière et pour laquelle il lui promit un habit mystérieux qui la garantirait de toutes sortes de peines et de misères.

Quand Catherine fut devenue Dominicaine, elle eut de grandes tentations à souffrir. Le Prince des Superbes peuplait son imagination de visions obscènes qui quelquefois s'extériorisaient (1). Mais la sainte redoublait ses pénitences et châtiait son corps innocent.

Sainte Catherine épuisait son corps dans cette lutte contre Satan ou mieux contre les images extra-religieuses qui se levaient en son âme. Elle était parvenue aux dernièrs limites de l'ascétisme : elle avait rompu les liens qui retiennent l'esprit à la chair. Elle allait avoir des extases.

Elle recevait des faveurs tout à fait surnaturelles dans la communion et, en entendant la messe, souvent elle voyait un bel enfant entre les mains du prêtre, quand il élevait l'hostie : d'autres fois elle y sentait un feu consumant ; d'autres fois, elle y respirait une odeur si agréable qu'elle en demeurait toute parfumée ; quelquefois même il lui semblait que Jésus-Christ lui donnait la communion de ses propres mains.

Un dimanche, à Pise, après la communion, elle fut ravie en extase (2). Elle vit le Seigneur Crucifié qui

(1) Ces hallucinations démonopathiques sont fréquentes chez les mystiques. Une religieuse de Sainte-Ursule, nommée Armelle Nicolas, croyait toujours être en la compagnie des démons qui la provoquaient incessamment à se donner à eux. Ses nuits étaient troublées par des spectres et des monstres horribles. Voyez à ce sujet : *Ecole du pur amour de Dieu ouverte aux sçavants et aux ignorants.* Cologne, 1704. in-12, p. 34.

(2) Pendant ses extases, elle avait le corps raide et les muscles contractés. Les extases sont comme la fin du mysticisme, une sorte de fusion en Dieu. Aussi sont-elles fréquentes chez les mystiques. Béatrice de Nazareth, entendant chanter les louanges de l'amour de Dieu pour les hommes, se penche sur sa stale et reste comme endormie, contemplant des yeux de l'esprit la Trinité dans sa gloire. On la secoue : elle se réveille accablée, toute en larmes.

venait à elle, environné d'une grande lumière. Cinq rayons partaient des cicatrices de ses plaies ; ils se dirigèrent sur cinq endroits du corps de Catherine. Pourtant les stigmates ne parurent pas. Catherine ressentait les douleurs des plaies, mais les marques sanglantes n'en étaient pas visibles. C'est en raison de ce phénomène qu'on représente généralement la sainte avec des rayons lumineux qui partent des cinq parties stigmatisées de son corps.

Quand Sainte Catherine sortit de son ravissement, son visage rayonnait et était comme illuminé (1).

Dans un autre ravissement extatique, Jésus-Christ lui apparut avec un cœur à la main, qu'il lui mit au côté gauche avec ces paroles : « Catherine, ma fille, je t'ai donné mon cœur pour le tien ». Puis, lui fermant le côté, il n'y laissa qu'une cicatrice pour marque de cette merveille. Et le Crucifié disait : « L'âme brûle du feu de l'amour et goûte en moi la divinité même. Elle s'unit tellement à cet océan tranquille qu'elle ne peut avoir de pensée qu'en moi. Dès sa vie mortelle, elle goûte le bien de l'immortalité, et, malgré le poids de son corps, elle reçoit les joies de l'esprit. La mémoire ne contient d'autre chose que moi, l'intelligence ne contemple d'autre objet que ma vérité, et l'amour qui suit l'intelligence, n'aime et ne s'unit qu'à ce que reçoit l'intelligence. Toutes les puissances sont unies, abimées, et consumées en moi. Le corps perd tout sentiment... Tous les membres sont liés et retenus par les liens de l'amour ». (2)

Sainte Catherine, malgré les excès de son mysticisme, est encore une noble et pure figure. Elle sut, quand il en fut besoin, extérioriser sa foi et son amour.

(1) Ce phénomène n'est pas rare non plus chez les mystiques. Saint Colombin de Sienne, Esperanca de Brenegalla de Valence, Ida de Louvain, Léon de Catane, conservent le visage lumineux pendant leurs extases.

(2) *Dialogue de Sainte-Catherine de Sienne*. Traduit de l'italien par L. Cartier. T. I. p. 123.

« Personne n'approcha d'elle sans en devenir meilleur, assure un de ses biographes : elle étouffa beaucoup de haines et fit cesser plusieurs inimitiés mortelles ». Elle n'hésita pas à quitter son cloître et se rendre à Avignon auprès du pape Grégoire XI pour obtenir la paix des Florentins. Il est incontestable qu'elle fit beaucoup pour le retour de ce pontife à Rome, qu'elle le hâta tout au moins par des exhortations pressantes.

Elle mourut en 1830, après avoir brillé de l'éclat de toutes les vertus, dit un de ses biographes.

XI. Evolution du mysticisme

L'érotisme : La Bienheureuse Angèle de Foligno

« De peur que l'enflure de la sagesse du monde ne reçut pas du Dieu éternel la confusion qu'elle mérite, dit le Frère Arnaud, le Seigneur a suscité une femme habituée aux choses du siècle, liée par les obligations du monde, qui avait un mari, des enfants, une fortune, une femme simple, dépourvue de science et de force, qui avant reçu et accepté au fond d'elle-même, avec la croix de Jésus-Christ, la puissance infuse de Dieu, brisa les liens du monde, gravit le sommet de la perfection évangélique, renouvela dans sa plénitude absolue la folie de la croix, sagesse des parfaits, et montra dans la voie abandonnée du bon Jésus, dans cette voie déclarée impossible et insupportable par la parole et l'exemple de quiconque fait le grand personnage, montra non pas seulement une vie possible, non pas seulement une vie facile, mais les délices inouïes, les délices de la Hauteur ».

Cette femme s'appelait Angèle de Foligno. Elle était née à Foligno, dans le duché de Spolète. Devenue veuve à la fleur de l'âge, elle embrassa la vie religieuse dans le tiers ordre de Saint François. Elle mourut en 1309, laissant des ouvrages mystiques dont l'un a pour titre: *Arbor vitæ crucifixæ Jesu*. Mais c'est surtout dans le livre de ses visions et instructions, traduit en français par E. Hello, que nous allons essayer de démêler la psychologie de cette femme singulière.

La première impression qui ressort des œuvres mystiques d'Angèle est son manque absolu d'altruisme. Absorbée par l'amour divin et par la préoccupation de son salut en l'autre vie, elle a fait litière de tout sentiment humain.

Hors elle et Dieu, il n'y a plus rien. Elle écrit avec un égoïsme candide et féroce : « La lumière vint, et voici comment me fut montrée la voie. Je me défis pour la première fois de mes meilleurs vêtements, et des aliments les plus délicats, et des coiffures les plus recherchées. Je sentis beaucoup de peine, beaucoup de honte, peu d'amour divin. J'étais encore avec mon mari, c'est pourquoi toute injure qui m'était faite ou dite avait un goût amer. Ce fut alors que Dieu voulut m'enlever ma mère, qui m'était pour aller à lui d'un si grand empêchement. Mon mari et mes fils moururent en peu de temps. Et parce que, étant entrée dans la route, j'avais prié Dieu pour qu'il me débarrassât d'eux tous, leur mort me fut une grande consolation ».

Pourtant la bienheureuse Angèle ajoute ce correctif plutôt malheureux : « Ce n'est pas, dit-elle, que je fusse exempte de compassion, mais je pensais qu'après cette grâce mon cœur et ma volonté seraient toujours dans le cœur de Dieu, le cœur et la volonté de Dieu toujours dans mon cœur ».

Angèle a dépouillé tous les sentiments qui sont l'ornement de la femme : amour maternel, amour conjugal. Sa mère, son mari, ses enfants meurent. Elle n'a pas une larme, pas un regret. Au contraire, elle s'en réjouit, parce que cela la débarrasse d'un fardeau et qu'elle va pouvoir s'occuper exclusivement d'elle et de son salut. Elle va s'hypnotiser dans l'amour divin. Et cette femme qui eut pu être une bonne mère. une bonne épouse, une noble et sainte femme. va se métamorphoser en une hystérique hallucinée. érotomane et mégalomane.

Angèle rapporte elle-même ses visions, ses illusions, ses hallucinations. et ce, comme nous le verrons plus loin. dans un langage absolument incohérent et incompréhensible. dans un langage d'aliénée.

Une première fois. alors qu'elle était en prière, le Christ se montra à elle et lui dit de poser ses lèvres sur les plaies de son côté. Il lui sembla qu'elle appuyait ses lèvres et qu'elle buvait du sang et elle comprit que dans ce sang encore chaud elle était lavée. Un autre jour. pendant l'oraison. elle fut élevée en esprit. Elle regarda et vit Dieu. C'était une plénitude, c'était une lumière intérieure et remplissante pour laquelle ni parole. ni comparaison ne vaut rien. Elle ne vit rien qui eut un corps. Dieu était ce jour-là sur la terre comme au ciel : la beauté qui ferme les lèvres, la souveraine beauté contenant le souverain bien. L'assemblée des Saints se tenait debout, chantant les louanges devant la Majesté souverainement belle. Tout cela lui apparut en une seconde.

Dans un autre ravissement. elle se trouva auprès d'une table sans commencement ni fin. Elle ne voyait pas la table. mais elle voyait ce qui était placé sur elle. C'était une plénitude divine, une plénitude inénarrable. qui n'a aucun rapport avec aucune expression ; c'était la plénitude. la sagesse divine, le souverain bien.

Un jour elle vit Jésus-Christ dans l'hostie consacrée : elle le vit sous forme d'enfant. Mais cet immense enfant. Seigneur au-dessus des seigneurs, lui sembla avoir en main le sceptre et le signe de domination.

Elle a vu souvent le corps de Jésus-Christ dans le Saint-Sacrement sous divers aspects. Quelquefois, elle a vu le corps du Sauveur. mais avec une telle splendeur et une telle magnificence qu'auprès de lui le soleil en avait bien peu. C'est cette beauté qui lui a révélé Dieu. Une autre fois elle vit l'image de l'Homme-Dieu au moment de la descente de la croix. Le sang était récent, frais et rouge : il coulait des blessures ouvertes, il venait de sortir du corps. Alors, elle vit dans les jointures de tels déchirements, elle vit les nerfs tellement distendus et les os tellement disloqués par l'effort des bourreaux qu'il lui sembla qu'un glaive la traversait et que ses entrailles étaient percées. Enfin, un autre jour, pendant une procession, elle sentit l'attrait de l'abîme. Elle vit le Dieu un en trois personnes et sa majesté habitait en l'âme de ses fils. (C'est la seule fois qu'elle en parle). Cette vue fut pour elle comme une immensité paradisiaque. Les entrailles de Dieu se répandaient sur ses enfants, et elle ne pouvait se rassasier de voir.

Aux hallucinations de la vue s'ajoutaient des hallucinations de l'ouïe. Le jour de la Purification, à l'église des frères mineurs, à Foligno, elle vit venir à elle la Sainte Vierge qui lui tendit l'enfant Jésus et lui dit : « O toi qui aime mon fils, reçois celui que tu aimes ». Elle le déposa dans les bras d'Angèle ; il était enveloppé de langes : il avait les yeux fermés comme dans le sommeil. « La Reine s'assit, dit-elle, comme une femme fatiguée. Ses yeux étaient si beaux, son attitude si merveilleuse, si passionnée, si noble, sa vue si sublime, que mes yeux ne pouvaient se fixer sur Jésus seul et étaient forcés de regarder sa mère. Tout à coup l'enfant s'éveilla dans mes bras : ses langes étaient tombés ; il ouvrit et leva les yeux. Jésus me regarda : dans ce coup d'œil il me surmonta, me vainquit absolument. La splendeur sortait de ses yeux et sa joie brillait comme une flamme aveuglante. Alors, il apparut dans sa majesté immense et me dit : « Celui qui ne m'a pas vu petit ne me verra pas grand ». Il ajouta : « Je suis venu à toi et je m'offre à toi pour que tu t'offres à moi ». Alors mon âme s'offrit à lui par un mode d'oblation étonnant, sans rapport avec les paroles ».

Angèle avait aussi des hallucinations de l'odorat et du goût. Un jour, à la messe, elle sentit des « parfums qui ne sont pas de la terre ». De même, quand elle communie, l'hostie s'étend dans sa bouche et a une suavité tellement divine qu'elle la garde longuement avant de l'avaler. Puis elle descend tout entière et lui donne un plaisir inexprimable qui se manifeste même au dehors. Son corps tremble et l'immobilité est extrêmement difficile.

Le frère Arnaud raconte que la délectation du Saint-Esprit mettait la chair d'Angèle en feu. Il a vu ses yeux « ardents comme la lampe de l'autel » ; il a vu « sa figure ressembler à une rose pourpre ». Elle avoue elle-même que, quand on lui parlait de Dieu, il lui échappait un cri involontaire et pendant longtemps on la crut possédée.

Un jour, à Assise, sous l'influence de l'exaltation religieuse, elle eut une grande crise qu'elle décrit elle-même. « Je tombai à terre, dit-elle, et je criais à haute voix, hurlant, vociférant, rugissant sans pudeur, et au milieu des hurlements je crois que je disais : « Amour, amour, amour, tu me quittes, et je n'ai pas eu le temps de faire ta connaissance ! Oh ! pourquoi me quitter ! » Mais je ne pouvais plus parler. Et si je voulais articuler, au lieu de paroles il ne venait que des hurlements, et je rugissais : si j'essayais de dire un mot, il était couvert par un cri. On cherchait à m'entendre et on ne pouvait pas. Cela se passait à la porte de l'église de Saint-François. Tout le peuple s'assembla ; je rugissais en présence du peuple. J'étais assise en criant et j'étais languissante pendant que je rugissais. Mes compagnons et mes amis furent pris de honte et s'écartèrent en rougissant. On ne savait pas ce qui m'arrivait ; on se trompait sur la cause. Quant à moi, je disais : « C'est Lui, c'est le Seigneur qui m'a parlé ! » Je hurlais de douceur et de douleur, car c'était Lui, mais il était parti. « La mort ! criai-je. La mort ! » Mais, ô douleur ! je ne mourrais pas ; je

vivais et il était parti. Mes jointures se séparaient ».
Il est impossible de ne pas reconnaître dans cette
très précise description la manifestation de phénomènes
hystériques.

Le mysticisme mène par une cause presque fatale à
l'érotisme, et Angèle ne pouvait manquer de suivre cette
pente. D'après E. Hello, « les inventions de l'amour,
qui est le plus grand des inventeurs, conduisent Angèle dans l'intérieur des plaies de Jésus ; avec l'audace
de l'adoration elle regarde fixement et son regard
ne se trouble pas, car l'amour est plus fort que la mort,
et, s'il connaît les tremblements du désir, il ignore
ceux de la peur ». Elle déclare elle-même que si un
ange lui prédisait la fin de son amour, elle lui dirait :
C'est toi qui es tombé du ciel.

Angèle eut d'abord à subir les tentations du démon.
Les vices qu'elle sent morts dans son âme ressuscitent
dans son corps. « Je souffre alors particulièrement,
dit-elle, dans trois endroits du corps : le feu de la con-
cupiscence est tel dans ces moments-là qu'avant
d'en avoir reçu la défense, je me brûlais avec le feu
matériel dans l'espoir d'éteindre l'autre ». Elle voudrait aller nue par les cités et par les places, des viandes
et des poissons pendus à son cou, et criant : Voilà la
vilaine créature pleine de malice et de mensonge!

Plus tard, c'est le Saint-Esprit lui-même qui la
provoque à l'amour. Il lui dit : « O ma fille chérie,
ô ma fille et mon temple, ma fille et ma joie, aime-moi !
Je t'aime plus qu'aucune autre personne qui soit dans
cette vallée. O ma fille et mon épouse, je me suis posé
et reposé en toi. J'ai vécu au milieu des Apôtres ! ils
me voyaient avec les yeux du corps, mais ils ne me
sentaient pas comme tu me sens ». Angèle avoue
ingénuement qu'elle eut un instant de honte et qu'elle
se demanda si c'était bien le Saint-Esprit qui lui tenait des propos aussi inconvenants. Mais Jésus lui-
même lui dit : « Je t'embrasserai d'un embrassement
trop serré pour être vu ».

Elle raconte ailleurs : « C'était pendant le carème ; j'étais sèche et sans amour. Je priais Dieu de me donner quelque chose de lui-même : car, moi, je n'avais rien. Les yeux intérieurs furent ouverts en moi, et je vis l'amour qui venait à moi. Je vis son principe, mais non sa fin. Ce que je voyais avait un prolongement, mais sans avoir de limite. Les couleurs ne me fourniraient aucun terme de comparaison. Quand l'amour arriva à moi, je le vis avec les yeux de l'âme beaucoup plus clairement que je n'ai jamais rien vu avec les yeux du corps. Je dirai, si vous voulez, que l'amour prit, en me touchant, la ressemblance d'une faux. Je vous supplie de ne pas croire qu'il s'agisse d'une ressemblance commensurable : mais il me semble qu'un instrument tranchant me touchait, puis se retirait, ne pénétrant pas autant qu'il se laissait entrevoir. Je fus remplie d'amour, je fus rassasiée d'une plénitude inestimable. Mais écoutez le secret : cette satiété engendrait une faim inexprimable, et mes membres se brisaient et se rompaient de désir, et je languissais, je languissais, je languissais vers ce qui était au-delà. Ni voir, ni entendre, ni sentir la créature ! Oh ! Silence ! Silence ! Il y avait un cri en dedans. Oh ! ne me faites plus languir ! Je criais, je conjurais : il approche, pensai-je, il approche. Voilà que je deviens tout amour ! Il y en a qui se croient dans l'amour et qui sont dans la haine ; d'autres qui se croient dans la haine et sont dans l'amour.

« L'amour se rapprocha, il me fit une plus ardente brûlure ; et puis voici le désir d'aller là où il est. Je ne sais pas si au-desssus de cet amour il y en a un autre à moins de parvenir à l'amour mortel, car il y en a un qui donne la mort. Entre l'amour généreux et l'amour mortel, il y a un amour intermédiaire qui ferme les lèvres, parce que sa joie et son abîme sont au-delà des paroles. Et quand je reviens de cet amour, je suis dans une joie immense ; je suis angélique et j'aime jusqu'aux démons ».

Les écrits d'Angèle sont remplis de ces divagations amoureuses, et on pourrait en remplir des pages.

Comme toutes les hystériques, Angèle attache une grande importance à ses visions et à ses extases. La mégalomanie perce à chaque instant sous son humilité. Elle se croit inspirée du Saint-Esprit et se considère comme son interprète. Il lui dit un jour : « Je ferai en toi de grandes choses : je serai comme en toi, glorifié, clarifié en toi ; le nom que je porte en toi sera adoré à la face des nations ». Un autre jour, ce même Saint-Esprit, au milieu de ses transports amoureux, lui fait cette offre : « Demande pour toi, pour tes compagnes, pour qui voudras, et prépare-toi à recevoir ; car je suis beaucoup plus prêt à donner que toi à recevoir ».

En revenant d'Assise, c'est Jésus qui lui parle et lui dit : « Moi, Jésus-Christ qui te parles et t'ai parlé, je te donne ce signe que vraiment c'est moi ; je te donne la croix et l'amour de Dieu ; je te les donne pour l'éternité ».

Un jour elle entend une voix divine qui lui dit : « Moi qui te parles, je suis la puissance divine qui t'apporte une grâce divine. Cette grâce la voici : je veux que ta vue seule soit utile à ceux qui la verront ; je veux que ta pensée, ton souvenir et ton nom portent secours et faveur à quiconque s'en servira. Personne ne pensera à toi en vain. Toute celle qui se souviendra de toi recevra une grâce proportionnée à l'union divine qu'elle possédera déjà ».

Un jour qu'elle était torturée par la folie de la croix, Dieu eut pitié d'elle et elle entendit ces paroles : « O ma fille et ma bien-aimée, la bien-aimée du paradis, l'amour de Dieu se repose en toi, et il n'est pas dans la vallée de Spolète de femme où il se repose si profondément ».

Assurément Angèle se croit d'un niveau bien supérieur à celui de ses compagnes et de la plupart des femmes. Elle se considère comme une sainte, comme une élève de Dieu, comme le truchement du Saint-Esprit, le vase d'élection où Dieu se repose en amour.

Comme on a déjà pu s'en rendre compte par les citations que nous avons faites, Angèle tombe souvent dans l'incohérence et la verbigération. Elle écrit : « Après avoir contemplé la volonté de Dieu, sa puissance et sa justice, je fus ravie à une plus grande hauteur où je ne vis plus rien de tout cela, et le mode de vision fut changé. Je vis une unité éternelle, inexprimable, dont je ne puis rien dire sinon qu'elle est le tout bien. Et mon âme, dans le délire de sa joie, ne distinguait plus l'amour et contemplait l'inénarrable. J'étais sortie de la première vision : j'étais entrée dans l'inénarrable ».

Ailleurs, elle s'écrie : « O profondeur ! O profondeur ! O profondeur ! Toute créature sert au salut des prédestinés. C'est pourquoi l'âme qui, descendue dans l'abîme,a jeté un coup d'œil sur les justices de Dieu, regardera désormais toutes ls créatures comme les servantes de sa gloire ».

Tout cela n'a aucun sens. Ce ne sont que des mots sonores assemblés, verba et verba.

E. Hello trouve à cela une explication qui semble toute simple, mais qui ne saurait nous satisfaire. « Le langage d'Angèle, dit-il, est une lutte corps à corps avec les choses qui ne peuvent pas se dire. Dans l'atmosphère où elle est introduite, comme un profane épouvanté par le voisinage du sanctuaire, le vocabulaire des hommes recule silencieusement. Captive dans la parole humaine, Angèle fait comme Samson. Comme Samson, fils de Manué, Angèle, fille de l'extase prend sur ses épaules les portes de sa prison et les emporte sur la Hauteur ».

Le langage de E. Hello n'est guère plus clair que celui qu'il veut expliquer. En réalité, le langage d'Angèle est celui des hallucinés et des visionnaires dont il a le décousu et l'incohérence. Cette « lamentation éternelle », ces « magnifiques tentatives pour dire l'ineffable », ne constituent qu'un verbiage vide de sens, un langage où résonnent les mots sans les rayonnement des idées.

XII. Evolution du mysticisme

L'érotisme : Sainte-Marie Madeleine de Pazzi

Sainte Marie-Madeleine (1556-1607) naquit à Florence de l'illustre famille des Pazzi. Elle s'appelait Catherine. Elevée dans le monastère des Hospitalières de Saint-Jean-le-Petit, elle tomba, tout enfant, dans une telle exaltation religieuse que, dès l'âge de dix ans, s'il faut en croire un de ses biographes, elle consacra sa virginité au Seigneur. Dans la journée, elle cherchait les endroits les plus solitaires de la maison pour s'y livrer à l'oraison. La nuit, elle se levait, et, après s'être donné la discipline, elle se couchait sur un sac de paille. Elle brûlait d'un ardent désir de recevoir l'eucharistie et, comme son âge ne le lui permettait pas, elle s'approchait le plus possible de sa mère quand celle-ci revenait de la communion, et Dieu lui accordait de ressentir les mêmes douceurs que si Jésus-Christ descendait dans son cœur.

Catherine avait la précocité de l'esprit et du cœur. Elle était comme ces ravissantes fillettes, dont on dit à dix ou douze ans : ce sont de petites femmes. A vingt ans, ce sont des débiles ou des détraquées. L'exaltation religieuse ou l'exaltation érotique, qui se touchent de près, s'emparent souvent d'elles. Leurs vertus deviennent scandaleuses et tapageuses, comme leurs vices.

En 1584, malgré la volonté de ses parents qui voulaient la garder auprès d'eux, puis la marier, Catherine prononça ses vœux dans un couvent de Carmélites et prit le nom de Marie-Madeleine.

Grâce aux jeûnes, aux mortifications et à la prière,

elle ne tarda pas à tomber dans un état morbide qui n'était que de la catalepsie. Elle avait des ravissements et des extases. « Ses cris et ses soupirs, dans ces moments, dit un de ses biographes, étaient la preuve des douleurs qu'elle endurait par conformité avec Jésus-Christ. Ces douleurs étaient si grandes, que si Dieu ne l'eut soutenue, elle en serait morte. Il lui fut donné, dans ces instants, de pénétrer les secrets du ciel ».

Le père Séraphin, dans ses *Principes de théologie mystique*, reconnaît qu'il y a ainsi des personnes de complexion faible, d'un caractère mou et d'une sensibilité spéciale qui savent bien soutenir les touches ordinaires de la grâce, mais qui, à la moindre touche un peu extraordinaire de cette grâce divine, faiblissent, pâlissent et somnolent par la véhémence de l'affection que leur frêle tempérament ne saurait supporter.

Ce fut le cas de Marie-Madeleine. Elle eut des extases, et, dans ces extases, elle voyait des choses que l'œil de l'homme ne saurait voir, que son oreille ne saurait entendre, que son esprit ne saurait comprendre. En outre, son exaltation religieuse s'accompagna souvent d'exaltation érotique. Le feu de l'amour qui dévorait son cœur, dit son biographe, était si ardent que, pour le supporter, elle était obligée de se mouiller la poitrine avec de l'eau froide. On l'entendait souvent s'écrier : « O amour ! O amour ! Personne ne vous connaît, personne ne vous aime ». Quand elle rencontrait une religieuse, il lui arrivait de la prendre par la main et lui dire : « Venez avec moi, ma sœur, et causons ensemble pour appeler l'amour ». Quelquefois elle s'écriait : « Amour, ô amour, donnez-moi une voix si forte que je me fasse entendre de l'orient à l'occident et dans toutes les parties du monde, afin que vous soyez connu et aimé partout comme le véritable amour » (1)

(1) Un autre mystique, Rusbrock l'admirable, écrit aussi :

Dans cet état Marie-Madeleine fut vite en proie aux tentations du démon. Elle était tourmentée dans sa chair. Elle luttait par l'oraison, l'humilité et la mortification. Elle mit une ceinture armée de pointes aiguës, et se donna souvent la discipline avec une chaîne de fer. Cela ne fit qu'exalter son éréthisme. Un jour que les révoltes de la chair étaient plus violentes qu'à l'ordinaire, elle se roula dans les ronces et les épines pour les calmer. Puis l'orage s'apaisa : elle eut un jour une extase dont elle sortit resplendissante : elle avait recouvré la paix des sens et son esprit revenait au calme. Elle mourut épuisée par ses mortifications.

XIII. MYSTICISME ET ABERRATIONS SEXUELLES

On voit que, par une pente insensible, mais presque fatale, le mysticisme mène à l'éréthisme sexuel, quand il n'engendre pas la mégalomanie politico-religieuse ou l'altruisme. Saint-Louis de Gonzague ne va-t-il pas jusqu'à avouer cette chose monstrueuse : à dix ans, il ne pouvait demeurer seul avec sa mère « sans que la présence de cette femme le fit rougir ». Singulière précocité sexuelle, évidemment exaltée par les pratiques religieuses et une méditation également trop précoce.

On en arrive ainsi aux aberrations des Manichéens que Saint-Augustin accusait de mêler leur semence à l'hostie consacrée et aux aliments : « Qua occasione vel potius execrabilis superstitionis quadam necessitate cogantur electi eorum, velut eucharistiam consper-

« Toutes les jouissances de la terre ne sont rien auprès de la jouissance dont je parle, car c'est ici Dieu qui coule au fond de nous avec toute sa pureté, et notre âme n'est pas seulement remplie, mais débordée. Cette expérience est la seule lumière qui puisse montrer à l'âme l'épouvantable misère de ceux qui vivent sans amour ».

sans cum semine humano sumere, ut etiam inde
sicut de aliis cibis quos accipiunt, substantia illa
divina purgatur... Ac per hoc sequitur eos, ut sic eam
de semine humano, quam admodum de aliis semi-
nibus, quæ in alimenti sumunt, debeant manducando
purgare ».

C. Lemonnier a très bien décrit, dans un de ses
romans (1), cette évolution du mysticisme vers la

(1). *L'hystérique.*

sexualité. Un jeune prêtre et une jeune religeuse
se livrent avec excès aux pratiques d'un mysticisme
raffiné ; ils ne tardent pas à arriver sans le vouloir et
sans s'en rendre compte aux pratiques de l'amour
charnel.

« Un grand trouble s'empara d'Orléa ; une chaleur
de sang passa devant ses yeux ; chancelant, hors de
lui, il se dressa, les bras tendus vers cette fiction
d'amour qu'elle lui offrait dans le mystérieux appel
de ses lèvres et de son étreinte sur le vide. Jamais
dans ses sommeils fouettés de séminariste, le désir de
la créature ne lui était apparu avec des sollicitations
plus attirantes. Et s'étant avancé tout près d'elle,
il demeurait là, pantelant, à considérer cette virginité
qui se livrait à travers la pudeur et l'abandon de l'extase et en quelque sorte lui disait avec des joies d'abdi-
cation, comme si elle se fut offerte à Dieu : « C'est pour
toi que je brûle, pour toi que mes bras demeurent
ouverts, viens ».

« Il sentait tout osciller au dedans de lui, perdait la
raison, les oreilles bourdonnantes, comme un nau-
fragé qui sombre, et brusquement il l'enlaça de ses
bras forts, bégayant :

« — Oui, je viens. C'est moi, ton Seigneur. Adore-
moi, Humilité. Je t'ouvrirai les portres du Paradis.

« Sa bouche vorace buvait sur cette peau froide
l'agonie et l'amour à travers les spasmes, et, complai-
sante, en un délaissement de toute volonté, la morte
vivante eut l'air de céder. Mais, tout à coup, il la

sentit fléchir dans son embrassement : et, immédiatement après, avec le même cri horrible qui avait
retenti dans l'église, l'après-midi du vendredi-saint,
elle s'abattit sur le parquet où elle demeura dans sa
souillure et son martyre ».

XIV. Alliance du mysticisme

Religieux et de l'érotisme dans la folie

Mais laissons là la littérature et l'histoire ; et revenons à l'hôpital ou mieux à l'asile d'aliénés. Nous
allons retrouver cette aliance troublante du mysticisme religieux et de l'érotisme.

Voici une femme (1) qui a été élevée dans un orphelinat. C'était une mauvaise tête ; elle était étourdie,
dédaignait les travaux du ménage et aimait l'étude.
Elle avait déjà une imagination vive et se plaisait à
bâtir des châteaux en Espagne. Dès l'âge de sept ans,
elle se masturbait en secret. A sa première communion,
elle sentit que Jésus devait être à jamais le seul maître
de son cœur. A treize ans. après la mort de sa mère,
elle l'entend lui dire qu'elle veille sur elle. Elle la voit.
Peu après un nouveau chagrin l'accable : une de ses
maîtresses pour qui elle avait une grande affection
à cause de sa pureté, meurt. Les jours suivants elle
la voit, l'entend, ne veut plus quitter la maison où elle
est morte. Des tendances mélancoliques se montrent;
elle pleure sans cause. se désespère, compose des poë-
sies plaintives, appelle la mort. Attristée par ces
deuils. exhortée par les religieuses. nourrie de rêveries mystiques. elle passe de l'orphelinat au couvent.

Elle se consacre uniquement au culte de Jésus :
ressembler à Jésus, porter la croix comme Jésus,

(1) Observation empruntée à la thèse de P. Sérieux : *Les
anomalies de l'instinct sexuel*. Paris, 1888.

désir de la mort pour approcher Jésus, telles sont les préoccupations constantes qui ne vont plus cesser de l'obséder.

Rarement, dans ses écrits, on trouve le nom de la Vierge, jamais celui de Dieu.

« J'étais jalouse d'aimer Jésus plus qu'aucune des religieuse que je voyais, et même je pensais qu'il avait pour moi quelques partialités ». L'idée de conserver la pureté la hante aussi. Elle fuyait les conversations légères, se retirait quand il était question de mariage, cette union étant incompatible avec son existence pure. « Mon idée fixe pendant deux ans était toujours de rendre mon âme de plus en plus pure pour Lui être agréable ; le bien-aimé se plaît parmi les lys ».

Déjà cependant se montraient, à l'état d'ébauche, des tendances contraires ; sous la passion mystique qui le dissimule, l'appétit sexuel se fait parfois sentir. « Il me semblait avoir quelque chose dans l'âme qui nuisait à la pureté que je recherchais ». A seize ans, elle éprouvait un sentiment qu'elle ne pouvait maîtriser, en pensant à un prêtre qui l'aimait, disait-on. Malgré tous ses remords, elle aurait accepté d'avoir des relations avec lui. En dépit de ces défaillances passagères, l'idée de la pureté l'obsédait toujours. Cependant, les religieuses se préoccupaient de son exaltation. On la change de couvent ; elle se décourage, se place comme domestique, mais sa ferveur n'en diminue pas. Un dimanche, à la grande messe, elle remarque que tous ces messieurs s'occupent d'elle. A l'adoration perpétuelle, le prédicateur dit en la regardant : « C'est au banquet Eucharistique que l'Epouse puise la fécondité » (allusion à sa fécondité à elle, qu'elle devait comprendre plus tard). La nuit elle est tourmentée par un énervement inexplicable.

Son confesseur lui inspire une grande affection. Elle lui écrit des lettres tendres. En avril 1887, elle aurait accepté d'avoir des relations avec lui, bien qu'elle considérât ce désir comme une tentation du démon.

Un jour elle médite dans l'Evangile les paroles suivantes : « Quand une mère est dans l'enfantement, elle souffre, mais, quand elle a mis son enfant au monde, elle ne se contient plus de joie ». Son confesseur lui dit : « Vous appliquerez cela à la vie religieuse », sans doute parce qu'il voyait en elle une femme prédestinée. On cherchait à lui faire comprendre ce qu'elle subissait, ce qu'elle a su plus tard, ses rapports avec Jésus.

Les pratiques religieuses deviennent plus ferventes que jamais; elle communie tous les jours ; le soir elle retourne à l'église : elle remarque que le prédicateur s'occupe d'elle.

Tout était prêt pour l'éclosion de l'hallucination : elle ne se fit pas attendre. « Un soir de mai, écrit-elle, après m'être absorbée dans le souvenir de mon confesseur, découragée, croyant que Jésus, dont l'amour me possédait, ne voulait pas de moi : « Mère ! m'écriai-je, que faut-il que je fasse pour obtenir votre fils ? » Les yeux fixés vers le ciel, je demeurai dans une attente folle. C'est insensé ! Moi devenir la mère du Verbe ; mon cœur répétait : « Oui, c'est lui, c'est Jésus qui vient ». Et l'éréthisme psychique retentissant sur les centres sensoriels et sensitifs, des hallucinations génitales, visuelles, auditives se produisent, donnant la sensation d'un rapprochement sexuel. « Pour la première fois je ne me couchai pas seule. Dès que je sentis ce contact, j'entendis ces mots : « Ne crains pas, c'est moi ». J'étais perdue dans Celui que j'aimais. Plusieurs jours, je demeurai bercée dans un monde de volupté; partout je le revoyais m'accablant de ses chastes caresses ».

Le lendemain, à la messe, elle voit le Calvaire se dresser, « Jésus, nu, entouré de mille imaginations voluptueuses, ses bras se détacher de la croix; il me dit : « Viens ! » J'aurais voulu voler pour le couvrir de mon corps, mais je ne pouvais me décider à paraître dans un état de nudité. Cependant, emportée par une force irrésistible, je me jetai au cou de mon Sauveur et sentis que tout était fini entre le monde et moi ».

Depuis ce jour, « à force de raisonnements », elle a tout compris. Auparavant elle croyait que la vie religieuse était faite de renoncement à toutes les jouissances, aux joies du mariage ; maintenant elle en comprend le but : Jésus-Christ veut qu'elle ait des relations avec un prêtre ; il s'incarne dans les prêtres ; comme Saint-Joseph était le protecteur de la Vierge, les prêtres doivent être ceux des religieuses. Elle est enceinte de Jésus, et sa grossesse imaginaire la préoccupe au plus haut point.

Elle se livre à l'onanisme quotidiennement depuis cette époque. Quelquefois elle croit avoir des rapports avec Jésus. Elle en arrive à ne plus pouvoir communier sans éprouver des sensations voluptueuses.

Une fois son délire ainsi systématisé, elle va à son but avec une ténacité inébranlable ; elle veut à tout prix avoir des relations avec son confesseur, elle l'embrasse, se jette à ses genoux, le poursuit, et devient ainsi une cause de scandale.

A l'asile, l'excitation génitale est très intense ; la malade se masturbe une douzaine de fois par jour, même en parlant. Organes génitaux normaux, vulve humide, rouge, toucher vaginal douloureux ; le contact du doigt détermine la turgescence des organes érectiles.

Elle n'a pas plus de repos, dit-elle, depuis qu'elle a appris à aimer positivement son Jésus ; il veut qu'elle ait des rapports avec quelqu'un, et elle ne peut y parvenir ; « toutes les puissances de mon âme sont anéanties par cette obsession continuelle ». Le nouveau milieu dans lequel elle se trouve va modifier ses allures : c'est le médecin qu'elle va poursuivre de ses obsessions.

« Je devrais tout attendre de la charité des prêtres que j'ai connus ; je n'ai pas mérité de leur part ce que je voulais... mais tout pouvoir n'est-il pas donné au médecin pour le bien des malades que lui confie la Providence ? Est-il possible à un médecin de se dévouer ainsi ? Je crois l'avoir compris. Depuis que j'ai goûté à l'arbre de la vie, je suis tourmentée du besoin de le partager avec un cœur ami ». Puis elle se prend d'amour pour un employé, lui fait les avances les plus crues, croyant ainsi exécuter la volonté de Jésus. « Nécessité fait loi, lui écrit-elle, les moments sont pressants, il y a si longtemps que j'attends ». Cependant elle parle toujours de sa vocation religieuse qui pourrait être compromise par une attente si longue. « Je ne veux pas me marier ».

Chaque jour ce sont des lettres où la passion la plus effrénée s'exprime en phrases mystiques, ampoulées, où l'amour humain va de pair avec celui de Jésus. « Je sens Jséus tellement uni à moi que mes exaltations recommencent et qu'irrésistiblement je me sens poussée à vous renouveler mes désirs ».

Peu à peu une transformation s'opère, l'amour de Dieu s'efface, la passion terrestre persiste plus intense que jamais. « Quittant les hauteurs où je voulais planer, je vais me rapprocher tellement de la terre que je vais finir par y fixer mes vues ». Dans une dernière lettre elle reconnaît avec terreur dans quelles folies l'exaltation de son imagination l'avait jetée : « Je ne crois plus qu'à Dieu et à la souffrance ; je me trouve dans la nécessité de me marier ».

Curieuse et décevante évolution ! L'amour divin le plus pur, le plus lilial, se transforme en un sensualisme ardent et sans retenue.

On pourrait rapprocher de ce cas le suivant observé par Briand (1) ; mais là l'érotisme conserve son caractère absolument divin ; il ne s'agit que de relations avec Dieu ; les hommes sont exclus de cet amour.

(1) Rapporté dans la thèse de J. M. Dupain : *Le délire religieux*. Paris, 1888.

Il s'agit d'une femme qui a toujours été très pieuse et a accompli ses devoirs religieux avec ferveur jusqu'à l'âge de onze ans. Dans ses jeunes années, elle a vu des choses dont aujourd'hui seulement elle comprend l'importance. Après sa confirmation, elle n'à plus communié de peur d'oublier des péchés à confesse et de se mettre par une communion indigne en état de péché mortel. Mais ses deux premières communions ont été si bonnes que Dieu est sûrement resté en elle depuis ce moment.

Elle a appris le métier de fleuriste qu'elle a exercé pendant une quinzaine d'années. C'est à cette époque qu'un officier lui fit la cour pendant plus d'un an. Elle se décida à vivre avec lui, bien que ne l'aimant pas. Elle se reproche amèrement d'avoir vécu ainsi pendant cinq ans et se demande si Dieu sera assez bon pour lui pardonner. Elle a eu deux enfants, « deux anges », qui sont cause en partie des choses merveilleuses qui lui sont arrivées plus tard. Car « tous les enfants sont des anges et Dieu s'en sert pour se rapprocher des hommes. Le voisinage d'enfants attire la grâce divine. » Une nuit, son amant entendit des bruits étranges dans sa chambre, des frôlements de meubles, des murmures qui s'approchaient du lit. Depuis lors, il a refusé de revenir dans cet appartement. Ces choses étranges se sont renouvelées très souvent, mais elle n'en avait pas peur et les expliquait en se disant que c'étaient probablement les ombres des morts qui voulaient lui demander quelque chose. « Les morts ont, en effet, l'habitude de venir aux anniversaires demander aux parents vivants des messes pour les tirer du purgatoire ».

Quelque temps après, elle fit, durant la nuit, un songe extraordinaire. La Sainte Vierge entra dans sa chambre, vêtue comme dans les tableaux d'église, s'approcha d'elle, lui donna sa main à baiser, puis aussitôt remonta au ciel.

Une autre nuit, elle fut l'objet d'un évènement

merveilleux. Elle éprouva une jouissance sexuelle
extrême qui ne peut se comparer à rien d'humain,
bien supérieure à celles qu'elle ressentait pendant
ses relations avec son amant. C'était quelque chose
d'idéal et d'immatériel. A son réveil, elle ne put comprendre la signification de ce fait qui ne lui fut expliqué
que quelques jours plus tard.

Une voix lui dit, au milieu de la nuit : « Voulez-
vous être enceinte ? » Elle répondit : « Comment pour-
rais-je l'être, puisque je n'ai pas eu de relations avec
un homme ? » Aussitôt elle ressentit dans la main
gauche deux violents coups de massue qui lui reten-
tirent partout le corps. Quelques jours après, elle
n'eut pas ses règles, quoique l'époque fut arrivée.
C'était la première fois, depuis son dernier accouche-
ment, que ses règles n'apparaissaient pas, et pourtant
elle n'avait pas revu son amant depuis dix-huit mois.
C'est alors qu'elle comprit qu'elle avait été choisie
par Dieu pour donner naissance à un être, fille ou garçon, qui aurait une grande destinée, mais que son
peu de foi l'en avait rendue indigne et qu'elle allait
cesser d'être enceinte. Ses règles reparurent trois semaines après, mais elle vit bien qu'elle avait été fécondée en reconnaissant, d'après son dire, un embryon
humain au milieu des caillots de sang de ses règles.
Elle regretta alors sa réponse. Ce qui l'étonna, c'est
que Dieu l'ait choisie, malgré l'irrégularité de son
existence. Cependant elle donne une explication.
Ses deux enfants, deux anges, étant auprès d'elle,
c'est par leur intercession que Dieu lui a pardonné.
Elle a eu de fréquentes communications avec les êtres
supérieurs, ainsi que des pressentiments qui se sont
réalisés. Ses enfants, également, peuvent communiquer avec Dieu. Elle se résigne et accepte sa séques-
tration comme expiation ordonnée par Dieu, bien
que depuis plusieurs mois elle n'ait plus eu de vision
directe de Dieu ni de la Sainte Vierge.

Puis ce sont des faits plus brutaux. Telle est l'histoire de cette cuisinière de quarante-sept ans, rapportée par P. Sérieux (1).

Bien qu'elle ait mené une vie des plus irrégulières et qu'elle ait commis maints méfaits, elle se croît envoyée à l'asile d'aliénés pour devenir religieuse. Depuis sa dernière confession, elle n'a commis qu'un péché, c'est d'avoir couché avec Jésus. Elle l'a rencontré boulevard Malesherbes. Il était habillé comme un ouvrier peintre et âgé d'environ 30 ans ; ils sont allés ensemble au bois de Boulogne... On lui demande la raison de sa tristesse ; elle répond : « Je suis indigne d'être avec vous, mon Jésus ».

Relâchée après un séjour de quelques mois, cette femme entreprend un pélerinage à Lourdes. Elle en revient mélancolique et angoissée ; elle craint une expiation exemplaire pour « avoir adoré l'homme jusqu'à l'animal ». Elle va jusqu'à manger des matières fécales par pénitence. Elle s'accuse d'avoir péché avec les hommes, d'avoir fait la noce avec le Saint-Esprit. Elle a des hallucinations : elle voit Jésus qui lui conseille de se masturber pour se distraire, et elle s'empresse de lui obéir. Voici un échantillon des lettres qu'elle adresse à Jésus : « Mon bon sacré cœur de Jésus, je vous demande une grâce, c'est que vous me laissiez venir votre cher fils Jésus me voir le soir. Je vous dirai que suis au ciel avec le cœur de Jésus et sa mère. Le Saint-Esprit a fait union avec moi comme avec elle, malgré que j'aie été une grande pécheresse : je sens que je suis enceinte de quatre mois ».

Ces crises de délire érotico-religieux sont assez fréquentes au moment de la ménopause. La femme sent approcher la fin de sa vie sexuelle ; elle demande des consolations à la religion : elle se plonge dans le mysticisme, et le mysticisme la ramène à la sexualité.

Une veuve de quarante-quatre ans, observée par

____

(1) *Les anomalies de l'instinct sexuel.*

R. Hyvert (1) prétend avoir eu des relations avec le Christ qui est venu chez elle, sous la forme d'un homme blond, d'une trentaine d'années ; il lui a montré « son soleil éclatant » ; il avait une ceinture lumineuse autour de la tête (auréole). Le 3 avril, il s'est approché d'elle charnellement. Elle a eu l'honneur de boire dans son verre. Elle lui a confié quatre obligations de la ville de Paris qu'elle possédait. Elle ignore son adresse, mais elle n'est pas inquiète : le Christ ne peut pas la tromper. Quelques jours plus tard, Dieu, le·père éternel, s'est présenté à elle sous la forme d'un homme de quarante-cinq ans, grisonnant. Elle a également cohabité deux fois avec lui : elle ne l'a plus revu. Deux semaines après, le Saint-Esprit est venu sous la forme d'un homme brun de quarante ans environ ; et ils ont eu deux relations sexuelles. Elle affirme n'avoir eu, depuis la mort de son mari, des relations qu'avec ces hommes divins.

Le Christ comprend les trois personnes et elle est devenue l'épouse du Christ. Elle passait souvent ses nuits en prière et les anges venaient la réchauffer. Elle s'est vu environnée de l'ombre du Saint-Esprit, avec deux anges de chaque côté, et adorée par les anges. Elle se dit enceinte des œuvres du Christ depuis le 3 avril. Elle enfantera un enfant Jésus. Puis, ses règles ayant reparu, elle raconte qu'on a fait disparaître le produit de la conception. Le médecin qui l'a examinée désigne tout prosaïquement ce commerce divin sous le nom d'habitudes de prostitution.

Telle est encore cette femme (1) de trente-six ans qui, très religieuse, se masturbe continuellement et avec ostentation, relevant sa robe jusqu'à la ceinture. Pendant l'interrogatoire elle veut continuer ses manœuvres. « Le démon, dit-elle, lui fait venir des

(1) *Les délires religieuses.* Thèse de Paris
(1) Thèse de P. Sérieux.

pensées impures ; c'est lui qui la pousse ; si elle se
masturbe ainsi en public, c'est par mortification,
pour expiation de ses fautes : c'est un devoir de prier
quand on a péché ».

CHAPITRE III

Mysticisme et érotomanie, — L'érotomanie religieuse

I. Les mutilations

On pourrait presque dire que le mysticisme est une érotomanie spéciale, car s'il aboutit souvent, comme je crois l'avoir montré, à l'éréthisme génital, il aboutit non moins fréquemment à l'érotomanie. En voulant tuer le sens sexuel la religiosité mystique ne réussit qu'à l'exalter et à l'exacerber, ou, si elle réussit à mater les sens, elle provoque l'éclosion de la sentimentalité amoureuse morbide, dans laquelle se complait l'érotomane.

Pour que leur amour reste pur de tout alliage charnel, nombre de prêtres et de mystiques se sont castrés. D'ailleurs, même dans l'antiquité, les desservants du culte de plusieurs divinités païennes étaient des castrats volontaires. Les prêtres de Cybèle se soumettaient à la mutilation en souvenir du supplice que s'était infligé Atys infidèle à Cybèle avec la nymphe Sagaride. La cérémonie qui accompagnait la réception des nouveaux prêtres avait lieu pendant la célébration annuelle des mystères : tandis que le collège des prêtres, jouant des cymbales et des tympanons, chantait des cantiques sacrés, l'initié, poussant de grands cris et saisi d'une sorte de fureur mystique, se précipitait et venait donner au milieu de la troupe une représentation complète du malheur d'Atys.

11

Justin Martyr rapporte l'histoire d'un jeune homme d'Alexandrie qui sollicita de Félix l'autorisation de se faire castrer. « Il voulait qu'on le mit hors d'état d'être jamais soupçonné d'aucune impureté, pour faire voir que ceux qui accusaient les chrétiens de commettre dans leurs assemblées les saletés les plus horribles, n'étaient que des calomniateurs ». La requête fut rejetée, les lois romaines s'opposant à son exécution.

Origène, né à Alexandrie, en 185, se mutila à dix-huit ans pour ne pas succomber. Au IIIe siècle, l'arabe Valésius soutint que la castration était indispensable au sacerdoce. Il se mutila. Il eut des adeptes. Ceux-ci mutilaient tous ceux qui leur tombaient entre les mains sous le prétexte fallacieux d'assurer leur bonheur éternel. C'était anéantir le genre humain dans ce monde sous prétexte de le sauver dans l'autre.

Léonce d'Antioche se mutila également pour résister à la passion que lui inspirait une femme vivant sous son toit. Il fut pour ce fait déposé de la prêtrise par le pape Léon Ier.

Les Skopzis qui font de la castration une condition indispensable de leur religion, considèrent Valésius comme leur ancêtre spirituel. Pour eux, le péché originel n'est pas d'avoir goûté au fruit de l'arbre de la science du bien et du mal, mais consiste dans l'union charnelle d'Adam et d'Eve. Pour se racheter du péché, Christ prêcha la castration, se châtra lui-même avec tous ses disciples et les premiers chrétiens les imitèrent. Puis la corruption fit oublier les préceptes du Christ et la faute principale en revient à l'empereur Constantin. Christ revint au monde une seconde fois pour racheter l'humanité et enseigner la castration. Les Skopzis sont donc les vrais, les uniques chrétiens.

« Soutenus par cette croyance que le Christ reviendra sur la terre lorsque leur nombre aura atteint celui de 144.000, dit R. Millant (1), les Skoptzys se signalent

(1) *Castration criminelle et maniaque.*

par leur ardeur extraordinaire à recruter des adeptes. Pour ce faire, ils perdent souvent tout scrupule et tous les moyens leur sont bons : ne peuvent-ils arriver à leurs fins par la persuasion ou la lecture des textes sacrés (1) faite à ceux qu'ils ont résolu de rallier à leurs dogmes, ils prétextent la nécessité d'une opération chirurgicale, ou même, s'il s'agit d'un pauvre diable, ils lui offrent de l'argent ».

Les cérémonies qui accompagnent la castration comprennent des prédications, des chants d'hymnes et surtout des « radenije » ou danses sacrées, rappelant celles qu'exécutent les derviches tourneurs. Longtemps prolongées, ces danses énervantes semblent amener peu à peu le sujet à une sorte d'insensibilité, fréquemment accompagnée d'hallucinations de la vue ou de l'ouïe. Parvenu enfin au paroxysme de cette fureur hystéro-religieuse, l'initié se soumet avec joie à la mutilation.

Etranges aberrations où mène l'excès de l'amour divin !

II. Le contact de Dieu et les noces spirituelles

Il faut parcourir les écrits des mystiques pour avoir une idée complète des amoureuses folies que peut engendrer la méditation prolongée, le contact avec Dieu.

Gerson (2) dit lui-même que « l'objet de la théologie mystique est la connaissance expérimentale de Dieu, dans l'étreinte de l'amour unitif ». Pour le vénérable Jean de Saint-Samson (3), ce n'est « rien autre chose

(1) Si ton pied ou ta main est une occasion de chûte, coupe-le et jette-le loin de toi (Saint Marc, IX, 42).
(2) *Théologie mystique*, nᵒˢ 28.
(3) *Maximes*, Chap XXI.

que Dieu ineffablement perçu ». Saint-Pierre Damien (1)
s'exprime en ces termes : « Quiconque cherche Dieu
n'a qu'un but, qu'un espoir : parvenir un jour ou
l'autre au repos, se plonger dans la joie de la haute
contemplation, comme Jacob dans les bras de Rachel ».

Le R. P. Poulain (2) est plus explicite : « Ce qui
constitue, dit-il, le fond commun de tous les degrés
mystiques, c'est que la sensation spirituelle par
laquelle Dieu fait sentir sa présence est une sensation
d'inhibition, de fusion, d'immersion. On peut la
désigner en disant que c'est un toucher intérieur ».
C'est ce que Sainte Thérèse (3) dit en d'autres termes :
« On ne voit cela ni avec les yeux du corps, ni avec
ceux de l'âme, de même que le vieillard Siméon
tenant son Dieu dans ses bras, ne voyait qu'un enfant...
Mais, de même que l'adorable Enfant lui fit connaître
qui il était, de même l'âme connaît celui auprès de
qui elle est ».

Ces pratiques n'ont qu'un but : l'union mystique
avec Dieu, et la théologie mystique (4) la définit
ainsi : « L'union mystique est une perception expérimentale de Dieu par un embrassement secret, un
baiser mutuel entre Dieu qui est l'époux et l'âme
l'épouse. Et cela suppose Dieu présent ».

Le R. P. Poulain (5) distingue quatre degrés de
l'union mystique : l'union mystique incomplète ou
oraison de quiétude ; l'union pleine ou semi-extatique ;
l'union extatique ou extase : l'union transformante
ou déïfiante ou mariage spirituel avec Dieu.

Dans l'extase même il y a des degrés. Elle est simple
si elle se produit doucement : si elle est subite, c'est

(1) *De la perfection monastique*, Chap. VIII.
(2) *Des grâces d'oraison*, p. 78.
(3) *Chemin du ciel*, Chap. XXXII.
(4) Sandœus. *Théologie mystique*. L. II. Comm. 6. Exerc. 15, p. 471.
(5) *Des grâces d'oraison*, p. 45.

un ravissement : c'est un vol de l'esprit quand le mouvement est tellement impétueux que l'esprit semble séparé du corps.

Les mystagogues insistent sur ces noces spirituelles, qu'ils ne savent comment expliquer, car les termes leur manquent pour exprimer ces choses irréelles. « Les plus savants maîtres de la vie spirituelle, dit Honoré de Sainte Marie (1), sont persuadés que l'union mystique consiste principalement dans l'expérience de deux sens intérieurs du toucher ou de l'odorat ou de tous deux ensemble ». Tous insistent sur ce sens mystérieux, cette sensation intérieure qui n'est en somme qu'une pure conception de l'esprit. « Ce qui établit une distinction tranchée entre l'oraison ordinaire et les états d'union mystique, dit encore le R. P. Poulain (2), c'est que, dans ceux-ci, Dieu ne se contente pas de nous aider à penser à lui et à nous souvenir de sa présence ; mais il fait sentir mystérieusement cette présence par une sensation spirituelle d'un genre spécial. Toutefois, dans les degrés inférieurs (quiétude), Dieu ne manifeste cette présence que d'une façon assez obscure ».

Il faut donc un certain entraînement et ce n'est que dans les formes supérieures du mysticisme qu'on peut goûter les charmes de l'union spirituelle. D'après le R. P. Poulain (3), « dans l'union ordinaire, on n'a qu'une connaissance abstraite de la présence de Dieu ; dans l'union mystique, on en a une connaissance expérimentale ». Il ajoute : « L'amour divin est provoqué par une possession comme expérimentale de Dieu ».

Quand l'âme aspire à Dieu, elle est comme l'amante non satisfaite et dans l'espérance de l'époux. L'état

<hr>

(1) *Tradition des Pères et des auteurs ecclésiastiques sur la contemplation.* T. I. part. II. Dist. X. p. 177.
(2) *Loc. cit.* p. 54.
(3) *Loc. cit.*, p. 55 et 57.

qui en résulte prend le nom de « blessure d'amour ».
Mais quand l'âme a trouvé son Dieu et consommé
ses noces mystiques, ce sont des délices ineffables.
« C'est une paix profonde, dit Sainte Thérèse (1), un
parfait repos de toutes ses facultés où l'âme entre,
disons mieux, où le Seigneur la fait entrer par sa présence, ainsi qu'il usa à l'égard du juste Siméon. L'âme
comprend, mais autrement qu'elle pourrait le faire
par l'entremise des sens extérieurs, qu'elle est déjà
près de son Dieu, et que, pour peu qu'elle s'en appro-
chât davantage, elle deviendrait par l'union une même
chose avec lui ».

Ces unions de l'âme avec Dieu sont complaisamment décrites et en des termes qui font évoquer les
strophes brûlantes du Cantique des cantiques. « Lorsque l'âme s'est purifiée, dit Denis le Chartreux (2),
qu'elle brûle du feu de la charité, qu'elle brille par les
vertus, Dieu prend grandement en elle ses complaisances ; il la saisit familièrement comme une belle
épouse, la serrant, la caressant, l'embrassant, et lui
communiquant libéralement ses biens ».

De même le R. P. Nouet (3) : « Dieu qui était auparavant dans l'âme du juste comme un trésor caché, par le moyen de la grâce sanctifiante se présente
à elle comme un trésor trouvé. Il l'éclaire, il la touche,
il l'embrasse, il la pénètre, il s'écoule dans ses puissances, il se donne à elle, il la remplit de la plénitude
de son être. L'âme, réciproquement, ravie de la vue
de ses attraits et de la vue de sa beauté, le tient,
l'embrasse, le serre étroitement, et, toute embrasée
d'amour, elle s'écoule, elle se plonge, elle s'abime e
se perd délicieusement en Dieu avec des sentiments
de joie inconcevable ».

(1) *Chemin du ciel*, Chap. XXXII.
(2) *Opuscule du discernement des esprits*, art. 18.
(3) *Conduite de l'homme d'oraison*, L. VI. Chap. XIV.

Sainte Thérèse (1) qui a connu ces ravissements, en parle longuement. « Cette amitié de l'époux divin, dit-elle, répand une suavité si grande dans l'intérieur de l'âme qu'elle lui fait vivement sentir que le Seigneur est bien voisin d'elle... L'âme ne voit point cet adorable maître qui l'instruit, elle sait seulement avec certitude qu'il est avec elle ».

Comme les autres mystiques, c'est à cette union qu'aspire la bienheureuse Marguerite Marie (2) : « J'emploie toutes mes forces pour l'embrasser ce bien-aimé de mon âme, non pas des bras du corps, mais des intérieurs qui sont les puissances de mon âme ».

Cet étrange halluciné que fut le curé d'Ars dit également (3) : « La vie intérieure est un bain d'amour dans lequel l'âme se plonge. Elle est comme noyée dans l'amour. Dieu tient l'homme intérieur comme une mère tient la tête de son enfant dans ses mains pour la couvrir de baisers et de caresses ».

Sainte Thérèse (4) insiste sur cette ardeur et ces délicieuses sensations intérieures : « C'est comme si l'on injectait dans la moëlle de son âme une onction très douce, à la manière d'une grande ardeur dont elle serait toute pénétrée ». De même Cassien (5) : « Il arrive souvent, dans les visites divines, que nous sommes remplis de parfums d'une suavité inconnue à l'industrie humaine : de sorte que l'âme, brisée de plaisir, est enlevée dans le ravissement et oublie le corps ».

Comme nous venons de le voir, cette ivresse spirituelle peut être une exaltation pleine d'ardeur ou un demi-sommeil.

« Voyez Madeleine, Théotime, écrit Saint-François

(1) *Fragment sur le Cantique des cantiques*, Chap. IV.
(2) *Vie et œuvres publiées par la Visitation de Paray*.
(3) *Vie par M. Monnin. L. V. Chap. IV*.
(4) *Fragment sur le Cantique des cantiques*, Chap. IV.
(5) *Conférence IV. Chap. V*.

de Sales (1). Elle est assise en une profonde tranquillité, elle ne dit mot, elle ne pleure point, elle ne soupire point, elle ne bouge point, elle ne prie point... Et le divin Amant, jaloux de l'amoureux sommeil et repos de cette bien-aimée, tança Marthe qui la voulait éveiller ». Il ajoute (2) : « L'âme, en ce doux repos, jouit d'un délicat sentiment de la présence divine ». C'est probablement la même chose que le curé d'Ars a voulu exprimer. « On n'a pas besoin, dit-il (3), de tant parler pour bien prier. On sait que le bon Dieu est là dans le Saint Tabernacle ; on lui ouvre son cœur, on se complait dans sa sainte présence ; c'est là la meilleure prière ».

C'est ce que certains mystiques appellent l'oraison infuse de repos et que Scaramelli (4) définit ainsi : « L'oraison infuse de repos n'est autre chose qu'un certain calme, un repos et une suavité intérieure, qui nait du plus intime et du plus profond de l'âme, et quelquefois déborde sur les sens et les puissances corporelles, et qui provient de ce que l'âme est placée près de Dieu et sent sa présence... De cette perception de Dieu présent nait un grand calme, une grande paix, une jouissance pleine de suavité qui s'élève du plus intime de l'âme, c'est-à-dire du lieu où Dieu fait sentir à l'âme sa douce présence ».

Saint François de Sales (5) décrit les charmes de cet état : « L'âme qui est en quiétude devant Dieu, dit-il, sent insensiblement la douceur de cette présence, sans discourir... Elle voit d'une si douce vue son époux présent que les discours lui seraient inutiles... L'âme n'a aucun besoin, en ce repos, de la mémoire, car elle a présent son amant... O Dieu

(1) *Traité de l'amour de Dieu*, I. VI, Chap. VIII.
(2) *Loc. cit.*, id.
(3) *Vie*, T. V., Chap. IV.
(4) *Direction mystique*, Traité 3.
(5) *Traité de l'amour de Dieu*, L. VI. Chap. IX.

éternel, quand, par votre douce présence, vous jetez les odorants parfums dans nos cœurs, la volonté, comme l'odorat spirituel, demeure doucement engagée à sentir, sans s'en apercevoir, le bien incomparable d'avoir son Dieu présent ».

C'est précisément cette présence de Dieu qui ravit les mystiques. Laissons encore en parler quelques-uns d'entre eux. « L'âme connaît sans aucun discours comment Dieu est en elle, dit Saint Alphonse Rodriguez (1). Par cette connaissance, elle en vient à sentir la présence de Dieu en elle, Dieu lui faisant la grâce de se communiquer à elle de cette manière. Ce sentiment de la présence de Dieu n'est pas obtenu par voie d'imagination ; mais c'est en elle une certitude reçue d'en haut ; c'est une certitude spirituelle et expérimentale que Dieu est en l'âme et en tout lieu. Cette présence de Dieu se nomme présence intellectuelle ».

Le R. P. Nouet (2) : « Quelquefois, entrant en l'oraison ou en tout autre exercice, avec sécheresse et dégoût, après avoir souffert cette peine, l'âme s'aperçoit tout à coup que l'époux est présent, et cette présence, dont elle a grande certitude, lui cause un amoureux et respectueux tremblement... Souvent cette vue la tient dans une amoureuse admiration, et souvent aussi ses puissances demeurent prises comme d'un doux sommeil, dans lequel elle goûte des délices incroyables ».

La mère Thérèse Couderc, fondatrice de la Congrégation de Notre-Dame du Cénacle, déclare (3) : « C'est un doux sentiment de la présence de Dieu et de son amour qui fait éprouver à l'âme un grand bonheur, et la recueille toute en lui, au point qu'elle a de la peine à s'en distraire ».

(1) *Vie de Saint Alphonse d'après ses mémoires*, n° 40.
(2) *Conduite de l'homme d'oraison*, L. IV, Chap. VI.
(3) P. LONGHAYE, *Histoire de la Congrégation*, p. 178.

Le père Balthasar Alvarez (1) a, lui aussi, éprouvé cette sensation mystérieuse de la présence de Dieu. « Etant entré en oraison, dit-il, j'ai senti la présence du Seigneur qui était là d'une manière qu'il n'était ni vu ni imaginé. Néanmoins je le sentais avec plus de certitude et de clarté que ce que l'on voit ou que l'on imagine... Cela donne une paix et un contentement si grands qu'il semble que le Seigneur introduise l'âme dans son royaume ».

Sainte Thérèse en a conservé un souvenir impérissable. « Cette première vue de l'époux, dit-elle (2), est restée tellement peinte dans l'âme que tout son désir est de jouir encore du bonheur de sa présence ».

Et voici, d'après Richard de Saint Victor (3), comment Dieu manifeste sa présence. « Souvent, dans cet état, le Seigneur descend du ciel ; souvent il vise l'âme qui est assise dans l'ombre et les ténèbres de la mort ; souvent la gloire du Seigneur remplit le tabernacle qui couvre l'arche d'alliance ; mais il fait tellement sentir sa présence qu'il ne montre point son visage. Il répand au-dedans sa douceur, mais il ne manifeste point sa beauté. Il y répand sa suavité, mais il n'y montre point sa clarté. On sent donc sa douceur, mais on ne voit point ses charmes. Il est encore environné de nuages et d'obscurité ; son trône est encore dans une colonne de nuée. A la vérité ce que l'on sent est extrêmement doux et plein de caresses, mais ce que l'on voit est tout dans l'obscurité ; car il ne parait pas encore dans la lumière. Et quoiqu'il paraisse dans le feu, c'est un feu qui chauffe plutôt qu'il n'éclaire. Il enflamme bien la volonté, mais il n'illumine pas l'entendement ».

Sainte Jeanne de Chantal (4) écrivait également à

(1) *Vie*, Chap. XV.
(2) *Château intérieur*, VIe Demeure, Chap. I.
(3) *De gradibus violentæ charitatis.*
(4) *Vie* par l'abbé BOUGAUD, Chap. XVIII.

Saint François de Sales : « Mon esprit, en sa fine pointe, est une très simple unité : il ne s'unit pas, car, quand il veut faire des actes d'union, en certaines occasions, il sent de l'effort et voit clairement qu'il ne peut unir, mais demeurer uni : l'âme ne voudrait bouger de là. Elle ne pense ni ne fait chose quelconque, sinon un certain enfoncement de désir, qui se fait quasi imperceptiblement. Elle ne voudrait faire que cela, elle voudrait seulement demeurer en cette très simple unité d'esprit avec Dieu, sans étendre sa vue ailleurs ».

Philippe de la Sainte-Trinité (1) parle aussi de ce toucher intérieur qui permet de percevoir la présence de Dieu. « Dans l'union mystique, dit-il, Dieu est perçu par le toucher intérieur et un embrassement; il est palpé d'une certaine façon par l'âme... L'âme le constate manifestement, parce que Dieu lui donne alors la certitude de sa présence réelle ».

Ainsi, et c'est Saint Ambroise lui-même qui parle (2), « l'âme du juste est l'épouse du Verbe. Si cette âme brûle de désir, si elle prie sans cesse, si elle se porte toute vers le Verbe, alors il lui semble tout à coup qu'elle entend sa voix sans le voir, et qu'elle sent intimement l'odeur de sa divinité, ce qui arrive souvent à ceux qui ont une excellente foi. Tout d'un coup l'odorat de l'âme est rempli d'une grâce spirituelle, et sent un doux souffle qui lui marque la présence de celui qu'elle cherche ».

Pour d'autres, il ne s'agit plus de parfums ni d'odeur, mais de saveur et d'attouchement. « La cause ordinaire de ce plaisir infiniment délicieux, dit le P. Crasset (3), est un goût et une saveur célestes, joints à un attouchement ineffable que Louis de Blois appelle un attouchement substantiel de la divinité ».

(1) *Summa theologia mystica*. Discours préliminaire. Art. 8.
(2) *Sermons*. VI.
(3) *Vie de Madame Hélyot*. L. II. Chap. IM. p. 15.

Aussi quels transports d'allégresse, quels cris d'enthousisame, quelles paroles brûlantes on retrouve dans tous les écrits des mystiques qui ont joui de l'union avec Dieu ! « C'est une transformation totale de l'âme en son bienaimé, s'écrie Saint Jean de la Croix (1), transformation dans laquelle les deux parties se donnent et se livrent l'une à l'autre d'une manière absolue, par une certaine consommation de l'union d'amour qui élève L'âme au-dessus d'elle-même et la divinise ». Le bienheureux Hugues de Saint-Victor (2) fait parler l'âme elle-même : « Quelle est cette douce chose, dit-elle, qui, au souvenir de Dieu, vient parfois me toucher ? Elle m'affecte avec tant de véhémence et de suavité que je commence à m'aliéner toute entière de moi-même et à être enlevée je ne sais où. Subitement je suis renouvelée et changée ; c'est un bien-être inexprimable ».

Mais il faut surtout entendre Ruysbroeck (3) qu'on a surnommé l'Admirable. « Quand l'âme a connu le contact divin, dit-il, il croît en elle une faim incessante que rien ne peut assouvir. C'est l'amour avide et béant, l'aspiration de l'esprit créé vers le bien incréé. Dieu invite l'âme, l'excite en un désir véhément de jouir de lui ; et elle veut y arriver ».

Saint Augustin (4) lui-même s'est laissé aller à ces élans d'amour mystique : « O mon Dieu, s'écrie-t-il, qu'est-ce que j'aime donc quand je vous aime ? Ce n'est pas une beauté corporelle, ni la majesté d'un visage, ni l'éclat d'une lumière flattant agréablement les yeux, ni la suave odeur des fleurs et des parfums, ni le goût du miel ou de la manne, ni les étreintes corporelles. Non, ce n'est pas là ce que j'aime en mon Dieu. Et pourtant ce que j'aime en lui, c'est une cer-

(1) *Cantique*. Strophe 22.
(2) *De arrha animæ*. T. II.
(3) *Ornement des noces*. L. II. Chap. LV.
(4) *Confessions*, T. X. Chap. VI.

taine lumière, une certaine voix, une certaine odeur'
une certaine nourriture, une certain embrassement'
tout cela n'étant éprouvé que par ce qu'il y a en moi
d'intérieur. Mon âme voit briller une lumière qui
n'est pas dans l'espace, elle entend un son qui ne s'éteint
pas avec le temps, elle sent un parfum que le vent
n'emporte pas, elle goûte un aliment que l'avidité
ne fait pas diminuer, elle s'attache à un objet que la
satiété ne fait pas abandonner. Voilà ce que j'aime
quand j'aime mon Dieu ».

Saint Alphonse Rodriguez (1) s'écrie : « O festin
du ciel ! Dieu invite l'âme, et, dans un repas d'amour,
il se donne lui-même ! O amour suprême ! O amour
céleste ! O amour béni ! O amour précieux ! O amour
profond et divin qui en vient à ce que le convive se
donne lui-même à l'âme en nourriture ! » Et Saint
Jean de la Croix (2) : « O douce main ! O touche délicate, qui avez le goût de la vie éternelle ! »

Ecoutez encore cete prière de Louis de Blois (3) :
« O le bienaimé de mon âme, mon bienaimé, mon
bienaimé ! O de tous les amis le plus cher ! O mon
amour unique ! O époux plus beau que la fleur, plus doux
que le miel ! O douceur, douceur, douceur de mon
cœur et vie de mon âme ! O lumière sereine qui
éclaires les replis les plus cachés. O mon Seigneur
et mon Dieu ! O brillante et délicieuse Trinité, Dieu
unique, viens, viens me rassasier de tes dons infus !
Je t'adore, je te loue et je te glorifie : parce qu'à toi
appartient la louange et l'honneur dans les siècles
éternels. O mon Dieu et mon tout ! O abime souverainement suave et aimable ! O mon très simple et
très agréable bien, mon bien véritable, que rien ne
pourrait remplacer, remplis-moi de toi-même. Allons,
mon très cher bienaimé, introduis-toi dans le fond

___

(1) *Loc. cit.*
(2) *La vive flamme.* Str. 2. v. 3.
(3) *Institutio spiritualis.* Append. 24. nº 5.

le plus secret de mon âme, et ravis-moi en toi qui es
mon origine, afin que tu trouves en moi tes délices »

Enfin, pour terminer, un cantique qui a pour titre.
l'Union mystique, et emprunté à un livre de piété
mystique.

Qui vous goûte, Jésus, de vous reste affamé !
Qui vous boit à longs traits veut s'énivrer encore,
Et le désir brûlant qui sans cesse dévore,
C'est de tenir étreint votre cœur bienaimé.

Bien plus, on veut entrer. Car là s'ouvre et s'étend
De la divinité le bienheureux abîme.
L'âme enchaînée au corps, veut, du moins par ta cime,
Plonger en ce beau ciel et s'y perdre un instant.

Le bon Maître sourit à ce désir d'amour,
Et, répondant au cri de l'âme ardente et pure :
« Viens, dit-il, ma colombe ; entre par ma blessure.
Des mystères profonds je t'ouvre le séjour ».

A ces mots il étend ses caressantes mains,
Et porte vers son cœur la colombe chérie.
Elle entre. O joie immense ! O véritable vie !
Je te possède donc, ô doux trésor des saints !

O vie, il te fallait à mon cœur altéré !
Partout je te cherchais, sans pourtant te connaître;
Mais un instinct secret, appel du divin Maître,
Me guidait vers le bien qui m'était préparé.

Quel mystère profond s'accomplit en ce lieu !
Deux esprits sont donc là dans une douce étreinte ;
De leurs feux se croisant, ils ressentent l'atteinte.
L'âme peut respirer, saisir, entrevoir Dieu.

Hélas ! l'heure a sonné de songer au retour.
La colombe descend, mais toute transformée.
D'un double feu là-haut elle s'est enflammée :
Le désir de souffrir et le divin amour.

Viennent les grandes eaux ! Elles n'éteindront plus
Son amour pour le Christ. L'âme veut, pour lui plaire,
Etre foulée aux pieds, avoir part au Calvaire.
Il lui faut à tout prix les douleurs de Jésus.

Qui vous goûte, Jésus, de vous reste affamé !
Qui vous boit à longs traits, veut s'enivrer encore ;
Et le désir brûlant qui sans cesse dévore,
C'est de porter la croix comme le Bienaimé.

P. Verlaine (1) lui-même, étrange personnalité
en laquelle se coudoyaient les vices les plus infâmes
et les plus raffinés avec les sentiments les plus nobles
et les plus ingénus, a eu, à ses heures de détresse,
de ces crises de mysticisme amoureux. Il clame
alors :

O mon Dieu, vous m'avez blessé d'amour,
Et la blessure est encore vibrante.
. . . .
Noyez mon âme aux flots de votre Vin,
Fondez ma vie au pain de votre table.

Il offre son sang et sa chair :

Voici mon sang que je n'ai pas versé,
Voici ma chair indigne de souffrance.

Voici mon sang que je n'ai pas versé.
Voici mon front qui n'a pu que rougir.

(1) *Sagesse.*

Pour l'escabeau de vos pieds adorables,
Voici mon front qui n'a pu que rougir.

Voici mes mains qui n'ont pas travaillé ;
Pour les charbons et l'encens rare,
Voici mes mains qui n'ont pas travaillé.

Voici mon cœur qui n'a battu qu'en vain ;
Pour palpiter aux ronces du Calvaire,
Voici mon cœur qui n'a battu qu'en vain.

Voici mes pieds, frivoles voyageurs ;
Pour accourir au cri de votre grâce,
Voici mes pieds, frivoles voyageurs.

Voici mes yeux, luminaires d'erreurs :
Pour être éteints aux pleurs de la prière,
Voici mes yeux, luminaires d'erreurs.

Le poëte cherche l'amour de Dieu. Mais il cherche
et ne trouve pas, car Dieu est en haut et l'âme en bas :

Et pourtant je vous cherche en longs tâtonnements,
Je voudrais que votre ombre au moins vêtit ma honte,
Mais vous n'avez pas d'ombre, ô vous dont l'amour
                                        (monte,
O vous, fontaine calme, amère aux seuls amants

De leur damnation, ô vous toute lumière,
Sauf aux yeux dont un lourd baiser tient la paupière.

Mais Dieu s'ouvre à l'âme et l'invite :

Il faut m'aimer ! Je suis l'universel Baiser,
Je suis cette paupière et je suis cette lèvre
Dont tu parles, ô cher malade, et cette fièvre
        qui t'agite, c'est moi toujours !

    .   .   .   .

O ma nuit claire ! O tes yeux dans mon clair de lune,
O ce lit de lumière et d'eau parmi la brume !
Toute cette innocence et tout ce reposoir !

Aime-moi ! Ces deux mots sont mes verbes suprêmes,
Car étant ton Dieu tout puissant, je peux vouloir,
Mais je ne veux d'abord que pouvoir que tu m'aimes.

Combien cet amour du divin éclaire certains gestes
et certains faits ! Sans cette érotomanie religieuse
on ne pourrait comprendre la vie de Sainte Lidwine
de Schiedam, par exemple.

Lidwine naquit à Schiedam, en Hollande, en 1380.
A quinze ans, à la suite d'une chute, elle eut un abcès
pleuro-pulmonaire, elle devint infirme et, pendant
de longues années, son corps ne fut qu'une plaie puru-
lente et sanguinolente. « Alors l'amoureuse furie de
l'Epoux s'abattit sur elle. Cette chair jeune et charmante dont il l'avait revêtue, elle sembla tout à coup
le gêner, et il la coupe et il l'ouvre dans tous les sens
afin de mieux saisir l'âme qu'elle enferme et la broyer.
Il élargit ce pauvre corps, lui donne l'effrayante capacité d'engloutir tous les maux de la terre et de les brûler dans la fournaise expiatrice des supplices » (1).
Mais Lidwine a la foi; elle se croit aimée de l'Epoux;
elle vit au milieu des anges qui viennent la consoler
sur sa couche de misère : ses souffrances se changent
en allégresse; ses plaies deviennent des électuaires
merveilleux pour la foule qui ne comprend plus.

III. Le culte de la Sainte Vierge

« Il est une reine, dit B. Ball (2), qui a réuni plus
d'adorateurs que toutes les autres, je veux parler de
la Sainte-Vierge, celle qu'on appelle la Reine des

(1) J. K. Huysmans. *Vie de Sainte Lidwine de Schiedam.*
(2) *Leçons sur l'érotomanie.*

Anges et l'Impératrice des cieux. Pour qui connaît la connexion intime qui existe entre le sentiment religieux et le sentiment érotique, il n'est pas douteux que cette passion si éthérée pour la Vierge de quelques jeunes prêtres et même de graves théologiens ne représente une effusion spéciale de l'érotomanie et que ce ne soit l'amour ardent de la femme qui ait dicté les écrits de ces célibataires ».

Dans un de ses romans (1), E. Zola a admirablement décrit un de ces états d'âme chez un jeune prêtre. « Les lèvres balbutiantes, écrit-il, l'abbé Mouret regardait la grande Vierge. Il la voyait venir à lui du fond de sa niche verte, dans une splendeur croissante. Ce n'était plus un clair de lune roulant à la cime des arbres. Elle lui semblait vêtue de soleil, elle s'avançait majestueusement, glorieuse, colossale, si toute puissante qu'il était tenté par moments de se jeter la face contre terre, pour éviter le flamboiement de cette porte ouverte sur le ciel ». Il en est presque halluciné. « Lorsque, seul en face de la grande Vierge dorée, il s'hallucinait jusqu'à la voir se pencher pour lui donner ses bandeaux à baiser, il redevenait très bon, très jeune, très fort, très juste, tout envahi d'une vie de tendresse ». Il en résulte des élans d'une passion toute sensuelle. « Alors il s'enfonça dans les subtilités de son affection. Il se donna des délices inouïes à discuter la légitimité de ses sentiments. Les livres de dévotion à la Vierge l'excusèrent, le ravirent, l'emplirent de raisonnements, qu'il répétait avec des recueillements de prière. Ce fut là qu'il apprit à être l'esclave de Jésus en Marie. Et il citait toutes sortes de preuves, il distinguait, il tirait des conséquences. Marie, à laquelle Jésus avait obéi sur la terre, devait être obéie par tous les hommes : Marie gardait sa puissance de mère dans le ciel, où elle était la grande dispensatrice des trésors de Dieu, la seule qui pût l'implorer, la seule qui distri-

____
(1) *La faute de l'abbé Mouret*

buait les trônes : Marie, simple créature auprès de Dieu, mais haussée jusqu'à lui, devenait ainsi le lien humain du ciel à la terre, l'intermédiaire de toute grâce et de toute miséricorde ; et la conclusion était toujours qu'il fallait l'aimer par dessus tout, en Dieu lui-même. Puis, c'étaient des curiosités théologiques plus ardues, le mariage de l'Époux céleste, le Saint-Esprit scellant le vase d'élection, mettant la Vierge mère dans un miracle éternel, donnant sa pureté inviolable à la dévotion des hommes ; c'était la Vierge victorieuse de toutes les hérésies, l'ennemie irréconciliable de Satan, l'Ève nouvelle annoncée comme devant écraser la tête du serpent, la Porte Auguste de la grâce, par laquelle le Sauveur était entré une première fois, par laquelle il entrerait de nouveau au dernier jour, prophétie vague, annonce d'un rôle plus large de Marie, qui laissait Serge sous le rêve de quelque épanouissement immense d'amour. Cette venue de la femme dans le ciel cruel et jaloux de l'ancien Testament, cette figure de blancheur, mise au pied de la Trinité redoutable, était pour lui la grâce même de la religion, ce qui le consolait de l'épouvante de la foi, son refuge d'homme perdu au milieu des mystères du dogme. Et quand il se fut prouvé, points par points, longuement, qu'elle était le chemin de Jésus, aisé, court, parfait, assuré, il se livra de nouveau à elle, tout entier, sans remords ; il s'étudia à être son vrai dévot, mourant à lui-même, mourant dans la soumission.

« Heure de volupté divine. Les livres de dévotion à la Vierge brûlaient entre ses mains. Ils lui parlaient une langue d'amour qui brûlait comme un encens. Marie n'était plus l'adolescente voilée de blanc, les bras croisés, debout à quelques pas de son Christ ; elle arrivait au milieu d'une splendeur, telle que Jean la vit, vêtue de soleil, couronnée de douze étoiles, ayant la lune sous ses pieds ; elle l'embaumait de sa bonne odeur, l'enflammait du désir du ciel, le ravissait

jusque dans la chaleur des astres flambant à son front.
Il se jetait devant elle, se criait son esclave ; et rien
n'était plus que ce mot d'esclave qu'il répétait, qu'il
goûtait davantage, sur sa bouche balbutiante, à
mesure qu'il s'écrasait à ses pieds, pour être sa chose,
son rien, la poussière effleurée du vol de sa robe bleue.
Il disait avec David : « Marie est faite pour moi ». Il
ajoutait avec l'évangéliste : « Je l'ai prise pour tout
mon bien ». Il la nommait « ma chère maîtresse », man-
quant de mots, arrivant à un babillage d'enfant et
d'amant, n'ayant plus que le souffle entrecoupé de
sa passion. Elle était la Bienheureuse, la Reine du
ciel célébrée par les neuf chœurs des anges, la mère
de la belle dilection, le trésor du Seigneur. Les images
vives s'étalaient, la comparaient à un paradis terrestre,
fait d'une terre vierge, avec des parterres de fleurs
vertueuses, des prairies vertes d'espérance, des tours
imprenables de force, des maisons charmantes de
confiance. Elle était une fontaine que le Saint-
Esprit avait scellée, un sanctuaire où la Très
Sainte Trinité se reposait, le trône de Dieu, la cité
de Dieu, l'autel de Dieu, le temple de Dieu, le
monde de Dieu, et lui se promenait dans ce jardin,
à l'ombre du soleil, sous l'enchantement des verdures ;
lui, habitait le bel intérieur de Marie, s'y appuyant,
s'y cachant, s'y perdant sans réserve, buvant le
lait d'amour infini qui tombait goutte à goutte de ce
sein virginal ».

Verlaine (1) aussi a brûlé de ce feu merveilleux
d'amour pour la Vierge des Vierges.

Je ne veux plus aimer que ma mère Marie.

.   .   .   .

C'est pour elle que j'ai mon cœur dans les Cinq Plaies.

.   .   .   .

> Marie Immaculée, amour essentiel,
> Logique de la foi cordiale et vivace,

_____
(1) *Sagesse.*

En vous aimant qu'est-il de bon que je ne fasse,
En vous aimant du seul amour, Porte du Ciel !

A. Giron et A. Tozza (1) ont dépeint plus explicitement encore et en terme aussi imagés un état d'âme semblable chez les religieux qui habitaient les « laures » (2) aux environs d'Antinoé et qu'on appelait les belles âmes d'Antinoé. Mâter et réprimer la chair était leur préoccupation constante.

« Quant au démon de la chair, c'était l'ennemi toujours infatigable et toujours présent, dont ils avaient l'obsession et la continuelle hantise.

« Détachés des humaines tendresses, en garde sans cesse contre la révolte des sens et les égarements de la pensée, priant de l'aube au crépuscule, ils haletaient, néanmoins, d'épouvante aux approches de la nuit, mère des illusions et des songes.

« Lorsqu'au matin, exténués par la veille, hallucinés par le jeûne, ils se levaient du grabat de pénitence, les vapeurs du Nil, les rares nuages du ciel présentaient à leurs yeux des croupes nues, des chutes lascives, des couples entrelacés. Les vents sur eux glissaient, chargés d'effluves luxurieuses ; dressés çà et là, des blocs isolés, des aiguilles de granit prenaient les aspects et la rigidité des phallus, tandis que les fissures des carrières et les crevasses des roches offraient des entrebâillements de ctéis ».

Aussi, l'un des moines devient amoureux de la Sainte Vierge, de la Panaghia (3). Il l'invoque en de brûlantes litanies : « O très belle amphore, la manne du ciel, Panaghia Maria ! O la joie des infirmes et la source des tristes ! O Lys, sous votre manteau d'azur

(1) *Antinous.*
(2) En russe on dit actuellement : lavra. C'est un couvent de moines orthodoxes. La plus célèbre des lavras est à Kiew.
(1) Des deux mots grecs : πας (tout) et αγια (sainte), c'est-à-dire la Toute-Sainte ou la Très-Sainte.

aux fleurettes d'or, je salue votre blancheur. O Panaghia Maria, que mon cœur n'a-t-il, comme les cornes
de l'antilope, la forme d'une lyre pour te chanter,
Nuée lumineuse, Émeraude de pudeur, Joyau du
Paradis, Salut des cœurs ! O Panaghia Maria, mon
âme brame après vous comme le cerf du livre. O Panaghia Maria, très suave Parfum, Chant céleste du rossignol, Printemps virginal ».

Je me suis trouvé au Mexique au moment des fêtes
de la Vierge de Guadeloupe dont l'image inspirée
tient la place d'honneur dans presque toutes les églises
mexicaines. J'ai vu, au sanctuaire de Guadeloupe
même, aux portes du Mexico, plus de dix-mille Indiens, accourus de tous les points du Mexique, étalant leurs haillons et leur vermine au soleil. Prosternés,
ils baisaient éperdûment les dalles de la basilique,
brûlaient des cierges, bramaient des prières et des
cantiques. C'était hideux.

Mais j'ai assisté aux réjouissances que provoque
cet anniversaire dans les églises de Mexico, de Puebla,
de Guadalajara. La Vierge-Mère était partout glo-
rifiée. Elle trônait sur tous les autels, vêtue d'aube et
d'azur. Son fils, le dieu de la mort, le Christ cadavé-
reux et sanguinolent, comme on en voit un sous une
chasse de verre à la cathédrale de Puebla, était relégué
au second plan. Je me souviens en particulier, d'une
matinée ensoleillée que j'ai passée à la vieille et pittoresque ville de Tlaxcala. Les cloches de ses églises
sonnaient à toute volée. J'entrai dans la principale.
Des prêtres, vêtus comme elle d'aube et d'azur,
encensaient celle dont le pape au cœur douloureux
a fait l'Immaculée Conception. Avec quel enthousiasme
tous ces pauvres Indiens entonnaient l'hymne : Salve,
Regina ! Oui, elle était bien pour eux la Reine, la
femme reine sur la terre et dans les cieux, la vierge et
la mère, l'amante et l'épouse, suivant la loi du
monde, et pour cela : Mater misericordiæ !

CHAPITRE IV

L'amour platonique

Un jour, dans une église de Florence, un adolescent
rencontra une fillette de neuf ans. Jamais il ne lui
adressa la parole, mais il l'aima pendant toute sa
vie du plus pur, du plus idéal amour qui soit
jamais éclos dans le cœur d'un homme. Cet homme
s'appelait Dante Alighieri et cette femme Beatrice
Portinari. Cet amour enfanta un chef-d'œuvre : la
« Divine comédie. »

C'est là la forme la plus élevée, la plus abstraite
de ce qu'on appelle l'amour platonique.

On pourrait presque en dire autant de l'amour
que Laure inspira à Pétrarque. En effet, le *Canzoniere*
contient l'art d'aimer sans satisfactions matérielles,
sans vues intéressées, sans calculs, sans peintures
corruptives. « Je dois à Laure tout ce que je suis,
déclare Pétrarque (1). Je ne serais pas arrivé à un
certain degré de renommée, si elle n'avait, par de
nobles sentiments, fait germer ces semences de vertus que la nature avait jetées dans mon cœur. Elle

(1) *De contemptu mundi*, Dialogue III.

tira ma jeune pensée de toute bassesse et me donna des ailes pour prendre mon vol et contempler en sa hauteur la cause première, puisque c'est un effet de l'amour de transformer les amants et de les rendre semblables à l'objet aimé. »

Je retrouve, exprimées dans un livre curieux de M. A. Fontainas (1), avec la recherche et l'affêterie du style, des idées semblables. « Elle! Son geste m'a désigné les chemins de l'aurore. Des cendres de ma mémoire abolie elle a ranimé une flamme d'aimer et de vouloir. Elle a peuplé ma destinée future de tant de désirs enthousiastes que maintenant, moi, l'indolent assoupi aux carrefours anciens de maints regrets, je me suis levé, je marche vers les fêtes promises de la montagne. Et mon pas se faisait allègre, j'allais les yeux fixés sur les lueurs matinales, mais je me suis soudain détourné vers l'ombre de la plaine disparue où je n'ai rien vu, sinon l'horreur ténébreuse de l'idole sourde foulant aux pieds toutes les fleurettes qui y figuraient pour moi, jadis, le sourire d'un espoir ou la forme d'une affection ».

Cet amour sentimental n'est pourtant qu'une forme spéciale de l'érotomanie, forme supérieure, idéale, si l'on veut, mais ce n'est plus de l'amour normal,celui qui se trouve sur

> La route de la fange au ciel
> Où Vénus Astarté rencontre
> A mi-chemin Ithuriel (2).

Ce n'est même plus celui que chante F. Mistral (3) :

> L'amour es uno escandihado
> Ounte dos amo enebriado

(1) *L'ornement de la solitude.*
(2) V. HUGO, *Chansons des rues et des bois.*
(3) *Nerto,* Chant II.

Prenon lou vanc jusqu'au trelus
E s'embessounon a noun plus (1).

Cette forme d'amour morbide n'est pas nouvelle. Orphée alla jusqu'aux enfers à la recherche d'Eurydice. Le Tasse passa quatorze ans dans les rêves d'une flamme amoureuse. Au moyen âge, les romans de chevalerie ne parlent que de cela. La femme y est l'objet d'un véritable culte. Pour lui plaire, pour obtenir d'elle un sourire, le chevalier servant est prêt à tout, jusqu'au sacrifice de sa vie. Dieu et ma Dame ! Telle est la devise de cette époque. Tel est Don Quichotte, amoureux de Dulcinée sans la connaître.

Ruy-Blas, un laquais, aime Dona Maria de Neubourg, reine d'Espagne :

Madame, sous vos pieds, dans l'ombre un homme
                                        (est là
Qui vous aime, perdu dans la nuit qui le voile,
Qui souffre, ver de terre amoureux d'une étoile !
Qui pour vous donnera son âme s'il le faut !
Et qui meurt en bas, quand vous brillez en haut (2).

Un page tomba amoureux de Marie Stuart et deux fois on le trouva couché sous le lit de la reine. La première fois on lui pardonna ; la seconde, on l'envoya à l'échafaud. Il mourut en murmurant ces simples mots : « cruelle dame ! »

Chérubin aime sa belle marraine et Fortunio soupire :

        Si vous croyez que je vais dire
            Qui j'ose aimer,

(1) L'amour est un jet de soleil
     Dans lequel, enivrées, deux âmes
     S'élancent jusqu'à la pleine lumière
     Et se confondent inséparablement.
(2) V. Hugo. *Ruy Blas*, Acte II, Sc. II.

>   Je ne saurais pour un empire
>   Vous la nommer. (1).

Carmosine s'est éprise de Pierre d'Aragon, roi de Sicile, et elle en meurt. « Je l'ai vu à cheval au Tournoi, dit-elle à son ami Minuccio, et je me suis prise pour lui d'un amour qui m'a réduite à l'état où je suis. J'ai résolu, pour moins de souffrance, d'en mourir, et je le ferai ». (2)

Ptolémon, s'il faut en croire Athénée, assure qu'un grec avait conçu la plus vive passion pour un Cupidon de pierre de Praxitèle qui se trouvait dans la galerie des tableaux de Delphes. Lucien et Saint Clément d'Alexandrie parlent d'un jeune homme qui devint amoureux, à Cnide, d'une Vénus de Praxitèle.

De nos jours encore on rencontre de ces étranges nihilistes de la chair. Un jardinier était devenu amoureux d'une Vénus de Milo placée dans un parc de Paris.

Mais le fait le plus curieux est celui que Magnan a communiqué à l'académie de médecine le 13 janvier 1885. Il s'agit d'un héréditaire dégénéré, élève de l'école des Beaux-Arts. On s'aperçut à un moment donné qu'il devenait soucieux, passant de longues heures la nuit à sa fenêtre. Quand on l'interrogea, il répondit qu'il fallait un idéal, qu'il en avait besoin. Et son idéal c'est Myrtho qui s'est réfugiée dans l'étoile Véga. Il contemple tous les soirs cette étoile, vient la voir avant de se coucher, brûle pour elle des essences et de l'encens ; il lui adresse des vers. On a parfois essayé de détourner son attention, de l'accompagner dans sa chambre, de fermer les fenêtres, de l'empêcher de regarder au ciel : c'est peine inutile : dès qu'il est seul, il se relève et ne s'endort qu'après avoir jeté un dernier regard vers Myrtho.

1) A. de Musset, *Le Chandelier*, Acte II, sc. III.
(2) A. de Musset, *Carmosine*, Acte I, Sc. IX.

Les femmes lui font horreur et, par les nuits claires, il vit heureux dans la contemplation de l'objet aimé qui lui sourit du haut du firmament.

CHAPITRE V

Origines étiologiques de l'érotomanie

I. L'HÉRÉDITÉ

J'écrivais, il y a quelques années (1) : « Le dégénéré supérieur est un cœur tout préparé pour recevoir l'amour morbide. Quelquefois l'amour apparaît chez lui subitement et pour ainsi dire sans raisons ; d'autres fois il est le résultat d'une série de suggestions, suggestions du milieu, suggestions de l'objet aimé, etc. Mais, bien plus souvent, la suggestion part du sujet lui-même qui s'auto-suggestionne. Son amour ressemble à l'idée fixe des aliénés, mais l'idée vient de lui ; si vous n'approuvez pas sa folle passion, si vous cherchez à lui montrer combien elle est ridicule et insensée, il vous traitera d'homme rassis, de cœur sec, etc... « Ne parlez pas d'amour, clame-t-il, vous n'avez jamais aimé et vous n'aimerez jamais ! Vous ne savez pas ce que c'est que l'amour; vous ne le saurez jamais! » Vanité et paradoxe! Comme s'il fallait être fou pour aimer ! Autant dire que l'homme qui ne s'est jamais enivré ne connait pas le gout du vin et ne sait pas l'apprécier! Cet amour morbide est une hypertrophie d'un sentiment vrai, et par conséquent un phénomène pathologique ».

(1) *L'amour morbide.*

C'est, en effet, dans le manque d'équilibre et de pondération des dégénérés, plus spécialement de ceux qu'on a appelés les dégénérés supérieurs, qu'il faut chercher les origines de l'érotomanie. Chez l'érotomane comme chez l'obsédé, il y a absence de synergie dans la coopération des divers centres, ce qui amène la prédominance et un tonus exagéré du centre psychique avec inhibition et arrêt des autres centres.

J'ai cité (1) un exemple d'érotomanie chez un individu atteint de débilité mentale. Qu'on me permette de le rappeler.

P... est un simple d'esprit, un débile. Employé comme valet de charrue dans les fermes, ses prétentions au beau langage et ses excentricités l'ont rendu la risée de tous. Son amour exagéré de l'ordre l'amenait à mouler les tas de fumier avec une régularité presque géométrique ; il balayait les cours des fermes où on l'employait avec un soin minutieux, ne laissant pas traîner un fêtu de paille ou une feuille sèche, enfonçant à coups de massue les pierres qui faisaient saillie et recommençant chaque fois que la gelée les soulevait. Il se livrait à toutes sortes d'excentricités : un jour il veut aller labourer au clair de lune sous prétexte qu'il faisait trop chaud pendant la journée ; un autre jour, il arrache un buisson qui limitait une propriété et qui le gênait : pour qu'on n'y vit rien, il fit une fosse profonde et enterra les branches qu'il avait coupées.

Il entrait dans de violentes colères quand ses maîtres lui parlaient sur un ton ironique ou grossier. Un jour, l'un d'eux, le maire du village, lui donne un ordre qu'il refuse avec ostentation d'exécuter. Il avait souvent de ces entêtements invincibles, travaillant presque toujours par caprice. « Tu as donc des volontés, lui dit le maître. — Certainement !

(1) *L'amour morbide.*

— Alors mène-les ch... ! » Cette apostrophe que les paysans emploient fréquemment, le blessa vivement. « Un maire parler ainsi à son serviteur, disait-il, c'est une honte ! »

Souvent il passait des journées entières à chanter le *Dies iræ* ou les psaumes de la pénitence. Ce n'est pas tout. Il était amoureux. Au lieu de tourner son amour vers quelque fille humble et pauvre comme lui, il songea à la fille d'un gros fermier du village. Naturellement ses prétentions furent accueillies par des facéties et tout le village railla son amour. Rien n'y fit. Les sarcasmes des autres jeunes gens, les rebuffades et les plaisanteries cruelles de la jeune fille qui se moquait ouvertement de lui, ne purent l'en détacher. «Je l'aimais déjà, disait-il souvent, alors qu'elle était au sein de de sa mère, et celle-ci ignorait encore le fruit qu'elle portait ». Il espérait toujours vaincre la froideur de celle qu'il aimait, la poursuivant de ses déclarations sentimentales qui la faisaient tordre de rire. Un jour son maître l'envoya porter une lettre au père de cette jeune fille. Au lieu de la remettre simplement au père, il s'approcha de la demoiselle, s'agenouilla pour baiser le bas de sa robe, et, comme les chevaliers servants du moyen-âge, déposa la missive sur ses genoux. La sœur de celle-ci prit un pot plein d'eau et le versa sur le dos de l'amoureux aux éclats de rire des assistants. Quand il rentra tout trempé chez son maître, celui-ci, se doutant de ce qui s'était passé, lui dit en riant : « Il pleut donc ! — Non, maître, répondit-il tristement, et vous le savez bien ; mais je l'aime toujours. »

Chez les dégénérés supérieurs la passion a généralement plus d'éclat, mais elle n'en n'est pas moins pathologique.

II. L'occasion.

Ainsi l'érotomane porte généralement en lui la tare héréditaire. Il est marqué de ce que les anciens appelaient le sceau de la fatalité. Mais pour que l'obsession éclose et se précise, il faut une cause occasionnelle. C'est, le plus souvent, une lecture ou une rencontre fortuite. « Le prédisposé, dit Portemer (1), reçoit comme un coup de foudre en lisant une phrase qu'il se croit destinée, en croyant se reconnaître dans le personnage amoureux et aimé d'un roman, en rencontrant soudain la personne de l'autre sexe qui ressemble, selon lui, à l'idéal que déjà depuis longtemps il s'est fait dans son esprit. Dès lors l'idée délirante s'implante et évolue. Il s'en faut que la cause occasionnelle soit toujours objective. Elle peut être subjective. Le malade peut être assez fortement obsédé par son « idéal » pour croire à son existence réelle. L'idée délirante peut donc éclater d'emblée, l'objet des tendresses de l'érotomane étant une simple création de son imagination ».

M. Portemer a précisément observé deux cas où cette interprétation de faits insignifiants ou indifférents dans le sens des idées érotomaniaques est particulièrement remarquable. Avec une ingéniosité remarquable l'érotomane donne à tous les évènements une explication favorable qui ne fait qu'alimenter et entretenir sa passion.

Mlle J... était professeur dans un collège de jeunes filles en province. Lors d'une visite officielle à ce collège, elle se croit remarquée avec une insistance particulière par M. X... qui exerçait dans la ville de hautes fonctions. Cette insistance la froisse d'abord et elle s'en plaint. Mais, au même moment, M. X... ayant quitté la ville pour prende un nouveau poste à Paris, ce départ la trouble. Elle se dit qu'elle n'y est pas étrangère.

En lisant un roman paru peu après, elle croit se reconnaître dans l'héroïne. C'est donc à elle que s'adressent certaines protestations d'amour. Mais qui

(1) *De l'érotomanie au point de vue médico-légal*

peut user de ce stratagème pour lui exprimer ses sentiments ? Nul doute : c'est M. X... qui, sous un pseudonyme, est l'auteur réel du roman. Dès lors l'idée obsédante se fixe dans ce cerveau pour ne plus en sortir.
Cette idée d'être aimée la poursuit sans cesse. Jour
et nuit elle y pense, et elle se dit qu'elle ne doit pas
se désintéresser d'un tel amour. Alors elle recommence
à écrire, puis elle sollicite une entrevue. « Le cher aimé »
ne répondant pas, elle vient à Paris et se présente à son
bureau, mais, par une étrange fatalité, elle reste timide
et ne peut rien dire. Toutefois elle revient de l'entrevue
avec cette impression que M. X... n'a été aussi froid
et aussi réservé que par ce qu'il tâchait de dissimuler
le trouble réel qu'il avait en sa présence. Donc il
l'aime réellement. Alors elle demande une nouvelle
entrevue. M. X... impatienté la renvoie brutalement
en prévenant sa famille qui dut la faire enfermer.
Mais son amour reste, inébranlable. Elle sait que
M. X... l'aime ; elle ne comprend pas qu'on lui dise
le contraire. Que M. X... lui accorde l'entrevue demandée et lui dise de sa propre bouche qu'il ne l'aime
pas, elle le croira, lui, sinon non ! Il la fuit, il ne veut
pas la voir, mais c'est la meilleure preuve de son amour,
c'est parce qu'il a peur de se trahir. Il l'a fait interner,
lui a fait perdre sa place, mais c'est pour la mettre à
l'épreuve. Elle sortira de cette épreuve plus digne de
lui, et il faudra bien qu'il la croie en voyant avec quel
bonheur elle se soumet à cette épreuve. Du reste,
en agissant ainsi vis-à-vis d'elle, M. X... se constitue
le bourreau de lui-même ; il se brise le cœur pour
la repousser.

Dans le second cas il s'agit d'un individu d'une trentaine d'années, lecteur assidu des correspondances
amoureuses qui s'échangent à la quatrième page
des journaux. Un jour il en remarque une qu'il croit
lui être adressée. Alors il se croit aimé ; il en est sûr.
Mais de qui ? Quelque temps après, passant boulevard
Voltaire, il voit une femme à une fenêtre. Cette

femme l'a-t-elle regardé d'une façon spéciale ? Y-a-t-il
eu ce croisement des regards qui produit le coup de
foudre ? Notre sujet fut troublé et il vit dans cette
femme la mystérieuse correspondante du journal. Alors
tous les jours il passe et repasse sous les fenêtres de
l'aimée, lui écrit lettre sur lettre, sans que rien désormais puisse ébranler son amour, vaincre son obsession.

III. LA PRÉDISPOSITION

En dehors de l'hérédité et des causes occasionnelles,
il faut encore tenir compte de certains facteurs étiolo-
giques qu'on pourrait appeler causes prédisposantes.

L'érotomanie est généralement une maladie de
l'âge adulte. Mais il est deux époques dans la vie
sexuelle où il n'est cependant pas rare de la voir
éclore : la puberté chez l'homme, la ménopause chez
la femme.

« A l'époque de la puberté, dit B. Ball, il se produit
le roman caressé dans les profondeurs de l'intelligence.
Les dispositions morbides se développent et s'exagè-
rent; le délire se constitue. Il suffit d'une cause occasionnelle subitement mise en jeu pour le faire éclater».
C'est l'époque où les collégiens font des extravagances.

La ménopause amène aussi chez la femme un trouble
plus ou moins marqué des sentiments et des idées.
Elle sent qu'elle touche à la fin de sa vie sexuelle :
elle en est plus ou moins profondément affectée. Il
n'est pas rare alors de voir chez certaines prédisposées
éclater des passions insensées et quelquefois l'érotomanie.

Krafft-Ebing (1) rapporte l'histoire d'une veuve
qui avait toujours mené une existence régulière et bien
rangée, bien qu'elle fut tendre, sensible et romanesque.
Vers la quarantaine, elle fit connaissance dans un

(1) *Traité de psychiatrie*. Traduction E. Laurent.

cercle d'un officier de grade supérieur qui fit **sur**
elle une profonde impression. Elle se rapprocha de lui,
lui envoya sa photographie, son adresse, **des cadeaux,**
lui écrivit des lettres. Tout revenait sans avoir **été**
décacheté et dans la rue l'officier évitait soigneusement
de la rencontrer. Elle en éprouva un violent chagrin
et pourtant elle ne put vaincre son amour pour celui
qu'elle appelait son « sanctuaire ». Un jour elle lut
dans un journal, aux petites annonces : « Peux-tu
songer à un cœur saignant qui ne peut guérir que par ton
traitement ? » Elle acquit immédiatement la certitude
que cette annonce venait de l'officier et lui était
adressée. Malgré tous les refus, malgré les affronts,
malgré les avanies les plus brutales, elle continua à
obséder de ses lettres et de ses poursuites le malheureux officier qui, un jour, en pleine rue, lui lance **en**
pleine figure : vache! Elle s'évanouit, mais non son
amour. Elle écrit : « Ma chambre est très petite et
sans ornements, mais l'amour pour le sanctuaire la
remplit complètement ». Elle envoie un œillet avec
ces mots : « Que le noble parfum de l'œillet comble
l'abime qui est entre nous ! »

Esquirol (1) a observé un cas d'érotomanie chez une
femme de soixante-quatre ans qui s'était éprise d'un
jeune étudiant. L'indifférence du jeune homme qui se
rit de cet amour suranné, les avertissements, les conseils d'amis dévoués, les railleries des personnes qui
habitent la maison, les plaisanteries grossières des
domestiques, rien ne put la détourner de sa ridicule
passion.

Le même auteur rapporte le cas d'une femme qui,
à quatre-vingts ans, s'éprit d'amour pour un jeune
homme. Elle se croit aimée, fait grande toilette, attend
son amant à des rendez-vous, fait préparer des aliments
qu'elle porte elle-même dans les champs, persuadée
que l'objet de son amour viendra les partager avec

______

(1) *Traité des maladies mentales.*

elle. Elle l'entend qui lui parle, elle cause avec lui, le voit, le cherche partout.

Enfin, il est un facteur étiologique que la plupart des auteurs sont unanimes à signaler, au moins chez l'homme : c'est l'onanisme.

Pour Krafft-Ebing, l'amour platonique, « cet enthousiasme romanesque pour une personne de l'autre sexe, pour la satisfaction esthétique qu'elle prouve, n'a sa cause que dans l'affaiblissement des organes génitaux, résultat de la masturbation pratiquée depuis longtemps ».

Ball est non moins catégorique : « Dans la majorité des cas, dit-il, les érotomanes sont d'une chasteté absolue. Mais ils ont souvent, au point de vue génital, des idées délirantes qui trouvent leur soulagement dans les abus solitaires. Ils restent vierges de tout rapport sexuel, mais on peut dire que le mot érotomanie est synonime de masturbation. »

CHAPITRE VI

Psychologie de l'érotomane

I. La cristallisation amoureuse

A l'aurore de sa passion. l'érotomane a d'abord des pressentiments, il fait des suppositions. « Les impressions provenant de la sphère intellectuelle du malade et de son individualité .dit A. Portemer (1), se joignent aux perceptions en elles-mêmes justes qu'il recueille du monde extérieur. Derrière ces phénomènes il aperçoit un sens. quelque chose qui ne leur appartient pas. Il y trouve des rapports avec ses idées, considère ces rapports comme des faits acquis et agit en conformité avec eux ». C'est ce qu'on pourrait appeler avec Stenhal la cristallisation en amour. L'érotomane sait admirablement s'illusionner et parer son amour d'attraits aussi charmants que menteurs. Don Quichotte, partageant le lit d'une servante d'auberge. trouve que ses mains rouges et sales sont des mains délicates et fluettes de princesse, que sa peau rude est douce et satinée. et que sa chemise de grosse toile grise est de la plus fine batiste.

L'idée délirante est alors implantée définitivement dans le cerveau de l'érotomane. Il interprète tout ce qui entre dans le champ de sa conscience dans le

(1) *De l'érotomanie au point de vue médico-légal.*

sens de cette idée, que cela lui soit favorable ou hostile ; ils devient le persécuteur amoureux, puis le persécuté persécuteur.

Voici maintenant l'érotomane présenté. Reprenons ses principaux traits et analysons les différentes phases ou évolutions de son délire.

II. Les illusions.

L'érotomane est généralement un réservé, un timide et un chaste, souvent même un bizarre et un taciturne. Bien qu'il se livre fréquemment à l'onanisme, il reste presque toujours vierge de tout contact féminin. Puis, quand il a rencontré son idéal et reçu le coup de foudre, la période des illusions amoureuses commence. Non seulement il voit l'objet aimé à travers un prisme qui le déforme toujours à son avantage, mais encore il donne aux faits une interprétation fausse qui lui fait tout ramener à son amour. Le moindre incident, le moindre geste, la moindre parole, il interprète tout en sa faveur. Il ne tarde pas, grâce à ces illusions, à se convaincre qu'il est aimé. « Rien n'est singulier, dit P. Garnier, comme l'illusion grâce à laquelle l'érotomane se persuade que son amour est partagé ». Une annonce à la quatrième page d'un journal, le geste d'une actrice sur la scène, tout lui semble destiné. Repoussé ou mal reçu par l'objet aimé, il ne se rebute pas et il trouve sans cesse des excuses pour expliquer la conduite de celle qu'il aime : elle a peur de se compromettre aux yeux du monde ; — elle ne saurait maîtriser son trouble en ma présence, mais elle m'aime, je le sais, — elle veut me mettre à l'épreuve pour me rendre plus digne de son amour, etc.

L'érotomane est inlassable : il revient sans cesse à la charge. Il ne saurait croire que la personne aimée soit insensible à tant d'affection.

Prenons quelques exemples.

M... (1) âgé de trente-six ans. originaire du midi, vient à Paris. s'éprend d'une actrice qu'il a vue au théâtre et s'en croit aimé. Dès lors il fait toutes les tentatives possibles pour arriver jusqu'à l'objet de sa passion : il se présente chez cette dame, il ne quitte pas la porte par laquelle les acteurs entrent au spectacle, espérant entrer avec eux ou obtenir un regard au passage de celle qu'il adore. Quand elle joue, il secoue un mouchoir blanc pour se faire remarquer ; sa face alors est colorée, ses yeux sont rouges et brillants ; il prétend que l'actrice le reconnait et lui témoigne son contentement par le jeu de sa physionomie, par le ton de sa voix et par l'expression passionnée de son chant. On le bafoue, on le repousse, on l'injurie, on le maltraite. Rien ne peut détruire ses illusions. A ses yeux les dédains et les refus de l'actrice ne sont que des précautions prises par elle pour mieux cacher son amour. Les coups dont on l'assome viennent de la jalousie de ses rivaux.

Une malade observée par Trélat (2) s'éprend d'un homme qui va se marier avec une autre. Quand on le lui apprend : « On ne se coupe pas plus volontairement, dit-elle, un morceau de son cœur qu'on ne se couperait volontairement un bras », Quand on lui objecte qu'elle est mariée elle-même, elle répond : « Notre amour est au-dessus du mariage. Pour lui j'ai quitté mon mari, c'est à lui que j'appartiens et que j'appartiendrai toujours ».

III. L'ambition

L'érotomane est généralement un amoureux ambitieux. C'est pour cela sans doute que les Alle-

(1). Esquirol. *Traité des maladies mentales*. T. II.
(2) *La folie lucide*.

mands rangent l'érotomanie dans le groupe des paranoïa expansives. L'érotomane, en effet, comme la plupart des dégénérés, a une très haute opinion de lui-même, et il ne lui paraît nullement surprenant qu'il soit remarqué d'une grande dame, d'une princesse, d'une actrice. Ce sont les actrices qui reçoivent le plus de ces déclarations d'amoureux éperdus, tantôt discrets, tantôt entreprenants jusqu'au délire.

Magnan a communiqué à l'Académie de Médecine, le 13 janvier 1885, un cas de ce genre bien curieux.

Un tailleur, âgé de trente-et-un ans, devint éperdument amoureux de Mlle Van Zandt de l'Opéra-Comique. Un jour qu'il se trouvait au spectacle, il lui semble qu'il est l'objet de l'attention de la cantatrice. Elle porte sans cesse les regards dans sa direction. Très ému, il rentre chez lui et ne dort pas. Il n'a garde de manquer les représentations suivantes ; il s'installe à la même place et se croit toujours remarqué de la jeune actrice. Celle-ci, dit-il, le regarde en plaçant la main sur le cœur ; puis elle sourit, et le regardant toujours, elle porte la main à la bouche ; de son côté, il lui envoie un baiser, et elle continue à sourire. Il cherche alors par tous les moyens à se rapprocher de l'actrice et finit par se fair arrêter.

Portemer a observé à Sainte-Anne un cas plus intéressant encore de mégalomanie érotomaniaque.

B... a trente ans. C'est un Belge. Il a une très haute opinion de lui-même et se vante de tout savoir. Il a étudié librement la philosophie, a effleuré toutes les sciences, mais s'est surtout intéressé, dit-il, à la psychologie expérimentale. Il a voyagé en Angleterre et aux États-Unis. Mais il aime la terre de France parce que, dit-il, c'est une terre de liberté .« J'ai toujours voulu vivre indépendant. J'ai toujours vécu en dehors des lois, car ma morale est au-dessus des lois ». B... est de plus psychologue, littérateur et poëte. « Ma sensibilité est inouïe, dit-il ; elle m'a créé poëte ». Il s'est improvisé professeur de thérapeutique magnétique. Il se dit capable d'endormir à la fois dix sujets d'un seul geste. Il n'est pas un médium ordinaire, mais un médium commandeur. De plus, c'est un érotomane, un amoureux des actrices. Il se croit aimé de Mlle G... ; puis de Mlle R..., et finalement de Mlle D... « Il y avait longtemps, dit-il de cette dernière, qu'elle cherchait à me séduire ». Quand elle chantait sur la scène : « Poëte des amours, viens sur mon sein dormir », ou bien : « Je saurai te garder avec moi », elle se tournait vers lui et lui tendait les bras. Au début, il n'y fit pas attention, car elle ne lui paraissait pas assez pure. Car il est surtout, déclare-t-il, un amoureux psychologique, mais n'éprouve aucun plaisir à l'amour charnel ; il préfère de beaucoup l'amour sentimental.

Néanmoins il finit par devenir éperdument amoureux de Mlle D... qu'il accable de lettres et de poésies amoureuses. En voici un échantillon :

Pour toi je ne veux être qu'un enfant,
A l'œil enchanté, rêveur, innocent,
Les traits ravis d'un éternel sourire,
Suaves reflets d'un cœur qui soupire ;
Pour toi je ne veux que des mots bien doux,
Et te les dire, rêvant à genoux,
Pour te bercer dans la douce tendresse
Et te faire frémir sous ma caresse.

Pour toi je ne veux que d'heureux soupirs
Naissant de mon cœur aux chastes désirs ;
Et si ma paupière exhale une larme,
Qu'elle soit d'amour et porte le charme.
Pour toi je veux être comme le lierre
Qui du chêne est l'éternel solidaire,
Heureuse, je te laisse le bonheur ;
Si tu souffres, je prends tout ton malheur.

Je ne veux que les nobles louanges.
En te révérant comme est digne un ange,

A tes pieds être pour te contempler,
A tout instant prêt à m'immoler.   ·
Et si jamais de cet orageux monde
Te m'enlevant, le tonnerre qui gronde
M'emporte à jamais disant : « Je te meurs ! »
Ne verse qu'une larme et quelques pleurs.

Ton esclave d'amour.

Ailleurs il lui dit :

Si tu voulais, chérie,
Je serais dans tes bras,
Rêvant l'âme ravie,
En chantant sous tes pas,
Dès l'aube au crépuscule ;
Tu serais mon baiser,
Si pur qu'il immacule
Jusqu'à poétiser.

L'élu de ton cœur.

Mlle D... dut recourir à la police pour se débarrasser de cet importuu.

IV. LES AMOUREUSES DES PRÊTRES.

Les prêtres sont aussi assez souvent l'objet d'a-
moureuses poursuites. « Il est fréquent, dit P. Garnier,
que le prêtre, et il n'est pas nécessaire pour cela qu'il
soit jeune et beau, soit en butte aux obsessions d'une
déséquilibrée érotomane... Une femme, c'est parfois
une jeune fille, se place à tout propos sur le passage
du prêtre ; elle le suit comme son ombre. Assidue
aux offices et aux sermons, elle assiège le confession-
nal. Bientôt cela ne lui suffit pas ; elle cherche à s'introduire dans la vie intime du prêtre; elle lui écrit
lettres sur lettres. Le ton en est d'abord assez énigmatique et timide, et l'aveu est quelque peu voilé. Mais
tout à l'heure la passion s'exprimera dans toute

sa netteté et son intensité. Et cependant aucun appétit charnel n'alimente cette passion qui reste pure et idéale.

Ce choix du prêtre s'explique. Il est voué à une existence chaste et a fait. par ce renoncement aux joies de l'amour partagé., le sacrifice le plus cruel. Il lui est interdit de connaître la douceur des caresses féminines. Il doit vivre solitaire, à tout jamais privé de ces délicatesses infinies qu'invente le cœur d'une épouse ou d'une amante. Or. comme nous l'avons dit déjà, l'érotomane est fréquemment un ambitienx; il rêve d'atteindre à l'inaccessible. En voyant dans le prêtre un exilé volontaire de l'amour, la dégénérée héréditaire rêve d'être sa consolatrice, le rayon de soleil printanier qui brillera dans l'aridité de son existence solitaire. Et alors cet amour devient rapidement tyrannique. enserrant le malheureux qui en est l'objet dans mille combinaisons étranges.

Les médecins. surtout les médecins célibataires, ne sont pas à l'abri de ces passions érotomaniaques, et une simple parole suffit parfois à jeter le trouble dans l'âme d'une déséquilibrée : elle y voit l'appel d'un cœur qui sympathise avec le sien. Elle trouve bien vite une communauté d'idées et de sentiments. Elle se dit qu'elle doit répondre à cette affection profonde : l'érotomanie est née.

V. Les discrets et les indiscrets

Ball distingue deux catégories d'érotomanes, les discrets et les indiscrets. Les premiers n'abordent jamais l'objet de leur muette adoration. Ils vivent seuls avec leur amour et n'éprouvent même pas le besoin de s'approcher du foyer divin d'où est partie l'étincelle qui a incendié leur cœur. Les seconds, les indiscrets. sont des êtres insupportables. de vrais tyrans. Ils se croient persécutés et deviennent eux-mêmes persécuteurs.

Une femme du monde, très élégante, était en butte aux obsessions d'une jeune magistrat. Il ne lui avait jamais adressé la parole ; mais il avait le talent de se trouver toujours sur son chemin.

Teulat, devenu amoureux de la belle fille du duc de Broglie, la poursuivit avec une telle insistance qu'on dut le faire interner. Rendu quelque temps après à la liberté, il intenta un procès à Lasègue qui plaida lui-même sa cause avec le talent et le succès que l'on sait.

Ball rapporte encore l'histoire d'un pion qui s'éprit d'une fille appartenant à une riche et noble famille. Il n'hésite pas à aller demander sa main et se fait éconduire vertement. Il insiste ; alors on le met brutalement à la porte et il se fait gifler par le frère de de la jeune fille. Cela ne le rebuta point et on ne put se débarrasser de ses poursuites qu'en le faisant interner.

Un individu observé par Portemer rencontre un jour par hasard M. X... accompagné de sa fille. Elle fit sur lui une impression telle que son image et son souvenir n'ont plus quitté sa pensée. De plus, il crut remarquer que la jeune fille l'avait regardé et qu'il ne lui était pas indifférent. Rentré chez lui, il se dit qu'il ne devait pas se désintéresser de cette rencontre de hasard. Il s'informa et apprit la haute situation du père de la jeune fille. Tout d'abord il fut un peu refroidi. La distance entre elle et lui lui parut trop grande, infranchissable. Pendant trois mois, il ne cherche pas à la voir, ni n'écrit pas. Puis il fait des démonstrations discrètes, s'arrange pour se trouver sur le chemin de la jeune fille et la saluer. Il se décide ensuite à se présenter chez le père et à formuler sa demande. Éconduit, il revient sans se lasser jusqu'à ce qu'on le fasse interner.

VI. L'ÉROTOMANIE HOMOSEXUELLE

L'érotomanie peut se rencontrer chez les homosexuels. Alors l'érotomane homosexuel aime son amant comme il aimerait une maîtresse; il lui trouve les mêmes qualités qu'il se complait à décrire en termes brûlants.

Mais, remarque Portemer, comme l'érotomanie hétérosexuelle, l'homosexuelle est obsédaante et impulsive. Tout entier à son amour, l'érotomane homosexuel poursuit la personne qui en est l'objet, s'attache à ses pas, l'épie, la tyrannise.

Un homosexuel observé par P. Garnier, rencontre un jour, aux Champs-Elysées, le type idéal dont il rêvait, celui dont il ne pourra plus se passer . Il se laisse aller avec lui à des habitudes de pédérastie. Il l'idolâtre et fait de lui un tableau absolument analogue à ceux que les érotomanes ordinaires font de de l'objet de leur folle passion. Il décrit « ce beau corps, cette jolie figure, cette bouche si fraiche faite pour les baisers, ces beaux yeux adorés, ces joues si mignonnes, ce menton fait à ravir ». De plus, il manifeste une jalousie intense. « M'étant aperçu qu'il allait avec des femmes, dit-il, j'eus le cœur serré comme dans un étau. J'aurais voulu tuer la femme qui me l'enlevait et s'emparait ainsi de ma vie. » Repoussé par son ami, il le poursuivit avec un rasoir et se fit arrêter pour tentative d'assassinat.

A. Moll cite le cas d'un individu instruit, ayant une belle position, qui persécutait un officier par des lettres dans lesquelles il demandait principalement la permission de lui cirer ses bottes. L'officier fut obligé de s'adresser à la police pour s'en débarrasser.

VII. L'EXHIBITIONISME

Avant de terminer ce chapitre, il me reste à parler d'une forme étrange de l'érotomanie : je veux parler de l'exhibitionisme. L'exhibitionisme, en effet, est encore du platonisme morbide, de l'érotomanie. Il me paraît difficile de voir autre chose dans cette perversion sexuelle obsédante et impulsive, caractérisée par le besoin irrésistible d'étaler en public et, généralement, avec une sorte de fixité d'heure et de lieu, ses organes génitaux, à l'état de flaccidité et en dehors de toute manœuvre lubrique ou provocatrice, acte en lequel se résume l'appétit sexuel et dont l'accomplissement, en mettant fin à lutte angoissante, clôt l'accès.

Inutile de citer des observations : tous les faits se ressemblent. A certaines heures, un individu exhibe ses organes génitaux devant des femmes, des jeunes filles, des enfants. Il obéit ainsi à un besoin et il n'est tranquille que quand il l'a satisfait. Cela équivaut pour lui à la satisfaction sexuelle.

Mais pourquoi cette exhibition ? Pourquoi en public ? Sont-ce des sortes de sadistes qui éprouvent du plaisir en outrageant la pudeur ? Sont-ce, comme J.-J. Rousseau qui eut de ces faiblesses, des masochistes qui jouissent de l'humiliation que leur vaut une situation aussi ridicule ?

Ce qui est certain c'est que ce sont, comme les érotomanes et plus encore que certains fétichistes, des nihilistes de la chair. Le mobile qui pousse les exhibitionnistes est donc le plus souvent impénétrable et eux-mêmes sont presque toujours incapables de s'en rendre compte. Il n'est pas rare, du reste, de voir un certain nombre d'entre eux procéder à ces exhibitions obscènes de préférence dans des églises, comme ce malade observé par Lasègue qui venait à l'église Saint-Roch étaler ses organes génitaux devant les femmes en prière. Quel mobile les pousse à choisir les églises de préférence ? Est-ce quelque vague et inconscient réveil du culte phallique ? Un exhibitionniste, interrogé à ce sujet, disait : « Mon bonheur est d'aller dans les églises. Pourquoi ? C'est ce que je ne définis pas. Je sens pourtant que c'est là que mon acte a toute son importance. La femme est recueillie et elle doit bien savoir que cet acte, dans un pareil lieu, n'est pas une plaisanterie de mauvais goût ou une révoltante obscénité, et que si je viens là, ce n'est pas pour m'amuser : c'est plus grave que ça ! J'épie l'effet produit sur le visage des dames auxquelles je montre mes organes. Je voudrais y voir une joie profonde. Je voudrais, en somme, qu'elles fussent portées à se dire que la nature vue ainsi est impressionnante, et c'est pourquoi j'y vais malgré moi ».

CHAPITRE VII

Les érotomanes dans la société

I. Le suicide par amour

L'érotomane ne peut vivre librement au milieu de la société, car il se trouve presque fatalement amené à commettre des actes délictueux ou criminels. Quand il arrive à se convaincre qu'il ne pourra jamais être uni à l'objet de son amour, il tombe dans le désespoir. Et ce désespoir peut amener la mort. Chez certains individus, en effet, l'amour est une maladie. S'il faut en croire la Bible, Jonadab reconnut à la langueur d'Ammon, second fils de David, qu'il était amoureux de sa sœur Thamar. C'est ce que Lorry appelle la fièvre érotique. Hippocrate dit que Perdiccas, fils d'Amyntas, roi de Macédoine, est mort d'amour pour Phyla, la concubine de son père. Erasistrate reconnut de même qu'Antiochus Soter était amoureux de Stratonice, sa belle-mère. Galien cite le cas de Justine, amoureuse de l'histrion Pilade.

Esquirol cite un fait plus précis. « Une demoiselle de Lyon dit-il, devint amoureuse d'un de ses parents à qui elle était promise en mariage. Les circonstances s'opposèrent à l'accomplissement des promesses données aux deux amants. Le père exigea l'éloignement du jeune homme. A peine est-il parti, que cette demoiselle tombe dans une profonde tristesse, ne parle point, reste couchée et refuse toute nourriture ; les secrétions se suppriment. Elle repousse tous les conseils, toutes les prières, toutes les consolations de ses parents, de ses amis. Après cinq jours vainement employés à vaincre sa résolution, on se décide à rappeler son amant. Il n'était plus temps ; elle succombe et meurt dans ses bras le sixième jour ».

Les érotomanes se laissent assez rarement mourir d'amour. Mais on en voit qui se suicident et même réussissent à décider la personne aimée à accepter la mort en commun pour être unis éternellement. Legrand du Saulle en a rapporté un exemple (1).

Un jeune ouvrier de dix-huit ans s'éprit d'une jeune fille de son âge. L'affection fut mutuelle, mais la liaison resta pure. Les parents s'étant opposés au mariage, les deux amants résolurent de se donner la mort. Ils se rendirent un soir dans un bois. L'amant tira deux coups de révolver dans la tête de la jeune fille, puis il dut la poignarder pour l'achever. Le courage lui manqua ensuite pour se tuer lui-même, et il se jeta dans un ruisseau pour se noyer. On put le repêcher et on le mit en état d'arrestation. Les médecins le déclarèrent irresponsable et on dut l'acquitter.

L'érotomane peut en arriver à une sorte d'exaspération amoureuse. Il s'irrite contre la personne aimée et se livre à des violences. Ou bien il devient jaloux et il tourne sa colère soit contre la personne aimée seule, soit contre telle autre personne qu'il suppose être le rival préféré. D'autres fois des idées de persécution ne tardent pas à se faire jour dans son esprit et alors il reporte sa haine et sa vengeance sur ceux qu'il suppose mettre obstacle à ses projets amoureux.

(1) *La folie devant les tribunaux.*

II. LES EXTRAVAGANTS ET LES INSUPPORTABLES.

Il est juste de reconnaître qu'il est rare de voir les érotomanes en venir à ces extrémités. Ils se font généralement arrêter avant. Mais il n'en n'est pas moins vrai que leurs extravagances et leur ténacité soat insupportables. Un dernier exemple emprunté à P. Garnier (1).

Il y a quelques années, un personnage politique célèbre trouvait à la porte de son domicile, à toute heure du jour, un jeune homme aux allures bizarres qui semblait guetter quelqu'un. Cela dura fort longtemps; puis, des lettres arrivèrent... L'auteur signait et plaignait l'homme d'état d'en être réduit à l'extrémité de cacher sa fille..., de la séquestrer... Mais, les destins s'accompliraient malgré l'attitude de parents barbares. Il savait que Mlle X... l'aimait de la même passion qu'il lui avait vouée depuis longtemps. Les épîtres destinées à la chère fiancée étaient débordantes d'amour et pleines d'encouragements à persévérer à ne pas céder!... Ils seraient bien unis un jour ou l'autre!... Le père barbare recevait en même temps des menaces... La poursuite dirigée, sans trêve, par cet amoureux contre M. X. fut jugée intolérable. On conduisit le jeune homme chez le commissaire et là on lui expliqua que son idée de croire à l'amour de Mlle X... était d'autant plus absurde que M. X... n'avait pas d'enfant. L'érotomane n'en crut rien. Il se remit à monter la garde.... attendant toujours l'adorée qu'on lui cachait. On l'arrêta de nouveau et il fallut l'interner. On ne pût le persuader qu'il s'était trompé. Non seulement, il avait imaginé l'amour, mais son rêve amoureux avait encore créé, de toutes pièces, la jeune fille mystérieuse, séquestrée par ses parents. Quand on lui affirmait que le personnage politique qu'il

____

(1) *Archives de l'Anthropologie criminelle*, 15 nov. 1900.

obsédait ainsi n'avait pas d'enfant et vivait seul
avec sa femme, il avait un sourire triste et profondément sceptique.

III. Le vol par amour

Le sens moral peut être assez dévié chez les érotomanes pour les entraîner à des actes qui, sans
être criminels, sont néanmoins répréhensibles.

P. Garnier (1) a observé un cas de vol par amour
chez une jeune femme de trente-quatre ans, appartenant à une famille des plus honorables qui a, depuis
longtemps, eu fort à souffrir de la singularité de ses
tendances, de l'excentricité de ses allures.

Mademoiselle X... est petite, brune, de physionomie
douce et intelligente ; ses traits sont réguliers ; on ne
remarque aucune malformation dans la structure
crànio-faciale. Née avec des dispositions névropa-
thiques très accentuées, Mademoiselle X... a eu une
enfance délicate. Nature douce et aimante, elle est
en même temps fantasque et mobile, prompte aux
enthousiasmes irréfléchis, bientôt suivis d'un revire-
ment total. A l'époque de l'évolution de la puberté,
à quinze ans, sa constitution névropathique se dessine
davantage, des attaques nerveuses se déclarent. A
vingt ans, elle manifeste un grand zèle religieux ; et,
dominée par une véritable exaltation mystique,
elle sollicite pour entrer dans un couvent. On fut
sans doute frappé de tout ce qu'il y avait de dispositions maladives dans cette prétendue vocation religieuse, car on évita de faire droit à ses demandes
réitérées.

Quelques années plus tard, des accidents nerveux
de nature hystérique la tinrent alitée pendant plusieurs
mois : elle eut une contracture rebelle de la hanche

(1) *La folie à Paris.*

gauche simulant une coxalgie. On lui fit suivre un traitement hydrothérapique prolongé grâce auquel les accidents nerveux s'amendèrent progressivement. Mais mademoiselle X... restait, au moral, une personne d'allures insolites, sujette à des bizarreries nombreuses, à des impulsions étranges et irrésistibles. Quoi qu'il en soit, l'anomalie de ses penchants devait s'affirmer bientôt par le plus singulier des entraînements.

En 1885, mademoiselle X..., que ses idées mystiques avaient éloignée du mariage, se sentit tout à coup irrésistiblement attirée vers un jeune Levantin de dix-neuf ans. Elle s'intéresse à cet étranger dont la famille est au loin et semble, selon elle, le délaisser. Elle est séduite par cet air de nonchalance et de vague mélancolie qu'elle trouve dans ce fils de l'Orient. Tout la charme : l'isolement dans lequel il est, sa paresse native, son attitude rêveuse et alanguie, ses dehors de molle insouciance... Elle fait naître les occasions d'entrevues ; elle sollicite les confidences du jeune homme et, à son tour, lui livre le secret de son cœur. Elle lui avoue son affection « où il y a, lui dit-elle, la tendressse d'une sœur exceptionnellement aimante. » Elle lui assure qu'elle sera sa protectrice, elle remplacera une famille qui l'oublie ; ou le traite avec trop de sévérité, ne comprenant pas son vrai caractère et ne sachant pas pardonner aux faiblesses bien excusables d'un jeune homme de vingt ans.

Les parents de Mlle X... s'étaient aperçus des assiduités de leur fille auprès du jeune homme : ils lui firent des remontrances bien naturelles, mais se heurtèrent à une résistance que rien ne put faire fléchir. Ce ne fut pour elle que prétexte à multiplier ses preuves de tendresses. Les relations continuent entre la jeune fille et Z..., relations où, sans l'intervention d'aucun lien physique, l'une se donne tout entière, prodiguant les manifestations du plus ardent dévouement, tandis que l'autre reste froid et indifférent, se bornant à tirer parti d'une situation qui n'était pas dépourvue, pour lui, d'avantages matériels.

Mlle X... commença à prélever sur ses économies pour fournir de l'argent de poche à « son adoré » qui trouve tout naturel d'accepter les largesses de cette jeune fille affolée de lui. Bientôt cet argent fut épuisé. Cependant, elle est prête à tout pour que celui qu'elle aime ne manque de rien et ait de quoi se livrer à ses plaisirs, entretenir des maîtresses dont elle n'est nullement jalouse. Dans son amour dégagé de toute appétition charnelle, elle va même jusqu'à lui choisir ses maîtresses et lui propose, un jour, de prendre à ce titre sa femme de chambre qu'elle catéchise à cet effet. A bout de ressources, Mlle X... fait appel à la ruse, au mensonge, au vol, afin de se procurer de l'argent dont X... à besoin, argent qu'il s'est promptement habitué d'ailleurs à réclamer impérativement.

La jeune fille met au pillage la maison de ses parents ; elle emporte le vin, les liqueurs, le linge, etc, et remet le tout au jeune homme. Elle parcourt les magasins, y fait des commandes exagérées et, quand ces marchandises sont au domicile de ses parents, son premier soin est de les vendre afin d'en donner l'argent à Z...

Grâce à ces subsides, celui-ci mène joyeuse vie et se refuse à retourner dans sa ville natale, où le rappelle sa famille. A la longue, on parvint, cependant, à lui faire quitter Paris et les parents de Mlle X... purent croire que tout était fini. Il n'en fut rien. Une correspondance assidue s'établit entre la jeune fille et le jeune Z... qui ne cesse d'écrire qu'il est malheureux, qu'il manque de tout : il réclame des effets, insiste sur la coupe du pardessus qu'il désire, décrit minutieusement les objets dont il demande l'envoi, gourmande sa correspondante de ne pas exécuter tous ses ordres avec l'empressement qu'il souhaiterait. En réalité, celle-ci fait tout ce qu'elle peut et expédie des ballots.

Mais elle finit par se trouver à court : elle invente mille expédients pour se procurer de l'argent. Dans son égarement Mlle X.. n'a pas un instant l'idée qu'on l'exploite indignement. Elle voudrait pouvoir faire plus, voilà tout ! Et quand il lui écrit sur un ton de méchante humeur : « Je n'ai pas encore reçu les 300 francs que je t'ai demandés, qu'attends-tu pour me les envoyer ? » sans accompagner sa réclamation, non seulement de termes affectueux, mais, pas même d'une formule polie, elle ne songe qu'à l'impatience de celui qu'elle idolâtre, et aux moyens de lui donner satisfaction.

Les choses en étaient là, lorsqu'un jeune frère de Z... fut à son tour envoyé à Paris pour y faire ses études de médecine. Il est mis au courant de la situation par son aîné, qui rêve de se faire donner une forte somme par celle qui est l'esclave de ses désirs. Il est chargé de s'entendre avec elle pour mener les choses le plus rapidement possible. Mlle X... voit ce messager et s'éprend aussitôt de lui comme elle s'était éprise du frère dont elle trouve qu'il est la véritable image. C'est un adolescent de 18 ans, qu'elle va combler de ses prévenances. Elle reporte sur lui tout la vivacité de son platonique et ardent amour. Il lui paraît malheureux et intéressant ; elle lui promet de faire en sa faveur ce qu'elle a déjà fait pour son aîné ; elle écoute moins les appels de plus en plus pressants qui lui arrivent de son premier amant et se dévoue dès lors au nouveau venu. C'est à lui désormais qu'elle distribue argent, provisions, vêtements, et c'est pour lui qu'elle se dépouille de ses bijoux. Elle sait que ceux-ci doivent servir à parer la maîtresse avec laquelle X... habite... Cette considération n'est pas pour arrêter l'amante mystique dont le seul et unique souci est de procurer une satisfaction à celui dont elle est chastement éprise.

Un jour arrive où, à bout de ressources, ayant épuisé tous les expédients pour se procurer de l'argent, désolée à l'idée que le jeune X... peut être malheureux, elle n'aperçoit plus que le vol comme moyen de lui venir en aide. Alors commence, dans les magasins de nouveautés, une série de larcins qui devaient amener à la longue son arrestation. Elle fut en effet surprise au Bon-Marché en flagrant délit de vol; elle venait de dérober un pantalon au rayon des vêtements pour hommes, et essayait de le dissimuler sous son châle. Conduite au commissariat de police, elle avoue que depuis longtemps elle a pris l'habitude de voler dans les magasins pour entretenir un jeune homme qu'elle aime tendrement mais purement. On fit une perquisition chez Z... ; elle fit découvrir un grand nombre d'objets apportés par la jeune fille, bijoux, effets d'homme, vêtements de femme, etc. Parmi ces derniers était un corsage dérobé la veille par Mlle X... et que la maîtresse du jeune homme avait déjà démonté pour l'ajuster à sa taille.

Dans les jours qui suivirent son arrestation, Mlle X.. montra le plus grand désaroi intellectuel et moral. Elle ne se rend pas compte de la situation : elle se plaint, avant tout, de sa famille; elle écrit à des amis pour qu'on vienne la délivrer, se prétendant victime de la cruauté de ses parents. « Je ne suis enfermée, écrit-elle, qu'à cause des injustices criantes et répétées de toute ma famille du diable qui marche à pieds joints sur tous les sentiment du cœur pour arriver à vous exaspérer et à vous faire commettre des choses que la loi condamne ». Puis elle essaye de renseigner « son adoré » sur ce qui est arrivé, lui disant que son mariage avec lui peut seul désormais aplanir toutes les difficultés; elle le prie de ne pas se tourmenter en lui faisant remarquer que le mariage la mettra en possession de 50.000 francs, montant de sa dot.

Elle ne parvient pas à comprendre ce qu'il y a d'étrange dans les relations qui ont existé entre elle et les deux frères X... Son aveuglement n'est pas assez dissipé : elle n'a que des paroles douces et tendres à leur adresser.

C'est avec un visible plaisir et en termes enthousiastes

qu'elle dépeint les qualités physiques et morales des deux jeunes gens. Elle paraît ne pas comprendre lorsqu'on s'exprime avec une juste sévérité sur leur conduite. « Ils étaient, réplique-t-elle, si intéressants, si bien faits pour attirer la sympathie, avec leur nature indolente de l'Orient : leur tempérament flegmatique les disposait à la paresse ; leur jeunesse leur a fait commettre des étourderies ; ils se sont laissé entraîner par les passions de leur âge. Tout cela est bien pardonnable. Je les aimais bien et j'ai été pour eux, dans leur isolement, une sœur très dévouée, une mère. Mon affection est toujours restée pure. Je ne voulais que leur bonheur. Mes parents, très durs pour moi en cette circonstance, ne voulaient plus rien m'accorder ; cette détresse me bouleversa au point de me faire perdre toute conscience du droit des gens. Je me disais, dans mon exaspération, que ce que les gens riches ne voulaient pas faire, d'autres le feraient sans le savoir, et voilà pourquoi je commençai cette série de vols dans le riche magasin Boucicault ; ce qui, aujourd'hui que je suis revenue à la saine raison, me paraît irréparable. O dureté de l'existence ! O tristesse de la vie, où conduis-tu ? Tu troubles la lumière morale des esprits les mieux disposés à bien faire, et des hauteurs du cœur les plus élevées tu jettes dans les abîmes de l'obscurité de la conscience des gens honnis de la société. Voilà comment, avec les aspirations les plus honnêtes d'un cœur aimant de femme, je suis tombée à ruiner d'un coup et mon bonheur et ma réputation sociale ».

Les relations de Mlle X... avec les frères Z... sont toujours restées pures. Elle leur écrivait des lettres que l'instruction fit saisir à leur domicile et dans le genre de celle-ci : « Petit frère bien-aimé, tu ne viens pas ! Quel chagrin pour moi ! Je te baise, je te presse sur mon cœur et je te pardonne tes froideurs, afin que tu n'aies pas peur de revenir à moi. Laisse-moi donc un mot d'amour filial et fraternel. Va au 168 chercher un paquet pour toi. Maintenant, si tu veux les vêtements de femme, prends-les aussi. Ta sœur aimante et passionnée, etc... » Dans une autre lettre, elle lui dit : « Mon cher petit, reviens sans peur, car mon cœur est ouvert pour toi, de manière à ne jamais t'effrayer, même si tu as des torts, parce que je t'aime infiniment et que je sais, par expérience, comme c'est difficile de lutter contre les passions mauvaises. Je te presse sur mon sein maternel, enfant prodigue, et je te bénis! Ta petite mère, etc... » Elle l'appelle ailleurs son bébé gâté, le compare à un enfant qui repose dans son berceau entouré de fleurs et de rubans bleus et dont une mère joyeuse épie tous les mouvements; elle termine ainsi : « Laisse-moi, chéri, chéri, jouir auprès de toi de tous les plaisirs du cœur légitimement conquis par l'amour laborieux d'une sœur mère. Ta petite, etc... »

Ce langage étrange, mélange de déclarations d'une amante passionnée, de protestations dévouées d'une sœur, de tendresses d'une mère, elle l'avait déjà tenu au frère aîné : le second ne s'en montrait pas plus touché que le premier. Toutes les lettres qu'il lui adressait ont pour but d'obtenir soit de l'argent, soit des effets. Il ne s'attarde pas en compliments, ne parle jamais qu'affaires ou ne s'occupe que d'avoir des renseignements sur telle ou telle de ses anciennes maîtresses. Lorsqu'il est de mauvaise humeur, c'est-à-dire lorsqu'il n'a pas reçu tout ce qu'il a demandé, il gourmande Mlle X... comme une servante et répond à ses protestations de tendresses : « Oui, oui, c'est entendu, tu m'aimes! Mais en voila assez! Ecoute donc plutôt ce que je te dis!... Je n'ai pas encore reçu le tricot rouge et le tricot rayé... J'en suis très mécontent. Tu te moques de mes commissions maintenant! »

Mlle X... se fait humble, carressante plus que jamais, elle répond : « Oh! écris-moi tout ce que tu as sur le cœur, des sottises même, j'aime mieux recevoir tes colères que de voir ton indifférence... Je te défie de trouver une femme qui t'aime plus ardemment que moi. Je suis trop âgée pour toi peut-être ; mais, puisque nous ne pouvons être que frère et sœur. Je t'aime plus qu'une sœur. Tu es mon premier amour... J'ai fait quelques économies pour toi... etc. »

Ce qui caractérise mieux que tout encore la nature de l'affection de Mlle X... ce qui atteste son absolu désintéressement de l'amour physique, la limitation de sa tendresse à la sphère idéale, c'est le passage suivant de l'une de ses lettres en réponse à l'aîné des frères Z... qui lui commande de s'informer des faits et gestes d'une nommée Jeanne son ancienne maîtresse, du nom de son nouvel amoureux, etc, etc... « Je pense souvent à elle, écrit Mlle X..., l'autre jour j'ai voulu passer devant ses fenêtres en espérant la voir... car penser à elle, la voir, c'est me rapprocher de toi, je t'ai vu tant l'aimer qu'elle a pris quelque chose de toi ! »

D'ailleurs, Z... est si assuré du renoncement charnel de son amante mystique qu'il ne craint pas de lui écrire ses sensations avec les filles de joie qu'il a connues à Paris. Il lui demande de lui conserver, pour son retour prochain, sa femme de chambre, déjà mise par elle à sa disposition pendant son séjour dans la capitale : « Mèneras-tu, lui dit-il, cette affaire à bien ? Louise voudra-t-elle m'attendre ? Je la crois trop sensuelle... Enfin ! je vais lui écrire. »

IV. L'INTERNEMENT DES ÉROTOMANES

Après l'exposé de ces faits, il est inutile d'insister sur l'irresponsabilité des érotomanes : elle me paraît évidente. Mais l'érotomane ne saurait être laissé en liberté, car il est fatalement appelé à devenir dangereux soit pour lui-même soit pour les autres. Il faut donc l'interner et le plutôt possible. Dans ces circonstances. le rôle du médecin est particulièrement difficile. « Il est fréquent. dit P. Garnier, que les victimes des incessantes poursuites des érotomanes soient contraintes de demander protection à l'autorité contre les manifestations d'un amour débordante, tour à tour humble. suppliant et menaçant. La situation du médecin que l'administration consulte est souvent fort délicate, car l'érotomane auquel vient d'arriver cette aventure, proteste de ses bonnes intentions, s'efforce de prouver qu'on a pris peur bien à tort. que ses intentions sont excellentes et que tout est fini et bien fini. Eh bien, il faut que le médecin sache que de telles promesses, pour sincères qu'elles soient au moment où elles sont faites. seront rapidement violées par le retour énergique de l'obsession qui ne désarme pas ainsi. L'érotomane est lucide, mais il n'est pas libre. Il continuera à aller, l'expérience le prouve. où le pousse son élan amoureux irrésistible. Le plus souvent. il est de toute nécessité de procéder à son internement. C'est que l'érotomane est surtout tenace. parce qu'il est convaincu que l'être adoré qu'il poursuit est au fond dans des sentiments adéquats aux siens. et il continue de marcher dans son rêve étoilé, persuadé que tout s'aplanira à la fin. que tous les malentendus se dissiperont ».

TABLE DES MATIÈRES

PREMIÈRE PARTIE

Le Fétichisme

DEUXIÈME PARTIE

Les Érotomanes

Fontenay-aux-Roses. — Imp. Louis Bellenand.

Vigot Frères

ÉDITEURS

EXTRAIT

DU

Catalogue Général

PARIS

23, PLACE DE L'ÉCOLE-DE-MÉDECINE, 23

1905

www.ingramcontent.com/pod-product-compliance
Lightning Source LLC
LaVergne TN
LVHW021543170726
843501LV00004B/1185